古文观止

［清］吴楚材 吴调侯 选编
王英志 等 注评

凤凰出版社

图书在版编目（CIP）数据

古文观止注评 /（清）吴楚材，（清）吴调侯选编 ；王英志等注评. -- 南京：凤凰出版社，2015.5（2017.4重印）
（凤凰经典·名著精评本）
ISBN 978-7-5506-2145-9

Ⅰ. ①古… Ⅱ. ①吴… ②吴… ③王… Ⅲ. ①古典散文－散文集－中国②《古文观止》－注释 Ⅳ. ①H194.1

中国版本图书馆CIP数据核字(2015)第048214号

书　　名	古文观止注评
选　　编	(清)吴楚材　(清)吴调侯
注　　评	王英志 等
责任编辑	陆　扬
出版发行	凤凰出版传媒股份有限公司 凤凰出版社(原江苏古籍出版社) 发行部电话025-83223462
出版社地址	南京市中央路165号,邮编:210009
出版社网址	http://www.fhcbs.com
照　　排	南京凯建图文制作有限公司
印　　刷	江苏凤凰通达印刷有限公司 南京市六合区冶山镇,邮编:211523
开　　本	889×1194毫米　1/32
印　　张	17.875
字　　数	532千字
版　　次	2015年5月第1版　2017年4月第2次印刷
标准书号	ISBN 978-7-5506-2145-9
定　　价	68.00元

(本书凡印装错误可向承印厂调换,电话:025-57572508)

前　言

《古文观止》自康熙三十四年(1695)刊行以来,已三百余年,它似一条长流水,汩汩流淌,虽然蜿蜒曲折,但从不曾枯竭,对一代又一代读者,始终具有新鲜感,保持着旺盛的生命力。作为一本普及型的文学读本,《古文观止》似乎蕴涵着马克思所说的“永久的魅力”。这种现象无疑证明了它的不朽价值。可与它相提并论的大概只有《唐诗三百首》了。

《古文观止》是由清代名不见经传的吴楚材、吴调侯所编选的供学塾使用的文章读本。据曾官至两广总督的绍兴人吴兴祚为《古文观止》所作的《序》介绍,吴楚材为其侄子,吴调侯为其堂孙。康熙十七年戊午(1678),吴楚材、吴调侯跟随吴兴祚赴福建巡抚任,并陪从吴兴祚之子读私塾。吴楚材天性孝友,潜心力学,擅长八股,尤好读经史;吴调侯奇伟倜傥,颇有志向。二人皆有才气,日以古学相砥砺,下笔千言,顷刻可就。康熙三十四年春,吴兴祚统师云中(今山西大同),收到吴楚材、吴调侯寄来的《古文观止》,觉得其弥补了古文普及选本的阙如,非常高兴,认为对于启发后学,其功不小。于是代为刊印,并作序以资鼓励。

《古文观止》之“古文”,应该是指骈文与制义文(八股文)之外的文言散文,此书包括了传、记、论、书、序、表、诏、赞、碑文、墓志铭、散赋、疏、策、祭文、寓言等,体裁十分完备;但此书也选了如《滕王阁序》、《北山移文》等四篇骈文,以见此体裁之一斑。《古文观止》之“观止”一词源于《左传·襄公二十九年》之“季札观周乐”(见《古文观止》卷二):“观止矣!若有他乐,吾不敢请已。”意谓:“我所观赏的乐舞已达到最高境界,如果还有其他乐舞,我也不敢再请求观赏了。”所以“观止”有观赏到极致、高境界之艺术的意思。此书借用此词，是对所选古文思想内涵与艺术境界的高度赞誉。

《古文观止》编选了自周代至明代历代文章凡二百二十二篇，分为十二卷。数量比较适中，篇幅也以短篇为主，很适合青年学子学习阅读。应该说历代很多名著、名家被网罗其中，许多名篇也未遗漏。如《左传》、《国语》、《礼记》、《战国策》、《史记》；王羲之、陶渊明、李白，以及唐宋八大家之韩愈、柳宗元、欧阳修、苏洵、苏轼、苏辙、曾巩及王安石，还有明代宋濂、刘基、归有光、袁宏道等；名篇如《曹刿论战》、《邹忌讽齐王纳谏》、《谏逐客书》、《报任安书》、《过秦论》、《出师表》、《桃花源记》、《陈情表》、《兰亭集序》、《滕王阁序》、《与韩荆州书》、《陋室铭》、《阿房宫赋》、《岳阳楼记》，以及唐宋八大家的名作，还有明代的《卖柑者言》、《徐文长传》、《五人墓碑记》，等等，难以尽数。这些是《古文观止》的主体，也是古文的精华，千百年来脍炙人口，长盛不衰。

编者选文不拘一格，态度宽容。于人不讲党派与文派，如宋代既选改革派王安石之文，也选保守派司马光之作；明代既选复古派王世贞之文，也选性灵派袁宏道之作。也不讲作者是否有名气，既有许多大家、名家，也有像宋代钱公辅、李格非，明代王鏊、张溥这样的文坛名声不著者，不以人废文。编者选文十分注重思想意义，尽管是站在封建士大夫的立场上，宣扬的是儒家价值观，有许多时代局限；但其中所倡导的忠贞爱国思想，与民同忧乐思想，居安思危的忧患意识，尊重人才思想，积极进取的精神，达观开朗的品格，等等，也都是我们今天应该汲取的；而其所批判的骄奢淫逸，贪污腐败，残害百姓，压制人才，虚伪奸诈，谄媚逢迎，等等，也都是我们今天应该反对的。编者同样注重艺术形式，不仅体裁尽量做到丰富完备，于题材与风格也力求百花齐放。如史著既记载历史事实，也刻画历史人物；传记既记圣贤名人，也记百工贱役；序文既有诗文序言，也有送别赠序；论说既论国家大事，也说学子治学；山水游记既模山范水，也抒写忧乐，乃至揭示哲理；墓志、祭文既悲思友情，也悼念亲人……文章或义正词严，或讽刺幽默；或直截了当，或委婉曲折；或豪壮奔放，或缠绵悱恻；或就事论事，或借题发挥；或以逻辑严密见长，或以史料扎实取胜；或开门见山，或画龙点睛；或正面阐释，或反面批驳……绚丽多彩，美不胜收。可以说，中国古代散文的题材与风格，基本上没有漏网之鱼。我们沉浸其中，可以发现中国古代散文的发展脉络，也可以欣赏中国古代散文的万紫千红。这些无疑是《古文观止》适应民族与文化发展需要的东西，是它能流传三百余年，并将继续流传下去的重要原因。显然，三百余年前的一个普及、通俗的古文选本，今天已具有了“经典”性质，是普及的“经典”。

作为一个古文选本，《古文观止》也有明显的不足或缺陷。思想局限问题毋庸多说，没有局限倒是不可思议的了。从选本的角度看，先秦部分，只选“经”、“史”而不选“子”，以致先秦诸子的精彩篇章“全军覆没”，十分可惜。反之，唐宋八大家所占比例嫌大，特别是韩愈、苏轼所选过多：韩愈选二十四篇，占全书十分之一强，其中写得并不出色的《上宰相书》三篇竟选了两篇；苏轼选了十七篇，其中所选的论有五篇，多为早年的应试策论，观点偏激，有的还编造典故，并不是其佳作，当然，这与此书是为士子应试有关。明代文章忽视新兴品种性灵小品，所选仍皆是载道之作，思想显得保守。还有后来被乾嘉学者考证疑为伪作的《李陵答苏武书》、《辨奸论》等，也皆纳入书中而不知，虽然对此不能苛求，但总是个遗憾。顺便要指出的是本书作为选本，有些篇章与原著比较，文字有出入，对原文字有删节，为保持书本原貌，一般不作校改。

本书以中华书局排印本为底本，并参校了其他版本，采用简体字排印。原书的评语未保留，其中有价值的内容，在“品评”中酌情采纳。本书的体例是除对原文标点、分段外，“注释”对疑难字词予以注音、解释，对典故指出其出处并予解释；“品评”对文章的思想内涵或艺术特点、表达手法进行简要评说。本书的撰写，参考了近年来的研究成果，如洪本健等编的《解题汇评古文观止》（华东师范大学出版社 2002 年版）、北京大学阴法鲁老师主编的《古文观止译注（修订本）》（北京大学出版社 2001 年版）等，特在此表示诚挚的谢意。本书稿由王英志撰写卷七至卷十二，李庆立撰写卷一至卷三，程世和撰写卷四至卷六。由王英志确定全书体例、格式与内容要求，并审订全部书稿，通读全书校样；周嫣协助核对有关资料，参加校对全书校样。特此说明。

由于水平有限，本书于校点、注释、品评诸方面都较粗糙，差错更在所难免，期望读者给予指正。

王英志

2004 年于苏州大学凌云斋初稿

2014 年校改

原　　序

余束发就学时，辄喜读古人书传。每纵观大意，于源流得失之故，亦尝探其要领；若乃析义理于精微之蕴，辨字句于毫发之间，此衷盖阙如也。

岁戊午，奉天子命抚八闽，会稽章子、刁子，以古文课余子于三山之凌云处。维时从子楚材，实左右之。楚材天性孝友，潜心力学，工举业，尤好读经史，于寻常讲贯之外，别有会心；与从孙调侯，日以古学相砥砺。调侯奇伟倜傥，敦尚气谊，本其家学，每思继序前人而光大之。二子才器过人，下笔洒洒数千言无懈漫，盖其得力于古者深矣。

今年春，余统师云中，寄身绝塞，不胜今昔聚散之感。二子寄余《古文观止》一编，阅其选，简而该，评注详而不繁；其审音辨字，无不精切而确当。披阅数过，觉向时之所阙如者，今则躯然以喜矣。以此正蒙养而裨后学，厥功岂浅鲜哉！亟命付诸梨枣，而为数语，以弁其首。

康熙三十四年五月端阳日，愚伯兴祚题。

目　　录

上　　册

卷一　周文

卷二 周文

卷三 周文

卷四　秦文

卷五　汉文

卷六　汉文

下　册

卷七　六朝唐文

卷八　唐文

卷九　唐宋文

卷十　宋文

卷十一　宋文

卷十二 明文

卷一 周　文

《左传》

本名《左氏春秋》，与孔子修订的《春秋》同为独立的史籍；晋杜预始将其分年附于《春秋》之后，以解说《春秋》，于是又叫《春秋左氏传》，简称《左传》。相传为春秋末期鲁国史官左丘明撰。《汉书·艺文志》谓其与孔子共观鲁史记，孔子作《春秋》，左丘明遂论本事而为之作传。但现在一般认为，应完成于战国初期，后人又有所增补，并非出自一人之手。全书共六十卷，十八万多字，以《春秋》为纲，按鲁国十二位君主的次序，比较具体、系统地记述了自鲁隐公元年（前722）至鲁哀公二十七年（前468）之间周王朝和各诸侯国的许多重大史实，书末并附记鲁悼公四年（前463）事一条，还提到鲁悼公十四年（前453）晋国韩氏、魏氏灭智伯之事，是我国古代最早的一部记事完整的编年断代史。这部著作不仅在一定程度上反映了那个时代的政治、经济、军事、外交和文化等方面的面貌，表现了作者的儒家思想，是研究我国先秦历史的重要文献；而且是一部文学成就很高的散文著作。因此，《左传》在史学、文学、语言学等方面，对后世都有深远的影响。

郑伯克段于鄢[①] 隐公元年

初[②]，郑武公娶于申[③]，曰武姜[④]，生庄公及共叔段[⑤]。庄公寤生[⑥]，惊姜氏，故名曰寤生。遂恶之[⑦]。爱共叔段，欲立之[⑧]。亟请于武公[⑨]，公弗许[⑩]。

及庄公即位[⑪]，为之请制[⑫]。公曰："制，岩邑也[⑬]，虢叔死焉[⑭]。他邑唯命[⑮]。"请京[⑯]，使居之[⑰]，谓之京城大叔[⑱]。

祭仲曰[⑲]："都城过百雉，国之害也。[⑳]先王之制[㉑]：大都，不过参国之一[㉒]；中，五之一；小，九之一。[㉓]今京不度[24]，非制也[25]。君将不堪[26]。”公曰：“姜氏欲之，焉辟害[27]！”对曰：“姜氏何厌之有[28]！不如早为之所[29]，无使滋蔓[30]。蔓，难图也[31]。蔓草犹不可除，况君之宠弟乎！”公曰：“多行不义必自毙。子姑待之[32]。”

既而，大叔命西鄙、北鄙贰于己[33]。公子吕曰[34]：“国不堪贰[35]，君将若之何[36]？欲与大叔，臣请事之[37]；若弗与，则请除之，无生民心[38]。”公曰：“无庸[39]，将自及[40]。”

大叔又收贰以为己邑[41]，至于廪延[42]。子封曰：“可矣，厚将得众[43]。”公曰：“不义不昵[44]，厚将崩[45]。”

大叔完聚[46]，缮甲兵[47]，具卒乘[48]，将袭郑[49]。夫人将启之[50]。公闻其期，曰：“可矣！”命子封帅车二百乘以伐京[51]。京叛大叔段。段入于鄢。公伐诸鄢[52]。五月辛丑[53]，大叔出奔共[54]。

书曰[55]：“郑伯克段于鄢。”段不弟[56]，故不言弟。如二君，故曰克。称郑伯，讥失教也[57]，谓之郑志[58]。不言出奔，难之也[59]。

遂寘姜氏于城颍而誓之曰[60]：“不及黄泉[61]，无相见也！”既而悔之[62]。颍考叔为颍谷封人[63]，闻之，有献于公[64]。公赐之食[65]。食舍肉[66]。公问之，对曰：“小人有母，皆尝小人之食矣，未尝君之羹[67]，请以遗之[68]。”公曰：“尔有母遗，繄我独无[69]！”颍考叔曰：“敢问何谓也[70]？”公语之故，且告之悔。对曰：“君何患焉[71]！若阙地及泉[72]，隧而相见[73]，其谁曰不然[74]？”公从之[75]。公入而赋[76]：“大隧之中，其乐也融融[77]。”姜出而赋：“大隧之外，其乐也泄泄[78]。”遂为母子如初。

君子曰[79]：颍考叔，纯孝也[80]。爱其母，施及庄公[81]。《诗》曰[82]：“孝子不匮[83]，永锡尔类[84]。”其是之谓乎[85]！

【注释】① 郑伯克段于鄢：本文原无标题，本题是选者所加（下所选《左传》文皆如此），取《春秋》中的一句话，意思是说郑庄公在鄢地打败了共叔段。郑伯：指郑庄公。公元前 743—前 701 年在位。郑：国名，姬姓，都新郑（今河南新郑一带）。伯：爵名，郑是伯爵一级的诸侯国，故称郑伯。克：攻克，战胜。段：共叔段，庄公之弟。鄢（yān）：郑国地名，在今河南鄢陵。② 初：当初。这是《左传》追述往事的一种习惯说法。③ 郑武公：名掘突，庄公之父。武：死后的谥号。公元前 770—前 744 年在位。申：国名，姜姓，在今河南南阳一带。④ 武姜：郑武公之妻姜氏，后人对她的称谓。武：丈夫武公的谥号。姜：母家的姓氏。⑤ 共（gōng）叔段：庄公的弟弟，名段。叔：排行在末的、年少的。共：国名，在今河南辉县。段被打败后逃到共国，故称共叔段。⑥ 寤（wù）生：逆生，即胎儿难产，出生时先下脚。寤：通"牾"，逆，倒着。⑦ 遂：于是、因此。恶（wù）：厌恶。之：代词，指郑庄公。⑧ 立：立为太子。之：代词，指共叔段。⑨ 亟（qì）：屡次。⑩ 弗（fú）：不。⑪ 及：到了。即位：天子或诸侯登位就职。⑫ 为（wèi）：给、替。请制：请求封在制邑。制：郑国地名，又名虎牢，在今河南荥阳西北汜水镇一带。⑬ 岩邑：险要的城邑。岩：险要。⑭ 虢（guó）叔：指东虢国的国君。东虢国在今河南荥阳东北，公元前 767 年为郑国所灭。焉：于此，那里。⑮ 唯命："唯命是听"的省略。⑯ 京：郑国地名，在今河南荥阳东南。⑰ 句谓让共叔段住在那里。之：代指京。⑱ 大（tài）叔：对共叔段的尊称。大，同"太"。⑲ 祭（zhài）仲：郑国大夫，又名祭足、祭仲足。祭是其食邑名，在今河南中牟祭亭。⑳ 二句谓都城的城墙超过三百丈，是国家的祸患。都：都城，泛指国都之外的一般城邑。城：城墙。雉（zhì）：古代度量名，城墙长三丈、高一丈为一雉。国：国家。杜预《春秋经传集解》："侯伯之城，方五里，径三百雉，故其大都不得过百雉。"㉑ 制：制度，规定。㉒ 句谓大的城邑不能超过国都的三分之一。参：同"三"。国：国都。㉓ 二句承前省略，即"中都不过五国之一，小都不过九国之一"。㉔ 不度：不合法度。㉕ 非制：不符合先王的制度。㉖ 不堪：受不了，意即无法控制。㉗ 焉：怎能，哪里。辟：同"避"。㉘ 何厌之有：有什么满足的。"何厌"是动词"有"的宾语。厌：满足。之：表示宾语前置。㉙ 早为之所：趁早为他们安排个地方，即早点做好打算。为：动词，有安排的意思，带双宾语。之：指武姜和共叔段。㉚ 滋蔓：滋长蔓延，比喻势力发展起来。㉛ 图：图谋，对付。㉜ 子：对男子的尊称。姑：姑且、暂且。㉝ 既而：不久。鄙：边邑。贰于己：既属于郑庄公，又属于自己。贰：两属，属二主。㉞ 公子吕：郑国大夫，字子封。㉟ 句谓国家经受不了有两属的情况。㊱ 若之何：如之何，怎么办。㊲ 事之：侍奉他。㊳ 句谓不要使民众产生异心。㊴ 庸：用。㊵ 自及：自取于祸。㊶ 贰：指两属的西鄙、东鄙。㊷ 廪延：郑国地名，在今河南延津北。㊸ 厚：雄厚，此指扩大地盘。㊹ 昵(nì)：亲热，此指亲近兄长。㊺ 崩：这里指崩溃、垮台。㊻ 完聚：修毕城郭，积聚粮草。㊼ 缮：修整，修补。甲兵：铠甲和兵器，泛指武器。㊽ 具：备置。卒：步兵。乘(shèng)：战车。古代一车四马为一乘，车上立甲士三人，车后有步兵七十二人。㊾ 袭：偷袭，行军不用钟鼓。㊿ 夫人：指武姜。启：开，指开城门做内应。(51) 帅：通“率”，率领。伐：征伐。(52) 诸：“之于”二字的合音合义。之：代指共叔段。于：到。(53) 五月辛丑：即鲁隐公元年(前722)五月二十三日。(54) 出奔：逃跑，指逃到外国避难。(55) 书：指《春秋》。以下六字系《春秋》经文，其后“段不弟……不言出奔，难之也”，是诠释引文的微言大义。(56) 弟(tì)：通“悌”，弟弟顺从兄长。(57) 句谓讥讽郑庄公失掉了对弟弟教育的责任。(58) 郑志：指郑庄公要杀弟的意图。志，意图。(59) 难之：责难郑庄公。之：代指郑庄公。(60) 寘(zhì)：同“置”，安置，此指发落、幽禁。城颍：郑国地名，在今河南临颍西北。(61) 黄泉：指死人葬身的墓穴。(62) 之：代词，指置武姜于城颍并发誓之事。(63) 颍考叔：郑国大夫。颍谷：郑国地名，在今河南登封西。封人：官名，管理疆界的官。(64) 有献：有所进献，指献计或献物。(65) 赐之食：赐给食物，此为留他吃饭的意思。赐：给。食：食物。(66) 舍肉：把肉放在一旁不吃。舍：放弃。(67) 羹：带汤汁的肉食。(68) 遗(wèi)：赠送，此有留给的意思。之：代指颍考叔之母。(69) 繄(yì)：句首语气词。(70) 敢问：斗胆请问。敢，表示谦敬的词，有冒昧的意思。(71) 患：忧虑，忧愁。焉：疑问语气词，相当于“呢”。(72) 阙(jué)：通“掘”，挖掘。(73) 隧：地道。此为名词作状语，即在隧道里。(74) 其：语气词，用以加强反问语气。然：这样，代词，指黄泉相见之事。(75) 从之：听从了他。(76) 赋：动词，赋诗。此指诵读诗句。(77) 融融：快乐自得的样子。(78) 泄(yì)泄：舒畅和乐的样子。(79) 君子：作者发表意见所假托的评论者。(80) 纯孝：大孝，真孝。纯：纯真。(81) 施(yì)：延及，扩展，意即扩大影响。(82)《诗》：指《诗经》。以下引文见于《诗经·大雅·既醉》。(83) 匮(kuì)：亏缺，竭尽。(84) 锡：通“赐”，给与。尔类：你同类的人。(85) 其是之谓：即“其谓是”。其：大概，或许，表示委婉的推测语气。是：这，指颍考叔，作“谓”的宾语。之：表示宾语前置。

【品评】本文记叙了郑庄公与其弟共叔段、其母武姜为争夺王位而明争暗斗、互相倾轧的过程，反映了奴隶制行将崩溃之时奴隶主贵族家庭内部的矛盾斗争，揭露了统治阶级骨肉相残的残酷性以及他们所宣扬的伦理道德的虚伪性。文章按事件发生的自然顺序展开，由起因，而发展，而激化，而结局，笔墨简洁，脉络清晰，层次井然，情节曲折，结构谨严，重点突出。虽重在叙事，但注重人物描写。尤其是将郑庄公置于尖锐的冲突之中，通过语言和行动，成功地刻画了他老谋深算、阴险毒辣、伪善伪孝的鲜明个性。另外，共叔段的野心勃勃、贪得无厌、一意孤行，武姜的偏袒自私、助子为虐、短视任性，以及祭仲、子封关注郑国、效忠主子等，也写得活龙活现，跃然纸上。

周郑交质[①] 隐公三年

郑武公、庄公为平王卿士[②]。王贰于虢[③]，郑伯怨王[④]。王曰："无之。"故周、郑交质。王子狐为质于郑[⑤]，郑公子忽为质于周[⑥]。王崩[⑦]，周人将畀虢公政[⑧]。四月，郑祭足帅师取温之麦[⑨]；秋，又取成周之禾[⑩]。周、郑交恶[⑪]。

君子曰："信不由中[⑫]，质无益也。明恕而行[⑬]，要之以礼[⑭]，虽无有质，谁能间之[⑮]？苟有明信，涧溪沼沚之毛[⑯]，蘋蘩蕰藻之菜[⑰]，筐筥锜釜之器[⑱]，潢污行潦之水[⑲]，可荐于鬼神[⑳]，可羞于王公[㉑]，而况君子结二国之信[㉒]，行之以礼，又焉用质[㉓]？《风》有《采蘩》、《采蘋》[㉔]，《雅》有《行苇》、《泂酌》[㉕]，昭忠信也[㉖]。"

【注释】① 周：公元前 11 世纪周武王灭商后建立，建都于镐（今陕西西安西南沣水东岸），史称西周；公元前 770 年周平王东迁洛邑（今河南洛阳），史称东周。交：互相交换。质：指人质，古代派往别国去作抵押的人，多由王子或世子充当。② 平王：周朝第十三王，名宜臼，一作宜咎。周幽王之子。避犬戎之乱迁都洛邑后，依靠晋、郑两国夹辅立国。卿士：执政大臣。郑武公、庄公父子曾相继以诸侯身份兼掌周王室大权。③ 句谓周平王担心郑庄公权力过大，想分一部分给西虢公。贰：两属。虢：此指西虢公。④ 怨：怨恨。⑤ 王子狐：周平王之子。⑥ 公子忽：即郑昭公，郑庄公之子。在位四年，被高渠弥所杀。⑦ 崩：古代帝王死了称崩。⑧ 畀（bì）：给与。⑨ 祭（zhài）足：即郑国大夫祭仲。帅：通“率”，率领。师：军队。温：周之地名，在今河南温县西南。⑩ 成周：周之地名，即洛邑，在今河南洛阳东。禾：指稷类谷物。⑪ 交恶（wù）：相互结下仇怨。⑫ 句谓信任不出自内心。中：通“衷”，内心。⑬ 明：心地光明。恕：推己及人，宽大为怀。⑭ 要（yāo）：约束。⑮ 间：离间。⑯ 沚：水中的小洲。毛：草。⑰ 蘋（pín）：浮萍。蘩（fán）：白蒿，菊科多年生草本植物。蕰藻：水草。⑱ 筐：方形竹器。筥（jǔ）：圆形竹器。锜（qí）：有足的锅。釜：无足的锅。⑲ 潢污（huáng wū）：停积的水。行潦（háng lǎo）：流动的水。⑳ 荐：向鬼神进献物品，特指未用猪、牛、羊的祭祀。㉑ 羞：美味食品，这里用作动词，进献食品。王公：指天子、诸侯。㉒ 君子：春秋时统指统治者和贵族男子。结：缔结。㉓ 焉：何必，哪儿，表示反问。㉔《风》：指《诗经·国风》。《采蘩》、《采蘋》：《国风·召南》中的两篇，描写妇女采集野菜以供祭祀之用，这里取其不嫌菲薄的意思。㉕《雅》：此指《诗经·大雅》。《行苇》、《泂酌》：《大雅·生民之什》中的两篇。《行苇》为祭祀后宴请父兄的诗，歌颂忠诚爱护、和睦相亲。《泂酌》讲用积水也可以祭祀。㉖ 昭：显扬，彰明。

【品评】本文概述并评议了周、郑由“交质”到“交恶”的历史事实，反映了周王室东迁后无力驾驭各诸侯国的软弱衰微和统治集团内部尔虞我诈的权利之争，宣扬了“信”和“礼”维护以周王室为中心的统治秩序的重要性。上段叙事简要，寥寥七十三个字即将周、郑“交质”的起因、做法及“交恶”的情景交待清楚，同时也写出了周平王虚辞掩饰的无奈和郑国目无周王室的强横。下段则针对周、郑“交质”“交恶”的史实，揭示出其症结在于无“信”无“礼”，并反复强调、申说“信”与“礼”的重要性，态度鲜明，议论十分集中。“信”与“礼”二字可视为全篇之眼。

石碏谏宠州吁[①] 隐公三年

卫庄公娶于齐东宫得臣之妹[②]，曰庄姜[③]，美而无子，卫人所为赋《硕人》也[④]。

又娶于陈⑤，曰厉妫⑥。生孝伯，蚤死⑦。其娣戴妫生桓公⑧，庄姜以为己子。

公子州吁，嬖人之子也⑨。有宠而好兵⑩，公弗禁。庄姜恶之⑪。

石碏谏曰："臣闻爱子，教之以义方⑫，弗纳于邪⑬。骄奢淫佚，所自邪也⑭。四者之来，宠禄过也⑮。将立州吁⑯，乃定之矣⑰；若犹未也，阶之为祸⑱。夫宠而不骄，骄而能降⑲，降而不憾，憾而能昣者⑳，鲜矣㉑。且夫贱妨贵㉒，少陵长㉓，远间亲㉔，新间旧，小加大㉕，淫破义㉖，所谓六逆也㉗；君义㉘，臣行㉙，父慈，子孝，兄爱，弟敬，所谓六顺也。去顺效逆㉚，所以速祸也㉛。君人者㉜，将祸是务去㉝；而速之㉞，无乃不可乎㉟？"弗听。

其子厚与州吁游㊱，禁之，不可。桓公立，乃老㊲。

【注释】① 石碏(què)：卫国大夫。宠：宠爱。州吁：即公子州吁，卫庄公庶子。桓公十六年(前719)二月，他杀死卫桓公，自立为国君。十二月，被人杀死，迎立桓公的弟弟晋，即卫宣公。② 卫庄公：名扬，卫武公之子。公元前757—前735年在位。卫，国名，姬姓，在今河南淇县一带。齐：国名，姜姓，在今山东中、东部。东宫：太子所住的宫室，此代指太子。得臣：齐太子名，齐庄公之子，早死，未继承君位。③ 庄姜：齐庄公之女，齐僖公之妹。姜是其母家姓，庄是其丈夫谥号。④ 赋：动词，赋诗，不歌而诵称赋。《硕人》：《诗经·卫风》中诗篇，相传是卫国人赞美庄姜德貌双全的诗。⑤ 陈：国名，妫姓，在今河南东部和安徽西部，建都宛丘(今河南淮阳)，公元前479年为楚所灭。⑥ 厉妫(guī)：厉是其谥号，妫是陈国姓。⑦ 蚤：同"早"。⑧ 娣(dì)：古代姐妹共嫁一夫，长为姒，幼为娣。戴妫：厉妫之妹，从嫁于卫庄公。戴是其谥号。桓公：名完，卫庄公之子。在位十六年。⑨ 嬖(bì)人：宠爱的人，此指宠幸的姬妾。嬖：宠爱，宠幸。⑩ 兵：指武事。⑪ 恶(wù)：讨厌，厌恶。⑫ 义方：行事应遵循的准则，犹言正道。⑬ 纳：进入。⑭ 句谓邪恶的开始。⑮ 宠禄：给予宠幸和富贵。过：过分，太甚。

⑯ 立：此指使州吁为太子。⑰ 乃：就。⑱ 句谓导致他造成祸害。阶：导致，招致。⑲ 能降：谓安于地位下降。⑳ 憾：怨恨。眕（zhěn）：安重镇定，意即不轻举妄动。㉑ 鲜（xiǎn）：少。㉒ 且夫：犹"况且"，承上文，表示进一层的意思。妨：妨害。㉓ 陵：侵犯，欺侮。㉔ 间：离间。㉕ 加：陵加，侵陵。㉖ 句谓放荡无度的、破坏正义的。㉗ 六逆：六种悖理的情况。逆：不顺，违背。㉘ 句谓君王举止合乎礼义。㉙ 句谓臣子执行君命。㉚ 去：抛弃，舍弃。效：效法。㉛ 速祸：召致祸害。速：召致。㉜ 句谓当君王的。㉝ 祸是务去：即"务去祸"的倒装。是：表示宾语前置。㉞ 之：指"祸"。㉟ 无乃：相当于"莫非"、"恐怕是"，表示委婉测度的语气。㊱ 厚：人名，石碏之子。游：交往，交际。㊲ 老：告老，年老退休。

【品评】本文记叙卫国公子州吁杀死卫桓公自立为国君之前一年的事。当时，卫国大夫石碏已敏锐地觉察到潜伏的危机，因此，劝说卫庄公不要过分宠爱州吁，指出宠子未有不骄，骄子未有不败的，并提出"六顺"之教子"义方"。而卫庄公听不进逆耳之言，终于酿成祸患。文章紧紧围绕一个"谏"字，叙写了石碏进谏的缘起、谏词及后果，层次分明，条理清晰。石碏的谏词是全文重点，其中心则针对一个"宠"字，从正反两面阐明应遵循的规矩和常理，语气中肯，用词也较委婉。所宣扬的"六顺"，虽是奴隶主阶级维护其统治的伦理纲常，但对后人教育子女，不无启发和借鉴意义。

臧僖伯谏观鱼[①] 隐公五年

春，公将如棠观鱼者[②]。

臧僖伯谏曰："凡物不足以讲大事[③]，其材不足以备器用[④]，则君不举焉[⑤]。君将纳民于轨物者也[⑥]。故讲事以度轨量，谓之'轨'；[⑦]取材以章物采，谓之'物'。[⑧]不轨不物[⑨]，谓之乱政。乱政亟行[⑩]，所以败也。故春蒐[⑪]、夏苗[⑫]、秋狝[⑬]、冬狩[⑭]，皆于农隙以讲事也[⑮]。三年而治兵[⑯]，入而振旅[⑰]，归而饮至[⑱]，以数军实[⑲]。昭文章[⑳]，明贵贱[㉑]，辨等列[㉒]，顺少长[㉓]，习威仪也[㉔]。鸟兽之肉不登于俎[㉕]，皮革、齿牙、骨角、毛羽，不登于器[㉖]，则君不射[㉗]，古之制也[28]。若夫山林、川泽之实[29]，器用之资[30]，皂隶之事[31]，官司之守[32]，非君所及也[33]。"

公曰："吾将略地焉[34]。"遂往，陈鱼而观之[35]。僖伯称疾不从。

书曰[36]："公矢鱼于棠[37]。"非礼也，且言远地也。[38]

【注释】① 臧僖伯：即公子彄(kōu)，封于臧，僖是其谥号。鲁孝公之子。② 如：往，去。棠：地名，在今山东鱼台东北。鱼：通"渔"，捕鱼。者：语末助词。③ 物：物品，此指鸟兽之类。讲：讲习，演习。大事：指祭祀和军事。④ 材：此指下文的皮革、齿牙、骨角、毛羽等。器用：器皿用具，此指用于祭祀和军事的器物。⑤ 举：办理。⑥ 句谓国君是将民众纳入"轨"、"物"的人。纳：纳入，引导。⑦ 二句谓所以用讲习祭祀和军事的大事来衡量法度叫做"轨"。度(duó)：衡量。轨量：比喻规矩、法度。⑧ 二句谓选取材料来彰显器物的文采叫做"物"。章：明。采：文采。⑨ 不轨不物：指器用众物不合法度。⑩ 亟(qì)：屡次。⑪ 蒐(sōu)：搜索，春季打猎，择取没有怀胎的禽兽。⑫ 苗：夏天打猎，为庄稼除害。⑬ 狝(xiǎn)：秋季打猎，顺应秋天肃杀之气。⑭ 狩：冬季打猎，见禽兽即扑杀。⑮ 农隙：农闲。讲事：指讲习武事。⑯ 三年：每隔三年。治兵：外出练兵。⑰ 入：指进入国都。振旅：指练兵完毕，整治队伍而归。"治兵"、"振旅"都是古代的军事演习活动。⑱ 饮至：古代的一种典礼，即诸侯朝拜、会盟、征伐完毕，回到宗庙饮酒庆贺。⑲ 数(shǔ)：点数，计算。军实：此指军士、车马、器械及猎物等。⑳ 句谓显示车服旌旗的不同文采。昭：表明，显示。㉑ 明：使分明、清楚。㉒ 等列：等级。㉓ 顺：动词，理顺。㉔ 句谓习练表示威仪的礼制。㉕ 登：上，意即盛入。俎(zǔ)：祭祀时盛祭品的礼器。㉖ 登：上，意即装饰。器：主要指军用器物。㉗ 则：表示因果，犹"因此"、"所以"。射：射猎。㉘ 制：制度，规矩。㉙ 若夫：至于，如果说到。实：此指物产。㉚ 资：物资。㉛ 皂隶：古时对贱役的称呼。㉜ 官司：专职的官吏。守：职守，职分。㉝ 及：涉及，指亲自过问。㉞ 略地：巡视边地。㉟ 陈鱼：陈设捕鱼的工具。㊱ 书：指《春秋》。㊲ 矢：通"施"，陈设，陈列。㊳ 二句是对《春秋》之引语的阐释，意思是说鲁隐公这一行动不合礼法，并且说明他去的棠邑是边远的地方。

【品评】本文主要写臧僖伯对鲁隐公远离国都去棠邑观赏捕鱼的谏

阻，宣扬的是奴隶制社会中君主奉行的准则，中心是一个“礼”字。臧僖伯以古为训，首先单刀直入，从反正两方面说明国君的责任在于按礼法行事，将民众纳入事物的正轨和法度上来；接着在对“轨”和“物”进行诠释后，顺理成章地指出“不轨不物”就是“乱政”，后果严重；然后历陈讲习祭祀和军事大事的具体内容，既与上文呼应，又是上文的阐发；最后以“古制”为铺垫，通过对比，再次强调与祭祀和军事无关的事君主不应过问。谏词十分郑重、忠恳，虽无“观鱼”二字，却丝丝入扣，处处关涉“观鱼”。文末直斥鲁隐公“非礼”，即在臧僖伯谏词的基础上，揭明了“观鱼”就是“乱政”。

郑庄公戒饬守臣① 隐公十一年

秋七月，公会齐侯、郑伯伐许②。庚辰③，傅于许④。颍考叔取郑伯之旗蝥弧以先登⑤，子都自下射之⑥，颠⑦。瑕叔盈又以蝥弧登⑧，周麾而呼曰⑨：“君登矣！”郑师毕登⑩。壬午⑪，遂入许。许庄公奔卫⑫。齐侯以许让公⑬，公曰：“君谓许不共⑭，故从君讨之。许既伏其罪矣⑮，虽君有命，寡人弗敢与闻⑯。”乃与郑人。

郑伯使许大夫百里奉许叔以居许东偏⑰，曰：“天祸许国⑱，鬼神实不逞于许君⑲，而假手于我寡人⑳。寡人唯是一二父兄不能共亿㉑，其敢以许自为功乎㉒？寡人有弟，不能和协，而使糊其口于四方，㉓其况能久有许乎㉔？吾子其奉许叔以抚柔此民也㉕，吾将使获也佐吾子㉖。若寡人得没于地㉗，天其以礼㉘，悔祸于许㉙，无宁兹许公复奉其社稷㉚。唯我郑国之有请谒焉㉛，如旧昏媾㉜，其能降以相从也㉝。无滋他族实逼处此㉞，以与我郑国争此土也。吾子孙其覆亡之不暇㉟，而况能禋祀许乎㊱？寡人之使吾子处此，不惟许国之为㊲，亦聊以固吾圉也㊳。”乃使公孙获处许西偏㊴，曰：“凡而器用财贿㊵，无置于许，我死，乃亟去之[41]。吾先君新邑于此[42]，王室而既卑矣[43]，周之子孙日失其序[44]。夫许，大岳之胤也[45]。天而既厌周德矣[46]，吾其能与许争乎？”

君子谓：“郑庄公于是乎有礼[47]。礼，经国家[48]，定社稷[49]，序人民[50]，利后嗣者也[51]。许无刑而伐之[52]，服而舍之[53]；度德而处之[54]，量力而行之，相时而动[55]，无累后人[56]，可谓知礼矣。”

【注释】① 郑庄公：郑国国君，名寤生。公元前743—前701年在位。戒饬：告诫。守臣：指郑庄公所派辅佐许叔主持许国国政的百里和公孙获。② 公：即鲁隐公。公元前722—前712年在位。《左传》以鲁国国君记年，因称鲁国国君为“公”，不加国名。会：会合，聚集。齐侯：齐僖公禄父，齐庄公购之子，公元前730—前698年在位。齐：侯爵国，姜姓。郑伯：即郑庄公。许：男爵国，又作“鄦(xǔ)”，姜姓，在今河南许昌一带。③ 庚辰：七月一日。④ 傅：靠近，逼近。指鲁、齐、郑三国军队迫近许国国都。⑤ 颍考叔：郑国大夫。蝥(máo)弧：郑庄公的旗名。先登：率先登城。⑥ 子都：郑国大夫公孙阏(è)。郑出师前，公孙阏曾和颍考叔发生争吵，公孙阏心怀仇恨。⑦ 颠：跌倒，倒下。⑧ 瑕叔盈：郑国大夫。⑨ 周麾(huī)：向四面挥动旗帜。麾：同“挥”。⑩ 毕：全部，完全。⑪ 壬午：七月三日。⑫ 许庄公：名弗，许国国君，在位二十二年。卫：侯爵国，姬姓，在今河南淇县一带。⑬ 以许让公：把许国的土地让给鲁隐公。⑭ 共：通“供”，交纳，供奉。⑮ 伏：通“服”。⑯ 与闻：参与其事，即听从的意思。⑰ 许叔：许庄公之弟，即许穆公新臣。许东偏：许国东部边境地区。⑱ 句谓上天降祸于许国。⑲ 实：语助词，用以加强语意。不逞：犹言“不满”。⑳ 假手：借手。寡人：古代君王的谦称。㉑ 一二父兄：指同姓群臣。共亿：相安无事。亿：安。㉒ 其：表示诘问，犹“岂”、“难道”。㉓ 三句指共叔段逃亡在外之事。参见《郑伯克段于鄢》。糊其口于四方：寄食于四方。㉔ 况：怎么。㉕ 吾子：尊称，一般用于男子，相当于“您”。其：用于谓语前，表示劝告、希望。抚柔：安抚怀柔。㉖ 获：公孙获，郑国大夫。佐：辅助，其实主要是监督。㉗ 得没于地：得以寿终埋骨于地下。没：通“殁”，死。㉘ 句谓上天如果以礼相待许国。其：如果，假设。㉙ 句谓后悔降祸于许国。㉚ 无宁：宁可。兹：此。复奉其社稷:再治理国家。奉:事奉。社稷:土神和谷神,此代指国家。㉛ 唯:只,只要。之:助词,用在主语和谓语之间。请谒:请求,求告。焉:语气词,用于句末。㉜ 昏媾(gòu):婚姻,此指亲戚关系。昏:通“婚”。㉝ 其:见注释㉕。降以相从:犹言“俯允”、“将就”。降:降心,有屈尊的意思。㉞ 句谓不要使其他宗族有机会逼近而住在此地。滋:滋长,此引申为“使……有机会”。实:助词。㉟ 覆亡之不暇:颠覆危亡而自顾不暇。㊱ 禋(yīn)祀:古代祭天神的一种礼仪。先烧柴升烟,然后在柴上放牲体和玉帛等祭品焚烧,这里泛指祭祀。㊲ 句谓不仅是替许国打算。㊳ 聊:姑且。固吾圉(yǔ):巩固我国的边境。圉:边境。㊴ 西偏:指许国的西部边境地区。㊵ 而:通“尔”,你,你的。财贿:财物。财:指金玉。贿:指布帛。㊶ 亟:通“急”,急速。去:离开。㊷ 先君:指郑武公。新邑:指新郑一带。郑国初封于西周(今陕西华县东北),周幽王时郑桓公开始东迁,郑武公即位后,在新郑(今属河南)立国。从郑武公到郑庄公仅有两代,故曰“新邑”。㊸ 王室:周王室。既:已经。卑:衰微。㊹ 序:世系班次。周代很讲究“系”,它是先同姓,后异姓;同姓又有嫡、庶之分。㊺ 大(tài)岳:传说为尧舜时的四方部落首领之一,姜姓。大:同“太”。胤(yìn):后代。㊻ 厌:厌弃。㊼ 是:此。乎:用于句中,缓和语气或表示停顿。㊽ 经:治理。㊾ 定:安定。㊿ 序:使……有秩序。51 后嗣:后代。52 无刑:无法度,违背法度。刑:法。53 句谓服罪就宽恕他。54 度(duó):推测,估计。55 相时而动:观察时势变化而采取行动。相:观察。56 累:连累,使受害。

【品评】郑、齐、鲁三国联合攻占许国,齐、鲁随即将许国让与郑国,这就是春秋时代诸侯国之间弱肉强食的冷酷现实。许与郑相邻,郑庄公早就对其虎视眈眈,但心愿得到满足后,他又极力掩饰自己的贪婪狡谋。郑庄公“戒饬守臣”的漂亮言辞,即暴露了他奸雄的面貌。如他派许国大夫百里事奉许叔主持国政时,首先把侵占许国说成顺承天意,并通过当众自我揭短而声称不敢以功自诩,也不想长久占领许国,以取信于人;接着料想自己死后的情况,从利与害两方面说明占领许国只是为了郑国的长治久安;最后总收上文,明示占领许国,既是为许国打算,也是为了郑国的利益。这些告诫,意在推脱责任,自我掩饰,但思虑遥深,分析透彻,出语亦委婉曲折、娓娓动听,是篇不可多得的辞令妙品。

臧哀伯谏纳郜鼎[①] 桓公二年

夏四月[②]，取郜大鼎于宋[③]，纳于大庙[④]。非礼也。

臧哀伯谏曰："君人者[⑤]，将昭德塞违[⑥]，以临照百官[⑦]；犹惧或失之，故昭令德以示子孙[⑧]。是以清庙茅屋[⑨]，大路越席[⑩]，大羹不致[⑪]，粢食不凿[⑫]，昭其俭也。衮、冕、黻、珽[⑬]，带、裳、幅、舄[⑭]，衡、紞、纮、綖[⑮]，昭其度也[⑯]。藻、率、鞞、鞛[⑰]，鞶、厉、游、缨[⑱]，昭其数也[⑲]。火、龙、黼、黻[⑳]，昭其文也[㉑]。五色比象[㉒]，昭其物也[㉓]。钖、鸾、和、铃[㉔]，昭其声也。三辰旂旗[㉕]，昭其明也。夫德，俭而有度，登降有数[㉖]。文物以纪之[㉗]，声明以发之[㉘]，以临照百官。百官于是乎戒惧而不敢易纪律[㉙]。今灭德立违[㉚]，而置其赂器于大庙，以明示百官。百官象之[㉛]，其又何诛焉[㉜]？国家之败，由官邪也[㉝]；官之失德[㉞]，宠赂章也[㉟]。郜鼎在庙，章孰甚焉[㊱]？武王克商[㊲]，迁九鼎于雒邑[㊳]，义士犹或非之[㊴]，而况将昭违乱之赂器于大庙，其若之何[㊵]？"公不听[㊶]。

周内史闻之[㊷]，曰："臧孙达其有后于鲁乎[㊸]，君违，不忘谏之以德。"

【注释】① 臧哀伯：又名臧孙达，臧僖伯之子。鲁国大夫。纳：藏入，放进。郜(gào)：国名，姬姓，在今山东成武东南，春秋时为宋所灭。鼎：此为古时立国的重器，国家政权的象征。一般为圆形，三足两耳，也有方形四足的。② 夏四月：即鲁桓公二年(前710)夏季四月。③ 句谓鲁桓公接受宋太宰华督所贿赂的郜国大鼎。华督因杀孔父而夺其妻，又弑杀宋殇公，担心诸侯诛伐自己，故有此贿赂。宋：国名，子姓，在今河南商丘一带。④ 大(tài)庙：帝王的祖庙，此指鲁国始祖姬旦的庙。⑤ 句谓当君王的。⑥ 昭德：昭明美德。塞违：杜绝邪恶。⑦ 临照：显示，示范。⑧ 令德：美德，善德。⑨ 清庙：太庙。古代太庙是祭祀祖先的地方，肃穆清洁，故称清庙。茅屋：谓清庙尚朴，以茅屋盖顶。⑩ 句谓大车上铺垫蒲席。大路：天子祭祀时用的车。路：通“辂”，车名。越（huó）席：用蒲草编织的席。越：一种蒲属植物，其茎可编席。⑪ 大（tài）羹：古代祭祀时用的肉汁。不致：指不用五味调和。⑫ 粢食（zī sì）：古代祭祀用的黍稷等做的食物。凿：动词，将粗米加工成精米。⑬ 衮（gǔn）：古代帝王及上公的礼服。冕：古代帝王、诸侯及卿大夫的礼帽。黻（fú）：古代皮革做的用作祭服的蔽膝。珽（tǐng）：古代帝王所用的玉笏，又称大圭，长三尺。⑭ 带：古人束衣的革带。裳：下衣。幅（bī）：邪幅，又叫行縢，即裹腿布。舄（xì）：古代一种复底鞋。⑮ 衡：古代用来使冠冕固定在头发上的横簪。纨（dǎn）：古代冠冕上系瑱玉的带子。纮（hóng）：冠冕上的纽带，由颔下挽上而系于笄的两端。綖（yán）：古代覆在冠冕上的装饰。⑯ 度：制度，法度。⑰ 藻、率：用熟革制成有彩绘的放置圭、璋等玉器的垫子。鞞、鞛（bǐng běng）：两种刀鞘上的装饰物。⑱ 鞶（pán）：古代衣服上的大带。厉：腰带的下垂部分。游（liú）：通“旒”，古代旗帜悬垂的饰物。缨：即马鞅，套在马颈上的革带。⑲ 数：指以上饰物，按等级制度各有定数。⑳ 火、龙、黼（fǔ）、黻：古代衣服上的四种花纹。火：火焰文。龙：游龙纹。黼：白与黑相间的花纹。黻：黑与青相间的花纹。㉑ 文：指古代衣饰上按等级制度规定的不同花纹。㉒ 五色：指青、黄、赤、白、黑五种颜色。古代以其为正色。比象：比拟象征天地四方。㉓ 物：指按等级制度规定的车服器用上的各种物色。㉔ 钖（yáng）、鸾、和、铃：车马上装饰的四种铃铛等物。钖：马额上的金属饰物。鸾：马勒两端的小铃。和：车前横木上的小铃。铃：旌旗上的小铃。㉕ 三辰：指日、月、星。古代天子之旗画有日月或星辰，象征事业辉煌。旂旗：泛指旗帜。有铃或画龙的叫旂，画熊虎的叫旗。㉖ 登降：增减，指礼的变通。㉗ 纪：通“记”，标识。㉘ 发：传扬。㉙ 戒惧：警惕畏惧。易：变易，改变，这里有违反的意思。纪律：纲纪制度。㉚ 灭：抹杀，抛弃。立违：树立邪恶。㉛ 象：效尤，以……为榜样。㉜ 诛：惩罚，责罚。㉝ 官邪：官吏效尤邪恶之事。㉞ 失德：丧失美德。㉟ 章：明显，显著。㊱ 句谓还有什么邪恶比这更显著的呢？㊲ 句谓周武王战胜商纣王。克：战胜。㊳ 九鼎：相传为夏禹所铸的九个大鼎，象征九州，夏、商、周奉为传世之宝。雒（luò）邑：今河南洛阳。雒，同“洛”。㊴ 义士：忠义之士，指伯夷、叔齐一类人，他们反对周武王伐纣灭商。㊵ 若之何:怎么办。㊶ 公:指鲁桓公。㊷ 内史:周朝官名,相传掌书王命之事。㊸ 有后于鲁:在鲁国有后继之人。

【品评】宋国太宰华督因杀死宋殇公立庄公为国君,害怕诸侯讨伐,于是以郜国大鼎贿赂鲁桓公。鲁桓公接受郜鼎并将其陈列于太庙里,大夫臧哀伯以为不合礼制,即向鲁桓公进谏。臧哀伯的谏词立意惓切,锋芒犀利,文辞整严,声韵浏亮,对比鲜明,颇具说服力。他开门见山地指出君王应"昭德塞违",做百官的榜样;接着紧扣"昭德塞违"这一中心,先一口气以七个排比句历陈"昭令德"的事实,强调不可违背纲纪法律,很有气势;继而分三个层面反复说明陈列郜鼎于太庙的严重影响及后果,并以古证今,极力谏止鲁桓公。其谏词不仅反映了周礼对于维护奴隶主统治的作用,有助于我们认识礼乐制度的本质;而且它所强调的国王、大臣不能接受贿赂,应厉行俭要等,也有可取之处。

季梁谏追楚师① 桓公六年

楚武王侵随②,使薳章求成焉③,军于瑕以待之④。随人使少师董成⑤。斗伯比言于楚子曰⑥:"吾不得志于汉东也⑦,我则使然⑧。我张吾三军⑨,而被吾甲兵⑩,以武临之⑪,彼则惧而协以谋我⑫,故难间也⑬。汉东之国,随为大。随张⑭,必弃小国⑮。小国离,楚之利也。少师侈⑯,请羸师以张之⑰。"熊率且比曰⑱:"季梁在,何益?"斗伯比曰:"以为后图,少师得其君。"⑲ 王毁军而纳少师⑳。

少师归,请追楚师。随侯将许之,季梁止之曰:"天方授楚㉑,楚之羸,其诱我也㉒,君何急焉?臣闻小之能敌大也㉓,小道大淫㉔。所谓道,忠于民而信于神也㉕。上思利民,忠也;祝史正辞㉖,信也。今民馁而君逞欲㉗,祝史矫举以祭㉘,臣不知其可也。"公曰:"吾牲牷肥腯㉙,粢盛丰备㉚,何则不信㉛?"对曰:"夫民,神之主也㉜,是以圣王先成民而后致力于神[33]。故奉牲以告曰:'博硕肥腯[34]。'谓民力之普存也[35],谓其畜之硕大蕃滋也[36],谓其不疾瘯蠡也[37],谓其备腯咸有也[38]。奉盛以告曰:'洁粢丰盛。'谓其三时不害[39],而民和年丰也。奉酒醴以告曰[40]:'嘉栗旨酒[41]。'谓其上下皆有嘉德,而无违心也。所谓馨香[42],无谗慝也[43]。故务其三时[44],修其五教[45],亲其九族[46],以致其禋祀[47]。于是乎民和而神降之福,故动则有成。今民各有心,而鬼神乏主,[48]君虽独丰[49],其何福之有[50]?君姑修政而亲兄弟之国[51],庶免于难[52]。"随侯惧而修政,楚不敢伐。

【注释】① 季梁:随国的贤臣。楚:子爵国,芈(mǐ)姓,春秋时立国于荆山(在今湖北),后领土扩大到长江中下游。师:军队。② 楚武王:名熊通,楚国第十七代君主,公元前740—前690年在位。随:国名,姬姓,在今湖北随县。③ 薳(wěi)章:楚国大夫。成:讲和。焉:句尾语气词,表示停顿。④ 军:驻屯。瑕(xiá):随国地名,在今湖北随县境。待:等待。⑤ 少师:官名。其人姓名不详。董成:主持和谈。董:主持。⑥ 斗伯比:楚国大夫,芈姓,若敖之子,令尹子文之父。楚子:指楚武王。楚为子爵国,故谓楚子。⑦ 吾:我们。得志:得其所欲,此指扩张国土。汉东:汉水以东,此指汉水以东各小国。⑧ 句谓是我们自己造成的。⑨ 张:张大,扩大。三军:古时军队分中军、左军、右军,此指整个军队。⑩ 被:备办,装备。甲兵:铠甲和兵器,泛指武备。⑪ 句谓以武力胁制他们。⑫ 句谓他们就感到恐惧而联合起来对付我们。协:合,联合。谋:图谋,谋算。⑬ 间:离间。⑭ 张:此谓自傲自大。⑮ 弃:抛弃。⑯ 侈:傲慢自大。⑰ 羸(léi)师:此指故意使军队表现出疲弱的样子。羸:弱,此用作使动词。张之:使他更加傲慢。⑱ 熊率且(jú)比:楚国大夫。⑲ 二句谓用这种办法是为以后打算,少师正得到他国君的宠信。图:谋划。⑳ 毁军:毁损军容,即故意使军容疲弱不整。纳:接纳,迎接。㉑ 句谓上天正给予楚国好运。授:授给,给予。㉒ 其:乃。诱:引诱。㉓ 敌:抵抗,抵挡。㉔ 句谓小国有道而大国淫乱。㉕ 信:诚信。㉖ 祝史:掌管祭祀的官吏。正辞:祝词虔诚,符合实际。㉗ 馁:饥饿。逞欲:力求满足个人的欲望。㉘ 矫举:诈称功德。㉙ 牲:指祭祀用的牛、羊、猪。牷(quán):毛色纯一而且完全。腯(tú):肥壮。㉚ 粢盛(zī chéng):盛在祭器里用黍稷做的供品。㉛ 何则:为什么。㉜ 句谓神灵的主人。㉝ 圣王:圣明的君主。成民:办好人民的事。成:成全。㉞ 博硕:指牲畜肥壮。㉟ 句谓人民的财力、物力到处都是。㊱ 蕃滋:繁殖滋生。㊲ 瘯蠡(cù luǒ):牲畜的一种疾病,即疥癣。㊳ 备腯:美好肥壮。咸:全,都。㊴ 三时:指春、夏、秋农忙季节。㊵ 醴(lǐ):甜酒。㊶ 句谓上等粮食酿的美酒。嘉:美,善。栗:谷实饱满。旨:美。㊷ 馨香:芳香。㊸ 谗慝(chán tè):谗谀邪恶。㊹ 务:致力,从事。㊺ 修:此指讲习、修养。五教:指父义、母慈、兄友、弟恭、子孝。㊻ 九族:说法不同,一般指从高祖至玄孙九代,还有的指父族四代、母族三代、妻族二代。㊼ 禋(yīn)祀:古代祭天神的一种礼仪,先烧柴升烟,然后将牲体、玉帛等祭品放在柴上焚烧。此泛指祭祀。㊽ 二句谓如今人民各怀私心,而鬼神缺少主人。㊾ 丰:指祭品丰盛。㊿ 句是“其有何福”的倒装。其:表示反问语气。之:表示宾语“何福”前置。51 修政:修明政治。兄弟之国:指上文所说的汉水以东的姬姓小国。52 庶:或许,也许。

【品评】春秋时期,周王室衰微,诸侯国连年征战,奴隶和平民反抗不断,季梁等有远见卓识的政治家已认识到,只有关心人民、修明政治、亲近邻国,才能保持政权,对抗强敌。本文对“季梁谏追楚师”原委的记述,即反映了这一进步思想,为研究春秋时期的政治思想史提供了重要材料。季梁的谏词逻辑严密,论述条理,说理透辟,行文“如流云织锦,天花乱坠,令人应接不暇”(吴楚材、吴调侯),而且句句紧承,处处照应,语言整齐有节奏感。其中心是“民为神主,先民后神”。季梁由小国胜大国的条件“小道大淫”,而解说“道”,提出应“忠于民而信于神”。但随侯不能正确理解,他即将话题转到“民为本而神为附”上,逐步深入阐说,表现了高度的智慧。

曹刿论战[①] 庄公十年

齐师伐我[②]。公将战[③]。曹刿请见。其乡人曰[④]:“肉食者谋之[⑤],又何间焉[⑥]?”刿曰:“肉食者鄙[⑦],未能远谋。”乃入见。问:“何以战[⑧]?”公曰:“衣食所安[⑨],弗敢专也[⑩],必以分人。”对曰:“小惠未遍,民弗从也。”公曰:

“牺牲玉帛[11]，弗敢加也[12]，必以信[13]。”对曰：“小信未孚[14]，神弗福也[15]。”公曰：“小大之狱，虽不能察，必以情。”[16]对曰：“忠之属也[17]，可以一战。战则请从。”

公与之乘[18]，战于长勺[19]。公将鼓之[20]，刿曰：“未可。”齐人三鼓[21]，刿曰：“可矣。”齐师败绩[22]。公将驰之[23]，刿曰：“未可。”下视其辙[24]，登轼而望之[25]，曰：“可矣！”遂逐齐师。

既克[26]，公问其故。对曰：“夫战，勇气也。[27]一鼓作气[28]，再而衰[29]，三而竭[30]。彼竭我盈[31]，故克之。夫大国，难测也[32]，惧有伏焉[33]。吾视其辙乱，望其旗靡[34]，故逐之。”

【注释】① 曹刿（guì）：鲁国人。有的认为即《史记・刺客列传》中的曹沫。② 齐师：齐国的军队。我：指鲁国。《左传》以鲁国国君记年，称鲁国为“我”，称鲁国国君为“公”，不加国名。③ 公：指鲁庄公，姬姓，名同。公元前693—前662年在位。④ 乡人：同乡人。⑤ 肉食者：吃肉的人，指禄厚位高的上层人物。谋之：谋划这件事。⑥ 间（jiàn）：参与。焉：相当于“于此”。⑦ 鄙：鄙陋，目光短浅。⑧ 句即“以何战”。何：什么。以：凭，靠，用。⑨ 句谓衣食等用来养生的东西。安：养。⑩ 弗：不。专：独自享用。⑪ 牺牲：祭祀用的牛、羊、猪。玉：祭祀用的玉器。帛：祭祀用的丝织品。⑫ 加：虚夸，此指以少报多。⑬ 信：诚信，诚实。⑭ 孚：大信，使深信不疑。⑮ 福：用作动词，赐福，保佑。⑯ 三句谓大大小小的诉讼案件，虽然不能一一明察，但一定以诚心来处理。狱：讼案。察：明察，弄清楚。⑰ 忠：忠于职守。属：类。⑱ 与之乘：与他共坐一辆战车。乘：乘坐。⑲ 长勺：鲁国地名，在今山东莱芜东北。⑳ 鼓之：击鼓进军。鼓：动词，击鼓。㉑ 三鼓：擂了三通鼓。㉒ 败绩：大败。㉓ 驰之：驱车追击齐国军队。㉔ 下：下车。辙：车轮的痕迹。㉕ 登：上。轼（shì）：古代车厢前用以扶手的横木。㉖ 既：已经。克：战胜。㉗ 二句谓打仗凭勇气。夫：发语词，没有实在意义。㉘ 句谓擂第一通鼓能振作士气。作：振作。㉙ 再：第二次。而：则，就。衰：低落。㉚ 竭：尽。㉛ 盈：充沛，旺盛。㉜ 测：猜测，估计。㉝ 伏：埋伏，伏兵。㉞ 靡（mǐ）：倒下。

【品评】本文记述了齐鲁长勺之战的全过程。这是历史上以弱胜强的典型战例。鲁国之所以战胜齐国，在于取信于民、把握好战机和符合实际的决断。文章围绕着“论战”，着重描写曹刿的政治远见和军事才能。第一段写曹刿拜见鲁庄公并与其分析迎战条件，行文曲折，步步设疑，环环相扣，突出了“取信于民”的战略思想，表现了曹刿为国分忧，襟怀磊落，目光远大，有胆有识。第二段简述战争经过，通过人物语言和细节描写，突出了曹刿“后发制人”、“知己知彼”的指挥艺术，表现其胸有成竹，从容不迫，机智谨慎，沉毅果敢。第三段说明取胜原因，更加显示出曹刿目光远大，深谋远虑。全文仅二百一十九个字，但叙事清楚完整、剪裁详略得当，形象鲜明生动，语言简练整饬，是《左传》中脍炙人口的名篇。

齐桓公伐楚盟屈完[①] 僖公四年

春，齐侯以诸侯之师侵蔡[②]。蔡溃[③]，遂伐楚。楚子使与师言曰[④]：“君处北海[⑤]，寡人处南海[⑥]，唯是风马牛不相及也[⑦]。不虞君之涉吾地也[⑧]，何故？”管仲对曰[⑨]：“昔召康公命我先君太公曰[⑩]：‘五侯九伯[⑪]，女实征之[⑫]，以夹辅周室[⑬]。’赐我先君履[⑭]，东至于海，西至于河[⑮]，南至于穆陵[⑯]，北至于无棣[⑰]。尔贡包茅不入[⑱]，王祭不共[⑲]，无以缩酒[⑳]，寡人是征[㉑]。昭王南征而不复[㉒]，寡人是问。”对曰：“贡之不入，寡君之罪也[㉓]，敢不共给[㉔]？昭王之不复，君其问诸水滨[㉕]！”师进，次于陉[㉖]。

夏，楚子使屈完如师[㉗]。师退，次于召陵[㉘]。齐侯陈诸侯之师[㉙]，与屈完乘而观之[㉚]。齐侯曰：“岂不谷是为[㉛]？先君之好是继[㉜]。与不谷同好[㉝]，何如？”对曰：“君惠徼福于敝邑之社稷[㉞]，辱收寡君[㉟]，寡君之愿也。”齐侯曰：“以此众战[㊱]，谁能御之[㊲]？以此攻城，何城不克[㊳]？”对曰：“君若以德绥诸侯[㊴]，谁敢不服？君若以力，楚国方城以为城[40]，汉水以为池[41]，虽众，无所用之。”

屈完及诸侯盟。

【注释】① 齐桓公：齐国国君，姜姓，名小白。公元前685—前643年在位。齐属侯爵国，故文中称齐侯。楚：国名，在今湖北、湖南、安徽一带。国都在郢（今湖北江陵）。盟：订立盟约。屈完：楚国大夫。② 诸侯之师：指齐、鲁、宋、陈、卫、郑、曹、许八国的军队。侵：侵犯，不宣而战。蔡：国名，姬姓，在今河南汝南、上蔡等地。公元前447年为楚所灭。齐侵蔡是伐楚的第一步。③ 溃：溃败。④ 句谓楚成王派使者至齐军那里说。楚子：指楚成王，公元前671—前626年在位。楚为子爵国，故称楚子。⑤ 北海：泛指北方。⑥ 南海：泛指南方。⑦ 唯：语气词。风马牛不相及：一说马牛走失也不会聚到一处。风：放逸，走失。一说马牛发情也不会到一块。风：雌雄相引诱而追逐。此喻楚国与齐国相距辽远，互不相干。⑧ 虞：料想。涉：到，进入。⑨ 管仲：名夷吾，字仲，颍上（颍水之滨）人。齐国大夫，著名政治家，辅佐齐桓公进行政治改革，被尊称“仲父”。⑩ 召（shào）康公：即召公奭。周文王庶子，封于召（今陕西岐山西南），康是他的谥号。与周公同为周王室世卿。先君：对本国已故君王的称呼。太公：即姜太公吕尚，名望。因辅佐周文王、武王灭商有功，封于齐，为齐国始祖。⑪ 五侯：即公、侯、伯、子、男五等诸侯。九伯：九州之方伯，即各州诸侯之长。⑫ 女（rǔ）：通“汝”，你。实：语助词，用以加强语意。征：讨伐。⑬ 夹辅：辅佐。⑭ 履：践踏，此指可以践踏之地，即权力可到达的范围。⑮ 河：黄河。⑯ 穆陵：关隘名，在今山东临朐东南大岘山上。⑰ 无棣（dì）：齐国地名，在今山东无棣一带。⑱ 尔：你，你们。包茅：裹束成捆的青茅。茅：青茅，楚国特产，祭祀时用以滤去酒中渣滓。不入：不纳贡。包茅是楚国向周王进纳的贡品，这时已三年未入贡。入：纳。⑲ 王：指周王。共：通“供”，供给。⑳ 缩酒：滤酒，此指古代祭祀的一种仪式，即把酒倒在茅束上渗下去，如同神饮了一样。㉑ 句即“寡人征是”，我们寡君追究这些。征：质问，追究。是：代词，指包茅不入这件事。㉒ 昭王：即西周昭王，名瑕，周康王之子。南征而不复：相传周昭王巡行南方渡汉水时，当地人故意弄一只胶粘的船给他，至江心船便解体而溺死。㉓ 寡君：臣子对别国人谦称自己的国君。㉔ 敢：岂敢，表示谦敬之词。㉕ 其：用于主语和谓语之间，表示委婉的语气。诸：“之于”的合音合义。“之”，代指上文提到的事；“于”，介绍出与动作行为有关的处所。水滨:水边。㉖ 次:军队驻扎。陉(xíng):楚国山名,在今河南郾城南。㉗ 屈完:楚国大夫。如:往,到……去。㉘ 召陵:楚国地名,在今河南郾城东。㉙ 陈:陈列。㉚ 乘:指乘战车。㉛ 句谓难道是为了我个人吗。不谷:不善,诸侯自称的谦词。是:助词,表示宾语"不谷"前置。㉜ 句谓继承先君的友好关系。是:同注㉛。㉝ 同好:共同友好。㉞ 句谓承蒙您求福于我国的社稷。惠:表示谦敬的副词。徼(jiǎo):求。敝邑:古代称自己国家的谦词。社稷:土地神和谷神。当时建立国家,必立社稷,所以社稷就成为国家的象征。㉟ 辱:谦词,承蒙。收:收容,接纳。㊱ 句谓用这么众多的军队打仗。㊲ 御:抵挡。㊳ 克:攻克,攻占。㊴ 绥:安抚。㊵ 方城:楚国山名,在今河南叶县南。㊶ 池:护城河。

【品评】本文记述公元前656年齐桓公纠合八国军队攻打楚国,楚国派使者与其议和并签盟的始末,反映了春秋时期大国间的对峙与争霸的现实。"春秋无义战",由此可窥一斑。作者梳理史料,精心剪裁,巧妙结撰,既疏密有致、波澜起伏地展现了这一军事、外交斗争的全过程,又着重描写了楚国使者不辱君命,折服齐国,维护国家利益和尊严的情景。作者善于将人物置于具体的矛盾斗争中,通过对话表现人物。齐桓公蛮横自负、恃强凌弱、软硬兼施的霸气,管仲无理狡辩、节外生枝、气焰逼人的嚣张,楚使从容镇静、据理力争、随机应变的机智,尤其是屈完机警沉着、不卑不亢、柔中有刚的形象,都写得十分传神。双方的对话庄严又诙谐,节节生锋,也是绝妙的外交辞令。

宫之奇谏假道[1] 僖公五年

晋侯复假道于虞以伐虢[2]。宫之奇谏曰:"虢,虞之表也[3]。虢亡,虞必从之[4]。晋不可启[5],寇不可玩[6],一之谓甚,其可再乎?[7]谚所谓'辅车相依,唇亡齿寒'者[8],其虞、虢之谓也[9]。"

公曰:"晋,吾宗也[10],岂害我哉?"对曰:"大伯、虞仲[11],大王之昭也[12]。大伯不从,是以不嗣。[13]虢仲、虢叔[14],王季之穆也[15],为文王卿士[16],勋在王室,藏于盟府。[17]将虢是灭[18]，何爱于虞？且虞能亲于桓、庄乎[19]，其爱之也？桓、庄之族何罪[20]，而以为戮[21]，不唯逼乎[22]？亲以宠逼[23]，犹尚害之，况以国乎[24]？”

公曰：“吾享祀丰洁[25]，神必据我[26]。”对曰：“臣闻之，鬼神非人实亲[27]，惟德是依[28]。故《周书》曰[29]：‘皇天无亲[30]，惟德是辅[31]。’又曰：‘黍稷非馨[32]，明德惟馨[33]。’又曰：‘民不易物，惟德繄物。’[34]如是，则非德，民不和[35]，神不享矣。神所冯依[36]，将在德矣。若晋取虞而明德以荐馨香[37]，神其吐之乎[38]？”

弗听，许晋使[39]。宫之奇以其族行[40]，曰：“虞不腊矣[41]。在此行也，晋不更举矣[42]。”冬，晋灭虢。师还，馆于虞[43]，遂袭虞，灭之，执虞公[44]。

【注释】① 宫之奇：虞国大夫。假道：借路，此指军队借路经过别国领土。② 晋侯：指晋献公，公元前676—前652年在位。晋：国名，姬姓。侯爵国，国君故称“晋侯”。当时晋的地域主要在山西西南部。复：又，再。晋国曾在鲁僖公二年（前658）向虞国借路攻打虢国，占领虢国要塞夏阳。这是第二次向虞国借路。虞：国名，姬姓，在今山西平陆北。僖公五年晋国假道攻虢国时，被晋所灭。虢（guó）：国名，姬姓。此指西虢别支，主要地域在今山西平陆南，称北虢。③ 表：外表，此指外围、屏障。④ 从之：跟着它，意思是跟着虢国灭亡。⑤ 句谓不可启发晋国的贪心。启：启发，开启。⑥ 寇：指侵略者。玩：轻视，忽视。⑦ 二句谓一次借路给晋国已很过分了，怎么可以来第二次呢。甚：厉害，过分。其：难道。⑧ 句谓俗话所说的“面颊和牙床互相依存，嘴唇没有了，牙齿就要受寒”。辅：面颊。车：牙床。⑨ 句谓可能就是说虞国和虢国的关系。其：副词，可能，大概，或许。之：表示宾语“虞、虢”前置。⑩ 宗：同祖，同一宗族。晋、虞同为姬姓国。⑪ 大（tài）伯、虞仲：周太王的长子和次子。⑫ 大（tài）王：即周太王，周朝的先王，名古公亶（dǎn）父。昭：和下文中的“穆”都是指宗庙里的神主的位次。按规定，始主的神主居中，其余分列左右，昭在左，穆在右，父子异列，祖孙同列。太王神主在右为穆,故其子神主在左为昭。⑬ 二句谓太伯不从父命,因此没有继承周王之位。按,事实是太伯和虞仲在得知太王要传位给小儿子王季后出走。是以:因此。嗣:继位。⑭ 虢仲:王季的次子,周文王之弟,封东虢,已于鲁僖公二年为晋所灭。虢叔:王季的三子,周文王之弟,封西虢。⑮ 王季:周太王的小儿子,周文王之父。穆:王季在宗庙的神主位于昭,故其子为穆。⑯ 文王:周文王姬昌,王季之长子。卿士:周王室执掌国政的大臣。⑰ 二句谓对王室有功勋,受勋的典册保存在盟府里。盟府:主管盟誓典策的政府部门。⑱ 句即"将灭虢",晋国将要消灭虢国。是:表示宾语"虢"前置。⑲ 桓、庄:即桓叔、庄伯,晋献公的曾祖父和祖父。⑳ 桓、庄之族:指晋献公的同祖各支兄弟。㉑ 以为戮:即"以之为戮",把他们当作杀戮的对象。戮:杀,此已名词化,意思是杀戮的对象。鲁庄公二十五年(前669)晋献公尽杀同族诸公子。㉒ 句谓不就是因为构成威胁吗?唯:因为。㉓ 以:因为,由于。宠:尊贵有权势。㉔ 以国:以国相逼,"国"后承前省略一"逼"字。㉕ 享祀:祭祀。享:以食物供奉鬼神。㉖ 据我:依附我,意即保佑我。据:依附。㉗ 非人实亲:即"非亲人",不亲近哪一个人。实:表示宾语"人"前置。㉘ 句即"惟依德",只依附保佑有德行的人。惟:只。是:表示宾语"德"前置。㉙《周书》:周朝的史书,早已亡佚。㉚ 皇天:上天。㉛ 辅:辅佐,此指保佑。㉜ 黍稷:泛指五谷,是祭祀用品。馨(xīn):芳香,此指散布很远的香气。㉝ 明德:崇尚德行,使德行修明。惟:有。㉞ 二句谓人们的祭品没有不同,只有有德行的人供奉的才是鬼神欣享的祭品。易:改变。物:指祭品。繄(yī):是。㉟ 和:平和。㊱ 冯(píng)依:凭借依从。冯:通"凭"。㊲ 句谓如果晋国吞并了虞国,而崇尚德行,而进献上芳香的祭品。取:吞并,夺取。㊳ 其:难道。㊴ 许:允许,答应。晋使:晋国的使者。㊵ 以其族行:率领他的族人远走避祸。以:率领。㊶ 句谓虞国等不到腊祭了,意即虞国很快就要灭亡了。腊:年终举行的一种祭祀。㊷ 句谓晋国不需要再出兵了。举:出兵,起兵。㊸ 馆:寓居,留宿。㊹ 执:逮捕,捉住。

【品评】本文记载晋国借道虞国灭掉虢国后,回头即灭掉虞国的历史,着重写了宫之奇对虞公的谏阻。宫之奇深思远虑,看透了晋国的野心,首先从政治和地理形势着眼,阐明"虢亡,虞必从之"的道理,直言不讳地反对借道给晋国;继而从晋与虢同宗、晋献公杀光同祖兄弟、晋献公难容虞国三个层次,揭露了晋国的残酷无情,反驳虞公的"同宗无害"说;最后提出了

“修德重民”的立国主张，引经据典，巧妙地驳斥了虞公的“神佑”说。总之，谏词观点明确，论据确凿，层层推进，深刻详尽，接连不断的反问更增加了它的说服力和气势。宫之奇是位有胆识的政治家，其民本思想在当时是很先进的，“寇不可玩”、“唇亡齿寒”的卓见至今仍有警示意义。

齐桓下拜受胙① 僖公九年

会于葵丘②，寻盟③，且修好，礼也。

王使宰孔赐齐侯胙④，曰：“天子有事于文武⑤，使孔赐伯舅胙⑥。”齐侯将下拜。孔曰：“且有后命⑦。天子使孔曰：‘以伯舅耋老⑧，加劳⑨，赐一级⑩，无下拜。’”对曰：“天威不违颜咫尺⑪，小白余敢贪天子之命无下拜⑫？恐陨越于下⑬，以遗天子羞⑭，敢不下拜！”下，拜，登⑮，受。

【注释】① 齐桓：即齐桓公，齐国国君。姜姓，名小白。公元前685—前643年在位。春秋时期第一个霸主。下：下至两阶之间。拜：北面再拜稽首。受：接受。胙(zuò)：祭祀用的肉。按周礼，天子祭祀用的肉，只赐给同姓诸侯，赐给异姓诸侯齐桓公，则是特殊的礼遇。② 会：会集，聚会。葵丘：宋国地名，在今河南兰考。鲁僖公九年(前651)夏季，鲁僖公同天子使臣宰孔及齐桓公、卫文公、郑文公、许僖公、曹共公曾在葵丘聚会。③ 寻盟：重申盟约。前一年，即鲁僖公八年一月，齐桓公曾于曹国的洮地会集鲁、宋等八国诸侯，拥护周太子郑继位为周襄王。此次集会故称“寻盟”。寻：重申，重温。④ 王：与下文的“天子”均指周襄王。宰孔：周襄王的使臣，宰是官名，孔是人名。齐侯：即齐桓公，因齐为侯爵国，故称。⑤ 有事于文武：有祭祀周文王、武王的事。⑥ 伯舅：周王室与异姓诸侯通婚，所以尊称他们为“伯舅”。⑦ 且：尚，还。后命：后面的命令。⑧ 以：因为。耋(dié)：年七十为耋。⑨ 加劳：加之有功劳。指齐桓公召集八国诸侯，拥护周襄王继位。⑩ 句谓赐爵一级。⑪ 天威：天子的威严。违：离开。颜：颜面。咫(zhǐ)尺：形容很近。咫：八寸。⑫ 小白：齐桓公自称其名。贪：贪求。命：宠命。⑬ 陨(yǔn)越：颠坠，倒下去。⑭ 遗：留下。羞：羞耻。⑮ 登：

登堂。

【品评】春秋时期，周王室衰微，位同虚设，但诸侯称霸，还是要恪守君臣之礼、打“尊周”的旗号的。本文描写的春秋第一霸主齐桓公接受周天子赏赐祭肉的场景，即具体形象地反映了这一现实。文章简短，笔墨集中，作者抓住齐桓公利用周天子名义的心理，围绕“下拜”二字，写其故作受宠若惊、无比谦恭，虽然只有一段话和一套程式化的动作，但生动细致，富有戏剧性，使人如临其境，如闻其声。

阴饴甥对秦伯[①] 僖公十五年

十月，晋阴饴甥会秦伯[②]，盟于王城[③]。秦伯曰：“晋国和乎[④]？”对曰：“不和。小人耻失其君而悼丧其亲[⑤]，不惮征缮以立圉也[⑥]，曰：‘必报仇，宁事戎狄。’[⑦]君子爱其君而知其罪[⑧]，不惮征缮以待秦命[⑨]，曰：‘必报德，有死无二[⑩]。’以此不和。”

秦伯曰：“国谓君何[⑪]？”对曰：“小人戚[⑫]，谓之不免[⑬]；君子恕[⑭]，以为必归。小人曰：‘我毒秦[⑮]，秦岂归君？’君子曰：‘我知罪矣，秦必归君。贰而执之[⑯]，服而舍之[⑰]，德莫厚焉，刑莫威焉。[⑱]服者怀德，贰者畏刑，此一役也[⑲]，秦可以霸[⑳]。纳而不定[㉑]，废而不立[㉒]，以德为怨[㉓]，秦不其然[㉔]。’”秦伯曰：“是吾心也。”改馆晋侯[㉕]，馈七牢焉[㉖]。

【注释】① 阴饴(yí)甥：晋国大夫，复姓瑕吕，名子金。因食邑于阴，故称阴饴甥。亦称吕甥。对：回答。秦伯：即秦穆公，名任好。因秦为伯爵国，故称“秦伯”。公元前 659—前 621 年在位。是春秋霸主之一。② 会：会见。③ 盟：古代在神前立誓缔约。王城：秦国地名，在今陕西大荔东。④ 和：和谐，意见一致。⑤ 小人：古代统治者对劳动人民或地位低下者的称呼。君：指晋惠公夷吾。他靠秦穆公的扶持做了国君，后来与秦发生矛盾，在秦、晋韩原之战中被俘。悼：哀痛。亲：指在秦晋交战中丧生的亲属。⑥ 惮（dàn）：怕。征缮：征收赋税以修治甲兵。立：拥立。圉（yǔ）：太子姬圉，继位为晋怀公。在位仅五个月被杀。⑦ 二句谓一定要报仇，宁可因此而服事戎狄。宁：宁可，宁愿。戎狄：古民族名，西方曰戎，北方曰狄。⑧ 君子：对统治者和贵族男子的通称。⑨ 以待秦命：以等待秦国让晋惠公回晋国的命令。⑩ 句谓纵死绝无二心。⑪ 句谓晋国人说你们国君什么。⑫ 戚：忧愁，悲伤。⑬ 不免：指晋惠公难免为秦国所害。免：赦免。⑭ 恕：指互相体谅。⑮ 句谓我们伤害了秦国。指晋惠公奔梁时曾得到秦国的支持，晋惠公在秦国的帮助下回国做了国君，秦国曾两次运粮支援晋国渡过饥荒，而晋国不报答三施之德。毒：伤害。⑯ 贰：二心，背叛。执：捉住，俘获。⑰ 服：服罪，顺服。舍：放弃，此为释放的意思。⑱ 二句谓恩德没有比这更宽厚的了，刑罚没有比这更威严的了。焉：句尾语气词。⑲ 役：事。⑳ 霸：称霸，做诸侯的盟主。㉑ 句谓当初送晋惠公回国做国君而又不使他安定。纳：进入。㉒ 句谓废除晋惠公而不让他做国君。㉓ 句谓把恩德变为怨仇。㉔ 不其然：不会这样做。㉕ 句谓让晋惠公改住在宾馆里。馆：宾馆，此用作动词，意即住在宾馆里。晋侯：晋为侯爵国，故谓。㉖ 馈：赠送。七牢：古代招待诸侯的礼节。牛、羊、猪各一头叫一牢，七牢就是牛、羊、猪各七头。

【品评】鲁僖公十五年（前645）九月十三日，秦、晋战于韩原，晋惠公被俘。本文即记载了晋国使者阴饴甥与秦穆公会盟、营救晋惠公的史实。作为战败国的代表，阴饴甥在霸主秦穆公面前，不卑不亢，机心周旋，应付裕如。他巧妙地假托"小人"之言，申明秦不放归晋惠公晋人必将报仇雪耻的决心，使秦穆公恐惧；假托"君子"之言，说明晋人认为秦是德威并举，对放归晋惠公寄以希望，使秦穆公满足了虚荣心。这样一反一正，软硬兼施，迫使秦穆公权衡利弊，释放晋惠公回国。文章语言委婉，辞气锋露，通篇作对格，而又富于变化，是篇绝妙的外交辞令。

子鱼论战[①] 僖公二十二年

楚人伐宋以救郑[②]。宋公将战[③]，大司马固谏曰[④]："天之弃商久矣[⑤]，君将兴之，弗可赦也已[⑥]。"弗听。冬十一月己巳朔，宋公及楚人战于泓⑦。宋人既成列⑧，楚人未既济⑨，司马曰："彼众我寡，及其未既济也，请击之。"公曰："不可。"既济而未成列，又以告⑩。公曰："未可。"既陈而后击之⑪，宋师败绩⑫。公伤股⑬，门官歼焉⑭。

国人皆咎公⑮。公曰："君子不重伤⑯，不禽二毛⑰。古之为军也⑱，不以阻隘也⑲。寡人虽亡国之馀⑳，不鼓不成列㉑。"子鱼曰："君未知战。勍敌之人㉒，隘而不列㉓，天赞我也㉔。阻而鼓之，不亦可乎？犹有惧焉㉕。且今之勍者，皆吾敌也。虽及胡耇㉖，获则取之㉗，何有于二毛㉘？明耻教战㉙，求杀敌也。伤未及死，如何勿重？若爱重伤，则如勿伤㉚；爱其二毛，则如服焉㉛。三军以利用也㉜，金鼓以声气也㉝。利而用之，阻隘可也。㉞声盛致志，鼓儳可也。㉟"

【注释】① 子鱼：名目夷，宋襄公之异母兄，任宋国司马。② 句谓宋襄公率许、卫等国讨伐依附楚国的郑国，于是楚成王便出兵攻打宋国，援救郑国。楚：国名，芈(mǐ)姓。西周时立国于荆山一带，建都丹阳(今湖北秭归东南)；后疆土不断扩大，迁都于郢(今湖北江陵西北)。公元前223年为秦所灭。宋：国名，子姓。开国君主是商纣王庶兄微子启，建都商丘(今河南商丘南)，占有河南东部和山东、江苏、安徽交界的一带地方。郑：国名，姬姓，在今河南新郑一带。③ 宋公：宋襄公，名兹父，宋桓公之子。公元前650—前637年在位，春秋五霸之一。④ 大司马：指子鱼。司马：官名，掌军政和军赋。固：坚决地。⑤ 弃商久矣：抛弃商朝的时间很久了。按，周灭商至其时已四百余年。因宋国是商朝的后裔，故提及此。⑥ 赦：赦免。也已：句末语气助词，表示肯定。⑦ 及：和，与。泓：水名，在今河南柘城西。⑧ 既：已经。成列：排成战斗行列，即摆好阵势。⑨ 既济：尽皆过河。既：尽，完全。⑩ 以告：即"以之告"。"以"后省略的"之"字，指要求出兵攻击楚军。⑪ 陈(zhèn)：通"阵"，用作动词，摆好阵势。⑫ 败绩：大败。⑬ 股：

大腿。⑭ 门官：古时保卫国君的近卫军官，平时守门，出征时左右护卫国君。歼：消灭。焉：句尾语气词。⑮ 咎：责怪，归罪。⑯ 君子：指有道德的人。重伤：伤害已经受伤的人。⑰ 禽：通“擒”。二毛：头发花白，此指将近年老的人。⑱ 句谓古代用兵作战。⑲ 句谓不逼迫人于险隘之地以求胜。⑳ 寡人：古代君王的谦称。亡国之馀：亡国国君的后代。宋是商朝的后代，所以宋襄公这样说。㉑ 句谓不进攻还没有摆好阵势的敌军。鼓：击鼓进攻。㉒ 勍(qíng)：强劲。㉓ 句谓因为险隘之地而不成阵列。㉔ 赞：佐助。㉕ 句谓还恐怕不能取胜呢。有惧：有所惧，指怕不能取胜。㉖ 及：遇到，碰上。胡耇(gǒu)：年老的人。㉗ 句谓俘获了就抓回他。㉘ 句即“于二毛有何(爱)”，对于头发花白的敌人有何怜悯呢？㉙ 明耻：明白什么是耻辱。教战：教给怎样打仗。㉚ 如：此为何如、不如。㉛ 服：屈服。㉜ 句谓军队要利用有利的时机而行动。三军：古时军队设中军、左军、右军或中军、上军、下军。此泛指军队。用：施用，使用。㉝ 句谓鸣金击鼓用声响来鼓舞士气。古时作战，击鼓进军，鸣金收兵。㉞ 二句谓既然要利用有利的时机而用兵，那么趁敌人遇到险阻而进攻是可以的。㉟ 二句谓既然要以声响洪大激发斗志，那么击鼓进攻没有摆好阵势的敌人是可以的。致志：使斗志高昂。儳(chán)：不整齐、混乱。

【品评】本文记述的宋、楚两国泓水之战，无正义可言。但宋襄公“蠢猪式的仁义”留下的教训是深刻的，子鱼对这场战争的言论更有借鉴价值。第一段写战前子鱼劝宋襄公不要与楚国争霸，表现了子鱼审时度势的远见卓识和宋襄公的野心。第二段描述宋襄公拒绝子鱼的意见，贻误战机，惨遭失败。子鱼和宋襄公的对话，极为简练，寥寥数语，子鱼卓越的军事才干和宋襄公的愚蠢、固执、刚愎自用则跃然纸上。第三段记述战后子鱼对宋襄公谬论的驳斥，劈头就是一句“君不知战”，然后逐一辩说，驳中有立，有理有据，层层深入，句句斩截，进一步揭露了宋襄公的虚伪和愚腐，显示了子鱼的大胆果决、睿知深刻和及时抓住战机消灭敌人有生力量的见解。三个反问句连用，增添了行文的气势。

寺人披见文公[①] 僖公二十四年

吕、郤畏逼[②]，将焚公宫而弑晋侯[③]。寺人披请见。公使让之[④]，且辞焉[⑤]，曰：“蒲城之役[⑥]，君命一宿[⑦]，女即至[8]。其后，余从狄君以田渭滨[9]，女为惠公来求杀余，命女三宿[10]，女中宿至[11]。虽有君命，何其速也？夫袪犹在[12]，女其行乎[13]！"对曰："臣谓君之入也，其知之矣；[14]若犹未也，又将及难[15]。君命无二[16]，古之制也[17]。除君之恶[18]，唯力是视[19]。蒲人、狄人，余何有焉？[20]今君即位，其无蒲、狄乎[21]？齐桓公置射钩而使管仲相[22]，君若易之[23]，何辱命焉[24]？行者甚众，岂唯刑臣！[25]"

公见之，以难告[26]。晋侯潜会秦伯于王城[27]。己丑晦[28]，公宫火。瑕甥、郤芮不获公[29]，乃如河上[30]，秦伯诱而杀之[31]。

【注释】① 寺人：即后世所说的宦官。披：人名。曾奉晋献公命到蒲城和北狄杀重耳。文公：即晋文公重耳，晋献公之子。公元前636—前628年在位。② 吕、郤(xì)：吕甥和郤芮(ruì)，晋惠公和晋怀公的旧臣。畏逼：害怕遭到迫害。③ 弑(shì)：古称子杀父、臣杀君。晋侯：即晋文公重耳。④ 使：派人。让之：责备他。⑤ 辞：推辞不见。焉：代指"他"。⑥ 蒲城之役：晋献公听信骊姬谗言，逼迫太子申生自缢之后，又捕捉公子重耳和夷吾，想使骊姬之子奚齐继位。重耳逃到蒲城，献公又派寺人披攻打蒲城，重耳跳墙逃走。蒲城：在今山西隰县西北。⑦ 君：指晋献公。一宿：隔一夜，即第二天。⑧ 女(rǔ)：通"汝"，你。下文"女"同。即至：当日到达。⑨ 狄君：狄国之君。重耳由蒲城奔狄，狄君曾留他住了十几年。一次重耳跟随狄君在渭水之滨打猎，晋惠公(重耳之弟，名夷吾)曾派寺人披去求狄君杀害他，由于重耳事前得到消息，谋杀未成。狄：春秋时北方的少数民族。田：田猎，打猎。⑩ 三宿：隔三夜，即第四天。⑪ 中宿：隔两夜，即第三天。⑫ 夫：那。袪(qū)：衣袖。寺人披在蒲城追捕重耳时，曾割断他的一只衣袖。⑬ 其：可，应。行：走开。⑭ 二句谓我以为您回国，大概明白做国君的道理了。入：指回国。其：大概，或许。⑮ 及难：遇到灾难。⑯ 句谓执行国君的命令不能有二心。⑰ 制：制度。⑱ 恶(wù)：所憎恨的人。⑲ 句即"惟视力"的倒装，意思是只有尽自己最大的力量。⑳ 二句谓至于蒲人、狄人，对我有什么关系。按：重耳曾逃到蒲域和狄地，故有此说。㉑ 句谓难道就没有您在蒲、狄时那样的祸事了吗？㉒ 句谓鲁庄公九年（前685），鲁国帮助齐国公子纠与公子小白争君位，战于乾（今山东临淄东南）时，辅佐公子纠的管仲曾射中小白衣上的带钩，但是后来小白（齐桓公）听从鲍叔牙的劝说，不念旧恶，反而重用管仲做相国。置：弃，这里是搁置的意思。㉓ 易之：指不同于齐桓公的做法。㉔ 句谓（我将自行离去），何劳您下令驱逐我呢。辱：谦词。㉕ 二句谓（如果您念人之旧恶），畏罪出逃的人一定很多，岂止我一个人。刑臣：寺人披受过宫刑，所以自称。㉖ 句谓寺人披把吕甥、郤芮的密谋报告了晋文公。㉗ 潜：偷偷地，秘密地。秦伯：即秦穆公。王城：在今陕西大荔东。㉘ 己丑：阴历三月二十九日。晦：阴历每月的最后一天。㉙ 瑕甥：即吕甥。获：捉到。㉚ 如：到……去。河：黄河。㉛ 诱：诱骗。

【品评】本文主要记载寺人披求见晋文公的过程。寺人披是晋文公的仇人，开始晋文公派人斥责并遣退他，理充词沛，在情在理。而寺人披在生死未卜的情况下，敢于用讥讽的口吻、犀利的言辞训诫文公，并分两层为自己追杀晋文公之事辩解，虽危言迫胁，言理却堂堂正正，因而使晋文公转变态度接见了他，晋文公也避免了一场灾难。寺人披见谁得势就依附谁，固不足取，但晋文公不计前嫌、接受意见的政治家的宽宏气量和开阔心胸，令人叹赏。文章语句简短，情见乎辞，反诘的错综运用和命令的语气，更带有强烈的感情色彩。

介之推不言禄[①] 僖公二十四年

晋侯赏从亡者[②]，介之推不言禄，禄亦弗及[③]。

推曰："献公之子九人，唯君在矣[④]。惠、怀无亲[⑤]，外内弃之。天未绝晋，必将有主。主晋祀者[⑥]，非君而谁？天实置之[⑦]，而二三子以为己力[⑧]，不亦诬乎[⑨]？窃人之财，犹谓之盗，况贪天之功以为己力乎[⑩]？下义其罪，上赏其奸，[⑪]上下相蒙[⑫]，难与处矣[⑬]。"其母曰："盍亦求之[⑭]？以死谁怼[⑮]？"对曰："尤而效之[⑯]，罪又甚焉。且出怨言，不食其食。[⑰]"其母曰："亦使知之，若何？"对曰：

"言，身之文也。⑱身将隐⑲，焉用文之⑳？是求显也㉑。"其母曰："能如是乎？与汝偕隐。"遂隐而死。

晋侯求之不获㉒，以绵上为之田㉓，曰："以志吾过㉔，且旌善人㉕。"

【注释】① 介之推：又称介子推、介推。晋国贵族，曾跟随晋文公流亡国外。文公回国后赏赐从亡诸臣，没有介子推，于是他和母亲隐居绵山（在今山西介休东南）。传说文公烧山逼他出来，结果被烧死。禄：古代官吏的俸禄。② 晋侯：即晋文公重耳。从亡者：跟随逃亡的人。③ 及：到，此为给予的意思。④ 君：指晋文公。在：存在，指活着。⑤ 惠：即晋惠公夷吾，晋献公之子、晋文公之弟。怀：即晋怀公子圉，晋惠公之子。无亲：没有亲近的人。⑥ 句谓主持晋国宗庙祭祀的人，即继承君位的人。⑦ 实：语助词，用以加强语意。置：立。⑧ 二三子：指从亡诸臣。⑨ 诬：欺骗。⑩ 贪天之功：贪占上天的功劳。⑪ 二句谓（贪天之功本是罪过），居下位的人却把罪恶当作正义的行为，处于上位的人却奖赏邪恶的行为。奸：邪恶，诈伪。⑫ 蒙：蒙骗。⑬ 处：指同处于朝。⑭ 盍（hé）：何不，为什么不。之：指封赏。⑮ 句谓因为这样死了又怨谁呢。怼（duì）：怨恨。⑯ 句谓明知他们的作为是罪过而又去效法他们。尤：罪过。⑰ 二句谓况且说了怨恨的话，就不应该再接受他赏赐的俸禄。前一"食"字为动词，指接受；后一"食"字为名词，指俸禄。⑱ 二句谓言语是自身行为的表白。文：文饰，此有表白之意。⑲ 隐：隐藏。⑳ 焉：安，何，哪里。㉑ 句谓这是追求显达。㉒ 求：寻找。获：得到。㉓ 绵上：晋国地名，在今山西介休东南。为之田：做介之推的私田，以供祭祀。㉔ 志：记。过：过失。㉕ 旌：表彰，表扬。

【品评】介之推是追随晋文公流亡国外十九年的功臣之一。晋文公回国即位后论功行赏，诸臣争先恐后，而介之推独超然于纷争之外，不居功邀赏，并在其母的赞助下，藏匿绵山而死。介之推的隐退，是其荒谬的天命观所致，不同于后世那些具有反抗精神的隐士，但在当时，却高出一般士人之上。文章仅一百九十四个字，但立意明确集中，结构完整，意脉贯通，采用略其事而详其言的写法，通过人物语言的描写，把介之推的节义和气概，介母深明大义的慈母之心，以及晋文公知过即改的气度，活脱脱地展现在读者面前。最精彩处是介之推母子的对话，进一步显示了介之推忠于自己的情操、绝不迁就世俗的决心，句句掷地有声。介母的三番设问，意在考验儿子，也耐人寻味。

展喜犒师[1] 僖公二十六年

齐孝公伐我北鄙[2]。公使展喜犒师[3]，使受命于展禽[4]。

齐侯未入竟[5]，展喜从之[6]，曰："寡君闻君亲举玉趾[7]，将辱于敝邑[8]，使下臣犒执事[9]。"齐侯曰："鲁人恐乎?"对曰："小人恐矣，君子则否。"齐侯曰："室如县罄[10]，野无青草，何恃而不恐[11]?"对曰："恃先王之命。昔周公、大公[12]，股肱周室[13]，夹辅成王[14]。成王劳之，而赐之盟[15]，曰：'世世子孙，无相害也。'载在盟府[16]，太师职之[17]。桓公是以纠合诸侯[18]，而谋其不协[19]，弥缝其阙[20]，而匡救其灾[21]，昭旧职也[22]。及君即位，诸侯之望曰[23]：'其率桓之功[24]。'我敝邑用不敢保聚[25]，曰：'岂其嗣世九年[26]，而弃命废职[27]，其若先君何[28]? 君必不然。'恃此以不恐。"

齐侯乃还。

【注释】① 展喜：鲁国大夫，公子展之后，展禽之弟。犒(kào)：慰劳。师：军队，此指齐国前来攻伐鲁国的军队。② 齐孝公：名昭，齐桓公之子。我：指鲁国。因《左传》作者是鲁国人，故称鲁国为"我"。鄙：边疆。③ 公：指鲁僖公，公元前659—前627年在位。《左传》称鲁国国君只用一个"公"字，不加国名。④ 句谓让展喜向展禽请教犒劳齐国军队的辞令。受命：领教，接受教导。展禽：名获，字禽。食邑于柳下，谥曰"惠"，故又称柳下惠。⑤ 齐侯：即齐孝公。竟：通"境"，此指鲁国国境。⑥ 句谓展喜出境随从齐孝公。⑦ 寡君：古代臣子对别国自称其君的谦词。举：抬起。玉趾：犹言玉步，称呼别人行止的敬词。趾：脚。⑧ 辱于敝邑：劳驾来到我国。辱：劳驾，降临。敝邑：对自己国家的谦称。⑨ 下臣：展喜自谦之辞。执事：古代指君主左右办事的人。此为对齐孝公的敬称。⑩ 县罄(xuán qìng)：形容贫困至极，空无所有。县：通“悬”，吊挂。罄：通“磬”，乐器，用石或玉雕成，中间空虚。⑪ 恃(shì)：依仗，凭借。⑫ 周公：指周武王之弟姬旦。因采邑在周(今陕西岐山北)，称为周公。曾辅佐武王灭商。武王死后，成王年幼，由他摄政。他的长子伯禽是鲁国的始祖。大(tài)公：即姜太公吕尚。相传钓于渭滨，周文王出猎相遇，同载而归，立为师。辅佐武王灭商有功，封于齐，是齐国的始祖。⑬ 股肱(gōng)：此比喻帝王左右的得力大臣。股：大腿。肱：胳膊。⑭ 夹辅：在左右辅佐。⑮ 劳：慰劳。盟：指结盟，订立盟约。⑯ 载：载书，指盟约。盟府：掌管盟约文书档案的官府。⑰ 太师：官名，掌管国家典籍等。职：执掌，主管。⑱ 桓公：齐桓公，公元前 685—前 643 年在位。纠合：集合，联合。⑲ 谋其不协：解决他们之间的纠纷。谋：商量，协商，此有解决的意思。协：和谐，协调。⑳ 弥缝：弥补，弥合。阙：通“缺”，缺失。㉑ 匡救：匡正挽救，救助。㉒ 句谓表明履行周成王交给齐太公的职责。昭：表明，显扬。旧职：从前的职责。㉓ 望：希望，盼望。㉔ 句谓他大概能继承齐桓公的功业。其：大概，也许。率：遵循，继承。桓：齐桓公。㉕ 用：因此。保：修筑城防。聚：聚众，此指集结兵力。㉖ 嗣世：继承君位。九年：齐孝公于鲁僖公十八年(前 642)即位，至此仅九年。㉗ 弃命废职：背弃先王遗命，废除固有的职责。㉘ 句谓怎样对得起先君呢？先君：指齐太公、齐桓公。

【品评】鲁僖公二十六年(前 634)夏天，齐孝公带兵攻打鲁国，弱小的鲁国无力抵抗，只好派展喜前去犒劳齐军，并说服齐孝公还师。本文即记述了这次外交活动。文章以意外之笔开篇，层层设疑，腾挪变幻，摇曳多姿。主要通过对话，表现机敏善辩的展喜，面对狂傲自负的齐孝公，胸有成竹，从容镇定，不卑不亢，捍卫了国家的尊严。他利用两国先君的关系和盟誓，以及齐孝公的野心和虚荣，巧妙应对，言辞有理有据，刚柔相济，既礼数周道，委婉动听，又绵里藏针，暗含谴责，使齐孝公无从借口，不得不撤军。

烛之武退秦师[①] 僖公三十年

晋侯、秦伯围郑[②]，以其无礼于晋[③]，且贰于楚也[④]。晋军函陵[⑤]，秦军氾南[⑥]。

佚之狐言于郑伯曰⑦:“国危矣!若使烛之武见秦君,师必退。”公从之⑧。辞曰⑨:“臣之壮也,犹不如人;今老矣,无能为也已⑩。”公曰:“吾不能早用子⑪,今急而求子,是寡人之过也⑫。然郑亡,子亦有不利焉!”许之⑬。

夜缒而出⑭。见秦伯,曰:“秦、晋围郑,郑既知亡矣⑮。若郑亡而有益于君,敢以烦执事⑯。越国以鄙远⑰,君知其难也。焉用亡郑以陪邻⑱?邻之厚,君之薄也。若舍郑以为东道主⑲,行李之往来⑳,共其乏困㉑,君亦无所害。且君尝为晋君赐矣㉒,许君焦、瑕㉓,朝济而夕设版焉㉔,君之所知也。夫晋何厌之有㉕?既东封郑㉖,又欲肆其西封㉗。若不阙秦㉘,将焉取之㉙?阙秦以利晋,唯君图之㉚。”

秦伯说㉛,与郑人盟㉜,使杞子、逢孙、杨孙戍之㉝,乃还。子犯请击之㉞。公曰:“不可。微夫人之力不及此㉟。因人之力而敝之㊱,不仁;失其所与㊲,不知㊳;以乱易整㊴,不武㊵。吾其还也。”亦去之㊶。

【注释】① 烛之武:郑国大夫。退秦师:使秦国军队撤退。退:此为使动用法。② 晋侯:即晋文公重耳,公元前636—前628年在位。秦伯:即秦穆公,公元前659—前621年在位。郑:国名,姬姓,在今河南中部,都新郑(今属河南)。③ 以:因。无礼于晋:对晋国无礼。指重耳流亡经过郑国时,郑文公慢待了他。④ 贰于楚:对晋国有二心,而亲近楚国。指鲁僖公二十八年(前632)晋、楚城濮之战前,郑文公准备与楚国联合对晋国作战。⑤ 军:用作动词,驻军。函陵:郑国地名,在今河南新郑北。⑥ 氾(fàn)南:郑国属地,在今河南中牟南。氾:水名,此指东氾,在河南中牟南,已干涸。⑦ 佚之狐:郑国大夫。郑伯:郑文公,公元前672—前628年在位。⑧ 句谓郑文公听从了他的话。⑨ 辞:推辞,谢绝。⑩ 也已:语助词,表示肯定。

⑪ 子：您，古代对男子的敬称。⑫ 寡人：寡德之人，古代君王的谦称。⑬ 句谓烛之武答应了郑文公。⑭ 缒（zhuì）：系在绳子上放下去。⑮ 句谓郑国已经知道要灭亡了。⑯ 句谓岂敢以"郑亡"之事麻烦您。敢：岂敢，不敢。以：介词，其后省宾语"之"。执事：古时指君王左右执行事务的大臣，此实指秦穆公，表示尊敬，不敢直陈。⑰ 越国：越过晋国。晋国在郑国和秦国中间，秦伐郑要经过晋国。鄙远：把遥远的地方作为边邑。鄙：边邑，此用作动词。⑱ 焉：哪里，何必。亡郑：消灭郑国。陪：增益，增加。邻：邻国，指晋国。⑲ 舍郑：放弃消灭郑国的打算。以为：此指把郑国作为。"以"字后省宾语"之"字。东道主：东方道路上待客的主人。郑国在秦国东，故有此说。⑳ 行李：外交使者。㉑ 共：同"供"。乏困：食宿方面的不足。㉒ 君尝为晋君赐：言秦穆公曾以武力护送晋惠公回国做了国君，对晋君施过恩惠。为……赐：对……施恩。㉓ 句谓晋惠公曾许诺秦穆公割让焦、瑕等地给秦国。焦、瑕：晋国二邑名，在今河南陕县一带。㉔ 句谓晋惠公早晨渡河回国，晚上就筑城墙防御秦国了。济：渡河。设版：修筑城墙。㉕ 夫：发语词。何厌之有：即"有何厌"，有什么能满足呢。厌：通"餍"，满足。之：表示宾语"何厌"前置。㉖ 句谓已经在东面把郑国作为晋国的疆界。封：疆界。这里作动词，即以……为疆界。㉗ 肆：放纵，放肆，此为极力扩展。㉘ 阙秦：使秦国亏损土地。阙：损害，亏损。㉙ 焉：哪里。㉚ 唯：用于句首表示希望语气。图：谋划，考虑。㉛ 说（yuè）：通"悦"，喜悦。㉜ 盟：古代在神前立誓缔约。㉝ 杞子、逢（páng）孙、杨孙：三人均为秦国大夫。戍之：戍守郑国。㉞ 子犯：姓狐名偃，字子犯。晋文公的舅父。之：代指秦国。㉟ 微：非，不是。夫人：那个人，指秦穆公。不及此：不能到这个地步。晋文公在外流亡十九年，后来凭借秦穆公的支持，才回到晋国做了国君。㊱ 句谓依靠秦穆公的力量得到好处却去损害他。因：凭借，依靠。敝：损害，伤害。㊲ 所与：所联合的，即同盟者，指秦国。㊳ 知：通"智"，聪明，明智。㊴ 句谓以冲突混战改变秦国和晋国的步调一致。易：改变，代替。整：整齐，此指秦国与晋国步调一致。㊵ 武：威武，英武。㊶ 去之：离开郑国。

【品评】本文记述了晋、秦两国联合围攻郑国，郑文公派遣烛之武游说秦穆公，瓦解晋、秦联盟，使其退兵，保全郑国的一段历史，着重突现了烛之武关心国事、临危不惧、机智勇敢的形象。文章语言简练，叙事条理，善设伏笔，首尾呼应，结构谨严。第一段仅二十五个字即概括了晋、秦围郑的原因和驻军情况。第二段写郑文公派烛之武出面游说，显示了烛之武的能耐、威望和以大局为重、勇赴国难的品德。第三段说词，是《左传》中著名的辞令之一，烛之武抓住秦、晋之间的矛盾，立足于秦国立场，分析形势，举证事实，晓以利害，步步推进，层层深入，说得头头是道，语重心长，入情入理。第四段说明烛之武游说的巨大效果，同时也流露了作者把晋文公作为清醒理智而又有“德”的诸侯国国君加以歌颂的倾向。

蹇叔哭师① 僖公三十二年

杞子自郑使告于秦曰②：“郑人使我掌其北门之管③，若潜师以来④，国可得也⑤。”穆公访诸蹇叔⑥。蹇叔曰：“劳师以袭远⑦，非所闻也⑧。师劳力竭⑨，远主备之⑩，无乃不可乎⑪？师之所为，郑必知之。勤而无所⑫，必有悖心⑬。且行千里，其谁不知？”

公辞焉⑭。召孟明、西乞、白乙⑮，使出师于东门之外⑯。蹇叔哭之，曰：“孟子⑰！吾见师之出而不见其入也。”公使谓之曰：“尔何知⑱！中寿，尔墓之木拱矣！⑲”

蹇叔之子与师⑳，哭而送之，曰：“晋人御师必于殽㉑。殽有二陵焉㉒：其南陵，夏后皋之墓也㉓；其北陵，文王之所辟风雨也㉔。必死是间㉕，余收尔骨焉㉖。”秦师遂东㉗。

【注释】① 蹇(jiǎn)叔：秦国大夫，元老。师：军队。② 杞子：秦国大夫。僖公三十年(前630)秦穆公与郑国订立盟约后，派杞子等三位大夫戍守郑国。使：使人，派人。③ 掌：掌管，管理。管：钥匙。④ 潜师：偷偷地派兵。潜：暗中，偷偷地。⑤ 国：指郑国。⑥ 穆公：秦穆公。访：访问，咨询。诸：“之于”的合音合义。⑦ 劳师：使将士疲劳。袭远：偷袭远方的国家。⑧ 非所闻：没有听说过。⑨ 劳：疲劳。竭：尽。⑩ 远主：远方国家的君主，此指郑国国君。⑪ 无乃：大概，可能。⑫ 句谓劳苦而毫无所得。无所：无所得。所:着落。⑬ 悖(bèi)心:怨恨叛离之心。⑭ 句谓秦穆公不听蹇叔的劝告。辞:拒绝,不接受。焉:代词,相当于“之”,指蹇叔的劝告。⑮ 孟明:姓百里,名视,秦国元老百里奚之子,本次出兵的主帅。西乞:名术,秦国大将。白乙:名丙,秦国大将。⑯ 东门:秦国国都的东门。当时秦国定都于雍(今陕西扶风)。⑰ 孟子:即孟明。⑱ 尔:你。⑲ 二句谓如果活到中寿就死去,你坟墓旁的树木该有两手合抱粗了。这是秦穆公骂蹇叔的话。中寿:说法不一,此当指六七十岁。当时蹇叔已七八十岁,过了中寿。拱:两手合抱。⑳ 与(yù):参加,参与。㉑ 御:抵御。殽:通“崤”,山名,在今河南洛宁西北,地势险要。㉒ 陵:大山。㉓ 夏后皋(gāo):夏代天子皋,夏桀的祖父。㉔ 文王:即周文王,武王的父亲,姬姓,名昌。商纣时为西伯,又叫伯昌。辟(bì):同“避”,躲避。㉕ 是间:这中间。㉖ 焉:于此,在这里。㉗ 遂:就。东:用作动词,指向东进军。

【品评】本文记述了秦穆公与蹇叔在偷袭郑国问题上的矛盾,蹇叔哭师的原因和情景是描写的重点。秦穆公偷袭郑国,是趁晋文公去世之机争当霸主,无正义可言。但从写作的角度看,文章按事件发展的自然顺序展开,层次清晰,次序井然,结构谨严。尤其是通过人物语言和行动的对比,揭示了特定状态下蹇叔和秦穆公的内心活动,刻画了两个活生生的人物形象:秦穆公决计偷袭郑国,不仅不听蹇叔的忠告,反而恼羞成怒,诅咒蹇叔,暴露了他野心勃勃,贪得无厌,利令智昏,刚愎自用,一意孤行。蹇叔作为一位德高望重的老臣,饱经世故,沉着稳健,善于审时度势,把握形势,料事英明。他哭送孟明及儿子,表现了拳拳爱国之心和对一场盲目战争即将酿成无数家破人亡的悲剧的痛惜,也预示了秦师必败的下场。

卷二 周 文

《左传》

郑子家告赵宣子[①] 文公十七年

晋侯合诸侯于扈[②]，平宋也[③]。于是晋侯不见郑伯[④]，以为贰于楚也[⑤]。

郑子家使执讯而与之书[⑥]，以告赵宣子，曰："寡君即位三年[⑦]，召蔡侯而与之事君[⑧]。九月，蔡侯入于敝邑以行[⑨]。敝邑以侯宣多之难[⑩]，寡君是以不得与蔡侯偕[⑪]。十一月，克减侯宣多[⑫]，而随蔡侯以朝于执事[⑬]。十二年六月，归生佐寡君之嫡夷[⑭]，以请陈侯于楚[⑮]，而朝诸君[⑯]。十四年七月，寡君又朝，以蒇陈事[⑰]。十五年五月，陈侯自敝邑往朝于君[⑱]。往年正月[⑲]，烛之武往朝夷也[⑳]。八月，寡君又往朝。以陈、蔡之密迩于楚而不敢贰焉[㉑]，则敝邑之故也。虽敝邑之事君[㉒]，何以不免[㉓]？在位之中[㉔]，一朝于襄，而再见于君。[㉕]夷与孤之二三臣相及于绛[㉖]，虽我小国，则蔑以过之矣[㉗]。今大国曰[㉘]：'尔未逞吾志[㉙]。'敝邑有亡[㉚]，无以加焉[㉛]。古人有言曰：'畏首畏尾，身其馀几？'[㉜]又曰：'鹿死不择音[㉝]。'小国之事大国也，德，则其人也；[㉞]不德，则其鹿也。铤而走险[㉟]，急何能择？命之罔极，亦知亡矣。[㊱]将悉敝赋，以待于儵，[㊲]唯执事命之[㊳]。文公二年，朝于齐。[㊴]四年，为齐侵蔡，亦获成于楚。[㊵]居大国之间而从于强令[㊶]，岂其罪也[㊷]？大国若弗图，无所逃命。[㊸]"

晋巩朔行成于郑[44]，赵穿、公婿池为质焉[45]。

【注释】① 郑：郑国。子家：公子归生之字，郑国的执政大夫。赵宣子：即赵盾，晋国的执政大臣。② 晋侯：指晋灵公，名夷皋，晋襄公之子，文公之孙。公元前620—前607年在位。合：会合。扈(hù)：郑国地名，在今河南原武西北。③ 句谓平定宋国内乱。指鲁文公十六年(前611)十一月宋昭公被宋襄公夫人王姬派人杀掉，立他的弟弟鲍做了国君，即宋文公。晋灵公会合诸侯，即为了平定宋乱，拥立文公。④ 于是：在这时候。郑伯：指郑穆公，名兰，郑文公之子。公元前627—前606年在位。⑤ 贰于楚：指对晋国有二心，而亲近楚国。贰：二心。⑥ 执讯：负责通讯联络的官。而：连词，并且。书：信。⑦ 寡君：古代臣子对别国自称其君的谦词，此指郑穆公。即位三年：即位的第三年。⑧ 句谓邀请蔡侯并与他一道侍奉贵国国君。蔡侯：指蔡庄公。蔡：国名，姬姓，在今河南汝南、上蔡等地。公元前447年为楚国所灭。君：指晋襄公，公元前627—前621年在位。⑨ 句谓蔡侯来到我国而去朝晋。敝邑：古代称自己国家的谦词。以：连词，表示承接，相当于"而"。行：指前去朝晋。⑩ 侯宣多：郑国大夫。因拥立郑穆公有功，恃宠专权而作乱。⑪ 偕：同行。⑫ 克减：控制减损，稍有平息。⑬ 句谓就继蔡侯之后而去朝见贵国国君。执事：此是对晋襄公的敬称。⑭ 归生：郑子家自称其名。佐：辅佐。寡君之嫡(dí)夷：指郑穆公的太子夷，字子蛮、子貉，即后来的郑灵公。嫡：嫡子，正夫人所生的儿子。⑮ 句谓为陈侯朝见贵国国君之事而请命于楚国。因为陈侯想朝晋，又怕楚国不高兴，所以郑子家辅佐太子夷为之请命于楚国。陈侯：指陈共公，公元前631—前614年在位。陈：国名，在今河南淮阳和安徽亳州一带。⑯ 君：此指晋灵公。⑰ 句谓完成陈国与晋国友好之事。蒇(chǎn)：完成。⑱ 陈侯：指陈灵公，公元前613—前599年在位。君：指晋灵公。⑲ 往年：去年。⑳ 句谓烛之武辅佐太子夷前往朝见贵国国君。往朝夷：即"夷往朝"的倒装。烛之武：郑国大夫。㉑ 以：使。密迩(ěr)：贴近，靠近。不敢贰：不敢对晋国有二心。焉：语气词。㉒ 虽：语首助词。㉓ 不免：指不免于罪。㉔ 句谓郑穆公在位之时。㉕ 二句谓一度朝见晋襄公，并且二度朝见晋灵公。君：指晋灵公。㉖ 孤：侯王的自称，此为对外谦称自己的国君。相及：不断地，一个接一个地。于：到。绛：晋国都城，在今山西曲沃西南。㉗ 句谓事奉贵国的礼节没有超过这样周全的了。蔑：无，没有。㉘ 大国：指晋国。

㉙ 尔:你,你们。逞:满足。志:指心愿。㉚ 有亡:唯有灭亡。㉛ 句谓无法再增加事奉你们的礼数了。㉜ 二句谓怕头怕尾,身子还能剩下多少。㉝ 句谓鹿在临死时顾不得择取庇荫之处。言外之意是:如果晋国威逼太紧,郑国将不择所从之国。音:通"荫",指庇荫之处。一说鹿在死前不得再发出好的鸣声。㉞ 二句谓大国以恩德相待,小国就像那懂得报恩的人。㉟ 铤而走险:无路可走而被迫冒险。铤:疾走貌。㊱ 二句谓贵国的命令没完没了,郑国也知道要灭亡了。罔极:无终止,没完没了。㊲ 二句谓将征集我国所有的兵力而在鯈地等待。意即将用国家全部兵力抵抗晋国。赋:此指兵。古时按田赋出兵,所以称赋。鯈(chóu,又读 tiáo):郑国地名,在晋、郑交界处。㊳ 句谓只等您的命令了。之:代指郑国军队。㊴ 二句谓郑文公二年(前 671),郑文公朝见齐桓公。㊵ 二句谓帮助齐国侵伐蔡国,蔡是楚的盟国,也从楚国取得了谅解。获:得到,取得。成:讲和。㊶ 从于强令:屈从于大国强硬的命令。㊷ 句谓难道是小国的罪过吗?㊸ 二句谓大国如果不考虑这些,小国就无法逃避您的命令了。意即晋国若不考虑体谅郑国,郑国就无法逃于讨伐之罪,只好陈兵待命。这是表明与晋国对抗的决心。㊹ 巩朔:晋国大夫,也称巩伯、士庄伯。行成于郑:前往郑国议和。㊺ 赵穿:晋国大夫 ,曾任正卿。公婿池:晋灵公的女婿,名池。质:人质。

【品评】郑国夹在晋、楚两大国之间,为生存,不得不讲求外交手段。本文记述了郑与晋外交斗争的一个回合。开头交待事件的背景和原因,结尾说明事件的结局,皆言简意明。中间郑子家致赵宣子的信是文章的主体。子家的论辩,围绕着郑"贰于楚"这一矛盾焦点展开,刚柔相济,有理有节,捍卫了郑国的尊严。他首先历数郑君朝晋之勤,铺陈笔墨,不厌其详,虽语气平和,但用意在于反驳郑"贰于楚"之见,谦恭中隐藏着抗争。接着直斥晋国贪得无厌,表明郑国拼死一战的决心。这部分语短气促,义正词严,古语和反诘、强调句的运用,更增添了雄辩力和气势;但为化解矛盾,激烈的措辞中,又不乏委婉、平和。最后则针对郑"贰于楚",申明郑国的无奈,希望晋国给予谅解。言语得体,既凛然难犯,又引楚国为例,给晋国以下台的梯子。

王孙满对楚子[①] 宣公三年

楚子伐陆浑之戎[②],遂至于雒[③],观兵于周疆[④]。定王使王孙满劳楚子⑤。楚子问鼎之大小轻重焉⑥。对曰:“在德不在鼎⑦。昔夏之方有德也⑧,远方图物⑨,贡金九牧⑩,铸鼎象物⑪,百物而为之备⑫,使民知神奸⑬。故民入川泽山林,不逢不若⑭。螭魅罔两⑮,莫能逢之。用能协于上下⑯,以承天休⑰。桀有昏德⑱,鼎迁于商⑲,载祀六百⑳。商纣暴虐㉑,鼎迁于周。德之休明,虽小,重也;其奸回昏乱,虽大,轻也。㉒天祚明德㉓,有所厎止㉔。成王定鼎于郏鄏㉕,卜世三十㉖,卜年七百,天所命也㉗。周德虽衰,天命未改。鼎之轻重,未可问也。”

【注释】① 王孙满:周大夫,周共王的玄孙。对:回答。楚子:指楚庄王,楚为子爵国,故谓。公元前613—前591年在位。② 陆浑之戎:古戎人的一支,亦称允姓戎。原在秦、晋两国西北,后迁伊川(今河南伊河流域),为晋国吞并。③ 雒(luò):同“洛”,水名,即洛水。发源于陕西雒南,至河南巩县入黄河。④ 观兵:陈列大兵炫耀武力。周疆:周之疆界。⑤ 定王:周定王,名瑜,周襄王之孙。公元前606—前586年在位。劳:慰劳。⑥ 鼎:即九鼎。相传夏禹收九州之铜所铸,共九个,象征九州。夏、商、周奉为传国之宝,是王权的象征。楚庄王问鼎,有觊觎王权的意图。⑦ 句谓享有天下在于有德,不在于有九鼎。⑧ 夏:夏朝。方:正,正在。⑨ 句谓远方之国描绘的各种奇异之物。⑩ 句即“九牧贡金”之倒装,谓九州的长官进献铜。贡:把物品进献给天子。金:古代指铜。九牧:九州之长。⑪ 句谓用铜铸九鼎,将奇物的图像铸于鼎上。⑫ 百物:指各种奇物的图像。备:具备。⑬ 神奸:神灵鬼怪之物。⑭ 句谓不会遇到不善的东西。若:善。⑮ 螭魅(chī mèi):传说中的山林里能害人的妖怪。罔两:传说中的精怪,一说是河川里的精怪,一说是木石之怪。⑯ 用:因。协:和协。⑰ 句谓并且承受上天的保佑。休:保佑,荫庇。⑱ 桀:夏朝最末的君主。昏德:指昏乱无道。⑲ 句谓夏鼎迁移到商朝。因夏桀无道被放逐,商朝代替夏朝,迁鼎象征政权的转移。⑳ 载祀:年,二字同义。㉑ 纣:商朝最末的君主。㉒ 六句谓德行如果美好清明,鼎虽然小,也是重的;德行如果奸邪昏乱,鼎虽然大,也是轻的。休明:美好清明。奸回:奸恶邪僻。㉓ 祚(zuò):保佑,赐福。明德:

指德行高尚的人。㉔ 厎(zhǐ)止:限度,极限。㉕ 句谓周成王定九鼎于郏鄏的时候。定鼎:周武王将九鼎迁移至郏鄏,至成王才定鼎。因为九鼎是古代传国之重器,鼎应在国都,所以定鼎即定都。郏鄏(jiá rǔ):地名,周之王城,在今河南洛阳西。㉖ 卜:占卜。古人用火灼龟甲,根据裂纹预测未来吉凶。世:父子相传为一世。㉗ 句谓上天所赐定命。

【品评】楚庄王觊觎王权,陈兵周朝边境而询问九鼎,周定王还要以礼相待,可见周王室已衰微到了极点。但是,面对肆无忌惮的楚庄王,王孙满却严词以对,维护了周朝的王权。文章省去了王孙满慰劳楚庄王的各种细节,着重记述了他对楚庄王"问鼎"的答词。王孙满出言即明确亮出"在德不在鼎"的观点,一语触及了楚庄王的意图;随即围绕这一观点,突出一个"德"字,历数九鼎的来历、作用及其迁移的原因,从容镇静,有条不紊;接着总括上文,一反一正,强调"在德不在鼎"的道理,语言错落有致,掷地有声;最后又抬出天命来压服楚庄王,凌厉的词锋由隐而露,结语更为冷峻。这段辞令,环环相扣,逻辑严密,滴水不漏,句句指向楚庄王的野心。王孙满重德轻鼎是值得肯定的,但宣扬天命论则是迷信。

齐国佐不辱命[①] 成公二年

晋师从齐师[②],入自丘舆[③],击马陉[④]。齐侯使宾媚人赂以纪甗、玉磬与地[⑤]。"不可,则听客之所为。"[⑥]

宾媚人致赂[⑦],晋人不可,曰:"必以萧同叔子为质[⑧],而使齐之封内尽东其亩[⑨]。"对曰:"萧同叔子非他,寡君之母也。若以匹敌[⑩],则亦晋君之母也。吾子布大命于诸侯[⑪],而曰必质其母以为信,其若王命何[⑫]?且是以不孝令也[⑬]。《诗》曰[⑭]:'孝子不匮[⑮],永锡尔类[⑯]。'若以不孝令于诸侯,其无乃非德类也乎[⑰]?先王疆理天下[⑱],物土之宜而布其利[⑲]。故《诗》曰:'我疆我理,南东其亩。'[⑳]今吾子疆理诸侯,而曰'尽东其亩'而已[㉑],唯吾子戎车是利[㉒],无顾土宜,其无乃非先王之命也乎[㉓]?反先王则不义,何以为盟主?其晋实有阙㉔!四王之王也㉕,树德而济同欲焉㉖;五伯之霸也㉗,勤而抚之,以役王命。㉘今吾子求合诸侯㉙,以逞无疆之欲㉚。《诗》曰:'敷政优优,百禄是遒。'㉛子实不优,而弃百禄,诸侯何害焉㉜!不然㉝,寡君之命使臣,则有辞矣㉞。曰:'子以君师辱于敝邑㉟,不腆敝赋㊱,以犒从者㊲。畏君之震㊳,师徒挠败㊴,吾子惠徼齐国之福㊵,不泯其社稷㊶,使继旧好。唯是先君之敝器土地不敢爱㊷。子又不许。请收合馀烬,背城借一。㊸敝邑之幸,亦云从也。㊹况其不幸,敢不唯命是听?㊺'"

【注释】① 齐:齐国。国佐:即宾媚人,亦称武子、国子,齐国上卿。辱命:辱君之命。② 晋:晋国。师:军队。从:追击。③ 丘舆:齐国地名,在今山东益都西南,一说在山东淄博南。④ 击:攻打。马陉(xíng):齐国地名,在今山东益都西南。⑤ 齐侯:即齐顷公,名无野,齐桓公之孙。公元前598—前582年在位。赂(lù):财物,用作动词,赠送财物。纪:古国名,姜姓,侯爵国。在今山东寿光南,为齐国所灭。甗(yǎn):古代饮器,青铜或陶制做。玉磬(qìng):玉制乐器。⑥ 二句谓如果晋不允许媾和,就听凭他们去做。客:指晋国。⑦ 致:送达。赂:此指赠送的财物。⑧ 萧同叔子:萧君同叔的女儿,即齐顷公之母。萧:国名。同叔:萧国国君的字,齐顷公之外祖父。子:指女儿。质:人质。⑨ 封内:疆界之内,境内。东其亩:指使田垅顺着东西方向。如此便于在齐国西面的晋国军队的车马通行。⑩ 匹敌:对等,相当。此指国君的地位平等。⑪ 吾子:敬称,一般用于男子之间。布:发布,宣布。大命:重大的命令。⑫ 句谓这样如何对待先王以孝治天下的遗命呢?王命:指先王以孝治天下的遗命。⑬ 句谓而且这是令人做不孝的事。⑭《诗》:《诗经》。以下引文见于《诗经·大雅·既醉》。⑮ 匮(kuì):亏缺,竭尽。⑯ 锡:通"赐",给与。尔类:你同类的人。⑰ 句谓这恐怕不是以孝道影响同类人吧。也乎:语助词,表示反诘。⑱ 疆理天下:即划分天下土地疆界,开辟沟渠道路,治理田地。⑲ 句谓要察看土地适宜种什么,而后安排使它获得收益。物:察看,考察。布:布置,安排。

⑳ 二句见于《诗经·小雅·信南山》，意谓我划分疆界，开辟沟渠道路、治理田地，田垅有的南北走向，有的东西走向。南东：用作动词，“使……向南，使……向东”。㉑ 而已：助词，表示仅止于此。㉒ 句即“唯利吾子戎车”之倒装，意谓只是有利于您的兵车。戎车：兵车。是：宾语“吾子戎车”前置的标志。㉓ 先王：已去世的帝王。㉔ 其：此，这样。实：语助词，用以强化语气。阙：缺失，过失。㉕ 四王：指夏禹、商汤、周文王、周武王。王(wàng)：指治理天下。㉖ 济：此为有益于、满足。同欲：指诸侯的共同愿望。㉗ 五伯：指夏的昆吾、商的大彭和豕韦、周的齐桓公和晋文公。一说指齐桓公、宋襄公、晋文公、秦穆公、楚庄王。伯：通“霸”，指诸侯的盟主。霸：称霸，做诸侯的盟主。㉘ 二句谓勤勤恳恳地安抚诸侯，使共同效劳于天子的命令。而：连词，连接状语与动词。之：指其他诸侯。㉙ 合：会合。㉚ 句谓以此满足无止境的欲望。逞：快心，称意，满足。疆：止境，穷尽。㉛ 二句见于《诗经·商颂·长发》。敷：施行。优优：宽和的样子。百禄是遒(qiú)：即“遒百禄”的倒装，汇聚各种福禄。遒：聚集，汇聚。㉜ 句谓对诸侯有什么害处呢？焉：语气词。㉝ 句谓不这样，意思是说您不同意媾和。㉞ 句谓就有话可说了。辞：言辞。㉟ 句谓您率领晋君的军队屈驾来到我国。辱：劳驾，降临。敝邑：古代称自己国家的谦词。㊱ 不腆(tiǎn)：不丰厚。敝赋：自称其军队的谦词。赋：此指军队。㊲ 句谓用它来犒劳您的随从。这是一种外交辞令，实际是含蓄地表示与晋军作战。㊳ 震：引申为威力。㊴ 师徒：指齐国军队。挠败：挫折失败。㊵ 句谓您宽厚仁爱，我们齐国求取福佑。惠：宽厚仁爱。徼：求取，招致。㊶ 泯：灭亡。社稷：土神和谷神，此指国家。㊷ 唯是：只此。敝器：此指纪甗、玉磬等。爱：吝惜。㊸ 二句谓请允许我们收集残馀的兵力，背靠城池，借此决一死战。余烬：剩余的灰烬，比喻残余的兵力。㊹ 二句谓我国有幸取得胜利，也还是听从您的命令。幸：指齐军战胜。从：服从，听从。㊺ 二句谓况且可能不幸失败，怎敢不听从您的命令。唯命是听：即“唯听命”的倒装，听从命令。

【品评】齐国在齐、晋鞌之战中败北，晋军紧追不舍。齐国派使臣国佐致重宝赂晋求和，晋提出的条件十分苛刻。国佐不辱使命，从情、理及影响等方面，从容不迫地驳斥了晋人“以萧同叔子为质”和“尽东其亩”的要求，并委婉地表示了晋如逼人太甚，齐将“收拾馀烬，背城一战”的决心。本文主要记载的就是国佐的说词。这番说词，征引《诗经》，例举史实，滔滔不绝，透彻在理，使战败国求和的诚意和不作无原则妥协的决心融为一体，寓严正于平和之中，刚柔相济，既无乞怜之态，又无唐突之病，表现了国佐不卑不亢的态度、巧妙高超的外交手腕和保卫国家的忠勇机智。

楚归晋知罃[1] 成公三年

晋人归楚公子谷臣与连尹襄老之尸于楚[2]，以求知罃[3]，于是荀首佐中军矣[4]，故楚人许之。

王送知罃[5]，曰："子其怨我乎[6]？"对曰："二国治戎[7]，臣不才，不胜其任，以为俘馘[8]。执事不以衅鼓[9]，使归即戮[10]，君之惠也。臣实不才，又谁敢怨[11]？"王曰："然则德我乎[12]？"对曰："二国图其社稷[13]，而求纾其民[14]，各惩其忿[15]，以相宥也[16]。两释累囚[17]，以成其好。二国有好，臣不与及[18]，其谁敢德[19]？"王曰："子归，何以报我？"对曰："臣不任受怨，君亦不任受德，[20]无怨无德，不知所报。"王曰："虽然[21]，必告不榖[22]。"对曰："以君之灵[23]，累臣得归骨于晋[24]，寡君之以为戮[25]，死且不朽。若从君之惠而免之[26]，以赐君之外臣首[27]，首其请于寡君[28]，而以戮于宗[29]，亦死且不朽。若不获命[30]，而使嗣宗职[31]，次及于事[32]，而帅偏师以修封疆[33]，虽遇执事[34]，其弗敢违[35]。其竭力致死，无有二心，以尽臣礼[36]，所以报也[37]。"王曰："晋未可与争[38]。"重为之礼而归之[39]。

【注释】① 楚：楚国。归：归还。晋：晋国。知罃（yīng）：又称荀罃，荀首之子，晋国大夫。鲁宣公十二年（前 597）晋、楚战于邲，知罃被俘。② 谷臣：楚庄王之子。邲之战时被晋军射伤俘获。连尹：楚国官名。襄老：楚国大臣。邲之战时被晋军射死，并将其尸体带回晋国。③ 求：索取，换取。④ 于是：在这时候。荀首：又称知首、知庄子，晋国上卿。佐中军：任副统帅。古设左、中、右三军，中军之将为三军统帅，辅佐者即副统帅。⑤ 王：

指楚共王,楚庄王之子。公元前 590—前 560 年在位。⑥ 其:恐怕,或许,大概。⑦ 治戎:整顿军队,意即交战。⑧ 俘馘(guó):此指俘虏。⑨ 执事:侍从君王左右的人,此指楚共王,是对君王的敬词。衅鼓:古代的一种祭礼,用牲畜的血涂在鼓上,此指杀掉俘虏。⑩ 句谓使我回到晋国接受刑戮。⑪ 句即"又敢怨谁"。⑫ 然则:既然这样,那么。⑬ 图其社稷:为其国家打算。图:为……打算。社稷,土神和谷神,此指国家。⑭ 纾(shū):解除,缓和。⑮ 惩:抑制,克制。⑯ 宥(yòu):宽恕,原谅。⑰ 累囚:被捆绑起来的囚犯,此指拘留的俘虏。⑱ 句即"不与及臣",意谓不涉及我一己之利。⑲ 句即"其敢德谁",岂能感谢谁呢?其:岂,难道。⑳ 二句谓我不当承受怨楚之名,您也不当承受施德之名。任:当。㉑ 虽然:虽然这样。㉒ 不穀:不善,先秦王侯自谦之辞。㉓ 句谓靠您的福气。以:靠,凭仗。灵:威灵,此有福气的意思。㉔ 累臣:被俘虏的下臣。此为知罃自称。归骨于晋:犹言身归于晋国。㉕ 寡君:臣子对他国人谦称自己的君主。之以为戮:即"以之为戮"。戮,用作名词,指杀戮的对象。㉖ 句谓如果由于您的恩惠而免受我们国君的刑戮。㉗ 句谓把我赐给您的外臣荀首。外臣:当时的臣子对别国君主称呼本国的臣子,此指知罃之父荀首。㉘ 其:将。㉙ 句谓而在知氏宗庙依族规施以刑戮。㉚ 句谓如果得不到我们国君对我施加刑戮的命令。㉛ 嗣:继承。宗职:家族世袭的官职。㉜ 句谓按次序轮到担任晋国的军职。事:军事,此指担任军中职务。㉝ 偏师:副帅,副将所率军队,不是主力。此为知罃客气的说法。修封疆:治理保卫边疆。㉞ 执事:此指楚国的将帅。㉟ 句谓将不敢躲避。此为一定要打一仗的委婉说法。㊱ 臣礼:臣对君的礼数。此对晋君而言。㊲ 句谓这就是用来报答你的。所以:用来。㊳ 争:争斗。㊴ 重:隆重。

【品评】鲁宣公十二年(前 597)晋、楚邲之战时,晋大夫知罃被楚国俘虏。后来知罃的父亲升任晋军副统帅,晋国要求用俘获的楚国的谷臣和襄老的尸体换回知罃,楚国答应了。本文即记述了知罃被释放前与楚共王的几段精彩的对话。楚共王的问话,句句紧逼,但身为累囚的知罃,不卑不亢,处处撇开私情和个人的恩怨,从国家大局说开去,有力地回答了楚共王的无理要求,使楚共王的一团兴致,变得无可奈何,终被折服。文章妙语连珠,最后一段答问,尤为警拔,充分表达了知罃强烈的忠君爱国精神。

吕相绝秦[1] 成公十三年

晋侯使吕相绝秦[2]，曰：

“昔逮我献公及穆公相好[3]，戮力同心[4]，申之以盟誓[5]，重之以昏姻[6]。天祸晋国[7]，文公如齐[8]，惠公如秦[9]。

“无禄[10]，献公即世[11]。穆公不忘旧德，俾我惠公用能奉祀于晋[12]。又不能成大勋[13]，而为韩之师[14]。亦悔于厥心[15]，用集我文公[16]，是穆之成也[17]。

“文公躬擐甲胄[18]，跋履山川[19]，逾越险阻，征东之诸侯虞、夏、商、周之胤而朝诸秦[20]，则亦既报旧德矣[21]。郑人怒君之疆埸[22]，我文公帅诸侯及秦围郑[23]。秦大夫不询于我寡君[24]，擅及郑盟[25]。诸侯疾之[26]，将致命于秦[27]。文公恐惧，绥靖诸侯[28]。秦师克还[29]，无害[30]，则是我有大造于西也[31]。

“无禄，文公即世，穆为不吊[32]，蔑死我君[33]，寡我襄公[34]，迭我殽地[35]，奸绝我好[36]，伐我保城[37]，殄灭我费滑[38]，散离我兄弟，挠乱我同盟[39]，倾覆我国家。我襄公未忘君之旧勋[40]，而惧社稷之陨[41]，是以有殽之师[42]。犹愿赦罪于穆公[43]。穆公弗听，而即楚谋我[44]。天诱其衷[45]，成王陨命[46]，穆公是以不克逞志于我[47]。

“穆、襄即世[48]，康、灵即位[49]。康公我之自出[50]，又欲阙剪我公室[51]，倾覆我社稷，帅我蝥贼[52]，以来荡摇我边疆[53]，我是以有令狐之役[54]。康犹不悛[55]，入我河曲[56]，伐我涑川[57]，俘我王官[58]，剪我羁马[59]，我是以有河曲之战[60]。东道之不通[61]，则是康公绝我好也[62]。

“及君之嗣也[63]，我君景公引领西望[64]，曰：‘庶抚我乎[65]？’君亦不惠称盟[66]。利吾有狄难[67]，入我河县[68]，焚我箕、郜[69]，芟夷我农功[70]，虔刘我边陲[71]，我是以有辅氏之聚[72]。君亦悔祸之延[73]，而欲徼福于先君献、穆[74]，使伯车来命我景公[75]，曰：‘吾与女同好弃恶[76]，复修旧德，以追念前勋。’言誓未就，景公即世，我寡君是以有令狐之会[77]。君又不祥[78]，背弃盟誓。白狄及君同州[79]，君之仇雠[80]，而我之昏姻也[81]。君来赐命曰：‘吾与女伐狄。’寡君不敢顾昏姻，畏君之威，而受命于使[82]。君有二心于狄[83]，曰：‘晋将伐女。’狄应且憎[84]，是用告我[85]。楚人恶君之二三其德也[86]，亦来告我曰：‘秦背令狐之盟，而来求盟于我，昭告昊天上帝、秦三公、楚三王[87]，曰：“余虽与晋出入[88]，余唯利是视[89]。”不谷恶其无成德[90]，是用宣之[91]，以惩不壹[92]。’诸侯备闻此言[93]，斯是用痛心疾首，昵就寡人[94]。寡人帅以听命[95]，唯好是求[96]。君若惠顾诸侯，矜哀寡人[97]，而赐之盟，则寡人之愿也。其承宁诸侯以退[98]，岂敢徼乱[99]？君若不施大惠，寡人不佞[100]，其不能以诸侯退矣[101]。

“敢尽布之执事[102]，俾执事实图利之[103]！”

【注释】① 吕相：即魏相，晋国大夫魏锜之子。因食邑于吕，故叫吕相，又叫吕宣子。绝秦：断绝与秦国的关系。② 晋侯：指晋厉公，名州蒲。公元前580—前573年在位。③ 逮：自从。献公：晋献公。穆公：秦穆公。④ 戮力：合力，并力，尽力。⑤ 句谓以盟誓表明友好态度。申：申明，表明。盟誓：立誓缔约。⑥ 句谓用婚姻加重了两国的友好关系。指秦穆公娶晋献公之女为夫人。重：加重。之：代指友好关系。昏：通“婚”。⑦ 句谓上天降灾于晋国。指晋献公惑于骊姬之谗佞，欲立骊姬所生之奚齐，逼太子申生自缢，群公子先后逃出晋国，流亡各地。⑧ 文公：晋文公，名重耳。流亡到齐国，齐桓公把宗女嫁给了他。⑨ 惠公：晋惠公，名夷吾。曾流亡到梁国，后来到了秦国。⑩ 无禄：无福禄，不幸。⑪ 即世：去世。⑫ 俾（bǐ）：使。用：因此。奉祀：主持祭祀，指立为国君。晋惠君是由秦穆公送回国来做国君的。⑬ 句谓秦穆公又不能始终成就拥立晋惠公的大功。勋：功，功劳。⑭ 句谓鲁僖公十五年（前 645）秦伐晋，战于韩原，晋惠公被秦俘虏。韩：韩原，故城在今山西芮城一带。一说在陕西韩城西南。⑮ 悔：懊悔，悔恨。厥（jué）：其，指秦穆公。⑯ 句谓秦穆公护送重耳（文公）回晋国为国君。集：成就。⑰ 穆：秦穆公。成：成全。⑱ 躬：亲自。擐（huàn）：穿戴。甲胄（zhòu）：铠甲和头盔。⑲ 跋履：跋涉。⑳ 征：征讨，征服。东：东方。虞、夏、商、周之胤：指陈、杞、宋、鲁诸国。胤（yìn）：后代。朝：朝见。诸："之于"的合音合义。㉑ 旧德：过去的恩德，指秦帮助晋惠公、晋文公。㉒ 句谓郑国人侵犯君王的边疆。此言只是一种外交辞令，实际上郑未侵犯秦国，而是晋文公认为郑对其无礼，且背晋助楚。怒：侵犯。疆埸（yì）：边境。㉓ 句谓鲁僖公三十年（前 630）晋文公率领诸侯国和秦国的军队围攻郑国。具体情况，参见《烛之武退秦师》。帅：通"率"，率领。㉔ 秦大夫：实际上与郑国订盟约的是秦穆公，这里说"秦大夫"，是一种委婉的说法，不便直斥。询：征询。㉕ 句谓擅自和郑国订立了盟约。㉖ 疾之：憎恨这件事。㉗ 句谓将要与秦国拼命。致命：拼命决战。㉘ 绥靖：安抚。㉙ 克：能够，得以。㉚ 无害：未受损失。㉛ 我有大造于西：指晋国对西方的秦国有大功劳。造：恩德，功劳。㉜ 吊：吊唁慰问。㉝ 蔑：蔑视，轻视。㉞ 寡：少，此谓欺侮。襄公：晋襄公。㉟ 迭：通"轶"，突然侵略。殽：山名，在今河南洛宁西北。㊱ 句谓断绝我们之间的友好关系。奸（hàn）绝：拒绝，断绝。㊲ 保城：指晋国边防小城。㊳ 殄（tiǎn）灭：毁灭，灭绝。费（bì）滑：费为滑国的都城，在今河南偃师附近，费滑连称，指滑国。滑：春秋时小国，与郑国、晋国同为姬姓兄弟国。㊴ 挠乱：扰乱。我同盟：指郑国、滑国等。㊵ 旧勋：与"旧德"意同，见注释㉑。㊶ 社稷：土神和谷神，此指国家。陨（yǔn）：通"殒"，灭亡。㊷ 殽之师：指鲁僖公三十三年（前 627）秦、晋殽山之战。㊸ 还是希望秦穆公赦免晋国之罪，使两国和解。㊹ 即楚：亲近楚国。谋：谋算，图谋。㊺ 句谓上天为我们这种忠诚所感动。诱：感动。衷：忠诚。㊻ 成王：指周成王。陨命：丧命。指鲁文公元年（前 626），楚成王被弑而死。㊼ 逞志：满足心愿。㊽ 句谓鲁文公六年（前 621）秦穆公和晋襄公去世。㊾ 康：即秦康公，名罃，秦穆公的太子。鲁文公七年即位。灵：即晋灵公，名夷皋，晋襄公之子，晋文公之孙，和秦康公同年即位。㊿ 句谓秦康公是我们晋献公之女穆姬所生。51 阙剪：削弱，毁灭。公室：诸侯的家族，此指诸侯国政权。52 蟊(máo)贼：两种吃庄稼的害虫，此指晋国的公子雍。公子雍是晋文公之子，一直寄居在秦国，晋襄公死后，秦康公支持他回国与晋灵公争夺王位。53 荡摇：动摇。54 令狐之役：指鲁文公七年(前620)，晋军在令狐大败秦军。令狐：晋国地名，在今山西临济西。55 悛(quān)：改悔。56 河曲：晋国地名，在今山西永济东南。57 涑(sù)川：水名，在今山西西南部，源出绛县太阴山，西经闻喜，至永济入黄河。58 俘：掳掠，掠夺。王官：地名，在今山西闻喜西。59 剪：斩断，引申为毁灭，消弱。羁马：晋国地名，在今山西永济南。60 河曲之战：鲁文公十二年(前615)秦、晋战于河曲一带，双方无胜负。61 句谓从秦国至晋国的东方道路不通。之：主语和谓语间助词，取消句子的独立性。62 绝我好：断绝同我们的友好关系。63 句谓等到秦桓公继承共公的王位。64 景公：晋景公。引领：伸长脖子，形容殷勤盼望。65 句谓或许能抚恤我们吧。庶：或许，大概。66 不惠称盟：不肯施恩与晋国结盟。称：举行。67 句谓利用我国与赤狄潞氏交战造成的祸难。狄难：指鲁宣公十五年(前594)晋灭赤狄潞氏。晋去灭狄，反说"狄难"，是故意歪曲事实。68 河县：指晋国靠近黄河的县邑。69 箕(jī)：晋国地名，在今山西蒲县箕城。郜(gào)：晋国地名，在今山西祁县。70 芟(shān)夷：铲除。农功：农作物，庄稼。71 虔刘：杀戮。边陲：边疆。72 辅氏之聚：指鲁宣公十五年晋在辅氏聚众抗秦之事。辅氏：晋国地名，在今陕西朝邑西北。73 延：蔓延。74 徼：求取。75 伯车：秦桓公之子。76 女：通"汝"，你。77 令狐之会：指鲁成公十一年(前580)晋厉公和秦桓公盟于令狐。78 不祥：不善。79 句谓白狄与秦同处在雍州界内。白狄：狄族的一支。州：指雍州，包括今陕西、甘肃及青海的一部分。80 仇雠(chóu)：仇敌。81 我之昏姻：我们晋国的姻亲。白狄和赤狄同族，而赤狄女季隗是晋文公的一位夫人，故谓。82 使：秦国的使者。83 句谓秦桓公一面要晋攻打狄，一面又拉拢狄，耍两面派手法。84 句谓狄人表面应答，内心里却憎恨你们这种做法。85 是用：因此。86 二三其德：三心二意。87 昭告：明告。昊(hào)天：上天。秦三公：指秦穆公、康公、共公。楚三王：指楚成王、穆王、庄王。88 出入：往来。89 唯利是视：即"唯视利"，唯视其有利而图之，与"唯利是图"同义。90 不谷：不善，先秦王侯自谦之辞。恶其无成德：憎恶他三心二意，反复无常。91 宣：揭露。92 惩：惩戒。不壹：指言行不一致。⑬ 句谓诸侯们全都听到了这些话。⑭ 昵就：亲近。寡人：古代君王的谦称。⑮ 帅以听命：率领诸侯来听候您的命令。帅：通“率”。⑯ 唯好是求：即“唯求好”，只请求友好。⑰ 矜哀：怜悯，同情。⑱ 句谓那就接受秦桓公之命，安定诸侯而退兵。其：那。⑲ 徼乱：求取战乱。⑳ 不佞：不才。㉑ 句谓将不能率领诸侯撤退军队了。㉒ 敢：冒昧，谦词。布：布陈。执事：侍从君王左右的人，对君王的敬词，此指秦桓公。㉓ 俾：使。实图利之：言切实地权衡利弊而决定行动。

【品评】鲁成公十一年（前580），晋国与秦国约好在令狐会盟，秦桓公却临时变卦，背弃了盟约，后又唆使北狄和楚国夹击晋国，于是晋厉公派吕相至秦国宣布了绝交书。这篇绝交书历述秦、晋关系的历史，由远而近，从略到详，极力强调晋国力求友好而秦国背信弃义的宗旨，曲解矫饰历史事实，委过于秦国，指责秦国自秦穆公以来的罪恶，句句紧逼，实际是一篇伐秦的檄文。但春秋时期，秦晋为邻，又有亲戚关系，往来密切而又互相倾压，关系至为微妙，正义并不全在晋国一方。此绝交书深文曲笔，纵横变化，好坏释评，随我所用，竭尽巧言善辩之能事，由此可见当时诸侯国之间的关系及政客在外交中的作风。

驹支不屈于晋① 襄公十四年

会于向②，将执戎子驹支③。

范宣子亲数诸朝④，曰：“来，姜戎氏！昔秦人迫逐乃祖吾离于瓜州⑤，乃祖吾离被苫盖⑥，蒙荆棘⑦，以来归我先君⑧。我先君惠公有不腆之田⑨，与女剖分而食之⑩。今诸侯之事我寡君不如昔者⑪，盖言语漏泄⑫，则职女之由⑬。诘朝之事⑭，尔无与焉！与，将执女！”

对曰：“昔秦人负恃其众⑮，贪于土地，逐我诸戎。惠公蠲其大德⑯，谓我诸戎，是四岳之裔胄也⑰，毋是剪弃⑱。赐我南鄙之田⑲，狐狸所居，豺狼所嗥⑳。我诸戎除翦其荆棘㉑，驱其狐狸豺狼，以为先君不侵不叛之臣㉒，至于今不贰㉓。昔文公与秦伐郑，秦人窃与郑盟，而舍戍焉，[24]于是乎有殽之师[25]。晋御其上，戎亢其下，[26]秦师不复[27]，我诸戎实然[28]。譬如捕鹿，晋人角之[29]，诸戎掎之[30]，与晋踣之[31]，戎何以不免[32]？自是以来[33]，晋之百役，与我诸戎相继于时[34]，以从执政[35]，犹殽志也[36]，岂敢离逷[37]？今官之师旅[38]，无乃实有所阙[39]，以携诸侯[40]，而罪我诸戎[41]！我诸戎饮食衣服不与华同，贽币不通[42]，言语不达[43]，何恶之能为[44]？不与于会，亦无瞢焉[45]！"赋《青蝇》而退[46]。

宣子辞焉[47]，使即事于会，成恺悌也。[48]

【注释】① 驹支：人名，姜戎族的首领。姜戎族原在瓜州（今甘肃敦煌西），逐渐东迁，后为秦所迫，在首领吾离率领下迁至晋南，为晋国附庸。② 句谓鲁襄公十四年（前559）春，晋应吴国之请，会诸侯于吴之向邑（今安徽怀远西四十里），共谋讨伐楚国。③ 戎子：指姜戎族的首领。④ 范宣子：姓士，名丐，字伯瑕，范文子之子。晋国大臣。数（shǔ）：责备，列举罪状。诸："之于"的合音合义。朝：原指朝廷，这里指诸侯使臣一起会商事情时临时设立的朝位。⑤ 迫逐：逼迫驱逐。乃祖：你的祖父。乃：你，你的。吾离：人名，姜戎族的远祖。⑥ 被（pī）：同"披"。苫（shān）盖：用草编成的覆盖物。⑦ 句谓戴着用荆棘编织的帽子。蒙：戴。⑧ 归：指归于晋为附庸。先君：指晋惠公。⑨ 腆（tiǎn）：多，丰厚。⑩ 句谓与你们平分所出产的东西而享用它。剖分：平分。⑪ 事：事奉。寡君：古代臣子对别国自称其君的谦词。⑫ 句谓大概有些言语被泄露出去。⑬ 句谓就是主要由于你。则：就是。职：主要。⑭ 诘朝（jié zhāo）之事：明日会盟之事。诘朝：明日，明晨。⑮ 负恃：依恃，依仗。⑯ 蠲（juān）：昭明，显示。⑰ 四岳：传说为尧舜时的四方部落首领。裔胄（yì zhòu）：后代。⑱ 句即"毋剪弃是"的倒装。毋：不。剪弃：抛弃，灭绝。是：此。⑲ 鄙：边疆、边远的地方。⑳ 嗥（háo）：吼叫。㉑ 除翦：除去，砍除。㉒ 不侵不叛：不内侵，不外叛。㉓ 不贰：没有三心二意。㉔ 三句谓鲁僖公三十年（前630）晋文公约同秦穆公伐郑，由于郑大夫烛之武说服了秦国，使秦改变了原先的态度，与郑盟好，并派杞子等率兵驻郑戍守。舍戍：留下戍守的人。㉕ 句谓鲁僖公三十三年，秦穆公举兵伐郑，晋国乘机在殽山（在今河南洛宁西北）袭击秦军，取得巨大胜利。师：本指军队，此言战争。㉖ 二句谓晋国在前面抵御，我们戎人在后面抵抗。亢：同"抗"，抗击。㉗ 复：回去。㉘ 句谓我们戎人配合作战，才取得这样的结果。㉙ 角之：抓住它的角。㉚ 掎（jǐ）之：拉住它的脚。㉛ 踣（bó）之：把它摔倒在地。踣：仆倒。㉜ 免：免于罪责。㉝ 是：此，指殽之战。㉞ 句谓参加这些战役我们戎人不曾间断。与：参与，参加。相继于时：犹言不曾间断。㉟ 从：追随。执政：指当政者。㊱ 句谓如同崤山战役时的心志一样。㊲ 逷（tì）：同"逖"，远。㊳ 句谓现在晋国的将帅群臣。官：公家，指晋国。㊴ 无乃：推测之词，只怕，恐怕，或许。阙：通"缺"，缺点，错误。㊵ 句谓因此使本来亲附的诸侯产生背离之心。携：携贰，叛离。㊶ 句谓却归罪于我们戎人。㊷ 句谓礼仪不相同。贽（zhì）币：礼物，引申为礼仪。不通：不一样。㊸ 达：通。㊹ 句谓如何能泄漏言语于诸侯而危害晋国呢。恶之：危害晋国。㊺ 瞢（méng）：惭愧。㊻《青蝇》：见《诗经·小雅·桑扈之什》。是讽刺谗言离间的诗，其首章有"恺悌君子，无信谗言"之句。㊼ 辞：辞谢，道歉。㊽ 二句谓使驹支参加盟会，以副"恺悌君子，无信谗言"的诗句。恺悌：和乐平易，友好相处，此指《青蝇》诗中"恺悌君子，无信谗言"之句。

【品评】姜戎是晋国的附属国，其首领驹支随晋国代表范宣子到吴国参加诸侯盟会，聚会前范宣子指责驹支忘恩负义，把晋国的威望下降完全归罪于驹支泄露机密，并威胁要逮捕他。其言辞激烈强横，使范宣子气势汹汹、怒气相凌、骄不可犯的形象跃然纸上。本文主要记载的就是驹支对这一指责和威胁的辩驳。他从容不迫，据理力争，毫不屈服。首先说明姜戎不忘晋恩，没有二心；继而历数姜戎世代与晋并肩作战的功绩，澄清事实；最后从习俗、语言等方面强调姜戎绝不会做危害晋国的事，并指出范宣子是迁怒于人。其词婉理直，事实确凿，比喻形象，使范宣子不得不表示歉意。这是一篇弱者折服强者的绝妙词令，反映了当时各民族既联系又斗争的复杂关系，及其在中华民族开发史上的贡献。

祁奚请免叔向[①] 襄公二十一年

栾盈出奔楚[②]。宣子杀羊舌虎[③]，囚叔向。人谓叔向曰："子离于罪[④]，其为不知乎[⑤]？"叔向曰："与其死亡若何[6]?《诗》曰[7]:'优哉游哉,聊以卒岁。'[8]知也。"

乐王鲋见叔向曰[9]:"吾为子请[10]。"叔向弗应,出,不拜。[11]其人皆咎叔向[12]。叔向曰:"必祁大夫[13]。"室老闻之曰[14]:"乐王鲋言于君无不行[15],求赦吾子[16],吾子不许。祁大夫所不能也,而曰必由之,何也?"叔向曰:"乐王鲋从君者也[17],何能行[18]?祁大夫外举不弃仇[19],内举不失亲[20],其独遗我乎?《诗》曰:'有觉德行,四国顺之。'[21]夫子[22],觉者也[23]。"

晋侯问叔向之罪于乐王鲋[24],对曰:"不弃其亲,其有焉。[25]"

于是祁奚老矣[26],闻之,乘驲而见宣子[27],曰:"《诗》曰:'惠我无疆,子孙保之。'[28]《书》曰[29]:'圣有谟勋,明征定保。'[30]夫谋而鲜过、惠训不倦者[31],叔向有焉[32],社稷之固也[33]。犹将十世宥之[34],以劝能者[35]。今壹不免其身[36],以弃社稷[37],不亦惑乎?鲧殛而禹兴[38],伊尹放大甲而相之[39],卒无怨色[40]。管、蔡为戮,周公右王。[41]若之何其以虎也弃社稷[42]?子为善,谁敢不勉,多杀何为?[43]"宣子说[44],与之乘[45],以言诸公而免之[46]。不见叔向而归,叔向亦不告免焉而朝[47]。

【注释】① 祁奚:字黄羊,晋悼公时为中军尉,晋平公时为公族大夫。免:赦免。叔向:即羊舌肸(xī),羊舌职之子,羊舌虎之兄。晋国大夫,曾为太子太保。② 栾盈:也称栾怀子,栾桓子(栾黡)之子,范宣子之女所生,晋国大夫。因与范宣子争权,事败,逃往楚国。③ 宣子:即范宣子士丐,晋国大臣。羊舌虎:即叔虎,叔向之弟。栾盈的同党。④ 离:通"罹",遭遇。⑤ 其:恐怕,大概,或许。知:通"智",聪明,智慧。⑥ 句谓比那死了的又怎么样呢。若何:怎么样。⑦《诗》:《诗经》。⑧《诗经·小雅·鱼藻之什·采菽》里有"优哉游哉,亦是戾矣"之句,末句不同,此处大概是断章取义,随口足成之语，意思是悠闲逍遥啊，姑且了此一生。一说此二句是《诗经》之外的逸诗。⑨ 乐王鲋(fù)：也称乐桓子，晋国大夫。⑩ 请：此为请求赦免。⑪ 三句谓叔向没有应声，乐王鲋走时，他也不拜谢。⑫ 其人：叔向身边的人，指随从和家臣。咎：责怪。⑬ 祁大夫：即祁奚。⑭ 室老：古时卿大夫家臣中为首者。⑮ 君：指晋平公。无不行：没有行不通的。⑯ 吾子：对对方的敬爱之辞，一般用于男子之间。⑰ 从：顺从。⑱ 行：指胜任请免叔向之罪。⑲ 外举不弃仇：举荐族外人即使是仇人也不舍弃，指祁奚退休时向晋悼公推举他的仇人解狐接替他。⑳ 内举不失亲：对亲属也不避嫌而不推荐，指解狐接替他之后不久即去世，他又推举自己的儿子祁午。㉑ 二句见《诗经·大雅·荡之什·抑》，意谓德行正直，则天下顺从。觉：正直。四国：天下。㉒ 夫子：对男子的敬称，此指祁奚。㉓ 觉者：正直的人。㉔ 晋侯：即晋平公。㉕ 二句谓叔向与羊舌虎是兄弟，不会背弃亲人，内中可能有同谋。其：同注释⑤。㉖ 于是：当时。老：告老退休。㉗ 驲(rì)：古代驿站专用的车。㉘ 二句见《诗经·周颂·清庙之什·烈文》，意谓周文王、周武王惠爱其民没有止境，周之子孙都得到庇荫保佑。保：保佑。㉙《书》：《尚书》。以下引文见《古文尚书·胤征》。㉚ 二句谓圣人有谋略功勋，应当明确表示安定、保护他们。谟：谋略。勋：功劳。征：证明。㉛ 句谓善谋略而少过失，给人教益而不知疲倦。㉜ 句谓叔向兼有之。㉝ 句谓国家赖以巩固的柱石。㉞ 十世宥(yòu)之：即"宥之十世"。十世：指远代子孙。宥：宽恕，赦罪。㉟ 劝：勉励。能者：有才能的人。㊱ 壹：一，指羊舌虎这一件事。不免其身：不能赦免他本人。㊲ 句谓而抛弃国家赖以巩固的柱石。㊳ 鲧(gǔn)：传说中我国原始社会的一个部落首领，禹的父亲。因未完成舜交给的治水使命，被杀死在羽山之野。殛(jí)：诛杀。禹：也称大禹、夏禹、戎禹，鲧之子。因治水有功，受舜禅让为帝。兴：起用。㊴ 伊尹：商朝初年的大臣，传说奴隶出身，商汤王用为相，辅佐其灭夏桀。大甲：即太甲，商汤王的嫡长孙。传说他即位后，荒淫，不理国政，被伊尹放逐到桐宫，三年后悔过，伊尹才接他回来复位。相之：辅佐他。㊵ 句谓太甲始终无怨色。㊶ 二句谓周武王死后，成王年幼，由周公摄政。周公的弟弟管叔、蔡叔等联合商纣之子武庚等反叛，周公出师东征，诛武庚，杀管叔，蔡叔也在放逐中死去，周公仍辅佐着周成王。管、蔡：即管叔、蔡叔，都是周公的弟弟。周公：周武王的弟弟，名旦，也称叔旦。因采邑在周(今陕西岐山北)，称为周公。曾助武王灭商，武王死后，成王年幼，由他摄政。右：辅佐。

㊷ 若之何:为什么。以:因为。㊸ 三句谓如果您做好事,谁敢不勉励自己。多杀人干什么。何为:为什么。㊹ 说(yuè):同"悦",高兴。㊺ 句谓范宣子与祁奚同乘一车。㊻ 句谓向晋平公陈说而赦免叔向。诸:"之于"的合音合义。公:指晋平公。㊼ 告免:告诉祁奚自己被免了罪,意即向祁奚道谢。朝:指朝见晋平公。

【品评】本文记叙了叔向因弟弟羊舌虎与栾盈结党被杀受牵连而被赦免的经过。第一段交待事件起因及叔向的临危不惧、泰然自若。第二段写叔向严峻拒绝乐王鲋的虚情假义,表现他善于识鉴人物及其对谄媚小人乐王鲋的冷漠蔑视、对正直光明的祁奚的信任尊崇。第三段乐王鲋答对晋侯,仅一语即暴露了其伪善嘴脸。第四段是文章的重点,通过祁奚的言行,表现他为国家利益着想、爱惜人才、正直无私、不居功的高贵品德。祁奚的话,引经据典,举证确凿,既有说服力,又给人深刻的启示。文中人物之所以栩栩如生,作者除着力于言行描写和内心世界的揭示外,还成功地运用了反衬、烘托的修辞技巧,如叔向对乐王鲋与祁奚的看法和态度,乐王鲋与祁奚的言行等,都截然不同,对比鲜明,给人留下了深刻的印象。

子产告范宣子轻币[①] 襄公二十四年

范宣子为政[②],诸侯之币重。郑人病之[③]。

二月,郑伯如晋[④]。子产寓书于子西以告宣子[⑤],曰:"子为晋国[⑥],四邻诸侯不闻令德[⑦],而闻重币,侨也惑之[⑧]。侨闻君子长国家者[⑨],非无贿之患[⑩],而无令名之难[⑪]。夫诸侯之贿聚于公室,则诸侯贰。[⑫]若吾子赖之[⑬],则晋国贰[⑭]。诸侯贰,则晋国坏;晋国贰,则子之家坏。何没没也[⑮]!将焉用贿[⑯]?夫令名,德之舆也[⑰];德,国家之基也[⑱]。有基无坏,无亦是务乎[⑲]!有德则乐,乐则能久。《诗》云:'乐只君子,邦家之基。'[⑳]有令德也夫[㉑]!'上帝临女,无贰尔心。'[㉒]有令名也夫!恕思以明德,则令名载而行之,是以远至迩安。[㉓]毋宁使人谓子'子实生我’，而谓‘子浚我以生’乎？㉔象有齿以焚其身，贿也。㉕”

宣子说㉖，乃轻币。

【注释】① 子产：即公孙侨，字子产，又字子美。郑国大夫，郑简公十二年(前554)为卿，执政20馀年，积极倡导改革。范宣子：即士丐。晋国大臣。轻：用作动词，减轻。币：缯帛，古代常用作祭祀或赠送的礼物，此指诸侯国向盟主晋国进献的贡物。② 为政：执政，当政。③ 病：用作动词，忧患。④ 郑伯：指郑简公。如：去、往……⑤ 寓：寄托。子西：即公孙夏。郑国大夫，当时陪同郑简公去晋国。⑥ 句谓您当晋国的执政。⑦ 令德：美德。⑧ 侨：子产自称。惑：困惑，迷惑。⑨ 长国家：执掌国家政事。⑩ 句谓不忧虑没有财物。贿：财物。⑪ 令名：好的名声。难：忧患，担心。⑫ 二句谓各诸侯国的财物都被聚敛到晋国的公室，诸侯就会对晋国产生二心。夫：语气词，用于句首，表示发语。公室：指晋国。贰：有二心，背叛。⑬ 吾子：对对方的敬爱之辞，一般用于男子之间。赖之：指把聚敛的财物当作利益，意即私自占有聚敛的财物。⑭ 句谓晋国的人就会产生二心。⑮ 没没：沉溺、执迷不悟的样子。⑯ 焉：何。⑰ 舆：车。⑱ 基：基础。⑲ 无亦是务：即“无亦务是”的倒装。无亦：意即“何不”。是：这，这个，指立德。务：致力，从事。⑳ 二句见于《诗经·小雅·南山有台》。乐只君子：即“君子乐只”的倒装。只：语气词，此相当于“哉”。邦家：国家。㉑ 也夫：语气助词，表示感叹。㉒ 二句见于《诗经·大雅·文王之什·大明》，意谓上帝鉴临你，你不要有二心。女：通“汝”，你。尔：你。㉓ 三句谓心存宽恕而发扬美德，那么美名就像车子那样载着美德传扬出去，因此远处的人就会来归附，近处的人就会安居乐业。恕思：心存宽厚之意。迩(ěr)：近。㉔ 二句谓宁可使人们议论您“您实在生养了我们”，还是说“您榨取了我们的血汗来养活自己”呢。毋宁：无宁，宁可。子：指范宣子。生：生养。浚(jùn)：榨取。㉕ 二句谓大象生有牙齿而毁了自己，就是因为象牙是珍贵的财物。焚其身：毁了自己，即丧生。焚：毙。㉖ 说(yuè)：通“悦”，高兴。

【品评】范宣子主政当时的盟主晋国，向诸侯征收很沉重的贡品，郑国的子产即寄书劝其减轻剥削，收揽人心。这反映了春秋末年小国对大国的反抗。子产的书信，堪称先秦书信散文的精品。他劈头直指晋国“重币”、无“令德”问题。接着就明确提出“非无贿之患，而无令名之难”的宗旨。然后围绕这一纲领，先以危言激语道破聚敛财物之弊，申说“非无贿之患”，以扣“重币”；继而赞说“令德”，从“名”转“德”，从“德”转“国家”，从“国家”转“无坏”，笔转句扣，透辟淋漓，并再三征引《诗经》证明德的重要以及名与德的关系，行文回环往复，剀切详明，令人信服。最后以一个选择复句和一个生动的比喻，再次将“令名”与“贿”并言，表明应取“德”舍“重币”，语气决断，感情强烈。此信持论正大，语言精练，对比鲜明，有很强的说服力。由此，充分显示了子产作为政治家的智慧和才干。

晏子不死君难① 襄公二十五年

崔武子见棠姜而美之②，遂取之③。庄公通焉④。崔子弑之⑤。

晏子立于崔氏之门外，其人曰⑥：“死乎⑦？”曰：“独吾君也乎哉，吾死也？”⑧曰：“行乎⑨？”曰：“吾罪也乎哉，吾亡也？”⑩曰：“归乎？”曰：“君死，安归？君民者⑪，岂以陵民⑫？社稷是主⑬。臣君者⑭，岂为其口实⑮？社稷是养⑯。故君为社稷死，则死之⑰；为社稷亡，则亡之⑱。若为己死，而为己亡，非其私暱⑲，谁敢任之⑳？且人有君而弑之㉑，吾焉得死之㉒？而焉得亡之？将庸何归㉓？”

门启而入，枕尸股而哭㉔，兴㉕，三踊而出㉖。人谓崔子：“必杀之。”崔子曰：“民之望也，舍之得民。”㉗

【注释】① 晏子：即晏婴（？—前500），字平仲。齐国大夫，历仕灵公、庄公、景公三世，公元前556年任齐卿（相当后世的宰相）。② 崔武子：即崔杼。齐国大夫，弑庄公，立景公，自为卿，卒谥武子。棠姜：齐国大夫棠公的夫人，出于东郭氏，姜姓。棠公死后崔杼娶为妻。美：意动用法，以……为美。③ 取：通“娶”。④ 庄公：齐庄公。通：私通。⑤ 弑（shì）：古时称子杀父、臣杀君为弑。⑥ 其人：指晏子的随从。⑦ 句谓为国君之难而死吗？

⑧ 二句谓只是我个人的国君吗，我为什么为他死呢？也乎哉：三字连用表示感叹中带有反诘语气。⑨ 行：此指逃走。⑩ 二句谓我有罪过吗，我为什么逃走呢？⑪ 句谓做人民的君主的人。⑫ 句谓岂能因此凌驾于人民之上？以：介词，其后省宾语“之”。陵：凌驾，超越。⑬ 句即“主社稷”，主持国家。社稷：土神和谷神，此指国家。是：表示宾语“社稷”前置。主：主持。⑭ 句谓做君主之臣的人。⑮ 句谓难道只是为那俸禄？⑯ 句即“养社稷”。养：供养，保养。⑰ 句谓臣子就应从君而死。⑱ 句谓臣子就应从君逃亡。⑲ 私昵（nì）：指所私爱宠幸的人。⑳ 任：承担，担当。㉑ 句谓况且人家有国君而又杀了他。人：指崔杼。有君：谓崔杼受国君的亲宠，而这位国君只是崔杼之君，称不上社稷之主。之：指齐庄公。㉒ 焉：哪里，怎么。㉓ 句谓将回到哪里去呢？庸何：即“何”，哪里。㉔ 句谓将齐庄公的尸体放在自己的大腿上就哭起来。㉕ 兴：起来。㉖ 踊：跳。此指因哀痛而跺脚。㉗ 二句谓晏子是人民仰望的人，放了他能够得到民心。

【品评】齐庄公因荒淫被崔杼杀死，晏婴既不盲目殉难，也不逃亡，更不置之不理，而是理智地前往哀吊哭祭。这一片断，反映了齐国富有威信和经验的政治家晏婴及春秋史家们的君臣观。文章开头写事件的起因，一“通”一“弑”，即指明庄公和崔杼的行为皆不义，为晏子不死君难张本。晏婴与随从的对话是全文的主体，明确道出晏婴立身处事的着眼点全在于国家，认为无论国君还是臣子，都应当对国家负责。他对“死”、“亡”、“归”三个方面的答对，始终紧扣“社稷”二字，既烟波起伏，又中心突出。写晏婴的几个连贯动作，则将其哀痛尽礼表现得简明传神。另外，着墨不多的崔杼，其霸道和狡猾，也给人留下了深刻印象。

季札观周乐[①] 襄公二十九年

吴公子札来聘[②]，请观于周乐。

使工为之歌《周南》、《召南》[③]，曰：“美哉！始基之矣[④]，犹未也[⑤]，然勤而不怨矣[⑥]！”为之歌《邶》、《鄘》、《卫》[⑦]，曰：“美哉，渊乎[⑧]！忧而不困者也[⑨]。吾闻卫康叔、武公之德如是[⑩]，是其《卫风》乎[⑪]？”为之歌《王》[⑫]，曰：“美哉！思而不惧[⑬]，其周之东乎[⑭]？”为之歌《郑》[⑮]，曰:"美哉!其细已甚⑯,民弗堪也⑰。是其先亡乎?"为之歌《齐》⑱,曰:"美哉!泱泱乎⑲,大风也哉⑳!表东海者,其大公乎?㉑国未可量也㉒。"为之歌《豳》㉓,曰:"美哉,荡乎㉔!乐而不淫㉕,其周公之东乎㉖?"为之歌《秦》㉗,曰:"此之谓夏声㉘。夫能夏则大㉙,大之至也!其周之旧乎?"为之歌《魏》㉚,曰:"美哉,沨沨乎㉛!大而婉㉜,险而易行㉝。以德辅此㉞,则明主也!"为之歌《唐》㉟,曰:"思深哉!其有陶唐氏之遗民乎㊱?不然,何忧之远也?非令德之后㊲,谁能若是?"为之歌《陈》㊳,曰:"国无主㊴,其能久乎?"自《郐》以下无讥焉㊵。

为之歌《小雅》㊶,曰:"美哉!思而不贰㊷,怨而不言㊸,其周德之衰乎?犹有先王之遗民焉㊹!"为之歌《大雅》㊺,曰:"广哉,熙熙乎㊻!曲而有直体㊼,其文王之德乎?"

为之歌《颂》㊽,曰:"至矣哉!直而不倨㊾,曲而不屈㊿;迩而不逼(51),远而不携(52);迁而不淫(53),复而不厌(54);哀而不愁,乐而不荒(55);用而不匮(56),广而不宣(57);施而不费,取而不贪;(58)处而不底(59),行而不流(60)。五声和(61),八风平(62);节有度(63),守有序(64)。盛德之所同也(65)。"

见舞《象箾》、《南籥》者(66),曰:"美哉!犹有憾(67)。"见舞《大武》者(68),曰:"美哉!周之盛也,其若此乎!"见舞《韶濩》者(69),曰:"圣人之弘也(70),而犹有惭德(71),圣人之难也(72)。"见舞《大夏》者(73),曰:"美哉!勤而不德(74),非禹,其谁能修之(75)?"见舞《韶箾》者(76),曰:"德至矣哉!大矣,如天之无不帱也(77),如地之无不载也!虽甚盛德(78),其蔑以加于此矣(79)。观止矣(80)!若有他乐,吾不敢请已(81)!"

【注释】① 季札：也称季子，吴王寿梦最小的儿子。周乐：周朝的音乐和舞蹈。周成王曾将天子之乐赐给鲁国，因此在鲁国可以欣赏到周乐。② 聘：古代国与国之间派使者访问。③ 工：乐工，当时专职的音乐人员。《周南》、《召（shào）南》：此指《诗经·国风》中的乐歌名称。周、召是周公和召公的最初封地。后来长江、汉水、汝水一带亦由周公、召公分别管辖，《周南》、《召南》即这一带的乐歌。④ 句谓开始为王道教化奠定了基础。基：基础。这里用作动词，是奠定基础的意思。⑤ 句谓尚未尽善。⑥ 勤：劳。⑦《邶（bèi）》、《鄘（yōng）》、《卫》：采自邶、鄘、卫三国的乐歌。邶国当时在今河南汤阴东南的北城镇。鄘国当时在今河南汲县东北鄘城。卫国当时在今河南北部和河北南部。按邶、鄘二国后来都并入卫国，故三者并提。⑧ 渊：深远，深。⑨ 困：困惑，窘迫。⑩ 卫康叔：即康叔，周公之弟，封于卫。武公：康叔的九世孙。传说康叔、武公都是卫国的贤君。是：这。⑪ 其：大概，恐怕。⑫《王》：指采自王城（在今河南洛阳，周平王东迁定都于此）一带的乐歌。⑬ 句谓虽有忧思而无惧怕。⑭ 句谓这是周王朝东迁之后的乐歌吧。⑮《郑》：指采自郑国的乐歌。郑国当时在今河南新郑、郑州、荥阳一带。⑯ 细：琐屑，细碎。⑰ 弗堪：不能忍受。⑱《齐》：指采自齐国的乐歌。齐国在今山东中、东部。⑲ 泱（yāng）泱：宏大深广的样子。⑳ 大风：大国的气魄。也哉：表示肯定与感叹的语气。㉑ 二句谓做东海一带诸侯表率的，大概是姜太公吧。表：表率，此用作动词。大（tài）公：即吕尚，俗称姜太公。齐国始封的君主。㉒ 量：估量，限量。㉓《豳（bīn）》：指采自豳（今陕西三水、武功等地）一带的乐歌。㉔ 荡：坦荡。㉕ 淫：过分，无节制。㉖ 句谓大概是周公东征时的乐歌吧。㉗《秦》：指采自秦国的乐歌。当时的秦国在今陕西、甘肃一带。㉘ 夏声：华夏的声调。夏，有大和正的意思。㉙ 句谓能为华夏之声自然就宏大。夫：语气词，用于句首，表示发语。㉚《魏》：指采自魏国的乐歌。魏国当时在今山西芮城，公元前 661 年为晋国所灭。㉛ 沨（fēng）沨：形容声调婉约适中。㉜ 婉：委婉和顺。㉝ 句谓节拍急促而易于流行。㉞ 句谓以德辅佐此国国君。㉟《唐》：指采自唐（在今山西西南）一带的乐歌。㊱ 陶（yáo）唐氏：指传说中陶唐氏的圣君帝尧，史称唐尧。㊲ 令德：美德，盛德，此指有美德的唐尧。㊳《陈》：指采自陈国的乐歌。当时陈国在今河南东南部及安徽北部。㊴ 句谓陈的音乐淫乱放荡，百姓没有畏忌，故谓国无主。㊵《郐（guì）》：指采自郐国的乐歌。郐国在今河南密县东北，为郑武公所灭。讥：批评，评论。㊶《小雅》：主要是西周末期及东周初期周王室贵族的乐歌，小部分是批评朝政或抒发怨愤的民间歌谣。㊷ 句谓忧思而无叛离之心。㊸ 句谓怨恨而不直言。㊹ 先王：指周代文、武、成、康诸王。㊺《大雅》：主要是西周初期王室贵族的乐歌，大都歌颂后稷以至周武王、宣王等的功绩。㊻ 熙熙：形容音乐和美。㊼ 句谓音调婉曲而又刚健正直。㊽《颂》：贵族用于祭祀的乐歌，包括《周颂》、《鲁颂》、《商颂》。㊾ 句谓刚健正直而不傲慢。倨（jù）：傲慢。㊿ 句谓委曲婉转而不卑下靡弱。�51 迩（ěr）：近。逼：逼迫。�52 携：离异，分离。�53 句谓迁延变化而不过度。�54 句谓反复而不令人厌倦。�55 荒：荒唐。�56 句谓乐声像物资那样运用而不匮乏，比喻乐声丰富多彩。�57 句谓乐声广泛多样而不张扬显露。�58 二句谓施与而不费损，求取而不贪婪。比喻乐调节奏匀称适宜。�59 句谓宁静而不停滞。处：静止。底：停滞，凝滞。�60 行：流动，运行。流：泛滥。�61 五声：也称五音，即五声音节中的宫、商、角、徵、羽。和：和谐。�62 八风：也称八音，即金、石、土、革、丝、木、匏（páo）、竹八类乐器。平：协调。�63 节：节奏。度：尺度，指音律规范。�64 句谓各种乐器鸣奏，都遵守一定的准则次序。�65 句谓音乐尽善尽美与圣贤的盛德是一致的。�66《象箾（xiāo）》：武舞名。箾：古代武舞时，舞师所持的竹竿。《南籥（yuè）》：文舞名。籥：管乐器，形似笛，舞蹈时用以伴奏。�67 憾：遗憾，心感不足。�68《大武》：歌颂周武王的乐舞名。�69《韶濩（hù）》：歌颂商汤的乐舞名。�70 弘：宏大。�71 惭德：于德行有惭愧之处。因商汤流放夏桀，以武力取天下，故谓。�72 句谓圣人处世也是不容易的。�73《大夏》：歌颂夏禹的乐舞名。�74 句谓为民勤苦而不自以为有功德。�75 修之：修治这样的功德。�76《韶箾》：也作《箫韶》，虞舜时的乐舞。�77 帱（dào）：覆盖。�78 甚：极。�79 蔑以加：无以复加。蔑：无，没有。�80 句谓观赏乐舞至此达到极点了。�81 句谓不敢再请求观赏了。已：语气词，表示确定语气。

【品评】这是一篇出色的关于音乐和舞蹈等艺术的评论。文章贯通一气，错落有致，音韵铿锵，生动耐读。吴国公子季札贤明通达，知识渊博，有很深的艺术造诣。他崇尚中和，把音乐和舞蹈等艺术视为政治的体现和象征，对耳闻目睹的音乐和舞蹈等艺术，都能深刻地体悟出各诸侯国、各时代的政治状况及古代帝王的德行功业。其评语充满感情，角度多样，简明精辟，切中肯綮。这虽然未必完全是季札的话，可能有《左传》作者的生发和附会，但却较早地集中反映了先秦儒家的文艺观和美学思想，为了解春秋时期音乐、舞蹈等艺术的发展提供了重要的文献依据，因此，有宝贵的参考价值。

子产坏晋馆垣[1] 襄公三十一年

子产相郑伯以如晋[2]，晋侯以我丧故[3]，未之见也[4]。子产使尽坏其馆之垣，而纳车马焉[5]。士文伯让之曰[6]："敝邑以政刑之不修[7]，寇盗充斥，无若诸侯之属辱在寡君者何[8]？是以令吏人完客所馆[9]，高其闬闳[10]，厚其墙垣，以无忧客使[11]。今吾子坏之，虽从者能戒[12]，其若异客何[13]？以敝邑之为盟主，缮完葺墙[14]，以待宾客。若皆毁之，其何以共命[15]？寡君使匄请命[16]。"对曰："以敝邑褊小[17]，介于大国[18]，诛求无时[19]，是以不敢宁居，悉索敝赋[20]，以来会时事[21]。逢执事之不闲[22]，而未得见；又不获闻命，未知见时。不敢输币[23]，亦不敢暴露[24]。其输之[25]，则君之府实也[26]，非荐陈之[27]，不敢输也。其暴露之，则恐燥湿之不时而朽蠹[28]，以重敝邑之罪。侨闻文公之为盟主也[29]，宫室卑庳[30]，无观台榭[31]，以崇大诸侯之馆[32]，馆如公寝[33]。库厩缮修[34]，司空以时平易道路[35]，圬人以时塓馆宫室[36]。诸侯宾至，甸设庭燎[37]，仆人巡宫，车马有所，宾从有代[38]，巾车脂辖[39]，隶人牧圉[40]，各瞻其事[41]；百官之属，各展其物[42]。公不留宾，而亦无废事；[43]忧乐同之，事则巡之[44]；教其不知，而恤其不足[45]。宾至如归，无宁灾患[46]。不畏寇盗，而亦不患燥湿。今铜鞮之宫数里[47]，而诸侯舍于隶人[48]。门不容车，而不可逾越。[49]盗贼公行，而夭厉不戒[50]。宾见无时[51]，命不可知[52]。若又勿坏，是无所藏币，以重罪也。敢请执事，将何所命之[53]？

虽君之有鲁丧，亦敝邑之忧也[54]。若获荐币，修垣而行，君之惠也，敢惮勤劳[55]？”

文伯复命[56]。赵文子曰[57]：“信[58]。我实不德，而以隶人之垣以赢诸侯[59]，是吾罪也。”使士文伯谢不敏焉[60]。

晋侯见郑伯，有加礼[61]，厚其宴好而归之[62]。乃筑诸侯之馆。

叔向曰[63]：“辞之不可以已也如是夫[64]！子产有辞，诸侯赖之，[65]若之何其释辞也[66]？《诗》曰[67]：‘辞之辑矣[68]，民之协矣[69]；辞之怿矣[70]，民之莫矣[71]。’其知之矣[72]。”

【注释】① 子产(？—前522)：即公孙侨，字子产，一字子美，郑穆公之孙。郑国大夫。坏：毁坏，拆毁。馆：招待宾客的馆舍。垣(yuán)：墙。② 相(xiàng)：辅佐。郑伯：指郑简公，名嘉。公元前565—前529年在位。如：往、到……③ 晋侯：指晋平公，名彪，晋悼公之子。公元前557—前531年在位。我丧：指鲁襄公之丧。此处用的是鲁国史官的口气。④ 句谓不接见郑简公。⑤ 纳：使进入，藏入。⑥ 士文伯：名匄，字伯瑕。晋国大夫。与范宣子同族同名。让：责备，责问。⑦ 敝邑：对自己的国家的谦称。政刑：政令刑律。修：完善。⑧ 句谓对于保护屈尊来朝聘我国君的诸侯们，无如寇贼何。无若……何：此言无如寇贼何。辱：谦词，承蒙。在：存问，慰问。寡君：古代臣子对别国自称其君的谦词。⑨ 是以：因此。完：修缮，修治。⑩ 闬闳(hàn hóng)：指馆舍的大门。⑪ 句谓使客使无忧虑。⑫ 从者：随从的人。戒：戒备，警戒。⑬ 异客：他国的宾客。⑭ 缮：修治。完：通“院”，指围墙。葺墙：以草覆盖墙。⑮ 其：将。共命：供给需要。共：通“供”。⑯ 匄(gài)：士文伯自称其名。请命：请问拆毁馆墙的用意。此为外交辞令。⑰ 褊(biǎn)小：狭小。⑱ 句谓处于大国之间。⑲ 句谓晋等大国索取贡物没有定时。诛求：索取。⑳ 句谓全面搜罗敝国的财物。赋：指财物。㉑ 句谓而来按时朝会纳贡。会：朝会。时事：春秋时一种按时朝贡的制度。㉒ 执事：侍从君王左右的人，对君王的敬词，此指晋平公。㉓ 输币：献纳币帛。㉔ 暴露：暴露在外。㉕ 其：连词，如果。㉖ 府实：府库中的财物。㉗ 荐陈：宾主相见，客人将礼物陈列在庭中献给主人。荐：进献。

㉘ 不时：不定什么时候。朽蠹（dù）：腐朽及蛀蚀。㉙ 侨：子产自称其名。文公：晋文公重耳。㉚ 卑庳（bēi，又读 bǐ）：低下，矮小。㉛ 观（guàn）：宫门两旁高大的建筑物。台：楼台。榭：建在高台上的敞屋。㉜ 崇大：使……崇大。崇：高。㉝ 句谓馆舍如同晋平公的宫室。㉞ 库：储藏币物的仓库。厩（jiù）：马棚。㉟ 司空：掌管土木工程的官吏。以时：按时。平易：平整。㊱ 圬（wū）人：泥瓦匠。塓（mì）：粉刷。㊲ 甸：即甸人，负责管理柴火的官吏。庭燎：庭院中用来照明的火炬。㊳ 句谓宾客随从有专人替代服役。㊴ 巾车：管理车辆的官。脂辖：用油脂涂车轴。脂：用作动词，涂油。辖：古代车轴轴端的键，此指车轴。㊵ 隶人：打扫房舍的奴仆。牧：看管牛羊的人。圉（yǔ）：养马的人。㊶ 句谓各人照管自己份内的事。瞻：看顾，照管。㊷ 展：陈列。㊸ 二句谓晋文公及时会见宾客，不使宾客滞留，也没有废除应有的礼节。事：指宾主相见的各种礼仪。㊹ 句谓有意外事故就亲自巡视。之：代词，指事故。㊺ 恤：周济。㊻ 句谓无灾害。宁：句中助词，无义。㊼ 铜鞮（dī）之宫：晋国国君的别宫，因建于铜鞮（在今山西沁县南），故名。㊽ 舍于隶人：居住于像奴仆们住的房舍。㊾ 二句谓门狭小不能使车子通过，周围又有墙垣阻隔无法越过。㊿ 夭厉：流行疾病。戒：防备。51 宾见：会见宾客。52 命：指晋君接见的命令。53 句谓将有什么指教。54 句谓鲁国与晋国、郑国都是同姓，鲁国的丧事，不仅是晋国的悲伤，也是郑国的悲伤。55 敢：岂敢，不敢。惮（dàn）：怕。56 复命：回报。57 赵文子：名武，赵盾之孙。晋国大夫。58 信：确实。59 赢（yíng）：接受，此为接待的意思。60 不敏：不聪明，表示自谦之词。61 加礼：加重了礼仪。62 厚其宴好：隆重宴请表示友好。厚：丰厚，隆重。此用作动词，即"使……厚"。63 叔向：即羊舌肸（xī），晋国大夫。64 辞：辞令。已：指废止。是：这样。夫：吧，啊，表示赞叹。65 二句谓子产有这样的辞令，诸侯也都靠他得到了好处。66 若之何：怎么。释辞：放弃辞令。也：呢，表示反诘。67《诗》：《诗经》。以下四句见《诗经·大雅·板》。68 辑：和谐。69 协：和协融洽。70 怿（yì）：喜悦。71 莫：安定。72 句谓子产懂得这个道理了。

【品评】鲁襄公三十一年（前 542），子产辅佐郑简公到晋国朝聘，被安置在简陋的馆舍里，晋平公推故不见。于是子产使人"尽坏其馆之垣，而纳车马焉"，等士文伯来责问，即从容不迫地发表了一通议论。子产的言辞，针锋相对，义正不阿，申辩有理，谴责有力，词强而不激，巧举晋文公敬客与晋平公的傲慢无理进行鲜明对照，更使士文伯、赵文子、晋平公折服，从而维护了郑国的尊严。文章记述的这次成功的外交活动和巧妙的外交辞令，既显示了著名政治家子产的机智和辩才，也反映了春秋时期辞令在外交和交际场合发挥的重要作用。

子产论尹何为邑① 襄公三十一年

子皮欲使尹何为邑②。子产曰："少③，未知可否。"子皮曰："愿④，吾爱之，不吾叛也⑤。使夫往而学焉⑥，夫亦愈知治矣⑦。"子产曰："不可。人之爱人，求利之也⑧。今吾子爱人则以政⑨，犹未能操刀而使割也，其伤实多⑩。子之爱人，伤之而已，其谁敢求爱于子⑪？子于郑国，栋也⑫。栋折榱崩⑬，侨将厌焉⑭，敢不尽言？子有美锦⑮，不使人学制焉⑯。大官、大邑，身之所庇也，⑰而使学者制焉⑱。其为美锦，不亦多乎？⑲侨闻学而后入政⑳，未闻以政学者也㉑。若果行此，必有所害。譬如田猎㉒，射御贯则能获禽㉓，若未尝登车射御，则败绩厌覆是惧㉔，何暇思获㉕？"子皮曰："善哉！虎不敏㉖。吾闻君子务知大者、远者㉗，小人务知小者、近者。我，小人也！衣服附在吾身，我知而慎之；大官、大邑，所以庇身也，我远而慢之㉘。微子之言㉙，吾不知也。他日我曰㉚：'子为郑国，我为吾家，以庇焉，其可也。'㉛今而后知不足㉜。自今请，虽吾家，听子而行。㉝"子产曰："人心之不同，如其面焉，吾岂敢谓子面如吾面乎？抑心所谓危㉞，亦以告也。"子皮以为忠，故委政焉㉟。子产是以能为郑国㊱。

【注释】① 子产(？—前522)：即公孙侨，字子产，一字子美。郑穆公之孙。郑国大夫。尹何：子皮的年轻的家臣。为：治理。邑：此泛指封邑、采邑。② 子皮：名罕虎，字子皮，郑卿公孙舍之子，代父为上卿。③ 少：年轻。

④ 愿:谨慎老实。⑤ 句谓不会背叛我。"吾"是"叛"的宾语前置。⑥ 夫:人称代词,他。下句"夫"字同。焉:语气词,表示停顿。⑦ 治:治理,管理。⑧ 利之:有利于他。⑨ 吾子:对对方的敬爱之词,一般用于男子。以政:授予政事。⑩ 伤:自伤,危害自己。⑪ 其:难道,表示反问。⑫ 栋:栋梁。⑬ 榱(cuī):屋椽。⑭ 侨:子产自称其名。厌(yā):通"压"。⑮ 美锦:有美丽花纹的绸缎。⑯ 句谓不让人用来学着做衣服。⑰ 二句谓大官与大的封邑,这都是人们身家性命所寄托的。庇:庇护,寄托。⑱ 学者:指初学政事的人。制:治理。⑲ 二句谓它比起美锦来,不是更加贵重吗。⑳ 入政:参加管理政务。㉑ 以政学者:靠管理政务学习的人。㉒ 田猎:打猎。㉓ 射:射箭。御:驾车。贯:通"惯",熟习。禽:鸟兽。㉔ 句即"则惧败绩厌覆",意谓就总怕翻车压了人。败绩:指翻车事故。厌覆:指乘车的人被倾覆辗压。是:表示宾语"败绩厌覆"前置。㉕ 句谓哪里顾得上想猎获禽兽。㉖ 虎:子皮自称其名。不敏:不聪明。㉗ 务:致力于。㉘ 远而慢:疏远而轻慢。㉙ 微:无。㉚ 他日:往日,从前。㉛ 四句谓您治理郑国,我治理我的家,以此作为自身的寄托,这就可以了。家:此指古代大夫的封地。其:代词,这。㉜ 今而后:从今以后。㉝ 二句谓从现在开始请求您允许,即使是我家的事情,也要听您的意见行事。㉞ 句谓然而心里感到危险的事。抑:然而,可是。㉟ 委政:委托国政。㊱ 是以:因此。

【品评】本文记述的是子产劝阻子皮任命年轻而不熟悉政事的尹何去做自己封地的长官。子产的态度极为诚恳,他着眼大局,倾心吐露,紧扣"学而后入政,未闻以政学"这一中心,连用四个习见事物作比,从不同的角度把道理说得生动、浅明、深刻、透彻,不仅使子皮心服口服,而且决定将郑国大政委托给他。文章妙喻连环,绝无痕迹,快笔灵思,层层深入,跌宕而生姿。尤其通过精彩的对话,使子产推心置腹、知无不言、深谋远虑和子皮虚怀若谷、从善如流、知人善任的政治家形象跃然纸上。

子产却楚逆女以兵[①] 昭公元年

楚公子围聘于郑[②],且娶于公孙段氏[③]。伍举为介[④]。将入馆[⑤],郑人恶之[⑥]。使行人子羽与之言[⑦],乃馆于外[⑧]。

既聘[9]，将以众逆[10]。子产患之[11]，使子羽辞曰[12]："以敝邑褊小[13]，不足以容从者[14]，请墠听命[15]。"令尹使太宰伯州犁对曰[16]："君辱贶寡大夫围[17]，谓围：'将使丰氏抚有而室[18]。'围布几筵[19]，告于庄、共之庙而来[20]。若野赐之[21]，是委君贶于草莽也[22]，是寡大夫不得列于诸卿也[23]。不宁唯是[24]，又使围蒙其先君[25]，将不得为寡君老[26]，其蔑以复矣[27]。唯大夫图之[28]。"子羽曰："小国无罪，恃实其罪[29]。将恃大国之安靖己[30]，而无乃包藏祸心以图之[31]。小国失恃而惩诸侯[32]，使莫不憾者[33]，距违君命[34]，而有所壅塞不行是惧[35]。不然，敝邑，馆人之属也，[36]其敢爱丰氏之祧[37]？"

伍举知其有备也，请垂櫜而入[38]。许之。

【注释】① 子产(？—前522)：即公孙侨，字子产，一字子美，郑穆公之孙。郑国大夫。却：退却，此用为使动词。楚：指楚国公子围。逆：此指迎娶。女：指公孙段氏之女。以兵：率兵。② 楚公子围：即楚国公子围，楚共王次子，康王之弟。楚王郏敖时为令尹，后杀死郏敖，自立为楚灵王。公元前540—前529年在位。聘：聘问，古代国与国之间遣使访问。郑：郑国。③ 公孙段：字伯石。因食邑于丰，又称丰氏。郑国大夫。氏：在姓名之后的敬词。④ 伍举：又称椒举，伍参之子，伍子胥之祖父。介：副使。⑤ 馆：宾馆。⑥ 恶(wù)：憎恶，厌恶，讨厌。⑦ 行人：官名，掌管朝觐聘问。子羽：即公孙挥，字子羽。⑧ 句谓就将楚国公子围安置于城外居住。馆：用作动词，住。外：指城外。⑨ 句谓访问仪式结束后。既：副词，已经。⑩ 句谓将要率兵士入城迎娶。⑪ 患之：为此担忧。⑫ 辞：推辞。⑬ 以：因为。敝邑：古代对自己国家的谦称。褊(biǎn)小：狭小。⑭ 容：容纳。从者：随从的人。⑮ 句谓就请在城外设墠举行婚礼，我们听从您的命令。墠(shàn)：此为供举行婚礼时祭神用的经过清理的整洁地面。⑯ 令尹：官名，楚国掌管军政大权的最高官职，此指公子围。太宰：官名，管理宫廷内外事物，辅助国君治理国家。伯州犁：楚国人。当时也是公子围的随从。

⑰ 句谓承蒙郑君厚赐我大夫围。辱：谦词，承蒙。贶(kuàng)：赠送，赐予。寡大夫：对他国称本国大夫的谦词。⑱ 句谓将要让丰氏的女儿作为你的妻室。丰氏：指公孙段之女。抚有：占有，有作为的意思。“抚”、“有”同义。而：你。室：室家，即妻室。⑲ 布：陈设。几筵：筵席。⑳ 庄：楚庄王，公子围的祖父。共：楚共王，公子围的父亲。㉑ 句谓如果在野外设墠成婚。㉒ 句谓这是抛弃郑君的惠赐于草野之间。委：抛弃。草莽：杂草，丛草，此指草野。㉓ 不得列于诸卿：不能与诸卿同列。㉔ 句谓不仅这样。宁：助词。㉕ 蒙：欺蒙。先君：指楚庄公、共公等。㉖ 老：尊称，指古时公卿大夫。㉗ 句谓大概没办法回到楚国去了。其：大概，或许。蔑：无。㉘ 唯：表示希望、祈请。图之：考虑此事。㉙ 句谓希望依靠大国而没有防备才是它的罪过。恃：依靠，凭借。实：是。㉚ 安靖(jìng)：安定。㉛ 句谓而只怕是大国包藏祸心来谋算我们。无乃：只怕是。㉜ 句谓小小的郑国受侵凌而失去依靠，就会使诸侯警戒起来。惩：警戒，这里作使动用，即“使……警戒起来”。㉝ 憾：憎恨。㉞ 距：通“拒”，抗拒。㉟ 壅塞：堵塞，阻塞。是：表示“惧”的长宾语“小国失恃……壅塞不行”前置。惧：担心，怕。㊱ 二句谓郑国是楚国管理馆舍、招待宾客的一类人。㊲ 其：岂，难道，表示反问。祧(tiāo)：祖庙。㊳ 垂橐(gāo)：倒悬装兵器的口袋，表示解除武装。

【品评】鲁庄公元年(前 541)，楚国公子围以聘问和迎娶公孙段之女为借口，企图率兵袭击郑国。子产审时度势，及时识破并戳穿了他的阴谋，维护了郑国的安全。本文记述的这一史实，生动地反映了春秋时期各诸侯国之间尔虞我诈的矛盾和斗争。郑国行人子羽和楚国太宰伯州犁针锋相对的谈判，是行文的重点。伯州犁的言辞，委婉而理直，谦逊中透露出强硬，听来头头是道，似将置郑人无可措辞的境地；但子羽回答直截了当，一语破的，触及楚人的祸心，并指出其后果的严重性，使楚人知郑国已有准备，不敢轻举妄动。

子革对灵王[①] 昭公十二年

楚子狩于州来[②]，次于颍尾[③]，使荡侯、潘子、司马督、嚣尹午、陵尹喜帅师围徐以惧吴[④]。楚子次于乾谿[⑤]，以为之援[⑥]。雨雪，王皮冠[⑦]，秦复陶[⑧]，翠被[⑨]，豹舄[10]，执鞭以出，仆析父从[11]。

右尹子革夕[12]，王见之。去冠、被，舍鞭，与之语曰："昔我先王熊绎与吕伋、王孙牟、燮父、禽父[13]，并事康王[14]，四国皆有分[15]，我独无有。今吾使人于周，求鼎以为分[16]，王其与我乎[17]？"对曰："与君王哉！昔我先王熊绎，辟在荆山[18]，筚路蓝缕[19]，以处草莽[20]，跋涉山林，以事天子，唯是桃弧、棘矢[21]，以共御王事[22]。齐，王舅也；[23]晋及鲁、卫，王母弟也。[24]楚是以无分[25]，而彼皆有。今周与四国服事君王[26]，将唯命是从[27]，岂其爱鼎[28]？"王曰："昔我皇祖伯父昆吾[29]，旧许是宅[30]。今郑人贪赖其田[31]，而不我与[32]。我若求之，其与我乎？"对曰："与君王哉！周不爱鼎，郑敢爱田？"王曰："昔诸侯远我而畏晋[33]，今我大城陈、蔡、不羹[34]，赋皆千乘[35]，子与有劳焉。诸侯其畏我乎？"对曰："畏君王哉！是四国者[36]，专足畏也[37]，又加之以楚，敢不畏君王哉？"

工尹路请曰[38]："君王命剥圭以为镃柲[39]，敢请命。"王入视之。

析父谓子革："吾子，楚国之望也[40]！今与王言如响[41]，国其若之何[42]？"子革曰："摩厉以须[43]，王出，吾刃将斩矣[44]。"

王出，复语。左史倚相趋过[45]。王曰："是良史也，子善视之。是能读《三坟》、《五典》、《八索》、《九丘》[46]。"对曰："臣尝问焉，昔穆王欲肆其心[47]，周行天下，将皆必有车辙马迹焉。[48]祭公谋父作《祈招》之诗[49]，以止王心[50]，王是以获没于祗宫[51]。臣问其诗而不知也；若问远焉，其焉能知之[52]？"王曰："子能乎？"对曰："能。其《诗》曰：'祈招之愔愔[53]，式昭德音[54]。思我王度[55]，式如玉，式如金。[56]形民之力[57],而无醉饱之心[58]。'"

王揖而入[59],馈不食[60],寝不寐,数日。不能自克[61],以及于难[62]。

仲尼曰[63]:"古也有志[64]:'克己复礼,仁也。'[65]信善哉[66]!楚灵王若能如是,岂其辱于乾谿[67]?"

【注释】① 子革:名丹,郑国大夫子然之子。由郑奔楚,任右尹之职。灵王:即楚灵王,名围,即位后改名虔。楚共王次子,康王之弟。公元前540—前529年在位。② 楚子:即楚灵王。楚为子爵国,故谓。狩(shòu):冬猎。州来:楚国地名,在今安徽凤台北。③ 次:驻扎。颍尾:颍水下游入淮河的地方,也叫颍口,在今安徽颍上东南正阳关。④ 荡侯、潘子、司马督、嚣尹午、陵尹喜:都是楚国大夫。帅师:率领军队。徐:小国名。在今江苏徐州一带,处吴国、楚国之间。惧:使动用法,使……畏惧。⑤ 乾谿:楚国地名。在今安徽亳县东南。⑥ 援:声援,后援。⑦ 句谓楚灵王戴着皮帽。⑧ 秦复陶:秦国赠送的羽衣。⑨ 翠被:用翠羽装饰的披肩。被:通"披"。⑩ 豹舄(xì):豹皮做的木底鞋。⑪ 仆析父:楚国大夫。⑫ 右尹:楚国官名。夕:指暮见。⑬ 熊绎:楚国开始受封的国君。吕伋(jí):又叫丁公,齐国太公姜尚之子。王孙牟:卫国始封的国君康叔之子。燮父(xiè fǔ):晋国始封的国君唐叔之子。禽父(fǔ):即伯禽,周公之子,始封于鲁国。⑭ 事:事奉。康王:即周康王。名钊,周成王之子。⑮ 四国:指齐、卫、晋、鲁。有分:指分得周王室的宝器。⑯ 句谓求得周王朝的九鼎作为分得的宝器。鼎:九鼎,相传为禹所铸,象征九州,夏、商、周三代奉为传国之宝。⑰ 王:指周天子。其:可能,会。表示估计、推测或询问。⑱ 辟:通"僻",僻处。荆山:楚人最早的发祥地,在今湖北南漳西。⑲ 句谓驾着柴车,穿着破衣服。筚路:指柴车。蓝缕:指破衣服。⑳ 草莽:杂草,丛草。㉑ 桃弧:桃木做的弓。棘矢:荆棘做的箭。㉒ 句谓来供给周王防御对王朝不祥的事。共:通"供"。㉓ 二句谓齐国姜太公之女邑姜是周成王的母亲,姜太公之子吕伋是周成王的舅父。㉔ 二句谓卫、晋、鲁都是周的同姓,是周王的兄弟辈。卫祖康叔、鲁祖周公是周武王同母弟,晋国唐叔是周成王同母弟。㉕ 是以:因此。㉖ 君王:指楚灵王。㉗ 唯命是从:即"唯从命"。是:表示宾语"命"前置。从:听从,服从。㉘ 岂其:难道。㉙ 皇祖伯父昆吾:陆宗氏生六子，长名昆吾，少名季连。季连是楚的远祖，所以称昆吾为“皇祖伯父”。皇祖：君主的远祖。㉚ 句即“宅旧许”，居住在许国故地。旧许：许国旧地，在今河南许昌。因许国后来迁于叶，又迁于夷，其地为郑国所得，故谓。是：表示宾语“旧许”前置。宅：动词，居住。㉛ 贪赖：贪图。㉜ 不我与：即“不与我”。㉝ 远：疏远。㉞ 句谓现在我大规模修筑陈、蔡、不羹的城墙。城：动词，修筑城墙。陈：小国名。在今河南淮阳一带。蔡：小国名。在今河南上蔡东南。不羹（láng）：楚国地名。有东、西二城，东不羹在今河南舞阳北，西不羹在今河南襄城东。㉟ 赋：指兵车。当时按田赋出兵车，故谓。㊱ 是：此，这。四国：指陈、蔡和东不羹、西不羹。国：此指地区。㊲ 句谓就足够让他们畏惧的了。㊳ 工尹路：人名。楚国工尹寿之后，以世官为氏。㊴ 句谓君王命令剖开玉圭用它来装饰斧柄。剥圭：剖开玉圭。圭：古代玉器名。鏚（qī）：斧子。柲（bì）：兵器的柄。㊵ 望：指有声望的人。㊶ 句谓今天您与灵王说话，顺从得如同回声一样。㊷ 若之何：怎么办，怎么样。㊸ 句谓我已把刀磨快，正等待机会。摩厉：通“磨砺”。须：等待。㊹ 句谓我的刀锋将斩断他的念头了。刃：刀刃，比喻言语。㊺ 左史：史官名。倚相：人名。楚国史官。趋过：疾行而过。㊻ 是：这人。《三坟》、《五典》、《八索》、《九丘》：皆古书名，已失传。一说《三坟》是伏羲、神农、黄帝之书，《五典》是少昊、颛顼、高辛、尧、舜之书，《八索》即八卦之说，《九丘》即九州之志。㊼ 穆王：即周穆王，名满，周昭王之子。肆其心：放纵他的欲望。㊽ 二句谓遍游天下，将使天下都留下他的车辙马迹。㊾ 祭（zhài）公谋父（fǔ）：周穆王的卿士，周公之孙。《祈招》：此诗已失传。对祈招的诠释，众说纷纭。一说“招”通“韶”，因而疑是音乐名。㊿ 止王心：打消穆王的意图。51 没：通“殁”，死亡，命终。祗（zhī）宫：周穆王的别宫，在今陕西华县北。52 焉：哪里。53 愔（yīn）愔：和悦安舒的样子。54 式：语首助词。昭：明。德音：令闻、美誉。此指周王的美德。55 思：想，希望。度：风度，举止。56 二句谓像玉一样完美，像金一样坚实。57 句谓根据一定限度使用民力，即不滥用民力。形：通“型”，模型，规矩，有限度的意思。58 醉饱之心：比喻纵欲享乐之心。59 揖：拱手为礼。60 馈（kuì）：此指向尊长进食物。61 句谓不能克制自己的野心。克：克制，抑制。62 及于难：遇上祸难，指第二年楚灵王为公子比等所逼，在乾谿自缢而死。63 仲尼：孔子，名丘，字仲尼。64 志：记载。65 二句谓克制自己的嗜欲，复归于先王的礼法，就是仁。66 信：诚。67 辱：蒙受耻辱。

【品评】春秋末期楚国日益强盛。鲁昭公十二年(前530)冬,楚灵王以狩猎为名,派兵包围徐国,威胁吴国,称霸天下的气焰极为嚣张。本文着力记述的就是这时子革对楚灵王的讽谏。文章通过个性鲜明的对话,成功地刻画了子革这一沉着老练的谏臣形象。开始,他对楚王一连串的发问,只是随声附和,毫不置辩,显得十分恭顺;最后,方引祭公谋父《祈招》一诗进行讽谏,虽指出了周灵王劳民纵欲的错误及后果,但言辞委婉动听。这一欲擒先纵、外顺内戒的进谏方式非常奏效,使周灵王一时颇为感动。周灵王这个陪衬人物,也写得栩栩如生,他那骄矜自大、不可一世、贪得无厌、一意孤行的霸主形象,通过其穿戴、动作行为的描写和三次野心勃勃的发问,表现得十分充分。

子产论政宽猛[①] 昭公二十年

郑子产有疾。谓子大叔曰[②]:"我死,子必为政。唯有德者能以宽服民,其次莫如猛。夫火烈,民望而畏之,故鲜死焉[③];水懦弱,民狎而玩之[④],则多死焉。故宽难。"疾数月而卒。

大叔为政,不忍猛而宽。郑国多盗,取人于萑苻之泽[⑤]。大叔悔之,曰:"吾早从夫子[⑥],不及此。"兴徒兵以攻萑苻之盗[⑦],尽杀之。盗少止。

仲尼曰[⑧]:"善哉!政宽则民慢[⑨],慢则纠之以猛;猛则民残[⑩],残则施之以宽。宽以济猛[⑪],猛以济宽,政是以和[⑫]。《诗》曰[⑬]:'民亦劳止,汔可小康。惠此中国,以绥四方。'[⑭]施之以宽也。'毋从诡随,以谨无良。式遏寇虐,惨不畏明。'[⑮]纠之以猛也。'柔远能迩,以定我王。'[⑯]平之以和也[⑰]。又曰:'不竞不絿,不刚不柔,布政优优,百禄是遒。'[⑱]和之至也。"及子产卒,仲尼闻之,出涕曰:"古之遗爱也[⑲]!"

【注释】① 子产(? —前522):即公孙侨,字子产,一字子美,郑穆公之孙。郑国大夫。政:施政。宽:宽大。猛:严厉。② 子大(tài)叔:即游吉。郑简公、郑定公时为卿,鲁昭公二十年(前522)继子产执政。③ 鲜(xiǎn)死焉:很少死于此。焉:于此。④ 狎(xiá):轻忽。⑤ 句谓在萑苻泽一带劫取人们的财物。萑苻(huán pú)之泽:又叫圃田泽,在今河南中牟西北。按,鲁昭公二十年郑国的奴隶曾在萑苻泽一带举行武装起义,后被子大叔派兵镇压下去。⑥ 从:听从。夫子:古代对男子的敬称。⑦ 兴:发动,出动。徒兵:步兵。⑧ 仲尼:孔子,名丘,字仲尼。⑨ 慢:怠慢,懈怠。⑩ 残:残害。⑪ 济:调济,弥补。⑫ 和:平和。⑬《诗》:《诗经》。以下"民亦劳止"四句、"毋从诡随"四句、"柔远能迩"二句皆见于《诗经·大雅·生民之什·民劳》。⑭ 四句谓老百姓也太劳苦了,希望能稍微安康些。恩赐这些王畿的人民,以安抚四方诸侯国。止:语气助词。汔(qì):庶几,表示希望。康:安康,安居。惠:赠恩,给人好处。中国:指周本土,王畿。因周四方都是诸侯国,所以称周本土为"中国"。绥:安抚。四方:指四方诸侯国。⑮ 四句谓不要纵容狡诈善变,以防止居心不良的人。禁止掠夺暴虐,曾不怕王法的人。从:通"纵",纵容,放纵。诡随:狡诈善变。谨:谨慎,有警惕、防止、约束的意思。式:语气助词。遏:制止,抑制。惨:曾,乃。明:明令,明法,即王法。⑯ 二句谓安抚远方,亲善近邻,来安定我王室。柔:安抚。能:亲善。迩:近。⑰ 句谓用平和的政策使国家平静。平:使动用法,使……平静。⑱ 四句见《诗经·商颂·长发》,意谓不过强,不过急,不太刚,不太柔,施政宽和,就会积聚各种福禄。竞:强。絿(qiú):急。优优:宽和的样子。是:表示"遒"的宾语"百禄"前置。遒(qiú):积聚,聚集。⑲ 句谓子产有古人仁爱遗风啊。

【品评】本文旨在总结古代统治者为政治民的经验。全文可分为两部分:第一部分首先记述郑国著名政治家子产的为政心诀:宽政为上,不得已而用猛政。猛政即立法严,目的是保护人民。其水、火之喻,则生动形象地阐明了宽政与猛政的关系。然后,以子太叔为政的事实,说明他实行的宽政和猛政都与子产授意不同,进一步揭示了子产心诀的内涵。此处叙事极为简要明白。第二部分记述孔子宽猛相济、不可偏胜的主张。征引《诗经》逐层论证,说理透辟,同时也反映了春秋时期《诗经》的影响和引诗、赋诗的风气。子产虽与孔子的见解不尽相同,但仍符合儒家思想,所以受到孔子的称赞。总之,文章笔墨集中,记事、议论无不紧扣宽政与猛政的关系,中心非常突出。

吴许越成[1] 哀公元年

吴王夫差败越于夫椒[2]，报槜李也[3]。遂入越。越子以甲楯五千保于会稽[4]，使大夫种因吴太宰嚭以行成[5]。吴子将许之[6]。

伍员曰[7]："不可。臣闻之：'树德莫如滋，去疾莫如尽。'[8]昔有过浇杀斟灌以伐斟鄩[9]，灭夏后相[10]。后缗方娠[11]，逃出自窦[12]，归于有仍[13]，生少康焉[14]，为仍牧正[15]。惎浇能戒之[16]。浇使椒求之[17]，逃奔有虞[18]，为之庖正[19]，以除其害[20]。虞思于是妻之以二姚[21]，而邑诸纶[22]，有田一成[23]，有众一旅[24]。能布其德[25]，而兆其谋[26]，以收夏众，抚其官职。[27]使女艾谍浇[28]，使季杼诱豷[29]，遂灭过、戈[30]，复禹之绩[31]。祀夏配天[32]，不失旧物[33]。今吴不如过，而越大于少康，或将丰之[34]，不亦难乎[35]！勾践能亲而务施[36]，施不失人[37]，亲不弃劳[38]，与我同壤而世为仇雠[39]。于是乎克而弗取[40]，将又存之[41]，违天而长寇雠[42]，后虽悔之，不可食已[43]。姬之衰也[44]，日可俟也[45]。介在蛮夷[46]，而长寇雠，以是求伯[47]，必不行矣。"

弗听。退而告人曰："越十年生聚[48]，而十年教训[49]，二十年之外，吴其为沼乎[50]！"

【注释】① 吴：国名，姬姓。在今江苏、上海和安徽、浙江一带，建都于吴(今江苏苏州)，公元前 473 年为越国所灭。许：允许。越：国名，姒姓。相传始祖是夏代少康之庶子无奈。建都于会稽(今浙江绍兴)，疆域曾占有浙江、江苏大部、安徽南部、江西北部等。约在前 306 年为楚所灭。成：求和。② 夫差：吴国国君，吴王阖闾之子。公元前 495—前 473 年在位。夫椒:即包山,在今江苏吴县西南太湖中。鲁哀公元年(前494),吴王夫差曾在此地打败越国,并乘胜攻破越都会稽,迫使越国屈服。③ 句谓报了檇李之战的仇。檇(zuì)李:吴国与越国边界的地名,在今浙江嘉兴西南。鲁定公十四年(前496),吴伐越,越王勾践在此地击败吴军,吴王阖闾伤足而死。④ 越子:即越王勾践。越为子爵国,故谓。公元前497—前465年在位。越国曾被吴国战败,屈辱求和。勾践卧薪尝胆,发愤图强,东山再起,灭了吴国。以:带领。甲楯(dùn):指披甲执盾全副武装的士兵。楯:通"盾",盾牌。会稽:此为山名,在今浙江绍兴南。⑤ 种:文种,字子禽,一作少禽。楚国南郢(今湖北江陵西北)人。曾协助越王勾践保存越国,勾践授以国政,君臣发愤图强,终于灭亡吴国。后勾践听信谗言,赐剑命其自杀。因:通过。太宰:官名。嚭(pǐ):即伯嚭,也作帛喜、白喜,字子余。楚国大夫伯州犁之孙。奔吴为太宰,善于逢迎,深得吴王夫差的宠信。吴破越后,他受越贿赂,许越媾和,并谮杀伍子胥。吴亡后,投降越国。一说被越王勾践所杀。以:而。行成:议和,求和。⑥ 吴子:即吴王夫差。吴为子爵国,故谓。⑦ 伍员(yún):即伍子胥,楚国大夫伍奢次子。楚平王七年(前522),伍奢被杀,他逃奔吴国为大夫。因帮助阖闾刺杀吴王僚夺取王位并攻破楚国,封于申(今河南南阳),所以又称申胥。吴王夫差时,劝王拒绝越国求和并停止伐齐,被伯嚭等谗言陷害,吴王赐剑令其自杀。⑧ 二句见《古文尚书·泰誓》,意谓树立德行没有比培植增益更重要的,除去疾病没有比扫除净尽更重要的。滋:培植增益。⑨ 过(guō):夏时国名,在今山东掖县北。浇(ào):人名,相传是东夷族首领寒浞之子,过国国君。斟灌:夏时国名,在今山东寿光东北。斟鄩(xún):夏时国名,在今山东潍县西南。⑩ 夏后:夏朝的国王。相:传说为夏朝国王启之孙、仲康之子、少康之父。失国后依存于斟灌、斟鄩,浇灭二斟国后被杀。⑪ 后缗(mín):传说为夏后相的妻子。娠(shēn):怀孕。⑫ 窦:孔穴,此指墙洞。⑬ 归:此指女回母家。有仍:即任国,在今山东济宁。此为后缗母家,太昊之后。⑭ 少康:夏后相之遗腹子。⑮ 牧正:官名,主管畜牧。⑯ 惎(jì):憎恨。戒:警戒。之:指浇。⑰ 椒:浇的臣子。求:寻找。之:指少康。⑱ 有虞:即有虞氏。传说中的古部落名,居于蒲阪(今山西永济西蒲州)。这里指舜的后代封国,在今河南虞城。⑲ 庖正:官名,掌管饮食。⑳ 除:避免,免除。其:那,指浇对少康的伤害。㉑ 虞思:有虞氏的酋长。妻之以二姚:将两个女儿嫁给少康。二姚:虞思的两个女儿,因有虞为姚姓,故谓。㉒ 句谓并且将纶邑封给少康。

邑:用作动词,封给采邑。诸:“之于”的合音合义。纶:虞的地名,在今河南虞城东南。㉓ 成:古代土地面积单位名,方十里为一成。㉔ 旅:古代以步兵五百人为一旅。㉕ 布其德:布施他的恩德。㉖ 兆其谋:开始进行他的复国谋划。兆:开始。㉗ 二句谓收容夏朝的遗民,安抚那些有官职的人。收:收容,招集。抚:安抚,抚慰。㉘ 女艾:少康之臣。谍:侦察。㉙ 季杼:少康之子。诱:引诱。豷(yì):寒浞之子、浇之弟。戈国国君。㉚ 戈:豷的封国。㉛ 句谓恢复了夏禹的功业。禹:传说中的古代部落联盟的领袖,姒姓。因治水有功,继舜位。㉜ 句谓祭祀夏朝的祖先,以配享天帝。㉝ 句谓不失掉旧日的典章文物。㉞ 句谓如果允许越国求和,将会使其丰盛起来。丰之:使越国丰盛。㉟ 句谓对付它不就更困难吗?难:困难。㊱ 亲而务施:亲近民众并且致力于赏施。务:致力。㊲ 句谓赏施就不失民心。㊳ 句谓亲近臣民不遗漏一个有功劳的人。㊴ 同壤:指吴国和越国接壤。世为仇雠:累世为仇敌。㊵ 克:攻克,战胜。取:占取,占领。㊶ 存之:保存它。㊷ 违天:违背天意。长寇雠:助长仇敌。长:增加,此指增强越国的势力。㊸ 食:消除。已:语气词,相当于“了”。㊹ 姬:指吴国,因其为姬姓。㊺ 日可俟(sì):指日可待。俟:等待。㊻ 句谓处在蛮夷之间。蛮夷:古代指南方和东方各族,此指越国和楚国。㊼ 句谓用这样的办法谋求霸业。伯(bà):通“霸”。㊽ 生聚:繁殖人口,积聚财力。㊾ 教训:教育训练。㊿ 句谓吴国恐怕要被越国灭亡,宫室变为池沼了。

【品评】鲁哀公元年(前 494),吴王夫差在夫椒大败越国,报了父仇,越王勾践派使者向夫差求和,吴王将要应允,吴国大臣伍员极力劝阻,但吴王不听。本文重点记述的即是伍员当时的谏辞。伍员开门见山表示“不可”,随即征引经典,强调必须灭亡越国;接着详述夏朝少康中兴的历史,以证“去疾莫如尽”之立论主旨;然后以吴国、越国与夏朝的过国、少康比较,分析勾践的为人和长处,总览吴国夹在越国与楚国之间的处境,反复申明“不可”的理由。这里巧妙地采用了借古喻今、由远及近、反宾为主的手法,行文曲折详尽,说理深刻透辟。结尾的预言,表现了伍员的远见和感愤,声断气绝而又无可奈何。

卷三　周　　文

《国语》

又有《春秋外传》之称，是我国第一部国别史。司马迁、班固认为作者是左丘明，后人考证可能出自战国史官之手。共二十一卷，记载了从西周穆王十二年（前990）至东周定王十六年（前453）间周、鲁、齐、晋、郑、楚、吴、越等八国的史实。其中《晋语》较详，其他各语大都侧重于几个人物和事迹，涉猎较狭窄，记事时见琐屑。书中虽不乏生动的叙述，但偏重于记言，往往通过人物在各种政治活动中的言论，把人物的面目、性格以及政治主张表现出来。《国语》反映了一定的历史现实，较明显地体现了儒家思想，有重要的史料价值，可与《左传》相互参照。艺术成就不及《左传》，但其文字简明，运用了大量口语，长于通过对话和个性化语言刻画人物，对后代散文产生了较大影响，在我国散文发展史上有着重要的地位。

祭公谏征犬戎[1]　《周语》上

穆王将征犬戎[2]，祭公谋父谏曰："不可！先王耀德不观兵[3]。夫兵，戢而时动[4]，动则威。观则玩[5]，玩则无震[6]。是故周文公之《颂》曰[7]：'载戢干戈[8]，载櫜弓矢[9]。我求懿德[10]，肆于时夏[11]。允王保之[12]。'先王之于民也，茂正其德而厚其性[13]，阜其财求而利其器用[14]，明利害之乡[15]，以文修之[16]，使务利而避害[17]，怀德而畏威[18]，故能保世以滋大[19]。

"昔我先世后稷[20]，以服事虞、夏[21]。及夏之衰也[22]，弃稷弗务[23]。我先王不窋用失其官[24]，而自窜于戎、翟之间[25]。不敢怠业[26]，时序其德[27]，纂修其绪[28]，修其训典[29]；

朝夕恪勤[30]，守以惇笃[31]，奉以忠信[32]；奕世载德[33]，不忝前人[34]。至于武王[35]，昭前之光明而加之以慈和[36]，事神保民[37]，莫不欣喜。商王帝辛[38]，大恶于民[39]，庶民弗忍[40]，欣戴武王[41]，以致戎于商牧[42]。是先王非务武也[43]，勤恤民隐而除其害也[44]。

"夫先王之制[45]：邦内甸服[46]，邦外侯服[47]，侯卫宾服[48]，夷蛮要服[49]，戎翟荒服[50]。甸服者祭[51]，侯服者祀[52]，宾服者享[53]，要服者贡[54]，荒服者王[55]。日祭、月祀、时享、岁贡、终王[56]，先王之训也。有不祭则修意[57]，有不祀则修言[58]，有不享则修文[59]，有不贡则修名[60]，有不王则修德[61]，序成而有不至则修刑[62]。于是乎有刑不祭[63]，伐不祀，征不享，让不贡[64]，告不王[65]。于是乎有刑罚之辟[66]，有攻伐之兵，有征讨之备[67]，有威让之令，有文告之辞。布令陈辞而又不至[68]，则又增修于德，无勤民于远[69]。是以近无不听，远无不服。

"今自大毕、伯仕之终也[70]，犬戎氏以其职来王[71]，天子曰：'予必以不享征之[72]，且观之兵。'其无乃废先王之训而王几顿乎[73]？吾闻夫犬戎树惇[74]，能帅旧德而守终纯固[75]，其有以御我矣[76]！"

王不听，遂征之，得四白狼、四白鹿以归。自是荒服者不至。

【注释】① 祭(zhài)公：字谋父(fǔ)，周公的后代。因封于祭(今河南开封东北)，故称祭公。征：征伐。犬戎：我国古代西北戎人的一支，也称西戎、昆戎。商朝、周朝时，游牧于泾水和渭水流域的陕西彬县、岐县一带，是商、周西边的劲敌。② 穆王：即周穆王，名满，周昭王之子。公元前1001—前947年在位。曾西征犬戎，俘获五王，并将部分犬戎迁至太原(今甘肃镇原一带)。③ 耀德：光大仁德。观兵：炫耀军威。观：示，给人看。④ 戢

(jí):聚集。时动:适时而动。⑤ 句谓炫耀军威就是轻率地滥用武力。玩:即玩兵,轻率地滥用武力。⑥ 震:震惊,惧怕。⑦ 周文公:即周公旦。文:周公的谥号。《颂》:指《诗经·周颂·时迈》,是歌颂周武王巡狩诸侯的乐歌,传为周公所作。⑧ 载:句首语气词。一作"则"。戢:收藏。⑨ 櫜(gāo):古代盛弓箭、盔甲的袋子,此用作动词,收藏。⑩ 懿德:美德。⑪ 句谓广布于这个中国。肆:施,广布。时:指示代词,这,这个。夏:指中国,即当时周王朝直接统治的地区。⑫ 句谓相信我王永保这种美德。允:信,相信。一作句首语气词,无义。⑬ 茂:通"懋",勉励。正:使……正。厚:使……敦厚。性:性情。⑭ 阜:丰富,盛多。财:指金钱物资。求:需求。利:使……便利。器用:器皿用具。⑮ 乡(xiàng):所在。⑯ 句谓用礼乐法典教育他们。文:此指法典。修:儆戒,有教育的意思。⑰ 务:致力,从事。⑱ 怀:怀念,感激。⑲ 句谓所以先王的功业能世代相承,而且日益光大。滋:增益,加多。⑳ 先:祖先,指周之始祖姬弃及其后人不窋。世:父子相继,指弃与不窋等相继为农官(后稷)。后稷:此指掌管农业的官。传说姬弃善于种植粮食作物,帝尧命他为后稷,教民耕种。其子孙世袭后稷的官职。㉑ 句谓侍奉虞舜、夏朝,指弃事虞舜,不窋事夏启。㉒ 夏之衰:指夏启之子太康沉溺于游畋而失帝位的时代。㉓ 句谓废掉后稷这一官职不再致力于农事。弃:废。㉔ 不窋(zhì):姬弃的后人。一认为是姬弃之子。用:因。㉕ 窜:逃奔,隐避。翟(dí):通"狄",我国西北民族之一。按,传说不窋逃奔到邠,西面是戎,北面是翟,邠位于二者之间。㉖ 怠:懈怠。业:指农业。㉗ 句谓经常宣扬弃的德行。序:传布,宣扬。㉘ 纂(zuǎn):继续。修:从事,实行。绪:前人未完成的事业。㉙ 修:学习。训典:教导和典则。㉚ 恪(kè):谨慎而恭敬。勤:勤恳。㉛ 守:遵守。惇(dūn)笃:厚道忠诚。㉜ 奉:遵奉,奉行。㉝ 奕(yì)世:累世。载德:继承德行。㉞ 忝(tiǎn):辱,玷污。㉟ 武王:即周武王姬发,文王之子。西周王朝的建立者。㊱ 昭:显扬,发扬。慈和:慈爱温和。㊲ 事:事奉。保:保护。㊳ 商:商朝。公元前16世纪商汤灭夏朝后建立,都亳(今山东曹县南),后来盘庚迁都殷(今河南安阳)。帝辛:即商纣王,名辛。㊴ 句谓对于人民太凶恶。㊵ 庶民:众民。忍:忍耐。㊶ 欣:欢欣,高兴。戴:拥护,尊奉。㊷ 句谓而出兵到商朝首都郊外的牧野。致戎:出兵,用兵。商牧:即商朝的牧野。牧野:地名,在今河南淇县西南。㊸ 务武:致力于武力。㊹ 恤(xù):体恤关怀。隐:痛苦,伤痛。㊺ 制:制度,规定。㊻ 邦内:国都周围天子直辖地区。甸服:指国都周围天子直辖地区，因此地民众以耕作田地交粮食出兵车服事天子，故谓。㊼ 邦外：天子直辖之外的地区。侯服：分封给诸侯服事天子的土地。㊽ 侯卫：诸侯国的外卫，即邦外四周的地区。宾服：以宾客身份服事天子的地方。㊾ 夷蛮：此指蛮夷等边远民族居住的地区。要（yāo）服：依靠立约结盟服事天子的地方。要：约言。㊿ 戎翟：指戎翟等边远民族居住的地区。荒服：边远疏于服事天子的地方。51 祭：指供给天子祭祀祖父、父亲的祭品。52 祀：指供给天子祭祀高祖、曾祖的祭品。53 享：祭献，上供，指供应天子祭祀远祖的祭品。54 贡：献，指向天子进贡祭神的祭品。55 王：指古代中原以外的民族的首领朝见天子。56 时：季度，指三个月。终王：指天子去世嗣任者即位之时朝见天子。57 修意：检查自己的意图。修：检查修整。58 言：言论号令。59 文：见注⑯。60 名：指尊卑名号。61 德：德行。62 序成：依次完成。刑：刑法。63 刑：惩罚。64 让：谴责。65 告：晓谕。66 辟：法律，条例。67 备：军事装备。68 句谓宣布法令、发出文告后还有不来供献朝见的。69 句谓不要轻易劳苦人民远征。70 大毕、伯仕：犬戎的两个君主。终：死，去世。71 以其职来王：按照“荒服者王”的职分来朝见天子。72 句谓我一定要按照宾服不享的罪名去征讨它。按，享指每季度向天子供献祭品，是宾服者的职分，这里是妄加给荒服者犬戎的罪名。73 无乃：恐怕，大概，或许。王几顿：“荒服者王”的制度几乎要败坏。顿：败坏，废弃。74 树惇：立性敦朴。一说树惇是犬戎君长的名字。75 帅：遵循。旧德：指先人的德行。守终：指坚守“终王”的职分。纯固：专一。76 句谓他们有理由来抵御我们了。御：抵抗，抗御。

【品评】犬戎本无过失，周穆王却强加罪名，出兵征讨，置祭公谋父忠谏于不顾，结果只得了四只白狼、四只白鹿，从此“荒服者不至”。这是对穷兵黩武者尖刻而又绝妙的讽刺。本文重点是祭公谋父的谏辞。祭公谋父采用了以先王压今王、以既定法典制度约束越轨行为的办法。他首先确立“先王耀德不观兵”作为主题，一反一正申明“不观兵”的理由，并征引《诗经》阐释“先王耀德不观兵”之效；继而详细讲述周先王以德服人不轻易动兵的传统和先王既定的法典制度，意在强调后人必须继承、遵守；最后针对穆王的做法严正指出是“废先王之训”，使犬戎“有以御我”。其辞引经据典、追述历史、回环往复而不离主题，很有说服力。但祭公谋父所举史实，是为说明论点而改造了的，不足为凭。

召公谏厉王止谤[①] 《周语》上

厉王虐[②]，国人谤王[③]。召公告曰[④]："民不堪命矣[⑤]！"王怒，得卫巫[⑥]，使监谤者[⑦]，以告[⑧]，则杀之。国人莫敢言，道路以目[⑨]。

王喜，告召公曰："吾能弭谤矣[⑩]，乃不敢言[⑪]。"召公曰："是障之也[⑫]。防民之口[⑬]，甚于防川[⑭]。川壅而溃[⑮]，伤人必多，民亦如之。是故为川者[⑯]，决之使导[⑰]；为民者，宣之使言[⑱]。故天子听政[⑲]，使公卿至于列士献诗[⑳]，瞽献曲[㉑]，史献书[㉒]，师箴[㉓]，瞍赋[㉔]，蒙诵[㉕]，百工谏[㉖]，庶人传语[㉗]，近臣尽规[㉘]，亲戚补察[㉙]。瞽、史教诲，耆、艾修之[㉚]，而后王斟酌焉[㉛]，是以事行而不悖[㉜]。

"民之有口也，犹土之有山川也，财用于是乎出[㉝]；犹其有原隰衍沃也[㉞]，衣食于是乎生。口之宣言也[㉟]，善败于是乎兴[㊱]。行善而备败[㊲]，所以阜财用、衣食者也[㊳]。夫民虑之于心而宣之于口[㊴]，成而行之[㊵]，胡可壅也[㊶]？若壅其口，其与能几何[㊷]？"

王弗听，于是国人莫敢出言，三年，乃流王于彘[㊸]。

【注释】① 召(shào)公：姬虎，谥号穆公。西周宗室召康公之孙，周厉王的卿士，后辅佐周宣王。厉王：即周厉王姬胡，周夷王之子。公元前878—前841年在位。因残暴无道，遭到人民的反对，逃奔到彘，十四年后死于此地。止：止息，终止。谤：指责，责备。② 虐：残暴。③ 国人：指国都里的人。④ 告：告诉，告知。⑤ 句谓老百姓不能忍受你的政令了。不堪：受不了。⑥ 卫巫：卫国的巫者。巫：古代谓能与鬼神勾通的人。⑦ 监：监视。⑧ 句谓卫巫把诽谤的人报告给国王。⑨ 句谓道路上的行人只能用眼神示意。⑩ 弭(mǐ)：阻止，消除。⑪ 乃：居然。⑫ 障：筑堤防水。此指堵塞人嘴，不让说话。⑬ 防：堵住。⑭ 川：河流。⑮ 壅(yōng)：阻塞。溃：水冲破堤防，决口。⑯ 为川者：治水的人。为：治理。⑰ 决：指开挖水道。导：畅通。⑱ 宣：放。开导：引导。⑲ 听政：处理政事。⑳ 公卿：三公九卿，指朝廷大臣。列士：古时士分上、中、下三个等级，故谓。士：下层官员。㉑ 瞽：盲艺人，此指乐官太师。曲：乐曲。㉒ 史：史官。书：指古文献。㉓ 师：少师，次于太师的乐官。箴(zhēn)：箴言，寓有劝戒意义的文辞，类似后世的格言。㉔ 瞍(sǒu)：没有瞳仁的盲人。赋：不歌而诵，犹今之朗诵。㉕ 蒙：有瞳仁而看不见东西的盲人。诵：吟咏，指不配乐的诵读。㉖ 百工：指管理各种工匠的工官。㉗ 庶人：平民。传语：即把意见间接地传给国君。㉘ 近臣：国君左右亲近的人。尽规：尽规劝的职责。㉙ 亲戚：指同天子有亲属关系的大臣。补察：弥补过失，监察行动。㉚ 耆(qí)、艾：年长德高的重臣。耆：六十岁以上的人。艾：五十岁以上的人。修：警戒，劝诫。之：指天子。㉛ 斟酌：商讨、考虑并加以取舍。㉜ 悖(bèi)：违背，谬误。㉝ 于是：从此。乎：助词。㉞ 其：指土地。原：高而平的土地。隰(xí)：低下而潮湿的土地。衍：低下而平坦的土地。沃：有水源灌溉的土地。㉟ 宣言：发表言论。㊱ 句谓国家政事的好坏才从这里反映出来。兴：起，有反映、表现的意思。㊲ 句谓推行好的而防止坏的。备：防范，防止。㊳ 所以：用来。阜：增多，丰富。㊴ 虑：考虑。㊵ 句谓考虑成熟后自然流露出来。行：有自然流露的意思。㊶ 胡：怎么。㊷ 句谓那追随你的人还能有几个？与：追随者，同盟者。㊸ 流：流放，放逐。彘(zhì)：晋国地名，在今山西霍县。

【品评】本文记载了周厉王滥用刑罚、禁止对他的批评、不听规劝、一意孤行终于被国人放逐的史实，反映了一定的民本思想。作者大笔写意，寥寥数语即传神地勾勒出周厉王的凶残暴虐、昏庸腐朽、自以为是。这仅是铺垫，文章的重点则是召公的谏辞。就周厉王的所作所为，召公首先以川喻民，指出压制人民言论的严重危害，正面提出了“宣之使言”的主旨，并历举古天子听言求治以大加阐释，句句针对周厉王所谓“弭谤矣，乃不敢言”而发。然后又以山川、原隰、衍沃喻“宣言”，论说“宣之使言”之大利，极力强调不可堵塞民众的言路。这一谏辞，运用生动贴切的比喻，从古至今、从正面到反面，精辟警绝而又委婉肯切地阐明了“防民之口，甚于防川”、“宣之使言”的道理。这是事关国家兴亡的大道理，至今仍有着重要的启示意义。

襄王不许请隧[1] 《周语》上

晋文公既定襄王于郏[2]，王劳之以地[3]，辞，请隧焉。王弗许，曰："昔我先王之有天下也，规方千里以为甸服[4]，以供上帝、山川、百神之祀[5]，以备百姓兆民之用[6]，以待不庭、不虞之患[7]。其馀[8]，以均分公、侯、伯、子、男[9]，使各有宁宇[10]，以顺及天地[11]，无逢其灾害。先王岂有赖焉[12]？内官不过九御[13]，外官不过九品[14]，足以供给神祇而已[15]，岂敢厌纵其耳目心腹以乱百度[16]？亦唯是死生之服物采章[17]，以临长百姓而轻重布之[18]，王何异之有[19]？

"今天降祸灾于周室[20]，余一人仅亦守府[21]，又不佞以勤叔父[22]，而班先王之大物，以赏私德，[23]其叔父实应且憎[24]，以非余一人[25]，余一人岂敢有爱也[26]？先民有言曰：'改玉改行[27]。'叔父若能光裕大德[28]，更姓改物[29]，以创制天下[30]，自显庸也[31]，而缩取备物以镇抚百姓[32]，余一人其流辟于裔土[33]，何辞之与有[34]？若犹是姬姓也[35]，尚将列为公侯，以复先王之职[36]，大物其未可改也。叔父其茂昭明德[37]，物将自至，余敢以私劳变前之大章[38]，以忝天下[39]，其若先王与百姓何[40]？何政令之为也[41]？若不然，叔父有地而隧焉，余安能知之？"

文公遂不敢请，受地而还[42]。

【注释】① 襄王：周襄王，公元前 651—前 619 年在位。许：答应。隧(suì)：指墓道。这里用作动词。古代天子死后，灵柩要从平地挖掘的通道入葬，而诸侯的棺材只能由地面上吊到墓穴里去，不得用天子之礼。② 晋文公：即重耳，姬姓，文公是谥号。春秋五霸之一，公元前 636—前 628 年在位。定：定于位，此指复位。郏(jiā)：古地名，周王城所在，在今河南洛阳西。按,公元前649年,周襄王异母弟叔带勾结戎人,夺取了王位,襄王逃到郑国。第二年,晋文公出兵杀掉叔带,送襄王回国在郏地复位。③ 劳:酬劳,酬谢。以:拿,用。地:指周之阳樊(在今河南济源西南)、温(在今河南温县西南)、原(在今河南济源西北)、欑茅(在今河南修武西北)等地。④ 规:划出。方千里:纵横千里,此指东、西、南、北距首都皆五百里。方:古代称面积的用语。甸服:指国都周围天子直辖地区,因此地民众以耕作田地、交粮食、出兵车服事天子,故谓。⑤ 上帝:指天神五帝。山川百神:地神,指五岳、河海、丘陵、坟衍诸神。⑥ 百姓:指有世功的百官。兆民:亿万人民。⑦ 不庭:不来朝贡,亦即不服从朝廷。不虞:意外的事故。患:灾祸,忧患。⑧ 其馀:指甸服以外的地方。⑨ 句谓把它平均分给公爵、侯爵、伯爵、子爵、男爵等诸侯。据《周礼》记载,公爵封地方五百里,侯爵封地方四百里,伯爵封地方三百里,子爵封地方二百里,男爵封地方一百里。⑩ 宁宇:安居。⑪ 句谓以此顺应天地尊卑的法则。⑫ 赖:利。⑬ 内官:宫廷的女官。九御:即九嫔,九种女官。⑭ 外官:王朝政府的官吏。九品:即九卿,指冢宰、司徒、宗伯、司马、司寇、司空、少师、少傅、少保。⑮ 神祇(qí):天地之神。⑯ 厌纵:尽情放纵。厌:满足。耳目:指声色。心腹:指嗜欲。度:法令,法度。⑰ 是:这。服物采章:衣服和器物上的彩色和花纹。按,古代不同等级的人,使用的衣服、器物上的彩色和花纹的配合有不同的规定。⑱ 临长(zhǎng):统治。轻重布之:贵贱各有等级。⑲ 句即"王有何异"。之:表示宾语"何异"前置。⑳ 祸灾:指叔带之乱。㉑ 余一人:周天子自称。守府:指看守先王故府的遗规。㉒ 不佞:谦词,不才。勤:劳累,劳苦。叔父:天子称同姓诸侯为叔父。㉓ 班:分赐。大物:此指隧,即天子的葬礼。私德:对自己的恩德,指晋文公出兵送周襄王归国复位。㉔ 句谓恐怕叔父接受它也将感到憎恶。实:语助词,用来加强语意。应:接受。㉕ 非:责备,责怪。㉖ 爱:吝惜,舍不得。㉗ 句谓换了佩玉,就要改变步伐。古代贵族因身份、地位不同,身上的佩玉就不同。因此,行走时的步伐与佩玉节奏声的应和也不同。㉘ 光裕大德:发扬伟大的品德。㉙ 句谓改朝换代。更姓:更改姓氏。改物:改历法,易服色。㉚ 句谓来创建掌管天下大业。㉛ 句谓自己显示其功劳。庸:功劳,功勋。㉜ 缩取:敛取,收取。备物:指天子之隧及服物采章等葬礼。镇抚:镇定安抚。㉝ 其:助词,用于主谓之间。流:流放。辟:刑罚。裔土:边远的地方。㉞ 何辞之与有:即"有何辞"。之:表示宾语"何辞"前置。与:助词。表句中停顿。㉟ 是:此。

㊱ 句谓来恢复先王的职分。㊲ 茂昭：勉励，发扬。㊳ 私劳：即私德。大章：指服物采章的规定。㊴ 忝（tiǎn）：辱。㊵ 其：代词，那样。指答应晋文公之请。若……何：怎样，怎么样。㊶ 句即"为何政令也"，施行什么政令呢？之：表示宾语"何政令"前置。㊷ 受：接受。

【品评】周襄王在晋文公的帮助下恢复了王位，晋文公即请求把天子的葬礼赐给他。本文记述的就是在这处境极为困难的情况下，周襄王回绝晋文公的一番话。天子葬礼是至高无上的身份象征，周襄王不肯放弃这一特权，但面对当时勤王有功的霸主，又不敢直言，只得利用宗法等级思想，婉妙含蓄地阐明道理。他首先从先王有天下分封诸侯而无一点奢用说起，绕了半天始入正题，十分郑重地申明天子葬礼是"临长百姓而轻重布之"的仅有之物；然后才反复从不同角度表示不许之意。这段言辞虽然曲折委婉，没有"不许"字样，但渐露刚毅冷峻，不乏旁敲侧击、刀砍斧截之语，不许之意愈来愈明显、坚决，直说得晋文公放弃了请求。这反映了春秋时期礼制维持国家秩序的重要作用。

单子知陈必亡[①] 《周语》中

定王使单襄公聘于宋[②]，遂假道于陈[③]，以聘于楚[④]。火朝觌矣[⑤]，道茀不可行也[⑥]，候不在疆[⑦]，司空不视涂[⑧]，泽不陂[⑨]，川不梁[⑩]，野有庾积[⑪]，场功未毕[⑫]，道无列树，垦田若蓺[⑬]，膳宰不致饩[⑭]，司里不授馆[⑮]，国无寄寓[⑯]，县无旅舍[⑰]，民将筑台于夏氏[⑱]。及陈[⑲]，陈灵公与孔宁、仪行父南冠以如夏氏[⑳]，留宾弗见[㉑]。

单子归，告王曰："陈侯不有大咎[㉒]，国必亡。"王曰："何故？"对曰："夫辰角见而雨毕[㉓]，天根见而水涸[㉔]，本见而草木节解[㉕]，驷见而陨霜[㉖]，火见而清风戒寒[㉗]。故先王之教曰：'雨毕而除道[㉘]，水涸而成梁[㉙]，草木节解而备藏[㉚]，陨霜而冬裘具[㉛]，清风至而修城郭宫室[㉜]。'故《夏令》曰[㉝]：'九月除道，十月成梁。'其时儆曰[㉞]：'收而场功[35]，偫而畚挶[36]，营室之中[37]，土功其始[38]。火之初见，期于司里[39]。'此先王之所以不用财贿，而广施德于天下者也。今陈国，火朝觌矣，而道路若塞，野场若弃，泽不陂障，川无舟梁，是废先王之教也。

"周制有之曰[40]：'列树以表道[41]，立鄙食以守路[42]。国有郊牧[43]，疆有寓望[44]，薮有圃草[45]，囿有林池[46]，所以御灾也[47]。其馀无非谷土[48]，民无悬耜[49]，野无奥草[50]，不夺民时[51]，不蔑民功[52]。有优无匮[53]，有逸无罢[54]。国有班事[55]，县有序民[56]。'今陈国道路不可知，田在草间，功成而不收，民罢于逸乐[57]，是弃先王之法制也。

"周之《秩官》有之曰[58]：'敌国宾至[59]，关尹以告[60]，行理以节逆之[61]，候人为导[62]，卿出郊劳[63]，门尹除门[64]，宗祝执祀[65]，司里授馆，司徒具徒[66]，司空视涂，司寇诘奸[67]，虞人入材[68]，甸人积薪[69]，火师监燎[70]，水师监濯[71]，膳宰致飧[72]，廪人献饩[73]，司马陈刍[74]，工人展车[75]，百官各以物至，宾入如归。是故小大莫不怀爱。其贵国之宾至[76]，则以班加一等[77]，益虔[78]。至于王使，则皆官正莅事[79]，上卿监之。若王巡守[80]，则君亲监之[81]。'今虽朝也不才[82]，有分族于周[83]，承王命以为过宾于陈[84]，而司事莫至[85]，是蔑先王之官也[86]。

"先王之令有之曰：'天道赏善而罚淫[87]，故凡我造国[88]，无从匪彝[89]，无即慆淫[90]，各守尔典[91]，以承天休[92]。'今陈侯不念胤续之常[93]，弃其伉俪妃嫔[94]，而帅其卿佐以淫于夏氏，不亦渎姓矣乎？[95]陈，我大姬之后也[96]。弃衮冕而南冠以出[97]，不亦简彝乎[98]？是又犯先王之令也。

"昔先王之教，茂帅其德也[99]，犹恐陨越[100]。若废其教而弃其制，蔑其官而犯其令，将何以守国[101]？居大国之间而无此四者[102]，其能久乎？”

六年[103]，单子如楚。八年，陈侯杀于夏氏[104]。九年，楚子入陈[105]。

【注释】① 单（shàn）子：即单襄公，名朝，襄是谥号。周定王的卿士。陈：国名，妫（guī）姓。在今河南开封以东至安徽亳县以北地区，都宛丘（今河南淮阳）。公元前479年为楚国所灭。② 定王：即周定王。公元前606—前586年在位。使：派遣。聘：指古代国与国间使者的访问。宋：国名，子姓。在今河南东部和山东、江苏、安徽之间的地方，都商丘（今河南商丘南）。③ 遂：于是，就。假道：借道。④ 楚：楚国。在今湖南、湖北、安徽、江苏、浙江等地，都郢（在今湖北江陵北）。⑤ 火：古时星名，也叫大火、商星。二十八宿中东方苍龙七宿的第五宿，立冬前后可在早晨看见它。朝：早晨。觌（dí）：见。⑥ 道茀（fú）：野草塞路。⑦ 候：候人，主管迎送宾客的小官。疆：边疆。⑧ 司空：官名，也称司工，掌管土木、水利工程建设的官。视涂：巡视道路。⑨ 泽：积水的洼地，此指湖泊水塘。陂（bēi）：泽边挡水的堤岸，此用作动词，筑堤岸。⑩ 梁：桥梁，此用作动词，架设桥梁。⑪ 庾（yǔ）积：堆积在露天地里的谷物。⑫ 场：打粮食的场地。功：农事。⑬ 句谓开垦的田地里的庄稼像茅草芽一样稀疏。蓺（yì）：茅草芽。⑭ 膳宰：掌管膳食的官。饩（xì）：粮食或饲料。⑮ 司里：里宰，掌管房屋馆舍的官。授馆：替宾客安排住宿的地方。⑯ 国：指都城。寄寓：寄宿的地方，旅馆。⑰ 县：地方行政单位。⑱ 台：观台，供人远望的高而平的建筑物。夏氏：指陈国大夫夏征舒家。夏征舒之母夏姬是陈灵公的从祖母，陈灵公和孔宁、仪行父都与她私通。⑲ 及：到，至。⑳ 陈灵公：名平国，陈恭公之子，舜的后代。孔宁、仪行父：陈国的两个大夫。南冠：楚国的帽子。楚国在南面，故谓。如：往。㉑ 宾：指单襄公。㉒ 陈侯：指陈灵公。咎：灾祸。㉓ 夫：语气词，用于句首，表示发语。辰：通“晨”，早晨。角：星名，即角宿。二十八宿中东方苍龙七宿的第一宿，共二星。在寒露早晨出现。见：通“现”。㉔ 天根：星名，即氐宿。二十八宿中苍龙七宿的第三宿，共四星。在寒露之后第五天早晨出现。涸：竭。㉕ 本：氐宿的别名。节解：草木枝叶脱落。㉖ 驷：星名，即房宿，也叫天驷、天龙。二十八宿中苍龙七宿的第四宿。在霜降早晨出现。陨（yǔn）：下落，降。㉗ 句谓火星在早晨出现的时候，凉风便预告严寒的到来。㉘ 除道：修理整治道路。㉙ 成梁：建造桥梁。㉚ 备藏：指储备收藏谷物。㉛ 裘：皮衣，此泛指冬天的衣服。具：完备，准备好了。㉜ 城：城墙。郭：城外围加筑的一道城墙。㉝《夏令》：夏代的月令。㉞ 儆（jǐng）：告诫。㉟ 而：同"尔"，你的，你。㊱ 偫（zhì）：备办，预备。畚（běn）：畚箕，盛土的器具。挶（jū）：抬土的器具。㊲ 营室：星名，即室宿，又叫定星。二十八宿中北方玄武七宿的第六宿，共二星。夏历十月的黄昏，出现在天空正中。之：动词，指运行至。㊳ 土功：指建筑房屋等土木工程。㊴ 句谓人们聚集到掌管房屋馆舍的官吏那里。期：会。㊵ 制：法制。㊶ 句谓种植树木标示道路。表：标示，标记。㊷ 立：建立，设立。鄙食：在郊外四乡供饮食的庐舍。守路：守候在路边等过路的客人食用。㊸ 句谓都城的近郊都有牧场。㊹ 疆：边境。寓：客舍。望：候望的人，迎送宾客的人。㊺ 薮（sǒu）：无水的沼泽地。圃草：茂盛的草。㊻ 囿（yòu）：蓄养禽兽、种植树木的园林。㊼ 所以：用来。㊽ 句谓其馀地方没有不种五谷的。㊾ 悬耜（sì）：挂起农具。耜：古代一种似锹的农具，泛指工具。㊿ 奥草：荒草。51 夺：耽误，使丧失。52 蔑：弃，有浪费的意思。民功：民众的劳力。53 优：优裕。匮：缺乏。54 罢（pí）：通"疲"，疲劳，疲乏。55 句谓都城的劳役按次序进行。班事：指劳役按次序进行。56 句谓地方的百姓轮流服役和休息。序：次序。57 句谓百姓疲于为国王寻欢作乐服劳役。58《秩官》：周代的官方文献，今佚。59 敌国：地位相等的国家。60 关尹：古代把守关口的官。61 行理：又称行李、行人。主管外交使节朝觐、聘问的官。节：符节，使者用作凭证的信物。逆：迎接。62 导：向导。63 卿：天子、诸侯所属的高级官员，爵位在公之下、大夫以上。周代卿分上、中、下三级。劳：慰劳。64 门尹：管门的人。除门：扫除门庭。65 宗：宗伯，掌管宗庙祭祀等礼仪的官。祝：太祝，祭祀时司告鬼神的官。执祀：执行祭祀。66 司徒：掌握土地、人口、物产的官。具徒：调派仆役。具：备办，准备。67 司寇：掌管刑狱、纠察的官。诘奸：盘查奸盗。68 虞人：掌管山泽的官吏。69 甸人：掌管薪蒸的官吏。70 火师：主管火的官吏。燎：指庭燎，门庭照明的火烛。71 水师：主管水和洗涤的官吏。濯：洗涤。72 飧（sūn）：熟食。73 廪人：主管粮食的官吏。74 司马：此指主管养马的官吏。刍（chú）：喂牲畜的草料。75 工人：也叫工师、工正，主管各种手工业的官。展：检查，修理。76 其：连词，如果。贵国：大国。77 班：等次，位次。加一等：提高一级。78 虔（qián）：恭敬。79 句谓就都要由官长亲临招待。官正：百官之长。莅（lì）：

临，到。⑧ 巡守：天子巡视诸侯国。⑧ 句谓国君就亲自监督接待工作。⑧ 朝：单子自称其名。⑧ 句谓同周王室也有亲族关系。分族：亲族的分支，即亲族关系。⑧ 过宾：过路的客人。⑧ 司事：百官通称，此指主管宾客的官吏。⑧ 蔑：蔑视。⑧ 淫：指邪恶的人。⑧ 造国：建立并治理国家。⑧ 从：从事。匪彝：不法。彝：法度。⑨ 即：接近。慆(tāo)淫：怠情放荡。⑨ 典：法律制度。⑨ 句谓来承受上天的吉祥福禄。休：吉祥福禄。⑨ 胤(yìn)续：继嗣，后代。常：伦理纲常。⑨ 伉丽：夫妻，配偶。此指陈灵公的夫人。妃嫔：指陈灵公的妾。⑨ 二句谓并且率领他的左右大臣到夏家纵情淫乱，这不是亵渎同姓了吗？按，夏征舒的父亲是陈国公子夏的儿子，是陈灵公的从祖父，同是妫姓。陈灵公与夏征舒的母亲通奸，就是侄孙与叔祖母通奸，故谓亵渎同姓。⑨ 大姬：周武王的长女，嫁给陈的始祖虞胡公为妻，是陈之祖妣。⑨ 衮冕：古代君王的礼服和礼帽。⑨ 简：简慢，荒废。⑨ 句谓努力遵循他的意旨。茂：努力，勉励，尽力。帅：同"率"，遵循。⑩ 陨越：坠落，颠坠。⑩ 守国：保住国家。⑩ 大国：指晋国和楚国。四者：指以上所言教、制、官、令。⑩ 六年：即周定王六年(前601)。⑩ 句谓陈灵公被夏征舒所杀。于：被。按，陈灵公与孔宁、仪行父皆与夏征舒之母夏姬通奸，一天，他们在夏征舒家饮酒，灵公对仪行父说："夏征舒的相貌很像你。"仪行父回答："也很像君主。"夏征舒在一旁听了，非常气愤，就躲在马房里，等陈灵公出来时将他一箭射死。⑩ 句谓楚庄王假借征讨夏征舒的名义打进陈国。楚子：指楚庄王。

【品评】单襄公出访路经陈国归来，根据亲身经历和感受，对周定王断言陈国必然灭亡。史官将其记载下来，旨在作为统治者不遵守礼制招致亡国的经验教训，以资借鉴；同时也说出了一个上梁不正下梁歪的道理。文章从叙事写起，井然有序地开列了十五条事实，以见陈国的政事荒芜、君臣淫乱无道。然后，大量征引周朝先王的遗训和典章制度，从教、制、官、令四个方面，逐一与陈国的现实对照，层层剖析，有理有据地阐明了其必然灭亡的原因。其行文句修字削，多四字句，但由于穿插议论，错落变化，并不觉板滞。

展禽论祀爰居[①] 《鲁语》上

海鸟曰"爰居"，止于鲁东门之外二日。臧文仲使国人祭之[②]。展禽曰："越哉[③]，臧孙之为政也！夫祀，国之大节也[4]；而节，政之所成也。[5]故慎制祀以为国典[6]。今无故而加典[7]，非政之宜也。

“夫圣王之制祀也，法施于民则祀之[8]，以死勤事则祀之[9]，以劳定国则祀之[10]，能御大灾则祀之[11]，能捍大患则祀之[12]。非是族也[13]，不在祀典。昔烈山氏之有天下也[14]，其子曰柱[15]，能植百谷、百蔬；夏之兴也[16]，周弃继之[17]，故祀以为稷[18]。共工氏之伯九有也[19]，其子曰后土[20]，能平九土[21]，故祀以为社[22]。黄帝能成命百物[23]，以明民共财[24]，颛顼能修之[25]。帝喾能序三辰以固民[26]，尧能单均刑法以仪民[27]，舜勤民事而野死[28]，鲧障洪水而殛死[29]，禹能以德修鲧之功[30]，契为司徒而民辑[31]，冥勤其官而水死[32]，汤以宽治民而除其邪[33]，稷勤百谷而山死[34]，文王以文昭[35]，武王去民之秽[36]。故有虞氏禘黄帝而祖颛顼[37]，郊尧而宗舜[38]；夏后氏禘黄帝而祖颛顼[39]，郊鲧而宗禹；商人禘舜而祖契，郊冥而宗汤；周人禘喾而郊稷，祖文王而宗武王。幕，能帅颛顼者也，有虞氏报焉；[40]杼[41]，能帅禹者也，夏后氏报焉；上甲微[42]，能帅契者也，商人报焉；高圉、太王[43]，能帅稷者也，周人报焉。凡禘、郊、祖、宗、报，此五者，国之典祀也！

“加之以社稷、山川之神，皆有功烈于民者也[44]；及前哲令德之人[45]，所以为民质也[46]；及天之三辰，民所以瞻仰也；及地之五行[47]，所以生殖也[48]；及九州名山川泽[49]，所以出财用也。非是，不在祀典。

“今海鸟至，己不知而祀之，以为国典，难以为仁且知矣[50]。夫仁者讲功[51]，而知者处物[52]。无功而祀之，非仁也；不知而不问，非知也。今兹海其有灾乎[53]？夫广川之鸟兽[54]，恒知而避其灾也[55]。”

是岁也，海多大风，冬暖。文仲闻柳下季之言[56]，曰："信吾过也[57]，季子之言，不可不法也[58]。"使书以为三策[59]。

【注释】① 展禽：即柳下惠，名获，字禽、季，食邑在柳下，谥"惠"。鲁国大夫，以善于讲究贵族礼节著称。爰居：海鸟名。② 臧文仲：复姓臧孙，名辰，谥"文"。鲁国卿士，执掌国政。国人：都城的人。③ 越：迂阔。哉：语气词，表示感叹。④ 节：礼节。⑤ 二句谓而礼节，是国家政事赖以成功的。⑥ 国典：国家的大法。⑦ 加典：增加典礼。⑧ 法施于民：法令施行对人民有利。此指黄帝、颛顼、喾、尧、契、周文王等。⑨ 以死勤事：用牺牲生命来尽力于国家，意即为国家尽力做事而死。此指舜、鲧、冥、后稷等。⑩ 以劳定国：以勤奋劳苦安定国家。此指柱、弃、后土、幕、杼、上甲微、高圉、太王等。⑪ 能御大灾：能够抵抗大灾难。此指禹等。⑫ 能捍大患：能够抵挡大祸患。此指商汤、周武王等。⑬ 族：类。⑭ 烈山氏：也作厉山氏，即炎帝。传说是上古姜姓部落首领。一说是神农氏。⑮ 柱：夏代以前已被祀为谷神。⑯ 句谓夏朝兴起时。⑰ 句谓周人的始祖弃继承了柱的事业。弃：传说他降生后被多次抛弃，故名弃。后做农官，叫稷，死后祀为谷神。⑱ 稷：谷神。⑲ 共工氏：上古时代的部落首领。伯：称霸。九有：九域，九州。⑳ 后土：名句龙，共工氏部落的后裔。曾为黄帝的土官。㉑ 九土：九州土地。㉒ 社：土地神。㉓ 黄帝：传说是中原各族的共同祖先，姓姬，号轩辕氏、有熊氏。传说曾打败炎帝与蚩尤，有许多发明创造。成命：命名。㉔ 句谓使人民明白向君主提供赋税。㉕ 颛顼(zhuān xū)：传说是上古时代的部落首领，黄帝之孙，号高阳氏。对原始宗教有所改革，使民政与巫术脱离。能修之：能继续黄帝的功业。㉖ 帝喾(kù)：传说中的上古部落首领，号高辛氏。对天文、历法有贡献。序三辰：按照日、月、星的运行规律安排节气的顺序。三辰：指日、月、星。固民：安定人民。㉗ 尧：即唐尧。名放勋，号陶唐氏。父系氏族社会后期的部落联盟首领。单：通"殚"，竭尽。均：平均，公平。仪民：作为人民的准则。仪：准则。㉘ 舜：即虞舜。姚姓，名重华，号有虞氏。父系氏族社会后期的部落联盟首领。尧去世后继位，传说南征有苗死在苍梧之野。㉙ 鲧(gǔn)：传说是父系氏族社会后期的部落首领，居于崇，号崇伯。尧命他治水，筑堤防水九年未成功，被尧杀死在羽山。殛:诛,杀死。㉚ 禹:即夏禹,姓姒,号文命,鲧之子。父系氏族社会末期的部落首领。继鲧治水,以疏导为主,获得成功。㉛ 契(xiè):商的始祖,帝喾之子。曾协助夏禹治水有功,被舜任命为司徒,掌管教化。辑:和睦。㉜ 冥:传说为契的六世孙。在夏时为水官,勤于职守而死于水中。㉝ 汤:又称成汤、成唐、天乙。商族的首领,任用伊尹执政,十一次出兵征服邻近的葛、韦、顾、昆吾等小国后,一举灭夏,建立了商朝。除其邪:指商汤打败了夏代国王桀,桀出奔南方而死。㉞ 句谓稷辛勤地种植百谷而死在黑水山。稷:指周人的始祖弃。㉟ 文王:即周文王,姬姓,名昌,谥号"文"。周族的首领,商纣时为西伯,也称伯昌。曾被商纣王幽禁。在幽禁期间,推演了《易》。文昭:文德显扬。㊱ 武王:即周武王,姬姓,名发,谥号"武",周文王之子。率四方诸侯打败商纣王,建立了周朝。秽:恶势力,此指商纣王。㊲ 有虞氏:此指古部落名。禘(dì):大祭,指古代天子祭祀先祖的大典,此用作动词。祖:指祀开国之祖的祭礼,此用作动词。㊳ 郊:用作动词,祭天,古代天子每年冬至在南郊举行,也可以配祭祖先。宗:用作动词,祭祀宗族长。㊴ 夏后氏:此指古部落名。相传禹是首领,后来禹之子启建立了我国历史上第一个朝代夏朝。㊵ 三句谓幕能够遵循颛顼的德政,有虞氏举行祭礼报答他。幕:传说是舜的后代虞思,在夏朝时为诸侯。帅:同"率",遵循。报:报答恩德的祭礼,此用作动词,指举行祭礼表示报答。㊶ 杼(zhù):即季杼。传说是禹的后代,少康之子。㊷ 上甲微:契的后代,商汤的六世祖。传说他父亲被易氏首领绵臣杀死,为报父仇,他向河伯借兵,攻易氏,杀掉绵臣,夺回被抢的牛羊。㊸ 高圉(yǔ):弃的十世孙,周族的首领。太王:即古公亶父,高圉的曾孙,周文王的祖父。㊹ 功烈:功业。㊺ 及:以及。前哲令德之人:以前有智慧、美德的人。㊻ 质:信任。㊼ 五行:指木、火、土、金、水。㊽ 生殖:生育繁殖。㊾ 川泽:河流湖泊。㊿ 知:通"智",明智,聪明。51 讲功:讲求功绩。52 处物:辨察事物的道理。处:审度,辨察。53 句谓今年大海恐怕有灾难吧。今兹:今年。54 广川:此指大海。55 恒:常常,经常。56 柳下季:即展禽。57 信:实在,的确。过:错误。58 法:效法。这里是相信、听从的意思。59 书:写。策:古代用竹片或木片写字,用绳编连起来,一篇文字称为一策。

【品评】本文记叙了展禽批评臧文仲命国人把海鸟当作神物祭祀并使其承认错误的经过。展禽开口便上纲上线,将祭祀海鸟之事与国家政治联系起来,严厉指出祭祀是"国之大典",不应无缘无故地举行;接着从"圣王之制祀”的五项原则出发，不厌其详地历举禘、郊、祖、宗、报五种“国之祀典”的具体情况以及五典之外诸祀，意在强调祭祀海鸟之事“不在祀典”之列；最后则审视祭祀海鸟之事，坦言这样做“非仁”、“非知(智)”。这反映了当时礼仪与政治的密切关系以及人们对礼仪的重视，也使后人了解古代祭祀虽不乏神权迷信色彩，但多是出于对祖先和有历史贡献的人物的纪念。展禽的一番议论，旗帜鲜明，破中有立，旁引博征，论据充分，说理十分透辟。另外，展禽直言敢谏，臧文仲知过即改，也值得称赞。

里革断罟匡君① 《鲁语》上

宣公夏滥于泗渊②，里革断其罟而弃之，曰：“古者大寒降③，土蛰发④，水虞于是乎讲罛罶⑤，取名鱼⑥，登川禽⑦，而尝之寝庙⑧，行诸国人⑨，助宣气也⑩。鸟兽孕⑪，水虫成⑫，兽虞于是乎禁罝罗⑬，矠鱼鳖以为夏槁⑭，助生阜也⑮。鸟兽成，水虫孕，水虞于是乎禁罝罜⑯，设阱鄂⑰，以实庙庖⑱，畜功用也⑲。且夫山不槎蘖⑳，泽不伐夭㉑，鱼禁鲲鲕㉒，兽长麑麇㉓，鸟翼鷇卵㉔，虫舍蚳蝝㉕，蕃庶物也㉖，古之训也。今鱼方别孕㉗，不教鱼长，又行网罟，贪无艺也㉘。”

公闻之曰：“吾过而里革匡我㉙，不亦善乎！是良罟也，为我得法㉚。使有司藏之㉛，使吾无忘谂㉜。”师存侍㉝，曰：“藏罟，不如置里革于侧之不忘也。”

【注释】① 里革：鲁国大夫。断：此为割破。罟(gǔ)：网。匡：纠正。君：即鲁宣公。公元前608—前591年在位。② 句谓鲁宣公夏天在泗水的深渊里下网捕鱼。滥：下网捕鱼。泗：泗水，发源于山东泗水县，经曲阜、济宁等地流入江苏境内。③ 大寒降：大寒节气之后。④ 句谓地下冬眠的动物开始活动。土蛰(zhé)：在地下冬眠的动物。发：这里指醒过来开始活动。⑤ 水虞：官名，掌管水产及有关政令。讲(gòu)：通“构”，谋划。罛

(gū):大鱼网。罶(liǔ):捕鱼的竹篓子。⑥ 名鱼:大鱼。⑦ 登:通“得”,求取。川禽:水中动物,即鳖蜃之类。⑧ 尝:尝新,古代的一种祭祀,即把应时的新鲜食品,先用于祭祀祖宗。寝庙:宗庙。古代宗庙分庙、寝两部分,前面的称庙,后面的称寝,合称寝庙。⑨ 句谓在全国百姓中施行这办法。行:施行。⑩ 句谓帮助散发地下的阳气。宣:疏通,散发。气:阳气。⑪ 孕:怀胎。⑫ 成:成长起来。⑬ 兽虞:官名,掌管鸟兽及有关政令。罝(jū):捕兽的网。罗:捕鸟的网。⑭ 句谓只准刺取鱼鳖,把它们制成夏天吃的鱼干。矠(cuò):刺取。槁:干枯,此指鱼干。⑮ 句谓帮助它们生长。阜:长。⑯ 罜䍡(lù):小鱼网。⑰ 阱:猎取野兽的陷坑。鄂:埋有尖桩的陷坑。⑱ 庙庖:宗庙和厨房。⑲ 句谓储备物产以备享用。畜:储藏。⑳ 且夫:况且。槎(chá):砍伐。蘖(niè):树木砍伐后新生的嫩枝。㉑ 句谓在沼泽地不砍伐幼嫩的草木。夭:未长成的草木。㉒ 句谓捕鱼时禁止捕小鱼。鲲鲕(kūn ér):鱼卵,幼鱼。㉓ 句谓捕兽时留下幼鹿和幼麋。麑(ní):幼鹿。麇(yǎo):幼麋。㉔ 捕鸟时保护雏鸟和鸟卵。鷇(kòu):雏鸟。㉕ 捕虫时避免伤害蚂蚁和蝗虫的幼虫。蚳(chí):蚂蚁的幼虫。蝝(yuán):未长翅的幼蝗。古代用作做酱的原料。㉖ 蕃:繁殖,滋生。庶物:万物。㉗ 别孕:生育,子离母体。㉘ 贪:贪欲。艺:限度。㉙ 过:过失,错误。㉚ 句谓使我懂得古人治理天下的方法。㉛ 有司:指主管官员。㉜ 谂(shěn):规谏,劝告。㉝ 师存:乐师,名存。

【品评】鲁宣公不顾时令,下网捕鱼,里革当场将鱼网割破扔掉,并郑重地搬出古训加以对照,尖锐地指出这是“贪而无艺”。里革之正直大胆,令人敬佩。其言辞引古鉴今,简练透辟,反映了古人早就在实践中认识到保护自然生态的重要性。而鲁宣公面对里革激烈的行为和批评,虚心自责,从善如流,也值得赞扬。文章收尾乐师存进言,则留下了深长的意味。

敬姜论劳逸① 《鲁语》下

公父文伯退朝②,朝其母③,其母方绩④。文伯曰:“以歜之家⑤,而主犹绩⑥,惧干季孙之怒也⑦,其以歜为不能事主乎⑧!”

其母叹曰:“鲁其亡乎⑨!使僮子备官而未之闻

邪[10]？居[11]，吾语女[12]。

"昔圣王之处民也[13]，择瘠土而处之[14]，劳其民而用之[15]，故长王天下[16]。夫民劳则思[17]，思则善心生；逸则淫[18]，淫则忘善，忘善则恶心生。沃土之民不材[19]，淫也；瘠土之民莫不向义[20]，劳也。

"是故天子大采朝日[21]，与三公、九卿祖识地德[22]；日中考政[23]，与百官之政事[24]，师尹惟旅牧[25]，相宣序民事[26]；少采夕月[27]，与太史、司载纠虔天刑[28]；日入监九御[29]，使洁奉禘、郊之粢盛[30]，而后即安。

"诸侯朝修天子之业命[31]，昼考其国职[32]，夕省其典刑[33]，夜儆百工[34]，使无慆淫[35]，而后即安。卿大夫朝考其职，昼讲其庶政[36]，夕序其业[37]，夜庀其家事[38]，而后即安。士朝受业[39]，昼而讲贯[40]，夕而习复[41]，夜而计过无憾[42]，而后即安。自庶人以下[43]，明而动，晦而休[44]，无日以怠。

"王后亲织玄紞[45]，公侯之夫人加之以纮、綖[46]，卿之内子为大带[47]，命妇成祭服[48]，列士之妻加之以朝服[49]，自庶士以下[50]，皆衣其夫[51]。

"社而赋事[52]，烝而献功[53]，男女效绩[54]，愆则有辟[55]，古之制也。君子劳心[56]，小人劳力[57]，先王之训也。自上以下，谁敢淫心舍力[58]？

"今我寡也，尔又在下位[59]，朝夕处事，犹恐忘先人之业。况有怠惰，其何以避辟[60]？吾冀而朝夕修我曰[61]：'必无废先人。'尔今曰[62]：'胡不自安[63]？'以是承君之官[64]，余惧穆伯之绝祀也[65]！"

仲尼闻之曰[66]："弟子志之[67]，季氏之妇不淫矣[68]。"

【注释】① 敬姜：鲁国大夫公父穆伯之妻，公父文伯之母，早年守寡。

谥“敬”。② 公父(fǔ)文伯:名歜,季悼子之孙,公父穆伯之子。鲁国大夫。退朝:从朝廷上回来。朝:朝廷。③ 朝:朝见,拜见。古代诸侯见天子、臣见君、子见父母皆称“朝”。④ 方:正。绩:纺麻,即把麻析成细缕,捻接成线或绳。⑤ 歜(chù):公父文伯自称其名。⑥ 主:春秋时大夫或大夫之妻称主,这里指敬姜。⑦ 干:冒犯。季孙:即季康子,名肥。鲁国的国卿,当时正主持朝政。⑧ 其:他。事:侍奉,服侍。⑨ 其:恐怕,大概。⑩ 僮子:未成年的男子,此指不明事理的人,即指公父文伯。备官:做官。之:代指做官的道理。⑪ 居:坐,坐下。⑫ 女:通“汝”,你。⑬ 处民:安置老百姓。⑭ 瘠土:瘠薄的土地。⑮ 句谓使他的人民劳苦而后使用他们。⑯ 王(wàng)天下:称王天下。王:用作动词,统治。⑰ 句谓人民劳苦就会思念俭约。⑱ 逸:安逸。淫:放荡,纵欲。⑲ 不材:不成材,无用。⑳ 向义:向往正义。㉑ 大采:五彩礼服。朝日:朝拜日神。古代天子每年春分都要穿着五彩礼服举行祭祀日神的仪式。㉒ 三公:即太师、太傅、太保,是周朝辅助国君掌握军政大权的最高官员。九卿:即少师、少傅、少保、冢宰、司徒、宗伯、司马、司寇、司空,是周朝中央政府分管各个部门的最高行政官员。祖:熟习。识:认识,知道。地德:指大地生长万物,此指土地上所生长的五谷。㉓ 考政:考察朝政。㉔ 百官之政事:指有关百官施政的一切事务。㉕ 师尹:大夫官。惟:与。旅:众。牧:州牧,地方长官。㉖ 句谓辅佐天子普遍有条不紊地安排百姓的事情。相(xiàng):辅佐。宣:普遍。序:有条不紊地安排。㉗ 少采:三彩礼服。夕月:夜间祭祀月神。古代天子每年秋分之夜要穿着三彩礼服祭祀月神。㉘ 句谓和太史、司载恭敬地观察上天显示的征兆。太史:官名,春秋时掌管起草文书、策命诸侯卿大夫、记载史事、编写史书,兼管国家典籍、天文、历法、祭祀等。司载:官名,主管天文,观察日月星辰的变化来辨别吉凶。纠:恭。虔:敬。天刑:上天显示吉凶征兆。刑:通“形”,征兆。㉙ 监:监视。九御:即九嫔,天子内宫的各种女官。㉚ 禘(dì):古时天子祭祀祖先的大典,也称大祭。郊:天子在郊外祭天地的大礼,也可配祭祖先。粢盛(zī chéng):盛在祭器内以供祭祀的谷物。㉛ 句谓诸侯早上处理天子交下的事情和命令。诸侯:分封各国的国君。他们要服从天子命令,定期朝贡述职。修:治,处理。㉜ 考:考察。国职:国内大事。㉝ 句谓傍晚检查自己执行法令的情况。省(xǐng):察看,检查。典刑:常法。㉞ 儆(jǐng):警戒,告诫。百工:众官。㉟ 慆(tāo)淫:怠慢,放荡。㊱ 庶政:一般政事。㊲ 句谓傍晚一件件地检查他的工作。㊳ 庀(pí):

治理。家事：指自己封地里的事。㊴ 士：奴隶主贵族较低一级的人。受业：接受任务。㊵ 讲贯：讲解学习。㊶ 习复：复习。㊷ 计过：省察自己一天的言行有无过失。无憾：没有什么欠缺。㊸ 庶人：此指农业生产者，古时他们的地位在工商皂隶之上。㊹ 晦：夜。㊺ 玄紞（dǎn）：王冠两边用来悬瑱的黑色丝绳。㊻ 纮（hóng）：古代冠冕上的带子，由颔下挽上而系在笄的两端。綖（yán）：覆在冠冕上的布。㊼ 内子：嫡妻。大带：缁带，黑帛做的束腰带。㊽ 命妇：古代有封号的妇女。此指大夫的妻子。㊾ 列士：周代的士分为上、中、下三等。朝服：上朝穿的衣服。㊿ 庶士：即士中的下士。(51) 衣：用作动词，做衣服。(52) 句谓春分祭祀的时候布置农桑之事。社：春分祭祀土地神。赋：分配，布置。事：指农桑之类的事。(53) 烝：冬天的祭祀。功：指劳动果实，如五谷、布帛等。(54) 效：献出。绩：功绩。(55) 句谓有过失就要定罪。愆（qiān）：过失。辟：罪过，惩罚。(56) 劳心：从事脑力劳动。(57) 劳力：从事体力劳动。(58) 句谓谁敢放荡心志而不肯尽力呢？(59) 下位：下大夫之位。(60) 避辟：避免惩罚。(61) 冀：希望。而：你。修：勉励，有提醒的意思。(62) 尔：你。(63) 胡：何，为什么。(64) 句谓凭这样的心思担任国君任命的官职。承：担承，担任。(65) 绝祀：断了祭祀的人。(66) 仲尼：即孔子，名丘，字仲尼。(67) 志：记住。(68) 淫：安逸。

【品评】本文记叙了孀妇敬姜训诫儿子公父文伯的言论，主旨是强调劳动重要，反对好逸恶劳。这道理出自一贵族妇女之口是难能可贵的。敬姜的训诫，立足于当时的礼制，以“劳”字为纲。她首先将劳动提到“圣王”处民治国的高度，泛论劳动“则善心生”、安逸“则恶心生”，一反一正简明扼要地阐明道理。接着自上而下实叙天子、诸侯、卿大夫、士、庶人以下及王后、公侯夫人、卿之内子、命妇、列士之妻、庶士以下之妻等，无不遵循“古制”、“古训”，日夜操劳，毫不懈怠。这部分文字虽长，涉猎虽多，但层次分明，条陈畅达。最后，由远及近，又针对文伯求安逸的思想，从继承“先人之业”的角度给予批评，结言“穆伯绝嗣”与起言“鲁其亡乎”，俱作危言，颇为警示。敬姜的议论，将其忧国忧民的形象表现得淋漓尽致。

叔向贺贫[1] 《晋语》八

叔向见韩宣子[2]，宣子忧贫，叔向贺之。宣子曰：“吾有卿之名[3]，而无其实[4]，无以从二三子[5]，吾是以忧。子贺我,何故?"

对曰:"昔栾武子无一卒之田[⑥],其宫不备其宗器[⑦],宣其德行[⑧],顺其宪则[⑨],使越于诸侯[⑩]。诸侯亲之,戎、狄怀之[⑪],以正晋国[⑫],行刑不疚[⑬],以免于难[⑭]。及桓子[⑮],骄泰奢侈[⑯],贪欲无艺[⑰],略则行志[⑱],假贷居贿[⑲],宜及于难,而赖武之德[⑳],以没其身[㉑]。及怀子[㉒],改桓之行,而修武之德,可以免于难;而离桓之罪[㉓],以亡于楚[㉔]。夫郤昭子[㉕],其富半公室[㉖],其家半三军[㉗],恃其富宠,以泰于国[㉘]。其身尸于朝[㉙],其宗灭于绛[㉚]。不然,夫八郤五大夫、三卿[㉛],其宠大矣[㉜];一朝而灭,莫之哀也,惟无德也!

"今吾子有栾武子之贫[㉝],吾以为能其德矣[㉞],是以贺。若不忧德之不建[㉟],而患货之不足[㊱],将吊不暇[㊲],何贺之有?"

宣子拜,稽首焉,[㊳]曰:"起也将亡[㊴],赖子存之。非起也敢专承之[㊵],其自桓叔以下,嘉吾子之赐。[㊶]"

【注释】① 叔向:即羊舌肸(xī),字叔向。晋国大夫,曾为太子太傅。② 韩宣子:即韩起,谥号"宣子",晋国正卿。③ 卿:天子、诸侯所属的高级官员。④ 实:财物。⑤ 句谓没有什么用来和卿大夫们交往的。从:跟随。二三子:此指同朝的卿大夫。⑥ 栾武子:即栾书,谥号"武"。晋国上卿。一卒(一百人为一卒)之田:一百顷田地。这是上大夫的待遇。栾武子为上卿,本该有一旅(五百人为一旅)之田,即五百顷。⑦ 宫:居室。宗器:宗庙祭祀所用的器皿。⑧ 宣:发扬,传播。⑨ 宪则:法度。⑩ 句谓使其名声超越于诸侯的国界。越:超越。诸侯:分封各国的国君。⑪ 戎:古代西北民族之一。狄:古代北方民族之一。怀:怀念,归附。⑫ 句谓凭这治理好了晋国。正:治理。⑬ 句谓执行法度没有弊病。刑:法律。疚:病,指弊病。⑭ 句谓栾书曾杀晋厉公,立晋悼公,因行为公正,免于弑君的责难。⑮ 桓子:即栾黡,谥号"桓",栾武子之子。晋国大夫,任下军元帅。⑯ 骄泰:骄傲自大。⑰ 无艺：无极，无餍。艺：极。⑱ 句谓干犯法律，任意妄为。略：违犯，干犯。则：法律。⑲ 句谓借贷牟利，囤积财物。居：蓄。⑳ 赖：靠，凭借。㉑ 句谓才得以善终。㉒ 怀子：即栾盈，谥号"怀"，栾武子之孙，栾黡之子，晋国下卿。㉓ 句谓可是受到他父亲桓子的罪孽的牵连。离：通"罹"，遭受。㉔ 句谓因此逃亡到楚国。按，桓子死后，栾盈之母与人私通，诬告栾盈将作乱，被驱逐至楚国。三年后，栾盈回国，身死族灭。㉕ 郤（xì）昭子：即郤至。晋国的正卿。㉖ 公室：指君主之家。㉗ 句谓他家的子弟在三军中任高职的占了一半。三军：古时军队编制分上军、中军、下军。㉘ 泰：骄傲放肆。㉙ 句谓他自身被杀并在朝堂陈尸示众。㉚ 宗：宗族。绛：地名，在今山西翼城东南，是晋国的故都。按，郤昭子因有军功自傲，和郤锜、郤犨控制朝政，被晋厉公派人杀死，家族被诛灭。㉛ 夫：那。五大夫：五人为大夫。三卿：三人指郤至、郤锜、郤犨三人是晋国的卿。㉜ 宠：尊荣。㉝ 吾子：对对方的敬称，一般用于男子之间。㉞ 能其德：能行栾武子之德。㉟ 建：建树。㊱ 患：忧虑，担忧。㊲ 吊：哀吊。㊳ 二句谓韩宣子下拜并且叩头。㊴ 起：韩宣子自称其名。㊵ 句谓不只我能独自承受你的教诲。专承：独自承受。㊶ 二句谓大概从桓叔之后的子孙，都感谢您的恩赐。桓叔：名成师，号桓叔，晋穆公之子。桓叔之子万受封于韩，称韩万，所以韩起尊桓叔为韩氏的祖先。嘉：赞美，嘉奖。此是感谢的意思。赐：谓给人恩惠。

【品评】本文落笔即设下悬念。韩宣子忧贫，叔向反而向他祝贺，其原因何在，不仅韩宣子不解，读者也急于探询究竟，于是，作者巧妙地推出叔向的一番精彩议论。但叔向并不立即破解疑团，而是以"德"字为纲，详细列举晋国栾氏和郤氏两大家族的兴衰史，以触目惊心的事实，通过鲜明的对比，说明贫而有德可贺，富而无德堪忧。这番话没有空泛的议论，只是以近在身边的确凿事实，一反一正地阐明事理，很有说服力。其出发点虽是为了卿大夫身家的长久之计，但对"恃其富宠"、"骄泰奢侈，贪欲无艺"的批判鞭挞，有一定的现实意义。文章结构完美，收尾写韩宣子翻然悔悟的举止感言，既表现了韩宣子虚心接受他人意见，又显示了叔向议论的影响和效果。

王孙圉论楚宝① 《楚语》下

王孙圉聘于晋②，定公飨之③。赵简子鸣玉以相④，问于王孙圉曰："楚之白珩犹在乎⑤？"对曰："然。"简子曰："其为宝也，几何矣[6]？"曰："未尝为宝。楚之所宝者，曰观射父[7]，能作训辞[8]，以行事于诸侯[9]，使无以寡君为口实[10]。又有左史倚相[11]，能道训典[12]，以叙百物[13]，以朝夕献善败于寡君[14]，使寡君无忘先王之业；又能上下说乎鬼神[15]，顺道其欲恶[16]，使神无有怨痛于楚国[17]。又有薮曰云连徒洲[18]，金、木、竹、箭之所生也[19]，龟、珠、角、齿、皮、革、羽、毛[20]，所以备赋[21]，以戒不虞者也[22]。所以共币帛[23]，以宾享于诸侯者也[24]。若诸侯之好币具[25]，而导之以训辞[26]，有不虞之备，而皇神相之[27]，寡君其可以免罪于诸侯[28]，而国民保焉[29]。此楚国之宝也。若夫白珩[30]，先王之玩也[31]，何宝焉？围闻国之宝，六而已[32]：圣能制议百物[33]，以辅相国家[34]，则宝之；玉足以庇荫嘉谷[35]，使无水旱之灾，则宝之；龟足以宪臧否[36]，则宝之；珠足以御火灾，则宝之；金足以御兵乱，则宝之；山林薮泽[37]，足以备财用，则宝之。若夫哗嚣之美[38]，楚虽蛮夷[39]，不能宝也。"

【注释】① 王孙圉(yǔ)：楚国大夫。② 聘：古代诸侯之间或诸侯与天子之间互派使节访问。③ 定公：即晋定公，名午，晋顷公之子。公元前511—前476年在位。飨(xiǎng)：用酒食招待客人。④ 赵简子：即赵鞅，又名志父。晋国之卿。相(xiàng)：相礼，辅助国君执行礼仪。⑤ 白珩(héng)：楚国最贵重的佩玉。珩：指佩玉。⑥ 句谓值多少钱呢？⑦ 观射父(guàn yì fǔ)：楚国大夫。⑧ 训辞：外交辞令。⑨ 句谓能到各诸侯国办事。⑩ 句谓使人家没法拿我们国君做话柄。寡君：臣子对他国人谦称自己的君主。口实：话柄。⑪ 左史：官名，主管记功，一说主管记言。倚相：人名，楚国史官。⑫ 训典：古代典籍。⑬ 句谓用来论说各种事物。⑭ 献善败：提供兴旺和衰败的事例。⑮ 上下：指天地。说(yuè)：通"悦"，欢喜。古代传说史官能和鬼神交往。乎：相当于介词"于"。⑯ 顺道：顺应。道：通"导"。⑰ 怨痛：怨恨。⑱ 薮(sǒu)：湖泽。云连徒洲：即云梦泽，也称云土、云杜，在今湖北监利北。⑲ 金：指铜、铁等金属。箭：箭竹。⑳ 龟：龟甲，古代用来占卜并记载吉凶征兆。珠：珍珠，古人认为可用来防火。角：兽角，可做弓弩。齿：象牙，可做工艺品。皮：兽皮，用来做垫席、盛武器的囊和鞘等。革：犀牛皮，用来做甲胄。羽：鸟羽，用来装饰旌旗等。毛：旄牛毛，用来装饰旗杆顶端，所以又叫旄头。㉑ 赋：兵赋，军用物资。㉒ 戒：防备。虞：意料，料想，预料。㉓ 句谓可以供作礼物。共：通"供"，供给。币帛：指用来馈赠或祭祀的礼物。㉔ 宾：招待。享：献，馈赠。㉕ 好（hào）：喜欢。币具：礼品。㉖ 导：疏导。㉗ 皇：大。相：指保佑。㉘ 其：或许，大概。免罪于诸侯：避免得罪诸侯。㉙ 保：保全。㉚ 若夫：至于。㉛ 玩：玩赏的东西。㉜ 句谓六种罢了。㉝ 句谓有最高智慧和道德的人能够裁制和评议各种事物。制：裁制。㉞ 辅相：辅佐，帮助。㉟ 玉：指用作祭祀的玉器。庇荫：保护。嘉谷：好庄稼。㊱ 宪：表现。臧否（pǐ）：善恶，吉凶。㊲ 泽：沼泽。㊳ 句谓至于那叮当响的美玉。哗嚣：喧哗，此指玉佩叮当响声。㊴ 蛮夷：我国古代对南方和北方民族的泛称，此谦称楚国。

【品评】本文把什么是国家之宝作为论说的主题，笔墨极为简练集中。楚国大夫王孙圉到晋国访问，筵席间晋卿赵简子故意炫耀自己的佩玉，并假意问起楚国之宝白珩，企图污辱楚国。王孙圉则机智沉着地给予回击。他以"未尝为宝"一语，开门见山地表示了与赵简子截然相反的看法，接着从容不迫地数说楚国真正的三件宝，即内政、外交的人才与丰富的特产，巧妙地否定白珩为宝，维护了本国的尊严。随后又泛论国家六宝，进一步讽刺赵简子将叮当响的佩玉当作国宝，使其自讨没趣。王孙圉对国宝的看法，很有启发意义。他对赵简子甚为矜张的发问的回答，虽然句句针锋相对，但出语得体，不失外交风范。

诸稽郢行成于吴[①] 《吴语》

吴王夫差起师伐越[②]，越王勾践起师逆之江[③]。

大夫种乃献谋曰[④]："夫吴之与越，唯天所授[⑤]，王其无庸战[⑥]。夫申胥、华登[⑦]，简服吴国之士于甲兵[⑧]，而未尝有所挫也[⑨]。夫一人善射，百夫决拾，[⑩]胜未可成[⑪]。夫谋，必素见成事焉[⑫]，而后履之[⑬]，不可以授命[⑭]。王不如设戎⑮，约辞行成⑯，以喜其民，以广侈吴王之心⑰。吾以卜之于天，天若弃吴，必许吾成而不吾足也⑱，将必宽然有伯诸侯之心焉⑲。既罢弊其民⑳，而天夺之食㉑，安受其烬㉒，乃无有命矣㉓。”

越王许诺，乃命诸稽郢行成于吴，曰：“寡君勾践使下臣郢㉔，不敢显然布币行礼㉕，敢私告于下执事曰㉖：‘昔者，越国见祸㉗，得罪于天王㉘，天王亲趋玉趾㉙，以心孤勾践㉚，而又宥赦之㉛。君王之于越也，繄起死人而肉白骨也㉜。孤不敢忘天灾㉝，其敢忘君王之大赐乎㉞？今勾践申祸无良㉟，草鄙之人㊱，敢忘天王之大德，而思边陲之小怨㊲，以重得罪于下执事？勾践用帅二三之老㊳，亲委重罪㊴，顿颡于边㊵。今君王不察㊶，盛怒属兵㊷，将残伐越国㊸。越国固贡献之邑也㊹，君王不以鞭箠使之㊺，而辱军士使寇令焉㊻。勾践请盟㊼。一介嫡女㊽，执箕帚以晐姓于王宫㊾；一介嫡男，奉槃匜以随诸御㊿。春秋贡献，不解于王府[51]。天王岂辱裁之[52]？亦征诸侯之礼也[53]。’

“夫谚曰[54]：‘狐埋之而狐搰之[55]，是以无成功。’今天王既封殖越国[56]，以明闻于天下[57]，而又刈亡之[58]，是天王之无成劳也[59]。虽四方之诸侯，则何实以事吴[60]？敢使下臣尽辞[61]，唯天王秉利度义焉[62]！”

【注释】① 诸稽郢：越国大夫。行成：求和。吴：吴国，姬姓。始祖是周太王之子太伯、仲雍。有今江苏、上海大部和安徽、浙江的一部分，定都于吴（今江苏苏州）。② 夫差：吴王阖闾之子，吴国国君，公元前 495—前 473 年在位。公元前 494 年曾在夫椒大败越兵，勾践派文种去吴求和。之后，吴又兴兵伐越，勾践又一次派诸稽郢去吴求和。公元前 482 年，在黄池（今河南商丘西南）和诸侯会盟，与晋争霸，越乘虚攻入吴都。后越再兴兵攻灭吴国，夫差自杀。越：越国，姒姓。相传始祖是夏代少康之庶子无余，定都于会稽(今浙江绍兴)。公元前494年为吴王夫差所败。越王勾践卧薪尝胆，刻苦图强，于公元前473年攻灭吴国。曾占有今江苏北部运河以东、江苏南部、安徽南部、江西北部一带地方。约在公元前306年为楚所灭。③ 勾践：越王允常之子。越国国君，公元前497—前465年在位。由于他卧薪尝胆，刻苦图强，终于灭掉吴国。逆：指迎战。④ 种：即文种，字少禽，一作子禽。越国大夫。⑤ 句谓都是天给予的。⑥ 庸：用。⑦ 申胥：即伍员，字子胥，楚大夫伍奢次子。因父兄在楚国被杀，逃奔吴国。后帮助阖闾刺杀吴王僚夺取王位，并辅佐阖闾伐楚，报父兄之仇。吴王封以申邑，故称申胥。吴王夫差时，他劝夫差拒绝越国求和并停止伐齐，渐被疏远。后吴王赐剑令其自杀。华登：宋国司马华费遂之子。华氏在宋作乱失败，逃奔吴国，为吴国大夫。⑧ 句谓经过训练使吴国的士兵熟悉战争。简服：经过训练使熟悉。甲兵：指战争。⑨ 挫：败。⑩ 二句谓在吴国一个人善于射箭，就有一百人佩戴决拾跟着学。决拾：两种射箭器具。决：通“抉”，即射箭用的扳指，套在右手大姆指上，用来钩弓弦。拾：用皮做成，射箭的人将其套在左臂上，以免衣袖妨碍开弓。此处决拾用作动词，即佩戴决拾。⑪ 成：实现，成功。⑫ 素见：预见。成事：能够做成事情，成功。⑬ 履：实行，做。⑭ 授命：送命，致命。⑮ 设戎：部署军队。设：部署，设置。戎：兵。⑯ 约辞：谦卑的话。⑰ 广侈：张大，此有使骄傲自大的意思。⑱ 句谓吴人一定允许我们求和，而且会认为我们是不足忧虑的。足：是足虑的意思，值得忧虑。⑲ 宽然：放心地，毫无顾忌地。伯：通“霸”，称霸。⑳ 句谓已经使吴国人民疲惫不堪。罢：通“疲”，疲劳，疲乏。㉑ 句谓又有天灾夺去他们的粮食。㉒ 句谓稳稳当当地去受理吴国的残局。烬：物体燃烧后剩下的灰烬，此比喻遭受天灾人祸后的吴国。㉓ 句谓吴国就没有上天的支持了。命：天命。㉔ 寡君：臣子对他国人谦称自己的君主。㉕ 显然：公然。布：陈列。币：玉、帛、皮等古人用作赠送的礼物。㉖ 敢：谦词，冒昧。下执事：指吴王手下办事的官员，实际上是指吴王本人。㉗ 见祸：遭祸。㉘ 句谓公元前496年吴王阖闾听说越王允常去世，乘机伐越，被勾践射伤脚趾，重伤而死。天王：此为对吴王夫差的尊称。㉙ 趋玉趾：犹言劳大驾。玉，表示对人尊敬的词。趾：脚。㉚ 句谓本打算抛弃勾践。孤：舍弃。㉛ 宥赦：宽恕，赦免。㉜ 繄(yī)：就是。起死人：使死人复活。起：用作使动词。肉白骨：使白骨长出肉。肉：用作使动词。㉝ 孤：侯王对自己的谦称，这里是代勾践自称。㉞ 其：难道，怎么。大赐：厚重的恩赐，大恩大德。㉟ 申祸：重遭祸灾。无良：没有良好德行。㊱ 句谓草野鄙陋之人。㊲ 边陲：边境。小怨：此指吴国侵犯。㊳ 用：因此。帅：通“率”，率领。二三之老：几个家臣。老：大夫的家臣称老，此谦称越国的大夫。㊴ 委：承担。㊵ 顿颡（sǎng）：叩头。顿：叩，磕。颡：前额。㊶ 察：细看，详审。㊷ 属兵：集合军队。㊸ 残：伤害，毁坏。伐：攻打。㊹ 贡献：进贡。㊺ 鞭箠（chuí）：马鞭子。使：驱使。㊻ 句谓却麻烦你的将士使他们执行抵御敌人入侵的命令。㊼ 盟：在神前立誓缔约。㊽ 介：通“个”。㊾ 箕帚：畚箕和笤帚，代指洒扫一类事情。晐（gāi）姓：备诸姓。即纳各姓女子做天子的妃嫔。㊿ 槃匜（pán yí）：洗盥的用具。盘：盛水用具。匜：注水用具。御：指吴王夫差的近臣宦竖。51 解：通“懈”，懈怠。52 句谓天王难道还屈尊去制裁越国吗？辱：劳驾，屈尊。53 这也是天王征收诸侯赋税的礼制。54 谚：谚语。55 埋：藏，埋藏。搰（hú）：掘出。56 封殖：培植，此引申为扶植。57 明：明智。58 刈（yì）亡：割除，铲除。59 劳：功。60 句谓又怎么能相信并服事吴国呢？实：信。61 使小臣冒昧地把话说清楚。下臣：谦词，小臣。尽辞：把话说清楚。62 唯：希望，希冀。秉利度义：权衡利益和道义。秉：衡量。利：指越国服从吴国。度：考虑。义：指吴国不灭亡越国。

【品评】吴王夫差在夫椒大败越国报了父仇，后又起兵攻打越国。在大兵压境的情况下，越王勾践采纳了文种委曲求全的建议，再次派诸稽郢去吴国求和。本文记叙这些，旨在说明兵不厌诈，面对强敌，处于弱势的勾践为了保存实力，引诱敌人走上错误之路，伺机反戈一击致敌于死命，而屈身求和，其策略是正确的。文章第一段仅两句话就交待了求和的背景，笔墨极为省俭。第二段是文种献谋。文种审时度势，言之在理，显示了战略家的才智和深谋远虑。第三、四段写诸稽郢奉勾践之命到吴国求和。这部分虽是骗人的花言巧语，但辞约义丰，有说服力。诸稽郢开口便十分谦卑；而转述的勾践之言，满口是感恩戴德、自责、乞求、许愿，更为卑顺，表现勾践能忍辱负重，有雄才大略。最后，诸稽郢借奇特的比喻，巧妙地指责吴国侵略和失信，则绵中微出芒刺。

申胥谏许越成[1] 《吴语》

吴王夫差乃告诸大夫曰[2]：“孤将有大志于齐[3]，吾将许越成，而无拂吾虑[4]。若越既改[5]，吾又何求？若其不改，反行，吾振旅焉。[6]”

申胥谏曰：“不可许也。夫越非实忠心好吴也，又非慑畏吾甲兵之强也[7]。大夫种勇而善谋[8]，将还玩吴国于股掌之上[9]，以得其志。夫固知君王之盖威以好胜也[10]，故婉约其辞[11]，以从逸王志[12]，使淫乐于诸夏之国[13]，以自伤也。使吾甲兵钝弊[14]，民人离落[15]，而日以憔悴[16]，然后安受吾烬[17]。夫越王好信以爱民，四方归之，年谷时熟，日长炎炎[18]。及吾犹可以战也[19]。为虺弗摧，为蛇将若何？[20]”

吴王曰：“大夫奚隆于越[21]？越曾足以为大虞乎[22]？若无越，则吾何以春秋曜吾军士[23]？”乃许之成。

将盟[24]，越王又使诸稽郢辞曰：“以盟为有益乎？前盟口血未干[25]，足以结信矣[26]。以盟为无益乎？君王舍甲兵之威以临使之[27]，而胡重于鬼神而自轻也[28]？”吴王乃许之，荒成不盟[29]。

【注释】① 申胥：即伍员，字子胥，楚国大夫伍奢次子。因父兄在楚国被杀，逃奔吴国。后帮助阖闾刺杀吴王僚夺取王位，并辅佐阖闾伐楚，报父兄之仇。吴王封以申邑，故称申胥。吴王夫差时，他劝夫差拒绝越国求和并停止伐齐，渐被疏远。后吴王赐剑令其自杀。许越成：允许越国求和。越：越国。详见上文注释②。② 吴：吴国。详见上文注释①。夫差：吴王阖闾之子。吴国国君，公元前 495—前 473 年在位。详见上文注释②。③ 句谓我有雄心要攻打齐国。孤：君王对自己的谦称。④ 而：同“尔”，你们。拂：违背。虑：打算，谋划。⑤ 既改：已经悔改。⑥ 二句谓攻打齐国归来后，我再兴师去讨伐越国。反：同“返”。振旅：整军兴师。⑦ 慑畏：害怕。⑧ 种：即文种，字少禽，一作子禽，越国大夫。⑨ 还(xuán)：通“旋”，旋转，转动。玩：玩弄。股：大腿。掌：指手心。⑩ 固：本来。盖威：崇尚威力。⑪ 婉约：卑顺宛转，此用作使动词。⑫ 从(zòng)逸：姿纵放荡。⑬ 淫乐：过于沉溺于享乐，贪图享乐。诸夏之国：指中原（黄河流域）各诸侯国。⑭ 甲兵钝弊：武器耗损，士兵疲惫。⑮ 离落：离散流落。⑯ 憔悴：困苦。⑰ 句谓稳稳当当地来受理我们的残局。烬（jìn）：灰烬，此喻遭受灾害后的吴国。⑱ 句谓天天增长，蒸蒸日上。长（zhǎng）：成长，增长。炎炎：兴盛的样子。⑲ 句谓趁我们还可以打败他们的时候，就应当消灭他们。及：趁着。⑳ 二句谓如果它还是小蛇不去打死，长成大蛇将怎么办？虺（huǐ）：小蛇。摧：摧毁，此为杀死的意思。㉑ 奚：何以，为什么。隆：看重，重视。㉒ 虞：忧虑。㉓ 句谓在春、秋两季我们又到什么地方去炫耀我们的军威呢？曜：通"耀"，炫耀。㉔ 将盟：快要缔约盟誓的时候。㉕ 口血未干：指刚刚缔约盟誓不久。古代举行盟会，杀牲口饮血，以表示诚意，故谓。㉖ 句谓足能表示结盟的信用了。㉗ 舍：舍弃，放弃。临：指亲自来。使：役使。㉘ 句谓又何必看重鬼神而轻视自己呢？㉙ 句谓只是口头达成和议，没有再缔约盟誓。

【品评】这是《诸稽郢行成于吴》的续篇，二者合读，可见越国与吴国议和的全过程。本文写吴王夫差受越国使者的蒙蔽，决意允许越国求和，申胥据理力争，指出越国求和是别有用心，主张一举灭亡越国，夫差却一意孤行，执意与越国议和。夫差与勾践形成了鲜明的对比。这两篇文章共同说明了是否虚心采纳下属的正确意见，是关系国家兴亡的大事。文章善于通过人物的语言表现人物的性格，夫差的骄傲自恃，尚威好胜，刚愎自用，不听忠谏，和申胥的忠直敢谏，目光锐敏，见识卓著，老谋深算，都表现得栩栩如生。同时，申胥的谏词和诸稽郢促使吴越"荒成不盟"，也间接地托出了文种洞悉吴王夫差内心世界和足智多谋的形象。

《公羊传》

又称《春秋公羊传》、《公羊春秋》，是《春秋》三传（《左传》、《公羊传》、《谷梁传》）之一，今文经学的主要典籍。相传为战国时公羊高撰，最初由口头传授，至汉景帝时才由公羊寿和胡母生（子都）著于竹帛。其书主要是对《春秋》义例进行注释，阐释"诛乱臣贼子"之"大义"和"为后主立法"之微言，较具体详实。其体例一般先引《春秋》经文，然后自问自答，加以解说。具有较明显的史论性质，记事较简略，但也穿插一些故事，有的为《左传》所无。其语言较《左传》、《国语》更加通俗，带有口头讲述的特点，甚至夹杂民间传说的意味。在中国思想史上有着重要影响，是研究战国、秦、汉间儒家思想的重要资料。

春王正月[①] 隐公元年

元年者何[②]？君之始年也。春者何？岁之始也。王者孰谓[③]？谓文王也[④]。曷为先言“王”而后言“正月[⑤]”？王正月也。何言乎王正月？大一统也[⑥]。

公何以不言即位[⑦]？成公意也[⑧]。何成乎公之意？公将平国而反之桓[⑨]。曷为反之桓？桓幼而贵[⑩]，隐长而卑[⑪]。其为尊卑也微[⑫]，国人莫知[⑬]。隐长又贤，诸大夫扳隐而立之[⑭]。隐于是焉而辞立[⑮]，则未知桓之将必得立也。且如桓立[⑯]，则恐诸大夫之不能相幼君也[⑰]。故凡隐之立，为桓立也。隐长又贤，何以不宜立？立適以长不以贤[⑱]，立子以贵不以长[⑲]。桓何以贵？母贵也。母贵，则子何以贵？子以母贵，母以子贵。

【注释】① 王正月：春秋时期，每个国君登位都要改变正（正月，即每年的头一个月）朔（初一，即每月的第一天），以表示国运更新。这里强调奉周王朝的正朔，以周历纪年月。② 元年：国君即位的第一年，此指鲁隐公元年（前722）。③ 孰谓：即谓孰，是说谁。孰：谁，哪个。④ 文王：即周文王姬昌，商纣时为西伯，又称伯昌。商朝末年周族的首领，为周朝的建立奠定了基础。⑤ 曷（hé）：通“何”，什么，用在介词“为”之前作宾语。⑥ 大一统：天下统一，各地都服从天子的政令。大：犹言重视、尊重。一统：指各地诸侯统一于一个天子。⑦ 公：指鲁隐公。鲁惠公妾所生的长子，因其母卑贱，故不能正式做国君。⑧ 句谓成全鲁隐公的心意。⑨ 句谓鲁隐公打算治理好国家以后，就归还国家政权给桓公。平：平定，平息，此是治理好的意思。桓：即鲁桓公。隐公的异母弟，鲁惠公庶子。其母受惠公的宠爱，惠公死时，桓公年幼，由隐公摄政。后来桓公杀隐公，自立为国君。⑩ 贵：是说桓公母亲的位分比隐公母亲的位分高。桓公的母亲也是媵(yìng)妾，但是右媵，位分较高。⑪ 卑：因为隐公母亲是左媵，位分较低。⑫ 句谓隐公和桓公的尊卑差别很微小。微：微小。⑬ 国人：都城里的人。⑭ 扳(pān)：通"攀"，援引，拥戴。⑮ 于是：在这时。辞立：辞让君位。⑯ 且：而且。如：如果。⑰ 相(xiàng)：辅助。⑱ 適(dí)：通"嫡"，正妻。此指正妻所生之子。长：年长。⑲ 子：此指媵妾之子。

【品评】《春秋》文字简约，意义深隐。《公羊传》阐释其微言大义，由此可见一斑。本文是《公羊传》的第一篇，其第一段是对《春秋》鲁隐公元年第一句经文"元年春王正月"的具体注释，目的在于强调尊奉周王朝的正朔，维护大一统。第二段借说明《春秋》不说隐公即位的原因，阐明宗法制度下"立適以长不以贤，立子以贵不以长"的继承原则，体现了儒家"辨尊卑，别嫡庶"的"正名"思想。全文采取设问自答的形式，层层推进，环环相扣，文势跌宕而又闲静，解说明白而又深透。其语言亦简劲、平实。

宋人及楚人平[①] 宣公十五年

外平不书[②]，此何以书[③]？大其平乎己也[④]。何大其平乎己？庄王围宋[⑤]，军有七日之粮尔[⑥]，尽此不胜，将去而归尔[⑦]。于是使司马子反乘堙而窥宋城[⑧]。宋华元亦乘堙而出见之[⑨]。司马子反曰："子之国何如？"华元曰："惫矣[⑩]！"曰："何如？"曰："易子而食之，析骸而炊之。"[⑪]司马子反曰："嘻！甚矣，惫！虽然，吾闻之也，围者柑马而秣之[⑫]，使肥者应客[⑬]。是何子之情也[⑭]？"华元曰："吾闻之，君子见人之厄则矜之[⑮]，小人见人之厄则幸之[⑯]。吾见子之君子也，是以告情于子也。"司马子反曰："诺，勉之矣[⑰]！吾军亦有七日之粮尔，尽此不胜，将去而归尔。"揖而去之[⑱]。

反于庄王[⑲]。庄王曰："何如？"司马子反曰："惫矣！"曰："何如？"曰："易子而食之，析骸而炊之。"庄王曰：

"嘻！甚矣惫！虽然，吾今取此，然后而归尔。"司马子反曰："不可。臣已告之矣⑳，军有七日之粮尔。"庄王怒曰："吾使子往视之，子曷为告之㉑？"司马子反曰："以区区之宋㉒，犹有不欺人之臣，可以楚而无乎㉓？是以告之也㉔。"庄王曰："诺，舍而止㉕。虽然，吾犹取此，然后归尔。"司马子反曰："然则君请处于此，臣请归尔。"庄王曰："子去我而归㉖，吾孰与处于此㉗？吾亦从子而归尔。"引师而去之㉘。故君子大其平乎己也。此皆大夫也，其称"人"何？贬㉙。曷为贬？平者在下也㉚。

【注释】① 宋：宋国，子姓。开国君主是商纣王的庶兄微子启，定都于商丘（今河南商丘南），占有今河南东部和山东、江苏、安徽之间一带地方。楚：楚国。平：媾和。② 句谓别的国家之间的和谈不记载。此指《春秋》中未记载鲁宣公十二年，楚庄王攻破郑国，郑伯乞降，庄王与其讲和的事。外：别国。书：记载。③ 此：指宋国与楚国讲和。④ 句谓赞扬这次讲和在于华元和子反自己。大：敬重，赞扬。乎：相当于"于"。己：自己。⑤ 句谓鲁宣公十四年（前 595），楚大夫申舟到齐国聘问，路过宋国而未向宋国借道，被宋国大夫华元杀死，楚庄王发兵围宋。庄王：即楚庄王。春秋五霸之一，公元前 613—前 591 年在位。⑥ 尔：而已，助词，用于句末，表示限制。⑦ 尔：了，语助词，表示肯定。⑧ 司马：官名，掌管军政。子反：即公子侧，字子反。楚国正卿，曾为大司马。乘（chéng）：登。堙（yīn）：此指为攻城拒敌而筑的小土山。窥：偷看，侦探。⑨ 华元：华父督之曾孙。为宋国右师，执政，历事宋文公、共公、平公。⑩ 惫（bèi）：疲惫，极度疲乏。矣：啊，语助词，表示感叹。⑪ 二句谓交换孩子吃，拆开尸骨当柴烧饭。易：换。析：分开，拆开。骸（hái）：尸骨。炊：此指烧骨做饭。⑫ 围者：指被围困的人。柑（qián）：使马嘴衔住木棍。秣（mò）：喂牲口。⑬ 应客：给客人看。⑭ 句谓为什么透露你们的真实情况？⑮ 厄（è）：困苦，灾难。矜（jīn）：怜悯。⑯ 幸之：把它当作高兴的事。⑰ 勉之：指努力坚守宋国都城。⑱ 揖（yī）：拱手为礼。⑲ 反：同"返"，还。⑳ 矣：了，语助词，表示已然之事。㉑ 曷：同"何"，为什么。㉒ 区区：很小的样子。㉓ 句谓楚国反而没有吗？㉔ 是以：

因此，所以。㉕ 句谓安营住下。舍：造房子，指安营扎寨。㉖ 去：离开。㉗ 孰与：与谁。㉘ 句谓率领军队离开了宋国。㉙ 贬：贬低。㉚ 句谓讲和的是在下面的人。

【品评】本文通过解说《春秋》经文中"宋人及楚人平"一语，详细地叙述了楚国的子反和宋国的华元自行决定媾和从而平息了一场战争的经过，补《左传》之不足；并对子反和华元的行为予以褒贬，发掘了《春秋》的"微言大义"；客观上也反映了春秋时期频繁的战争给人民造成的"易子而食"、"析骸而炊"的严重灾难。文章由一句话敷演成一篇以记事为主的散文，着重彰显一个"诚"字，同时也体现了儒家陈腐的"君臣"等级观念。通篇采用重复的笔法，"愈复愈变，愈变愈韵"（吴楚材等评语），叙事层次分明而又曲折起伏，扣人心弦，绝无生硬絮烦之感。特别是通过人物对话刻画人物，极其简练畅达，朴实无华。

吴子使札来聘[①] 襄公二十九年

吴无君、无大夫[②]，此何以有君、有大夫？贤季子也[③]。

何贤乎季子[④]？让国也[⑤]。

其让国奈何？谒也、馀祭也、夷昧也，与季子同母者四[⑥]。季子弱而才[⑦]，兄弟皆爱之，同欲立之以为君。谒曰："今若是迮而与季子国[⑧]，季子犹不受也。请无与子而与弟，弟兄迭为君[⑨]，而致国乎季子[⑩]。"皆曰："诺。"故诸为君者，皆轻死为勇[⑪]，饮食必祝曰[⑫]："天苟有吴国[⑬]，尚速有悔于予身[⑭]！"故谒也死，馀祭也立；馀祭也死，夷昧也立；夷昧也死，则国宜之季子者也[⑮]。

季子使而亡焉[⑯]。僚者[⑰]，长庶也[⑱]，即之[⑲]。季子使而反，至而君之尔[⑳]。阖庐曰[㉑]："先君之所以不与子国而与弟者，凡为季子故也[㉒]。将从先君之命与[㉓]，则国宜之季子者也；如不从先君之命与，则我宜立者也。僚恶得为君乎[24]?”于是使专诸刺僚[25],而致国乎季子。季子不受,曰:“尔弑吾君[26],吾受尔国,是吾与尔为篡也[27]。尔杀吾兄[28],吾又杀尔,是父子兄弟相杀,终身无已也!”去之延陵[29],终身不入吴国[30]。故君子以其不受为义,以其不杀为仁。

贤季子,则吴何以有君、有大夫?以季子为臣[31],则宜有君者也。

札者何?吴季子之名也。

《春秋》贤者不名[32],此何以名?许夷狄者[33],不一而足也[34]。

季子者,所贤也,曷为不足乎季子?许人臣者必使臣,许人子者必使子也。[35]

【注释】① 吴子:即吴国国王馀祭(zhài)。吴王寿梦第二个儿子。吴:吴国,姬姓。始祖是周太王之子太伯、仲雍。有今江苏、上海大部和安徽、浙江的一部分,定都于吴(今江苏苏州)。札:即公子札,又称季札、季子。因食采邑于延陵、州来二地,所以又称延陵季子、州来季子。吴王寿梦最小的儿子。寿梦死,国人要立季札为王,他固辞不受。鲁襄公二十九年(前544)历聘于鲁、齐、晋、郑、卫诸国。聘:古代国与国之间派使者访问。② 句谓《春秋》记载吴国的事情,一向只称国,不言及其国君和大夫,以表示吴国是夷狄之邦,无儒家的君臣上下之礼。③ 句谓认为季子是贤人。贤:此作意动词。也:表示解释和陈述语气。④ 乎:相当于介词“于”。⑤ 让国:即辞让国君之位。⑥ 谒:又称诸樊,吴王寿梦的长子。夷昧:吴王寿梦的第三个儿子。⑦ 弱:年幼。⑧ 迮(zé):仓卒。⑨ 迭:轮流。⑩ 致国:指交给国君之位。⑪ 轻死:对死亡不在意。⑫ 祝:祷告。⑬ 句谓上天倘若保存吴国。⑭ 句谓也许可以很快降灾祸在我身上。尚:庶几,犹言也许可以,带有祈使的语气。悔:灾祸。⑮ 句谓那么国君之位就应该传至季札的身上了。宜:应该。之:至,到。⑯ 使:出使。亡:不在,在外。⑰ 僚:即吴王僚,又名州于,吴王夷昧之子。⑱ 长庶:在谒、馀祭和夷昧三人的儿子中年纪最大。⑲ 即之：即位做了国君。⑳ 君之：以之为君，即把僚当作国君。㉑ 阖庐：即公子光，吴王谒之子。派专诸刺僚，自立为国君。在吴越之战中被越王勾践射伤致死。㉒ 凡：皆，都。㉓ 先君：已经去世的国君，此指吴王谒、馀祭、夷昧。与：通“欤”，语助词，表示疑问的语气。㉔ 恶(wū)：何，怎么。㉕ 专诸：吴国堂邑（今江苏六合北）人。伍子胥把他推荐给公子光。吴王僚十二年（前515），公子光命专诸把短剑藏在鱼腹中，借宴会献鱼之机，把吴王僚刺死，专诸也当场被杀。㉖ 尔：你。弑(shì)：古代臣杀君、子女杀父母为弑。㉗ 篡(cuàn)：用非法手段夺取，特指臣子夺取君位。㉘ 吾兄：此指吾兄之子，即吴王僚。㉙ 去：离开。之：到。延陵：吴国地名，在今江苏武进。㉚ 吴国：此指吴国都城。㉛ 以：把。㉜ 句谓《春秋》的作者对贤者称字，或称子，不称名，表示尊重。反之，直称其名。按，这就是所谓寓褒贬的“春秋笔法”之一。贤者：指有儒家德行的人。㉝ 句谓赞许夷狄。夷狄：此为对中原以外民族的蔑称。㉞ 句谓不是它有一件事好，就认为一切都完美了。㉟ 二句谓赞美人臣就要把他摆在臣的地位上，赞美人子就要把他摆在子的地位上。

【品评】本文通过对《春秋》经文“吴子使札来聘”一语的解释，主要叙述了吴公子季札让国的经过。为阐发这句经文的“微言大义”，作者明显地把中原之外地区较多实行的“兄终弟及”的原则歪曲为让贤，捏造了谒、馀祭、夷昧三人为尽快把君位传给季札而祈求速死的事实。“让国”二字统贯全篇，开头两句问答转出“让国”之后，即以两大段篇幅详尽地记叙了季札应得君位和坚决让国于侄儿阖庐，不介入侄儿间的骨肉相残，赞美了季札的“义”“仁”之举，宣扬了儒家的礼让精神。结尾简约的诠释语，则反映了儒家“华夷”之辨和“君臣”等级观念的偏见。文章采用问答形式，很像一篇条理清晰、语言朴实、浅明生动而又谨严的讲稿。

《谷梁传》

也称《春秋谷梁传》，与《左传》、《公羊传》合称《春秋》三传。相传为孔子弟子子夏的学生、鲁国的谷梁赤所作。最初口头传授，至汉初始著于竹帛。是解释《春秋》的书。其体例与《公羊传》相同，但它“不传微言，但传大义”。《朱子语类》云：“《左传》是史家，《公》、《谷》是经学。史学者记事却详，于道理上便差；经学者于义理上有功，然记事多误。”全书以史论为主,解经论理文字“滑而婉”(晋·范宁语),“辞辨而义精”(宋·胡安国语)。说明议论中穿插的一些短小故事,有的颇为精彩。其地位和影响,无法与《左传》相比,也不如《公羊传》。

郑伯克段于鄢① 隐公元年

克者何?能也②。何能也?能杀也。何以不言杀?见段之有徒众也③。

段,郑伯弟也。何以知其为弟也?杀世子、母弟,目君,④以其目君⑤,知其为弟也。

段,弟也,而弗谓弟⑥,公子也,而弗谓公子,贬之也。段失子弟之道矣⑦。贱段而甚郑伯也⑧。

何甚乎郑伯?甚郑伯之处心积虑⑨,成于杀也⑩。

于鄢,远也。犹曰取之其母之怀中而杀之云尔,⑪甚之也。

然则为郑伯者⑫,宜奈何⑬?缓追逸贼⑭,亲亲之道也⑮。

【注释】① 郑伯:指郑庄公。公元前743—前701年在位。郑:国名,姬姓。都新郑(今河南新郑一带)。伯:爵名。郑是伯爵国,故称郑伯。克:攻克,战胜。段:共叔段,庄公之弟。鄢(yān):郑国地名,在今河南鄢陵。② 能:能够做到。③ 句谓可见共叔段拥有士兵和百姓。徒:步兵。④ 二句谓凡杀了世子或同母弟的,《春秋》都称为国君。世子:古代天子、诸侯的嫡长子,君位的合法继承人。母弟:同一个母亲的弟弟。目:名目,名称。此用为动词,是称为、视为之意。⑤ 句谓因为郑庄公称做国君(伯)。⑥ 弗谓:不称。⑦ 句谓共叔段背离了做子弟的道德,与兄郑伯争夺政权。⑧ 句谓贬低郑叔段但是更重责郑伯。甚:此是加重责备的意思。⑨ 处心积虑:用尽心机,长期图谋。⑩ 句谓以求实现杀共叔段的目的。成:实现,完成。⑪ 以上三句谓《春秋》说“于鄢”,是说鄢离郑国首都已远。郑伯仍追杀共叔段，等于说从他母亲的怀中夺过来杀掉而已。云尔：而已。⑫ 为：作为。⑬ 句谓应该怎么办？⑭ 缓：慢。逸：逃跑。贼：作乱叛国大逆不道的人，此指共叔段。⑮ 亲亲：爱自己的亲属。第一个“亲”是动词，爱；第二个亲是名词，亲人、亲属。

【品评】本文通过对《春秋》经文“郑伯克段于鄢”一语的解释，在贬斥共叔段的同时，着力对郑伯处心积虑谋杀共叔段进行了指责。将其与前面《左传》中的《郑伯克段于鄢》对读，明显地看出前者所载主要是从事实方面加以叙述，此文主要是对经文字面上的阐释和义理方面的说明。《谷梁传》远逊于《左传》的史学和文学价值，由此可见一斑。

虞师晋师灭夏阳[①] 僖公二年

非国而曰灭，重夏阳也[②]。虞无师，其曰师，何也？以其先晋[③]，不可以不言师也。其先晋何也？为主乎灭夏阳也[④]。夏阳者，虞、虢之塞邑也[⑤]。灭夏阳而虞、虢举矣[⑥]。

虞之为主乎灭夏阳，何也？晋献公欲伐虢[⑦]，荀息曰[⑧]：“君何不以屈产之乘、垂棘之璧[⑨]，而借道乎虞也？”公曰：“此晋国之宝也。如受吾币[⑩]，而不借吾道，则如之何？”荀息曰：“此小国之所以事大国也[⑪]。彼不借吾道，必不敢受吾币。如受吾币而借吾道，则是我取之中府[⑫]，而藏之外府[⑬]；取之中厩[⑭]，而置之外厩也[⑮]。”公曰：“宫之奇存焉[⑯]，必不使受之也。”荀息曰：“宫之奇之为人也，达心而懦[⑰]，又少长于君[⑱]。达心则其言略[⑲]，懦则不能强谏，少长于君则君轻之。且夫玩好在耳目之前[⑳]，而患在一国之后[㉑]，此中知以上乃能虑之[㉒]。臣料虞君[㉓]，中知以下也。”公遂借道而伐虢。

宫之奇谏曰：“晋国之使者，其辞卑而币重，必不便于虞[24]。”虞公弗听，遂受其币，而借之道。宫之奇又谏曰：“语曰[25]：‘唇亡则齿寒[26]。’其斯之谓与[27]！”挈其妻子以奔曹[28]。

献公亡虢，五年[29]，而后举虞。荀息牵马操璧而前曰：“璧则犹是也，而马齿加长矣[30]！”

【注释】① 虞：国名，姬姓。在今山西平陆北。按，晋军攻打虢国，必需通过虞国国境。晋：国名，姬姓。在今山西西南部，初都于唐（今山西冀城西），晋献公迁都于绛（今山西冀城东南）。师：军队。夏阳：虢国地名，在今山西平陆北。② 重：重视。③ 句谓因为虞国引导晋国军队。先：先导。用作动词，即做……先导。④ 句谓因为它是灭夏阳的主谋。指虞公贪图贿赂，允许晋国军队借道伐虢。⑤ 虢（guó）：国名，姬姓。有东虢、西虢、北虢之分。此指北虢，在今河南峡县和山西平陆一带。公元前655年为晋所灭。塞：边境险要的地方。⑥ 句谓灭掉夏阳，虞国、虢国就可以攻取了。举：攻取，占领。⑦ 晋献公：晋国国君，公元前676—前651年在位。⑧ 荀息：晋国大夫。⑨ 屈：晋国地名，在今山西石楼东南。盛产良马。乘（shèng）：古时称四匹马拉的车为一乘，此指屈地所产的良马。垂棘：晋国地名。以出美玉著称。璧：美玉。⑩ 币：馈赠的财物，此指以上所说的良马、美玉。⑪ 事：侍奉，服事。⑫ 中府：内库，即宫廷中藏财宝的仓库。⑬ 外府：外库，即宫廷之外藏财宝的仓库。⑭ 中厩（jiù）：宫廷中的马棚。⑮ 外厩：宫廷之外的马棚。⑯ 宫之奇：虞国大夫。⑰ 达心：心里明白。达：通晓，明白。懦：怯懦，软弱。⑱ 句谓又从小和虞公一起长大。⑲ 略：简略。⑳ 且夫：况且。承上文，表示更进一层的语气。玩好：喜爱的好玩的东西，此指璧和马。㉑ 句谓而忧患却在一个国家灭亡之后。㉒ 中知：中等智力。知：同“智”。虑：思考，考虑。㉓ 料：料想。㉔ 便：有利。㉕ 语：指谚语。㉖ 句谓嘴唇没有了，牙齿就感到寒冷。比喻二者相互依附，利害与共。㉗ 句谓大概说的就是这种情况吧。其：大概，或许。斯：此，这。之：表示宾语“斯”前置。与：通“欤”，语气词，表示感叹。㉘ 挈（qiè）：带领。奔：逃亡。曹：国名，都陶丘（在今山东定陶西南）。㉙ 五年：鲁僖公五年（前655）。㉚ 马齿：马的牙齿。因其随年齿添换，看马齿即可知道马的年龄。加长：增加，增长。

【品评】本文在对《春秋》经文"虞师晋师灭夏阳"一语解释时，引出了虞国借道给晋国攻取夏阳而自取灭亡的故事。虞国灭亡，完全由于虞公贪财拒谏，目光短浅，不顾国家安危，这是应引以为鉴的。晋国曾于鲁僖公二年（前658）和五年（前655）两次向虞国借道讨伐虢国，由于"传闻异辞"，此文所记宫之奇谏阻与离开虞国的时间，与前面的《左传》所载《宫之奇谏假道》有出入。将二者对读，知前者重在叙述宫之奇对虞公的谏阻，此文则偏重于写荀息向晋献公献谋。文章着力刻画了荀息的形象；荀息与晋献公的对话，写得具体生动，表现了他对虞国君臣了如指掌，分析深刻中肯；宫之奇劝谏和虞公的态度，反衬出他多谋善断，料事如神；结尾荀息戏剧性的举动和轻松诙谐的话语，韵味十足，更显示出他老谋深算，踌躇满志。

《礼记》

是儒家经典之一。据传原有一百三十一篇，西汉戴德删定为八十五篇，称《大戴记》，现存三十九篇。后戴德之侄戴圣再次删定为四十六篇，称《小戴记》。收入《十三经注疏》的今本《礼记》，是东汉马融将《小戴记》增补三篇而成。据考，各篇的写作年代不一，大部分是战国中期孔门后学所记，小部分是秦、汉间儒生增益。其内容涉及先秦的社会组织、生活习俗、道德规范、文物制度等，反映了儒家学派的政治、哲学、文化、教育、伦理、道德等思想观念，是研究中国古代文化史的重要文献。从文学角度看，艺术性最高的是《檀弓》上、下两篇。它是《礼记》中惟一的记事文，所记既有作者的亲身经历，又有早年佚事，语言简洁生动，历来为文人称道。

晋献公杀世子申生[①] 《檀弓》上

晋献公将杀其世子申生。公子重耳谓之曰[②]："子盖言子之志于公乎[③]？"世子曰："不可。君安骊姬[④]，是我伤公之心也[⑤]。"曰："然则盖行乎[⑥]？"世子曰："不可。君谓我欲弑君也[⑦]。天下岂有无父之国哉？吾何行如之[⑧]？"

使人辞于狐突曰[⑨]："申生有罪，不念伯氏之言也[⑩]，以至于死，申生不敢爱其死[11]。虽然，吾君老矣，子少[12]，国家多难。伯氏不出而图吾君，伯氏苟出而图吾君，[13]申生受赐而死[14]。"再拜稽首[15]，乃卒。是以为恭世子也[16]。

【注释】① 晋献公：名诡诸。晋国国君，公元前676—651年在位。他的宠妾骊姬想立自己亲生的儿子奚齐，就诬陷太子申生要毒杀父亲，晋献公便逼迫申生自缢而死，立奚齐为太子。于是公子重耳、夷吾等皆出逃。世子：古代天子、诸侯的嫡长子，君位的继承人。申生：晋献公之长子，夫人齐姜生。② 重耳：晋献公之子，申生之异母弟。后为晋文公。③ 句谓你怎么不对君主讲明你的意见呢。盖（hé）：通"盍"，何不。下文"盖"字同。④ 句谓君主心在骊姬那里。⑤ 句谓这样做我就会伤了君主的心。⑥ 句谓既然这样，那么何不逃跑呢。⑦ 弑（shì）：古代臣杀君、子女杀父母称弑。⑧ 如：到……去。⑨ 辞：诀别。狐突：姓狐，名突，字伯。申生的老师。后来家居不出。⑩ 句谓从前晋献公派申生带兵攻打东山皋落氏时，狐突曾劝申生逃走，申生没有听。伯氏：即狐突，表示对狐突尊敬的称谓。⑪ 句谓我申生不敢吝惜生命。⑫ 子：指骊姬所生的儿子夷齐。⑬ 二句谓您不肯出来为我君主策划政事就算了，您若肯出来就为我君主策划政事。图：图谋，策划。⑭ 句谓我申生死了也蒙受您恩惠。赐：恩惠。⑮ 稽（qǐ）：古时一种跪拜礼，叩头到地，是九拜中最恭敬的。⑯ 恭：申生的谥号。

【品评】这则晋献公听信骊姬谗言逼迫太子申生自尽的故事，选材精当，语言简洁，篇幅虽短，但委婉曲折，生动感人。作者将申生置于临死前的特定时空中，通过个性化的言行，揭示其内心世界，一字一泪地塑造了一个念念不忘父王、君国的忠臣孝子形象。同时，结尾还从儒家的"忠孝"观出发，寓含着对申生尚未做到纯孝的责备。文章宣扬了愚孝、愚忠，这是应该批判的。

曾子易箦[1] 《檀弓》上

曾子寝疾[2]，病[3]。乐正子春坐于床下[4]，曾元、曾申坐于足[5]，童子隅坐而执烛[6]。童子曰："华而睆[7]，大夫之箦与？"子春曰："止！"曾子闻之，瞿然曰[⑧]："呼[⑨]！"曰："华而睆，大夫之箦与？"曾子曰："然。斯季孙之赐也[⑩]，我未之能易也。元，起易箦。"曾元曰："夫子之病革矣[⑪]！不可以变。幸而至于旦[⑫]，请敬易之[⑬]。"曾子曰："尔之爱我也[⑭]，不如彼[⑮]。君子之爱人也以德，细人之爱人也以姑息[⑯]。吾何求哉？吾得正而毙焉[⑰]，斯已矣[⑱]！"举扶而易之[⑲]，反席未安而没[⑳]。

【注释】① 曾子：名参（shēn），字子与。鲁国人，曾点之子，孔子的学生，以孝著称。易：换。箦（zé）：竹席。② 寝疾：卧病。疾：指一般的疾病。③ 病：指病重。④ 乐（yuè）正子春：曾参的学生。乐正：公室的乐官。⑤ 曾元、曾申：都是曾参的儿子。坐于足：坐在曾参的脚旁。⑥ 童子：童仆。隅坐：靠墙角坐着。⑦ 华而睆（huǎn）：华美又光亮。睆：光亮。⑧ 瞿（jù）然：惊骇的样子。⑨ 呼：类似"哦"，发声欲问之词。⑩ 斯：这。季孙：鲁国正卿，执掌政权。⑪ 革（jí）：通"亟"，危急。⑫ 句谓希望挨到天明。幸：希望。⑬ 句谓请允许我恭敬地更换它。⑭ 尔：你。⑮ 彼：指童仆。⑯ 细人：小人，目光短浅的人。姑息：此指姑且偷安于现实，得到暂时的安逸。⑰ 句谓我能够合乎礼制而死去。毙：此指死。⑱ 句谓这就行了。⑲ 句谓大家扶他起来更换了席子。举：全，指在场所有的人。⑳ 句谓等他回到床上还没躺好就死了。没：通"殁"，死亡。

【品评】曾参不肯僭用大夫的馈赠，临死坚决更换席子的故事，宣扬了他恪守礼制的一丝不苟的精神。这在当时，对于维护森严的等级观念，防范礼崩乐坏的颓势，或许有所助益。文章摄取一个特写镜头，如一幅守护垂危病人图宛然在目。篇幅虽然短小，开始却不惜笔墨详细地介绍守护曾参的人坐的方位及童子秉烛的细节。这不仅交待了事件的时间、地点和人物，更重要的是渲染曾参病危的紧张气氛，布设了典型环境。几个人物，话语个性鲜明，声气情态栩栩如生。如曾参"瞿然"而"呼"，和盘托出了他作为礼制卫道士的内心不安；写童子更为传神，同语反复，表现了他的稚气，也活画出他见箦惊讶的神情。

有子之言似夫子[①] 《檀弓》上

有子问于曾子曰[②]："问丧于夫子乎[③]？"曰："闻之矣：'丧欲速贫，死欲速朽。'"有子曰："是非君子之言也。"曾子曰："参也闻诸夫子也[④]。"有子又曰："是非君子之言也。"曾子曰："参也与子游闻之[⑤]。"有子曰："然。然则夫子有为言之也[⑥]。"

曾子以斯言告于子游[⑦]。子游曰："甚哉，有子之言似夫子也！昔者，夫子居于宋[⑧]，见桓司马自为石椁[⑨]，三年而不成。夫子曰：'若是其靡也[⑩]，死不如速朽之愈也[⑪]。''死之欲速朽'，为桓司马言之也。南宫敬叔反[⑫]，必载宝而朝[⑬]。夫子曰：'若是其货也[⑭]，丧不如速贫之愈也。'丧之欲速贫，为敬叔言之也。"

曾子以子游之言告于有子。有子曰："然。吾固曰非夫子之言也[⑮]。"曾子曰："子何以知之？"有子曰："夫子制于中都[⑯]：四寸之棺，五寸之椁。以斯知不欲速朽也。昔者夫子失鲁司寇[⑰]，将之荆[⑱]，盖先之以子夏，又申之以冉有。[⑲]以斯知不欲速贫也。"

【注释】① 有子：名若，字子有。鲁国人，孔子的学生。夫子：指孔子。② 曾子：名参（shēn），字子与。鲁国人，曾点之子，孔子的学生，以孝著称。③ 句谓在孔子那里听说过丧失了官职的事吗？问：应作"闻"。丧：丢失，此指丢掉官职。④ 参：曾参自称其名。⑤ 子游：姓言，名偃，字子游。吴国人，孔子的学生。⑥ 句谓如此，那么是夫子有所指而说的。然则：连词，犹言如此、那么，或那么。有为：即有所指，有目的的。⑦ 斯：这。⑧ 宋：国名，在今河南商丘一带。⑨ 桓司马：即桓魋（tuí），姓向，封邑在桓。宋国大夫。司马：官名，主管军事。椁（guǒ）：棺材外面套的大棺材。⑩ 句即"其靡若是”的倒装,像这样的奢侈。靡:浪费,奢侈。⑪ 愈:更好。⑫ 南宫敬叔:即仲孙阅,鲁国大夫孟僖子之子。曾在鲁国失去官职而离开鲁国。反:通“返”,此指回到鲁国。⑬ 句谓一定载着财宝去见国君,意即行贿。⑭ 句即“其货若是”的倒装,像这样的行贿。货:指行贿。⑮ 固:本来。⑯ 制:用作动词,制定礼法,规定制度。中都:鲁国地名,在今山东汶上西。孔子五十岁时,曾做过中都宰。⑰ 鲁:鲁国。司冠:官名,主管刑狱。⑱ 之:到……去。荆:楚国的别称。⑲ 二句谓让子夏先去表明他的心意,又让冉有去重申他的心意。盖:副词,大概。子夏:姓卜,名商。卫国人,孔子的学生。申:再,重复。冉有:姓冉,名求。鲁国人,孔子的学生。

【品评】本文通过孔子三个弟子关于孔子对丧葬制度和失去官职的观点的讨论,说明应根据孔子一贯的主张和行为,以及具体的语言环境,正确地理解他的话,不要断章取义。这一思想方法,今天仍有参考价值。文章由三段对话组成,第一段是有子否定曾子的看法,但未说明理由。第二段紧承上段“夫子有为言之”,写子游向曾子说明孔子之言是针对具体情况而发的。第三段有子才摆出否定曾子看法的根据,既与第一段呼应,又补充深化了第二段。全文结构谨严完整,脉络清楚条理,情节起伏跌宕,文势舒卷自如,具体、生动、形象地阐明了深刻的道理。

公子重耳对秦客[①] 《檀弓》下

晋献公之丧[②],秦穆公使人吊公子重耳[③],且曰:“寡人闻之[④]:‘亡国恒于斯[⑤],得国恒于斯。’虽吾子俨然在忧服之中[⑥],丧亦不可久也[⑦],时亦不可失也,孺子其图之[⑧]。”以告舅犯[⑨]。舅犯曰:“孺子其辞焉[⑩]。丧人无宝,仁亲以为宝。[⑪]父死之谓何[⑫]?又因以为利[⑬],而天下其孰能说之[⑭]?孺子其辞焉。”

公子重耳对客曰:“君惠吊亡臣重耳[⑮]。身丧父死[⑯],不得与于哭泣之哀[⑰],以为君忧[⑱]。父死之谓何?或敢有他志以辱君义[⑲]。”稽颡而不拜[⑳],哭而起,起而不私[㉑]。

子显以致命于穆公㉒。穆公曰:“仁夫㉓!公子重耳。夫稽颡而不拜,则未为后也㉔,故不成拜㉕。哭而起,则爱父也㉖;起而不私,则远利也㉗。”

【注释】① 重耳:晋献公之子,即后来的晋文公。因晋献公听信骊姬谗言,逼迫太子申生自尽,立幼子奚齐为嗣,重耳出奔在外十九年,当时他正在北狄避难。秦客:指秦穆公之子絷(zhí),字子显,秦国大夫。② 晋献公:晋国国君,公元前676—前651年在位。临死前托荀息扶立幼子奚齐为君。当时公子重耳、夷吾已逃亡在外。③ 秦穆公:嬴姓,名任好。娶晋献公之女、申生之妹为夫人。秦国国君,春秋五霸之一,公元前659—前621年在位。吊:慰问,悼念死者。④ 寡人:古代君王的谦称。此为转述的秦穆公的话。⑤ 恒:常。斯:指此时。⑥ 吾子:对对方的敬称,一般用于男子之间。俨然:矜持庄重的样子。忧服:丧服,此指丧期。⑦ 丧:丧失,此指失去本来可做晋国太子的地位,流亡在外。⑧ 孺子:古代能继承君位的人,此指重耳。⑨ 舅犯:即重耳的舅父狐偃,字子犯。曾随从重耳在外流亡十九年,后帮助重耳回国即位。⑩ 其:还是。辞:辞谢。⑪ 二句谓丧失地位流亡在外的人没有什么可宝贵的,只有仁爱思亲算是最宝贵的东西了。仁亲:仁爱和怀念亲人。⑫ 句谓父亲死了是何等的事情。意思是说父亲死了是非常不幸的事。⑬ 句谓又趁此机会来为个人谋取利益。因:乘,趁。利:此指父死回国继位。⑭ 其:表示诘问,犹岂、难道。孰:谁。说之:此指解说这样做无罪。⑮ 君:指秦穆公。惠:惠爱。⑯ 句谓自身流亡外地,父亲又死去。⑰ 句谓不能参加葬礼,在父亲灵前哭泣哀悼。与:通“预”,参加,参与。⑱ 句谓而使贵国国君忧虑。⑲ 句谓如果敢有别的念头就会辜负贵国国君对我的情义。他志:别的想法,指谋取君位。⑳ 稽颡(sǎng):古人守丧时拜客的一种礼节,下拜时,以额触地。不拜:不拜谢。此表示重耳拒绝秦穆公让他回国继承君位的建议。㉑ 不私:指不和秦客私下交谈。㉒ 致命:回报,覆命。㉓ 夫:语助词,表示感叹。㉔ 句谓就是表示不愿成为国君的继承人。后:后嗣,继承人。㉕ 成拜:古时丧礼之一,即主丧人对吊唁者先稽颡后拜谢。重耳因为暂时不想回国继承君位,不能主丧,所以不行“成拜”礼。㉖ 爱父:哀悼他的父亲。㉗ 远利:抛开个人利益。

【品评】晋文公死后,秦穆公派儿子絷(子显)以安慰流亡在北狄的重耳为名，试探他是否有回国夺取君位的意图；重耳则认为时机未成熟，以“仁亲”为借口，婉言申明自己不敢有其他想法，因而受到了秦穆公的称赞。这则故事围绕着君位继承这一极为敏感的问题展开，虽然秦穆公野心勃勃伺机待动，重耳智深勇沉欲动不能，但双方互存戒心，所以用语委婉，行文曲折，颇有戏剧性。这既宣传了儒家所谓的“仁亲”思想，同时也客观地揭露了在“仁亲”这层面纱的掩盖下贵族统治者心怀的鬼胎。

杜蒉扬觯[①] 《檀弓》下

知悼子卒[②]，未葬，平公饮酒，师旷、李调侍[③]，鼓钟[④]。杜蒉自外来，闻钟声，曰：“安在[⑤]？”曰：“在寝[⑥]。”杜蒉入寝，历阶而升[⑦]，酌曰[⑧]：“旷饮斯[⑨]。”又酌曰：“调饮斯。”又酌，堂上北面坐饮之[⑩]。降[⑪]，趋而出[⑫]。

平公呼而进之，曰：“蒉！曩者尔心或开予[⑬]，是以不与尔言[⑭]。尔饮旷，何也？”曰：“子卯不乐[⑮]。知悼子在堂[⑯]，斯其为子卯也大矣[⑰]！旷也，太师也[⑱]。不以诏[⑲]，是以饮之也。”“尔饮调，何也？”曰：“调也，君之亵臣也[⑳]。为一饮一食忘君之疾[㉑]，是以饮之也。”“尔饮，何也？”曰：“蒉也，宰夫也[㉒]，非刀匕是共[㉓]，又敢与知防[㉔]，是以饮之也。”平公曰：“寡人亦有过焉，酌而饮寡人。”杜蒉洗而扬觯[㉕]。公谓侍者曰：“如我死，则必无废斯爵也[㉖]！”

至于今，既毕献[㉗]，斯扬觯[㉘]，谓之“杜举”。

【注释】① 杜蒉(kuài)：《左传》作屠蒯。晋平公的厨师。扬：举起。觯(zhì)：古时一种饮酒器具，青铜制造，形似尊而小。② 知(zhì)悼子：即知罃，又称荀罃，“悼”是谥号，知庄子之子。晋国大夫。卒于鲁昭公九年(前533)。③ 师旷：晋国的著名乐师。李调：晋平公的宠臣。侍：作陪。④ 鼓钟：敲钟。⑤ 安：何，哪里。⑥ 寝：寝宫，内宫。⑦ 句谓一步跨两级地走上台阶。历阶：一步跨两级台阶。⑧ 酌：此指斟酒。⑨ 斯：此指这杯酒。

⑩ 北面坐：面朝北跪着。古时君主面南而坐，臣子见君时则面向北。杜蒉面北而坐，即正对着晋平公。坐：此指跪。因古人席地而坐，两膝着地，臀部压在脚跟上，似跪。⑪ 降：指走下台阶。⑫ 趋：快步走。⑬ 句谓刚才你心里或许有什么话要开导我。曩者：刚才。尔：你，你的。或：或许。开：开导，启发。⑭ 是以：因此，所以。⑮ 句谓甲子、乙卯之日是疾日，不能饮酒奏乐。相传夏桀在乙卯日被放逐死亡，商纣死于甲子日，后来就以甲子、乙卯两日为“疾日”，不许饮酒奏乐。⑯ 在堂：指灵柩停放在堂上未下葬。⑰ 句谓这比甲子、乙卯疾日更重要。其：表示论断，相当于“乃”。⑱ 太师：周代对乐官的称呼。⑲ 句谓不把这个道理告诉国君。诏：告诉。⑳ 亵(xiè)臣：亲近宠信的臣子。㉑ 句谓为了贪吃一酒一饭，忘掉了君主的疾日。疾：疾日，此指不吉祥的日子。㉒ 宰夫：厨师。㉓ 句即“非共刀匕”，不去供应刀勺餐具。匕(bǐ)：古代的饭勺。是：表示宾语“刀匕”前置。共：通“供”，供给，供应。㉔ 句谓又敢参与了解和防止君主违礼的事。与：通“预”，参与。知防：了解和防止。㉕ 洗：指把觯洗干净。㉖ 爵(jué)：古代酒器，此指觯。㉗ 句谓主人向宾客敬酒已经完毕。献：此指敬酒。㉘ 斯：连词，则，乃。

【品评】晋国大夫知悼子死而未葬，晋平公就饮酒作乐，厨师杜蒉及时进谏，使平公顿然醒悟、欣然改悔，这是非常可贵的。但这则故事，宣扬的是礼制，表彰的是深明礼制并坚决维护礼制的人。杜蒉乃一介厨师，竟不顾卑贱，犯颜进谏，实属罕见。更奇妙的是其进谏的方式方法。他闯进内宫，并不直斥平公违礼，而是斟了两杯酒让师旷和李调喝下去，然后跪下自饮一杯，则急忙离去。这就布设了疑阵，等一头雾水的平公将其召回询问究竟时，才在答问中委婉地指出平公的过失。这表现了杜蒉的勇敢和智慧。文章语言精炼，悬念引人，情节曲折，故事性强，成功地刻画了杜蒉的形象。此外，晋平公虚心纳谏、知错必改的精神，也给人留下了深刻印象。

晋献文子成室[①] 《檀弓》下

晋献文子成室，晋大夫发焉[②]。张老曰[③]：“美哉，轮焉[④]！美哉，奂焉[⑤]！歌于斯[⑥]，哭于斯[⑦]，聚国族于斯[⑧]。”文子曰：“武也[⑨]，得歌于斯，哭于斯，聚国族于斯，是全要领以从先大夫于九京也[⑩]。”北面再拜稽首[⑪]。君子谓之善颂[⑫]、善祷[⑬]。

【注释】① 晋：晋国。献文子：即赵武，“献文”是谥号。晋国大夫。成室：新屋落成。② 发：送礼祝贺。③ 张老：晋国大夫。④ 轮：高大。⑤ 奂（huàn）：通“焕”，华丽。⑥ 句谓行祭礼时在这里奏乐唱诗。歌：唱诗。古代祭祀时奏乐唱诗。⑦ 句谓有丧事时在这里哭泣。⑧ 聚国族：宴集外国来宾、聚会本族的人。⑨ 武：献文子自称其名。⑩ 句谓这样可保全我的腰和脖子而跟从我的先祖先父一起葬在九原。全要领：保全腰和脖子，即不犯腰斩和杀头之罪。就是说可以善终。要：通“腰”。领：脖子。先大夫：指赵武去世的父亲、祖父。九京：九原，春秋时晋国卿大夫的墓地。⑪ 北面：面朝北。再拜：拜了两拜。拜：古代一种跪拜礼，两膝跪下，双手合拢，俯首至手而与心平。稽首：古代一种跪拜礼，两膝跪下，叩头至地。是一种相当恭敬、隆重的礼节。⑫ 颂：赞美祝福，指张老的颂词。⑬ 祷：祈福免祸，指献文子的答话。

【品评】这是一篇绝妙的小品，语言极其精练，仅七十七个字就将当时卿大夫之间的应酬及其前因、后果、时间、地点、人物等，交待得清清楚楚。主体是一特写镜头，只一颂一祷，非常单纯。张老的颂词，先赞美新屋，再祝福未来，迥然超俗，显示他擅长辞令、性格幽默。献文子的祷词，也与众不同，先重复张老对未来的祝福，表示欣然领受，又增添“全要领”一语，韵味顿生，表现了他从容和善的风度和居安思危的精神。

卷四　秦　　文

《国策》

《国策》，即《战国策》。这是一部记录战国时期纵横家思想和活动的著作，是一部分国记述战国事迹的史料汇编，属于国别体杂史，具有较高的史学和文学价值。全书共十二策，包括东周、西周、秦、齐、楚、燕、赵、魏、韩、宋、卫、中山，共计三十三篇。其时代上接春秋，下至秦并六国，约二百四十年（前460—前220）的历史。书名原有《国策》、《国事》、《短长》、《事语》、《长书》、《修书》等不同名称。作者已无从考证，大概是秦汉间人杂采各国档案编纂而成。汉成帝时刘向重新加以整理，并定名为《战国策》。

苏秦以连横说秦[①]

苏秦始将连横[②]，说秦惠王曰[③]：“大王之国，西有巴、蜀、汉中之利[④]，北有胡貉、代马之用[⑤]，南有巫山、黔中之限[⑥]，东有殽、函之固[⑦]。田肥美，民殷富，战车万乘[⑧]，奋击百万[⑨]，沃野千里，蓄积饶多，地势形便[⑩]，此所谓天府[⑪]，天下之雄国也。以大王之贤，士民之众，车骑之用，兵法之教[⑫]，可以并诸侯，吞天下，称帝而治。愿大王少留意，臣请奏其效[⑬]。”

秦王曰：“寡人闻之：毛羽不丰满者，不可以高飞；文章不成者[⑭]，不可以诛罚；道德不厚者，不可以使民；政教不顺者，不可以烦大臣。今先生俨然不远千里而庭教之[⑮]，愿以异日[⑯]。”

苏秦曰：“臣固疑大王之不能用也[⑰]。昔者神农伐补遂[⑱]，黄帝伐涿鹿而禽蚩尤[⑲]，尧伐驩兜[⑳]，舜伐三苗[㉑]，禹伐共工[22]，汤伐有夏[23]，文王伐崇[24]，武王伐纣[25]，齐桓任战而伯天下[26]。由此观之，恶有不战者乎[27]？古者使车毂击驰[28]，言语相结[29]，天下为一。约从连横[30]，兵革不藏[31]。文士并饬[32]，诸侯乱惑，万端俱起，不可胜理。科条既备[33]，民多伪态；书策稠浊[34]，百姓不足[35]；上下相愁，民无所聊[36]；明言章理[37]，兵甲愈起；辩言伟服[38]，战攻不息；繁称文辞，天下不治。舌敝耳聋，不见成功；行义约信，天下不亲。于是乃废文任武，厚养死士[39]，缀甲厉兵[40]，效胜于战场[41]。夫徒处而致利[42]，安坐而广地，虽古五帝、三王、五伯[43]，明主贤君，常欲坐而致之，其势不能，故以战续之。宽则两军相攻，迫则杖戟相橦[44]，然后可建大功。是故兵于胜外，义强于内，威立于上，民服于下。今欲并天下，凌万乘[45]，诎敌国[46]，制海内，子元元[47]，臣诸侯[48]，非兵不可。今之嗣主[49]，忽于至道[50]，皆惛于教[51]，乱于治，迷于言，惑于言，沉于辩，溺于辞，以此论之，王固不能行也。"

说秦王书十上而说不行，黑貂之裘敝，黄金百斤尽，资用乏绝，去秦而归。羸縢履蹻[52]，负书担橐[53]，形容枯槁[54]，面目黧黑[55]，状有愧色[56]。归至家，妻不下纴[57]，嫂不为炊，父母不与言。苏秦喟然叹曰："妻不以我为夫，嫂不以我为叔，父母不以我为子，是皆秦之罪也！"乃夜发书，陈箧数十[58]，得太公阴符之谋[59]。伏而诵之，简练以为揣摩[60]。读书欲睡，引锥自刺其股，血流至足，曰："安有说人主，不能出其金玉锦绣，取卿相之尊者乎？"期年[61]，揣摩成，曰："此真可以说当世之君矣。"于是乃摩燕乌集阙[62]，见说赵王于华屋之下[63]，抵掌而谈[64]。赵王大悦，封为武安君[65]，受相印，革车百乘[66]，锦绣千纯[67]，白璧百双，黄金万镒[68]，以随其后，约从散横以抑强秦[69]，故苏秦相于赵而关不通[70]。当此之时，天下之大，万民之众，王侯之威，谋臣之权，皆欲决苏秦之策[71]。不费斗粮，未烦一兵，未战一士，未绝一弦，未折一矢[72]，诸侯相亲，贤于兄弟[73]。夫贤人任而天下服，一人用而天下从。故曰："式于政[74]，不式于勇；式于廊庙之内[75]，不式于四境之外[76]。"当秦之隆[77]，黄金万镒为用，转毂连骑，炫熿于道[78]，山东之国从风而服[79]，使赵大重[80]。且夫苏秦特穷巷掘门、桑户棬枢之士耳[81]，伏轼撙衔[82]，横历天下，庭说诸侯之主[83]，杜左右之口，天下莫之伉[84]。

将说楚王，路过洛阳。父母闻之，清宫除道[85]，张乐设饮[86]，郊迎三十里[87]。妻侧目而视，侧耳而听。嫂蛇行匍伏[88]，四拜自跪而谢[89]。苏秦曰："嫂何前倨而后卑也[90]？"嫂曰："以季子位尊而多金[91]。"苏秦曰："嗟乎！贫穷则父母不子[92]，富贵则亲戚畏惧[93]。人生世上，势位富贵，盖可忽乎哉[94]？"

【注释】① 苏秦以连横说秦：本文选自《战国策·秦策一》。原无标题，本题为选者所加（下所选《战国策》皆如此。）。苏秦（? —前284）：字季子，战国时洛阳人，纵横家的代表人物，曾组织合纵攻秦，后因为燕昭王行反间之计，破坏齐、赵交好，被齐闵王车裂而死。连横：秦与六国中任何一国或数国联合以打击别的国家，称为连横。战国时代，合齐、楚、燕、赵、韩、魏六国抗秦，则称为合纵（或"约纵"）。说（shuì）：劝说，游说。② "苏秦"句：苏秦以合纵而著称于世，但是最初是主张连横的。③ 秦惠王：秦国国君，嬴姓，名驷，秦孝公之子，公元前336—前311年在位。④ 巴、蜀：古国名，分别在今重庆、四川成都一带。汉中：今陕西秦岭以南一带。时三地虽未属秦，但交通频繁，故言西有其利。⑤ 胡：指匈奴族所居地区。貉（hè）：一种形似狐狸的动物，毛皮可作裘。代：今河北、山西二省北部，以产良马闻世。⑥ 巫山：山名，在今重庆巫山东。黔中：在今湖北西南和湖南西北，以及四川黔江流域和贵州东北部一带。巫与黔中原属楚地，后为秦所有，并为黔中郡。限：屏障。⑦ 殽：殽山，在今河南洛宁西北。函：函谷关，在今河南灵宝西南。⑧ 乘(shèng)：一车四马为一乘。⑨ 奋击：奋力进击的武士。⑩ 形便：地形便于作战。⑪ 天府：天然的府库，指自然条件得天独厚。⑫ 教：教习，训练。⑬ 奏：陈述。效：成效，效验。⑭ 文章：这里指礼乐法度。⑮ 俨然：庄重的样子。⑯ 愿以异日：愿改日再领教。⑰ 固：本来。⑱ 神农：传说中发明农业和医药的远古帝王。补遂：古国名。⑲ 黄帝：姬姓，号轩辕氏，传说中华夏族的祖先。涿鹿：在今河北涿鹿南。禽：通"擒"。蚩尤：神话中东方九黎族的首领。⑳ 尧：传说中的古帝名，姬姓，名放勋，国号唐，传位于舜。驩兜(huān dōu)：尧的大臣，传说曾与共工一起作恶。㉑ 舜：传说中的古帝名，姚姓，名重华，传位于禹。三苗：古部落名，亦称苗、有苗，分布在今河南南部到湖南岳阳、江西九江一带。㉒ 禹：古帝名，姒姓，又称大禹、夏禹、戎禹，为夏朝的开国君主。共工：相传为尧的大臣，与驩兜、三苗、鲧并称四凶。㉓ 汤：古帝名，又称武汤、成汤、成唐，为商朝的开国君主。有夏：即夏朝。有：字头，无义。㉔ 文王：姬姓，名昌，殷周末西方诸侯首领，称西伯，又称伯昌。崇：古国名，在今陕西户县东。㉕ 武王：文王之子，名发，率诸侯灭纣后建立周王朝。纣：名辛，商朝末代暴君。㉖ 齐桓：即齐桓公，姜姓，名小白，春秋五霸之一。任战：用战争手段。伯：同"霸"，称霸。㉗ 恶(wū)：同"乌"，何，怎么。㉘ 毂(gǔ)：车轮中央圆眼，以容车轴。这里代指车乘。击驰：这里形容车多而行急。㉙ 相结：相互缔结盟约。㉚ 约从：即约纵，合纵。㉛ 兵革：指武器。㉜ 饬(chì)：同"饰"，巧饰，巧为游说。㉝ 科条：指法律条文。㉞ 书策：文书政令。稠浊：多而乱。㉟ 不足：指衣食不足。㊱ 聊：依靠。㊲ 明言：使语辞越说越明白。明：使……明，使动用法。章理：使道理越辩越明显。章：同"彰"，明显。㊳ 辩言：能言善辩。伟服：穿着奇伟的服饰。㊴ 死士：敢死的勇士。㊵ 缀甲：缝制铠甲。厉：通"砺"，磨砺。兵：兵器。㊶ 效胜：取得胜利的功效。㊷ 徒处：白白地坐着等待。致利：获利。㊸ 五帝：一般指黄帝、颛顼、帝喾、尧、舜。三王：指夏、商、周三代的开国君主禹、汤、周文王。五伯：即春秋五霸。指春秋时先后称霸的五个诸侯：齐桓公、晋文公、楚庄王、吴王阖闾、越王勾践。一说指齐桓公、晋文公、宋襄公、秦穆公、楚庄王。伯：同"霸"。㊹ 杖：持着。橦(chōng)：冲刺。㊺ 凌：凌驾于上。万乘：兵车万辆，指大国。㊻ 诎：同"屈"，屈服。㊼ 子：以……为子，意动用法，有爱护、统治的意思。

元元：人民。⑱ 臣：以……为臣，意动用法。㊾ 嗣主：继位的君王。㊿ 忽：忽视。至道：最重要的道理。这里指用兵之道。�51 惛（hūn）：不明。�52 羸（léi）：通"缧"，缠绕。縢（téng）：绑腿布。履：踏，穿着。蹻（juē）：草鞋。�53 橐（tuó）：囊。这里指行李、包袱。�54 形容：指面容。�55 黧（lí）黑：黑而带黄的颜色。�56 愧：惭愧，羞愧。�57 纴（rèn）：机头，这里指纺织机。�58 陈：摆开。箧（qiè）：指书箱。�59 太公：姜太公吕尚。阴符：兵书。�60 简：选择。练：熟习。揣摩：反复琢磨以探求其深义、大义。�61 期年：周年，满一年。�62 摩：靠近。燕乌集阙：宫阙名。�63 赵王：这里指赵肃侯，名语。华屋：华丽的宫殿。�64 抵掌：击掌。�65 武安：地名，在今河北。�66 革车：兵车。�67 纯（tún）：匹。�68 镒（yī）：古代重量单位，一镒二十四两。�69 约从散横：约定合纵，瓦解连横。�70 关：函谷关，为六国通秦要道。�71 决：为……所决定。�72 矢：箭。�73 贤于兄弟：关系比兄弟还亲。�74 式：用。�75 廊庙：谓朝廷。�76 四境之外：这里指在野外作战。�77 当秦之隆：当苏秦隆盛得意时。�78 炫熿：辉煌显耀。熿：同"煌"。�79 山东之国：指殽山以东六国。从风而服：像风吹草动一样服从。�80 大重：大受尊重。�81 掘（kū）门：同"窟门"。桑户：桑木为板的门。棬（quān）枢：树枝做成的门枢。�82 轼：车前横木。撙（zǔn）：控制。衔：马勒。�83 庭说：在朝廷上劝说。�84 伉（kàng）：通"抗"，抗衡，匹敌。�85 清宫除道：清扫房屋，整修道路。�86 张乐设饮：设置音乐，操办宴席。�87 郊迎三十里：出郊三十里迎接。�88 蛇行：像蛇一样爬行。匍伏：即"匍匐"，爬行。�89 谢：道歉。�90 倨：傲慢。�91 季子：苏秦的字。一说嫂呼小叔为季子。�92 父母不子：父母不以为子。�93 亲戚：指亲人，家人。�94 盖：同"盍"，何。忽：轻视。

【品评】本文叙述了苏秦由失败到成功的政治经历，成功地刻画了一个醉心于功名利禄的策士形象。在作者的笔下，苏秦并不是一个概念化的人物，而是一个具有顽强的个性、雄辩的才华以及强烈的出人头地愿望的血肉人物。为塑造这一形象，作者采用了生动的言行与细节描写。苏秦落魄而归后的喟叹和刺股、荣归故里时的感慨、家人前倨后卑的言行等，都反映了人物的性格特征。此外，本文还具有辩丽恣肆、纵横捭阖的风格，充分表现了高才秀士的奇策异智，可谓中国游说史上的经典之作。

司马错论伐蜀[①]

司马错与张仪争论于秦惠王前[②]。司马错欲伐蜀。

张仪曰："不如伐韩。"王曰："请闻其说。"

对曰："亲魏善楚[3]，下兵三川[4]，塞轘辕、缑氏之口[5]，当屯留之道[6]，魏绝南阳[7]，楚临南郑[8]，秦攻新城、宜阳[9]，以临二周之郊[10]，诛周主之罪[11]，侵楚、魏之地。周自知不救，九鼎宝器必出。据九鼎，按图籍[12]，挟天子以令天下[13]，天下莫敢不听，此王业也。今夫蜀，西僻之国，而戎狄之长也。敝兵劳众[14]，不足以成名；得其地，不足以为利。臣闻：'争名者于朝，争利者于市。'今三川、周室，天下之市朝也，而王不争焉，顾争于戎狄[15]，去王业远矣。"

司马错曰："不然。臣闻之：'欲富国者，务广其地[16]；欲强兵者，务富其民；欲王者，务博其德。三资者备[17]，而王随之矣[18]。'今王之地小民贫，故臣愿从事于易[19]。夫蜀，西僻之国也，而戎狄之长也，而有桀、纣之乱[20]。以秦攻之，譬如使豺狼逐群羊也。取其地，足以广国也；得其财，足以富民；缮兵不伤众[21]，而彼已服矣。故拔一国，而天下不以为暴；利尽四海[22]，诸侯不以为贪。是我一举而名实两附，而又有禁暴止乱之名。今攻韩，劫天子。劫天子，恶名也，而未必利也，又有不义之名，而攻天下之所不欲，危。臣请谒其故[23]：周，天下之宗室也[24]；韩，周之与国也[25]。周自知失九鼎，韩自知亡三川，则必将二国并力合谋，以因乎齐、赵[26]，而求解乎楚、魏。以鼎与楚，以地与魏，王不能禁。此臣所谓'危'，不如伐蜀之完也[27]。"

惠王曰："善！寡人听子。"卒起兵伐蜀，十月取之，遂定蜀。蜀主更号为侯，而使陈庄相蜀[28]。蜀既属[29]，秦益强富厚，轻诸侯。

【注释】① 司马错论伐蜀：本文选自《战国策·秦策一》。司马错：战国时秦将。② 张仪：战国时魏人，入秦为秦惠王相，封武信君，以连横之策说山东六国服从秦。③ 亲：亲近。善：友善。④ 三川：指伊水、洛水及黄河的一段，当时属韩。⑤ 轘（huán）辕、缑（gōu）氏：山名，均在今河南偃师，历来为军事要地。⑥ 当：通“挡”。屯留：今山西屯留，这里多有太行山羊肠坂道，地势险要。⑦ 南阳：今属河南，战国时为韩地。⑧ 南郑：在今河南新郑。⑨ 新城：在今河南襄城。宜阳：今属河南。⑩ 二周：周在战国后期分为二小国：西周、东周。⑪ 诛：声讨。⑫ 图籍：地图和户籍。⑬ 挟：挟持。⑭ 敝兵：使兵士疲劳。⑮ 顾：反而，却。⑯ 务：一定，务必。⑰ 资：条件，资本。⑱ 王（wàng）：用作动词，称王。⑲ 易：这里指伐蜀。司马错认为，伐蜀容易成功，而伐韩则非常危险。⑳ 有桀、纣之乱：这里指蜀国内部有桀、纣这样的淫暴之君乱政。㉑ 缮：治理，修补。兵：兵器。缮兵：这里指发动战争。㉒ 四海：当作“西海”。西海，指中国西部地区。㉓ 谒：禀告，陈述。㉔ 宗室：共同宗奉的王室。㉕ 与国：盟国。㉖ 因：利用。㉗ 完：万全，稳妥。㉘ 陈庄：人名，秦国官吏。相：用作动词，担任相国。㉙ 属：附属。

【品评】本文记述了一次关涉秦国战略性发展的著名廷议，充分显示了司马错善于论事析理的卓异才智。在司马错看来，东进伐韩是以秦一国之力与山东诸国作整体对抗的危险之策；而西入伐蜀则不惟足以“广国”、“富国”、“强兵”，而且又有“禁暴止乱之名”。将司马错与张仪的建策两相对读，可以见出沉着与虚浮之别。值得一提的是，秦惠王的一声“善！寡人听子”，又复表现出秦惠王能够择善而从的大王风范。正因有司马错伐蜀之策的运用，秦国在“毛羽不丰满”而“不可以高飞”的情势下，暂时收敛了冒然东进的兵锋，转而向后方西南之蜀拓展自己的发展空间，由此更为坚实地奠定了秦日后兼并山东诸国的战略基础。

范雎说秦王[①]

范雎至秦，王庭迎范雎，敬执宾主之礼，范雎辞让。

是日见范雎，见者无不变色易容者。秦王屏左右[②]，宫中虚无人。秦王跪而请曰：“先生何以幸教寡人？”范雎曰：“唯唯[③]。”有间，秦王复请，范雎曰：“唯唯。”若是者三。秦王跽曰[4]:“先生不幸教寡人乎?”

范雎谢曰:“非敢然也!臣闻昔者吕尚之遇文王也,身为渔父而钓于渭阳之滨耳[5]。若是者,交疏也[6]。已,一说而立为大师,载与俱归者,其言深也。故文王果收功于吕尚,卒擅天下[7],而身立为帝王。即使文王疏吕望而弗与深言[8],是周无天子之德,而文、武无与成其王也。今臣,羁旅之臣也[9],交疏于王,而所愿陈者[10],皆匡君臣之事[11],处人骨肉之间[12]。愿以陈臣之陋忠,而未知王心也,所以王三问而不对者,是也。

“臣非有所畏而不敢言也,知今日言之于前,而明日伏诛于后,然臣弗敢畏也。大王信行臣之言[13],死不足以为臣患,亡不足以为臣忧,漆身而为厉[14],被发而为狂[15],不足以为臣耻。五帝之圣而死[16],三王之仁而死,五霸之贤而死,乌获之力而死[17],奔、育之勇而死[18]。死者,人之所必不免。处必然之势,可以少有补于秦,此臣之所大愿也,臣何患乎?伍子胥橐载而出昭关[19],夜行而昼伏,至于菱水[20],无以糊其口,膝行蒲伏[21],乞食于吴市,卒兴吴国,阖闾为霸[22]。使臣得进谋如伍子胥,加之以幽囚不复见,是臣说之行也,臣何忧乎?箕子、接舆[23],漆身而为厉,被发而为狂,无益于殷、楚。使臣得同行于箕子、接舆,可以补所贤之主,是臣之大荣也,臣又何耻乎?臣之所恐者,独恐臣死之后,天下见臣尽忠而身蹶也[24],是以杜口裹足[25],莫肯向秦耳。足下上畏太后之严,下惑奸臣之态,居深宫之中,不离保傅之手[26],终身暗惑,无与照奸[27],大者宗庙灭覆,小者身以孤危,此臣之所恐耳。若夫穷辱之事,死亡之患,臣弗敢畏也。臣死而秦治,贤于生也[28]。”

秦王跪曰："先生是何言也！夫秦国僻远，寡人愚不肖，先生乃幸至此，此天以寡人慁先生㉙，而存先王之庙也。寡人得受命于先生，此天所以幸先生而不弃其孤也。先生奈何而言若此？事无大小，上及太后，下至大臣，愿先生悉以教寡人㉚，无疑寡人也。"范雎再拜，秦王亦再拜。

【注释】① 范雎（jū）说秦王：本文选自《战国策·秦策三》。范雎：字叔，魏人，后任秦相。秦王：指秦昭王。② 屏：同"摒"，遣退。③ 唯唯：应诺的声音，犹如"嗯嗯"。④ 跽（jì）：长跪，双膝着地，上身挺直。⑤ 吕尚：即姜太公，也称太公望，封于吕，故又称吕望。渭阳：渭水之北，在今陕西岐山县境。⑥ 交疏：交情不深。⑦ 擅：占有。⑧ 即使：如使，假使。⑨ 羁旅：寄居外乡。⑩ 陈：陈述，表达。⑪ 匡：匡正，纠正。⑫ 处人骨肉之间：指当时秦太后与昭王为母子关系，太后与擅政专权的穰侯是姐弟关系。在这样的骨肉亲近关系中，范雎意欲劝昭王罢退穰侯，收回王权，无疑充满了危险。⑬ 信：果真，确实。⑭ 漆身而为厉：以漆涂身，使全身生肿癞，以此改变形貌。厉：同"癞"。⑮ 被发而为狂：披头散发，假装疯癫。被：同"披"。⑯ 五帝之圣而死：五帝那样圣明，也不免一死。⑰ 乌获：秦武王时大力士。⑱ 奔、育：指孟奔、夏育，皆卫国勇士。⑲ 伍子胥：名员，春秋时楚人。为报父兄皆为楚平王杀害之仇，他逃奔到吴国，后引吴军伐楚入郢。橐（tuó）：袋子。昭关：春秋时，楚、吴两国交通要冲，在今安徽含山县境。⑳ 菱水：即溧水，在今江苏溧阳。㉑ 蒲伏：同"匍匐"。㉒ 阖闾：春秋时吴国国君，名光。㉓ 箕子：商纣王的叔父，名胥余，封于箕，故名箕子。因谏纣而被囚，为避杀身之祸而假装疯癫。接舆：春秋时楚国的隐士，披发佯狂以避世。㉔ 蹶：跌倒，死亡。㉕ 杜口：闭口不言。裹足：停步不前。㉖ 保傅：指女保、女傅等宫内女官。㉗ 照奸：辨别奸邪。㉘ 贤：胜，超过。㉙ 慁（hùn）：扰乱，这里是烦扰的意思。㉚ 悉：全，都。

【品评】范雎原为魏中大夫须贾门下的食客，因被怀疑与齐国私通而遭到魏相魏齐的毒打，装死方得死里逃生，历经千辛万苦来到秦国。在范雎看来，欲报魏齐之仇，就必先取得秦相之位；而欲得秦相之位，就必须取得秦昭王的赏识并使秦昭王罢黜秦相穰侯。当时，穰侯等人依仗太后的支持，把持了秦国朝野的上上下下；要想在穰侯的阴影下有所作为，几乎没有一点可能。但范雎深知，面对穰侯等人的独断专行，昭王心中也当有一种深深的不满。本文所展现的正是范雎适时抓住昭王与穰侯等人的内部矛盾，而使昭王听信于自己的卓异才智。不久，昭王就在范雎建议下，对内铲除了穰侯等人的势力，对外采取了远交近攻的策略；同时为了替范雎报仇，不惜以举兵伐赵相威胁，逼迫正在赵国避难的魏齐自杀。至此，范雎以自己的非凡胆识赢得了自我的人格尊严。

邹忌讽齐王纳谏[①]

邹忌修八尺有馀[②]，而形貌昳丽[③]。朝服衣冠[④]，窥镜，谓其妻曰："我孰与城北徐公美[⑤]？"其妻曰："君美甚，徐公何能及君也！"城北徐公，齐国之美丽者也。忌不自信，而复问其妾曰："吾孰与徐公美？"妾曰："徐公何能及君也！"旦日[⑥]，客从外来，与坐谈，问之曰："吾与徐公孰美？"客曰："徐公不若君之美也！"

明日，徐公来，孰视之[⑦]，自以为不如；窥镜而自视，又弗如远甚。暮寝而思之，曰："吾妻之美我者，私我也[⑧]；妾之美我者，畏我也；客之美我者，欲有求于我也。"

于是，入朝见威王，曰："臣诚知不如徐公美。臣之妻私臣，臣之妾畏臣，臣之客欲有求于臣，皆以美于徐公。今齐地方千里，百二十城。宫妇左右[⑨]，莫不私王；朝廷之臣，莫不畏王；四境之内，莫不有求于王。由此观之，王之蔽甚矣[⑩]！"

王曰："善。"乃下令："群臣吏民，能面刺寡人之过者，受上赏；上书谏寡人者，受中赏；能谤议于市朝[⑪]，闻寡人之耳者，受下赏。"令初下，群臣进谏，门庭若市[⑫]。数月之后，时时而间进[⑬]。期年之后[⑭]，虽欲言，无可进者。燕、赵、韩、魏闻之，皆朝于齐。此所谓战胜于朝廷[15]。

【注释】① 邹忌讽齐王纳谏：本文选自《战国策·齐策一》。邹忌：齐人，善鼓琴，有辩才，齐桓公时就任大臣，威王时为相，封于下邳（今江苏邳州西南），号成侯。后又事宣王。讽：讽谕，讽谏，用婉转的言语相劝。齐王：这里指齐威王。齐威王，田姓，名婴齐，春秋五霸之一齐桓公之子。在位三十七年，知人善任，改革政治，是个较有作为的国君。② 修：长。八尺：战国时每尺约相当于今七寸左右，八尺约等于今五尺多。③ 昳（yì）丽：光艳美丽而有风度。昳：通“佚”，美。④ 朝（zhāo）服衣冠：早上穿戴衣帽。⑤ 孰：谁。这句话是说，我与住在城北的徐公相比，谁更美呢？⑥ 旦日：明日，第二天。⑦ 孰视：注目细看。孰：通“熟”，仔细。⑧ 私我：偏爱我。私：偏袒。⑨ 宫妇：宫内姬妾。左右：指君王身边的近侍之臣。⑩ 蔽：蒙蔽，受蒙蔽。⑪ 谤议：批评议论。市朝：指人众会集的地方。⑫ 门庭若市：门口和庭院挤得像集市一样。这里形容来往的人多。⑬ 间进：间或有人进谏。⑭ 期年：周年，满一年。⑮ 战胜于朝廷：身居朝廷，不用武力就战胜了诸侯。

【品评】本文记述了邹忌以“闺房小事”劝讽齐王纳谏的故事，说明了广开言路对于治理国家的重要性，同时也道出了人贵有自知之明这一人生哲理。这篇文章叙事生动风趣，不仅传神地描绘了邹忌的外貌，而且通过一系列的动作以及邹忌与妻妾宾客的三次对话，惟妙惟肖地传达出了邹忌及其他人物的心理神态。

颜斶说齐王[1]

齐宣王见颜斶，曰：“斶前！”斶亦曰：“王前！”宣王不说[2]。左右曰：“王，人君也；斶，人臣也。王曰‘斶前’，斶亦曰‘王前’，可乎？”斶对曰：“夫斶前为慕势，王前为趋士[3]；与使斶为慕势，不如使王为趋士。”

王忿然作色曰：“王者贵乎？士贵乎？”对曰：“士贵

耳，王者不贵。”王曰：“有说乎[4]？”斶曰：“有。昔者秦攻齐，令曰：‘有敢去柳下季垄五十步而樵采者[5]，死不赦！’令曰：‘有能得齐王头者，封万户侯，赐金千镒[6]！’由是观之，生王之头，曾不若死士之垄也。”

宣王曰：“嗟乎，君子焉可侮哉！寡人自取病耳[7]。愿请受为弟子。且颜先生与寡人游[8]，食必太牢[9]，出必乘车，妻子衣服丽都[10]。”颜斶辞去，曰：“夫玉生于山，制则破焉；非弗宝贵矣，然太璞不完[11]。士生乎鄙野[12]，推选则禄焉[13]；非不尊遂也[14]，然而形神不全。斶愿得归，晚食以当肉[15]，安步以当车，无罪以当贵，清净贞正以自虞[16]。”则再拜而辞去。

君子曰：“斶知足矣，归真反璞[17]，则终身不辱。”

【注释】① 颜斶说齐王：本文选自《战国策・齐策四》，中间有删节。颜斶(chù)，战国时齐国的隐士。齐王：这里指齐宣王，田氏，名辟疆，公元前319—前301年在位。② 说(yuè)：同“悦”。③ 趋士：接近士人，即礼贤下士。④ 有说乎：有什么理由吗？⑤ 柳下季：即展禽，鲁国贤士。垄：坟墓。樵：砍柴。⑥ 镒(yì)：古代重量单位，二十四两为一镒。⑦ 病：辱。⑧ 游：交游，交往。⑨ 太牢：牛、羊、猪三牲俱备。⑩ 丽都：华美。⑪ 太璞：天然的蕴藏有玉的石块。⑫ 鄙野：穷乡僻壤。⑬ 禄：动词，得到俸禄。⑭ 遂：显达。⑮ 晚食以当肉：晚点吃饭，因饿而感到香美，抵得上吃肉。⑯ 虞：同“娱”。⑰ 反璞：指回返原始简朴的状态。

【品评】战国之世，士人大多浸染了一种弃义逐利、虚矫诡妄的习气，表现出功利主义、利己主义的倾向。这样的士林中人，虽可能获取利禄之位，但常以屈身事君为代价。可贵的是，颜斶面对傲慢于世的人主，表现出了不慕荣华、坚守士之节操的人格自重。颜斶所谓“士贵耳，王者不贵”，“归真反璞，则终身不辱”，确有一种正气凛然、不阿世取容而坚守志节的精神力量。这篇文章全由对话构成，语言生动风趣，情节跌宕起伏，极富戏剧性。

冯谖客孟尝君[①]

齐人有冯谖者，贫乏不能自存[②]，使人属孟尝君[③]，愿寄食门下[④]。孟尝君曰："客何好[⑤]？"曰："客无好也。"曰："客何能？"曰："客无能也。"孟尝君笑而受之，曰："诺[⑥]！"

左右以君贱之也[⑦]，食以草具[⑧]。居有顷[⑨]，倚柱弹其剑，歌曰："长铗[⑩]，归来乎[⑪]！食无鱼！"左右以告[⑫]。孟尝君曰："食之，比门下之客[⑬]。"居有顷，复弹其铗，歌曰："长铗，归来乎！出无车！"左右皆笑之，以告。孟尝君曰："为之驾[⑭]，比门下之车客[⑮]。"于是，乘其车，揭其剑[⑯]，过其友[⑰]，曰："孟尝君客我！"后有顷，复弹其剑铗，歌曰："长铗，归来乎！无以为家[⑱]！"左右皆恶之[⑲]，以为贪而不知足。孟尝君问："冯公有亲乎？"对曰："有老母。"孟尝君使人给其食用[⑳]，无使乏。于是冯谖不复歌。

后，孟尝君出记[㉑]，问门下诸客："谁习计会[㉒]，能为文收责于薛者乎[㉓]？"冯谖署曰[㉔]："能。"孟尝君怪之，曰："此谁也？"左右曰："乃歌夫'长铗归来'者也！"孟尝君笑曰："客果有能也。吾负之[㉕]，未尝见也。"请而见之，谢曰[㉖]："文倦于事[㉗]，愦于忧[㉘]，而性懦愚[㉙]，沉于国家之事[㉚]，开罪于先生[㉛]。先生不羞[㉜]，乃有意欲为收责于薛乎[㉝]？"冯谖曰："愿之。"于是约车治装[㉞]，载券契而行[㉟]，辞曰："责收毕[㊱]，以何市而反[㊲]？"孟尝君曰："视吾家所寡有者[㊳]。"

驱而之薛[㊴]，使吏召诸民当偿者[㊵]，悉来合券[㊶]。券遍合，起，矫命[㊷]，以责赐诸民[㊸]，因烧其券[㊹]，民称万岁。

长驱到齐[45]，晨而求见。孟尝君怪其疾也[46]，衣冠而见之[47]，曰："责毕收乎？来何疾也。"曰："收毕矣！""以何市而反？"冯谖曰："君云：'视吾家所寡有者。'臣窃计[48]：君宫中积珍宝，狗马实外厩[49]，美人充下陈[50]。君家所寡有者，以义耳！窃以为君市义[51]。"孟尝君曰："市义奈何[52]？"曰："今君有区区之薛[53]，不拊爱子其民[54]，因而贾利之[55]。臣窃矫君命，以责赐诸民，因烧其券，民称万岁，乃臣所以为君市义也。"孟尝君不说[56]，曰："诺！先生休矣[57]！"

后期年[58]，齐王谓孟尝君曰："寡人不敢以先王之臣为臣[59]！"孟尝君就国于薛[60]。未至百里[61]，民扶老携幼，迎君道中正日[62]。孟尝君顾谓冯谖："先生所为文市义者，乃今日见之！"

冯谖曰："狡兔有三窟，仅得免其死耳。今君有一窟，未得高枕而卧也，请为君复凿二窟。"孟尝君予车五十乘[63]，金五百斤，西游于梁[64]，谓梁王曰[65]："齐放其大臣孟尝君于诸侯[66]，先迎之者，富而兵强。"于是，梁王虚上位[67]，以故相为上将军[68]，遣使者，黄金千斤，车百乘，往聘孟尝君[69]。冯谖先驱[70]，诫孟尝君曰[71]："千金，重币也[72]；百乘，显使也[73]。齐其闻之矣[74]！"梁使三反[75]，孟尝君固辞不往也[76]。

齐王闻之，君臣恐惧，遣太傅赍黄金千斤[77]，文车二驷[78]，服剑一[79]，封书谢孟尝君曰[80]："寡人不祥[81]，被于宗庙之祟[82]，沉于谄谀之臣[83]，开罪于君，寡人不足为也[84]。愿君顾先王之宗庙[85]，姑反国统万人乎[86]？"冯谖诫孟尝君曰："愿请先王之祭器，立宗庙于薛[87]。"庙成，还报孟尝君曰："三窟已就[88]，君姑高枕为乐矣！"孟尝君为相数十年，无纤介之祸者[89]，冯谖之计也。

【注释】① 冯谖客孟尝君：本文选自《战国策·齐策四》。意思是说冯谖在孟尝君门下做食客。冯谖(xuān)：齐人，孟尝君的门客。孟尝君：姓田，名文，齐王室贵族，时为齐相，好养士，门下有食客数千人，与魏信陵君、赵平原君、楚春申君并称为战国四公子。孟尝君是他的封号。② 存：存在，生活。③ 属(zhǔ)：同“嘱”，嘱托，告诉。④ 寄食：依靠别人而生活。⑤ 何好：爱好什么？⑥ 诺：应答声。⑦ 左右：指孟尝君身边的人。以君贱之：认为孟尝君看不起他。贱之：以之为贱，即鄙视他，看不起他。⑧ 食(sì)：给……吃。草具：粗劣的食物。⑨ 居：经过。有顷：不久。⑩ 长铗(jiá)：长剑。铗：指剑把。⑪ 来乎：语尾助词，连用表示强调。⑫ 以告：以之告之，这是省略两个宾语的句法，意谓把冯谖唱歌的事告诉了孟尝君。⑬ 这句话是说，照门下之客的待遇对待他。比：比照。⑭ 为之驾：给他安排车马。⑮ 车客：可以享受乘车待遇的门客。⑯ 揭：高举。⑰ 过：拜访。⑱ 无以为家：无以赡养家人。⑲ 恶(wù)：厌恶，讨厌。⑳ 给(jǐ)：供应，给足。㉑ 出记：出文告。记：通告，文告。㉒ 习：熟习。计会(kuài)：算账，即会计。㉓ 文：田文。责(zhài)：通“债”，债务。薛：孟尝君的封地，故城在今山东滕县东南。㉔ 署：签名，签署。㉕ 负：亏待，对不住。㉖ 谢：道歉。㉗ 倦于事：被烦杂事务所疲倦。㉘ 愦(kuì)：昏乱。这句话是说，被忧患之事而搅得精神昏乱。㉙ 懦：懦弱。愚：愚笨。㉚ 沉：沉溺。㉛ 开罪：得罪。㉜ 不羞：不以为羞。㉝ 乃：竟，却。㉞ 约车治装：预备车子，置办行李。㉟ 券契：指债券，票据。㊱ 毕：完毕。㊲ 市：买。反：同“返”。㊳ 寡有：缺少。㊴ 之：往，到。㊵ 当偿者：应当还债的人。㊶ 悉：尽，都。合券：古代契约债券，双方各执一半，作为凭信。偿还时，双方将两者合而为一加以验对，称为合券。㊷ 矫命：假托孟尝君的命令。矫：假托。㊸ 诸：之于。㊹ 因：于是。㊺ 长驱：一直赶着车，不在中间停留。㊻ 疾：快。㊼ 衣冠而见之：穿戴整齐地接见他。衣冠：名词用作动词。㊽ 窃计：私下考虑。窃：私自，谦词。㊾ 实：充满。厩(jiù)：马房。㊿ 下陈：古代皇宫或显贵人家堂下陈放礼品、站列婢妾的地方。(51) 窃以为君市义：私下用债券替你买来了义。以：用，后省略了“之”。(52) 奈何：怎么样？(53) 区区：小的样子。(54) 拊(fǔ)爱：抚爱。拊：同“抚”。子其民：以其民为子，把人民看成是自己的子女。子：意动用法。(55) 贾(gǔ)利之：用商人的手段向人民谋取利息。贾：

商贾，用作状语。㊻ 说（yuè）：同“悦”。㊼ 休矣：得了吧，算了吧！㊽ 期年：一年，一周年。㊾ 寡人不敢以先王之臣为臣：我不敢用先王的臣子作为自己的臣子来使用，这是罢免孟尝君职务的一种托词。㊿ 就：归，回。国：这里指封地，领地。(61) 未至百里：距离薛地还有一百里。(62) 正日：终日，整天。(63) 予：给。乘（shèng）：一车四马为一乘。(64) 梁：魏国的国都，在今河南开封。(65) 梁王：即梁惠王。(66) 放：放逐，罢免不用。(67) 虚上位：空出上位。虚：使动用法。上位，这里指相位。(68) 故相：原来的国相。(69) 聘：聘请。(70) 先驱：赶着车先走一步。(71) 诫：告诫，提醒。(72) 重币：很重的聘礼。(73) 显使：显赫的使者。(74) 齐其闻之矣：齐国大概听说这件事了。其：表示推测的语气词。(75) 三反：往返三次。(76) 固辞：坚决推辞。(77) 赍（jī）：携带，拿东西送人。(78) 文车：绘有文彩的车子。驷（sì）：一车四马为驷。(79) 服剑：佩剑。(80) 封书：封好了书信。谢孟尝君：向孟尝君道歉。(81) 不祥：不善。(82) 被于宗庙之祟：遭受祖宗神灵降下的灾祸。被：遭受。宗庙，这里指祖宗神灵。祟：祸祟，灾祸。(83) 沉：沉溺。谄谀：巴结逢迎。(84) 不足为：不值得帮助。(85) 顾：顾念。(86) 姑：姑且。反：同“返”，返回。统：治理，统率。万人：指百姓。(87) 立宗庙于薛：孟尝君是齐王室成员之一，因此可以请求立宗庙于薛。在薛建立齐国祖先的宗庙，目的在于巩固孟尝君的地位。(88) 就：完成。(89) 纤介：细微。介：同“芥”，小草。

【品评】本文生动记叙了冯谖弹铗而歌、焚券市义、营造三窟的事迹，突出表现了冯谖处事深谋远虑、善于临机而断的卓异才智，同时也反映出战国权贵的养士之风。这篇文章最为突出的特点是，采取了欲擒故纵的手法。如开头写冯谖自称“无好”、“无能”，然而正是这样一个备受人们鄙夷的“无能”之客，却自告奋勇称自己能收回债务；可是他到薛地后又偏不收债反而焚烧了债券，致使孟尝君心中不快；而当孟尝君政治失意后返归薛地，这才亲身感受到冯谖的远见卓识。如此写来，真可谓波澜起伏，引人入胜。此外，本文还多处运用了对比烘托的手法，以孟尝君及其门客的目光短浅，烘托出冯谖的深谋远虑。

赵威后问齐使[1]

齐王使使者问赵威后[2]。书未发[3]，威后问使者曰：“岁亦无恙耶[4]？民亦无恙耶？王亦无恙耶？”使者不说[5]，曰："臣奉使使威后，今不问王，而先问岁与民，岂先贱而后尊贵者乎？"威后曰："不然。苟无岁，何有民？苟无民，何有君？故有问舍本而问末者耶[6]？"

乃进而问之曰："齐有处士曰钟离子[7]，无恙耶？是其为人也，有粮者亦食，无粮者亦食[8]；有衣者亦衣，无衣者亦衣[9]。是助王养其民者也，何以至今不业也[10]？叶阳子无恙乎[11]？是其为人，哀鳏寡[12]，恤孤独[13]，振困穷[14]，补不足，是助王息其民者也[15]，何以至今不业也？北宫之女婴儿子无恙耶[16]？撤其环瑱[17]，至老不嫁，以养父母，是皆率民而出于孝情者也，胡为至今不朝也[18]？此二士弗业，一女不朝，何以王齐国、子万民乎？於陵子仲尚存乎[19]？是其为人也，上不臣于王，下不治其家，中不索交诸侯[20]，此率民而出于无用者，何为至今不杀乎？"

【注释】① 赵威后问齐使：本文选自《战国策·齐策四》。赵威后：赵惠文王后。惠文王卒，其子孝成王立，因年尚幼，暂由威后执政。② 齐王：齐襄王子，名建。③ 书未发：书信还没有打开。发：启封，打开。④ 岁：指一年的农事收成。恙：忧，病。⑤ 说（yuè）：同"悦"。⑥ 故：通"胡"，哪有。⑦ 处士：古称有才德而隐居不仕的人。钟离子：人名。钟离：复姓。⑧ 有粮者亦食（sì），无粮者亦食：有粮的人，钟离子给他饭吃；无粮的人，钟离子也给他饭吃。食：作动词用，给与食物。⑨ 有衣者亦衣（yì），无衣者亦衣：有衣穿的人，钟离子给他衣穿；没有衣穿的人，钟离子也给他衣穿。前一个衣，名词；后一个衣，读去声，作动词用，给与衣服。⑩ 业：用作动词，成就功业。⑪ 叶（shè）阳子：齐国的处士。叶阳：复姓。⑫ 鳏（guān）：年老无妻的男子。寡：寡妇。⑬ 恤（xù）：体恤，救助。孤：年少无父。独：年老无子。⑭ 振：同"赈"，救济。⑮ 息：生息，繁殖。⑯ 北宫：复姓。婴儿子：姓北宫的女子名。⑰ 撤：撤除。瑱（tiàn）：美玉，玉饰。⑱ 不朝：不上朝。古代妇女有封号方能上朝晋见国君，这里是批评齐王不表彰孝女。⑲ 於（wū）陵：齐邑名，在今山东长山县境。子仲：人名，齐国隐士。⑳ 索：求，希望。

【品评】本文通过赵威后与齐使的对话，突出表现了赵威后以民为本的政治思想。但需要指出的是，赵威后主张处决"上不臣于王，下不治其家，中不索交诸侯"的独志之士於陵子仲，则又暴露出赵威后的一种极端专制主义的立场。全文通篇以对话为主，一问到底，前后连用十六个问句，惟妙惟肖地传达出了赵威后这一老妇和蔼可亲、言语亲切的神情风貌；而其语言的雍容和顺、迂徐含蓄，使人读来颇有一种言近旨远、辞浅意深之感。

庄辛论幸臣①

臣闻鄙语曰②："见兔而顾犬③，未为晚也；亡羊而补牢④，未为迟也。"臣闻昔汤、武以百里昌⑤，桀、纣以天下亡⑥。今楚国虽小，绝长续短⑦，犹以数千里，岂特百里哉⑧！

王独不见夫蜻蛉乎⑨？六足四翼，飞翔乎天地之间，俯啄蚊虻而食之，仰承甘露而饮之，自以为无患，与人无争也。不知夫五尺童子，方将调饴胶丝⑩，加己乎四仞之上⑪，而下为蝼蚁食也。

夫蜻蛉其小者也，黄雀因是以⑫。俯噣白粒⑬，仰栖茂树，鼓翅奋翼，自以为无患，与人无争也。不知夫公子王孙，左挟弹，右摄丸，将加己乎十仞之上，以其类为招⑭。昼游乎茂树，夕调乎酸咸，倏忽之间，坠于公子之手。

夫黄雀其小者也，黄鹄因是以⑮。游乎江海，淹乎大沼，俯噣鳝鲤，仰啮菱衡⑯，奋其六翮⑰，而凌清风，飘摇乎高翔，自以为无患，与人无争也。不知夫射者方将修其碆卢⑱，治其矰缴⑲，将加己乎百仞之上，被礛磻⑳，引微缴，折清风而抎矣㉑。故昼游乎江湖，夕调乎鼎鼐㉒。

夫黄鹄其小者也，蔡灵侯之事因是以[23]。南游乎高陂，北陵乎巫山，饮茹溪流[24]，食湘波之鱼，左抱幼妾，右拥嬖女[25]，与之驰骋乎高蔡之中[26]，而不以国家为事。不知夫子发方受命乎灵王[27]，系己以朱丝而见之也。

蔡灵侯之事其小者也，君王之事因是以。左州侯[28]，右夏侯[29]，辇从鄢陵君与寿陵君[30]，饭封禄之粟[31]，而载方府之金[32]，与之驰骋乎云梦之中[33]，而不以天下国家为事。而不知夫穰侯方受命乎秦王[34]，填黾塞之内[35]，而投己乎黾塞之外。

【注释】① 庄辛论幸臣：本文选自《战国策·楚策四》。庄辛：楚臣，楚庄王的后代。幸臣：以阿谀或容貌而被国君宠信的臣子。② 鄙语：俗语。③ 见兔而顾犬：看见野兔而叫猎犬追赶。④ 牢：这里指羊圈。⑤ 汤、武：指古之贤君商汤王、周武王。⑥ 桀、纣：指古之暴君夏桀、商纣。⑦ 绝长续短：截长补短。⑧ 特：只。⑨ 蜻蛉：即蜻蜓。⑩ 调饴：调制粘汁。饴：粘汁，糖浆。⑪ 仞：八尺，一说七尺。⑫ 因是以：也是这样。因：犹。是：此，这样。以：通“已”，语助词。⑬ 噣：同“啄”。白粒：白米。⑭ 招：引诱。⑮ 鹄：即天鹅。⑯ 衡：同“蘅”，水草名。⑰ 翮(hé)：本指鸟羽的茎，这里代指鸟的翅膀。⑱ 碆(bō)：一种石制的箭头。卢：黑色的弓。⑲ 矰(zēng)：一种用丝绳系住以便于射中飞鸟的短箭。缴(zhuó)：系在箭上的丝绳。⑳ 被：遭，受。磻(jiān)：锐利。磻(bō)：一种石制的箭头。㉑ 抎：同“陨”，坠落。㉒ 鼎：古代烧煮食物的器具。鼐(nài)：大鼎。㉓ 蔡灵侯：蔡国的国君，名班，公元前53年为楚灵王诱杀。蔡国在今河南上蔡。㉔ 茹溪：源出巫山，在今四川巫山县境。㉕ 嬖(bì)：宠，宠爱。㉖ 高蔡：即上蔡。㉗ 子发：楚将名。㉘ 州侯：楚襄王的宠臣。㉙ 夏侯：楚襄王的宠臣。㉚ 辇：君主所坐的车子。鄢陵君与寿陵君：均为楚襄王的宠臣。㉛ 封禄：封地。㉜ 方府：从四方贡进国库的钱。㉝ 云梦：古之大泽名，在长江中游，包括今湖南洞庭湖。㉞ 穰(ráng)侯：即秦相魏冉。秦王：指秦昭王。㉟ 填：同“镇”，占领。黾(méng)塞：楚国北部要塞，在今河南信阳西南平靖关。

【品评】战国七雄争霸，楚曾一度与秦都具备统一中国的条件。但到了战国后期,楚国的政治十分黑暗,怀王和顷襄王都是昏庸之主。公元前299年,怀王受骗入秦被囚,而继位后的顷襄王更是淫秽无耻,不顾国政。顷襄王二十一年(前278),秦将白起攻破楚之郢都(今江陵),国家几乎灭亡。这年的五月五日,屈原在悲愤绝望中自沉汨罗江中。就在楚这一生死存亡的关键时刻,庄辛再一次向顷襄王发出了亲幸臣而"不以天下国家为事"则楚必亡的劝戒之声。庄辛此番语辞的特色在于,能针对具体情况进行类比,由远及近,由表及里,切中要害,具有一种不容辩驳的力量;而其中又多使用排比反问的句式,也强化了此番语辞理直气壮、义正辞严的气势。可叹的是,顷襄王虽一时被庄辛之言所打动,但最终还是不能因此洗心革面,励精图治,结果使楚国国势更趋颓败。

触詟说赵太后[①]

赵太后新用事[②],秦急攻之,赵氏求救于齐。齐曰:"必以长安君为质[③],兵乃出。"太后不肯,大臣强谏[④];太后明谓左右[⑤]:"有复言令长安君为质者[⑥],老妇必唾其面[⑦]!"

左师触詟愿见[⑧],太后盛气而揖之[⑨]。入而徐趋[⑩],至而自谢曰[⑪]:"老臣病足[⑫],曾不能疾走[⑬],不得见久矣。窃自恕[⑭],而恐太后玉体之有所郄也[⑮],故愿望见太后[⑯]。"太后曰:"老妇恃辇而行[⑰]。"曰:"日食饮得无衰乎[⑱]?"曰:"恃鬻耳[⑲]。"曰:"老臣今者殊不欲食[⑳],乃自强步[㉑],日三四里,少益嗜食[㉒],和于身[㉓]。"曰:"老妇不能。"太后之色少解[㉔]。

左师公曰[㉕]:"老臣贱息舒祺[㉖],最少[㉗],不肖[㉘],而臣衰,窃爱怜之[㉙],愿令得补黑衣之数[㉚],以卫王宫。没死以闻[㉛]。"太后曰:"敬诺。年几何矣?"对曰:"十五岁矣。虽少,愿及未填沟壑而托之[㉜]。"太后曰:"丈夫亦爱怜其少子乎[㉝]?"对曰:"甚于妇人[㉞]。"太后曰:"妇人异甚。"对曰："老臣窃以为媪之爱燕后㉟，贤于长安君㊱。"曰："君过矣㊲！不若长安君之甚。"左师公曰："父母之爱子，则为之计深远㊳。媪之送燕后也，持其踵㊴，为之泣㊵，念悲其远也，亦哀之矣㊶！已行，非弗思也㊷，祭祀必祝之㊸，祝曰：'必勿使反㊹。'岂非计久长，有子孙相继为王也哉㊺？"太后曰："然。"

左师公曰："今三世以前，至于赵之为赵㊻，赵王之子孙侯者㊼，其继有在者乎㊽？"曰："无有。"曰："微独赵㊾，诸侯有在者乎㊿？"曰："老妇不闻也。""此其近者祸及身，远者及其子孙[51]。岂人主之子孙则必不善哉[52]？位尊而无功，奉厚而无劳[53]，而挟重器多也[54]。今媪尊长安君之位[55]，而封以膏腴之地[56]，多予之重器[57]，而不及今令有功于国。一旦山陵崩[58]，长安君何以自托于赵[59]？老臣以媪为长安君计短也[60]，故以为其爱不若燕后。"太后曰："诺。恣君之所使之[61]。"于是，为长安君约车百乘[62]，质于齐，齐兵乃出。

子义闻之曰[63]："人主之子也，骨肉之亲也，犹不能恃无功之尊，无劳之奉，以守金玉之重也[64]，而况人臣乎？"

【注释】① 触詟(zhé)说(shuì)赵太后：本文选自《战国策·赵策四》。触詟，赵国的左师(官名)。《史记·赵世家》作"触龙"，《汉书·古今人表》也作"左师触龙"。1973年，长沙马王堆汉墓出土战国纵横家帛书，中有触龙见赵太后章，故"触詟"应作"触龙"。今本《战国策》误合"龙言"二字，遂成"詟"。说：劝说，游说。赵太后：即赵威后，赵惠文王后，赵孝成王母。② 用事：执政，掌权。③ 长安君：赵太后幼子的封号。质：人质，以人为抵押品。④ 强：极力，竭力。⑤ 明谓：明白地告诉。左右：指太后身边的人。⑥ 复言：再说。⑦ 唾其面：吐唾沫到他脸上。⑧ 左师：官名，是优待老臣的荣誉职位。愿：希望。⑨ 盛气：怒气很大的样子。揖：拱手之礼。⑩ 徐：

慢。趋:小步快走。小步快走,是古代下见上、臣见君的走路姿态,但触龙因脚有病,所以只能“徐趋”。⑪ 谢:谢罪,认错。⑫ 病足:脚有毛病。⑬ 曾(céng):副词,起加强语气的作用,相当于“竟然”。疾走:快跑。⑭ 窃:谦词,私下。自恕:自己原谅自己。⑮ 玉体:贵体,这是对太后的敬词。有所郄(xì):有什么不舒服的地方。郄:同“隙”,欠缺,不舒服。⑯ 望见:这是一种表示恭敬的说法,意谓自己不敢近前,只能远远地望见太后。⑰ 恃:依靠。辇(niǎn):古时国君所乘的用人力推挽的车子。⑱ 日食饮得无衰乎:每天的饮食该不会减少吧?得无:该不会,表示推测的副词。⑲ 鬻(zhōu):同“粥”。⑳ 今者:近来,这一向。殊:很。㉑ 乃:于是,就。强:勉强。步:散步,走动。㉒ 少:稍。益:增加。嗜:喜爱。㉓ 和于身:使身体舒适。㉔ 色:脸色。少解:稍稍有了缓解。㉕ 左师公:即左师触龙。公:敬词。㉖ 贱息:谦称自己的儿子。息:子。舒祺:触龙幼子名。㉗ 最少:年龄最小。㉘ 不肖:不贤,没有出息。㉙ 怜:爱。㉚ 黑衣:当时赵国王宫卫士的制服。这里代指卫士。㉛ 没(mò)死:冒着死罪。以闻:把事情告诉您。㉜ 填沟壑:原指死后尸体填塞在山沟里,这里用作死亡的谦词。托:托付。之:指舒祺。㉝ 丈夫:古时男子的通称。㉞ 甚于妇人:比妇人更厉害。㉟ 媪(ǎo):对老年妇女的尊称。燕后:燕国的王后。这里指赵太后嫁给燕王为妻子的女儿。㊱ 贤:胜过,超过。㊲ 君过矣:您错了!过:错。㊳ 计深远:作长远的打算。㊴ 持:摸,握着。踵:脚后跟。这是写送别燕后时的情景。因为燕后已坐在即将远行的车上,所以赵太后站在车下抚摸着燕后的脚后跟,不忍与女儿离别。㊵ 为之泣:为女儿的远去而哭泣。㊶ 哀:哀怜。㊷ 非弗思:并非不思念她。㊸ 祝之:为她祷告。㊹ 必勿使反:千万不要让她回来。古代诸侯之女出嫁他国,只有被废弃或遭亡国之祸才返归父母之邦。所以,赵太后祝愿自己的女儿不要遭到返国的不幸。㊺ 岂非计久长,有子孙相继为王也哉:难道不是为她长远打算,希望她有子孙相传、世世代代做燕国的国君吗?㊻ 今三世以前,至于赵之为赵:从现在上数,一直推到赵氏由大夫成为国君的时候。赵氏原为晋国的大夫,后与韩、魏三家分晋。公元前 403 年,周天子正式册封韩、赵、魏为诸侯。㊼ 侯:用作动词,封侯。㊽ 其继有在者乎:他们的继承人还有能保住爵位的吗?㊾ 微独:不仅,不只是。微:非。㊿ 诸侯:指其他诸侯国家。51 远者及其子孙:在侯位时间较长的,祸患则落在他们子孙身上。52 岂人主之子孙则必不善哉:难道国君的子孙就一定不好吗?人主:指国君。53 奉:

同“俸”，即俸禄。㊺ 挟：挟持，拥有。重器：象征国家权力的贵重器物，如钟鼎之类。㊻ 尊：使动用法。㊼ 膏腴之地：肥美的土地。㊽ 予：给。㊾ 山陵：喻国君。此处指赵太后。崩：古代称帝王死为崩。㊿ 自托：托身，立足。⑥⓪ 以：认为。短：短浅。⑥① 恣：任凭。使：支使。⑥② 约：治，准备。乘(shèng)：一车四马为一乘。⑥③ 子义：赵国贤士名。⑥④ 重：国家重器的省称。

【品评】本篇写触龙在太后盛怒、坚决拒谏的情况下，先避开矛盾，然后委婉地指出太后对幼子的爱，其实并不是真正的爱。由于说理透彻，使赵太后改变了原来的固执态度。触龙对王孙公子们“位尊而无功，奉厚而无劳”，必将导致“近者祸及身，远者及其子孙”的精辟之见，至今仍有鉴戒作用。在艺术手法上，本文善于通过人物的语言和行动来描写人物的性格和心理状态，其情节发展也极有戏剧性。文章先写君臣寒暄，言病、言食而决不言政，求其所同，避其所忌；次写触龙为子求官，导入如何爱子之理，投其所好；结尾写触龙最终完全说服了赵太后送子入齐。文章欲擒故纵，语辞委婉亲切而能发人深省。

鲁仲连义不帝秦[①]

秦围赵之邯郸[②]，魏安釐王使将军晋鄙救赵[③]，畏秦，止于荡阴[④]，不进。

魏王使客将军辛垣衍间入邯郸[⑤]，因平原君谓赵王曰[⑥]：“秦所以急围赵者，前与齐闵王争强为帝[⑦]，已而复归帝，以齐故[⑧]。今齐闵王益弱[⑨]，方今唯秦雄天下，此非必贪邯郸，其意欲求为帝。赵诚发使尊秦昭王为帝[⑩]，秦必喜，罢兵去。”平原君犹豫未有所决。

此时鲁仲连适游赵，会秦围赵。闻魏将欲令赵尊秦为帝，乃见平原君曰：“事将奈何矣？”平原君曰：“胜也何敢言事[⑪]！百万之众折于外[⑫]，今又内围邯郸而不去[⑬]。魏王使客将军辛垣衍令赵帝秦。今其人在是[⑭]。胜也何敢言事！”鲁连曰：“始吾以君为天下之贤公子也，吾乃今然后知君非天下之贤公子也。梁客辛垣衍安在？吾请为君责而归之[15]！”平原君曰：“胜请为召而见之于先生。”平原君遂见辛垣衍曰：“东国有鲁连先生[16]，其人在此，胜请为绍介而见之于将军。”辛垣衍曰：“吾闻鲁连先生，齐国之高士也。衍，人臣也，使事有职[17]，吾不愿见鲁连先生也。”平原君曰：“胜已泄之矣[18]。”辛垣衍许诺。

鲁连见辛垣衍而无言。辛垣衍曰：“吾视居此围城之中者，皆有求于平原君者也。今吾视先生之玉貌，非有求于平原君者，曷为久居此围城之中而不去也？”鲁连曰：“世以鲍焦无从容而死者[19]，皆非也。今众人不知，则为一身。彼秦，弃礼义、上首功之国也[20]，权使其士[21]，虏使其民。彼则肆然而为帝[22]，过而遂正于天下[23]，则连有赴东海而死耳，吾不忍为之民也！所为见将军者，欲以助赵也。”辛垣衍曰：“先生助之奈何？”鲁连曰：“吾将使梁及燕助之，齐、楚固助之矣。”辛垣衍曰：“燕则吾请以从矣[24]。若乃梁，则吾乃梁人也，先生恶能使梁助之耶[25]？”鲁连曰：“梁未睹秦称帝之害故也；使梁睹秦称帝之害，则必助赵矣。”

辛垣衍曰：“秦称帝之害，将奈何？”鲁仲连曰：“昔齐威王尝为仁义矣[26]，率天下诸侯而朝周。周贫且微，诸侯莫朝，而齐独朝之。居岁馀，周烈王崩[27]，诸侯皆吊，齐后往。周怒，赴于齐曰[28]：‘天崩地坼[29]，天子下席[30]。东藩之臣田婴齐[31]，后至则斮之[32]！’威王勃然大怒曰：‘叱嗟[33]！而母[34]，婢也！’卒为天下笑。故生则朝周，死则叱之，诚不忍其求也[35]。彼天子固然，其无足怪。”

辛垣衍曰：“先生独未见夫仆乎？十人而从一人者，宁力不胜、智不若邪？畏之也。”鲁仲连曰：“然，梁之比于秦若仆耶?”辛垣衍曰:“然。”鲁仲连曰:“然则吾将使秦王烹醢梁王㊱。”辛垣衍怏然不说㊲,曰:“嘻!亦太甚矣,先生之言也!先生又恶能使秦王烹醢梁王?”

鲁仲连曰:“固也。待吾言之:昔者鬼侯、鄂侯、文王㊳,纣之三公也㊴。鬼侯有子而好㊵,故入之于纣。纣以为恶,醢鬼侯。鄂侯争之急,辨之疾,故脯鄂侯㊶。文王闻之,喟然而叹,故拘之于牖里之库百日㊷,而欲令之死。曷为与人俱称帝王,卒就脯醢之地也?

“齐闵王将之鲁㊸,夷维子执策而从㊹,谓鲁人曰:‘子将何以待吾君?’鲁人曰:‘吾将以十太牢待子之君㊺。’夷维子曰:‘子安取礼而来待吾君?彼吾君者,天子也。天子巡狩㊻,诸侯避舍㊼,纳筦键㊽,摄衽抱几㊾,视膳于堂下㊿,天子已食,退而听朝也。’鲁人投其籥[51],不果纳[52],不得入于鲁。将之薛[53],假涂于邹[54]。当是时,邹君死。闵王欲入吊。夷维子谓邹之孤曰[55]:‘天子吊,主人必将倍殡柩[56],设北面于南方[57],然后天子南面吊也。’邹之群臣曰:‘必若此,吾将伏剑而死。’故不敢入于邹。邹鲁之臣,生则不得事养,死则不得饭含[58],然且欲行天子之礼于邹、鲁之臣,不果纳。今秦万乘之国,梁亦万乘之国,交有称王之名[59],睹其一战而胜,欲从而帝之,是使三晋之大臣[60],不如邹、鲁之仆妾也。

“且秦无已而帝[61],则且变易诸侯之大臣,彼将夺其所谓不肖[62],而予其所谓贤;夺其所憎,而予其所爱;彼又将使其子女谗妾[63],为诸侯妃姬,处梁之宫,梁王安得晏然而已乎[64]?而将军又何以得故宠乎[65]?”

于是辛垣衍起,再拜,谢曰:“始以先生为庸人,吾乃今日而知先生为天下之士也!吾请去,不敢复言帝秦。”

秦将闻之，为却军五十里[66]。适会公子无忌夺晋鄙军[67]，以救赵击秦，秦军引而去。

于是平原君欲封鲁仲连。鲁仲连辞让者三，终不肯受。平原君乃置酒，酒酣，起，前，以千金为鲁连寿[68]。鲁连笑曰："所贵于天下之士者，为人排患释难，解纷乱，而无所取也。即有所取者，是商贾之人也[69]，仲连不忍为也。"遂辞平原君而去，终身不复见。

【注释】① 鲁仲连义不帝秦：本文选自《战国策·赵策三》。鲁仲连：齐国的高士，一生不做官，好为人排难解纷。帝：用作动词，不以……为帝。② 邯郸：赵国国都，在今河北邯郸。③ 魏安釐（xī）王：魏国的国君，名圉（yǔ）。晋鄙：魏国的大将。④ 荡阴：在今河南汤阴，是当时赵、魏两国交界处。⑤ 客将军：别国人在魏任将军，所以称客将军。辛垣衍：复姓辛垣，名衍。间入：从小路潜入。⑥ 因：靠，通过。平原君：赵孝成王的叔父，名胜，封为平原君，战国四公子之一，当时为赵相。赵王：指赵孝成王，名丹。⑦ 前与齐闵王争强为帝：指周赧王二十七年（前288），齐湣王称东帝，秦昭王称西帝。闵：通"湣"。⑧ 归帝：归还帝号。以齐故：齐湣王先取消帝号，秦昭王因之也归还自封的帝号，所以说"以齐故"。⑨ 今齐闵王益弱：秦围邯郸时，齐闵（湣）王已死20余年，故鲍彪注认为"湣王"二字是衍文。⑩ 诚：果真。秦昭王：秦国的国君，名稷，屡屡打败山东六国，奠定了秦统一天下的基础。⑪ 胜：平原君名。⑫ 百万之众折于外：指秦赵长平之战。赵孝成王六年（前260），秦将白起大破赵军于长平（在今山西高平），坑赵降卒四十余万人。⑬ 内：深入赵国境内。⑭ 其人：那个人。在是：在这里。⑮ 归之：使之归。⑯ 东国：指齐国。⑰ 使事：使臣的事。有职：有一定的职事。⑱ 泄：泄露。之：指辛垣衍到赵国这件事。⑲ 鲍焦：周时隐士，因不满时政，抱木饿死。无从容：指心胸狭窄。⑳ 上：同"尚"。首功：斩首之功。㉑ 权使其士：以权诈之术驱使他的士人。㉒ 则：假如。肆然：放肆地。㉓ 过：甚至。正于天下：统治天下。㉔ 燕则吾请以从矣：燕国嘛，那么请让我相信它会听从你的。㉕ 恶（wū）：怎么。㉖ 齐威王：齐国的国君，姓田，名婴齐。㉗ 周烈王：周天子，名喜，在位七年。㉘ 赴：同"讣"，报丧。㉙ 天崩地坼（chè）：比喻天子死。坼：裂。㉚ 天子：这里指继承周烈王王位的周显王。下席：指孝子寝在草垫上守丧。㉛ 东藩：指齐国。㉜ 斮（zhuó）：斩。㉝ 叱嗟：怒斥声。㉞ 而：汝，你。㉟ 忍：忍受。求：苛求。㊱ 烹：煮杀。醢（hǎi）：剁成肉酱。㊲ 怏然：不高兴的样子。㊳ 鬼侯、鄂侯、文王：商纣王时的三个诸侯，其封地分别在今河北临漳、山西宁乡、陕西户县。㊴ 公：这里指诸侯。㊵ 子：这里指女儿。好：漂亮。㊶ 脯：把人杀死后做成肉干。㊷ 牖里：地名，在今河南汤阴。库：监牢。㊸ 齐闵王将之鲁：齐闵（湣）王十四年（前 287），燕合五国之兵攻齐，闵（湣）王先出逃至卫，后又由卫奔向鲁。㊹ 夷维子：齐人，闵（湣）王的臣子。策：马鞭。㊺ 太牢：牛羊猪三牲各一。㊻ 巡狩：指天子巡视诸侯之国。㊼ 诸侯避舍：天子巡视到了诸侯国，诸侯要离开自己的宫室，让给天子住。㊽ 纳：交纳，交出。筦（guǎn）键：锁钥，钥匙。筦：同“管”。㊾ 摄：提起。衽（rèn）：衣襟。几：几案，古代设在座侧的小桌子。㊿ 视膳于堂下：在堂下看着天子用膳，以表示恭敬。51 投其籥（yuè）：指闭门下锁。籥：同“钥”。52 不果纳：指不让齐闵（湣）王入境。53 薛：古国名，在今山东滕县东南，战国初为齐所灭，成为齐国孟尝君的封邑。54 假：借。涂：同“途”。邹：小国名，在今山东邹县。55 邹之孤：指邹国的新君。子丧父曰孤，故称。56 倍：同“背”，指不正面对着。殡：停棺待葬。柩（jiù）：装着尸体的棺材。古代丧礼，未葬时，灵柩停在西阶上，丧事主人站在东阶上，正面对着灵柩；天子来吊时，主人则要站在西阶上，不正面对着灵柩。57 设北面于南方：指在西阶上的南面设置坐南向北的主人位置。58 饭含：古代殡礼，人死后把粟米放在口中叫“饭”，把珠玉放在口中叫“含”。此句连同上句，意思是说，邹、鲁二国贫弱，以至于国君生前不能得到侍养，死后也不能享受“饭含”这样的丧礼待遇。59 交有：互有。60 三晋：即赵、魏、韩三国。61 无已：没有止境。帝：用作动词，称帝。62 不肖：不贤，不才。63 子女：这里专指女。谗妾：指善于进谗言的妾妇。64 晏然：安逸的样子。65 故宠：旧日的尊荣地位。66 却军：退兵。67 公子无忌：即魏公子信陵君，魏昭王的少子，魏安釐王的异母弟，封为信陵君，战国四公子之一。其时，信陵君托魏王的爱姬如姬盗出兵符，假传魏王的命令夺得晋鄙的兵权去救赵。68 寿：用作动词，祝寿。69 商贾（gǔ）：商人的统称。古时以贩卖货物者为商，藏货待卖者为贾。

【品评】秦继长平大捷后，又乘胜围困赵国国都邯郸。赵国危在旦夕，求救于魏。魏慑于秦武力强大，派辛垣衍劝赵尊秦为帝。就在这黑云压城城欲摧的围城关键时刻，齐国高士鲁仲连挺身而出，与辛垣衍展开了一番

“抗秦”与“帝秦”的激烈论辩。本文即以此为背景，生动地表现了鲁仲连抗词正言、傲然磊落而又功成身退、高蹈遗世的旷迈胸怀。鲁仲连之所谓“所贵于天下之士者，为人排患释难，解纷乱，而无所取也。即有所取者，是商贾之人也，仲连不忍为也”，尽现其慷慨淋漓之高士风范。在艺术上，这篇文章善于通过戏剧性的情节场面展示尖锐的矛盾冲突，并以对比的手法和个性化的语言刻画人物形象。千载之下，鲁仲连“当世贵不羁，遭难能解纷。功成耻受赏，高而卓不群”的磊落旷迈之气，仍给人一种慷慨激昂的感受。

鲁共公择言①

梁王魏婴觞诸侯于范台②，酒酣③，请鲁君举觞④。鲁君兴⑤，避席择言曰⑥：“昔者，帝女令仪狄作酒而美⑦，进之禹⑧，禹饮而甘之⑨，遂疏仪狄⑩，绝旨酒⑪，曰：‘后世必有以酒亡其国者。’齐桓公夜半不嗛⑫，易牙乃煎、熬、燔、炙⑬，和调五味而进之⑭，桓公食之而饱，至旦不觉⑮，曰：‘后世必有以味亡其国者。’晋文公得南之威⑯，三日不听朝，遂推南之威而远之，曰：‘后世必有以色亡其国者。’楚王登强台而望崩山⑰，左江而右湖⑱，以临彷徨⑲，其乐忘死，遂盟强台而弗登⑳，曰：‘后世必有以高台陂池亡其国者㉑。’今主君之尊㉒，仪狄之酒也；主君之味，易牙之调也；左白台而右闾须㉓，南威之美也；前夹林而后兰台㉔，强台之乐也。有一于此，足以亡其国；今主君兼此四者，可无戒与㉕！”梁王称善相属㉖。

【注释】① 鲁共公择言：本文选自《战国策·魏策二》。意思是说鲁共公择善而言。鲁共公：鲁国的国君，名奋。择言：择善而言，即选择具有意义的哲理之言以教育他人。② 梁王魏婴：即梁惠王。觞(shāng)：古代喝酒用的器物，这里用作动词，宴请。范台：魏国的台阁名，在今河南开封东南。③ 酒酣:酒喝得正兴。④ 举觞:举起酒盅。⑤ 兴:兴致正浓的样子。⑥ 避席:离开坐席,表示崇敬。⑦ 帝女:可能是舜的女儿。仪狄:美女名。⑧ 进之:进酒。禹:古帝名,姒姓,又称大禹、夏禹、戎禹,为夏朝的开国君主。⑨ 甘之:觉得酒很甜美。甘:甜,意动用法。⑩ 疏:疏远。⑪ 绝:戒绝。旨酒:美酒。⑫ 齐桓公:姜姓,名小白,春秋五霸之一。嗛(qiè):快意,舒服。⑬ 易牙:齐桓公的宠臣,善调味。燔(fán):烧。炙(zhì):烤。⑭ 五味:指酸、甜、苦、辣、咸五种味道。⑮ 至旦:到天亮。觉:醒。⑯ 晋文公:姬姓,名重耳,春秋五霸之一。南之威:美女名。⑰ 楚王:指楚庄王,春秋五霸之一。强台:即章华台。⑱ 江:指长江。湖:指洞庭湖。⑲ 彷徨:来回走动而不忍离去的样子。⑳ 盟:发誓。㉑ 陂(bēi)池:池塘。㉒ 尊:同"樽",酒器。㉓ 白台、闾须:皆为美人名。㉔ 夹林、兰台:魏国的林、台名。㉕ 戒:警戒。与:同"欤"。㉖ 称善相属(zhǔ):连声叫好。属:相连。

【品评】本文记述了鲁共公在梁王魏婴所举行的宴席上的一段祝酒词。在这段祝酒词中,鲁共公劝戒梁王不要沉溺于美酒、美味、美女、美景之乐中,并鲜明地指出:作为人君,一当非理性地坠入一种纵恣无度的淫逸生活中,必然会导致亡国殒身的可悲结局。在艺术上,鲁共公此番语词的特色在于,能将自己的政治见解以及对梁王的劝戒寓于历史故实的评述之中,由远及近,由表及里,深中肯綮,说服力强。此外,语词中又多使用排比铺陈的句式,语言整齐而又有变化,读来给人一种抑扬顿挫之感。

唐雎说信陵君①

信陵君杀晋鄙②,救邯郸③,破秦人,存赵国,赵王自郊迎④。唐雎谓信陵君曰:"臣闻之曰:事有不可知者,有不可不知者;有不可忘者,有不可不忘者。"信陵君曰:"何谓也?"对曰:"人之憎我也,不可不知也;我憎人也,不可得而知也⑤。人之有德于我也,不可忘也;吾有德于人也,不可不忘也。今君杀晋鄙,救邯郸,破秦人,存赵国,此大德也。今赵王自郊迎,卒然见赵王⑥,愿君之忘之也。"信陵君曰:"无忌谨受教⑦。"

【注释】① 唐雎说信陵君：本文选自《战国策·魏策四》。原无标题，本题为后人所加。唐雎(jū)：又作唐且，魏国的臣子。信陵君：即魏公子信陵君，魏昭王的少子，魏安釐王的异母弟，封为信陵君，战国四公子之一。② 晋鄙：魏国的大将。③ 邯郸：赵国国都，今属河北。赵孝成王八年(前258)，秦围赵国邯郸，魏安釐王使将军晋鄙救赵，晋鄙畏秦不进。其时，信陵君托魏王的爱姬如姬盗出兵符，假传魏王的命令夺得晋鄙的兵权去救赵。④ 郊迎：到郊外迎接。⑤ 不可得而知：大意是，我无法知道我所憎恶的人对我是何反应。⑥ 卒(cù)然：猝然，突然。卒，同“猝”。⑦ 无忌：信陵君的名。

【品评】唐雎与信陵君这番对话虽短，却道出了人生的一大要义：“人之有德于我也，不可忘也；吾有德于人也，不可不忘也。”也就是说，他人有德于我，要铭记在心，倍加珍视，不忘报答；而自己有德于他人，则应淡然忘却，切不可居功自傲，以免导致受恩之人对自己可能产生的反感。是啊，人生在世，应当严以律己，宽以待人；多结善缘，尽量不结恶缘。惟有如此，我们每一个生命个体才有可能与其他的生命个体和睦相处，共同营造一种人人自安的社会生存环境。

唐雎不辱使命[①]

秦王使人谓安陵君曰[②]：“寡人欲以五百里之地易安陵[③]，安陵君其许寡人！”安陵君曰：“大王加惠，以大易小，甚善。虽然，受地于先王，愿终守之，弗敢易。”秦王不说[④]。安陵君因使唐雎使于秦。

秦王谓唐雎曰：“寡人以五百里之地易安陵，安陵君不听寡人，何也？且秦灭韩亡魏[⑤]，而君以五十里之地存者，以君为长者[⑥]，故不错意也[⑦]。今吾以十倍之地请广于君，而君逆寡人者[⑧]，轻寡人欤？”唐雎对曰：“否！非若是也。安陵君受地于先王而守之，虽千里不敢易也，岂直五百里哉[⑨]！”

秦王怫然怒[⑩]，谓唐雎曰：“公亦尝闻天子之怒乎？”

唐雎对曰："臣未尝闻也。"秦王曰："天子之怒，伏尸百万，流血千里。"唐雎曰："大王尝闻布衣之怒乎⑪？"秦王曰："布衣之怒，亦免冠徒跣⑫，以头抢地耳⑬。"唐雎曰："此庸夫之怒也，非士之怒也。夫专诸之刺王僚也⑭，彗星袭月⑮；聂政之刺韩傀也⑯，白虹贯日⑰；要离之刺庆忌也⑱，苍鹰击于殿上⑲。此三子皆布衣之士也，怀怒未发，休祲降于天⑳，与臣而将四矣。若士必怒，伏尸二人，流血五步，天下缟素㉑，今日是也。"挺剑而起。

秦王色挠㉒，长跪而谢之曰："先生坐，何至于此！寡人谕矣㉓：夫韩、魏灭亡，而安陵以五十里之地存者，徒以有先生也。"

【注释】① 唐雎不辱使命：本文选自《战国策・魏策四》。唐雎(jū)：又作唐且，魏国的臣子。不辱使命，奉命出使外国，能维护本国的尊严，完成自己所担负的使命。② 秦王：秦王嬴政，即后来的秦始皇。安陵君：以安陵为封地的君主。安陵：地名，在今河南鄢陵，属魏。③ 易：换取。④ 说(yuè)：同"悦"。⑤ 灭韩：秦灭韩在秦王政十七年(前230)。亡魏：秦灭魏在秦王政二十二年(前225)。⑥ 长者：指忠厚仁爱的人，也指有德行的年长者。⑦ 错意：措意，在意。错：同"措"。⑧ 逆：违背，不从。⑨ 直：只。⑩ 怫(bó)然：同"勃然"，发怒的样子。⑪ 布衣：指平民。⑫ 徒跣(xiǎn)：赤脚走路。⑬ 抢(qiāng)：撞。⑭ 专诸：吴人。王僚：吴王。春秋时吴国公子光(即阖闾)欲杀吴王僚自立，阴养勇士专诸，专诸刺死了吴王僚，而专诸本人也当场被杀。⑮ 彗星袭月：扫帚星侵袭月亮。这里是说专诸的壮举感动了上天，以致彗星袭月。⑯ 聂政：韩人。韩傀(kuǐ)：即侠累，韩相。韩国大夫严遂与相国韩傀有仇，求聂政代为报仇，聂政入相府刺死了韩傀，后自杀而死。⑰ 白虹贯日：白虹贯穿太阳。这里是说聂政的壮举感动了上天，以致白虹贯日。⑱ 要离：吴人。庆忌：吴王僚的儿子。吴王阖闾(即公子光)派专诸刺死吴王僚后，庆忌逃往魏国。阖闾怕庆忌借魏兵复仇，派要离刺杀庆忌。要离为接近庆忌，就假装犯罪，让阖闾砍断他的右手，烧死他的妻子，然后单身逃走，来到庆忌身边将之杀死，自己也随后自杀。⑲ 苍鹰击于殿上：有苍鹰在宫殿上扑击。⑳ 休：祥瑞。祲(jīn)：不祥之气。㉑ 缟(gǎo)素：指丧服。缟：白绢。素：白绸。㉒ 色挠：因惧怕而变色。㉓ 谕：明白。

【品评】面对秦王嬴政这一“伏尸百万，流血千里”的千古雄主，世人自甘卑贱，而作为藐藐小国使者的唐雎，却能置一己之生命于度外，表现出敢于以死相拼的激烈情怀。“大王尝闻布衣之怒乎”之类的雄词，非天地间第一等激烈之人不能道出。唐雎所述三人，一专诸，二聂政，三要离，亦复为万死不顾一生之计以求一逞的义烈血性之士。而读罢唐雎这番义烈血性之言，千载以下，也直让人须眉四照，生命雄起。至于本文在艺术上的特点，在于能够通过戏剧性的情节场面展示尖锐的矛盾冲突，并以对比的手法刻画人物形象。秦王的“天子之怒”与唐雎的“布衣之怒”以及秦王的始而骄横、终而慑服，对比极为鲜明，造成了一种强烈的艺术效果。

乐毅报燕王书[①]

昌国君乐毅[②]，为燕昭王合五国之兵而攻齐[③]，下七十馀城，尽郡县之以属燕。三城未下[④]，而燕昭王死。惠王即位，用齐人反间[⑤]，疑乐毅，而使骑劫代之将[⑥]。乐毅奔赵，赵封以为望诸君[⑦]。齐田单诈骑劫[⑧]，卒败燕军，复收七十馀城以复齐。

燕王悔，惧赵用乐毅乘燕之敝以伐燕。燕王乃使人让乐毅[⑨]，且谢之曰：“先王举国而委将军，将军为燕破齐，报先王之仇，天下莫不振动，寡人岂敢一日而忘将军之功哉！会先王弃群臣，寡人新即位，左右误寡人[⑩]，寡人之使骑劫代将军。为将军久暴露于外[⑪]，故召将军，且休计事[⑫]。将军过听[⑬]，以与寡人有隙[⑭]，遂捐燕而归赵[⑮]。将军自为计则可矣，而亦何以报先王之所以遇将军之意乎？”

望诸君乃使人献书报燕王曰：

“臣不佞[16]，不能奉承先王之教，以顺左右之心，恐抵斧质之罪[17]，以伤先王之明，而又害于足下之义[18]，故遁逃奔赵。自负以不肖之罪[19]，故不敢为辞说。今王使使者数之罪[20]，臣恐侍御者之不察先王之所以畜幸臣之理[21]，而又不白于臣之所以事先王之心，故敢以书对。

“臣闻贤圣之君，不以禄私其亲，功多者授之；不以官随其爱，能当者处之。故察能而授官者，成功之君也；论行而结交者，立名之士也。臣以所学者观之，先王之举措[22]，有高世之心，故假节于魏王[23]，而以身得察于燕。先王过举，擢之乎宾客之中[24]，而立之乎群臣之上，不谋于父兄，而使臣为亚卿[25]。臣自以为奉令承教，可以幸无罪矣，故受命而不辞。

“先王命之曰：‘我有积怨深怒于齐，不量轻弱，而欲以齐为事[26]。’臣对曰：‘夫齐，霸国之馀教[27]，而骤胜之遗事也[28]。闲于甲兵[29]，习于战攻。王若欲伐之，则必举天下而图之。举天下而图之，莫径于结赵矣[30]；且又淮北、宋地[31]，楚、魏之所同愿也。赵若许约，楚、魏尽力，四国攻之，齐可大破也。’先王曰：‘善！’臣乃口受令，具符节[32]，南使臣于赵，顾返命，起兵随而攻齐。以天之道，先王之灵，河北之地[33]，随先王举而有之于济上[34]。济上之军，奉令击齐，大胜之。轻卒锐兵[35]，长驱至国[36]。齐王逃遁走莒，仅以身免。珠玉财宝、车甲珍器[37]，尽收入燕，大吕陈于元英[38]，故鼎返乎历室[39]，齐器设于宁台[40]，蓟丘之植[41]，植于汶篁[42]。自五伯以来[43]，功未有及先王者也。先王以为顺于其志，以臣为不顿命[44]，故裂地而封之，使之得比乎小国诸侯。臣不佞，自以为奉令承教，可以幸无罪矣，故受命而弗辞。

“臣闻贤明之君，功立而不废，故著于《春秋》[45]；蚤知之士[46]，名成而不毁，故称于后世。若先王之报怨雪耻，夷万乘之强国[47]，收八百岁之蓄积[48]，及至弃群臣之日[49]，遗令诏后嗣之馀义[50]。执政任事之臣，所以能循法令、顺庶孽者[51]，施及萌隶[52]，皆可以教于后世。

“臣闻善作者不必善成[53]，善始者不必善终。昔者，伍子胥说听乎阖闾[54]，故吴王远迹至于郢[55]。夫差弗是也[56]，赐之鸱夷而浮之江[57]。故吴王夫差不悟先论之可以立功[58]，故沉子胥而弗悔。子胥不蚤见主之不同量[59]，故入江而不改。

“夫免身全功以明先王之迹者，臣之上计也；离毁辱之非[60]，堕先王之名者，臣之所大恐也；临不测之罪，以幸为利者，义之所不敢出也。

“臣闻古之君子，交绝不出恶声；忠臣之去也，不洁其名[61]。臣虽不佞，数奉教于君子矣。恐侍御者之亲左右之说，而不察疏远之行也[62]，故敢以书报。唯君之留意焉！”

【注释】① 乐毅报燕王书：本文选自《战国策·燕策二》。乐毅：战国时燕国军事家，燕昭王二十八年（前 284）率军击破齐国，攻取七十馀城，后死在赵国。燕王：指燕惠王，昭王子。② 昌国君：乐毅因军功被燕昭王封为昌国君。昌国：地名，在今山东淄博东南。③ 五国：指赵、楚、韩、魏、燕。④ 三城：指聊城、莒、即墨。聊城：今属山东。莒：在今山东莒县。即墨：在今山东平度。⑤ 用齐人反间：齐将田单用反间计，造谣说乐毅谋反燕国，燕惠王听信了这一谣言。⑥ 骑劫：燕将名。⑦ 望诸：地名，在今河南商丘一带。⑧ 田单：战国时齐将，齐襄王五年（前 279）施反间计，使燕惠王改用骑劫为将，又派人向燕军诈降，麻痹了骑劫，接着用火牛阵击败燕军，一举收复七十馀城，被齐襄王任为相国，封为安平君。⑨ 让：责备。⑩ 左右误寡人：指误听左右亲近的人说乐毅谋叛燕国的谣言。⑪ 暴（pù）：同“曝”。⑫ 休计事：一边休息，一边商议国事。⑬ 过听：误会。⑭ 隙：隔阂，裂痕。⑮ 捐：舍弃。⑯ 不佞：不才。⑰ 斧质：刑具，铡刀。⑱ 害：损害。⑲ 不肖：不贤。⑳ 数：数落，数说。㉑ 侍御者：侍候国君的人，这里实际上是委婉地指代燕惠王。㉒ 举措：举止，措施。㉓ 假：凭借。节：符节。这句话是说，乐毅凭着魏王的符节出使到燕。乐毅本为魏国的大臣，后奉魏昭王命使燕，受到燕昭王的礼遇而留在燕国，故有此说。㉔ 擢（zhuó）：提拔。㉕ 亚卿：官职，仅次于当时的最高官位上卿。亚：次。㉖ 以齐为事：这里指以报复齐国为要事。㉗ 霸国：指齐桓公时曾称霸中原，为诸侯盟主。馀教：遗留下的业绩。㉘ 骤：屡次。遗事：旧事。㉙ 闲：同“娴”，熟习。㉚ 径：直接。㉛ 淮北：原属宋地，被齐占据。宋：国名，在今河南商丘一带，为齐所吞并。㉜ 具：拿着。㉝ 河北：黄河以北。㉞ 济：水名，源出于今河南济源王屋山。济上：济水之西，齐国边界。㉟ 轻卒锐兵：轻装的精兵。㊱ 国：指齐都临淄。㊲ 甲：铠甲。㊳ 大吕：钟名。元英：燕宫殿名。㊴ 历室：燕宫殿名。㊵ 宁台：燕宫殿名。㊶ 蓟（jì）丘：燕都，在今北京西南。植：树木之类。㊷ 植：种植。汶：汶水，在齐国境内。篁：竹田。㊸ 五伯：即春秋五霸。指春秋时先后称霸的五个诸侯：齐桓公、晋文公、楚庄王、吴王阖闾、越王勾践。一说指齐桓公、晋文公、宋襄公、秦穆公、楚庄王。伯：同“霸”。㊹ 不顿命：不辱命，不辜负使命。㊺《春秋》：指史册。春秋时的编年史多称《春秋》，并非专指鲁国的《春秋》。㊻ 蚤：同“早”。㊼ 夷：平。㊽ 八百岁之蓄积：指齐国自姜太公建国到齐湣王，约有八百年之久的财富积累。㊾ 弃群臣之日：指燕昭王死之日。㊿ 后嗣：后代的继承者。(51) 顺庶孽：使庶子安分守己。顺：使动用法，使……顺。庶孽：即庶子，不是正妻所生的儿子。(52) 施（yì）：达于。萌隶：即百姓。萌：同“氓”。(53) 作者：指创业者。(54) 伍子胥：伍员，字子胥，春秋楚人。为报楚平王杀父之仇，逃到吴国。后吴王阖闾用伍子胥、孙武之计，大破楚军，占领楚都，称霸一时。阖闾：春秋时吴国国君，名光。(55) 郢：楚国国都，在今湖北江陵。(56) 夫差：春秋时吴国国君，吴王阖闾子。(57) 鸱（chī）夷：皮制的袋子。阖闾死，夫差立，败越后不灭越，又以重兵北伐齐国。子胥力陈吴之患在越，夫差不听，反信伯嚭谗言，迫使子胥自杀。伍子胥临死说：“我死后把我眼睛挖出来挂在吴国东城门上，观看越寇进灭吴国。”夫差大怒，用鸱夷盛子胥尸投入钱塘江中。(58) 先论：即上注伍子胥临死前所说的预言。(59) 主之不同量：阖闾与夫差两位君主的度量不同。⑩ 离:同"罹",遭受。⑪ 不洁其名:不以诋毁君主来表明自己的高洁。⑫ 疏远:这里指被疏远的人,即作者本人。

【品评】本文前一部分为史家的叙述文字,后一部分为乐毅的《报燕王书》。因有前面的史家叙述文字,我们就可以更好地理解乐毅《报燕王书》的写作缘由。乐毅的《报燕王书》又可分为前后两个部分:前一部分抒写自己往昔备受先主燕昭王礼遇之情,写得一往情深,细腻深厚;后一部分则反复申述自己之所以弃燕奔赵的苦衷以及不能返燕的根由,并劝戒燕惠王要继承燕昭王知人善任的美德,不要偏信他人的离间之言。通读全文,可以见出乐毅对燕昭王、燕惠王前后两主心胸度量之不同的明察。正因如此,乐毅谢绝了燕惠王请他返燕的要求,以免重蹈伍子胥"不蚤见主之不同量,故入江而不改"的覆辙,由此显示出乐毅能"以幸为利"、善于自我护持的精明与练达。而乐毅之所谓"臣闻古之君子,交绝不出恶声",更表现了乐毅尽管身在他国但决不有害于燕的君子风范。总之,乐毅的《报燕王书》能以简朴的文字把他的一腔心事披肝沥胆地倾吐出来,略无掩饰做作之笔,堪为传诵千古的书信名篇。

李　斯(?—前208)

楚上蔡(今属河南)人,是先秦最后一位法家大师。早年做过郡小吏,后与韩非一同入楚,拜荀子为师,学习帝王之术。学成后,他分析了当时的形势,认为"楚国不足事,而六国皆弱",故西行入秦,初为秦相吕不韦舍人,后受知于秦王政,拜为客卿。佐秦王并六国,为丞相。定郡县制,建议焚毁《诗》、《书》,变籀文为小篆。始皇死,与赵高定谋,矫诏杀始皇长子扶苏,立少子胡亥为帝。后赵高诬李斯谋反,将李斯腰斩于咸阳。李斯是秦代仅有的一位作家,他的《谏逐客书》有文采,善用比喻,铺张排比,音韵铿锵,受到战国纵横家影响。另有不少石刻文,主要是为秦始皇歌功颂德;在形式上模仿《诗经》的《雅》、《颂》,都是四言韵文,文学性不强,但对后代的碑志文有很大影响。

谏逐客书[①]

秦宗室大臣皆言秦王曰[②]:"诸侯人来事秦者[③],大抵为其主游间于秦耳[4]，请一切逐客[5]。”李斯议亦在逐中。斯乃上书曰：

“臣闻吏议逐客，窃以为过矣[6]。

“昔穆公求士[7]，西取由余于戎[8]，东得百里奚于宛[9]，迎蹇叔于宋[10]，求丕豹、公孙支于晋[11]。此五子者，不产于秦，而穆公用之，并国二十[12]，遂霸西戎。孝公用商鞅之法[13]，移风易俗[14]，民以殷盛[15]，国以富强，百姓乐用[16]，诸侯亲服[17]，获楚、魏之师[18]，举地千里，至今治强。惠王用张仪之计[19]，拔三川之地[20]，西平巴、蜀[21]，北收上郡[22]，南取汉中[23]，包九夷[24]，制鄢、郢[25]，东据成皋之险[26]，割膏腴之壤[27]，遂散六国之从[28]，使之西面事秦[29]，功施到今[30]。昭王得范雎[31]，废穰侯[32]，逐华阳[33]，强公室[34]，杜私门[35]，蚕食诸侯[36]，使秦成帝业。此四君者，皆以客之功。由此观之，客何负于秦哉[37]！向使四君却客而不内[38]，疏士而不用[39]，是使国无富利之实，而秦无强大之名也。

“今陛下致昆山之玉[40]，有随、和之宝[41]，垂明月之珠[42]，服太阿之剑[43]，乘纤离之马[44]，建翠凤之旗[45]，树灵鼍之鼓[46]。此数宝者，秦不生一焉，而陛下说之[47]，何也？必秦国之所生然后可，则是夜光之璧[48]，不饰朝廷；犀象之器[49]，不为玩好[50]；郑、卫之女[51]，不充后宫；而骏马駃騠[52]，不实外厩[53]；江南金锡不为用；西蜀丹青不为采[54]。所以饰后宫、充下陈[55]、娱心意、说耳目者[56]，必出于秦然后可，则是宛珠之簪[57]，傅玑之珥[58]，阿缟之衣[59]，锦绣之饰，不进于前；而随俗雅化[60]，佳冶窈窕[61]，赵女不立于侧也。夫击瓮叩缶[62]，弹筝搏髀[63]，而歌呼呜呜快耳目者[64]，真秦之声也；郑、卫桑间[65]，韶虞、武象者[66]，异国之乐也。今弃击瓮而就郑、卫，退弹筝而取韶虞，若是者何也？快意当前，适观而已矣⑥⑦。今取人则不然，不问可否，不论曲直，非秦者去，为客者逐，然则是所重者在乎色乐珠玉，而所轻者在乎人民也。此非所以跨海内、制诸侯之术也⑥⑧。

“臣闻地广者粟多，国大者人众，兵强则士勇⑥⑨。是以泰山不让土壤⑦⓪，故能成其大；河海不择细流，故能就其深；王者不却众庶⑦①，故能明其德⑦②。是以地无四方，民无异国，四时充美，鬼神降福，此五帝三王之所以无敌也⑦③。今乃弃黔首以资敌国⑦④，却宾客以业诸侯⑦⑤，使天下之士退而不敢西向，裹足不入秦，此所谓藉寇兵而赍盗粮者也⑦⑥。

“夫物不产于秦，可宝者多；士不产于秦，而愿忠者众。今逐客以资敌国，损民以益仇⑦⑦，内自虚而外树怨于诸侯⑦⑧，求国无危，不可得也。”

秦王乃除逐客之令，复李斯官⑦⑨。

【注释】① 谏逐客书：本文选自《史记·李斯列传》，是李斯的一个奏章，又名《上秦王书》。据《史记·李斯列传》载：战国末年，韩国怕秦国出兵来攻，派水工郑国到秦国去，建议秦国在泾阳西北开凿渠道，引泾水东流入洛水，称郑国渠，想用它耗尽秦之国力，来阻碍秦国向韩国进军。事情发觉后，秦宗室大臣提出逐客的主张，李斯也在被逐之中。因此，李斯写了这封《谏逐客书》。② 宗室：与国君同宗的贵族王室。③ 事秦：为秦国做事。④ 间：离间。⑤ 逐：驱逐。⑥ 过：错。⑦ 穆公：春秋秦君，姓嬴，名任好，都雍（在今陕西凤翔），春秋五霸之一，在位三十九年。⑧ 由余：春秋晋人。入戎，戎王命出使秦国，为秦穆公所用。献策攻戎，开境千里，遂使穆公成为西方霸主。戎：古代对西方少数民族的总称。⑨ 百里奚：春秋楚人，字井伯，为虞大夫。晋灭虞，奚被俘，作为晋献公女儿陪嫁的奴仆入秦。后逃入楚，为楚人所执。秦穆公闻其名，以五张公羊皮赎他，任为大夫。宛（yuān）：楚地，在今河南南阳。⑩ 蹇（jiǎn）叔：春秋时人，百里奚的朋友，居宋，经百里奚推荐入秦，穆公封为上大夫。后，穆公出兵袭郑，蹇叔谏阻，不听，秦军被晋军在殽地击败。⑪ 丕豹：春秋晋人，父丕郑为晋惠公所杀，因奔秦，穆公用以为将，领兵攻晋，生俘晋惠公。公孙支：秦人，游晋，后归秦，穆公用为大夫，荐孟明于穆公，为人所称。⑫ 并国二十：指用由余而攻占的西戎二十部落。⑬ 孝公：战国秦君，名渠梁，在位 24 年。商鞅：即公孙鞅，战国卫人，仕魏为中庶子。入秦，说孝公变法，为左庶长。定变法令，废井田，开阡陌，倡农战，使国富兵强。封于商，称商君。孝公死，为惠王所杀。⑭ 移风易俗：指改革旧的风俗习惯(如父母兄弟男女同居、好私斗等秦地旧俗)。⑮ 殷：殷实，富足。⑯ 乐用：乐于被使用，乐于效力。⑰ 亲服：顺从听命。⑱ 获楚、魏之师：商鞅曾于秦孝公二十二年(前 340)率兵攻魏，虏魏公子卬(áng)，大破魏军，魏献河西地于秦。同年，秦又进军侵楚。⑲ 惠王：秦孝公子，名驷。用张仪为相，使司马错灭蜀，又夺取楚汉中地六百里，始称王，在位二十七年。张仪：战国魏人，与苏秦同师鬼谷子，同为纵横家。苏秦主合纵，合六国之力抗秦。张仪相秦惠王，主连横，拆散六国联盟，以便秦能各个击破。⑳ 拔：攻拔。三川之地：原属韩地，在今河南洛阳一带，因境内有伊水、洛水、黄河三川而得名。㉑ 巴、蜀：古国名，分别在今重庆、四川成都一带。㉒ 上郡：本魏地，包括今陕西北部和宁夏、内蒙古部分地区。㉓ 汉中，在今陕西南部。㉔ 包：兼并。九夷：泛指楚国境内的少数民族。九：表示众多，是虚指。㉕ 制：控制。鄢(yān)：楚地名，在今湖北宜城一带。郢(yǐng)：楚的国都，在今湖北江陵。㉖ 成皋(gāo)：又名虎牢，古代军事要地，在今河南荥(xíng)阳汜水镇。㉗ 膏腴之壤：肥沃的土地。㉘ 散六国之从：瓦解六国的合纵。从：同"纵"，合纵。㉙ 事：侍奉。㉚ 施(yì)：延续。㉛ 昭王：即秦昭襄王，名稷，在位 55 年。范雎(jū)：魏人，因受魏相魏齐迫害，逃到秦国，得到秦昭王信用，提出远交近攻的策略，使秦国得以蚕食六国。㉜ 穰(ráng)侯：即魏冉，秦昭王母宣太后的异父同母弟。昭王即位，年少，宣太后用冉执政，封为穰侯。㉝ 华阳：名芈(mǐ)戎，宣太后的同父异母弟，封华阳君。华阳：在今陕西商县。㉞ 强公室：增强公室的权力。㉟ 杜：杜绝，剥夺。私门：指外戚贵族。㊱ 蚕食：像蚕吃东西那样逐渐吞并。㊲ 负：辜负，对不起。㊳ 向使：如果，假如。却：拒绝。内：同"纳"。㊴ 疏：疏远。㊵ 昆山：即昆仑山，又名昆冈，在今新疆，盛产美玉。㊶ 随、和之宝：相传春秋时随侯救了受伤的大蛇，后蛇于江中衔大珠以报，称随珠。春秋时楚人卞和得璞，剖璞得宝玉，琢为璧，称和氏璧。随：周初小国，在今湖北境内。㊷ 垂：挂。明月之珠：即夜光珠。㊸ 服：佩戴。太阿(ē)之剑：春秋时吴国名匠欧冶子、干将铸龙渊、太阿、工布三宝剑。㊹ 纤离：良马名。㊺ 建：树立。翠凤之旗：用翡翠羽毛做成凤形装饰的旗子。㊻ 树：设置。灵鼍（tuó）之鼓：用鳄鱼皮制成的鼓。㊼ 说（yuè）：同“悦”。㊽ 夜光之璧：美玉名。据《战国策・楚策》载：张仪为秦说楚王，楚王乃遣使献夜光之璧于秦王。㊾ 犀、象：指犀牛角与象牙。㊿ 玩好：玩赏之物。(51) 郑、卫之女：相传郑、卫两国多美女，能歌善舞。(52) 駃騠（jué tí）：良马名。(53) 实：充实。厩（jiù）：马棚。(54) 丹青：红色和青色的颜料，绘画用。采：彩色。(55) 下陈：古代皇宫或显贵人家堂下陈放礼品、站列婢妾的地方。(56) 说（yuè）：同“悦”。(57) 宛珠：宛地的珠。宛：在今河南南阳一带。簪（zān）：定发髻的长针。(58) 傅玑之珥（ěr）：缀有小珠子的耳饰。傅：同“附”，附着。玑：不圆的珠。珥：耳饰。(59) 阿缟（ē gǎo）：齐国东阿出产的丝织品。阿：东阿，在今山东东阿。缟：白色的薄绸。(60) 随俗雅化：随着风气，打扮入时。随俗：顺应时尚。雅：优雅。(61) 佳冶：美好艳丽。(62) 瓮（wèng）：盛水的瓦器。缶（fǒu）：瓦器。(63) 搏髀（bì）：拍大腿以有节奏地歌唱。髀：大腿。(64) 歌呼呜呜：呜呜哇哇地高声呼唱。(65) 郑、卫桑间：《礼・乐记》：“郑卫之音，乱世之音也，比于慢矣。桑间濮上之音，亡国之音也。”桑间：卫国濮水上的地名。以上指当时流行于郑、卫民间的音乐。(66) 韶虞、武象：韶虞是虞舜时的音乐，武象是周武王时的乐舞。(67) 适观：适合观赏。(68) 制：获得。术：手段。(69) 兵：这里指兵器。(70) 让：舍弃，拒绝。(71) 众庶：指百姓，人民。(72) 明其德：使其德行发扬光大。(73) 五帝：《史记・五帝本纪》以黄帝、颛顼（zhuān xū）、帝喾（kù）、尧、舜为五帝。三王：指夏禹、商汤、周文王与周武王。(74) 黔（qián）首：秦称百姓为黔首。黔：黑。资：资助，帮助。(75) 却：拒绝。业：立功业，用作动词。(76) 藉：借。兵：兵器。赍（jī）：给与。(77) 损民以益仇：减少自己的人民而增加敌国的人力。益：增加。(78) 树：树立。(79) 复：恢复。

【品评】这篇奏疏力陈逐客之非，指出要使秦国强盛，就决不能逐客。文章历举穆公、孝公、惠王、昭王四君任用客卿所收到的功效，然后反复推论，归结到重色乐珠玉而轻人民，“此非所以跨海内、制诸侯之术也”。接下来又从“地广者粟多”等联系到泰山、河海的比喻，再转到“弃黔首以资敌国”的错误，归结到“今逐客以资敌国”的危殆。行文波澜起伏，层层深入。本篇还善于运用铺陈、排比、对偶等手法，辞采繁富，有战国纵横游说之风。

此外，其句式趋于骈偶化，对汉代辞赋有一定影响。

《楚辞》

《楚辞》是战国时代以屈原为代表的楚国人创作的诗歌，是《诗经》三百篇以后的一种新诗体。汉成帝时，刘向辑集了屈原、宋玉的楚辞作品以及西汉贾谊、淮南小山、东方朔等人的仿骚之作，合为一集并定名为《楚辞》。这样，"楚辞"就由一种诗体的名称又成为一部诗歌总集的名称。刘向的辑本早已亡佚，现存最早的《楚辞》选本与注本为东汉王逸所撰的《楚辞章句》。《楚辞》中的作品，大量运用了楚地方言和楚物名称，具有鲜明的地方和民族特色；文采绚烂华美，声调铿锵；在诗体形式上突破了《诗经》以四言为主的格式，采用了一种参差错落、灵活多变的散文化句法，扩大了诗的容量。此外，还大量使用了"焉"、"乎"、"哉"特别是"兮"的语气词，大大增强了诗的抒情意味和节奏感。《楚辞》与《诗经》，是我国古典诗歌发展中的两座高峰，千百年来，一直为后人所推崇。

卜　居[1]

屈原既放[2]，三年不得复见[3]。竭知尽忠[4]，而蔽障于谗[5]，心烦虑乱，不知所从[6]。乃往见太卜郑詹尹曰[7]："余有所疑，愿因先生决之[8]。"詹尹乃端策拂龟曰[9]："君将何以教之[10]？"

屈原曰："吾宁悃悃款款[11]，朴以忠乎[12]？将送往劳来[13]，斯无穷乎[14]？宁诛锄草茆[15]，以力耕乎[16]？将游大人[17]，以成名乎？宁正言不讳[18]，以危身乎[19]？将从俗富贵[20]，以偷生乎[21]？宁超然高举[22]，以保真乎[23]？将哫訾栗斯[24]，喔咿嚅唲[25]，以事妇人乎[26]？宁廉洁正直，以自清乎[27]？将突梯滑稽[28]，如脂如韦[29]，以絜楹乎[30]？宁昂昂若千里之驹乎㉛？将泛泛若水中之凫乎㉜？与波上下偷以全吾躯乎㉝？宁与骐骥亢轭乎㉞？将随驽马之迹乎㉟？宁与黄鹄比翼乎㊱？将与鸡鹜争食乎㊲？此孰吉孰凶？何去何从？世溷浊而不清㊳，蝉翼为重㊴，千钧为轻；黄钟毁弃㊵，瓦釜雷鸣㊶；谗人高张㊷，贤士无名。吁嗟默默兮㊸，谁知吾之廉贞㊹！”

詹尹乃释策而谢曰㊺：“夫尺有所短，寸有所长；物有所不足，智有所不明；数有所不逮㊻，神有所不通。用君之心，行君之意。龟策诚不能知此事㊼。”

【注释】① 卜居：本文选自《楚辞章句》，东汉王逸称作者为屈原，今人多认为是后人悯惜屈原之作。卜：占卦。居：这里指处世之道。② 屈原：生卒年约公元前340—约前278年，战国时楚人，名平，字原，出身楚国贵族。初辅佐怀王，做过左徒、三闾大夫，主张彰明法度，举贤授能，东联齐国，西抗强秦。因遭贵族子兰（怀王幼弟）、南后郑袖谗害去职。顷襄王时被放逐，后因楚国政治腐败，国都郢为秦兵攻破，遂投汨罗江而死。所作《离骚》、《九章》等篇，反复陈述他的政治主张，以优美的语言、丰富的想像，融化神话传说，塑造出鲜明的形象，富有浪漫主义精神，对后世影响很大。放：放逐。③ 见：指见到楚怀王。④ 竭知：用尽了智慧。知：智。⑤ 蔽障：遮蔽阻挡。谗：指谗佞小人。⑥ 不知所从：不知何去何从。⑦ 太卜：官名，卜官之长。郑詹尹：人名。⑧ 因：靠着，依靠。决：决断。⑨ 端：摆正。策：古代占卜用的蓍草。拂龟：拂去龟甲上的灰尘。龟：古代占卜用的龟甲。⑩ 教：见教，指教。⑪ 宁：与后面的“将”字构成“宁愿……还是”句式。悃（kǔn）悃款款：忠心耿耿的样子。⑫ 朴以忠：朴实而忠诚。⑬ 送往劳来：指忙于世俗的应酬。劳：慰劳，这里指欢迎。⑭ 无穷：指没有困顿，无所不通。穷：穷困，困顿。⑮ 诛：这里同“锄”。茆（máo）：通“茅”，茅草。⑯ 力耕：指勤劳地耕作。⑰ 大人：这里指诸侯贵族。⑱ 正言：正道直言。讳：忌讳，隐瞒。⑲ 危身：使自身危险。⑳ 从俗：随从世俗。㉑ 偷生：苟且地生活在人世中。㉒ 高举：指远离世俗。㉓ 真：本性。㉔ 哫訾（zú zī）：阿谀奉承。栗斯：小心奉承的样子。㉕ 喔咿（wò yī）嚅唲（rú ér）：逢迎媚笑的样子。㉖ 事：侍奉。妇人：指郑袖，楚怀王的宠妃。㉗ 自清：使自己保持清白。㉘ 突梯滑稽：圆滑谄媚的样子。㉙ 如脂如韦：形容柔软而缺少骨气。脂：脂膏。韦：柔软的熟皮。㉚ 絜（xié）楹：意为人处世力求圆滑。絜：测量圆的东西。楹：堂前的圆柱。㉛ 昂昂：气概轩昂的样子。㉜ 泛泛：漂浮不定的样子。凫（fú）：野鸭。㉝ 全：保全。㉞ 这句话意谓，宁可与骏马一同并驾齐驱，负重载远呢？骐骥：良马。亢：高举。轭（è）：车辕前面用来驾马的部分，状如人字形。㉟ 驽（nú）马：形质性能低下的马。㊱ 黄鹄（hú）：天鹅。比翼：并翅飞翔。㊲ 鹜（wù）：鸭。㊳ 溷（hún）：同“混”。㊴ 蝉翼为重：将薄薄的蝉翼说成很重的东西。㊵ 黄钟：古代乐器，声音宏亮，这里比喻有才能的人。㊶ 瓦釜：用陶土烧制成的锅，这里比喻凡庸的小人。雷鸣：像雷一样发出声响。㊷ 高张：指飞黄腾达。㊸ 吁嗟默默：愤懑而无声无息的样子。㊹ 廉贞：廉洁正直。㊺ 释：放下。谢：辞谢，道歉。㊻ 数：指占卜的方法，术数。逮：及，达到。㊼ 诚：实在。

【品评】本文借屈原与太卜的一番对话，表现了屈原忠直被毁、报国无门的人生苦境以及他决不变志从俗的高尚志节。从这番对话中，我们可以看到，屈原在奔向死亡之际，尚有三条聊以自救的人生出路：一则为退而独善其身的“保真”、“自清”之路；一则为去国远游、“游大人以成名”之路；一则为与小人为伍、“从俗富贵以偷生”之路。三条自救之路预设在屈原面前，然而屈原却固执地选取了“正言不讳以危身”的抗世之路，并最终因不忍坐视大国之楚的陨灭而毅然决然地走向了自杀，以其刚烈的生命谱写了一曲悲壮的“国殇”之歌。自杀，成了屈原以生命挚诚坚守节操、捍卫理想的伟大人格最后最高的实现。这也显示了屈原生命凛然不可侵犯的伟大。而本文的意义之一，就在于以对话的形式使后人能够更为深入地理解屈原。文中的“黄钟毁弃，瓦釜雷鸣；谗人高张，贤士无名”，也往往成为后世贤士抗愤现实污秽的引语。

宋玉对楚王问[①]

楚襄王问于宋玉曰：“先生其有遗行与[②]？何士民众庶不誉之甚也[③]？”

宋玉对曰：“唯，然，有之[④]。愿大王宽其罪，使得毕其辞。

"客有歌于郢中者[⑤]。其始曰《下里》、《巴人》[⑥]，国中属而和者数千人[⑦]。其为《阳阿》、《薤露》[⑧]，国中属而和者数百人。其为《阳春》、《白雪》[⑨]，国中属而和者，不过数十人。引商刻羽[⑩]，杂以流徵[⑪]，国中属而和者，不过数人而已。是其曲弥高，其和弥寡。

"故鸟有凤而鱼有鲲[⑫]。凤凰上击九千里，绝云霓[⑬]，负苍天，足乱浮云，翱翔乎杳冥之上[⑭]。夫藩篱之鷃[⑮]，岂能与之料天地之高哉？鲲鱼朝发昆仑之墟[⑯]，暴鬐于碣石[⑰]，暮宿于孟诸[⑱]。夫尺泽之鲵[⑲]，岂能与之量江海之大哉？

"故非独鸟有凤而鱼有鲲也，士亦有之，夫圣人瑰意琦行[⑳]，超然独处，世俗之民又安知臣之所为哉？"

【注释】① 本文选自《楚辞章句》。宋玉：战国后期楚国辞赋作家，在文学创作上师承屈原的风格，主要作品有《九辩》、《风赋》、《高唐赋》、《神女赋》等。楚王：这里指楚襄王，又称楚顷襄王，名横，楚怀王之子。② 遗行：不检点的行为。与：同"欤"。③ 士民众庶：泛指士民百姓。④ 有之：有这件事。⑤ 郢：楚国国都，在今湖北江陵。⑥《下里》、《巴人》：当时通俗低级的民间歌曲。⑦ 国：国都。属(zhǔ)：接续。和(hè)：应和，唱和。⑧《阳阿(ē)》、《薤(xiè)露》：当时比较通俗的歌曲。⑨《阳春》、《白雪》：当时高雅的歌曲。⑩ 引：延长。刻：减损。商、羽：古代以宫、商、角、徵、羽为五音，其中商声轻劲敏疾，羽声低平掩映，所以引高其声而为商，减低其声而为羽。⑪ 流徵(zhǐ)：流动的徵音。徵声以抑扬递续见长。⑫ 鲲：古代传说中的大鱼。⑬ 绝：超越。⑭ 杳：高远。冥：深。⑮ 鷃(yàn)：一种小鸟。⑯ 墟：山。⑰ 暴(pù)：同"曝"，晒。鬐(qí)：鱼背。碣石：山名，在今河北昌黎。⑱ 孟诸：古时大泽，故址在今河南商丘。⑲ 鲵(ní)：一种小鱼。⑳ 瑰、琦：都是奇伟的意思。

【品评】屈原之后，服膺屈原而又自辟蹊径、独树一帜的楚辞大家是宋玉。宋玉虽然在品格志行和艺术造诣上难与屈子相侔，但他非常景仰屈原人格的峻洁，其为人处世也还保有屈原的一些遗风。他的代表作《九辩》之所谓“悲忧穷戚兮独处廓，有美一人兮心不绎”，诸如此类，就抒发了一种与屈原相类似的不为乱世所容的失志之悲。宋玉与楚王的这番问答，所表现的正是宋玉超出于流俗和现实之上的卓尔不群。《下里》、《巴人》因其曲调低俗，故其和甚众；而《阳春》、《白雪》因其曲调弥高，故其和弥寡。这也正与上文所言“黄钟毁弃，瓦釜雷鸣；谗人高张，贤士无名”两相仿佛。杜甫《咏怀古迹》咏叹宋玉：“风流儒雅亦吾师。”诚哉斯言！

卷五 汉 文

《史记》

司马迁《史记》创制了中国纪传体通史的格局。由五种体例组成：十二本纪、十表、八书、三十世家、七十列传，共一百三十篇，近五十三万字。《史记》是一部“究天人之际，通古今之变，成一家之言”、“述往事、思来者”的伟大著作，全书以本纪为纲，其他各部分互相配合补充，构成了一个完整的体系，从而全面系统地叙述了上至黄帝、下迄武帝太初间大约三千年的历史，奠定了我国纪传体史书的基础。《史记》不但是一部伟大的历史著作，而且是一部伟大的文学著作。它开创了中国传记文学的历史，成为中国传记文学的千古典范作品。鲁迅先生称《史记》为“史家之绝唱，无韵之《离骚》”，堪为定论。

五帝本纪赞[①]

太史公曰[②]：学者多称五帝，尚矣[③]。然《尚书》独载尧以来[④]；而百家言黄帝[⑤]，其文不雅驯[⑥]，荐绅先生难言之[⑦]。孔子所传《宰予问五帝德》及《帝系姓》[⑧]，儒者或不传[⑨]。余尝西至空峒[⑩]，北过涿鹿[⑪]，东渐于海[⑫]，南浮江淮矣[⑬]。至，长老皆各往往称黄帝、尧、舜之处[⑭]，风教固殊焉[⑮]。总之，不离古文者近是[⑯]。予观《春秋》、《国语》[⑰]，其发明《五帝德》、《帝系姓》，章矣[⑱]，顾弟弗深考[⑲]，其所表见皆不虚[⑳]。《书》缺有间矣[㉑]，其轶乃时时见于他说[㉒]。非好学深思，心知其意，固难为浅见寡闻道也。余并论次[㉓]，择其言尤雅者，故著为本纪书首。

【注释】① 五帝本纪赞：本文选自《史记·五帝本纪》。原无标题，本题为《古文观止》的编者所加。五帝:我国远古时代的五位帝王,指黄帝、颛顼(zhuān xū)、帝喾(kù)、尧、舜。本纪:《史记》的一种体例,按照年代先后,叙述历代帝王政迹。赞:文章最后的论赞部分。这里是作者在叙事之后,以作者口气写的议论、总结及补充的文字。② 太史:是掌管政府资料档案文件的官名,秦汉时称"太史令"。因朝会坐次,居公之上,在皇帝左右,当时称为"太史公"。司马迁曾担任汉太史令,所以自称太史公。一说,《史记》中称太史公,是因为《史记》传自司马迁的外孙杨恽,恽尊称其外祖为太史公。③ 尚:通"上",久远。矣:用在句末,表示感叹的语气。④《尚书》:即《书经》,简称《书》。是我国最早的一部文献资料汇编,因记上古之事,故称"尚书"。⑤ 百家:指诸子百家。⑥ 雅:正确,合乎规范。驯:通"训",可以为训。⑦ 荐绅:通"缙绅"。缙:插。绅:大带子。缙绅:谓插笏垂绅。古代高级官吏腰系大带子,上插笏板,故称士大夫为缙绅。⑧《宰予问五帝德》及《帝系姓》:二篇分别见《大戴礼》及《孔子家语》。⑨ 以上两篇,汉代儒者认为不是孔子所传授的,因而不传习。⑩ 空峒:也作"崆峒",山名,在今甘肃平凉西。传说黄帝曾在这里向广成子问道。⑪ 涿鹿:山名,在今河北涿鹿县境东南。传说黄帝征蚩尤,战于涿鹿。⑫ 渐(jiān):至,到达。⑬ 浮:乘船渡水。⑭ 长老:当地年老有威望的老人。⑮ 风教:风俗教化。殊:不同。⑯ 古文:汉代称用春秋、战国时期的文字写成的文献,与今文(用汉代隶书写成的文献)相对而言。这里的古文,指古文《尚书》等所载。近是:近于是,近于正确。⑰《春秋》:春秋时期鲁国编年体史书,为孔子所删定,自鲁隐公元年起,至哀公十四年止,凡十二公,二百四十二年。《国语》:春秋时期分国纪事的史书,传说为左丘明所作。⑱ 章:通"彰",明显。⑲ 顾弟:只是,不过。弟:同"第"。⑳ 表见(xiàn):表现,记载。见:通"现"。㉑ 间:间隙,这里指脱漏。㉒ 轶:通"佚",遗失。这里指佚文。㉓ 论次:谓依次叙述。

【品评】在《史记》首篇《五帝本纪》的这篇赞文中,太史公司马迁表明了他撰写《五帝本纪》的笃实态度。为了写好《五帝本纪》,太史公从全国各地搜集了各种关于五帝的传说,然后再与文献记载印证比较,又将《尚书》、《春秋》、《国语》等信史与《五帝德》、《帝系姓》等野史杂传相对照,以求最大可能地获得多而可信的历史事实。由此可见,太史公通过实地考察与文献记载并重、文献记载之间相互考核的原则,对材料的真伪作了异常细致的鉴别。这样一种广收博取又加以实证的著史原则,亦复为太史公撰写《史记》全书的重要根基。太史公《报任安书》所言“网罗天下放失旧闻,考之行事,稽其成败兴坏之理”,正与以上所述两相映照。

项羽本纪赞[1]

太史公曰:吾闻之周生曰[2]:“舜目盖重瞳子[3]。”又闻项羽亦重瞳子。羽岂其苗裔邪[4]?何兴之暴也[5]?夫秦失其政,陈涉首难[6],豪杰蜂起,相与并争,不可胜数[7]。然羽非有尺寸[8],乘势起陇亩之中[9],三年,遂将五诸侯灭秦[10],分裂天下而封王侯,政由羽出[11],号为霸王[12],位虽不终,近古以来未尝有也[13]。及羽背关怀楚[14],放逐义帝而自立[15],怨王侯叛己,难矣。自矜功伐[16],奋其私智而不师古,谓霸王之业,欲以力征经营天下[17],五年卒亡其国。身死东城[18],尚不觉寤而不自责[19],过矣。乃引“天亡我,非用兵之罪也”[20],岂不谬哉!

【注释】① 项羽本纪赞:本文选自《史记·项羽本纪》。原无标题,本题为《古文观止》的编者所加。项羽:名籍,字羽,下相(今江苏宿迁西南)人。秦二世元年(前209),从叔父项梁起义兵。项梁战死后,项羽在巨鹿一战中大破秦军,率领五国诸侯入关灭秦,分封王侯,自称“西楚霸王”。后为刘邦所败,困于垓下,在乌江自杀。② 周生:汉时的儒生,姓周,史失其名。生:对前辈学者的敬称。③ 舜:虞舜,我国上古时代的帝王。盖:大概。重瞳子:一个眼珠里有两个瞳孔,古人认为这是神异的标志。④ 苗裔:后代子孙。⑤ 暴:急骤,突然。⑥ 陈涉:名胜,字涉,阳城(今河南登封东南)人,他同吴广首先起兵反秦。首难(nàn):首先发难,首先起义反秦。⑦ 胜:尽,全部。⑧ 非有尺寸:谓没有一尺一寸的土地。⑨ 陇亩:田野。这里指民间。⑩ 将:率领。五诸侯:指齐、赵、韩、魏、燕。⑪ 政:政令。⑫ 号为霸王:项羽自立为西楚霸王。⑬ 近古:这里指春秋战国至秦汉之际。⑭ 背关怀楚:谓放弃关中形胜之地,怀念楚国,东归建都彭城(今江苏徐州)。⑮ 义帝:楚怀王孙,名心。项梁起兵时立心为楚怀王。项羽灭秦后,尊怀王为义帝，后来又把他放逐到长沙，并暗地派人把他杀死在江中。⑯ 矜(jīn)：夸耀。功伐：功劳。⑰ 力征：武力征伐。经营：整顿，统治。⑱ 东城：古县名，在今安徽定远东南。⑲ 寤：通“悟”。⑳ 这是项羽自杀前所说的话。

【品评】项羽是一个“力拔山兮气盖世”的英雄。作为楚之名将项燕的孙子，项羽二十四岁就凭恃着一种豪气，大步闯入了轰轰烈烈的反秦战场。在决定反秦成败的巨鹿之战中，项羽破釜沉舟，以暴风骤雨之势，摧毁了秦之主力，一跃而成为中国英雄史诗中的一尊战神。然而，在战场上不愧为英雄的项羽，坐而斗智却变为鼠目寸光的鄙夫庸人。鸿门一宴，就彻底暴露了他在政治上的幼稚无能。在此之后，他又由于自恃强大，居功自傲，产生了一系列的错误，因而最终走上了一条通向失败的道路。对于这样一个既功盖天下又错误百出的悲剧英雄形象，太史公在《项羽本纪赞》中表现出了歌颂与批判的双重立场。这篇赞文可以分为前后两个部分：前半部分，太史公以其诗人般的激越之情对项羽予以了近乎非理性的歌颂，所谓“吾闻之周生曰：‘舜目盖重瞳子。’又闻项羽亦重瞳子”，竟是何等的痴语！而在后半部分，太史公则又以其史家的深刻理性对项羽的错误作出了深中肯綮的剖析。这样一种双重评判，既表现了太史公作为一个血性生命在观照历史过程中难以自抑的情感涌动，又反映出太史公最终不以一己感情好恶来干预对历史作冷静客观判断的史家立场。正因有上述两方面的高度结合，太史公在《项羽本纪》中方能为我们塑造出了一个有血有肉、多棱角的悲剧英雄形象。

秦楚之际月表①

太史公读秦楚之际，曰：初作难②，发于陈涉③；虐戾灭秦④，自项氏⑤；拨乱诛暴，平定海内，卒践帝祚⑥，成于汉家。五年之间，号令三嬗⑦，自生民以来⑧，未始有受命若斯之亟也⑨！

昔虞、夏之兴⑩，积善累功数十年，德洽百姓⑪，摄行政事⑫，考之于天，然后在位。汤、武之王⑬，乃由契、后稷修仁行义十馀世⑭，不期而会孟津八百诸侯⑮，犹以为未可，其后乃放弑⑯。秦起襄公⑰，章于文、缪⑱，献、孝之后⑲，稍以蚕食六国⑳，百有馀载，至始皇乃能并冠带之伦㉑。以德若彼㉒，用力如此㉓，盖一统若斯之难也！

秦既称帝，患兵革不休，以有诸侯也，于是无尺土之封㉔，堕坏名城㉕，销锋镝㉖，锄豪杰㉗，维万世之安㉘。然王迹之兴，起于闾巷㉙，合从讨伐㉚，轶于三代㉛。乡秦之禁㉜，适足以资贤者为驱除难耳㉝，故愤发其所为天下雄，安在无土不王？此乃传之所谓大圣乎？岂非天哉？岂非天哉？非大圣孰能当此受命而帝者乎？

【注释】① 秦楚之际月表：《史记》十表之一。表：《史记》创立的一种体例，它用表格的形式来表述历史人物和历史事实。《史记》中的表一般为年表，因秦楚之际天下未定，变化很快，就采取按月记述，把当时发生的大事列为月表。② 作难（nàn）：发难，起事。③ 陈涉：名胜，字涉，阳城（今河南登封东南）人。他同吴广首先起兵反秦。④ 虐戾（lì）：残暴。⑤ 项氏：这里指项羽。项羽，名籍，字羽，下相（今江苏宿迁西）人。秦二世元年（前 209），从叔父项梁起义兵。项梁战死后，项羽在巨鹿一战中大破秦军，率领五国诸侯入关灭秦，分封王侯，自称“西楚霸王”。后为刘邦所败，困于垓下，在乌江自杀。⑥ 践：登。帝祚（zuò）：帝位。⑦ 三嬗（shàn）：三次更替。指陈涉、项羽、刘邦。嬗：同“禅”，更替，变换。⑧ 生民以来：有人类以来，即有史以来。⑨ 亟（jí）：急，急速。⑩ 虞、夏：即虞舜、夏禹，传说中上古时期的两个部落联盟首领。⑪ 洽：融洽，润泽。⑫ 摄：代理。⑬ 汤：即商汤王，商朝的建立者。武：即周武王，姓姬，名发，西伯姬昌之子，周朝的建立者。⑭ 契（xiè）：帝喾之子，虞舜之臣，封于商，为商朝的始祖。后稷：虞舜时为农官，教民耕种，为周族的始祖。⑮ 不期：没有约定。孟津：古代黄河渡口，在今河南孟县南，又名河阳渡。周武王伐纣，曾在这里会集八百诸侯。⑯ 放弑（shì）：指商汤王放逐夏桀，周武王诛杀商纣。⑰ 襄公：秦襄公，秦在襄公时，因以兵救周，护送周平王东迁有功，被平王封为诸侯。⑱ 章：彰著，显赫。文、缪（mù）：秦文公、缪公，春秋时秦国的两个国君。缪：一作

“穆”。⑲ 献、孝：秦献公、孝公，战国时秦国的两个国君。⑳ 稍：渐渐。蚕食：像蚕吃桑叶般慢慢地吞并。㉑ 并：兼并。冠带之伦：指东方华夏民族，即东方六国。秦国位于西方，那里是西戎的地方，当时被视为不习礼教的夷狄之地。㉒ 彼：指虞、夏、商、周。㉓ 此：指秦。㉔ 无尺土之封：秦废除分封制，设置郡县制，不封子弟功臣。㉕ 堕(huī)：通“隳”，毁坏。城：城墙。㉖ 销：熔化。锋：刀刃。镝(dí)：箭头。㉗ 锄：铲除。㉘ 维：同“惟”，希望。㉙ 闾巷：街巷，民间。㉚ 合从：即“合纵”。这里指联合各路军队。㉛ 轶(yì)：胜过。三代：指夏、商、周三代。㉜ 乡：通“向”，从前。㉝ 资：帮助。

【品评】历史不会忘记，中国到了汉代，才得以结束从春秋、战国以至于秦末数百年之久的天下大乱，而终于进入了一个长达四百年的两汉大一统长治之局。结束天下纷乱以入太平之世，是当时中华民族共求中国一统的普遍心志。然而，中华民族为进入这一大一统久安之局，历经了数百年之巨大牺牲。“以德若彼，用力如此，盖一统若斯之难也”，太史公的这一声慨叹，蕴涵了多少历史的苦难！在汉代之前，虽有秦一统天下，但由于秦短命而亡，秦楚之际的中国又复陷入了暴力纷争之中。秦末分裂之局在数年之间就“成于汉家”而复归于一统，当为我中华民族一大幸事。随着“自矜功伐，奋其私智”的项羽自刎身亡，历史洗涤了穷兵黩武的战国分裂习气而迎来了休养生息的大一统之沉静时代。太史公言“虐戾灭秦，自项氏；拨乱诛暴，平定海内，卒践帝祚，成于汉家”，实际上道出了项羽以暴制暴的现实必要性以及项羽又终因残暴而亡身的历史必然性，道出了我中华民族消除暴力纷争以入大一统太平之世的精神本愿。由此看来，太史公在这篇赞文中对大一统汉代的出现予以反复的咏叹，也就不难理解了。

高祖功臣侯年表①

太史公曰：古者人臣功有五品：以德立宗庙、定社稷曰勋②，以言曰劳，用力曰功，明其等曰伐③，积日曰阅④。封爵之誓曰⑤：“使河如带⑥，泰山若厉⑦，国以永宁，爰及苗裔⑧。”始未尝不欲固其根本⑨，而枝叶稍陵夷衰微也⑩。

余读高祖侯功臣，察其首封，所以失之者，曰：异哉所闻！《书》曰[11]："协和万国。"迁于夏、商，或数千岁。盖周封八百，幽、厉之后[12]，见于《春秋》[13]。《尚书》有唐、虞之侯伯[14]，历三代千有馀载，自全以蕃卫天子[15]，岂非笃于仁义奉上法哉[16]？汉兴，功臣受封者百有馀人，天下初定，故大城名都散亡，户口可得而数者十二三[17]。是以大侯不过万家，小者五六百户。后数世，民咸归乡里[18]，户益息[19]。萧、曹、绛、灌之属[20]，或至四万，小侯自倍[21]，富厚如之。子孙骄溢[22]，忘其先，淫嬖[23]。至太初，百年之间[24]，见侯五[25]，馀皆坐法[26]，陨命亡国，耗矣。罔亦少密焉[27]，然皆身无兢兢于当世之禁云[28]。

居今之世，志古之道[29]，所以自镜也[30]，未必尽同。帝王者，各殊礼而异务，要以成功为统纪[31]，岂可绲乎[32]？观所以得尊宠及所以废辱，亦当世得失之林也，何必旧闻？于是谨其终始，表见其文，颇有所不尽本末，著其明，疑者阙之[33]。后有君子，欲推而列之，得以览焉。

【注释】① 高祖功臣侯年表：《史记》十表之一。本文是该表的序文。高祖功臣侯，指汉高祖刘邦初定天下后，分封功臣为侯，共封萧何以下者一百四十馀人。② 宗庙：古时天子、诸侯等祭祀祖宗的庙堂。这里指帝业。社稷：国家的代称。社：土神。稷：谷神。古代君主都设社稷，后来即用"社稷"作国家的代称。③ 伐：同"阀"，功绩。④ 阅：经历。⑤ 封爵之誓：古代帝王封给大臣爵位，赐予丹书铁卷，上面写着封爵的誓词，表示世代相传，永不断绝。⑥ 句谓即使黄河变得细如衣带。带：衣带，这里喻其狭。⑦ 句谓即使泰山变得小如磨石。厉：同"砺"，磨刀石。这里喻其小。⑧ 苗裔：后代子孙。⑨ 根本：这里喻功臣的基业。⑩ 枝叶：这里喻功臣的后代。稍：渐渐。陵夷：衰颓。⑪《书》：指《尚书》，即《书经》，我国最早的一部文献资料汇编，因记上古之事，故称"尚书"。⑫ 幽、厉：周幽王和周厉王，都是西周时的暴君。⑬《春秋》：春秋时期鲁国编年体史书，为孔子所删定，自鲁隐公元年（前 722）起，至哀公十四年（前 481）止，凡十二公，二百四十二年。⑭ 唐:唐尧。虞:虞舜。尧、舜是传说中的我国古代帝王。侯伯:古代封爵分为五等,即公、侯、伯、子、男。侯为五等爵中的第二等,伯为五等爵中的第三等。⑮ 蕃:同“藩”,屏障,护卫。⑯ 笃:忠实。⑰ 十二三:十分之二三。⑱ 咸:都,全。⑲ 息:滋息,繁育。⑳ 萧、曹、绛、灌:指萧何、曹参、周勃、灌婴。以上四人是汉初主要功臣,被封为侯。㉑ 倍:增加一倍。㉒ 骄溢:骄奢过度。㉓ 淫嬖(bì):淫乱放纵。㉔ 太初:汉武帝年号(前104—前101)。㉕ 见:同“现”,现存。㉖ 坐法:因为犯法。坐:因为。㉗ 罔:同“网”,法网。少(shāo):稍微。㉘ 兢兢:小心谨慎的样子。㉙ 志:记住。㉚ 镜:这里作借鉴解。㉛ 要(yāo):总括。统纪:纲纪。㉜ 绲(gǔn):缝合,引申为混同为一。㉝ 阙:同“缺”,空在那里。

【品评】在这篇赞文中,太史公一方面对汉初功臣列侯衰亡的原因作了探究,指出其原因在于他们的子孙骄奢淫逸、触犯法网,而汉法又过于严峻;另一方面则又借题表明自己对待历史的态度:处在今天的时代,记取古代的行事,是为了给现实做借鉴,但古今不必雷同。各个时代的情况不尽相同,总当以成功为目标,何必强求一律?对于历史,力图穷源究本。至于一些不明之处,则阙而不论,留待后来的君子解决。太史公笃实而通达的史家品质,由此可见一斑。

孔子世家赞[①]

太史公曰:《诗》有之[②]:“高山仰止[③],景行行止[④]。”虽不能至,然心乡往之[⑤]。余读孔氏书,想见其为人。适鲁[⑥],观仲尼庙堂、车服、礼器[⑦],诸生以时习礼其家[⑧],余低回留之[⑨],不能去云。天下君王至于贤人,众矣,当时则荣,没则已焉[⑩]。孔子布衣[⑪],传十馀世,学者宗之[⑫]。自天子王侯,中国言六艺者[⑬],折中于夫子[⑭],可谓至圣矣[⑮]!

【注释】① 孔子世家:《史记》三十世家之一。孔子(前551—前479),名丘,字仲尼,鲁国陬邑(今山东曲阜东南)人,是春秋时期著名的思想家、教育家,儒家学派的创始人。世家:《史记》创立的一种体例,主要用来记载王侯的事迹。孔子不是世袭封爵的王侯,但司马迁为了突出孔子学术思想对后世的影响,破例推崇,为孔子立传,列入“世家”。② 《诗》:即《诗经》,我国最早的一部诗歌总集,原称为《诗》或《诗三百》,汉代始称《诗经》。以下两句引诗,见于《诗·小雅·车舝》。③ 仰:瞻望。止:语气助词,表示陈述语气。④ 景行(háng):大道,这里比喻伟大的德行。景:大。行止:这里是效法的意思。⑤ 乡:同“向”。⑥ 适:到。⑦ 车服:车子、衣服。礼器:祭祀用的器具。⑧ 诸生:诸多儒生。以时:按时。习礼:演习礼仪。⑨ 低回:留恋徘徊。⑩ 已:完了。⑪ 布衣:平民。⑫ 宗:崇奉。⑬ 六艺:即指六经,即《诗》、《书》、《易》、《礼》、《乐》、《春秋》。⑭ 折中:用以判断事物是非的标准。夫子:这里指孔子。⑮ 至圣:最高的圣人。

【品评】作为中国的文化先圣,孔子及其所创立的儒家学派对中国文化传统的形成与发展产生了极其重要的影响。以孔子立《诗》、《书》、《易》、《礼》、《乐》、《春秋》六艺之教而论,六艺之教在中国历史上造就了多少能以诗文发抒情怀、以仁义修身行事的古之贤士大夫,造就了多少极具恢宏博雅气度的文化心灵。正是出于对孔子创立儒家文化之深远意义的充分估价,太史公将孔子写入“世家”,并在《孔子世家》的赞文中表达了对孔子的无限仰慕之情。赞文虽短,但含义深远,极具抒情意味,读来有一种余音袅袅之感。

外戚世家序①

自古受命帝王及继体守文之君②,非独内德茂也,盖亦有外戚之助焉。夏之兴也以涂山③,而桀之放也以末喜④;殷之兴也以有娀⑤,纣之杀也嬖妲己⑥;周之兴也以姜原及大任⑦,而幽王之禽也淫于褒姒⑧。故《易》基《乾》、《坤》⑨,《诗》始《关雎》⑩,《书》美厘降⑪,《春秋》讥不亲迎⑫。夫妇之际,人道之大伦也⑬。礼之用,唯婚姻为兢兢⑭。夫乐调而四时和,阴阳之变,万物之统也⑮,可不慎与⑯?

人能弘道⑰，无如命何。甚哉，妃匹之爱⑱，君不能得之于臣，父不能得之于子，况卑下乎！既欢合矣，或不能成子姓⑲；能成子姓矣，或不能要其终⑳，岂非命也哉？孔子罕称命㉑，盖难言之也。非通幽明之变㉒，恶能识乎性命哉㉓？

【注释】① 外戚世家：《史记》三十世家之一。外戚：指帝王的皇后和太后的亲族。《史记·外戚世家》记述了汉高祖、文帝、景帝、武帝四代的皇后、太后及其家族的情况。② 受命：指承受天命，开创帝业。继体守文：指继承先帝的正统，遵守先帝的法度。③ 涂山：古代部落名，相传夏禹娶涂山氏之女为妻。④ 末（mò）喜：一作“妺喜”，古代部落有施氏之女。传说夏桀伐有施氏，有施氏进末喜，为夏桀宠爱。后商汤灭夏，末喜与桀一同被杀。⑤ 有娀（sōng）：古国名。传说帝喾娶有娀国之女简狄为次妃，生契，为殷始祖。⑥ 嬖（bì）：宠爱。妲（dá）己：古代部落有苏氏之女，商纣王的宠妃。传说商纣王伐有苏氏，有苏氏进妲己，为纣王宠爱。后武王灭商，纣和妲己一同被杀。⑦ 姜原：一作“姜嫄”，古代部落有邰氏之女，相传为帝喾的元妃，生后稷，为周朝的始祖。大（tài）任：一作“太任”，周文王之母。⑧ 褒姒（sì）：褒国之女，姓姒，周幽王的宠妃。幽王宠幸褒姒，荒淫无道。后犬戎入侵，幽王被杀，褒姒被虏。⑨《易》：又称《周易》，汉代开始称《易经》，相传为周人所作，通过八卦形式推测社会和自然的变化，认为阴阳两种势力的相互作用是产生万物的根源。基：根基。《乾》、《坤》：《周易》中的两个卦名，分别代表天和地、阳和阴、男和女。⑩《诗》：《诗经》，我国最早的一部诗歌总集。《关雎》：《诗经》的第一篇。古人认为《关雎》是歌颂后妃之德，用来教化天下夫妇的诗篇。⑪《书》：即《尚书》，又称《书经》，简称《书》，我国最早的一部文献资料汇编。厘：办理，料理。降：指帝王的女儿下嫁平民。据《尚书·尧典》载，尧为了考验舜的德行，把两个女儿娥皇、女英嫁给他做妻子。⑫《春秋》：春秋时期鲁国编年体史书，为孔子所删定，自鲁隐公元年（前 722）起，至哀公十四年（前 481）止，凡 12 公，242 年。亲迎：古代婚礼之一，新郎亲自到新娘家迎娶新娘。《春秋》隐公二年载，纪侯娶鲁女，没有亲自去迎接，只派大夫纪履去接。《春秋》特意记下来，表示讥刺。⑬ 伦：伦理。⑭ 兢兢：谨慎，慎重。⑮ 统：纲纪。⑯ 与：通“欤”，表示疑问的语气。⑰ 弘：发扬，弘扬。⑱ 妃匹：指夫妇。妃：通“配”。⑲ 子姓：子孙。⑳ 要（yāo）：求得，保持。终：善终。㉑ 罕：少。㉒ 幽明：指天地间隐微和明显的各种事物。㉓ 恶（wū）：何，哪里。

【品评】这篇赞文首先陈述了夏商周三代君主与后妃之爱的得失；继而指出君主与后妃之爱关系到君主的成败、国家的盛衰，必须慎之又慎；最后发出了君主与后妃婚姻之命运变化无常的人生慨叹。尤值得强调的是，太史公对夫妇关系重要性的一番表述。所谓“夫妇之际，人道之大伦也。礼之用，唯婚姻为兢兢，夫乐调而时和，阴阳之变，万物之统也，可不慎与”，也就是说：夫妇关系是一切社会关系的基础，夫妇家庭是国家、社会中的最基本的单位；只有每一个家庭中的夫妇和谐共处，才有可能使整个社会、整个国家长治久安。反之，就有可能导致整个社会、整个国家的动荡不安甚或土崩瓦解。因此，儒家认为，欲“正天下”、“经天下”，就必以“正夫妇”、“经夫妇”为前提；而欲“正夫妇”、“经夫妇”，就必以礼为用。既然夫妇之礼上关系到整个社会大局的稳定，下关系到个体男女一生的幸福与否，所以太史公以其史家之言感叹道：“礼之用，唯婚姻为兢兢。”是啊！人生在世，婚姻的选择以及怎样面对婚姻，确实是一大要旨。

伯夷列传①

夫学者载籍极博②，犹考信于六艺③。《诗》、《书》虽缺④，然虞、夏之文可知也⑤。尧将逊位⑥，让于虞舜⑦。舜、禹之间⑧，岳牧咸荐⑨，乃试之于位，典职数十年⑩，功用既兴，然后授政。示天下重器⑪，王者大统⑫，传天下若斯之难也。而说者曰：尧让天下于许由⑬，许由不受，耻之，逃隐。及夏之时，有卞随、务光者⑭。此何以称焉⑮？太史公曰：余登箕山⑯，其上盖有许由冢云⑰。孔子序列古之仁圣贤人，如吴太伯、伯夷之伦详矣⑱。余以所闻由、光义至高，其文辞不少概见⑲，何哉？

孔子曰：“伯夷、叔齐，不念旧恶，怨是用希。”⑳“求仁得仁，又何怨乎？”㉑ 余悲伯夷之意㉒，睹轶诗可异焉㉓。

其传曰：

伯夷、叔齐，孤竹君之二子也[24]。父欲立叔齐，及父卒，叔齐让伯夷。伯夷曰："父命也。"遂逃去。叔齐亦不肯立而逃之。国人立其中子[25]。于是伯夷、叔齐闻西伯昌善养老[26]，盍往归焉[27]？及至，西伯卒，武王载木主[28]，号为文王，东伐纣[29]。伯夷、叔齐叩马而谏曰[30]："父死不葬，爰及干戈[31]，可谓孝乎？以臣弑君，可谓仁乎？"左右欲兵之[32]。太公曰[33]："此义人也。"扶而去之。武王已平殷乱，天下宗周[34]，而伯夷、叔齐耻之[35]，义不食周粟，隐于首阳山[36]，采薇而食之[37]。及饿且死，作歌。其辞曰："登彼西山兮[38]，采其薇矣。以暴易暴兮，不知其非矣。神农、虞、夏[39]，忽焉没兮，我安适归矣[40]？于嗟徂兮[41]，命之衰矣！"遂饿死于首阳山。由此观之，怨邪？非邪？

或曰[42]："天道无亲[43]，常与善人。"若伯夷、叔齐，可谓善人者非邪？积仁絜行如此而饿死[44]！且七十子之徒[45]，仲尼独荐颜渊为好学[46]。然回也屡空[47]，糟糠不厌[48]，而卒蚤夭[49]。天之报施善人，其何如哉？盗跖日杀不辜[50]，肝人之肉[51]，暴戾恣睢[52]，聚党数千人，横行天下，竟以寿终。是遵何德哉？此其尤大彰明较著者也[53]。若至近世，操行不轨，专犯忌讳[54]，而终身逸乐，富厚累世不绝；或择地而蹈之[55]，时然后出言[56]，行不由径[57]，非公正不发愤，而遇祸灾者，不可胜数也。余甚惑焉，傥所谓天道[58]，是邪？非邪？

子曰："道不同，不相为谋。"[59]亦各从其志也。故曰："富贵如可求，虽执鞭之士，吾亦为之。如不可求，从吾所好。"[60]"岁寒，然后知松柏之后凋。"[61]举世混浊，清士乃见[62]。岂以其重若彼，其轻若此哉[63]！

“君子疾没世而名不称焉。”[64]贾子曰[65]：“贪夫徇财[66]，烈士徇名[67]，夸者死权[68]，众庶冯生[69]。”“同明相照，同类相求。”“云从龙，风从虎，圣人作而万物睹。”[70]伯夷、叔齐虽贤，得夫子而名益彰。颜渊虽笃学，附骥尾而行益显[71]。岩穴之士[72]，趣舍有时若此[73]，类名堙灭而不称[74]，悲夫！闾巷之人，欲砥行立名者[75]，非附青云之士[76]，恶能施于后世哉[77]？

【注释】① 伯夷列传：本篇是伯夷和叔齐的合传，为《史记》七十列传之首。② 载籍：书籍。③ 考信：意为考察出真实可信的史料。信：真实可信。六艺：即六经，指《诗》、《书》、《礼》、《乐》、《易》、《春秋》。④《诗》、《书》虽缺：指经秦始皇焚书后，《诗经》、《尚书》多有缺失。⑤ 虞、夏之文：指《尚书》中的《尧典》、《舜典》、《大禹谟》，其中记载了尧、舜禅让的经过。⑥ 尧：传说中的上古帝王名，史称唐尧。逊位：让位。逊：让，退位。⑦ 舜：传说中的上古帝王名，史称虞舜。⑧ 禹：传说中的上古帝王名，史称夏禹，其子启建立了夏朝。⑨ 岳牧：指四岳、九牧。四岳，分掌四方的诸侯。九牧，分掌九州的大臣。咸：全，都。⑩ 典职：任职。典：主持。⑪ 重器：宝器，这里用以象征国家政权。⑫ 大统：最尊贵的权位。⑬ 许由：相传为尧时的高士。⑭ 卞随、务光：相传为夏代时的高士，汤要让天下给卞随、务光，他们以之为耻，投水而死。⑮ 称：赞许，表扬。⑯ 箕山：在今河南登封南。⑰ 冢(zhǒng)：坟墓。⑱ 吴太伯：周代吴国的始祖，周太王的长子，让位于弟季历，自己逃到吴地，成为当地君长。⑲ 其文辞：指《诗》、《书》里的记载。不少(shāo)概见：意为很难见到。少：稍微，略微。概：梗概，略。⑳ 语出《论语·公冶长》。怨是用希：即“怨用是希”。用：因。是：此。希：同“稀”，稀少。㉑ 语出《论语·述而》。㉒ 悲：悲怜，同情。㉓ 轶诗：指下文《采薇》诗。轶：通“佚”，散失。㉔ 孤竹：古国名，在今河北卢龙南，存在于商、周时期。㉕ 中子：古代兄弟排行按伯仲叔季的次序，伯夷排行第一，叔齐排行第三。这里指的就是次子。㉖ 西伯昌：指周文王姬昌，曾为西方诸侯之长，故称西伯。伯：长，首领。㉗ 盍(hé)：何不。㉘ 木主：木制的死者牌位。㉙ 纣：商代的最后一位君主，以淫暴出名。㉚ 叩马：勒住马的缰绳。叩：通“扣”，拉住，牵住。㉛ 爰：乃，就。干戈：古代兵器，这里引申为战争。㉜ 兵：用兵器杀人。㉝ 太公：即吕尚，名望，因辅佐武王灭商有功，封于齐。㉞ 宗周：以周为宗主。㉟ 耻之：以之为耻。㊱ 首阳山：在今山西永济南。㊲ 薇：蕨，野菜。㊳ 西山：即首阳山。㊴ 神农、虞、夏：指神农氏、虞舜、夏禹。神农：传说中发明农业和医药的远古帝王。㊵ 适：往，到……去。㊶ 于(xū)嗟：感叹词，表示惊异。徂(cú)：同"殂"，死亡。㊷ 或：有人，有的人。㊸ 无亲：没有偏心，私心。㊹ 絜：同"洁"。㊺ 七十子：孔子弟子三千，身通六艺者七十二人。七十：举整数而言。㊻ 颜渊：孔子弟子，名回，字子渊，以安贫乐道、好学不倦而出名。㊼ 回：即颜渊。空：空乏，穷困。㊽ 糟糠：指粗劣的食物。糟：酒渣。糠：谷皮。不厌：吃不饱。厌：同"餍"，饱。㊾ 蚤：同"早"。夭：夭折，过早地死。相传颜渊二十九岁白发，三十二岁死去。㊿ 盗跖：春秋末鲁国人，相传他"从卒九千人，横行天下，侵暴诸侯"(《庄子·盗跖》)，无恶不作。51 肝人之肉：吃人的心肝。52 暴戾(lì)：粗暴凶恶。恣睢(suī)：任意妄为。53 彰明较著：彰、明、较、著，都是明显、显著的意思。54 忌讳：这里指法令禁止之事。55 择地而蹈之：选好地方才肯迈步，这里形容不敢轻举妄动。56 时然后出言：选择适宜的时机说话，这里形容言语谨慎。57 径：小路，引申为邪路。58 傥(tǎng)：通"倘"，倘若，假若。59 语见《论语·卫灵公》。60 语见《论语·述而》。61 语见《论语·子罕》。62 见：同"现"，显露。63 其重若彼，其轻若此：把道德操守看得如此重，把富贵安乐看得如此轻。64 语见《论语·卫灵公》。疾：痛恨。称：称颂，赞许。65 贾子：即汉初政治家、文学家贾谊。下引文见《鹏鸟赋》。66 徇：同"殉"，为达到某种目的而死。67 烈士：有志于功业的人。68 夸者：矜夸自大的人。死权：为权势之争而死。69 众庶：泛指百姓。冯(píng)：同"凭"，依靠。70 "同明相照"五句，语见《易·乾卦·文言》，原文作："同声相应，同气相求，水流湿，火就燥，云从龙，风从虎，圣人作而万物睹。"作：出现，著述。睹：显露，昭著。71 附骥尾：比喻追随圣贤之后、受到圣贤的称扬之后而成名。骥：千里马。72 岩穴之士：隐居山野的人。73 趣：趋向，进取。舍：隐退，退止。74 堙灭：埋没。75 砥(dǐ)：磨刀石。引申为磨砺，锻炼。76 青云之士：指德高望重、地位显赫的人。77 恶(wū)：同"乌"，怎，怎么。施(yì)：延续，留传。

【品评】太史公置伯夷、叔齐两人于七十列传第一，高踞于其他列传之上，表现出他对历史的深沉思虑。从表面上看，伯夷、叔齐无功业可言，对历史的实际进程似乎并没有什么影响。然而，太史公独具只眼，在《史记·

太史公自序》中明言道："末世争利，维彼奔义；让国饿死，天下称之。作《伯夷列传》第一。"这样，太史公通过弘扬一种高士品格，强调了精神价值在历史中的深远影响。在本篇传记中，太史公叙写了伯夷、叔齐的简短事迹，极力颂扬了他们积仁洁行、清风高节的崇高品格。此外，太史公还以大量篇幅将伯夷、叔齐的善行与盗跖的恶行两相比照，对恶者无恶报、善者无善报的不合理现实发出了种种责难与慨叹。本文在写作方法上独具特色。纵观《史记》本纪、世家、列传之篇末，均有太史公的赞语，唯《伯夷列传》则无。满纸赞论、咏叹夹以叙事，名为传纪，实为传论，而且写得跌宕起伏，极尽抑扬顿挫之能事。

管晏列传[①]

管仲夷吾者，颍上人也[②]。少时常与鲍叔牙游[③]，鲍叔知其贤。管仲贫困，常欺鲍叔[④]，鲍叔终善遇之，不以为言[⑤]。已而鲍叔事公子小白[⑥]，管仲事公子纠[⑦]。及小白立，为桓公，公子纠死，管仲囚焉[⑧]。鲍叔遂进管仲[⑨]。

管仲既用，任政于齐，齐桓公以霸[⑩]，九合诸侯[⑪]，一匡天下[⑫]，管仲之谋也。

管仲曰："吾始困时，尝与鲍叔贾[⑬]，分财利多自与，鲍叔不以我为贪，知我贫也。吾尝为鲍叔谋事而更穷困[⑭]，鲍叔不以我为愚，知时有利不利也。吾尝三仕三见逐于君[⑮]，鲍叔不以我为不肖，知我不遭时也[⑯]。吾尝三战三走[⑰]，鲍叔不以我为怯，知我有老母也。公子纠败，召忽死之[⑱]，吾幽囚受辱，鲍叔不以我为无耻，知我不羞小节而耻功名不显于天下也[⑲]。生我者父母，知我者鲍子也。"

鲍叔既进管仲，以身下之[⑳]。子孙世禄于齐[㉑]，有封邑者十馀世，常为名大夫。天下不多管仲之贤而多鲍叔能知人也[22]。

管仲既任政相齐，以区区之齐在海滨，通货积财，富国强兵，与俗同好恶[23]。故其称曰[24]："仓廪实而知礼节，衣食足而知荣辱，上服度则六亲固[25]。""四维不张[26]，国乃灭亡。""下令如流水之原[27]，令顺民心。"故论卑而易行[28]。俗之所欲，因而予之；俗之所否，因而去之[29]。

其为政也，善因祸而为福，转败而为功。贵轻重[30]，慎权衡[31]。桓公实怒少姬[32]，南袭蔡，管仲因而伐楚，责包茅不入贡于周室[33]。桓公实北征山戎[34]，而管仲因而令燕修召公之政[35]。于柯之会[36]，桓公欲背曹沬之约[37]，管仲因而信之[38]，诸侯由是归齐[39]。故曰："知与之为取，政之宝也[40]。"

管仲富拟于公室[41]，有三归、反坫[42]，齐人不以为侈。管仲卒，齐国遵其政，常强于诸侯。后百馀年而有晏子焉。

晏平仲婴者，莱之夷维人也[43]。事齐灵公、庄公、景公[44]，以节俭力行重于齐。既相齐，食不重肉[45]，妾不衣帛[46]。其在朝，君语及之[47]，即危言[48]；语不及之，即危行[49]。国有道，即顺命[50]；无道，即衡命[51]。以此三世显名于诸侯。

越石父贤[52]，在缧绁中[53]。晏子出，遭之涂[54]，解左骖赎之[55]，载归。弗谢，入闺[56]。久之，越石父请绝[57]。晏子戄然[58]，摄衣冠谢曰[59]："婴虽不仁，免子于厄[60]，何子求绝之速也？"石父曰："不然。吾闻君子诎于不知己而信于知己者[61]。方吾在缧绁中，彼不知我也。夫子既已感寤而赎我[62]，是知己；知己而无礼，固不如在缧绁之中。"晏子于是延入为上客[63]。

晏子为齐相，出，其御之妻从门间而窥其夫[64]。其夫为相御，拥大盖[65]，策驷马[66]，意气扬扬，甚自得也[67]。既而归，其妻请去[68]。夫问其故。妻曰："晏子长不满六尺，身相齐国，名显诸侯。今者妾观其出，志念深矣[69]，常有以自下者[70]。今子长八尺，乃为人仆御，然子之意自以为足，妾是以求去也。"其后夫自抑损[71]。晏子怪而问之[72]，御以实对。晏子荐以为大夫。

太史公曰：吾读管氏《牧民》、《山高》、《乘马》、《轻重》、《九府》[73]，及《晏子春秋》[74]，详哉其言之也。既见其著书，欲观其行事，故次其传[75]。至其书，世多有之，是以不论，论其轶事。

管仲，世所谓贤臣，然孔子小之[76]。岂以为周道衰微，桓公既贤，而不勉之至王[77]，乃称霸哉[78]？语曰[79]："将顺其美[80]，匡救其恶[81]，故上下能相亲也。"岂管仲之谓乎？

方晏子伏庄公尸哭之，成礼然后去[82]，岂所谓"见义不为无勇"者邪？至其谏说，犯君之颜，此所谓"进思尽忠，退思补过"者哉[83]！假令晏子而在，余虽为之执鞭，所忻慕焉[84]。

【注释】① 管晏列传：本篇是管仲和晏婴的合传。管仲，名夷吾，字仲，春秋初期齐国的国相，佐助齐桓公成就霸业。晏婴，字平仲，春秋时齐国大夫。② 颍上：县名，今属安徽。③ 鲍叔牙：春秋时齐国大夫。游：交游，来往。④ 欺：这里意为占便宜。⑤ 不以为言：不因为这些事而有什么怨言。⑥ 事公子小白：为公子小白做事。小白：即后来的齐桓公，名小白。其时，齐襄公立，政令无常，又淫于妇人，鲍叔担心齐国将大乱，奉襄公弟小白出奔莒国。⑦ 管仲事公子纠：齐襄公时，管仲、召忽奉襄公弟公子纠出奔鲁国。⑧"及小白"四句：齐襄公死后，鲁国送公子纠赶回齐国争夺王位，先由管仲领兵扼守莒、齐要道，阻止小白回国，并射中小白带钩。小白佯死，使鲁国延误了公子纠的行程。小白率先入齐，立为桓公。桓公以军拒鲁，大败鲁军。鲁国被迫杀死公子纠，召忽自杀，管仲被押解到齐做了囚徒。⑨ 进：保举，推荐。⑩ 霸：称霸。⑪ 九合：多次会盟诸侯。⑫ 匡：匡扶，平定。⑬ 尝：曾经。贾(gǔ)：经商。⑭ 吾尝为鲍叔谋事而更穷困：我曾经替鲍叔谋划事情，反而使他更加困顿。⑮ 仕：做官。见：被。⑯ 遭：遇，逢。⑰ 走：逃跑。⑱ 召忽：与管仲同事公子纠，公子纠败，召忽自杀。死之：为公子纠而死。⑲ 羞：以……为羞。耻：以……为耻。⑳ 以身下之：指管仲为相，而鲍叔为大夫。㉑ 世禄：世代享受俸禄。㉒ 多：推重，赞美。㉓ 俗：指百姓。㉔ 其称曰：以下引语见《管子·牧民》。㉕ 上：指居上位者。服：行，施行。度：这里指礼仪、制度。六亲：《管子·牧民》有"六亲五法"一节，刘向注云："'以家为家'，一亲也。'以乡为乡'，二亲也。'以国为国'，三亲也。'以天下为天下'，四亲也。'毋曰不同生，远者不听；毋曰不同乡，远者不行；毋曰不同国，远者不从。''如地如天，何私何亲'，五亲也。'如月如日，唯君之节'，六亲也。"由此可知，这里所谓"六亲"，不是指一般意义的六亲，即非张守节《史记正义》所云外祖父母、姊妹、妻兄弟之子、从母之子、女子为六亲。㉖ 四维：《管子·牧民》云："国有四维，一维绝则倾，二维绝则危，三维绝则覆，四维绝则灭。倾可正也，危可安也，覆可起也，灭不可复错也。何谓四维？一曰礼，二曰义，三曰廉，四曰耻。"维：纲绳。㉗ 原：通"源"，水的源头。㉘ 论卑：指政论平俗而易于执行。㉙ 去：废除。㉚ 轻重：指事物的轻重缓急。㉛ 权衡：本指秤，这里引申为比较利弊得失。㉜ 少姬：齐桓公的宠妃，蔡国人，又称蔡姬。蔡姬习水，曾与桓公乘舟游玩时故意摇荡舟身，惊吓桓公，桓公制止不听，怒而遣送蔡姬回国。蔡君将其改嫁，桓公怒而攻蔡。㉝ 包茅：指用裹束成捆的菁茅过滤酒渣。包：裹束。茅：菁茅。《左传·僖公四年》载：齐桓公伐楚，使管仲责之曰："尔贡包茅不入，王祭不共，无以缩酒，寡人是征。"㉞ 桓公实北征：齐桓公二十三年(前663)，山戎(北方少数民族)伐燕，燕告急于齐，桓公因伐山戎。㉟ 召公：指召康公，佐周武王灭商，被封于燕，成为燕国的始祖。㊱ 于柯之会：齐桓公五年(前681)，伐鲁，鲁将曹沫三战三败，鲁庄公请献遂邑求和，桓公许，与鲁会柯而盟。柯：地名，在今山东东阿。㊲ 桓公欲背曹沫之约：齐鲁盟会于柯时，曹沫以匕首劫持桓公于坛上，威胁桓公归还"鲁之侵地"，桓公只得被迫答应，继而后悔，不想退还鲁地。㊳ 管仲因而信之：当齐桓公欲背曹沫之约时，管仲劝桓公不要图一时“小快”而“弃信于诸侯，失天下之援”。于是尽“与曹沫三败所亡地于鲁”。㊴ 归：归附，信从。㊵“知与之为取”二句：语出《管子·牧民》，此语本于《老子》：“将欲取之，必固与之。”与：给予。㊶ 拟：比拟，类同。公室：诸侯。㊷ 三归：各家说法不一，一说为台名，一说为三处家庭，一说为三处采邑、府库等，一说为三个妻子（古称女子出嫁为归，所以三归就是三个妻子）。反坫（diàn）：宴会时，宾主互相敬酒后，将酒杯放在土台上，叫反坫。按照古礼，只有诸侯才能享有三归和反坫的待遇。坫：厅堂两柱间放置供祭祀、宴会所有礼器和酒的土台。㊸ 莱：古国名，公元前567年为齐所灭。夷维：在今山东高密。㊹ 齐灵公：齐国国君，名环。庄公：灵公子，名光。景公：庄公异母弟，名杵臼。㊺ 重肉：两种肉食。㊻ 衣：穿。帛：丝织品的总称。㊼ 语及之：问到他。㊽ 危言：直言不讳。㊾ 危行：正道直行。㊿ 顺命：服从命令去做。51 衡命：对命令斟酌而行。52 越石父：春秋时齐国的贤人，生平事迹不详。53 缧绁（léi xiè）：拘系犯人的绳子，这里引申为囚禁。54 涂：同“途”，路途。55 骖：古代一车三马或四马，左右两旁的马叫骖。56 闺：内室。57 绝：绝交。58 戄（jué）然：震惊的样子。59 摄：提，整理。60 厄：困厄，灾难。61 诎（qū）：同“屈”，委屈。信（shēn）：同“伸”，伸展。62 寤：通“悟”，领悟，了解。63 延：请。64 御：御者，车夫。65 盖：车的伞盖。66 驷马：四匹马。67 自得：自鸣得意。68 去：离开。这里指离婚。69 志念：志向，思虑。70 自下：甘居人下。71 抑损：谦恭，退让。72 怪：感到奇怪。73《牧民》、《山高》、《乘马》、《轻重》、《九府》：均为《管子》一书中的篇名。74《晏子春秋》：传为晏婴撰，实际上是后人假托并采缀晏子言行而作。75 次：编次，编列。76 孔子小之：孔子认为他器量狭小。据《论语·八佾》载，孔子曾曰：“管仲之器小哉！”77 勉之：劝勉齐桓公。至王：实行王道。至：达到，实行。王：王道，以礼义教化的仁政方式统治天下人心。78 称霸：以军事征伐手段称雄于天下。79 以下引语引自《孝经·事君》。80 顺其美：顺应国君的美德。81 匡救其恶：匡正国君不好的品行。82“晏子伏庄公尸”二句：齐国大夫崔杼因齐庄公与他新娶棠公的寡妻私通，设谋杀死庄公。晏婴到崔家，枕庄公尸而哭之，完成君臣之礼而去。事见《左传·襄公二十五年》。83 进思尽忠，退思补过：语见《孝经·事君》。84 忻（xīn）：同“欣”。慕：羡慕，向往。

【品评】在这篇列传中，太史公为我们精心展示了一种动人的友情。统观全篇，太史公对管、晏两人的功业只是虚写，而对管仲与鲍叔、晏婴与越石父的知交则加以重点描写。“生我者父母，知我者鲍子也”，这句出自肺腑的心声，是对人间友情的最高礼赞。这与李斯害韩非、庞涓害孙膑之类“妒人之能，幸人之失”相比，何止天壤之别！正是出于对理想友情的珍视与向往，太史公将《管晏列传》置于《伯夷列传》后而成为七十列传第二篇。如果说《伯夷列传》置于列传之首是为了弘扬一种高尚的节义，那么《管晏列传》则展示了一种珍贵的友道。本文在写法上的一个显著特点是，善于通过典型细节刻画人物。如文中抓住了车夫妻子从门间窥视的细节，来揭示一个女子的内心隐秘。从瞬间的窥视到提出离婚，御妻的神色、姿态、心理已然活现，由此也表现了她的心计、意念和独特的看人标准。总之，这篇传记更像是一篇文学小品，读来令人趣味盎然。

屈原列传①

屈原者，名平，楚之同姓也②。为楚怀王左徒③。博闻强志④，明于治乱，娴于辞令⑤。入则与王图议国事，以出号令；出则接遇宾客，应对诸侯。王甚任之。

上官大夫与之同列⑥，争宠而心害其能⑦。怀王使屈原造为宪令⑧，屈平属草稿未定⑨，上官大夫见而欲夺之，屈平不与，因谗之曰：“王使屈平为令，众莫不知。每一令出，平伐其功⑩，曰以为‘非我莫能为也’。”王怒而疏屈平。

屈平疾王听之不聪也，谗谄之蔽明也，邪曲之害公也，方正之不容也⑪，故忧愁幽思而作《离骚》⑫。“离骚”者，犹离忧也⑬。夫天者，人之始也；父母者，人之本也。人穷则反本⑭，故劳苦倦极，未尝不呼天也；疾痛惨怛⑮，未尝不呼父母也。屈平正道直行，竭忠尽智以事其君，谗人间之⑯，可谓穷矣。信而见疑，忠而被谤，能无怨乎？屈平之作《离骚》，盖自怨生也。《国风》好色而不淫⑰，《小雅》怨诽而不乱⑱；若《离骚》者，可谓兼之矣。上称帝喾[19]，下道齐桓[20]，中述汤、武[21]，以刺世事。明道德之广崇，治乱之条贯[22]，靡不毕见[23]。其文约[24]，其辞微[25]，其志洁，其行廉。其称文小而其指极大[26]，举类迩而见义远[27]。其志洁，故其称物芳[28]；其行廉，故死而不容自疏。濯淖污泥之中[29]，蝉蜕于浊秽[30]，以浮游尘埃之外，不获世之滋垢[31]，皭然泥而不滓者也[32]。推其志也，虽与日月争光可也。

屈原既绌[33]。其后秦欲伐齐，齐与楚从亲[34]，惠王患之[35]，乃令张仪详去秦[36]，厚币委质事楚[37]，曰："秦甚憎齐，齐与楚从亲；楚诚能绝齐，秦愿献商、於之地六百里[38]。"楚怀王贪而信张仪，遂绝齐，使使如秦受地。张仪诈之曰："仪与王约六里，不闻六百里。"楚使怒去，归告怀王。怀王怒，大兴师伐秦。秦发兵击之，大破楚师于丹、淅[39]，斩首八万，虏楚将屈匄[40]，遂取楚之汉中地[41]。怀王乃悉发国中兵，以深入击秦，战于蓝田[42]。魏闻之，袭楚至邓[43]。楚兵惧，自秦归。而齐竟怒，不救楚，楚大困。

明年[44]，秦割汉中地与楚以和。楚王曰："不愿得地，愿得张仪而甘心焉。"张仪闻，乃曰："以一仪而当汉中地[45]，臣请往如楚。"如楚，又因厚币用事者臣靳尚[46]，而设诡辩于怀王之宠姬郑袖。怀王竟听郑袖，复释去张仪。是时屈原既疏，不复在位，使于齐，顾反[47]，谏怀王曰："何不杀张仪？"怀王悔，追张仪，不及。

其后，诸侯共击楚，大破之，杀其将唐眛[48]。时秦昭王与楚婚[49]，欲与怀王会。怀王欲行，屈平曰："秦，虎狼之国，不可信，不如毋行。"怀王稚子子兰劝王行："奈何绝秦欢！"怀王卒行。入武关[50]，秦伏兵绝其后，因留怀王，以求割地。怀王怒，不听。亡走赵，赵不内[51]。复之秦，竟死于秦而归葬。

长子顷襄王立[52]，以其弟子兰为令尹[53]。楚人既咎子兰[54]，以劝怀王入秦而不反也。屈平既嫉之，虽放流，眷顾楚国，系心怀王，不忘欲反。冀幸君之一悟[55]，俗之一改也[56]。其存君兴国，而欲反覆之[57]，一篇之中，三致志焉。然终无可奈何，故不可以反。卒以此见怀王之终不悟也。

人君无愚智贤不肖，莫不欲求忠以自为，举贤以自佐。然亡国破家相随属，而圣君治国累世而不见者，其所谓忠者不忠[58]，而所谓贤者不贤也。怀王以不知忠臣之分，故内惑于郑袖，外欺于张仪，疏屈平而信上官大夫、令尹子兰，兵挫地削，亡其六郡，身客死于秦，为天下笑，此不知人之祸也。《易》曰[59]："井渫不食[60]，为我心恻，可以汲[61]。王明，并受其福。"王之不明，岂足福哉！

令尹子兰闻之，大怒。卒使上官大夫短屈原于顷襄王[62]。顷襄王怒而迁之[63]。

屈原至于江滨，被发[64]，行吟泽畔，颜色憔悴，形容枯槁。渔父见而问之曰："子非三闾大夫欤[65]？何故而至此？"屈原曰："举世混浊而我独清，众人皆醉而我独醒，是以见放[66]。"渔父曰："夫圣人者，不凝滞于物，而能与世推移。举世混浊，何不随其流而扬其波？众人皆醉，何不餔其糟而啜其醨[67]？何故怀瑾握瑜[68]，而自令见放为？"屈原曰："吾闻之，新沐者必弹冠[69]，新浴者必振衣。人又谁能以身之察察[70]，受物之汶汶者乎[71]？宁赴常流而葬乎江鱼腹中耳[72]，又安能以皓皓之白，而蒙世之温蠖乎[73]？"乃作《怀沙》之赋[74]。

于是怀石，遂自投汨罗以死[75]。

屈原既死之后，楚有宋玉、唐勒、景差之徒者[76]，皆好辞而以赋见称。然皆祖屈原之从容辞令[77]，终莫敢直谏。其后楚日以削，数十年竟为秦所灭[78]。

自屈原沉汨罗后百有馀年，汉有贾生[79]，为长沙王太傅[80]。过湘水，投书以吊屈原[81]。

太史公曰："余读《离骚》、《天问》、《招魂》、《哀郢》[82]，悲其志。适长沙，过屈原所自沉渊，未尝不垂涕，想见其为人。及见贾生吊之，又怪屈原以彼其材游诸侯，何国不容，而自令若是！读《鹏鸟赋》[83]，同死生，轻去就[84]，又爽然自失矣[85]！"

【注释】① 屈原列传：选自《史记·屈原贾生列传》中有关屈原的部分，其中删去了屈原《怀沙》赋全文。这是现存关于屈原最早的完整史料，是研究屈原生平的重要依据。② 楚之同姓：楚王族本姓芈(mǐ)，后分为屈、景、昭等氏。楚武王熊通的儿子瑕封于屈，他的后代遂以屈为姓。③ 楚怀王：楚威王的儿子，名熊槐，公元前328—前299年在位。左徒：楚官名，职位仅次于令尹。④ 志：同"记"。⑤ 娴：熟悉。辞令：指外交辞令。⑥ 上官大夫：楚大夫。上官：复姓。同列：官阶相等。⑦ 害：嫉妒。⑧ 宪令：重要法令。⑨ 属(zhǔ)：撰写。⑩ 伐：夸耀。⑪ 方正：指品行正直。⑫《离骚》：屈原自叙生平的长篇抒情诗。⑬ 关于《离骚》诗题，后人有二说：一释"离"为"罹"的通假字，离骚就是遭受忧患；二是释"离"为离别，离骚就是离别的忧愁。司马迁在这里释"离"为"罹"。⑭ 穷：穷途末路。反本：追思根本。反：通"返"。⑮ 惨怛(dá)：忧伤的样子。⑯ 间：离间。⑰《国风》：《诗经》中十五个地区的民歌总称，共一百六十篇，多为反映男女爱情的诗篇。好色而不淫：喜好美色，但无淫荡之意。⑱《小雅》：《诗经》中的一部分，共七十四篇，其中多指斥朝政缺失、讽刺时事的作品。怨诽而不乱：有怨刺之声，但无反乱之意。⑲ 帝喾(kù)：传说中的上古帝王。相传是黄帝的曾孙，号高辛氏。⑳ 齐桓：即齐桓公，名小白，春秋五霸之一，公元前685—前643年在位。㉑ 汤：指商汤，商朝的开国君主。武：指周武王，灭商建立西周王朝。㉒ 条贯：条理。㉓ 见：同“现”。㉔ 约：简约，简洁。㉕ 微：隐微，含蓄。㉖ 指：同“旨”。㉗ 类：事例。迩（ěr）：近。㉘ 称物芳：指《离骚》中多用兰、桂、蕙、芷等香花芳草作比喻。㉙ 疏：离开。濯淖（zhuó nào）：污浊。㉚ 蝉蜕（tuì）：蝉脱壳，这里是摆脱的意思。㉛ 获：玷污。滋：通“兹”，黑。㉜ 皭（jiào）然：洁白的样子。滓：黑泥。㉝ 绌（chù）：通“黜”，废，罢免。指屈原被免去左徒的职位。㉞ 从（zòng）亲：合纵相亲。当时楚、齐等六国联合抗秦，称为合纵，楚怀王曾为合纵长。从：同“纵”。㉟ 惠王：秦惠王，公元前337—前311年在位。㊱ 张仪：魏人，主张“连横”，游说六国事奉秦国，为秦惠王所重。详：通“佯”，假装。去：离开。㊲ 厚币：丰厚的礼物。委：呈献。质：通“贽”，进见时所带的礼物。㊳ 商、於（wū）：秦地名。商：在今陕西商县东南。於：在今河南内乡一带。㊴ 丹、淅（xī）：二水名。丹水，又称丹江，汉江支流，发源于陕西商县西北，东南流入河南。淅水，丹江支流，发源于河南南卢氏县境，南流而入丹水。㊵ 屈匄（gài）：楚大将军。㊶ 汉中：今陕西南部一带。㊷ 蓝田：秦县名，在今陕西蓝田西。㊸ 邓：春秋时蔡地，后属楚，在今河南邓县一带。㊹ 明年：指楚怀王十八年（前311）。㊺ 当：抵，换取。㊻ 靳尚：楚大夫。一说即上文的上官大夫。㊼ 顾反：回来。反：通“返”。㊽ 唐昧：楚将。楚怀王二十八年（前301），秦、齐、韩、魏攻楚，杀唐昧。㊾ 秦昭王：秦惠王之子，公元前306—前251年在位。㊿ 武关：秦国的南关，在今陕西商县东。(51) 内：同“纳”，接纳。(52) 顷襄王：名熊横，公元前298—前262年在位。(53) 令尹：楚国的最高行政长官。(54) 咎：抱怨，责备。(55) 冀：希望。(56) 俗：风俗，风气。(57) 反覆之：指把楚国的危险局面扭转过来。(58) 所谓忠者不忠：所认为的忠臣不是忠臣。(59)《易》：即《周易》，又称《易经》。这里引用的是《易经·井卦》的爻辞。(60) 渫（xiè）：淘去泥污。这里以淘干净的水比喻贤人。井渫不食，意为品德高洁的人不为世所用。(61) 汲：打水，取水。(62) 短：毁谤。(63) 迁：放逐。(64) 被：通“披”。被发：指头发散乱。(65) 三闾大夫：楚国掌管王族昭、屈、景三姓事务的官。(66) 见放：被放逐。(67) 餔（bǔ）：通“哺”，食。糟：酒渣。啜（chuò）：喝。醨（lí）：薄酒。(68) 瑾、瑜：都是美玉。(69) 弹冠：弹去帽子上的灰尘。(70) 察察：洁白的样子。(71) 汶（mén）汶：昏暗的样子。(72) 常流：长流，指江水。(73) 温蠖（huò）：尘滓重积的样子。(74)《怀沙》：《楚辞·九章》中的一篇。《史记》中全文照录，《古文观止》中删除。(75) 汨（mì）罗：江名，在湖南东北部，流经汨罗县入洞庭湖。(76) 宋玉：相传为楚顷襄王时人，屈原的弟子，有《九辩》等作品传世。

唐勒、景差：约与宋玉同时，都是当时的楚辞作家。⑦ 祖：仿效，继承。⑱ 为秦所灭：公元前223年秦灭楚。⑲ 贾生：即贾谊（前200—前168），洛阳（今属河南）人，西汉政论家、文学家。⑳ 长沙王：指吴差，汉朝开国功臣吴芮的玄孙。太傅：官名，职务是辅佐国君并教导太子。㉑ 书：指贾谊所写的《吊屈原赋》。㉒《天问》、《招魂》、《哀郢》：都是屈原的作品。《招魂》，一说为宋玉所作。㉓《鹏鸟赋》：贾谊所作。㉔ 去：指贬官放逐。就：指在朝任职。㉕ 爽然：茫然无主的样子。

【品评】本文是现存关于屈原最早的完整的史料，是研究屈原生平的重要依据。屈原是我国历史上第一位伟大的爱国诗人。他生活在战国中后期，当时七国争雄，其中最强盛的是秦、楚二国。屈原曾在楚国内政、外交方面发挥了重要作用，后来虽然遭谗去职，流放江湖，但仍然关心朝政，热爱祖国。最后，毅然自沉汨罗，以殉自己的理想。本文以强烈的感情歌颂了屈原卓越超群的才华和他对理想执着追求的精神。虽然事迹简略，但文笔沉郁顿挫，咏叹反复，夹叙夹议，是一篇有特色的评传式散文。

酷吏列传序[①]

孔子曰[②]：“导之以政[③]，齐之以刑[④]，民免而无耻[⑤]。导之以德，齐之以礼，有耻且格[⑥]。”老氏称[⑦]：“上德不德[⑧]，是以有德。下德不失德[⑨]，是以无德。”“法令滋章[⑩]，盗贼多有。”

太史公曰：信哉是言也[⑪]！法令者，治之具[⑫]，而非制治清浊之源也[⑬]。昔天下之网尝密矣[⑭]，然奸伪萌起[⑮]，其极也，上下相遁[⑯]，至于不振。当是之时，吏治若救火扬沸[⑰]；非武健严酷，恶能胜其任而愉快乎？言道德者，溺其职矣[⑱]。故曰[⑲]：“听讼[⑳]，吾犹人也[㉑]，必也使无讼乎！”“下士闻道大笑之。”[㉒]非虚言也。汉兴，破觚而为圜[㉓]，斫雕而为朴[㉔]，网漏于吞舟之鱼[㉕]，而吏治烝烝[㉖]，不至于奸，黎民艾安[㉗]。由是观之，在彼不在此[㉘]。

【注释】① 酷吏列传序:选自《史记·酷吏列传》。酷吏:指施用严刑峻法,以酷烈著称的官吏。② 孔子曰:以下引文见于《论语·为政》。③ 导:引导,诱导。政:政令,行政命令。④ 齐:统一,整顿。刑:刑法。⑤ 免:免罪。无耻:指没有羞耻之心。⑥ 格:方正,规矩。⑦ 老氏:指老子,道家学派的创始人老聃。以下"上德不德"四句,见《老子》第三十八章。⑧ 上德:最有德行的人。不德:指不着意表现有德。⑨ 下德:最无德行的人。⑩"法令滋章"二句:见《老子》第五十七章。滋:繁多。章:同"彰",明白,明显。⑪ 信:的确,实在。是言:此言。⑫ 治之具:治理天下的工具。⑬ 清:指政治清明。浊:指政治混乱。⑭ 昔:从前,这里指秦始皇、秦二世时。网:法网。⑮ 萌起:像草木初生那样四处生长。⑯ 遁:逃避。⑰ 救火:"抱薪救火"的省语,意为抱着柴去救火。扬沸:"扬汤止沸"的省语,意为把沸水舀起来再倒回去,想叫它不沸腾。比喻不能从根本上解决问题。⑱ 溺其职:失其职。⑲ 故曰:以下引文见于《论语·颜渊》,为孔子所言。⑳ 听讼:审理案件,判案。㉑ 吾犹人:我和别人一样。㉒ 下士闻道大笑之:语出《老子》第四十一章。下士:才智低下的人。㉓ 破觚(gū)而为圜:去掉棱角,改为圆的。觚:有棱角的酒器,这里比喻严刑峻法。圜:同"圆",这里比喻宽缓的法令。㉔ 斫雕而为朴:比喻把繁琐的法令变为简约质朴的法令。斫(zhuó):砍削。雕:指华丽的装饰。㉕ 网漏于吞舟之鱼:法网疏得可以漏掉一口吞下船的大鱼。比喻法网的宽疏。㉖ 烝(zhēng)烝:兴盛、美好的样子。㉗ 艾(yì):通"乂",治理。㉘ 彼:指任德。此:指任刑。

【品评】在这篇序文中,太史公明确表明了自己主张实行德政、反对严刑峻法的政治观点。序文两次引用儒道两位先哲孔子、老子的话语,又将秦法峻刻与汉初宽仁相对比,由此对汉武当朝以酷吏治天下予以了强烈的针砭。出以先哲之言,佐之以历史行事,归结于对当朝酷吏政治的批判,太史公史家笔法的精当,由此可见一斑。

游侠列传序[①]

韩子曰[②]:"儒以文乱法[③],而侠以武犯禁[④]。"二者皆讥,而学士多称于世云[⑤]。至如以术取宰相、卿、大夫[⑥],辅翼其世主[⑦],功名俱著于春秋[⑧],固无可言者。及若季次、原宪[⑨]，闾巷人也[⑩]，读书怀独行君子之德[⑪]，义不苟合当世，当世亦笑之[⑫]。故季次、原宪终身空室蓬户[⑬]，褐衣疏食不厌[⑭]，死而已四百馀年，而弟子志之不倦[⑮]。今游侠，其行虽不轨于正义[⑯]，然其言必信，其行必果，已诺必诚[⑰]，不爱其躯，赴士之厄困[⑱]，既已存亡死生矣[⑲]，而不矜其能[⑳]，羞伐其德[㉑]。盖亦有足多者焉[㉒]。

且缓急[㉓]，人之所时有也[㉔]。太史公曰：昔者虞舜窘于井廪[㉕]；伊尹负于鼎俎[㉖]；傅说匿于傅险[㉗]；吕尚困于棘津[㉘]；夷吾桎梏[㉙]；百里饭牛[㉚]；仲尼畏匡[㉛]，菜色陈、蔡[㉜]。此皆学士所谓有道仁人也，犹然遭此灾，况以中材而涉乱世之末流乎[㉝]？其遇害何可胜道哉！

鄙人有言曰[㉞]："何知仁义，已飨其利者为有德[㉟]。"故伯夷丑周[㊱]，饿死首阳山，而文、武不以其故贬王[㊲]。跖、蹻暴戾[㊳]，其徒诵义无穷。由此观之，"窃钩者诛[㊴]，窃国者侯；侯之门，仁义存"[㊵]，非虚言也。

今拘学或抱咫尺之义[㊶]，久孤于世，岂若卑论侪俗[㊷]，与世浮沉而取荣名哉？而布衣之徒，设取予然诺[㊸]，千里诵义，为死不顾世。此亦有所长，非苟而已也。故士穷窘而得委命[㊹]，此岂非人之所谓贤豪间者邪？诚使乡曲之侠[㊺]，予季次、原宪比权量力[㊻]，效功于当世，不同日而论矣[㊼]。要以功见言信[㊽]，侠客之义，又曷可少哉？

古布衣之侠，靡得而闻已。近世延陵、孟尝、春申、平原、信陵之徒[㊾]，皆因王者亲属，藉于有土卿相之富厚[㊿]，招天下贤者，显名诸侯，不可谓不贤者矣。比如顺风而呼，声非加疾，其势激也。至如闾巷之侠，修行砥名[51]，声施于天下[52]，莫不称贤，是为难耳。然儒、墨皆排摈不载[53]。自秦以前，匹夫之侠，湮灭不见，余甚恨之。以余所闻，汉兴，有朱家、田仲、王公、剧孟、郭解之徒[54]，虽时扞当世之文罔[55]，然其私义，廉洁退让，有足称者。名不虚立，士不虚附。至如朋党宗强比周[56]，设财役贫，豪暴侵凌孤弱，恣欲自快，游侠亦丑之。余悲世俗不察其意，而猥以朱家、郭解等[57]，令与豪暴之徒同类而共笑之也。

【注释】① 游侠列传序：本文选自《史记·游侠列传》。游侠：指尚义任侠、能救人于患难的人。② 韩子：指韩非，战国时法家代表人物，著有《韩非子》一书。这里的引文见《韩非子·五蠹》。③ 文：指儒家的《诗》、《书》等文化经典以及儒家所推崇的礼乐制度。④ 禁：禁令。⑤ 称：称颂，赞扬。⑥ 术：这里指儒术。⑦ 辅翼：辅佐，帮助。⑧ 春秋：这里泛指史书或史册，不专指鲁国的《春秋》。⑨ 季次：即公皙哀，字季次，齐人，孔子的学生。原宪：字子思，鲁人，孔子的学生。两人坚守道义，终身不仕。⑩ 闾巷：乡里，民间。⑪ 怀：怀抱。独行君子：有独立操守的君子。⑫ 笑：讥笑。⑬ 空室：简陋的住室。蓬户：用蓬草编成门扇，形容住室简陋。⑭ 褐衣：粗布衣服。疏食：粗劣的饭食。厌：通"餍"，饱，足。⑮ 志：怀念。⑯ 轨：合。正义：当时社会的道德准则，这里指国法。⑰ 已诺：已经许诺人家的事情。必诚：必定忠诚地完成。⑱ 厄：灾难。⑲ 存亡死生：使亡者得存，使死者复生。⑳ 矜：夸耀。㉑ 伐：夸耀。㉒ 多：称颂，称道。㉓ 缓急：偏义复词，这里指危急。㉔ 人之所时有也：意为这是人时时会出现的事情。㉕ 虞舜：传说中的古代帝王。相传舜未即帝位时，舜父瞽叟和后母弟象设计谋害舜，叫舜修理粮仓，却放火烧仓；叫舜淘井，却用土填井。廪（lǐn）：米仓。㉖ 伊尹：商汤时贤臣，原为厨师。负：背着。鼎：烹煮的锅子。俎：切肉的砧板。㉗ 傅说（yuè）：殷高宗武丁的贤相，原为工匠，为人筑墙。匿：隐藏。傅险：即傅岩，在今山西平陆东。㉘ 吕尚：姓姜，字子牙，又名吕尚，原为贩卖熟食的小贩，后辅佐周武王灭殷，建立周朝。棘津：水名，在今河南延津东北，现已湮没。㉙ 夷吾：即管仲，春秋时齐桓公的贤相。管仲初佐公子纠与公子小白（即后来的齐桓公）争夺君位。公子纠失败，管仲被囚。桎梏（zhì gù）：脚镣和手铐。㉚ 百里：即百里奚，春秋时秦穆公的贤相。他在见秦穆公之前，曾卖身为奴，替人喂牛。饭：喂养。㉛ 仲尼：孔子的字。畏：指受到威胁。匡：春秋时卫国地名，在今河南长垣西南。孔子周游列国时，路过匡，匡人误认他是仇人阳货，包围了他，几乎被害。㉜ 菜色：因饥饿而面有菜色。陈：春秋时国名，都城宛丘（今河南淮阳）。蔡：春秋时国名，都城上蔡（今属河南）。㉝ 涉：经历，碰上。末流：末世，衰败时期。㉞ 鄙人：乡野之人。㉟ 飨：同"享"。㊱ 伯夷：古代贤人，殷末孤竹君的长子。父欲立伯夷弟叔齐为君位继承人，及父卒，叔齐让伯夷。伯夷曰："父命也。"遂逃去。叔齐亦不肯立而与伯夷一同投奔周文王。周武王伐纣时，伯夷、叔齐认为是以暴易暴，故义不食周粟，最后饿死于首阳山。丑：耻，认为……可耻。㊲ 贬王：贬低王号。㊳ 跖（zhí）：即柳下跖，春秋末鲁国人。蹻（qiāo）：即庄蹻，战国末楚国人。这两人在历史上都被称为大盗。暴戾（lì）：残暴，凶狠。㊴ 钩：衣带上的钩。㊵ 以上四句见于《庄子·胠箧》。㊶ 拘学：迂腐拘谨的学者。咫：古代长度单位，八寸为咫。咫尺，形容微小。㊷ 卑论：降低论调。侪（chái）俗：迁就流俗。㊸ 设：建立，这里有重视的意思。取予：收受。予：给与。然诺：许诺，应允。㊹ 委命：托付生命。㊺ 使：假使。乡曲：乡里，民间。㊻ 予：同"与"。㊼ 同日而论：相提并论。㊽ 要：总之。见：通"现"。㊾ 延陵：春秋时吴国公子季札，因封于延陵，人称延陵季子。孟尝：孟尝君田文，齐国贵族。春申：春申君黄歇，楚考烈王的相。平原：平原君赵胜，赵惠文王之弟。信陵：信陵君魏无忌，魏安王异母弟。以上四人被称为战国四公子。㊿ 土：指受封之地。51 砥名：磨炼名节，培养名声。砥：磨砺。52 施（yì）：蔓延，传扬。53 排摈：排斥摈弃。54 朱家、田仲、王公、剧孟、郭解：这五人都是司马迁在《游侠列传》中记叙的汉初著名游侠。55 扞（hàn）：抵触，违犯。文罔：即法网。罔：同"网"。56 朋党：结党营私的人。宗强：强宗豪族。比周：互相勾结。57 猥（wěi）：苟且，混杂。

【品评】汉代统治者敌视游侠的存在，并对游侠采取了严厉打击的政策。但在太史公看来，游侠虽有不利于社会法律秩序建立的一面，但他们身上所体现出的轻生仗义、急人所难的可贵精神却也值得大力颂扬。既然天地间有这样一种充满血性的奇人存在，太史公就不能不创出这样一种奇人之传。序文中之所谓"其言必信，其行必果，已诺必诚，不爱其躯，赴士之厄困，既已存亡死生矣，而不矜其能，羞伐其德"，"布衣之徒，设取予然诺，千里诵义，为死不顾世"，诸如此类，莫不表现了太史公对游侠仗义精神的由衷敬佩。

滑稽列传[①]

孔子曰："六艺于治一也[②]。《礼》以节人[③]，《乐》以发和[④]，《书》以道事[⑤]，《诗》以达意[⑥]，《易》以神化[⑦]，《春秋》以道义[⑧]。"太史公曰："天道恢恢[⑨]，岂不大哉！谈言微中[⑩]，亦可以解纷[⑪]。"

淳于髡者[⑫]，齐之赘婿也[⑬]。长不满七尺[⑭]，滑稽多辩，数使诸侯，未尝屈辱。齐威王之时[⑮]，喜隐[⑯]，好为淫乐长夜之饮，沉湎不治，委政卿大夫[⑰]。百官荒乱，诸侯并侵，国且危亡，在于旦暮，左右莫敢谏。淳于髡说之以隐曰："国中有大鸟，止王之庭，三年不蜚又不鸣[⑱]，王知此鸟何也？"王曰："此鸟不蜚则已，一蜚冲天；不鸣则已，一鸣惊人。"于是乃朝诸县令长七十二人[⑲]，赏一人，诛一人，奋兵而出。诸侯振惊，皆还齐侵地。威行三十六年。语在《田完世家》中[⑳]。

威王八年，楚大发兵加齐。齐王使淳于髡之赵请救兵，赍金百斤[㉑]，车马十驷[㉒]。淳于髡仰天大笑，冠缨索绝[㉓]。王曰："先生少之乎？"髡曰："何敢！"王曰："笑岂有说乎[㉔]？"髡曰："今者臣从东方来，见道旁有禳田者[㉕]，操一豚蹄[㉖]，酒一盂[㉗]，而祝曰[㉘]：'瓯窭满篝[㉙]，污邪满车[㉚]，五谷蕃熟[㉛]，穰穰满家[㉜]。'臣见其所持者狭而所欲者奢，故笑之。"于是齐威王乃益赍黄金千溢[㉝]，白璧十双，车马百驷。髡辞而行，至赵。赵王与之精兵十万，革车千乘[㉞]。楚闻之，夜引兵而去。

威王大说[㉟]，置酒后宫，召髡赐之酒。问曰："先生能饮几何而醉？"对曰："臣饮一斗亦醉，一石亦醉[㊱]。"威王曰:“先生饮一斗而醉,恶能饮一石哉㊲!其说可得闻乎?”髡曰:“赐酒大王之前,执法在傍,御史在后㊳,髡恐惧俯伏而饮,不过一斗径醉矣㊴。若亲有严客㊵,髡帣韝鞠跽㊶,侍酒于前,时赐馀沥㊷,奉觞上寿㊸,数起,饮不过二斗径醉矣。若朋友交游,久不相见,卒然相睹,欢然道故,私情相语,饮可五六斗径醉矣。若乃州闾之会㊹,男女杂坐,行酒稽留㊺,六博投壶㊻,相引为曹㊼,握手无罚,目眙不禁㊽,前有堕珥㊾,后有遗簪㊿,髡窃乐此,饮可八斗而醉二参[51]。日暮酒阑[52],合尊促坐[53],男女同席,履舄交错[54],杯盘狼藉,堂上烛灭,主人留髡而送客,罗襦襟解,微闻芗泽[55],当此之时,髡心最欢,能饮一石。故曰:酒极则乱,乐极则悲,万事尽然。言不可极,极之而衰。”以讽谏焉。齐王曰:“善。”乃罢长夜之饮,以髡为诸侯主客[56]。宗室置酒,髡尝在侧[57]。

【注释】① 滑稽列传:选自《史记·滑稽列传》。原文记述了淳于髡、优孟、优旃三人的故事,本文只选录了开头的短序和淳于髡传。滑稽(gǔ jī):这里指能言善辩,善用双关、隐喻、反语方式说话的人物。② 六艺:指儒家经典《六经》,即下文列举的《礼》、《乐》、《书》、《诗》、《易》、《春秋》。③《礼》:《礼经》,分为《仪礼》、《周礼》、《礼记》。节人:节制人的行为。④《乐》:《乐经》。据说秦朝焚书,《乐经》亡,现只剩下“五经”。发和:启发人的和谐情感。⑤《书》:《书经》,也称《尚书》,相传为孔子编订。道事:叙述史事。⑥《诗》:《诗经》,相传孔子删诗,选三百零五篇成书。⑦《易》:《易经》,也称《周易》。神化:阐述万事万物之间的神妙变化。⑧《春秋》:鲁国的编年史,相传为孔子所作。以道义:用来阐发君臣大义。⑨ 恢恢:广大的样子。⑩ 谈言微中:说话隐约委婉而切中事理。⑪ 解纷:解除纷扰。⑫ 淳于髡(kūn):齐国的大夫。⑬ 赘(zhuì)婿:旧时男子因家贫卖身给人家,得招为婿者,称为赘婿,其社会地位较为低下。⑭ 七尺:周尺比今尺短,七尺大约相当于今1.60米左右。⑮ 齐威王:田姓,名婴齐,春秋五霸之一齐桓公之子。在位三十七年，知人善任，改革政治，是个较有作为的国君。⑯ 隐：隐语，不直接说出本意而借别的词语来暗示的话。⑰ 委政卿大夫：把政事交给卿大夫。⑱ 蜚（fēi）：通“飞”。⑲ 县令长：战国秦汉时县的行政长官名称。人口万户以上的县称令，万户以下的县称长。⑳《田完世家》：指《史记・田敬仲完世家》。㉑ 赍（jī）：携带。金：黄铜。㉒ 驷：古代一车配四马为一乘。㉓ 索：尽。㉔ 说：说明，解释。㉕ 禳（ráng）田：古代祈求农事丰收的祭祀活动。㉖ 豚（tún）：猪。特指小猪。㉗ 盂（yú）：一种盛液体或饭的敞口器皿。㉘ 祝：祈祷。㉙ 瓯窭（ōu lóu）：狭小的高地。篝（gōu）：竹笼。这句意谓易旱高地上产出的粮食能多得装满笼子。㉚ 污邪：地势低下、容易积水的劣田。这句意谓易涝的低洼田里产出粮食能多得装满车子。㉛ 蕃：蕃盛，丰盛。㉜ 穰（ráng）穰：丰盛的样子。㉝ 溢：通“镒”，古以二十两或二十四两为一镒。㉞ 革车：兵车。㉟ 说：同“悦”。㊱ 石：古代容量单位，十斗为一石。又，古代重量单位，一百二十斤为一石。㊲ 恶：同“乌”，何。㊳ 御史：官名，执掌纠察、治狱之事。㊴ 径：即，就。㊵ 亲：这里指父亲。严客：严肃而尊贵的客人。㊶ 帣（juàn）：通“綦”，束衣袖。韝（gōu）：臂套。鞠：弯屈。跽（jì）：长跪。㊷ 馀沥：这里指多馀的酒。㊸ 觞（shāng）：古代盛酒器。上寿：祝寿。㊹ 闾：乡里。㊺ 行酒稽留：意为酒喝到一半停下来。稽留：停下来。㊻ 六博：古代一种争胜负的博戏，两人对局，各执黑白棋六子，故名六博。具体玩法见南宋洪兴祖《楚辞补注・招魂篇》引《古博经》。投壶：古代游戏，宴饮时用矢投入一定距离外的酒壶，以投中多少定胜负，负者罚酒。㊼ 相引为曹：互相招呼，结为同伴。曹：辈，这里指游戏时的分组。㊽ 眙（chì）：直视。不禁：不顾忌。㊾ 珥（ěr）：妇女的珠玉耳饰。㊿ 簪：妇女插髻的首饰。51 醉二参：指有二、三分醉意。参：同“三”。52 阑：完，尽。53 尊：同“樽”，酒杯。促坐：促席而坐。促：靠近。54 履舄（xì）：鞋。舄：古代的一种复底鞋，引申为鞋的通称。55 芗泽：同“香泽”，泛指香气。56 诸侯主客：简称“主客”，战国齐设置的官名，掌诸侯朝聘之事。57 尝：通“常”。

【品评】与充满血性并天生具有一种反专制精神的游侠人物相比，侍奉于君主之前并以调笑为能事的滑稽人物似乎媚态十足。但在太史公看来，滑稽人物也自有其可取之处。“天道恢恢，岂不大哉！谈言微中，亦可以解纷”，说明了太史公对滑稽人物正面价值的发现与肯定。就淳于髡而言，他虽在外表上看似卑琐，缺乏一种仗义执言的铮铮铁骨，但亦能在说说笑笑中寓有讽谏劝戒之意。善于从各类人物身上发现可取之处并尽量为各类人物树碑立传,反映出太史公深蕴一种博大的恻隐之心,反映出太史公能包容万千生命的深广的历史情怀。

货殖列传序[①]

老子曰[②]:“至治之极[③],邻国相望,鸡狗之声相闻,民各甘其食,美其服,安其俗,乐其业,至老死不相往来。”必用此为务,挽近世涂民耳目[④],则几无行矣。

太史公曰:夫神农以前[⑤],吾不知已[⑥]。至若《诗》、《书》所述虞、夏以来[⑦],耳目欲极声色之好,口欲穷刍豢之味[⑧],身安逸乐,而心夸矜势能之荣[⑨],使俗之渐民久矣[⑩]。虽户说以眇论[⑪],终不能化。故善者因之[⑫],其次利道之[⑬],其次教诲之,其次整齐之,最下者与之争[⑭]。

夫山西饶材、竹、榖、𬙋、旄、玉石[⑮],山东多鱼、盐、漆、丝、声色[⑯],江南出楠、梓、姜、桂、金、锡、连、丹沙、犀、玳瑁、珠玑、齿、革[⑰],龙门、碣石北多马、牛、羊、旃、裘、筋角[⑱],铜、铁则千里往往山出棋置[⑲]。此其大较也[⑳]。皆中国人民所喜好,谣俗被服饮食奉生送死之具也[㉑]。故待农而食之,虞而出之[㉒],工而成之,商而通之。此宁有政教发征期会哉[㉓]?人各任其能,竭其力,以得所欲。故物贱之征贵[㉔],贵之征贱,各劝其业,乐其事,若水之趋下,日夜无休时,不召而自来,不求而民出之。岂非道之所符,而自然之验邪?

《周书》曰[㉕]:“农不出则乏其食,工不出则乏其事,商不出则三宝绝[㉖],虞不出则财匮少。”财匮少而山泽不辟矣[㉗]。此四者,民所衣食之原也[㉘]。原大则饶[㉙],原小则鲜[30]。上则富国,下则富家。贫富之道,莫之夺予[31],而巧者有馀,拙者不足。故太公望封于营丘[32],地潟卤[33],人民寡,于是太公劝其女功[34],极技巧,通鱼盐,则人物归之,繦至而辐凑[35]。故齐冠带衣履天下[36],海岱之间敛袂而往朝焉[37]。其后齐中衰,管子修之[38],设轻重九府[39],则桓公以霸[40],九合诸侯[41],一匡天下。而管氏亦有三归[42],位在陪臣[43],富于列国之君。是以齐富强至于威、宣也[44]。

故曰[45]:"仓廪实而知礼节[46],衣食足而知荣辱。"礼生于有而废于无[47]。故君子富,好行其德;小人富,以适其力[48]。渊深而鱼生之,山深而兽往之,人富而仁义附焉。富者得势益彰,失势则客无所之[49],以而不乐[50]。谚曰:"千金之子,不死于市。"此非空言也。故曰:"天下熙熙[51],皆为利来;天下壤壤[52],皆为利往。"夫千乘之主[53],万家之侯[54],百室之君[55],尚犹患贫,而况匹夫编户之民乎[56]!

【注释】① 货殖列传序:本文选自《史记·货殖列传》。货殖:指靠贸易来生财求利。② 老子曰:以下引文见于《老子》第八十章,文字略有出入。③ 至治:治理得极好的社会。极:极点。④ 挽:通"晚"。挽近世:即近世。涂:闭塞。⑤ 神农:传说中上古时代的帝王,曾教民耕种。⑥ 已:同"矣"。⑦ 至若:至于。虞、夏:指上古虞舜、夏禹之世。⑧ 刍豢(chú huàn):泛指牲畜的肉。刍:食草的牲畜,如牛、羊。豢:吃粮食的牲畜,如猪、狗。⑨ 夸矜:夸耀。⑩ 渐(jiān):逐渐影响。⑪ 眇(miào)论:高妙的言论。眇:通"妙"。⑫ 因:遵循,顺着。⑬ 道:同"导",引导。⑭ 与之争:与民争利。⑮ 山西:指太行山以西,包括今山西、陕西、甘肃等地。饶:富有。榖(gǔ):树名,即楮树,树皮可以造纸。纑(lú):山中野麻,可以织布。旄(máo):牦牛尾,可以作旗杆上的装饰品。⑯ 山东:指太行山以东。声色:音乐和女色。⑰ 楠、梓:都是优质木材。连:通"链",铅矿石。丹沙:即丹砂,朱砂,矿物名。犀(xī):犀牛角,贵重药品。玳瑁(dài mào):海中动物,似龟,甲壳可作珍贵饰物。玑(jī):不圆的珠。齿:象牙。革:皮革。⑱ 龙门:即龙门山,在今山西河津西北、陕西韩城东北。碣石:即碣石山,在今河北乐亭西南。旃(zhān):同"毡"。裘:皮衣。筋角:兽筋、兽角,制造弓弩的材料。⑲ 棋置:如棋子那样密布。⑳ 大较:大略,大概。㉑ 谣俗:风谣,习俗。㉒ 虞:虞人,古代掌管山林川泽的官。㉓ 政教:政令教化。发:调拨。征:征集。期会:按期会聚。㉔ 物贱之征贵:物价贱是贵的征兆。征:征兆。㉕《周书》:指周朝的文告,已亡佚。㉖ 三宝:指粮食、器物、财富。㉗ 辟:开辟。㉘ 原:来源。㉙ 饶:富足。㉚ 鲜:少。㉛ 莫之夺予:没有人能够夺走或者给予。㉜ 太公望:即姜尚,字子牙。原为贩卖熟食的小贩,后辅佐周武王灭殷,建立周朝,封于营丘(今山东昌乐东南),国号为齐。㉝ 潟卤(xì lǔ):指不宜耕种的盐碱地。㉞ 劝:勉励,鼓励。女功:指妇女纺织之事。㉟ 缀(qiǎng)至:像钱串一样络绎不绝地赶来。缀:用绳索穿好的钱串。一说:缀至:背着襁褓赶来;缀:同"襁",即襁褓。辐:车轮中的辐条。凑:聚集。㊱ 齐冠带衣履天下:谓齐国的冠带衣履传遍天下。㊲ 海:渤海。岱:泰山。海岱之间,指今山东半岛。敛袂(mèi):整理衣袖,表示敬意。㊳ 管子:即管仲,春秋齐桓公时的贤相。㊴ 轻重:这里指调控物价的政策、办法。九府:周代掌管财物的九个官府。㊵ 桓公:姓姜,名小白,春秋五霸之一。㊶ 九合:多次会盟诸侯。㊷ 三归:各家说法不一:一说为台名,一说为三处家庭,一说为三处采邑、府库等,一说为三个妻子(古称女子出嫁为归,所以三归就是三个妻子)。㊸ 陪臣:诸侯的大夫,对周天子自称为陪臣。㊹ 威:齐威王田婴齐,公元前 359—前 320 年在位。宣:齐宣王田辟疆,公元前 319—前 301 年在位。㊺ 故曰:以下引文见《管子·牧民》。㊻ 廪:粮仓。㊼ 有:富有。无:贫穷。㊽ 适其力:指能适当地运用自己的能力。㊾ 无所之:无所可去。之:往。㊿ 以:因。51 熙熙:拥挤、热闹的样子。52 壤壤:通"攘攘",与"熙熙"同义。53 千乘(shèng)之主:指天子。54 万家之侯:指列侯。55 百室之君:指大夫。56 而况:何况。匹夫:平民。编户之民:编入户籍的民众。

【品评】在中国历史上,太史公一反重农抑商的传统,首创商贾列传即《货殖列传》。在本篇序文中,太史公首先明确地批驳了以穷为乐的酸腐论调,要求统治者顺应人民对物质财富的渴望,切不可逆流而动;接着,他以政府对商业活动的态度作为标准,将政府划分为五类:"善者因之,其次利道之，其次教诲之，其次整齐之，最下者与之争。”也就是说，最上等的政府顺应商业活动的自身规律，最下等的政府垄断商业活动，与民争利。在此基础上，太史公又主张农、工、商、虞四者并重，认为这样才能保证人民日常生活的物质需求。尤为可贵的是，太史公还深刻认识到，商业活动的发展是一个国家强弱盛衰的基础，它“上则富国，下则富家”。太史公的这些经济思想，不但在一贯重农抑商的封建社会独步千古，就是在由计划经济走向市场经济的今天，也具有重要的现实意义。

太史公自序[①]

太史公曰：“先人有言[②]：‘自周公卒五百岁而有孔子[③]。孔子卒后至于今五百岁，有能绍明世[④]，正《易传》[⑤]，继《春秋》[⑥]，本《诗》[⑦]、《书》[⑧]、《礼》[⑨]、《乐》[⑩]之际？’意在斯乎！意在斯乎！小子何敢让焉[⑪]！”

上大夫壶遂曰[⑫]：“昔孔子何为而作《春秋》哉？”太史公曰：“余闻董生曰[⑬]：‘周道衰废，孔子为鲁司寇[⑭]，诸侯害之，大夫壅之[⑮]。孔子知言之不用，道之不行也，是非二百四十二年之中[⑯]，以为天下仪表[⑰]，贬天子，退诸侯，讨大夫，以达王事而已矣[⑱]。’子曰：‘我欲载之空言[⑲]，不如见之于行事之深切著明也[⑳]。’夫《春秋》，上明三王之道[㉑]，下辨人事之纪[㉒]，别嫌疑[㉓]，明是非，定犹豫，善善恶恶[㉔]，贤贤贱不肖[㉕]，存亡国[㉖]，继绝世[㉗]，补弊起废[㉘]，王道之大者也。《易》著天地、阴阳、四时[㉙]、五行[㉚]，故长于变；《礼》经纪人伦[㉛]，故长于行；《书》记先王之事，故长于政；《诗》记山川、溪谷、禽兽、草木、牝牡[㉜]、雌雄，故长于风[㉝]；《乐》乐所以立[㉞]，故长于和[㉟]；《春秋》辨是非，故长于治人。是故《礼》以节人，《乐》以发和，《书》以道事，《诗》以达意，《易》以道化，《春秋》以道义。拨乱世反之正[36]，莫近于《春秋》。《春秋》文成数万，其指数千[37]。万物之散聚，皆在《春秋》。《春秋》之中，弑君三十六[38]，亡国五十二，诸侯奔走不得保其社稷者[39]，不可胜数。察其所以，皆失其本已。故《易》曰：'失之毫厘，差之千里。'故曰：'臣弑君，子弑父，非一旦一夕之故也，其渐久矣。'故有国者不可以不知《春秋》，前有谗而弗见[40]，后有贼而不知。为人臣者不可以不知《春秋》，守经事而不知其宜[41]，遭变事而不知其权[42]。为人君父而不通于《春秋》之义者，必蒙首恶之名。为人臣子而不通于《春秋》之义者，必陷篡弑之诛，死罪之名。其实皆以为善[43]，为之不知其义，被之空言而不敢辞。夫不通礼义之旨，至于君不君，臣不臣，父不父，子不子。君不君则犯[44]，臣不臣则诛，父不父则无道，子不子则不孝。此四行者，天下之大过也。以天下之大过予之，则受而弗敢辞。故《春秋》者，礼义之大宗也。夫礼禁未然之前[45]，法施已然之后；法之所为用者易见，而礼之所为禁者难知。"

壶遂曰："孔子之时，上无明君，下不得任用，故作《春秋》，垂空文以断礼义，当一王之法。今夫子上遇明天子，下得守职，万事既具，咸各序其宜[46]，夫子所论，欲以何明？"

太史公曰："唯唯，否否，不然。余闻之先人曰：'伏羲至纯厚[47]，作《易》八卦。尧、舜之盛[48]，《尚书》载之[49]，礼乐作焉。汤、武之隆[50]，诗人歌之[51]。《春秋》采善贬恶，推三代之德[52]，褒周室，非独刺讥而已也。'汉兴以来，至明天子，获符瑞[53]，封禅[54]，改正朔[55]，易服色[56]，受命于穆清[57]，泽流罔极[58]，海外殊俗[59]，重译款塞[60]，请来献见者，不可胜道。臣下百官，力诵圣德，犹不能宣尽其意。

且士贤能而不用，有国者之耻；主上明圣而德不布闻，有司之过也[61]。且余尝掌其官，废明圣盛德不载，灭功臣、世家、贤大夫之业不述，堕先人所言，罪莫大焉。余所谓述故事[62]，整齐其世传，非所谓作也，而君比之于《春秋》，谬矣！”

于是论次其文。七年而太史公遭李陵之祸[63]，幽于缧绁[64]。乃喟然而叹曰：“是余之罪也夫？是余之罪也夫？身毁不用矣！”退而深惟曰[65]：“夫《诗》、《书》隐约者，欲遂其志之思也[66]。昔西伯拘羑里，演《周易》[67]；孔子厄陈、蔡，作《春秋》[68]；屈原放逐，著《离骚》[69]；左丘失明，厥有《国语》[70]；孙子膑脚，而论兵法[71]；不韦迁蜀，世传《吕览》[72]；韩非囚秦，《说难》、《孤愤》[73]；《诗》三百篇[74]，大抵贤圣发愤之所为作也。此人皆意有所郁结，不得通其道也，故述往事，思来者。”于是卒述陶唐以来[75]，至于麟止[76]，自黄帝始[77]。

【注释】① 太史公自序：本文是司马迁为《史记》一书所作的序文，见于《史记》一书的最后。这里是节选。② 先人：指司马迁的父亲司马谈。③ 周公：姓姬，名旦，周武王之弟，周成王之叔。武王死时，成王尚年幼，于是就由周公摄政（代掌政权）。相传周公制定了周朝的礼乐制度。④ 绍：继承。明世：贤明的盛世。⑤ 正：修正。《易传》：《周易》的组成部分，是儒家学者对《周易》卦辞所作的解说。⑥《春秋》：儒家经典，相传为孔子根据鲁国史官所编《春秋》加以整理、修订而成。⑦ 本：以……为本。《诗》：即《诗经》，儒家经典之一，是我国第一部诗歌总集。⑧《书》：即《尚书》，儒家经典之一，是我国第一部史料汇编。⑨《礼》：儒家经典之一，《周礼》、《仪礼》、《礼记》三书的合称。⑩《乐》：儒家经典之一，今已不传。⑪ 小子：古时晚辈在长辈面前的自称。⑫ 壶遂：汉代天文历法学家，曾和司马迁一起参加太初改历，官至詹事，秩二千石，故称为上大夫。⑬ 董生：即董仲舒，汉代儒学大师，专治《春秋公羊传》。司马迁曾拜他为师，学习《春秋公羊传》。⑭ 孔子为鲁司寇：鲁定公十年（前 500），孔子在鲁国由中都宰升任司空和大司寇。司寇：掌管刑狱、纠察的官职。⑮ 壅：阻挠，排挤。⑯ 是非：评议，褒贬。二百四十二年：《春秋》记载了自鲁隐公元年至鲁哀公十四年（前 722—前 481）的历史，共计二百四十二年。⑰ 仪表：标准，准则。⑱ 达：阐明。王事：实行王道之事。⑲ 载之空言：把我对人世的是非褒贬用空话记载下来。⑳ 不如见之于行事之深切著明：不如表现在具体的历史事件中更加深刻、明显。㉑ 三王：指夏、商、周三代开国之君禹、汤、文王。㉒ 纪：纪纲，准则。㉓ 嫌疑：指疑惑难明之事。㉔ 善善：表扬善行。前一个善为动词，后一个善为名词。恶恶：贬斥恶行。前一个恶为动词，后一个恶为名词。㉕ 贤贤：尊敬贤人。前一个贤为动词，后一个贤为名词。贱不肖：鄙视不肖。㉖ 存：保存，恢复。亡国：已经灭亡了的国家。㉗ 继绝世：延续已经断绝了的世系。㉘ 补弊起废：补救政治上的弊端，兴起已经荒废的事业。㉙ 四时：指春、夏、秋、冬四季。㉚ 五行：指金、木、水、火、土五种基本元素，古人认为它们之间会相生相克。㉛ 经纪：安排。人伦：指人与人之间的关系。㉜ 牝牡（pìn mǔ）：牝为雌，牡为雄。㉝ 风：教化。㉞《乐》乐所以立：《乐记》是乐所以成立的依据。㉟ 和：指调和性情。㊱ 反之正：归向正道。㊲ 指：同“旨”，主旨，要旨。㊳ 弑：古时称臣杀君、子杀父曰“弑”。㊴ 社稷：土神和谷神。古时王朝建立，必先立社稷坛；灭人之国，也必先改置被灭国的社稷坛。后世故以社稷为国家政权的象征。㊵ 谗：指进谗言的小人。㊶ 经事：指正常的事情。宜：适宜。㊷ 权：权变。㊸ 其实皆以为善：其实，他们都以为自己在做善事。㊹ 君不君：做国君的不像国君。第一个“君”字为名词，第二个“君”字为动词。㊺ 礼禁未然之前：礼的作用是防患于未然。㊻ 咸：都。各序其宜：安排在适当的位置上。㊼ 伏羲：上古神话传说中的帝王。曾教民结网，从事渔猎畜牧。据说《易经》中的八卦是他所作。㊽ 尧、舜：传说中的帝王。相传尧禅位给舜，舜后来又禅位给禹。尧：传说中我国父系社会后期部落联盟的领袖。㊾《尚书》载之：《尚书》的第一篇《尧典》，记载了尧禅位给舜的事迹。㊿ 汤：商朝的建立者。武：周武王，西周王朝的建立者。(51) 诗人歌之：《诗经》中有《商颂》五篇，内容多是对殷代先王先公的赞颂。(52) 三代：夏、商、周。(53) 符瑞：吉祥的征兆。公元前 122 年，汉武帝猎获了一头白麟，于是改元“元狩”。(54) 封禅：帝王祭天地的典礼。封：登泰山筑坛祭天。禅：在泰山下的梁父山上辟基祭地。(55) 正朔：指一年的第一天。正：一年的开始；朔：一月的开始。古代改朝换代时，新帝王有改正朔的习惯，以示受命于天。周以夏历的十一月为岁首；秦以夏历的十月为岁首；汉初承秦制，至汉武帝元封元年（前 104）改用“太初历”，以夏历的正月为岁首，从此直到清末，历代沿用。㊻ 易服色：更改各种服用器物的颜色。古代改朝换代，规定以本朝崇尚的正色作为服用器物的颜色。汉初四十年，汉人依照“五德终始说”，认为自己是水德，故崇尚黑色；到武帝时正式改定为土德，崇尚黄色。㊼ 穆清：清和之气，指天。㊽ 泽：恩泽。罔极：没有边际。罔：同“无”。㊾ 海外殊俗：指海外不同风俗的国家和地区。㊿ 重译：经过几重翻译，喻远方邻邦。款塞：叩开关塞。款：通“叩”。61 有司：有关司职人员，即政府官员。62 故事：过去的事情。63 遭李陵之祸：李陵，陇西成纪（今甘肃秦安）人，汉名将李广之孙，汉武帝时官拜骑都尉。天汉二年（前 99），李陵率军攻打匈奴深入腹地，遇匈奴主力而被围。经血战后，李陵兵败投降。司马迁认为李陵是难得的将才，他的投降只是一种佯降，故在武帝面前为李陵辩解，不料竟被下狱问罪，处以宫刑。这就是“李陵之祸”。64 幽：幽囚。缧绁（léi xiè）：原是捆绑犯人的绳索，这里引伸为监狱。65 惟：思，想。66 遂：实现。67 西伯拘羑（yǒu）里，演《周易》：西伯即周文王。相传周文王被殷纣王拘禁在羑里（今河南汤阴北）时，推演《易》的八卦（相传是伏羲所作）为六十四卦，这是《周易》一书的骨干。68 孔子厄陈、蔡，作《春秋》：孔子周游列国时，曾在陈国和蔡国陷入绝粮和围攻的困厄，后返回鲁国作《春秋》。69 屈原放逐，著《离骚》：屈原曾两次被楚王放逐，幽愤而作《离骚》。70 左丘：春秋时鲁国史官左丘明。《国语》：史书，相传为左丘明撰著。71 孙子：春秋战国时著名军事家孙膑。膑脚：孙膑曾与庞涓一起从鬼谷子习兵法。后庞涓为魏惠王将军，骗膑入魏，割去了他的膑骨（膝盖骨）。孙膑有《孙膑兵法》传世。72 不韦：吕不韦，战国末年大商人，秦初为相国。曾命门客著《吕氏春秋》（一名《吕览》）。始皇十年，令吕不韦举家迁蜀，吕不韦自杀。73 韩非：战国后期韩国公子，曾从荀卿学，入秦被李斯所谗，下狱死。著有《韩非子》，《说难》、《孤愤》是其中的两篇。74《诗》三百篇：今本《诗经》共有三百零五篇，此举其成数。75 陶（yáo）唐：即唐尧。尧最初住在陶丘（今山东定陶南），后又迁往唐（今河北唐县），故称陶唐氏。76 至于麟止：汉武帝元狩元年（前 122），猎获白麟一只，《史记》记事即止于此年。孔子作《春秋》绝笔于鲁哀公获麟（事在鲁哀公十四年，即公元前 481 年）。《史记》有意仿效孔子作《春秋》，故止于武帝获麟。77 黄帝：传说中中原各族的共同祖先，姬姓，号轩辕氏、有熊氏。《史记》首篇即《五帝本纪》，黄帝为五帝之首，故云。

【品评】《太史公自序》是司马迁为《史记》一书撰写的序言。原序由三部分组成：第一部分历叙世系和家学渊源，并概括了自己前半生的经历；第二部分（即这里节选的部分）利用对话的形式，鲜明地表达了作者撰写《史记》的目的是为了完成父亲临终前的嘱托，以《史记》上续孔子的《春秋》，并通过对历史人物的描绘、评价，来抒发自己心中的抑郁不平之气，表白自己以古人身处逆境、发愤著书的事迹自励，终于在遭受宫刑之后，忍辱负重，完成了《史记》这部巨著；第三部分是《史记》一百三十篇的各篇小序。全序规模宏大，文气深沉浩瀚，是《史记》全书的纲领。

司马迁 （前145—前87?）

司马迁，字子长，左冯翊夏阳（今陕西韩城）人。其父司马谈为太史令，有广博的学问修养。司马迁自谓“迁生龙门，耕牧河山之阳”（《史记·太史公自序》），十岁时随父入京，向古文大师孔安国学古文《尚书》，又跟从今文大师董仲舒学公羊派《春秋》。司马迁二十岁时壮游中国，回到长安后，仕为郎中，父死后继任为太史令，开始了《史记》一书的撰写。天汉二年（前99），司马迁因“李陵之祸”而惨遭宫刑。司马迁在思想上对诸家学说都有广泛的接受，其中主要接受了儒、道两家思想的影响。司马迁一方面广泛接受了诸家学说的影响，一方面又能突破诸家学说之弊而表现出自成一家之学的卓识远见，从而使《史记》一书成为一部体大思精的伟大著作。

报任安书[①]

太史公牛马走司马迁再拜言[②]，少卿足下[③]：

曩者辱赐书[④]，教以慎于接物[⑤]，推贤进士为务[⑥]，意气勤勤恳恳[⑦]，若望仆不相师[⑧]，而用流俗人之言[⑨]。仆非敢如此也。仆虽罢驽[⑩]，亦尝侧闻长者之遗风矣[⑪]。顾自以为身残处秽[⑫]，动而见尤[⑬]，欲益反损[⑭]，是以独抑郁而谁与语[15]。谚曰："谁为为之？孰令听之[16]？"盖钟子期死，伯牙终身不复鼓琴[17]。何则？士为知己者用，女为说己者容[18]。若仆大质已亏缺矣[19]，虽才怀随、和[20]，行若由、夷[21]，终不可以为荣，适足以见笑而自点耳[22]。书辞宜答，会东从上来[23]，又迫贱事[24]，相见日浅[25]，卒卒无须臾之闲[26]，得竭指意[27]。今少卿抱不测之罪[28]，涉旬月[29]，迫季冬[30]，仆又薄从上雍[31]，恐卒然不可为讳[32]，是仆终已不得舒愤懑以晓左右[33]，则长逝者魂魄私恨无穷，请略陈固陋[34]。阙然久不报[35]，幸勿为过[36]！

仆闻之："修身者，智之符也[37]；爱施者，仁之端也[38]；取予者，义之表也[39]；耻辱者，勇之决也[40]；立名者，行之极也[41]。"士有此五者，然后可以托于世[42]，列于君子之林矣。故祸莫憯于欲利[43]，悲莫痛于伤心，行莫丑于辱先，而诟莫大于宫刑[44]。刑馀之人，无所比数[45]，非一世也，所从来远矣[46]。昔卫灵公与雍渠同载，孔子适陈；[47]商鞅因景监见，赵良寒心；[48]同子参乘，袁丝变色：[49]自古而耻之。夫中材之人[50]，事有关于宦竖[51]，莫不伤气，而况于慷慨之士乎？如今朝廷虽乏人，奈何令刀锯之馀[52]，荐天下之豪俊哉？仆赖先人绪业[53]，得待罪辇毂下二十馀年矣[54]。所以自惟[55]：上之，不能纳忠效信，有奇策材力之誉，自结明主[56]；次之，又不能拾遗补阙[57]，招贤进能，显岩穴之士[58]；外之，不能备行伍[59]，攻城野战，有斩将搴旗之功[60]；下之，不能积日累劳，取尊官厚禄，以为宗族交游光宠。四者无一遂[61]，苟合取容，无所短长之效[62]，可见于此矣。向者[63]，仆亦尝厕下大夫之列[64]，陪奉外廷末议[65]，不以此时引维纲[66]，尽思虑，今已亏形，为扫除之隶[67]，在阘茸之中[68]，乃欲仰首伸眉[69]，论列是非，不亦轻朝廷、羞当世之士邪？嗟乎！嗟乎！如仆尚何言哉！尚何言哉！

且事本末未易明也。仆少负不羁之才[70]，长无乡曲之誉[71]，主上幸以先人之故，使得奏薄伎，出入周卫之中[72]。仆以为戴盆何以望天[73]，故绝宾客之知，亡室家之业，日夜思竭其不肖之才力[74]，务一心营职，以求亲媚于主上，而事乃有大谬不然者[75]！

夫仆与李陵[76]，俱居门下[77]，素非能相善也。趣舍异路[78]，未尝衔杯酒，接殷勤之欢[79]。然仆观其为人，自守奇士，事亲孝，与士信，临财廉，取与义，分别有让，恭俭下人[80]，常思奋不顾身，以徇国家之急[81]。其素所蓄积也，仆以为有国士之风[82]。夫人臣出万死不顾一生之计，赴公家之难，斯已奇矣。今举事一不当，而全躯保妻子之臣，随而媒蘖其短[83]，仆诚私心痛之！且李陵提步卒不满五千，深践戎马之地，足历王庭[84]，垂饵虎口，横挑强胡，仰亿万之师[85]，与单于连战十馀日，所杀过当，虏救死扶伤不给[86]，旃裘之君长咸震怖[87]，乃悉征其左右贤王[88]，举引弓之人，一国共攻而围之。转斗千里，矢尽道穷，救兵不至，士卒死伤如积。然李陵一呼劳军，士无不起，躬自流涕，沬血饮泣[89]，张空弮[90]，冒白刃，北向争死敌者[91]。陵未没时[92]，使有来报，汉公卿王侯皆奉觞上寿[93]。后数日，陵败书闻，主上为之食不甘味，听朝不怡，大臣忧惧，不知所出。仆窃不自料其卑贱，见主上惨怆怛悼[94]，诚欲效其款款之愚[95]，以为李陵素与士大夫绝甘分少[96]，能得人之死力，虽古之名将不能过也。身虽陷败彼，观其意，且欲得其当而报于汉[97]；事已无可奈何，其所摧败，功亦足以暴于天下矣[98]。仆怀欲陈之，而未有路，适会召问，即以此指，推言陵之功[99]，欲以广主上之意，塞睚眦之辞[100]。未能尽明，明主不深晓，以为仆沮贰师[101]，而为李陵游说，遂下于理[102]。拳拳之忠[103]，终不能自列[104]，因为诬上，卒从吏议[105]。家贫，货赂不足以自赎。交游莫救视，左右亲近不为一言[106]。身非木石，独与法吏为伍，深幽囹圄之中[107]，谁可告愬者[108]！此正少卿所亲见，仆行事岂不然乎[109]？李陵既生降，颓其家声[110]，而仆又佴之蚕室[111]，重为天下观笑[112]。悲夫！悲夫！事未易一二为俗人言也[113]。

仆之先，非有剖符丹书之功[114]，文史星历[115]，近乎卜祝之间[116]，固主上所戏弄，倡优所畜[117]，流俗之所轻也[118]。假令仆伏法受诛，若九牛亡一毛，与蝼蚁何以异？而世俗又不能与死节者次比[119]，特以为智穷罪极，不为自免，卒就死耳。何也？素所自树立使然也[120]。人固有一死，死或重于泰山，或轻于鸿毛，用之所趋异也[121]。太上，不辱先；其次，不辱身；其次，不辱理色[122]；其次，不辱辞令；其次，诎体受辱[123]；其次，易服受辱[124]；其次，关木索、被箠楚受辱[125]；其次，剔毛发、婴金铁受辱[126]；其次，毁肌肤、断肢体受辱；最下，腐刑极矣。传曰[127]："刑不上大夫。"此言士节不可不勉励也[128]。猛虎在深山，百兽震恐，及其在槛阱之中[129]，摇尾而求食，积威约之渐也[130]。故士有画地为牢，势不可入；削木为吏，议不可对：定计于鲜也[131]。今交手足，受木索，暴肌肤，受榜箠，幽于圜墙之中[132]。当此之时，见狱吏则头抢地[133]，视徒隶则心惕息[134]。何者？积威约之势也。及以至是，言不辱者，所谓强颜耳[135]，曷足贵乎！且西伯，伯也，拘于牖里[136]；李斯，相也，具于五刑[137]；淮阴，王也，受械于陈[138]；彭越、张敖，南乡称孤，系狱抵罪[139]；绛侯诛诸吕，权倾五伯，囚于请室[140]；魏其，大将也，衣赭衣、关三木[141]；季布为朱家钳奴[142]；灌夫受辱于居室[143]。此人皆身至王侯将相，声闻邻国，及罪至罔加[144]，不能引决自裁[145]，在尘埃之中。古今一体，安在其不辱也？由此言之：勇怯，势也；强弱，形也。审矣[146]，何足怪乎？且人不能蚤自裁绳墨之外[147]，以稍陵迟[148]，至于鞭箠之间，乃欲引节[149]，斯不亦远乎？古人所以重施刑于大夫者，殆为此也[150]。

夫人情莫不贪生恶死，念父母[151]，顾妻子，至激于义理者不然，乃有所不得已也。今仆不幸，蚤失父母[152]，无兄弟之亲，独身孤立。少卿视仆于妻子何如哉？且勇者不必死节，怯夫慕义，何处不勉焉[153]？仆虽怯懦，欲苟活，亦颇识去就之分矣[154]，何至自沉溺累绁之辱哉[155]？且夫臧获婢妾[156]，犹能引决，况若仆之不得已乎[157]？所以隐忍苟活，幽于粪土之中而不辞者[158]，恨私心有所不尽，鄙陋没世而文采不表于后世也[159]。

古者富贵而名摩灭，不可胜记，唯倜傥非常之人称焉[160]。盖文王拘，而演《周易》[161]；仲尼厄，而作《春秋》[162]；屈原放逐，乃赋《离骚》[163]；左丘失明，厥有《国语》[164]；孙子膑脚，《兵法》修列[165]；不韦迁蜀，世传《吕览》[166]；韩非囚秦，《说难》、《孤愤》[167]。《诗》三百篇[168]，大氐贤圣发愤之所为作也[169]。此人皆意有所郁结，不得通其道，故述往事，思来者。乃如左丘无目，孙子断足，终不可用，退而论书策，以舒其愤，思垂空文以自见[170]。

仆窃不逊，近自托于无能之辞，网罗天下放失旧闻[171]，略考其事，综其终始，稽其成败兴坏之理[172]。上计轩辕[173]，下至于兹，为十表、本纪十二、书八章、世家三十、列传七十，凡百三十篇。亦欲以究天人之际[174]，通古今之变，成一家之言。草创未就，会遭此祸，惜其不成，是以就极刑而无愠色[175]。仆诚已著此书，藏之名山，传之其人，通邑大都[176]，则仆偿前辱之责[177]，虽万被戮[178]，岂有悔哉！然此可为智者道，难为俗人言也。

且负下未易居[179]，下流多谤议[180]，仆以口语遇遭此祸，重为乡党所戮笑，以污辱先人，亦何面目复上父母之丘墓乎？虽累百世，垢弥甚耳[181]。是以肠一日而九回，居则忽忽若有所亡，出则不知其所往。每念斯耻，汗未尝不发背沾衣也！身直为闺阁之臣[182]，宁得自引深藏岩穴邪[183]？故且从俗浮沉，与时俯仰，以通其狂惑[184]。今少卿乃教以推贤进士，无乃与仆私心剌谬乎[185]！今虽欲自雕琢[186]，曼辞以自饰[187]，无益，于俗不信，适足取辱耳。要之死日，然后是非乃定。书不能悉意，略陈固陋。谨再拜。

【注释】① 报任安书：《报任安书》是司马迁任中书令时写给他的朋友任安的一封信，见于《汉书·司马迁传》及《文选》卷四十一。任安：字少卿，西汉荥阳（今属河南）人。年轻时比较贫困，后来做了大将军卫青的舍人，由于卫青的荐举，当了郎中，后迁为益州刺史。征和二年（前 91）朝中发生巫蛊案，江充乘机诬陷戾太子（刘据），戾太子发兵诛杀江充等，与丞相（刘屈氂）军大战长安，当时任安担任北军使者护军（监理京城禁卫军北军的官），乱中接受戾太子要他发兵的命令，但按兵未动。戾太子事件平定后，汉武帝认为任安"坐观成败"，"怀诈，有不忠之心"，论罪腰斩。任安生前曾写信给司马迁，希望他"尽推贤进士之义"。任安临刑前，司马迁写了这封著名的回信。② 太史公：即司马迁所担任的官职太史令。牛马走：谦词，意为像牛马一样以供奔走。③ 足下：书信中敬称对方之词。④ 曩（nǎng）：从前。辱：承，受。⑤ 教以慎于接物：教导我要善于待人接物。⑥ 务：事务，要务。⑦ 意气：心意，情意。勤勤恳恳：诚恳的样子。⑧ 若：好像。望：怨。仆：谦称自己。师：效法。⑨ 用流俗人之言：听从世俗之人的话。

⑩ 罢(pí):同“疲”。驽(nú):劣马。罢驽:比喻自己才能低下。⑪ 侧闻:从旁听说,自谦之词。长者:这里指有道德气度的淳厚者。遗风:遗留下来的良好风范。⑫ 身残处秽:指因受宫刑而身体残缺,处于受污辱的可耻境地。⑬ 动而见尤:一有行动就遭人指斥。尤:过错,这里用作动词,有指责、责备的意思。⑭ 欲益反损:本想做些有益的事,结果反倒会把事情做坏。⑮ 谁与语:与谁说。⑯ 谁为为之?孰令听之:为谁做事,又有谁听从我的话?这里是说自己处境悲惨,无法推贤进士。⑰ 钟子期、伯牙:春秋时楚人。伯牙善鼓琴,只有钟子期能为知音。钟子期死后,伯牙破琴绝弦,终身不复鼓琴。⑱ 说(yuè):同“悦”。⑲ 大质:身体。亏缺:残废。⑳ 随、和:随侯之珠和和氏之璧,是战国时的珍贵宝物,这里比喻才能。㉑ 由、夷:许由和伯夷,两人都是前人所称颂的品德高尚的人。㉒ 点:玷污。㉓ 会东从上来:太始四年(前 93)三月,汉武帝东巡泰山,四月,又到海边的不其山,五月间返回长安。当时作者任中书令,曾随从武帝出游。会:适逢。上:皇上,此指武帝。㉔ 迫:急。贱事:琐事。㉕ 相见日浅:彼此见面的机会很少。㉖ 卒(cù)卒:同“猝猝”,匆匆忙忙的样子。㉗ 竭:详尽说明。指意:心意。㉘ 不测:难以预料其将来结果。㉙ 旬月:满一个月。涉旬月:再过一个月。㉚ 迫:近。季冬:冬季的第三个月,即阴历十二月。汉律,每年十二月处决囚犯。㉛ 薄:同“迫”,迫近,快要。从上:随从皇上(汉武帝)巡幸。雍:地名,在今陕西凤翔南,设有祭祀五帝的神坛五畤。㉜ 卒(cù)然:突然。不可为讳:死的委婉说法。任安这次下狱,后被汉武帝赦免。但两年之后,任安又因戾太子事件被处腰斩。㉝ 晓:明告。左右:指任安。不直称对方而称对方左右的人,以示尊敬。㉞ 固陋:指见识浅陋,自谦之词。㉟ 阙然久不报:好久没有写回信。阙:同“缺”,指时间相隔很久。㊱ 过:责备。㊲ 这句话是说,修身养性,是判断一个人是否真正具有智慧的依据。符:处所,依据。㊳ 这句话是说,爱人并施惠于人,是一个人有仁义之心的发端。爱施:爱人并施惠于人。㊴ 这句话是说,拿取什么与给予什么,是判断一个人是否有礼义的具体表现。取予:拿取与给予。㊵ 这句话意思是说,一个人有无耻辱之心,是判断这个人是否勇敢的先决条件。决:决断。㊶ 这句话意思是说,立名于世,是一个有作为的人所追求的人生极点。极:顶点。㊷ 托:托身。㊸ 憯(cǎn):同“惨”。欲利:贪欲与私利。㊹ 宫刑:一种破坏男性生殖器的刑罚,也称“腐刑”。㊺ 无所比数:无法同他人比较。比数:比较。㊻ 所从来远矣:这里是说刑馀之人被世人所鄙视

的现象在历史上由来已久。㊼“卫灵公”二句：春秋时，卫灵公和夫人乘车出游，让宦官雍渠同车，而让孔子坐后面一辆车。孔子深以为耻辱，就离开卫国到陈国去了。事见《史记·孔子世家》。㊽“商鞅”二句：商鞅因依靠宦官景监的引荐得到秦孝公的赏识，秦国的贤者赵良认为手段不正当而为此感到寒心。事见《史记·商君列传》。㊾“同子”二句：同子指汉文帝的宦官赵谈。子，是尊称。因为与司马迁的父亲司马谈同名，避讳而称“同子”。袁丝即爰丝，亦即袁盎，汉文帝时任郎中。有一天，文帝坐车去看他的母亲，宦官陪乘，袁盎伏在车前说：“臣闻天子所与共六尺舆者，皆天下豪英，今汉虽乏人，奈何与刀锯之馀共载？”于是文帝只得依言令赵谈下车。事见《汉书·爰盎传》。㊿ 中材之人：指才能中等的人。51 竖：供役使的小臣。后泛指卑贱者。52 刀锯之馀：宦官的代称，意为受过宫刑的人。此处指自身。53 绪业：指前人所遗留下来的事业。54 待罪：做官的谦词。辇毂(niǎn gǔ)下：皇帝的车驾之下。55 惟：思考。56 自结明主：意谓取得皇上的信任。57 拾遗补阙：为朝政弥补疏漏与不足。58 岩穴之士：指隐居者。59 备行伍：指参加军队。60 搴(qiān)：拔取。61 遂：成。62 短长：小大。效：功效，贡献。63 向者：以往。64 尝：曾经。厕(cì)：夹杂，处于。下大夫：太史令官位较低，属下大夫。65 外廷：汉制，凡遇疑难不决之事，则令群臣在外廷讨论。末议：微不足道的意见。此为谦词。66 引：引述，申说。维纲：国家的法令。67 扫除之隶：谦称自己不过是从事扫除杂务的差役。68 阘茸(tà róng)：下贱，低劣。69 伸眉：扬眉。70 少：年少时。负：自负。不羁之才：不受世俗观念所羁绊的自由个性。71 乡曲：乡里。72 周卫：周密的护卫，即宫禁。73 戴盆何以望天：当时谚语，指戴盆与望天不能同时进行。这里形容忙于职守，识见浅陋，无暇他顾。74 不肖：不贤。75 大谬不然：大错特错，不是想像的那样。76 李陵：字少卿，西汉名将李广之孙，善骑射。武帝时，为骑都尉，率兵出击匈奴贵族，战败投降，封右校王。后病死匈奴。77 俱居门下：李陵曾任侍中，司马迁当时任太史令，都是可以出入宫门的官任。78 趣舍异路：指两人因职务范围不同，各走各的路，没有私下交往。趣：同“趋”。79 殷勤：情意深厚的样子。80 下人：甘居人后。81 徇：同“殉”，舍身以求尽力。急：急难。82 国士：国中精英。83 媒糵(niè)：酿酒的酵母。这里用作动词，夸大的意思。84 王庭：匈奴单于的居处。85 当时李陵军被围困谷地，对敌形势为仰攻。仰：仰攻。86 不给(jǐ)：来不及供应。87 旃(zhān)裘：匈奴人穿着野兽毛制成的皮裘，这里指匈奴。旃:毛织品。咸:全,都。⑧ 悉:全,都。左右贤王:左贤王和右贤王,匈奴封号最高的贵族。⑧ 沬(huì)血:指血流满脸。沬:以手掬水洗脸。饮泣:眼里含着泪。⑨ 拳(quān):强硬的弓弩。⑨ 北向:向北。死敌:同敌人拼命。⑨ 没:指全军覆没。⑨ 上寿:这里指祝捷。⑨ 怛(dá):悲痛。⑨ 款款:忠诚的样子。⑨ 士大夫:此指李陵的部下将士。绝甘:舍弃甘美的食品。分少:即使所得甚少也平分给众人。⑨ 得其当:得到适当的机会。报:报答,报效。⑨ 暴:显露。⑨ 推言:阐明,说明。⑩ 睚眦(yá zì):怒目相视。⑩ 沮(jǔ):毁坏。贰师:贰师将军李广利,汉武帝宠妃李夫人之兄。李陵被围时,李广利并未率主力救援,致使李陵兵败。其后司马迁为李陵辩解,武帝以为他有意诋毁李广利。⑩ 理:掌司法之官。⑩ 拳拳:忠心耿耿的样子。⑩ 自列:自己诉说。列:罗列,陈述。⑩ 卒:最终。从:听从。吏议:狱吏判定司马迁"诬上"的论议。⑩ 左右亲近:皇帝身边亲近之臣。⑩ 幽:幽禁。囹圄(líng yǔ):监狱。⑩ 愬:同"诉",诉说。⑩ 然:对。⑩ 颓:坠毁。李陵是名将之后,据《史记·李广传》记载:"单于既得陵,素闻其家声,以女妻陵而贵之……自是之后,李氏名败。"⑪ 佴(èr):推置其中,安放。蚕室:温暖密封的房子。言其像养蚕的房子。初受腐刑的人怕风,故须住此。⑪ 重:更加。⑪ 一二:逐一地。⑪ 剖符:把竹做的契约一剖为二,皇帝与大臣各执一块,上面写着同样的誓词,说永远不改变立功大臣的爵位。丹书:把誓词用丹砂写在铁制的契券上。凡持有剖符、丹书的大臣,其子孙犯罪可获赦免。⑪ 文史星历:史籍和天文历法,都属太史令掌管。⑪ 卜祝:担任占卜和祭祀的官职。⑪ 倡优:即乐工戏人,地位低贱。畜:同"蓄",蓄养。⑪ 轻:轻视。⑪ 死节:守节操而死。次比:并列,相比。⑫ 素所自树立使然:指平日所从事的职业和所处的境遇造成了被人轻视的现状。⑫ 趋异:不同。⑫ 理色:面色。⑫ 诎(qū):同"屈"。⑫ 易服:换上罪犯的服装。古代罪犯穿赭(深红)色的衣服。⑫ 关:关锁,套上。木索:木枷和绳索。被:遭受。箠:同"棰",木杖。楚:荆杖。⑫ 剔:同"剃",把头发剃光,即髡(kūn)刑。婴:环绕。颈上带着铁链服苦役,即钳刑。⑫ 这里指《礼记·曲礼》。⑫ 勉励:劝勉,鼓励。⑫ 槛:关兽的笼子。阱(jǐng):捕兽的陷坑。⑬ 积威约之渐也:长期的威力制约,渐渐地被驯服下来。⑬ 定计于鲜:意即早有定计。鲜:同"先"。⑬ 圜墙:监狱。⑬ 抢地:叩头于地。⑬ 徒隶:狱卒。惕息:胆战心惊。⑬ 强颜:厚着脸皮。⑬ 西伯:即周文王姬昌,殷纣王时为西方诸侯之长,故称。伯:方伯,古代一方诸侯之长。牖(yǒu)里:一作"羑里",在今河南汤阴。文王曾被殷纣王囚禁于此。⑬⑦ 李斯:秦始皇时任为丞相,后因秦二世听信赵高谗言,被受五刑,腰斩于咸阳。五刑:秦汉时五种刑罚,见《汉书·刑法志》:"当三族者,皆先黥劓,斩左右趾,笞杀之,枭其首,菹其骨肉于市。"⑬⑧ 淮阴:指淮阴侯韩信。受械于陈:汉立,淮阴侯韩信被刘邦封为楚王,都下邳(今江苏邳州)。后高祖疑其谋反,用陈平之计,在陈地逮捕了他。械:拘禁手足的木制刑具。陈:在今河南淮阳。⑬⑨ 彭越:汉高祖的功臣,封为楚王。张敖:汉高祖功臣张耳的儿子,袭父爵为赵王。彭越和张敖都因被人诬告称孤谋反,下狱定罪。南乡称孤:指称王。古帝王坐北朝南,故以南面指代帝王。乡:同"向"。孤:王者自称。彭、张二人都封为王,故称。⑭⓪ 绛(jiàng)侯:汉初功臣周勃,封绛侯。惠帝和吕后死后,吕后家族中吕产、吕禄等人谋夺汉室,周勃和陈平一起定计诛诸吕,迎立刘邦中子刘恒为文帝。倾:压倒,超过。五伯:即"五霸"。请室:大臣犯罪等待判决的地方。周勃后被人诬告谋反,囚于狱中。⑭① 魏其:大将军窦婴,汉景帝时被封为魏其侯。武帝时,营救灌夫,被人诬告,下狱判处死罪。衣(yì):穿着。赭(zhě)衣:囚犯所穿的赤褐色囚服。三木:头枷、手铐、脚镣。⑭② 季布:楚霸王项羽的大将,曾多次打击刘邦。项羽败死,刘邦出重金缉捕季布。季布改名换姓,受髡(kūn)刑和钳刑,卖身给鲁人朱家为奴。⑭③ 灌夫:汉景帝时为中郎将,武帝时官太仆。因得罪了丞相田蚡,被囚于居室,后受诛。居室:少府所属的官署。⑭④ 罔:同"网",法网。⑭⑤ 引决自裁:即自杀。⑭⑥ 审:明白,清楚。⑭⑦ 蚤:通"早"。绳墨之外:法律施行之前。⑭⑧ 稍:逐渐。陵迟:衰颓,卑微。⑭⑨ 引节:引决从节,即自杀以守住节操。⑮⓪ 殆:大概,恐怕。⑮① 念:思念。⑮② 蚤:通"早"。⑮③ 何处不勉:这里是说在任何情况下都要勉励自己义不受辱。⑮④ 去就:指舍生就死。分:分界。⑮⑤ 累绁(xiè):捆绑犯人的绳子,引申为捆绑、牢狱。⑮⑥ 臧获:奴曰臧,婢曰获。⑮⑦ 不得已:指因《史记》一书尚未完成而不得不忍辱苟活。⑮⑧ 粪土:指监狱污秽之地。⑮⑨ 没世:身死之后。文采:文章词采。⑯⓪ 俶(tì)傥:同"倜傥",豪迈不受拘束。⑯① 文王拘,而演《周易》:传说周文王被殷纣王拘禁在牖里时,把古代的八卦推演为六十四卦,成为《周易》的骨干。⑯② 仲尼厄,而作《春秋》:孔丘字仲尼,周游列国宣传儒学,在陈地和蔡地受到围攻和绝粮之苦,返回鲁国后作《春秋》一书。⑯③ 屈原放逐,乃赋《离骚》:屈原曾两次被楚王放逐,幽愤而作《离骚》。⑯④ 左丘:春秋时鲁国史官左丘明。《国语》:史书,相传为左丘明撰著。

⑯⑤ 孙子：春秋战国时著名军事家孙膑。膑脚：孙膑曾与庞涓一起从鬼谷子习兵法。后庞涓为魏惠王将军，骗膑入魏，割去了他的膑骨（膝盖骨）。孙膑有《孙膑兵法》传世。⑯⑥ 不韦：吕不韦，战国末年大商人，秦初为相国。曾命门客著《吕氏春秋》（一名《吕览》）。始皇十年，令吕不韦举家迁蜀，吕不韦自杀。⑯⑦ 韩非：战国后期韩国公子，曾从荀卿学，入秦被李斯所谗，下狱死。著有《韩非子》，《说难》、《孤愤》是其中的两篇。⑯⑧《诗》三百篇：今本《诗经》共有三百零五篇，此举其成数。⑯⑨ 大氐：通“大抵”。作：著，写。⑰⓪ 空文：指著作。见：同“现”。⑰① 放失（yì）：散佚。失：通“佚”。⑰② 稽：考察。理：规律。⑰③ 轩辕：即黄帝。⑰④ 天人之际：从宇宙万物到人类社会。⑰⑤ 愠（yùn）：怒。⑰⑥ 通邑大都：即大都市。⑰⑦ 偿：偿还。责：同“债”。⑰⑧ 戮：侮辱。⑰⑨ 负下未易居：在负罪受辱的处境下难以处世。⑱⓪ 下流：处于卑下的地位。⑱① 垢：垢骂，辱骂。⑱② 闺阁之臣：指宦官。闺、阁：是宫中小门，指皇帝深密的内廷。⑱③ 引：引退。⑱④ 通：抒发。狂惑：指内心狂乱困惑的悲愤。⑱⑤ 无乃：恐怕，岂非。私心：自己的心志。剌（là）谬：违背。⑱⑥ 雕琢：这里指自我妆饰。⑱⑦ 曼辞：美辞。曼：美妙。自饰：自我宽解。

【品评】在这封信中，司马迁以无比愤激的心情，叙述了自己因李陵之祸所受的奇耻大辱，倾吐了内心郁积已久的痛苦和不满，说明了自己“隐忍苟活”的原因，表达了他“就极刑而无愠色”、坚持完成《史记》的决心。信中还表现了司马迁积极的处世态度，提出了“人固有一死，死或重于泰山，或轻于鸿毛”的人生观，明确地表示：只要能够完成“究天人之际，通古今之变，成一家之言”的《史记》，虽万死而不辞。所以，这封信是一篇研究《史记》和司马迁生活、思想的重要文章。全文感情真挚强烈，夹叙夹议，回环反复，把作者的心曲表现得淋漓尽致。

卷六 汉 文

汉高帝刘邦（前256—前195）

字季，沛（今江苏沛县）人。初任泗上亭长，秦末时举兵反秦，号为沛公。在各路反秦义军中，刘邦率部首先进入秦都咸阳，封为汉王。后经过五年的楚汉战争，击败项羽，建立西汉王朝，在位时间为公元前206—前195年。刘邦即位后，采取了与民休息的政策，并以各种方式铲除了异姓王势力，为西汉王朝的巩固与发展奠定了基础。

高帝求贤诏[①] 西汉文

盖闻王者莫高于周文[②]，伯者莫高于齐桓[③]，皆待贤人而成名。今天下贤者智能，岂特古之人乎[④]？患在人主不交故也，士奚由进[⑤]？今吾以天之灵、贤士大夫定有天下，以为一家[⑥]。欲其长久，世世奉宗庙亡绝也[⑦]。贤人已与我共平之矣，而不与我共安利之，可乎？贤士大夫有肯从我游者[⑧]，吾能尊显之。布告天下，使明知朕意[⑨]。

御史大夫昌下相国[⑩]，相国酂侯下诸侯王[⑪]，御史中执法下郡守[⑫]。其有意称明德者[⑬]，必身劝为之驾[⑭]，遣诣相国府[⑮]，署行、义、年[⑯]。有而弗言，觉免[⑰]。年老癃病[⑱]，勿遣。

【注释】 ① 高帝求贤诏：本文选自《汉书·高帝纪》。高帝：汉高祖刘邦。诏：诏书，皇帝的命令或文告。② 周文：即周文王，姓姬，名昌，商纣时为西方诸侯之长。③ 伯：同“霸”，春秋时诸侯的盟主。齐桓：即齐桓公，名小白，春秋五霸之一，公元前685—前643年在位。④ 岂特：岂独，难道只。

⑤ 奚由：由奚，从哪里。奚：何，哪里。⑥ 以为一家：以天下为一家。⑦ 宗庙：奉祀祖先的庙堂。古时把帝王的宗庙当作国家的象征。亡绝：不断。亡：同“无”。⑧ 游：交游，这里有共事的意思。⑨ 朕：我，我的。自秦始皇时起，专用作皇帝自称。⑩ 御史大夫：西汉时三公之一，主要掌管监察、执法，兼管重要文书图籍。昌：周昌，汉初功臣，封汾阳侯。下：下达，下传。相国：即丞相，西汉时三公之一，为协助皇帝处理国政的最高行政长官。⑪ 酂(zàn)侯：指萧何。萧何：汉初功臣，官至丞相，封酂侯。⑫ 御史中执法：即御史中丞，御史大夫的副手。郡守：郡的最高行政长官，即后来的太守。⑬ 意称：美好的声誉。意：通“懿”，美好。称：声誉。明德：美德。⑭ 身劝：亲自前去劝勉。⑮ 诣：前往。⑯ 署：题写。行：品行。义：通“仪”，仪表。年：年龄。⑰ 觉免：发觉后就罢免其官。⑱ 癃(lóng)：腰部弯曲、背部隆起。这里泛指残疾多病者。

【品评】这是汉高祖刘邦在高祖十一年(前196)发布的征聘贤才的诏书。在这封诏书中，刘邦纵观古今，放眼未来，总结了周文王、齐桓公强国兴邦的政治经验，强调了举贤授能的重要作用，要求各级官员及时向朝廷进荐贤能之才。全文写得词意恳切，很好地表达了刘邦欲与天下贤士大夫共建大一统久安之局的良好愿望。

汉文帝刘恒(前202—前157)

汉高祖刘邦中子，初封代王，吕后死，陈平、周勃等平定诸吕，迎立代王为帝。公元前179—前157年在位。刘恒即位后，能够体贴民间疾苦，采取了一系列缓刑宽法、宽柔待民的政策，由此而成为中国历史上广恩博施的千古仁主。

文帝议佐百姓诏[①] 西汉文

间者[②]，数年比不登[③]，又有水旱疾疫之灾，朕甚忧之。愚而不明，未达其咎[④]。意者[⑤]，朕之政有所失，而行有过与[⑥]？乃天道有不顺，地利或不得，人事多失和，鬼神废不享与[⑦]？何以致此？将百官之奉养或费，无用之事或多与？何其民食之寡乏也？夫度田非益寡[8]，而计民未加益，以口量地，其于古犹有馀，而食之甚不足者，其咎安在？无乃百姓之从事于末[9]，以害农者蕃[10]，为酒醪以靡谷者多[11]，六畜之食焉者众与[12]？细大之义，吾未能得其中。其与丞相、列侯、吏二千石、博士议之[13]。有可以佐百姓者，率意远思[14]，无有所隐。

【注释】① 文帝议佐百姓诏：本文选自《汉书·文帝纪》。文帝：即汉文帝刘恒，汉高祖刘邦之子，公元前179—前157年在位。初封代王，吕后死，陈平、周勃等平定诸吕，迎立代王为帝。② 间者：近来。③ 比：连续，频频。登：庄稼成熟。④ 达：明达，通晓。咎：过错，灾祸。⑤ 意者：想来。⑥ 与：同“欤”，表示疑问的语气。⑦ 废：废弃。享：祭献，用食物供奉鬼神。⑧ 度(duó)：量，计算。⑨ 无乃：恐怕，只怕。末：与“本”相对，本指农业，末指工商业。⑩ 蕃：繁多。⑪ 醪(láo)：酒。靡(mǐ)：通“糜”，耗费，浪费。⑫ 六畜：指马、牛、羊、猪、狗、鸡六种家畜。⑬ 二千石：汉代九卿、郎将、郡守，俸禄为二千石，这里用作职务的代称。博士：官名，掌管古今史事及书籍文献。⑭ 率意：直率地按照自己的心意，怎样想就怎样说。

【品评】面对连年的粮食歉收以及水旱疾疫之灾，汉文帝没有怨天尤人，而是一再诚恳地责问自己：“朕之政有所失，而行有过与？”不惟如此，文帝还以非常谦逊的口气向朝廷众臣发出了一声又一声的垂询。其忧虑之深重、心情之急迫、语意之恳切，已溢诸墨楮。由此，也足以见出文帝这一中国历史上千古仁主的宽柔胸怀。

汉景帝刘启（前188—前141）

汉景帝刘启，文帝中子，公元前156—前141年在位。刘启在位期间，重视农业生产，平定了七国叛乱，对于发展经济、巩固汉中央政权起到了重要作用，为汉武盛世的到来奠定了基础。后世常以景帝与文帝并提，称之为文景之治。

景帝令二千石修职诏[①] 西汉文

雕文刻镂[②]，伤农事者也；锦绣纂组[③]，害女红者也[④]。农事伤，则饥之本也；女红害，则寒之原也。夫饥寒并至，而能无为非者寡矣[⑤]。朕亲耕，后亲桑[⑥]，以奉宗庙粢盛祭服[⑦]，为天下先。不受献[⑧]，减太官[⑨]，省繇赋[⑩]，欲天下务农蚕。素有畜积[⑪]，以备灾害。强毋攘弱[⑫]，众毋暴寡[⑬]，老耆以寿终[⑭]，幼孤得遂长[⑮]。

今岁或不登[⑯]，民食颇寡，其咎安在？或诈伪为吏，吏以货赂为市[⑰]，渔夺百姓[⑱]，侵牟万民[⑲]。县丞[⑳]，长吏也[㉑]，奸法与盗盗[㉒]，甚无谓也。其令二千石各修其职。不事官职、耗乱者[㉓]，丞相以闻[㉔]，请其罪[㉕]。布告天下，使明知朕意。

【注释】① 景帝令二千石修职诏：本文选自《汉书·景帝纪》。二千石：汉代九卿、郎将、郡守，俸禄为二千石，这里用作职务的代称。修职：谓尽忠职守。修：整治，治理。② 雕文刻镂：指在器物上雕刻文采。③ 纂：彩色的丝带。组：丝带。④ 女红：即女工，指妇女纺织、刺绣、缝纫等事。⑤ 为非：做非法的事。⑥ 后：皇后。⑦ 粢盛（zī chéng）：古时盛在祭器内以供祭祀的谷物。⑧ 献：进贡。⑨ 太官：汉代掌管宫廷膳食的官。⑩ 繇（yáo）：同“徭”，劳役。⑪ 畜（xù）：通“蓄”，积储。⑫ 攘（rǎng）：侵夺。⑬ 暴：欺凌，侵侮。⑭ 耆（qí）：古称六十岁为耆，这里泛指老年人。⑮ 遂：成长。⑯ 岁：指年成。登：庄稼成熟，这里指丰收。⑰ 市：交易。⑱ 渔夺：掠夺。⑲ 牟：取利。⑳ 县丞：辅佐县令的官员。㉑ 长吏：这里指的是县吏之长。㉒ 奸法：知法犯法。与盗盗：助盗为盗。与：帮助。前一个“盗”是名词，盗贼；后一个“盗”是动词，盗窃。㉓ 耗（mào）乱：昏乱不明。㉔ 闻：向上报告。㉕ 请：问，查究。

【品评】在这封诏书中，景帝着重提出了整顿吏治、严肃法纪的问题，明确要求俸禄为二千石的高级官员首先要尽忠职守，同时对那些敷衍塞责甚或贪赃枉法的大小官吏发出了严惩不贷的警戒。与文帝的宽柔相比，景帝则显得作风峻刻。将这封诏书与上一封文帝诏书两相对读，文、景两帝个性风格的不同，当能略见其一二。

汉武帝刘彻（前156—前87）

景帝中子，公元前140—前87年在位。他是我国历史上一位富有雄才大略的皇帝。他在位期间，内外经营，根除了藩王封建制，将东瓯、闽越、西南夷等地划入中国版图，又大力出击匈奴，通西域，伐大宛，显示出了大汉帝国的雄强实力。此外，他还采取了"罢黜百家，独尊儒术"的政策，立五经博士，重视文化教育。所有这些，都促成了汉武盛世的出现。

武帝求茂材异等诏[①] 西汉文

盖有非常之功，必待非常之人[②]。故马或奔踶而致千里[③]，士或有负俗之累而立功名[④]。夫泛驾之马[⑤]，跅弛之士[⑥]，亦在御之而已[⑦]。其令州郡察吏民有茂材异等可为将相及使绝国者[⑧]。

【注释】① 武帝求茂材异等诏：本文选自《汉书·武帝纪》。茂材：即秀才，指优秀的人才。后汉时为避光武帝刘秀讳，改秀才为茂才。异等：才能特异出众的人。② 非常：超群异常。③ 奔踶（dì）：奔驰，踢人，意谓不驯服。致：到。④ 负俗：被世人讥讽嘲笑。累：毛病。⑤ 泛（fěng）驾：翻车。泛：通"覂"，翻覆。⑥ 跅（tuò）弛：放纵不羁。⑦ 御：驾驭。⑧ 察：考察荐举。绝国：极为辽远的邦国。

【品评】这封诏书写于汉武帝元封元年（前106）冬。在这封诏书中，武帝这位注定要统治中国达半个世纪之久的千古大帝，充分显示出他求贤的雄心、决心及驾驭人才的魄力。"盖有非常之功，必待非常之人"，出语豪迈，足见武帝一片雄心；其不苛求士之小节，只要能立功名，断不可弃，亦复显出武帝不拘一格的豪迈之气;而后归到一个"御",又表明了武帝自信能驾驭一切的本领。读罢全文,汉武笼罩千古的英君气概,勃然跃于纸上。

贾 谊(前200—前168)

洛阳人,世称贾生,西汉初期著名的辞赋家、政论家,年轻时有才名,二十多岁即被汉文帝召为博士,不久超迁为太中大夫。由于他在朝廷上力主革除政治弊端,触犯了当时权贵们的利益,遂被贬为长沙王太傅。四年后,又被召为梁怀王太傅。怀王坠马身亡,贾谊自惭失职,郁郁而死。贾谊在政治上主张削弱藩王的势力,加强中央政府的权力;对外主张全力抗击匈奴,对内主张发展农业,增强国力。他的政论文如《论积贮疏》、《治安策》(又名《陈政事疏》)、《过秦论》等,分析形势,切中时弊,有深刻独到的见解,被鲁迅评为"西汉鸿文","疏直激切,尽所欲言"(《汉文学史纲要》)。有赋七篇,今存者以《吊屈原赋》、《鹏鸟赋》最著名。后人辑其文为《贾长沙集》。又著有《新书》十卷。

过秦论(上)[①]

秦孝公据殽、函之固[②],拥雍州之地[③],君臣固守,而窥周室[④];有席卷天下、包举宇内、囊括四海之意[⑤],并吞八荒之心[⑥]。当是时也,商君佐之[⑦],内立法度,务耕织,修守战之具;外连衡而斗诸侯[⑧]。于是秦人拱手而取西河之外[⑨]。

孝公既没,惠文、武、昭蒙故业[⑩],因遗策[⑪],南取汉中[⑫],西举巴蜀[⑬],东割膏腴之地[⑭],收要害之郡[⑮]。诸侯恐惧,会盟而谋弱秦,不爱珍器、重宝、肥饶之地,以致天下之士,合从缔交[⑯],相与为一。当此之时,齐有孟尝[⑰],赵有平原[⑱],楚有春申[⑲],魏有信陵[⑳]。此四君者,皆明智而忠信,宽厚而爱人,尊贤重士,约从离衡[㉑],并韩、魏、燕、楚、齐、赵、宋、卫、中山之众。于是六国之士，有宁越、徐尚、苏秦、杜赫之属为之谋㉒，齐明、周最、陈轸、召滑、楼缓、翟景、苏厉、乐毅之徒通其意㉓，吴起、孙膑、带佗、兒良、王廖、田忌、廉颇、赵奢之伦制其兵㉔，尝以十倍之地，百万之众，叩关而攻秦㉕。秦人开关而延敌，九国之师逡巡遁逃而不敢进㉖。秦无亡矢遗镞之费㉗，而天下诸侯已困矣。于是从散约解，争割地而赂秦。秦有馀力而制其弊，追亡逐北㉘，伏尸百万，流血漂橹㉙。因利乘便，宰割天下，分裂河山，强国请服，弱国入朝。

延及孝文王、庄襄王㉚，享国之日浅㉛，国家无事。及至始皇㉜，奋六世之馀烈㉝，振长策而御宇内，吞二周而亡诸侯㉞，履至尊而制六合㉟，执敲扑以鞭笞天下㊱，威振四海。南取百越之地㊲，以为桂林、象郡㊳。百越之君，俛首系颈㊴，委命下吏㊵。乃使蒙恬北筑长城㊶，而守藩篱㊷，却匈奴七百馀里。胡人不敢南下而牧马，士不敢弯弓而报怨㊸。

于是废先王之道，燔百家之言㊹，以愚黔首㊺。隳名城㊻，杀豪俊，收天下之兵聚之咸阳㊼，销锋铸鐻㊽，以为金人十二，以弱黔首。然后斩华为城㊾，因河为池㊿，据亿丈之城，临不测之溪以为固[51]。良将劲弩，守要害之处，信臣精卒，陈利兵而谁何[52]！天下已定，秦王之心，自以为关中之固，金城千里，子孙帝王万世之业也[53]。

秦王既没，馀威震于殊俗[54]。然而陈涉[55]，瓮牖绳枢之子[56]，甿隶之人[57]，而迁徙之徒也[58]，才能不及中庸，非有仲尼、墨翟之贤[59]，陶朱、猗顿之富[60]；蹑足行伍之间[61]，而俛起阡陌之中[62]，率罢弊之卒[63]，将数百之众，而转攻秦。斩木为兵，揭竿为旗，天下云集响应，赢粮而景从[64]，山东豪俊遂并起而亡秦族矣。

且夫天下非小弱也[65]。雍州之地，殽、函之固，自若也[66]。陈涉之位，非尊于齐、楚、燕、赵、韩、魏、宋、卫、中山之君也；鉏耰棘矜[67]，非铦于句戟长铩也[68]；谪戍之众[69]，非抗于九国之师也[70]；深谋远虑，行军用兵之道，非及曩时之士也[71]。然而成败异变，功业相反。试使山东之国与陈涉度长絜大[72]，比权量力，则不可同年而语矣。然秦以区区之地，致万乘之权[73]，招八州而朝同列[74]，百有馀年矣[75]。然后以六合为家，殽、函为宫[76]。一夫作难而七庙隳[77]，身死人手，为天下笑者，何也？仁义不施，而攻守之势异也[78]。

【注释】① 过秦论(上)：见于《史记·秦始皇本纪》，《文选》分为上中下三篇，分别评论始皇、二世、子婴三代的过失，总结秦亡的教训。这里选录的是上篇。② 秦孝公：名渠梁，公元前 361—前 338 年在位。他支持变法，使秦国开始走上了国富兵强的道路。殽、函：殽山和函谷关。殽山在今河南洛宁北，函谷关在今河南灵宝。③ 雍州：古九州之一，其地域约相当于今陕西中部和北部、甘肃全部和青海部分地区。④ 窥周室：窥视周朝王室，即暗中打算夺取周朝的天下。⑤ 席卷：像卷席子一样全部卷进去。包举：像打包袱一样全部包容进去。囊括：用袋子全部装进去。⑥ 八荒：即八方。古人把东南西北称作四方，把东南、东北、西南、西北称作四隅，合称八方。此泛指荒远的地方。⑦ 商君：即商鞅，原是卫国的庶公子，称卫鞅，好刑名之学。入秦后，佐秦孝公主持变法，以功封于商(今陕西商县)，号曰商君。⑧ 连衡：即连横。古人以东西为横，以南北为纵。地处西方的秦和处于东方的齐、楚等国联合起来以攻打别国，叫连横；东方各国北自燕，南至楚联合起来抗秦，叫合纵。斗诸侯：使诸侯相斗。⑨ 拱手：两手合抱，喻很轻松的样子。西河之外：指魏国在黄河以西的地区。秦孝公二十二年(前 340)，秦国派商鞅讨伐魏国，大破魏军，并俘虏了公子卬。魏国割河西之地给秦国。⑩ 惠文：惠文王，公元前 337—前 311 年在位，秦孝公子，名驷。武：公元前 310—前 307 年在位，秦惠王子，名荡。昭：昭襄王，公元前

306—前251年在位，秦武王弟，名则。⑪ 因：继承，依照。遗策：指秦孝公记载政治计划的简策。⑫ 汉中：今陕西南部一带。⑬ 巴蜀：皆古国名。巴：在今重庆一带。蜀：在今四川西部。⑭ 膏腴：肥沃。⑮ 要害：这里指山川险阻。⑯ 合从：即"合纵"。战国时代，合齐、楚、燕、赵、韩、魏六国抗秦，称为合纵（或"约纵"）。⑰ 孟尝：孟尝君田文。⑱ 平原：平原君赵胜。⑲ 春申：春申君黄歇。⑳ 信陵：信陵君魏无忌。以上四人是战国时著名的四公子，以招贤纳士著称。㉑ 约从离衡：即山东各国相约"合纵"，以离散秦"连横"之策。㉒ 宁越：赵人。徐尚：宋人。苏秦：周人。杜赫：周人。㉓ 齐明：东周臣。周最：周人。陈轸：楚人。召滑（gǔ）：楚人。楼缓：魏文侯弟。翟景：魏人。苏厉：周人，苏秦弟，仕齐。乐毅：燕国名将。㉔ 吴起：卫人，事魏文侯为将，后又事楚。孙膑：齐将，著名军事家。带佗（tuó）：楚将。兒（ní）良：越将。王廖、田忌：齐将。廉颇、赵奢：赵将。㉕ 叩关：攻打函谷关。㉖ 逡（qūn）巡：迟疑徘徊，欲行又止。此段所记为公元前318年楚、赵、魏、韩、燕五国攻秦之事。㉗ 镞（zú）：箭头。㉘ 亡：逃亡。北：败走。㉙ 橹：大的盾牌。㉚ 孝文王：昭襄王子，名柱，在位三日而死。庄襄王：孝文王子，秦始皇父，名异人，在位三年而死。㉛ 享国之日浅：在位时间短。㉜ 始皇：指秦始皇嬴政。㉝ 六世：指秦孝公以下六王。㉞ 二周：东周末年赧王时，东、西周分治，西周都于旧东周王城，东周都巩，史称西周君、东周君。秦昭王五十一年（前256）灭西周，庄襄王元年（前249）灭东周。今皆系于始皇名下，与史实不符。亡诸侯：指灭六国。㉟ 履至尊：登上帝位。六合：天、地和四方。㊱ 敲扑：木杖，短的叫敲，长的叫朴。㊲ 百越：古代越族散居在今浙江、福建、广东、广西一带，因其种类繁多，故称百越。㊳ 桂林、象郡：桂林郡地处今广西北部及东部地区，象郡地处今广西南部地区，两郡均为秦始皇新置。㊴ 俛：同"俯"。系颈：以带系颈，表示投降。㊵ 委命下吏：把性命交给秦的下级官吏。㊶ 蒙恬：秦名将。秦统一六国后，蒙恬率兵三十万击退匈奴，并主持修筑长城。后为秦二世所逼，自杀。㊷ 藩篱：篱笆，这里引申为边疆。㊸ 报怨：报仇。㊹ 废先王之道，燔百家之言：燔：烧。秦始皇三十四年（前213），博士淳于越反对郡县制，主张实行分封制。丞相李斯竭力驳斥。秦始皇遂下令焚烧《秦记》以外的各国史记和《诗》、《书》。次年又将四百六十多名方士和儒生坑死在咸阳。史称"焚书坑儒"。㊺ 黔首：百姓。黔：黑色。㊻ 隳（huī）：毁坏。㊼ 兵：兵器。㊽ 锋：兵器。鐻（jù）：钟鼓的架子。据《秦始皇本纪》载，秦始皇二十六年，"收天下兵，聚之咸阳，铸以为钟鐻，金人十二，重各千石(二十四万斤)。”㊾ 斩华为城：斩，一作“践”，是。践华为城，即据守华山以为帝都的东城。践：据。㊿ 因河为池：以黄河作为帝都咸阳的护城河。51 不测之溪：不可探测的深水。52 谁何：关塞上的卫兵盘问来往行人。何：通“呵”，呵问。53 子孙帝王万世之业：秦始皇曾曰：“朕为始皇帝，后世以计数，二世、三世，至于万世，传之无穷。”54 殊俗：风俗异于汉族的地区。55 陈涉：即陈胜，秦末反秦起义的首倡者。56 瓮牖(wēng yǒu)：即用破瓮砌成的窗户。瓮：陶制器皿。牖：窗。绳枢：用绳子系住门板。枢：门上的轴。57 甿：古“氓”字。隶：低贱的人。58 迁徙之徒：谪罚去边地戍守的士卒。59 仲尼：即孔子。孔子名丘，字仲尼。墨翟(dí)：即墨子。墨子名翟。60 陶朱：即范蠡，春秋时越国大夫，辅佐越王勾践灭吴后，弃官出走，在陶(今山东曹县)经商，号陶朱公。猗(yī)顿：鲁人，靠经营盐业致富。61 行(háng)伍：均为军队下层组织的名称。62 俛：同“勉”。阡陌：田间小道。这里指田野。63 罢：同“疲”。64 赢：担负。景：同“影”。65 小弱：缩小削弱。66 自若：和从前一样。67 鉏：同“锄”。耰(yōu)：古农具，形似榔头，平整土地用。棘矜：棘木做的矛柄。68 铦(xiān)：锋利。句(gōu)戟：带钩的戟。铩(shā)：长矛类兵器。69 谪戍：被谪征发戍守边地。70 抗：同“亢”，高出，超过。71 曩时：从前。72 度长絜(xié)大：比量长短大小。絜：度量物体的粗细。73 万乘之权：拥有万辆战车的国家，即中等实力之国。74 八州：九州中除秦所居雍州以外的八州。此指山东六国。朝同列：山东六国本来与秦同为诸侯，后皆入朝于秦，称藩臣。75 百有馀年：指从秦孝公到始皇，共有一百三十馀年。76 殽、函为宫：把殽山、函谷关以西作为宫室。77 一夫：指陈涉。七庙：古代天子有七庙，太祖之庙与三昭三穆合为七庙。78 攻：攻取天下。守：守成天下。

【品评】贾谊写作此文，目的在于总结秦代“仁义不施”而灭亡的历史教训，为汉文帝提供政治上的鉴戒。文章使用了前后对照的手法，铺陈排比，感情充沛，好用夸张的语气与形象的比喻，纵横捭阖，浩瀚恣肆，有战国纵横家的遗风。在中国散文史上，《过秦论》首创了“史论”这一体裁，对汉以后的散文创作产生了重要影响。

治安策一[①]

夫树国固[②]，必相疑之势也[③]，下数被其殃[④]，上数爽其忧[5]，甚非所以安上而全下也[6]。今或亲弟谋为东帝[7]，亲兄之子西乡而击[8]，今吴又见告矣[9]。天子春秋鼎盛[10]，行义未过[11]，德泽有加焉，犹尚如是，况莫大诸侯，权力且十此者乎[12]！

然而天下少安[13]，何也？大国之王幼弱未壮[14]，汉之所置傅相方握其事[15]。数年之后，诸侯之王大抵皆冠[16]，血气方刚，汉之傅相称病而赐罢[17]，彼自丞尉以上遍置私人[18]，如此，有异淮南、济北之为邪？此时而欲为治安，虽尧、舜不治[19]。

黄帝曰[20]："日中必熭，操刀必割[21]。"今令此道顺而全安[22]，甚易；不肯早为，已乃堕骨肉之属而抗刭之[23]，岂有异秦之季世乎[24]！夫以天子之位，乘今之时，因天之助，尚惮以危为安[25]，以乱为治。假设陛下居齐桓之处[26]，将不合诸侯而匡天下乎[27]？臣又以知陛下有所必不能矣。假设天下如曩时[28]，淮阴侯尚王楚[29]，黥布王淮南[30]，彭越王梁[31]，韩信王韩[32]，张敖王赵[33]，贯高为相[34]，卢绾王燕[35]，陈豨在代[36]，令此六七公者皆亡恙[37]，当是时而陛下即天子位，能自安乎？臣有以知陛下之不能也。天下殽乱[38]，高皇帝与诸公并起[39]，非有仄室之势以豫席之也[40]。诸公幸者乃为中涓[41]，其次仅得舍人[42]，材之不逮至远也[43]。高皇帝以明圣威武即天子位，割膏腴之地以王诸公[44]，多者百馀城，少者乃三四十县，德至渥也[45]，然其后十年之间，反者九起。陛下之与诸公，非亲角材而臣之也[46]，又非身封王之也[47]，自高皇帝不能以是一岁为安[48]，故臣知陛下之不能也。

然尚有可诿者曰疏[49]。臣请试言其亲者[50]。假令悼惠王王齐[51]，元王王楚[52]，中子王赵[53]，幽王王淮阳[54]，共王王梁[55]，灵王王燕[56]，厉王王淮南[57]，六七贵人皆亡恙，当是时陛下即位，能为治乎？臣又知陛下之不能也。若此诸王，虽名为臣，实皆有布衣昆弟之心[58]，虑亡不帝制而天子自为者[59]。擅爵人，赦死罪[60]，甚者或戴黄屋[61]，汉法令非行也。虽行不轨如厉王者，令之不肯听，召之安可致乎！幸而来至，法安可得加！动一亲戚[62]，天下圜视而起[63]。陛下之臣虽有悍如冯敬者[64]，适启其口，匕首已陷其胸矣。陛下虽贤，谁与领此[65]？

故疏者必危，亲者必乱，已然之效也[66]。其异姓负强而动者[67]，汉已幸胜之矣，又不易其所以然[68]。同姓袭是迹而动[69]，既有征矣[70]，其势尽又复然。殃祸之变，未知所移[71]，明帝处之尚不能以安，后世将如之何！

屠牛坦一朝解十二牛[72]，而芒刃不顿者[73]，所排击剥割[74]，皆众理解也[75]。至于髋髀之所[76]，非斤则斧[77]。夫仁义恩厚，人主之芒刃也；权势法制，人主之斤斧也。今诸侯王皆众髋髀也，释斤斧之用，而欲婴以芒刃[78]，臣以为不缺则折。胡不用之淮南、济北？势不可也。

臣窃迹前事[79]，大抵强者先反，淮阴王楚最强，则最先反；韩信倚胡[80]，则又反；贯高因赵资[81]，则又反；陈豨兵精，则又反；彭越用梁，则又反；黥布用淮南，则又反；卢绾最弱，最后反。长沙乃在二万五千户耳[82]，功少而最完[83]，势疏而最忠[84]，非独性异人也[85]，亦形势然也。曩令樊、郦、绛、灌据数十城而王[86]，今虽以残，亡可也[87]；令信、越之伦列为彻侯而居[88]，虽至今存，可也。

然则天下之大计可知已。欲诸王之皆忠附，则莫若令如长沙王；欲臣子之勿菹醢[89]，则莫若令如樊、郦等；欲天下之治安，莫若众建诸侯而少其力[90]。力少则易使以义[91]，国小则亡邪心。令海内之势，如身之使臂，臂之使指，莫不制从[92]。诸侯之君不敢有异心，辐凑并进而归命天子[93]，虽在细民[94]，且知其安，故天下咸知陛下之明。割地定制[95]，令齐、赵、楚各为若干国，使悼惠王、幽王、元王之子孙毕以次各受祖之分地，地尽而止，及燕、梁它国皆然。其分地众而子孙少者，建以为国，空而置之，须其子孙生者，举使君之[96]。诸侯之地其削颇入汉者[97]，为徙其侯国[98]，及封其子孙也，所以数偿之[99]。一寸之地，一人之众，天子亡所利焉，诚以定治而已[100]，故天下咸知陛下之廉。地制一定[101]，宗室子孙莫虑不王[102]，下无倍畔之心[103]，上无诛伐之志，故天下咸知陛下之仁。法立而不犯，令行而不逆，贯高、利几之谋不生[104]，柴奇、开章之计不萌[105]，细民乡善[106]，大臣致顺，故天下咸知陛下之义。卧赤子天下之上而安[107]，植遗腹[108]，朝委裘[109]，而天下不乱。当时大治，后世诵圣。一动而五业附[110]，陛下谁惮而久不为此[111]？

天下之势方病大瘇[112]，一胫之大几如要[113]，一指之大几如股[114]，平居不可屈信[115]，一二指搐[116]，身虑无聊[117]。失今不治，必为锢疾[118]，后虽有扁鹊[119]，不能为已。病非徒瘇也，又苦跖戾[120]。元王之子[121]，帝之从弟也；今之王者[122]，从弟之子也。惠王之子[123]，亲兄子也；今之王者[124]，兄子之子也。亲者或亡分地以安天下[125]，疏者或制大权以偪天子[126]，臣故曰非徒病瘇也，又苦跖戾。可痛哭者，此病是也。

【注释】① 治安策一：本文选自《汉书·贾谊传》。《治安策》又名《陈政事疏》，全文很长，还论述了抗击匈奴等重要问题，这里是节录。② 树国：

建立诸侯国。固：坚固，强固。③ 相疑：指朝廷同封国之间互相猜忌。或解“疑”字通“拟”，相拟，势力相当。④ 下：指诸侯王。数：屡次。被：遭受。⑤ 上：指中央朝廷。爽：伤。⑥ 安上而全下：指稳定中央政权，保全诸侯王。⑦ 亲弟：指汉文帝的弟弟淮南厉王刘长。谋为东帝：《汉书·五行志下》载：淮南王长“归聚奸人谋逆乱，自称东帝”。刘长的封地在今安徽淮河以南地区，在长安的东方。刘长谋反后谪徙蜀地，途中不食而死。⑧ 亲兄之子：指齐悼惠王刘肥的儿子济北王刘兴居。乡：向。汉文帝三年（前177）济北王谋反，发兵袭击荥阳，失败被杀。⑨ 见告：被告发。此指吴王刘濞抗拒朝廷法令而被告发。⑩ 春秋鼎盛：即正当壮年。春秋：指年龄。⑪ 未过：没有过失。⑫ 全句意指吴王等诸侯的实力，要比前述亲弟、亲兄之子大得多。莫大：最大。十此：十倍于此。⑬ 少：稍稍。⑭ 大国之王：指较大的诸侯王。⑮ 傅相：分别指朝廷派到诸侯国的辅佐之官太傅与行政长官诸侯相。⑯ 冠：二十岁。古代男子二十岁时举行冠礼，表示成年。⑰ 称病而赐罢：以病为由辞职。⑱ 丞尉：县丞和县尉。丞尉以上：泛指诸侯国大小官吏。⑲ 尧、舜：皆上古传说中的圣明之君。⑳ 黄帝：古史传说中的上古帝王。㉑ 此两句语出《六韬》，意谓机不可失，要当机立断。熭（wèi）：曝晒，晒干。㉒ 此道：即前引黄帝话中的道理。顺：遵循。全安：下全上安。㉓ 堕：毁弃。骨肉之属：指同姓诸侯王，他们都是皇帝的亲属。抗：举。刭：割头颈。㉔ 季世：末年。秦二世时，大杀秦之宗室。㉕ 惮：怕。㉖ 齐桓：齐桓公，春秋时齐国国君，曾多次大会诸侯订立盟约，成为春秋时第一个霸主。㉗ 匡：匡王，挽救。㉘ 曩时：从前，以往。㉙ 淮阴侯：即韩信，汉朝建立时封为楚王，不久降为淮阴侯，后为吕后以谋反罪杀害。㉚ 黥布：即英布，汉初封为淮南王，后因谋反被杀。㉛ 彭越：汉初封为梁王，后为刘邦以谋反罪杀害。㉜ 韩信：指韩王信，战国时韩国的后代，汉初封韩王，后投降匈奴反汉。㉝ 张敖：汉高祖刘邦的女婿，汉初诸侯王赵王张耳的儿子，袭封赵王，后因与赵丞相贯高谋刺刘邦的事有牵连，改封平宣侯。㉞ 贯高：汉初诸侯王张敖的相国，因刘邦过赵时辱骂张敖，愤而欲杀刘邦，事不成而自杀。㉟ 卢绾（wǎn）：汉初封燕王，后叛逃匈奴，被封为东胡卢王，死于匈奴中。㊱ 陈豨（xī）：汉初任诸侯国代国相国，后反汉，自立为赵王，被杀。㊲ 亡恙：无病。亡：同“无”。㊳ 殽（xiáo）乱：混乱。㊴ 高皇帝：即汉高祖刘邦。并起：一齐起兵反秦。㊵ 仄室：侧室，卿大夫的庶子。豫：预，预先。席：凭借。文帝刘恒自称为高皇帝侧室之子，吕后死后，周勃等平定诸吕，刘恒以代王入为帝。这里以刘邦同文帝比。㊶ 中涓：皇帝的亲近之臣。㊷ 舍人：门客。㊸ 不逮：不及。㊹ 膏腴：肥沃。王(wàng)：封王，动词。㊺ 渥(wò)：优厚。㊻ 角材：较量才干。角：竞争，较量。臣之：使他们臣服。㊼ 身封：亲自分封。㊽ 是：指刘邦亲自分封诸侯之事。㊾ 诿：推诿，推托。疏：疏远。这里指上述异姓王。㊿ 亲者：指同姓诸侯王。51 悼惠王：刘肥，刘邦子，汉初封齐王，谥号为悼惠。52 元王：刘交，刘邦弟，封楚王，谥号为元。53 中子：刘如意，刘邦子，封赵王，后被吕后所杀。刘邦共有八子，如意排行第四，故称中子。54 幽王：刘友，刘邦子，封淮阳王，后徙赵王，终为吕后囚禁饿死，谥号为幽。55 共(gōng)王：刘恢，刘邦子，封梁王，后徙赵王，终为吕后所杀，谥号为共。56 灵王：刘健，刘邦子，封燕王，谥号为灵。57 厉王：即淮南王刘长，谥号为厉。58 这句意思是说，同姓诸侯王并不把君臣之义放在眼里，只是以平民兄弟的关系看待文帝。淮南厉王即曾称文帝为"大兄"。布衣：平民百姓。昆弟：兄弟。59 虑：思索，算计。亡不：没有一个不想。帝制：指仿行皇帝的礼仪制度。60 二句所写封爵、赦死罪，都是应属于皇帝的权力。爵人：封人以爵位。61 屋：黄缯车盖，皇帝专用。62 亲戚：指同姓诸侯王。63 圜(huán)视：向四方看。圜：围绕。起：发生骚乱。64 冯敬：汉初御史大夫，以执法严厉出名，曾弹劾淮南厉王刘长谋反，被刘长派刺客杀害。65 谁与：与谁。领：统领，治理。66 已然之效：事实已经证明是这样的。67 负：依恃。68 易：改变。69 袭：沿袭，按照。70 征：征兆。71 移：变移，变动。72 屠牛坦：春秋时人，以宰牛为职业。73 芒刃：刀刃。74 排击剥割：泛指宰牛时的各种刀法。75 理：肌肉纹理。76 髋(kuān)：胯骨。髀(bì)：大腿骨。77 斤：一种斧子。78 婴：通"撄"，接触。79 迹：用为动词，寻求踪迹。80 胡：指匈奴。81 因：凭借。82 长沙：指长沙国。汉初吴芮封为长沙王。83 完：保全。84 势疏：吴芮为异姓王，称其与汉的关系是疏远。85 异人：与常人不同。86 樊、郦、绛、灌：分指樊哙、郦商、周勃、灌婴四人。87 亡可：不可。亡：同"无"。88 彻侯：汉承秦制，爵位为二十级，最高一级为彻侯。89 菹醢(zū hǎi)：把人杀死剁成肉酱。90 众建诸侯而少其力：多封诸侯国而减弱每个诸侯国的力量。91 使以义：使之遵守君臣之义。92 制从：制服，听从。93 辐凑：像车轮的辐条那样归聚于车轮中央。94 细民：平民。95 割地定制：定出分割土地的制度。96 举使君之：让他们去做空置的诸侯国的国君。97 颇：大量。98 为徙其侯国：把这个侯国迁往他处。99 数偿之：照数偿还。100 "一寸之地”四句：意为天子多封王并非与各诸侯王争利，而是为了稳定天下。⑩ 一：统一。⑩ 莫虑不王：不担心不成为诸侯王。⑩ 倍畔：同“背叛”。⑩ 利几：原为项羽部将，后降汉被封为颍川侯，汉高祖六年因反叛被杀。⑩ 柴奇、开章：人名，两人均参与淮南王刘长的谋反，为之出谋划策。萌：发生。⑩ 乡：向。⑩ 赤子：婴儿。这句说即使初生的婴儿继承帝位，天下也仍然太平。⑩ 这句说让没有被皇帝亲自立为太子的儿子继承帝位。植：扶植。遗腹：遗腹子，指皇帝死时尚在怀孕中的胎儿。⑩ 这句说旧君已死，新君未立，把亡君的衣冠放在皇座上接受朝拜。一说，谓幼君不胜礼服，坐朝则委裘于地。朝：朝拜。委裘：亡君留下的衣冠。⑩ 五业：指上文所说的明、廉、仁、义、圣五项功业。⑪ 谁惮：惮谁，顾忌什么。⑫ 瘇（zhǒng）：腿肿病。⑬ 胫：小腿。要：腰。⑭ 指：脚趾。股：大腿。⑮ 平居：平时。信：同“伸”。⑯ 搐：抽搐。⑰ 两句意为一两个肿着的脚趾一抽搐，就担心整个身体支撑不住。无聊：无所依赖，指难以支持。⑱ 锢疾：难以医治的病症。⑲ 扁鹊：春秋战国时的名医。⑳ 跖（zhí）：脚掌。戾（lì）：反扭。㉑ 元王：楚元王刘交，刘邦的弟弟。元王之子：楚夷王刘郢客。㉒ 今之王者：指楚王刘戊。㉓ 惠王之子，齐王刘侧。惠王：齐悼惠王刘肥，刘邦子。㉔ 今之王者：指齐共王刘喜。㉕ 亲者：指文帝的亲生儿子。㉖ 疏者：指从弟、兄子之子。偪：同“逼”，逼迫。

【品评】《治安策》是一篇洋洋万言的巨制之文，被人称为“万言书之祖”。在这篇文章中，贾谊以其对历史与现实的理性运思，以其对汉帝国大业的至诚之心，全面论析了当时汉帝国所面临的同姓王问题、匈奴问题以及其他社会问题，为汉帝国确立了“建久安之势，成长治之业”的大政方略。这里所节录的是《治安策》中的一小部分。在这一部分中，贾谊深刻认识到同姓王足以倾覆中央帝国的严重性，痛心疾首地向文帝发出了赤诚而深具理性的警示。为避免“后世将如之何”悲剧的发生，贾谊在提出“权势法制”强力手段的同时，又阐明了“众建诸侯而少其力”的基本策略。赖以这样一种基本策略，文、景、武三帝逐步缓解并最终解决了同姓王的问题。总观贾谊对同姓王问题的分析与建策，不惟表现了贾谊洞明天下形势的卓识远见，而且也显示出他为国远虑、不顾个人身家性命的精神勇气。文帝与同姓诸王虽有亲疏之别，但终属刘氏骨肉。他们之间的纷争为家人之事，贾谊参预其中难免不被同姓王所忌恨。贾谊之后，晁错不听其父死命阻劝，坚决要求铲除同姓王势力，最终被斩于市。贾谊发晁错削藩之先声，如若不是英年早逝，难保不会有晁错一样的厄运。但对于贾谊以及他的后继者晁错来说，为了大一统中国的长治久安，他们并不顾念一己安危，而是知无不言，言无不尽，竭忠尽智，放言不惧。这样一种为国不顾身的大公之心，无疑是我们民族弥足珍贵的精神财富。

晁 错（前200—前154）

颍川（今河南禹县）人，西汉文帝、景帝时期的政治家。初从张恢学申不害、商鞅的法家学说。文帝时任太常掌故，曾奉命从故秦博士伏生受《尚书》。后为太子家令，得太子（即景帝）信任，号“智囊”。景帝即位，任御史大夫。他坚持重农抑商政策，主张纳粟受爵，建议募民充实边塞，积极备御匈奴的攻掠，并进言削藩以巩固中央集权，得到景帝采纳。以吴王刘濞为首的七国诸侯因此以“请诛晁错，以清君侧”为名，举兵反叛。景帝畏于七国连兵，遂将其处死。晁错的著作较为完整的现存有八篇，其中《论贵粟疏》、《贤良对策》、《言兵事疏》、《守边劝农疏》等，皆为“西汉鸿文”（鲁迅《汉文学史纲要》）。

论贵粟疏[①]

圣王在上，而民不冻饥者，非能耕而食之[②]，织而衣之也[③]，为开其资财之道也[④]。故尧、禹有九年之水[⑤]，汤有七年之旱[⑥]，而国无捐瘠者[⑦]，以畜积多而备先具也。今海内为一，土地人民之众不避禹、汤[⑧]，加以亡天灾数年之水旱[⑨]，而蓄积未及者，何也？地有遗利[⑩]，民有馀力，生谷之土未尽垦，山泽之利未尽出也，游食之民未尽归农也[⑪]。

民贫，则奸邪生。贫生于不足，不足生于不农，不农则不地著[⑫]，不地著则离乡轻家，民如鸟兽[⑬]，虽有高城深池，严法重刑，犹不能禁也。夫寒之于衣，不待轻暖；饥之于食，不待甘旨[⑭]；饥寒至身，不顾廉耻。人情一日不再食则饥，终岁不制衣则寒。夫腹饥不得食，肤寒不得衣，虽慈母不能保其子，君安能以有其民哉？明主知其然也，故务民于农桑，薄赋敛[15]，广蓄积，以实仓廪[16]，备水旱，故民可得而有也。

民者，在上所以牧之[17]，趋利如水走下，四方无择也。夫珠玉金银，饥不可食，寒不可衣，然而众贵之者，以上用之故也。其为物轻微易藏，在于把握[18]，可以周海内而无饥寒之患。此令臣轻背其主，而民易去其乡，盗贼有所劝[19]，亡逃者得轻资也[20]。粟米布帛生于地，长于时，聚于力[21]，非可一日成也。数石之重[22]，中人弗胜[23]，不为奸邪所利[24]，一日弗得而饥寒至。是故明君贵五谷而贱金玉。

今农夫五口之家，其服役者不下二人[25]，其能耕者不过百亩，百亩之收不过百石。春耕，夏耘[26]，秋获，冬藏，伐薪樵，治官府，给徭役[27]。春不得避风尘，夏不得避暑热，秋不得避阴雨，冬不得避寒冻，四时之间，无日休息。又私自送往迎来，吊死问疾，养孤长幼在其中[28]。勤苦如此，尚复被水旱之灾，急政暴虐[29]，赋敛不时，朝令而暮改[30]。当具[31]，有者半贾而卖[32]，亡者取倍称之息[33]。于是有卖田宅、鬻子孙以偿债者矣[34]。而商贾大者积贮倍息[35]，小者坐列贩卖[36]，操其奇赢[37]，日游都市，乘上之急，所卖必倍。故其男不耕耘，女不蚕织，衣必文采，食必粱肉，亡农夫之苦，有阡陌之得[38]。因其富厚，交通王侯[39]，力过吏势，以利相倾，千里游敖[40]，冠盖相望[41]，乘坚策肥[42]，履丝曳缟[43]。此商人所以兼并农人，农人所以流亡者也。今法律贱商人[44]，商人已富贵矣；尊农夫，农夫已贫贱矣。故俗之所贵，主之所贱也；吏之所卑，法之所尊也[45]。上下相反，好恶乖迕[46]，而欲国富法立，不可得也。

方今之务，莫若使民务农而已矣。欲民务农，在于贵粟；贵粟之道，在于使民以粟为赏罚[47]。今募天下入粟县官[48]，得以拜爵[49]，得以除罪。如此，富人有爵，农民有钱，粟有所渫[50]。夫能入粟以受爵，皆有馀者也。取于有馀，以供上用，则贫民之赋可损[51]，所谓损有馀、补不足，令出而民利者也。顺于民心，所补者三：一曰主用足，二曰民赋少，三曰劝农功[52]。今令民有车骑马一匹者[53]，复卒三人[54]。车骑者，天下武备也，故为复卒。神农之教曰[55]："有石城十仞[56]，汤池百步[57]，带甲百万[58]，而无粟，弗能守也。"以是观之，粟者，王者大用[59]，政之本务。令民入粟受爵，至五大夫以上[60]，乃复一人耳，此其与骑马之功，相去远矣。爵者，上之所擅[61]，出于口而无穷；粟者，民之所种，生于地而不乏。夫得高爵与免罪，人之所甚欲也。使天下人入粟于边，以受爵免罪，不过三岁，塞下之粟必多矣[62]。

【注释】① 论贵粟疏：本文选自《汉书·食货志》，标题为后人所加。② 耕：这里指君王亲自耕田。食（sì）之：拿食物给他们吃。"食"作动词用。③ 衣（yì）之：拿衣服给他们穿。"衣"作动词用。④ 资财之道：生财之路。⑤ 尧、禹：传说中的古代圣王。九年之水：《史记·夏本纪》载："尧所四岳，用鲧治水，九年而水不息，功用不成。"⑥ 汤：即商汤，商朝开国之君。七年之旱：传说汤时有七年大旱。⑦ 捐瘠（jí）：被遗弃和瘦弱的人。捐：抛弃。瘠：瘦。⑧ 不避：不让，不亚于。⑨ 亡：同"无"。⑩ 遗利：馀利，潜力。⑪ 游食之民：指不以农业为生的游民。归农：归田务农。⑫ 地著（zhuó）：定居于一地。著：附著，依靠。《汉书·食货志》："理民之道，地著为本。"颜师古注："地著，谓安土也。" ⑬ 民如鸟兽：民像飞禽走兽一样居无定所。⑭ 甘旨：美味。⑮ 薄赋敛：减轻赋税。⑯ 廪（lǐn）：米仓。⑰ 牧：统治，管理。⑱ 在于把握：在手中把持。⑲ 劝：鼓励。⑳ 轻资：轻便的物资，这里指金银珠玉。㉑ 聚于力：靠人力集聚在一起。㉒ 石（dàn）：重量单位。汉制三十斤为钧，四钧为石。㉓ 中人：这里指中等体力的人。弗胜：不能担负。㉔ 不为奸邪所利：不会被奸邪之人所利用。㉕ 服役者：为国家义务服劳役的人。㉖ 耘：除草。㉗ 给（jǐ）徭役：为国家服劳役。㉘ 长（zhǎng）：养育。㉙ 政：同“征”。㉚ 朝令而暮改：早晨发命令，晚上就又改变了。㉛ 当具：即应当交纳。㉜ 半贾：半价。贾：同“价”。㉝ 亡者：无谷的人。倍称（chèn）之息：加倍的利息。称：相等，相当。㉞ 鬻（yù）：卖。㉟ 贾（gǔ）：商人。积贮：囤积货物。倍息：获取加倍的利息。㊱ 坐列：坐而开列店铺。㊲ 奇（jī）赢：利润。奇：指馀物。赢：指馀利。㊳ 阡陌（qiān mò）之得：指田地的收获。阡陌：田间小路，这里代指田地。㊴ 交通：交接。㊵ 敖：同“遨”，游玩。㊶ 冠盖：指冠服与车盖。㊷ 乘坚策肥：乘坚车，策肥马。策：用鞭子赶马。㊸ 履丝曳缟（yè gǎo）：脚穿丝鞋，身披绸衣。曳：拖着。缟：一种精致洁白的丝织品。㊹ 贱：轻视。㊺ 所卑、所尊：均指农夫。㊻ 乖迕（wǔ）：相违背。㊼ 以粟为赏罚：用粮食来求赏或免罚。㊽ 县官：朝廷，官府。㊾ 拜爵：封爵位。㊿ 渫（xiè）：疏散，分散。51 损：减少。52 劝农功：鼓励从事农业生产。53 车骑马：用于车骑的战马。54 复卒：免除兵役。55 神农：古代传说中的部落领袖，教民农耕，故名神农氏。56 石城：石头砌成的城墙。仞：古代以七尺或八尺为一仞。57 汤池：贮满沸水的护城河。汤：沸水。步：古代以六尺为一步。58 带甲：穿甲的人，这里指军队。59 大用：最需要的东西。60 五大夫：秦汉时二十级爵位的第九级。61 擅：专有。62 塞下：边塞。

【品评】这篇奏疏的内容是建议汉皇要重视粮食生产，要采取具体的重农抑商的措施以打击国内的割据势力，积蓄力量反击匈奴。晁错的文章善于从现实状况方面作具体分析，立论精辟，分析透彻，逻辑谨严，文笔犀利，于雄厚之中透着警刻，其不足之处是略乏文采。将贾谊的文章与晁错的文章两相比照，贾谊的文章富于情感与文采，但沉实稍逊于晁错；而晁错的文章质实透辟，颇切实用，但文采不如贾谊。尽管有这样的风格差异，两人都是西汉初期的文章大家，他们的思想与文风对汉世有重要影响。鲁迅在《汉文学史纲要》中称其作品“沾溉后世，其泽甚远”。

邹 阳（约前206—前129）

汉初齐人，主要活动于汉文帝、景帝时期。为人慷慨耿介，有智略。初为吴王刘濞门客，因刘濞阴谋叛乱，上书婉谏，吴王不听。后去为梁孝王客，遭谗下狱，有《狱中上梁王书》，申诉冤屈。释放后，为梁王上客。邹阳所作文章，有战国游士纵横善辩之风。

狱中上梁王书[①]

邹阳从梁孝王游[②]。阳为人有智略，忼慨不苟合[③]，介于羊胜、公孙诡之间[④]。胜等疾阳[⑤]，恶之孝王[⑥]。孝王怒，下阳吏[⑦]，将杀之。阳乃从狱中上书曰：

臣闻：忠无不报，信不见疑[⑧]。臣常以为然[⑨]，徒虚语耳。昔荆轲慕燕丹之义[⑩]，白虹贯日[⑪]，太子畏之[⑫]；卫先生为秦画长平之事[⑬]，太白食昴[⑭]，昭王疑之。夫精变天地，而信不谕两主[⑮]，岂不哀哉！今臣尽忠竭诚，毕议愿知[⑯]，左右不明，卒从吏讯[⑰]，为世所疑。是使荆轲、卫先生复起，而燕、秦不寤也。愿大王熟察之[⑱]。

昔玉人献宝[⑲]，楚王诛之[⑳]；李斯竭忠[㉑]，胡亥极刑[㉒]。是以箕子阳狂[㉓]，接舆避世[㉔]，恐遭此患也。愿大王察玉人、李斯之意，而后楚王、胡亥之听，毋使臣为箕子、接舆所笑。臣闻比干剖心[㉕]，子胥鸱夷[㉖]，臣始不信，乃今知之。愿大王熟察，少加怜焉。

语曰："有白头如新，倾盖如故[㉗]。"何则？知与不知也[㉘]。故樊於期逃秦之燕，借荆轲首以奉丹事[㉙]；王奢去齐之魏，临城自刭，以却齐而存魏[㉚]。夫王奢、樊於期非新于齐、秦而故于燕、魏也，所以去二国、死两君者[㉛]，行合于志，慕义无穷也。是以苏秦不信于天下，为燕尾生[32]；白圭战亡六城，为魏取中山[33]。何则？诚有以相知也。苏秦相燕，人恶之于燕王，燕王按剑而怒，食以駃騠[34]；白圭显于中山，人恶之于魏文侯，文侯赐以夜光之璧[35]。何则？两主二臣，剖心析肝相信，岂移于浮辞哉[36]！

故女无美恶，入宫见妒；士无贤不肖，入朝见嫉。昔司马喜膑脚于宋，卒相中山[37]；范雎拉胁折齿于魏，卒为应侯[38]。此二人者，皆信必然之画[39]，捐朋党之私，挟孤独之交[40]，故不能自免于嫉妒之人也。是以申徒狄蹈雍之河[41]，徐衍负石入海[42]。不容于世，义不苟取比周于朝[43]，以移主上之心[44]。故百里奚乞食于道路，缪公委之以政[45]；宁戚饭牛车下，桓公任之以国[46]。此二人者，岂素宦于朝[47]，借誉于左右[48]，然后二主用之哉？感于心，合于行，坚如胶漆，昆弟不能离[49]，岂惑于众口哉？故偏听生奸，独任成乱。昔鲁听季孙之说逐孔子[50]，宋任子冉之计囚墨翟[51]。夫以孔、墨之辩，不能自免于谗谀，而二国以危。何则？众口铄金，积毁销骨也[52]。秦用戎人由余，而伯中国[53]；齐用越人子臧，而强威、宣[54]。此二国岂系于俗，牵于世，系奇偏之浮辞哉[55]？公听并观[56]，垂明当世。故意合则胡越为兄弟，由余、子臧是矣；不合则骨肉为仇敌，朱、象、管、蔡是矣[57]。今人主诚能用齐、秦之明，后宋、鲁之听，则五伯不足侔[58]，而三王易为也[59]。

是以圣王觉寤，捐子之之心[60]，而不说田常之贤[61]，封比干之后[62]，修孕妇之墓[63]，故功业覆于天下。何则？欲善无厌也。夫晋文亲其仇，强伯诸侯[64]；齐桓用其仇，而一匡天下[65]。何则？慈仁殷勤，诚加于心，不可以虚辞借也[66]。至夫秦用商鞅之法，东弱韩、魏，立强天下，卒车裂之[67]。越用大夫种之谋，禽劲吴而伯中国，遂诛其身[68]。是以孙叔敖三去相而不悔[69]，於陵子仲辞三公为人灌园[70]。今人主诚能去骄傲之心，怀可报之意[71]，披心腹，见情素[72]，堕肝胆[73]，施德厚，终与之穷达[74]，无爱于士[75]，则桀之犬可使吠尧[76]，跖之客可使刺由[77]，何况因万乘之权[78]，假圣王之资乎[79]！然则荆轲湛七族[80]，要离燔妻子[81]，岂足为大王道哉！

臣闻明月之珠，夜光之璧，以暗投人于道，众莫不按剑相眄者[82]。何则？无因而至前也。蟠木根柢，轮囷离奇[83]，而为万乘器者，以左右先为之容也[84]。故无因而至前，虽出随珠和璧[85]，只怨结而不见德；有人先游[86]，则枯木朽株，树功而不忘[87]。今夫天下布衣穷居之士，身在贫羸[88]，虽蒙尧、舜之术，挟伊、管之辩[89]，怀龙逢、比干之意[90]，而素无根柢之容，虽竭精神，欲开忠于当世之君，则人主必袭按剑相眄之迹矣[91]。是使布衣之士不得为枯木朽株之资也。

是以圣王制世御俗，独化于陶钧之上[92]，而不牵乎卑辞之语，不夺乎众多之口[93]。故秦皇帝任中庶子蒙嘉之言[94]，以信荆轲，而匕首窃发[95]；周文王猎泾、渭，载吕尚归，[96]以王天下。秦信左右而亡，周用乌集而王[97]。何则？以其能越挛拘之语[98]，驰域外之议[99]，独观乎昭旷之道也[100]。今人主沉谄谀之辞，牵帷廧之制[101]，使不羁之士与牛骥同皁[102]。此鲍焦所以愤于世也[103]。

臣闻盛饰入朝者，不以私污义[104]；底厉名号者，不以利伤行[105]。故里名胜母，曾子不入[106]；邑号朝歌，墨子回车[107]。今欲使天下寥廓之士[108]，笼于威重之权，胁于位势之贵，回面污行[109]，以事谄谀之人[110]，而求亲近于左右，则士有伏死堀穴岩薮之中耳[111]，安有尽忠信而趋阙下者哉[112]！

【注释】① 狱中上梁王书：本文选自《汉书·邹阳传》。原无标题，本题为选者所加。梁王：即梁孝王刘武，文帝窦皇后的幼子，汉景帝的同母弟。② 从：随从。③ 忼(kāng)：同“慷”。④ 介：处于……之间。羊胜、公孙诡：梁孝王的亲信。⑤ 疾：嫉恨。⑥ 恶：毁谤，说坏话。⑦ 下阳吏：把邹阳交给狱吏问罪。⑧ 忠无不报，信不见疑：对人忠诚的人，没有不得好报；做人诚实的人，不会受到怀疑。见：被。⑨ 常：通“尝”，曾经。⑩ 荆轲：战国末卫人，后入燕国，好读书击剑，嗜酒善歌。燕丹：燕太子丹，燕国最后一个君王燕王喜之子，曾在秦国作人质，逃回燕国后，厚交荆轲，使刺秦王，未成，荆轲身亡。⑪ 白虹贯日：这里说荆轲的精诚感动了上天，以致天上出现白色长虹贯穿太阳而过的不寻常现象。⑫ 畏：引申为担心。荆轲为等候一个友人而拖延了赴秦的行期，燕太子丹担心他变卦。⑬ 卫先生：秦将白起手下的谋士。长平之事：秦昭襄王四十七年(前260)，白起大破赵军于长平(今山西高平西北)，欲乘势灭赵，派卫先生回秦向昭王要求增兵增粮。秦相范雎从中阻挠，害死卫先生。⑭ 太白食昴：是说太白星侵入了昴星座，象征赵国将有战争灾难。太白：金星。古时认为是战争的征兆。昴(mǎo)：二十八宿之一，西方白虎七宿的第四宿，据说这一星宿对应的是冀州(包括赵国在内)一带地区。⑮ 谕：明白，了解。这里是使动用法。两主：指燕太子丹与秦昭襄王。⑯ 毕议：将自己的计议全部说出来。愿知：希望能为主上所知晓。⑰ 从：听凭。讯：审讯。⑱ 熟：仔细。⑲ 玉人：指楚人卞和。《韩非子·和氏》记卞和得璞(蕴玉之石)于楚山，献楚厉王，厉王令玉匠察看，回说不是玉，就以欺君的罪名斫去卞和左脚；厉王死，武王立。卞和又献，武王也命玉匠察看，玉匠回说不是玉，又以欺君的罪名斫去卞和右脚。武王死，文王立，卞和抱玉哭于楚山下，三日三夜泪尽泣血，文王听说，召卞和令玉匠凿璞，果得宝玉，加工成璧，称为和氏之璧。⑳ 诛：这里作惩罚解。㉑ 李斯：楚上蔡(今属河南)人，佐秦王并六国，为丞相。始皇死，与赵高定谋，矫诏杀始皇长子扶苏，立少子胡亥为帝。后赵高诬斯谋反，腰斩咸阳。㉒ 胡亥：秦二世名，秦始皇次子。纵情声色，不理政事。

赵高诬李斯父子谋反，陷李斯于冤狱，二世不察，腰斩李斯于咸阳，夷三族。极刑：死刑。㉓ 箕子：商纣王的叔父，名胥余，因封于箕，故称箕子。商纣王荒淫昏乱，箕子见比干因谏而被剖心，便假装疯癫，被纣王囚禁。阳狂：即佯狂。㉔ 接舆：春秋时代楚国隐士，人称楚狂，曾劝孔子避世隐居。㉕ 比干：商纣王的叔父，因纣王荒淫，极力劝谏，被纣王剖心而死。㉖ 子胥：伍员，字子胥，春秋楚人。为报楚平王杀父之仇，逃到吴国。后吴王阖闾用伍子胥、孙武之计，大破楚军，占领楚都，称霸一时。阖闾死，夫差立，败越后不灭越，又以重兵北伐齐国。子胥力陈吴之患在越，夫差不听，反信伯嚭谗言，迫使子胥自杀。鸱夷：皮制的袋。伍子胥临死说："我死后把我眼睛挖出来挂在吴国东城门上，观看越寇进灭吴国。"夫差大怒，用鸱夷盛子胥尸投入钱塘江中。㉗ 白头如新：相处到老而不相知。倾盖如故：在路上相遇，停车而谈，初交时即一见如故。盖：车盖，车停下时车盖就倾斜。㉘ 知与不知：白头如新是因为不相知，倾盖如故是因为相知。㉙ 樊於期：原为秦将，因得罪秦王，逃亡到燕国，受到太子丹礼遇。秦王以千金、万户邑悬赏捉拿樊於期。荆轲入秦行刺，建议献樊於期的头以取得秦王信任，樊於期知情后，慷慨自刎而死，以头送给荆轲。㉚ 王奢：战国时齐大臣，因得罪齐王，逃到魏国。后来齐伐魏，王奢跑到城墙上对齐将说："现在你们来，不过是为了我王奢的缘故。讲义气的人不苟且偷生，我决不为了自己使魏国受牵累。"说罢，即自刎而死。㉛ 死：为……而死。㉜ 苏秦：战国时洛阳人，游说六国联合抵制秦国，为纵约之长，挂六国相印。后秦国利用六国间的矛盾，破坏合纵之约。苏秦失信于诸国，只有燕国仍信用他，使他为相。尾生：《汉书·古今人表》说他名高，鲁人。尾生与一女子约于桥下，女未至，潮涨，尾生抱桥柱淹死。古人以他为守信的典范。苏秦与燕王相约，假装得罪了燕王而逃到齐国，设法从内部削弱齐国以增强燕国，后来苏秦为此在齐国死于车裂。这里用尾生来比喻苏秦以生命守信于燕。㉝ 白圭：战国初中山国之将，因连失六城，中山国君要治他死罪，他逃到魏国，魏文侯厚待他，于是他助魏攻灭了中山国。中山：春秋时建，战国初建都于顾(今河北定县)，魏文侯十七年(前 429)灭。㉞ 駃騠(jué tí)：良马名。㉟ 魏文侯：名都，魏与韩赵分晋以后，至魏文侯始列为诸侯。夜光之璧：一种名贵的璧玉。㊱ 移：转移，动摇。浮辞：虚假不实之辞。㊲ 司马喜：战国时宋人，在宋受膑刑，逃到中山，任中山国相。膑：古代肉刑之一，剔除膝盖骨。㊳ 范雎：战国时魏人，初为魏中大夫须贾家臣，曾随须贾出使到齐国，齐襄公听说范雎口才好，派人送礼金给他，须贾回国后报告魏相，中伤范雎泄密，使范雎遭到笞刑。后逃至秦国，当了秦相，被封为应侯。拉胁折齿：肋骨和牙齿都被打折。胁：肋骨。㊴ 必然之画：必然正确的计划。㊵ 挟孤独之交：依靠孤独一人而无朋友。㊶ 申徒狄：姓申徒，名狄，殷末人，谏君不听，愤而投雍水漂入黄河而死。雍：古代黄河的支流，久已堙。故道大约在今山东菏泽附近。之：到。河：黄河。㊷ 徐衍：周末人，因不满世乱，负石自沉于海。㊸ 比周：结党营私。㊹ 移：变移，改变。㊺ 百里奚：春秋时虞国人，虞为晋灭，成了楚人的俘虏。秦穆公听说他贤能，以五张黑羊皮为他赎身，用为相。缪公：即秦穆公（？—前621），善用谋臣，称霸一时。㊻ 宁戚：春秋时卫国人，到齐国经商，夜里边喂牛边敲着牛角唱叹"生不遭尧与舜禅"，桓公听了，知是贤者，举用为大夫。桓公（？—前643）：姜姓，名小白，春秋五霸之一。㊼ 素宦于朝：一贯在朝廷做官。㊽ 借誉于左右：借助于国君身边亲近之人的称誉。㊾ 昆弟：兄弟。㊿ 季孙：鲁大夫季桓子，名斯。鲁定公十四年（前496），孔子由大司寇代理国相，齐国将能歌善舞的美女八十人送给鲁定公，季桓子接受了女乐，致使鲁君怠于政事，三日不听政，孔子为此弃官离开鲁国。51 子冉：史书无传，其事不详。墨翟（dí）（约前468—前376）：即墨子，墨家的创始人。相传楚欲攻宋，墨子曾赶赴楚国，予以制止。52 铄（shuò）：销，熔化。毁：毁谤。53 由余：原为晋人，早年逃亡到西戎。西戎王派他到秦国去观察，秦穆公发现他有才干，用计把他拉拢过来。后来依靠他伐西戎，灭国十二，开地千里，从而称霸一时。伯：同"霸"。54 越人子臧：史书无传。威、宣：齐威王（？—前320），任用邹忌为相，田忌为将，孙膑为军师，国力渐强；齐宣王（？—前301），齐威王之子，名辟疆。55 系：束缚。奇偏之浮辞：一面之辞。56 公听：公正地听取意见。并观：全面地看。57 朱：丹朱，尧的儿子，相传他顽凶不肖，因而尧禅位给舜。象：舜的同父异母弟，傲慢，常想杀舜而不可得。管、蔡：管叔、蔡叔，皆周武王之弟。武王死后，子成王年幼，由周公摄政。管叔、蔡叔与纣王之子武庚一起叛乱，周公东征，诛武庚、管叔，放逐蔡叔。58 五伯：即春秋五霸，指齐桓公、晋文公、秦穆公、宋襄公、楚庄王。侔：相比，相等。59 三王：指夏禹、商汤、周文王及周武王。60 子之：战国时燕王哙之相。燕王哙学尧让国，让子之代行王事，三年而国大乱。齐国乘机伐燕，燕王哙死，子之被剁成肉酱。61 说：通"悦"。田常：即陈恒，齐简公时为左相，杀简公宠臣监止和子我，又杀简公，立简公弟平公，政权皆归田常。贤：这里侧重指才干。

⑫ 封比干之后：据说武王伐纣后，曾封比干之子。⑬ 修孕妇之墓：纣王宠妃妲己自称能透视出孕妇所怀胎儿的性别，纣王便剖孕妇子腹，观看胎儿，以验证之。武王克殷后，为被残杀的孕妇修墓。⑭ 亲其仇：晋文公重耳为公子时，其父晋献公听信骊姬之言，派宦者寺人披杀重耳，重耳跳墙逃脱，寺人披斩下他的衣袖。重耳即位后，晋臣吕甥、郤芮策划谋杀他，寺人披告密，晋文公不念旧恶，接见了他，挫败了吕、郤的阴谋。伯：同“霸”。⑮ 齐桓用其仇：齐襄公死后，齐国大乱。公子小白（即后来的齐桓公）与其异母兄公子纠争位，公子纠的老师管仲准备射死公子小白，结果射中带钩而未死。桓公立后，听从鲍叔牙荐贤，重用管仲为大夫。匡：匡扶。⑯ 借：凭借，依据。⑰ 商鞅（约前390—前338）：战国卫人，入秦辅佐孝公变法，奠定了秦国富强的基础。车裂：古代酷刑，俗称五马分尸。秦孝公死后，商鞅被贵族诬害，车裂而死。⑱ 大夫种：春秋时越国大夫文种。勾践为吴王夫差战败，文种、范蠡等向夫差求和成功，免于灭国。后越攻灭吴国，称霸中原。勾践平吴后，疑忌文种功高望重，赐剑令其自尽。⑲ 孙叔敖：春秋楚庄王时人。三去相：《庄子·田子方》说孙叔敖“三为（楚）令尹而不荣华，三去之而无忧色”。去：离职。⑳ 於（wū）陵子仲：即陈仲子，战国时齐人，因见兄长食禄万钟以为不义，避兄离母，隐居在於陵（今山东邹平境）。楚王派使者持黄金百镒聘他为官，他和妻子一起逃走为人灌园。三公：周代以太师、太傅、太保为三公，也泛指国王的辅佐。㉑ 怀可报之意：怀着让人可以报答之意。邹阳这是要梁王推诚待士。㉒ 素：通“愫”，真诚。㉓ 堕（huī）：通“隳”，毁坏，引申为剖开。㉔ 终与之穷达：始终与他们同甘苦、共命运。穷达：困境与顺境。㉕ 无爱于士：对士人无所吝啬。爱：吝啬，吝惜。㉖ 这句话是说，即使是桀那样的淫暴之君，他所一心喂养的走狗也会向尧一类的圣王狂吠不已。后来人们就以“桀犬吠尧”这一成语比喻走狗一心为主人效劳。桀之犬可使吠尧：桀，夏代亡国之君，以淫暴出名。尧，传说中的古代圣王。㉗ 跖（zhí）：即盗跖，春秋末鲁国人，相传他“从卒九千人，横行天下，侵暴诸侯”（《庄子·盗跖》），无恶不作。由：许由，相传尧要让天下给他，他不受，洗耳于颍水之滨，遁耕于箕山之上。㉘ 万乘（shèng）：周制天子可拥有兵车万乘，后以喻称帝王。㉙ 假：凭借。资：能力，资本。㉚ 湛（chén）：通“沉”。湛七族：灭七族。荆轲刺秦王不遂，五年后秦亡燕。灭荆轲七族事史书不传。㉛ 要离：春秋时吴国刺客。他用苦肉计，要公子光（即吴王阖庐）斩断自己的右手，烧死自己妻子儿女，然后逃到吴王僚的儿

子庆忌那里，伺机行刺，为公子光效死。燔(fán)：烧。㉜ 眄(miǎn)：斜视。㉝ 蟠木：弯曲盘旋的树木。根柢：树根。轮囷(qūn)：屈曲的样子。离奇：古怪的样子。㉞ 容：指雕饰。㉟ 随珠：即明月之珠。春秋时随国之侯救活了一条受伤的大蛇，后来大蛇衔来一颗明珠报答他的恩惠。后世称为随珠。和璧：即和氏璧。㊱ 游：游说，宣扬。㊲ 树功而不忘：建立功业而不被人忘记。㊳ 羸(léi)：瘦弱。㊴ 伊：伊尹，商汤用为贤相，是灭夏建商的功臣。管：管仲。助齐桓公富国强兵，成为霸主。㊵ 龙逢(péng)：关龙逢，夏末贤臣，因忠谏夏桀，被囚杀。㊶ 袭：因袭。㊷ 陶钧：制陶器所用的转轮。比喻造就、创建。㊸ 不夺：不改变。㊹ 中庶子：官名，太子的属官。蒙嘉：秦王的宠臣。荆轲至秦，先以千金之礼厚赂蒙嘉，由蒙嘉劝说秦王同意接见荆轲。㊺ 匕首窃发：荆轲在献给秦王的地图中藏有匕首，以刺秦王。㊻ 泾、渭：二水名，均在今陕西。据传，周文王在出猎泾水、渭水之前占卜，得卦说是："所获非龙非螭，非虎非罴；所获霸王之辅。"后在渭水北边果然遇到了吕尚。吕尚：姜姓，字子牙，号太公望，辅佐文王、武王，成就王业。㊼ 秦信左右而亡：左右，指宠臣蒙嘉。亡：这是夸大之辞。周用乌集而王(wàng)：用，因为。乌集：像乌鸦那样偶然栖于树上，这里指乌集之人，即偶然相遇之人，指吕尚。王：指统一天下。㊽ 越：超越。挛拘之语：指邪曲不正的小人之语。㊾ 驰域外之议：突破任何局限的议论。⑩⓪ 昭旷：光明宽广。⑩① 帷：床帐，喻指妃妾。廧：同"墙"，指宫墙，喻指近臣。⑩② 皁：同"槽"，马槽。⑩③ 鲍焦：春秋时人，厌恶时世污浊，自己采蔬而食。子贡讥讽他：你不受君王俸禄，为什么住在君王的土地上，吃它长出来的蔬菜呢？鲍焦就抱木而饿死。⑩④ 以私污义：因私利玷污道义。⑩⑤ 底厉：同"砥砺"。行：品行。⑩⑥ 曾子：名参，孔子弟子，以纯孝著名。他经过一个名叫"胜母"(胜过母亲)的乡里时，认为其名不合孝道，故不入。⑩⑦ 朝歌：殷代后期的都城，在今河南淇县。墨子回车：墨子主张"非乐"，不愿进入以朝歌(早晨唱歌)为名的城邑。⑩⑧ 寥廓之士：志向远大的士人。⑩⑨ 回面污行：改变旧有面貌，人格受到玷污。⑪⓪ 谄谀之人：指羊胜、公孙诡之流小人。⑪① 堀：同窟。薮：草泽。⑪② 阙下：宫阙之下，喻指君王。

【品评】《狱中上梁王书》一文洋洋二千馀言，大量历举古代忠臣义士遭谗含冤的事实，并善用比喻，反复辩白自己忠而被毁、贤而遭谗的冤屈之情，雄辩地揭示了人主沉谗谀则危、任忠信则兴的道理。可谓思如泉涌，肆笔纵横，而其悲叹愤激，语兼讽刺，使人读之，千遍不厌。史言"书奏孝王，孝王立出之，卒为上客”。邹阳因文而获救，实开中国士人上书自救之先河。邹阳为了自我而全力著文，文章的写作对于拯救一己生命的价值与意义在此得到了充分的体现。

司马相如（前179？—前117）

字长卿，西汉蜀郡成都（今属四川）人。景帝时为武骑常侍，后免官游梁，与邹阳、枚乘同为梁孝王宾客，并于此时写下代表作《子虚赋》。梁孝王死后，相如回蜀，与卓文君相恋成婚，传为千古美谈。武帝即位后，召用相如为郎。相如又作《子虚赋》续篇《上林赋》献呈武帝。后来，相如两次奉使西南，写有《喻巴蜀檄》、《难蜀父老》。病卒于家，留下绝笔之作《封禅文》。相如以赋的成就最高。《汉书·艺文志》载他有赋二十九篇，今传六篇，除《子虚赋》、《上林赋》外，还有《大人赋》、《美人赋》、《长门赋》、《哀二世赋》。其大赋作品结构宏大，气势磅礴，语汇丰富，描写细致，有一种以大为美、以全为美的主体风格。

上书谏猎①

相如从上至长杨猎②，是时天子方好自击熊豕，驰逐野兽。相如因上疏谏曰：

臣闻物有同类而殊能者③，故力称乌获④，捷言庆忌⑤，勇期贲、育⑥。臣之愚，窃以为人诚有之，兽亦宜然。今陛下好陵阻险，射猛兽，卒然遇逸材之兽⑦，骇不存之地⑧，犯属车之清尘⑨，舆不及还辕⑩，人不暇施巧，虽有乌获、逢蒙之技不得用⑪，枯木朽枝尽为难矣⑫。是胡越起于毂下⑬，而羌夷接轸也⑭，岂不殆哉⑮！虽万全而无患，然本非天子之所宜近也。

且夫清道而后行⑯，中路而驰，犹时有衔橛之变⑰；况乎涉丰草，骋丘墟，前有利兽之乐，而内无存变之意⑱，其为害也，不亦难矣。夫轻万乘之重⑲，不以为安，乐出万有一危之途以为娱，臣窃为陛下不取。

盖明者远见于未萌，而知者避危于无形⑳，祸固多藏于隐微，而发于人之所忽者也。故鄙谚曰："家累千金，坐不垂堂㉑。"此言虽小，可以喻大。臣愿陛下留意幸察。

【注释】① 上书谏猎：本文选自《史记·司马相如传》，标题为选者所加。② 从上：随从皇上。长杨：长杨宫，秦宫苑名。③ 殊能：特别的才能。④ 乌获：战国时秦国力士，据说他力大能举千钧之鼎。⑤ 庆忌：春秋时吴王僚的儿子。《吴越春秋》说他有万夫莫当之勇，奔跑极速，能追奔兽、接飞鸟。⑥ 贲(bēn)：孟贲，战国时齐国力士，据说能生拔牛角，水行不避蛟龙，陆行不避虎狼。育：夏育，战国时卫国力士，据说力举千钧。⑦ 卒(cù)然：突然。卒：通"猝"。逸材：过人之材。逸：通"轶"，有超越义。这里喻指凶猛超常的野兽。⑧ 骇不存之地：在无法躲避之地突然冒出来使人受惊。不存：无法存活。⑨ 属(zhǔ)车：随从之车。这里是不便直指圣上的婉转说法。清尘：即尘土。"清"是一种美化的说法。⑩ 辕：车舆前端伸出的直木或曲木。这里借指舆车。⑪ 逄(páng)蒙：传说中的善射之人，曾学射于后羿。⑫ 枯木朽枝尽为难：哪怕是一些枯木朽枝，也完全成了阻碍车道的危害。⑬ 胡越起于毂(gǔ)下：其危急情势，犹如胡越这样的强敌突然出现在车下。胡：指当时的北方少数民族。越：指当时的南方少数民族。毂：车轮中心用以镶轴的圆木。这里用为车的代称。⑭ 羌：指当时的西方少数民族。夷：指当时的东方少数民族。接轸(zhěn)：靠近车子。轸：车箱底部四围横木。这里用为车的代称。⑮ 殆：危险。⑯ 清道：扫清道路，并驱逐行人以防刺客。⑰ 衔橛(jué)之变：泛指因马衔等出问题而造成的行车事故。衔：放在马口中的铁嚼子。橛：车的钩心。⑱ 内无存变之意：内心中不存有防止突发事变的精神准备。⑲ 轻：看轻。万乘之重：指皇帝之尊。⑳ 知：同"智"。㉑ 坐不垂堂：不坐在屋檐下，以防瓦坠落伤身。垂堂：靠近屋檐下。

【品评】司马相如为郎时，曾作为武帝的随从行猎长杨宫。武帝不仅迷恋驰逐野兽的游戏，还喜欢亲自搏击熊和野猪。于是，司马相如就写了这篇谏猎书呈上。由于本文善于说理，巧于陈情，将武帝的安危与国家的命运两相结合，用词委婉，因而能够深得武帝的赞赏。

李 陵（？—前74）

字少卿，西汉陇西成纪（今甘肃泰安）人，名将李广之孙。少为侍中建章监，善骑射，爱士卒，颇得美名。武帝时曾率八百骑入匈奴境二千馀里，观察居延（故城在今内蒙古额济纳旗东南）地形而还。后任骑都尉，在酒泉、张掖练兵防备匈奴。天汉二年（前99），率步卒五千，深入匈奴，以少击众，力尽而降。武帝族灭其家。李陵遂留匈奴，单于以女妻之，立为右校王。在匈奴二十馀年，直至病死。

答苏武书[①]

子卿足下[②]：

勤宣令德[③]，策名清时[④]，荣问休畅[⑤]，幸甚幸甚！远托异国，昔人所悲。望风怀想[⑥]，能不依依[⑦]？昔者不遗，远辱还答[⑧]，慰诲勤勤[⑨]，有逾骨肉。陵虽不敏[⑩]，能不慨然[⑪]！

自从初降，以至今日，身之穷困，独坐愁苦。终日无睹，但见异类[⑫]。韦鞲毳幕[⑬]，以御风雨；羶肉酪浆[⑭]，以充饥渴。举目言笑，谁与为欢？胡地玄冰[⑮]，边土惨裂，但闻悲风萧条之声。凉秋九月，塞外草衰。夜不能寐，侧耳远听，胡笳互动[⑯]，牧马悲鸣，吟啸成群，边声四起[⑰]。晨坐听之，不觉泪下。嗟乎子卿，陵独何心，能不悲哉！

与子别后，益复无聊。上念老母，临年被戮[⑱]；妻子无辜[⑲]，并为鲸鲵[⑳]；身负国恩，为世所悲。子归受荣，我留受辱，命也如何？身出礼义之乡，而入无知之俗；违弃君亲之恩，长为蛮夷之域[㉑]，伤已！令先君之嗣[㉒]，更成戎狄之族[23]，又自悲矣。功大罪小，不蒙明察[24]，孤负陵心区区之意[25]。每一念至，忽然忘生。陵不难刺心以自明[26]，刎颈以见志[27]，顾国家于我已矣[28]，杀身无益，适足增羞，故每攘臂忍辱[29]，辄复苟活。左右之人见陵如此，以为不入耳之欢，来相劝勉。异方之乐，只令人悲，增忉怛耳[30]。

嗟乎子卿，人之相知，贵相知心，前书仓卒，未尽所怀，故复略而言之。昔先帝授陵步卒五千[31]，出征绝域[32]；五将失道[33]，陵独遇战，而裹万里之粮，帅徒步之师[34]，出天汉之外[35]，入强胡之域；以五千之众，对十万之军；策疲乏之兵，当新羁之马[36]。然犹斩将搴旗[37]，追奔逐北[38]，灭迹扫尘[39]，斩其枭帅[40]，使三军之士，视死如归。陵也不才，希当大任[41]，意谓此时，功难堪矣[42]。匈奴既败，举国兴师，更练精兵[43]，强逾十万。单于临阵[44]，亲自合围。客主之形，既不相如[45]；步马之势[46]，又甚悬绝。疲兵再战，一以当千，然犹扶乘创痛[47]，决命争首[48]。死伤积野，馀不满百，而皆扶病，不任干戈[49]，然陵振臂一呼，创病皆起，举刃指虏[50]，胡马奔走。兵尽矢穷，人无尺铁，犹复徒首奋呼[51]，争为先登。当此时也，天地为陵震怒，战士为陵饮血[52]。单于谓陵不可复得，便欲引还[53]，而贼臣教之[54]，遂使复战，故陵不免耳[55]。

昔高皇帝以三十万众，困于平城。[56]当此之时，猛将如云，谋臣如雨，然犹七日不食，仅乃得免。况当陵者[57]，岂易为力哉[58]？而执事者云云[59]，苟怨陵以不死[60]。然陵不死，罪也；子卿视陵，岂偷生之士而惜死之人哉？宁有背君亲、捐妻子而反为利者乎[61]？然陵不死，有所为也[62]，故欲如前书之言[63]，报恩于国主耳。诚以虚死不如立节，灭名不如报德也。昔范蠡不殉会稽之耻[64]，曹沫不死三败之辱[65]，卒复勾践之雠[66]，报鲁国之羞[67]。区区之心，窃慕此耳。何图志未立而怨已成，计未从而骨肉受刑，此陵所以仰天椎心而泣血也[68]。

足下又云："汉与功臣不薄。"子为汉臣，安得不云尔乎？昔萧、樊囚絷[69]，韩、彭菹醢[70]，晁错受戮[71]，周、魏见辜[72]，其馀佐命立功之士[73]，贾谊、亚夫之徒[74]，皆信命世之才[75]，抱将相之具[76]，而受小人之谗，并受祸败之辱，卒使怀才受谤，能不得展。彼二子之遐举[77]，谁不为之痛心哉？陵先将军[78]，功略盖天地，义勇冠三军[79]，徒失贵臣之意[80]，到身绝域之表[81]。此功臣义士所以负戟而长叹者也[82]。何谓不薄哉？

且足下昔以单车之使[83]，适万乘之虏[84]。遭时不遇[85]，至于伏剑不顾[86]；流离辛苦，几死朔北之野[87]。丁年奉使[88]，皓首而归[89]；老母终堂[90]，生妻去帷[91]。此天下所希闻，古今所未有也。蛮貊之人[92]，尚犹嘉子之节[93]，况为天下之主乎？陵谓足下当享茅土之荐[94]，受千乘之赏[95]。闻子之归，赐不过二百万，位不过典属国[96]，无尺土之封，加子之勤[97]。而妨功害能之臣[98]，尽为万户侯[99]；亲戚贪佞之类[100]，悉为廊庙宰[101]。子尚如此，陵复何望哉？

且汉厚诛陵以不死[102]，薄赏子以守节，欲使远听之臣望风驰命，此实难矣。所以每顾而不悔者也。陵虽孤恩[103]，汉亦负德。昔人有言："虽忠不烈，视死如归。"陵诚能安[104]，而主岂复能眷眷乎[105]？男儿生以不成名，死则葬蛮夷中，谁复能屈身稽颡[106]，还向北阙[107]，使刀笔之吏弄其文墨邪[108]？愿足下勿复望陵[109]。

嗟乎子卿，夫复何言[110]！相去万里，人绝路殊。生为别世之人[111]，死为异域之鬼。长与足下，生死辞矣。幸谢故人[112]，勉事圣君[113]。足下胤子无恙[114]，勿以为念。努力自爱，时因北风，复惠德音。李陵顿首。

【注释】① 答苏武书：本文选自《文选》。苏武（？—前60），字子卿，杜陵（今陕西西安东南）人，武帝时为郎。天汉元年（前100），以中郎将持汉节出使匈奴，被扣达十九年之久，在此期间，拒绝劝降，虽历经苦难也不改归汉之志。昭帝始元六年（前81），苏武终于白首得归。苏武得归时，修书劝李陵归汉，李陵即以此书作答。此文被疑为后人伪作。② 子卿：苏武字。足下：古代用以称上级或同辈的敬词，周、秦时多以之称君主，后世则多用于同辈之间。③ 勤宣：勤勤恳恳地宣扬。令德：美德。令：美。④ 策名：古人出仕做官，其姓名就书写在官府的简策上，所以叫“策名”。清时：政治清明的时代。⑤ 荣问：好名声。问：通“闻”。休：美。畅：通，畅达。⑥ 风：此指对方的风采。⑦ 依依：恋恋不舍的样子。⑧ 辱：承蒙，书信中常用的谦词。⑨ 慰诲：安慰，教诲。勤勤：恳切的样子。⑩ 敏：聪慧。⑪ 慨然：感慨的样子。⑫ 异类：古代对少数民族的贬称。此处指匈奴。⑬ 韦：皮革。韝（gōu）：长袖套，用以束衣袖，以便射箭或其他操作。毳（cuì）幕：毛毡制成的帐篷。⑭ 羶（shān）肉：带有腥臭气味的羊肉。酪（lào）浆：牲畜的乳浆。⑮ 玄冰：黑冰。形容冰结得厚实，极言天气寒冷。⑯ 胡笳：古代我国北方民族的管乐，其音悲凉。⑰ 边声：边地的各种异音。⑱ 临年：临到老年。⑲ 妻子：妻子儿女。⑳ 鲸鲵（ní）：动物名，雄的曰鲸，雌的曰鲵。此处借指被诛戮的人。㉑ 蛮夷：古代对少数民族的贬称。㉒ 先君：对自己已故父亲李当户的尊称。当户早亡，李陵为其遗腹子。嗣：后代，子孙。㉓ 戎狄：古代对少数民族的贬称，与前面“蛮夷”均指匈奴。㉔ 蒙：受到。㉕ 孤负：亏负。后世多写作“辜负”。区区：小小的。这里作诚恳解。㉖ 刺心：自刺心脏，意指自杀。㉗ 刎颈：自割咽喉，意指自杀。㉘ 顾：顾念，回想。㉙ 攘臂：奋臂，这里作振作精神解。㉚ 忉怛（dāo dá）：内心悲痛的样子。㉛ 先帝：已故的皇帝。这里指汉武帝刘彻。㉜ 绝域：极远的边域。这里指匈奴地区。㉝ 五将：五员将领，姓名不详。《汉书》未载五将失道事，惟《文选》李善注载：“《集》表云：‘臣以天汉二年到塞外，寻被诏书，责臣不进。臣辄引师前。到浚稽山，五将失道。'"㉞ 帅：同"率"。㉟ 天汉：指汉朝统治的区域。㊱ 当：挡，抵挡。新羁之马：刚刚装备好的马。㊲ 搴（qiān）：拔取。㊳ 逐北：追逐败逃的敌人。北：败走。㊴ 灭迹扫尘：喻干净利落地肃清残敌。㊵ 枭（xiāo）帅：骁勇的将帅。㊶ 当：担当。㊷ 难堪：难以比拟。㊸ 练：同"拣"，挑选。㊹ 单（chán）于：匈奴君主的称号。㊺ 相如：相等。㊻ 步马：李陵所率为步卒，匈奴方面为骑兵。㊼ 扶：扶持，支撑。乘：凌驾。这里有不顾的意思。《汉书·李陵传》载："士卒中矢伤，三创者载辇，两创者将车，一创者持兵战。"㊽ 决命争首：效命争先。㊾ 不任：拿不动。干戈：指兵器。㊿ 虏：敌人，这里指匈奴。51 徒首：光着头，意指不穿防护的甲衣。52 饮血：吞下血泪。53 引还：撤退。54 贼臣：指叛投匈奴的军侯管敢，管敢告匈奴汉无伏兵在后。55 不免耳：这里指不免于战败。56 "昔高皇帝"二句：汉高祖七年（前 200），汉高祖刘邦亲率大军三十万驻平城（今山西大同东），准备伐匈奴，被冒顿单于带领四十万骑兵围困七日之久。57 当：如，像。58 为力：用力。59 执事者：掌权者，这里指朝廷大臣。60 苟：但，只。不死：不自杀。61 妻子：妻子儿女。62 有所为：这里是说，自己之所以不自杀，是为了将来寻机报效汉朝。63 前书之言：据《文选》李善注载："李陵前与苏子卿书云：'陵前为子卿死之计，所以然者，冀其驱丑虏，翻然南驰，故且屈以求伸。若将不死，功成事立，则将上报厚恩，下显祖考之明也。'"64 昔范蠡不殉会稽之耻：范蠡，字少伯，春秋楚国宛（今河南南阳）人，曾为越王勾践的大夫。鲁哀公元年（前 494），越王勾践兵败，被吴王夫差围在会稽山，范蠡作为人质前往吴国，并未因求和之耻自杀殉国，后终辅助勾践振兴越国，兴师灭吴。65 曹沫（mèi）不死三败之辱：曹沫，春秋时鲁国大夫，曾与齐国作战，三战三败，但不因屡次受辱而自杀身死。庄公十三年（前 681），齐桓公伐鲁，鲁庄公请和，会盟于柯（今山东东阿西南），沫以匕首劫持桓公，迫使他全部归还鲁地。66 卒复勾践之雠：指勾践灭吴，夫差自杀。雠：同"仇"。67 报鲁国之羞：指曹沫追回齐国侵地。68 椎（chuí）心而泣血：形容极度悲伤。椎：用椎打击。泣血：眼中含着血泪。69 萧：萧何（？—前 193），沛（今江苏沛县）人，汉初功臣，曾因为请求向百姓开放上林苑而遭囚禁。樊：樊哙（？—前 189），沛人，汉初功臣，曾因遭人诬告而被囚拘。絷（zhí）：捆绑。70 韩：韩信（？—前 196），淮阴（今属江苏）人，汉初功臣，后被吕后以谋反罪斩首。彭：彭越（？—前 196），昌邑（今山东金乡西北）人，汉初功臣，后被吕后以谋反罪处死。菹醢（zū hǎi）：剁成肉酱,是古代一种残酷的死刑。⑦ 晁错(前 200—前 154):颍川(今河南禹县)人,景帝时官至御史大夫,力主削夺诸侯国封地。后吴楚等七国诸侯反,以诛晁错为名。景帝为平七国之乱,斩杀了晁错。⑫ 周:周勃(? —前 169),沛(今江苏沛县)人,汉初功臣。吕氏死,勃与陈平共诛诸吕,立文帝。后周勃被诬告欲反而下狱。魏:魏其侯窦婴(? —前 131),观津(今河北衡水东)人。景帝时,平定吴楚七国之乱有功,封魏其侯。与灌夫为至交。武帝时,灌夫因与丞相田蚡结仇下狱,婴力图相救,受牵连而被诛。见:受。辜:罪。⑬ 佐命:辅佐帝王成就大业。⑭ 贾谊(前 201—前 169):洛阳(今属河南)人,自幼博学,文帝召为博士,迁太中大夫。积极参与政事,并勇于针砭时弊。亚夫:即周亚夫(? —前 143),周勃之子,封条侯。景帝时,任太尉,率师平定七国叛乱。⑮ 信:确实。命世:应运出世。⑯ 具:才具,才干。⑰ 二子:指贾谊、周亚夫。遐举:原指远行,此处指二人受谤而死去。⑱ 陵先将军:指李广。⑲ 三军:军队的统称。⑳ 贵臣:指卫青。卫青为大将军伐匈奴,李广为前将军,被遣出东道,因东道远而难行,迷惑失路,被卫青逼问成罪,含愤自杀。㉑ 刭身:自杀。表:外。㉒ 戟(jǐ):古兵器,合戈矛为一体,可以直刺、横击。㉓ 单车之使:指苏武出使匈奴时随从人员甚少。㉔ 适:往。万乘(shèng):一万辆车。古代以万乘为大国。虏:古代对少数民族的贬称,此指匈奴。㉕ 遭时不遇:指苏武被匈奴扣押一事。㉖ 伏剑:举剑自杀。此句是说,苏武在卫律逼降时,不顾性命,意欲引剑自杀。㉗ 朔北:北方边地。㉘ 丁年:丁壮之年,壮年。㉙ 皓首:年老白头。㉚ 终堂:终于堂上,死在家里。㉛ 去帷:离开帷帐,指改嫁。㉜ 蛮貊(mò):泛指少数民族。这里指匈奴。貊:古代对居于东北地区民族的称呼。㉝ 嘉:嘉奖,称赞。子之节:您的节操。㉞ 茅土之荐:指赐土地、封诸侯。古代帝王社祭之坛共有五色土(青、赤、白、黑、黄),分封诸侯时,按封地方向取坛上一色土,以茅包之,送给分封为侯的人,作为列侯分土的象征。㉟ 千乘(shèng)之赏:指封诸侯之位。古代称诸侯为千乘之国。㊱ 典属国:官名。掌管民族交往事务,位在三公之下,每月受俸二千石。㊲ 加:加赏。㊳ 害能:以谗言诋毁有能力的人。㊴ 万户侯:食邑万户之侯。㊵ 亲戚:这里指皇亲国戚。㊶ 悉:全,都。廊庙:称朝廷。宰:主宰。㊷ 以:因为。不死:不自杀。㊸ 孤:同“辜”,辜负。㊹ 安:安于一死。㊺ 眷眷:情谊深厚的样子。㊻ 稽颡(sǎng):叩首,以额触地。颡:额。㊼ 北阙:原指宫殿北面的门楼,后借指帝王宫禁或朝廷。㊽ 刀笔之吏:指舞文弄墨的刑法之吏。㊾ 望:怨恨,埋怨。⑩ 夫:发语词,无义。⑪ 别世:另一个世界,这里指两人各处汉与匈奴两个不同世界。⑫ 故人:老朋友,此处指苏武。⑬ 圣君:指汉昭帝刘弗陵。⑭ 胤(yìn)子:儿子。苏武曾娶匈奴女为妻,生子名通国,苏武归时仍留匈奴,宣帝时才回到汉朝。恙:病。

【品评】 天汉二年(前 99),李陵率步卒五千,深入匈奴。面对数十倍于己的敌军包围,李陵率军浴血奋战,壮烈感人。苦战之后,因汉之后援部队按兵不动,又逢管敢叛逃,暴露了李陵兵少无援的军情,单于遂集中兵力围攻,李陵兵尽粮绝,被迫投降。李陵投降后,全家老小被汉武帝满门抄斩,致使李陵无以返归汉朝。在这封信中,李陵讲述了自己血战沙场的经历,表达了自己身处异域而怀念故土却无以家归的苦痛,读来令人悲怆不已。不过,学者多认为这篇文章系后人伪作。但此文既被《文选》收入,故其写作时间最迟不应晚于汉代。

路温舒(生卒年不详)

字长君,西汉巨鹿(今河北平乡)人。幼年以牧羊为生,生活贫寒,但有志于学。曾任县狱吏,举孝廉,官至廷尉奏曹掾、临淮太守,政绩卓著。元平元年(前 74),宣帝即位,路温舒上书反对酷刑,主张以道德教化治国,广开言路。其生平事迹见《汉书・路温舒传》。

尚德缓刑书[①]

昭帝崩[②],昌邑王贺废[③],宣帝初即位[④]。路温舒上书,言宜尚德缓刑。其辞曰:

"臣闻齐有无知之祸[⑤],而桓公以兴[⑥];晋有骊姬之难[⑦],而文公用伯[⑧]。近世赵王不终[⑨],诸吕作乱[⑩],而孝文为太宗[⑪]。由是观之,祸乱之作,将以开圣人也[⑫]。故桓、文扶微兴坏[⑬],尊文、武之业[⑭],泽加百姓,功润诸侯,虽不及三王[⑮],天下归仁焉。文帝永思至德,以承天心,崇仁义,省刑罚,通关梁[⑯],一远近,敬贤如大宾,爱民如赤子[17]，内恕情之所安[18]，而施之于海内，是以囹圄空虚[19]，天下太平。夫继变化之后，必有异旧之恩[20]，此贤圣所以昭天命也。往者，昭帝即世而无嗣[21]，大臣忧戚，焦心合谋，皆以昌邑尊亲，援而立之。然天不授命，淫乱其心，遂以自亡。深察祸变之故，乃皇天之所以开至圣也。故大将军受命武帝[22]，股肱汉国[23]，披肝胆[24]，决大计，黜亡义[25]，立有德，辅天而行，然后宗庙以安，天下咸宁。

“臣闻《春秋》正即位[26]，大一统而慎始也[27]。陛下初登至尊[28]，与天合符，宜改前世之失，正始受命之统[29]，涤烦文，除民疾，存亡继绝[30]，以应天意。

“臣闻秦有十失，其一尚存，治狱之吏是也。秦之时，羞文学[31]，好武勇，贱仁义之士，贵治狱之吏，正言者谓之诽谤，遏过者谓之妖言[32]。故盛服先生不用于世[33]，忠良切言皆郁于胸，誉谀之声日满于耳，虚美熏心，实祸蔽塞。此乃秦之所以亡天下也。方今天下，赖陛下恩厚，亡金革之危、饥寒之患[34]，父子夫妻，戮力安家[35]。然太平未洽者[36]，狱乱之也。

“夫狱者，天下之大命也，死者不可复生，绝者不可复属[37]。《书》曰[38]：‘与其杀不辜，宁失不经[39]。’今治狱吏则不然，上下相驱，以刻为明[40]，深者获公名[41]，平者多后患[42]。故治狱之吏，皆欲人死。非憎人也，自安之道，在人之死。是以死人之血，流离于市；被刑之徒，比肩而立；大辟之计[43]，岁以万数。此仁圣之所以伤也。太平之未洽，凡以此也[44]。

“夫人情安则乐生，痛则思死。棰楚之下[45]，何求而不得？故囚人不胜痛，则饰辞以视之；吏治者利其然[46]，则指道以明之[47];上奏畏却[48],则锻炼而周内之[49]。盖奏当之成[50],虽咎繇听之[51],犹以为死有馀辜。何则?成练者众[52],文致之罪明也[53]。是以狱吏专为深刻,残贼而亡极[54],偷为一切[55],不顾国患。此世之大贼也。故俗语曰:'画地为狱,议不入[56];刻木为吏,期不对[57]。'此皆疾吏之风,悲痛之辞也。故天下之患,莫深于狱;败法乱正,离亲塞道,莫甚乎治狱之吏。此所谓一尚存者也。

"臣闻乌鸢之卵不毁[58],而后凤皇集;诽谤之罪不诛,而后良言进。故古人有言[59]:'山薮藏疾,川泽纳污;瑾瑜匿恶[60],国君含诟[61]。'唯陛下除诽谤以招切言,开天下之口,广箴谏之路[62],扫亡秦之失,尊文、武之德,省法制,宽刑罚,以废治狱[63]。则太平之风,可兴于世;永履和乐,与天亡极[64],天下幸甚。"

上善其言。

【注释】① 尚德缓刑书:本文选自《汉书·路温舒传》。原无标题,本题为选者所加。尚德缓刑:即崇尚道德,放宽刑罚。② 昭帝:汉昭帝,名弗陵,武帝少子。③ 昌邑王贺废:昭帝死后无子,立武帝之孙昌邑王刘贺为帝。后因昌邑王淫乱无道,大将军霍光奏明太后废去。④ 宣帝:汉宣帝,名询,武帝曾孙,公元前74—前49年在位。⑤ 无知:春秋时齐公子。齐襄公无道,无知杀掉襄公,自立为君。后来无知又被国人杀掉。⑥ 桓公:春秋时齐公子小白,齐襄公的弟弟。曾流亡国外,无知被杀后,自莒回齐即位,是为齐桓公,后成为春秋五霸之一。⑦ 骊姬:春秋时晋献公的宠姬。她想立自己的儿子奚齐为太子,于是谗杀了太子申生,逼走了公子重耳和夷吾。献公死,奚齐继位,为大臣里克所杀,她也被杀。⑧ 文公:晋献公的儿子,名重耳。因献公立幼子奚齐为嗣,曾出奔在外十九年,后来在秦国的帮助下回国即位,成就霸业。伯:同"霸"。⑨ 赵王:刘如意,高祖的儿子,高祖宠姬戚夫人所生,封为赵王。高祖死后,赵王母子都被吕后害死。终:善终。⑩ 诸吕作乱:高祖死后,吕后专政,吕氏家族多人被封为王侯。吕后死，诸吕作乱，为太尉周勃、丞相陈平等平定。⑪ 孝文：汉文帝刘恒。原为代王，吕后死，陈平、周勃等大臣平定诸吕之乱，迎立代王，是为文帝。太宗：汉文帝庙号。⑫ 开：引发，导引。圣人：这里是对有德行的帝王的尊称。⑬ 扶微：指扶持弱国。兴坏：指振兴亡国。⑭ 尊：尊奉，尊崇。文、武：指周文王及周武王。⑮ 三王：指夏禹、商汤、周文王。一说指夏禹、商汤、周文王及武王。⑯ 关：关口。梁：桥梁。⑰ 赤子：初生的婴儿。⑱ 恕情：即推己及人之心。⑲ 囹圄(líng yǔ)：牢狱。⑳ 异旧之恩：不同于以往的恩惠。㉑ 往者：过去。即世：去世。嗣：后代。㉒ 大将军：指霍光。霍光与桑弘羊等同受汉武帝遗诏辅政，任大司马大将军，封博陆侯。㉓ 股肱：大腿和手臂。这里比喻为辅助。㉔ 披肝胆：比喻竭诚效忠。披：披露。㉕ 黜：废。亡(wú)：通"无"。㉖《春秋》：鲁国的编年体史书，相传经孔子整理修订而成。正即位：指注意端正新君即位的名分。㉗ 大一统：指重视统一天下的大业。大：这里有重视的意思。㉘ 至尊：最尊贵的地位，后多用作帝王的尊称。㉙ 正：整顿，纠正。始受命之统：指即位时开始继承的法统。㉚ 存亡继绝：使危亡的国家能够复存，断绝了的后代得到延续。㉛ 文学：指学术文化。㉜ 遏过：防止过失。㉝ 盛服先生：指儒家学者。儒家学者戴儒冠，着儒服，衣冠整齐，故称盛服先生。㉞ 金革：兵甲，引申指战争。㉟ 戮力：合力。㊱ 洽：周遍，普遍。㊲ 绝：断绝。属(zhǔ)：连接。㊳《书》：即《尚书》，又称《书经》，简称《书》。我国最早的一部文献资料汇编，因记上古之事，故称《尚书》。以下引文引自《尚书·大禹谟》。㊴ 宁失不经：宁肯不守常道。经：常规，常道。㊵ 刻：刻薄，苛刻。明：精明。㊶ 深：苛刻，严峻。公名：公正无私的名声。㊷ 平：公平。㊸ 大辟：大法，即死刑。㊹ 凡：全，都。㊺ 棰楚：古代打人的刑具。棰：木棍。楚：荆杖。㊻ 利其然：认为这样有利。然：这样，指假供词。㊼ 指道以明之：意谓指引他们(即囚犯)怎样招供。㊽ 却：退回，驳回。㊾ 锻炼：冶炼金属，这里比喻为罗织罪状。周内(nà)：这里指罗织罪状，故意陷人于罪。周：周密。内：通"纳"，使陷入。㊿ 奏当：上奏判罪。51 咎繇(gāo yáo)：即皋陶，传说中东夷族的首领，虞舜任为掌管刑法的官。52 成练：玩弄文字构成罪名。53 文致：玩弄法律条文使人获罪。54 残贼：残酷的陷害。55 愉：通"偷"，苟且，随便。56 议：考虑，决计。57 期：必定，一定。58 鸢(yuān)：老鹰。59 古人有言：古人，指春秋时晋大夫伯宗。以下引文引自《左传·宣公十五年》。60 瑾瑜：美玉。恶：瘢，疵点。61 诟：耻辱。62 箴(zhēn)：劝告，规戒。63 治狱：

这里指刑狱。⑭ 亡极：无限，没有尽头。

【品评】这是一篇很著名的奏文。在这篇奏文中，路温舒通过对历史事例的陈述，极力赞颂了汉文帝等前代贤君"崇仁义，省刑罚，通关梁，一远近，敬贤如大宾，爱民如赤子，内恕情之所安，而施之于海内，是以囹圄空虚，天下太平"的大德美行，深刻总结了秦朝因"羞文学，好武勇，贱仁义之士，贵治狱之吏，正言者谓之诽谤，遏过者谓之妖言"而导致灭亡的历史教训，痛切揭露了当今狱吏置人于死地而后快的种种惨状，强烈表达了自己反对酷刑、崇尚仁政的政治主张。文中所言"夫狱者，天下之大命也，死者不可复生，绝者不可复属"，"夫人情安则乐生，痛则思死。棰楚之下，何求而不得"，出语何其深切悲痛！

杨　恽（？—前54）

字子幼，华阴（今属陕西）人。司马迁的外孙。父杨敞，汉昭帝时为丞相。汉宣帝时，恽以父荫补常侍郎。以才能见称，名显朝廷，复擢为左曹。后因告发霍氏谋反有功，封平通侯，迁中郎将。居官清正，有治绩，擢为诸吏光禄勋（即郎中令）。为人轻财好义，廉洁无私，但自矜其能，不能容物，每有忤己者必欲害之，因此得罪不少朝廷显贵，被免为庶人。后逢日食，有人上书归咎于恽骄奢不悔过所致，结果杨恽被捕入狱。廷尉按验时，在家中搜出他写给孙会宗的信，被腰斩处死。杨恽在传布《史记》一书中起过较大的作用，《汉书·司马迁传》曰："宣帝时，迁外孙杨恽祖述其书，遂宣布焉。"

报孙会宗书①

恽既失爵位，家居治产业，起室宅，以财自娱。岁馀，其友人安定太守西河孙会宗，知略士也②，与恽书谏戒之。为言大臣废退，当阖门惶惧③，为可怜之意，不当治产业，通宾客，有称誉。恽，宰相子，少显朝廷，一朝晻昧，语言见废④，内怀不服，报孙会宗书曰：

恽材朽行秽，文质无所底⑤，幸赖先人馀业，得备宿卫[6]。遭遇时变[7]，以获爵位。终非其任，卒与祸会。足下哀其愚蒙，赐书教督以所不及，殷勤甚厚。然窃恨足下不深惟其终始[8]，而猥随俗之毁誉也[9]。言鄙陋之愚心，若逆指而文过[10]；默而息乎，恐违孔氏“各言尔志”之义[11]。故敢略陈其愚，惟君子察焉[12]。

恽家方隆盛时，乘朱轮者十人[13]，位在列卿[14]，爵为通侯[15]，总领从官[16]，与闻政事。曾不能以此时有所建明，以宣德化，又不能与群僚同心并力，陪辅朝庭之遗忘，已负窃位素餐之责久矣[17]。怀禄贪势，不能自退，遭遇变故，横被口语[18]，身幽北阙[19]，妻子满狱。当此之时，自以夷灭不足以塞责[20]，岂意得全首领[21]，复奉先人之丘墓乎？伏惟圣主之恩不可胜量[22]。君子游道，乐以忘忧；小人全躯，说以忘罪[23]。窃自思念，过已大矣，行已亏矣，长为农夫以没世矣。是故身率妻子，戮力耕桑[24]，灌园治产，以给公上[25]，不意当复用此为讥议也[26]。

夫人情所不能止者，圣人弗禁。故君父至尊亲[27]，送其终也[28]，有时而既[29]。臣之得罪，已三年矣[30]。田家作苦，岁时伏腊[31]，烹羊炰羔[32]，斗酒自劳。家本秦也[33]，能为秦声。妇，赵女也，雅善鼓瑟[34]。奴婢歌者数人，酒后耳热，仰天抚缶而呼乌乌[35]。其诗曰：“田彼南山[36]，芜秽不治。种一顷豆，落而为萁[37]。人生行乐耳，须富贵何时！”是日也，拂衣而喜，奋袖低昂，顿足起舞，诚淫荒无度，不知其不可也。恽幸有馀禄，方籴贱贩贵[38]，逐什一之利[39]。此贾竖之事[40]，污辱之处，恽亲行之。下流之人[41]，众毁所归，不寒而栗。虽雅知恽者，犹随风而靡，尚何称誉之有？董生不云乎[42]：“明明求仁义，常恐不能化民者，卿大夫意也。明明求财利，常恐困乏者，庶人之事也。”[43]故“道不同，不相为谋”[44]，今子尚安得以卿大夫之制而责仆哉！

夫西河魏土[45]，文侯所兴[46]，有段干木、田子方之遗风[47]，漂然皆有节概[48]，知去就之分[49]。顷者足下离旧土，临安定[50]。安定山谷之间，昆戎旧壤[51]，子弟贪鄙，岂习俗之移人哉[52]？于今乃睹子之志矣！方当盛汉之隆，愿勉旃[53]，毋多谈。

【注释】① 报孙会宗书：本文选自《汉书·杨恽传》。关于这封信的本事背景，《汉书·杨恽传》记载恽失爵位家居，以财自娱。友人安定太守孙会宗，与恽书谏戒。恽内怀不服，写了这封回书。孙会宗，西河（今内蒙古伊克昭盟东胜附近）人，曾任安定（今宁夏固原）太守，杨恽的友人。② 知略士：智略之士。知：同“智”。③ 阖门：合门，关门。④ 语言见废：因言语不慎而遭废弃。⑤ 无所底：就是没有成就。底：引致，到达。⑥ 宿卫：指任郎官。郎官为护卫皇帝的侍从。⑦ 时变：指汉宣帝地节四年（前 66），杨恽告发霍光子孙欲谋反事。⑧ 惟：思。⑨ 猥（wěi）：轻率，随便。⑩ 逆指：违背你来信的宗旨。文过：掩饰自己的过错。⑪ 孔氏：孔子。各言尔志：各自表明自己的志向。语出《论语·公冶长》：“颜渊、季路侍，子曰：‘盍各言尔志？’”⑫ 君子：此指孙会宗。⑬ 朱轮：轮子漆成红色的车。汉制，公卿列侯以及俸禄在二千石以上的官员方能乘坐朱轮车。⑭ 列卿：九卿之列。九卿：中央的高级官员。此指任光禄勋，位在九卿之列。⑮ 通侯：即彻侯。秦爵二十级中的最高一级。汉制，刘姓功臣封侯者为诸侯，异姓功臣封侯者为列侯，亦称彻侯。后因避汉武帝讳，改称通侯。⑯ 总领从官：杨恽曾任光禄勋，统领所有侍从官。⑰ 素餐：不劳而食，无功受禄。责：指责。⑱ 横被口语：横遭口语之祸。此指太仆戴长乐上书告发杨恽平日以言论诽谤朝廷之事。⑲ 幽：囚禁。北阙：宫殿北面的楼观，汉代为上章奏事和被皇帝召对之处。杨恽被拘于此，是临时性关押处置。⑳ 塞责：抵偿罪责。㉑ 全首领：指保全脑袋。㉒ 伏惟：伏在地上想。不可胜量：无法计量。㉓ 说（yuè）：通“悦”。㉔ 戮力：竭尽全力。㉕ 以给公上：意为向官府交纳赋税。㉖ 用此：因此。㉗ 君父至尊亲：君为至尊，父为至亲。㉘ 送其终：为他们送终服丧。㉙ 有时而既：意为送终服丧，也有结束的时候。既：终了,完了。㉚ 三年:杨恽于汉宣帝五凤二年(前 56)秋被免为庶人,五凤四年夏四月朔日食,被人告发而获罪,前后跨了三个年头。㉛ 伏腊:古代进行祭祀活动的两个节日。夏至以后的第三个庚日叫初伏,冬至后第三个戌日为腊日。古时以伏日、腊日为节日,举行祭祀活动。㉜ 炰(páo)羔:烤小羊。㉝ 家本秦也:杨恽原籍华阴,古属秦地。㉞ 雅:平素。㉟ 缶(fǒu):瓦制的打击乐器,最初流行于秦地。乌乌:唱歌声,为秦声所特有。㊱ 田:动词,耕种庄稼。㊲ 萁(jī):豆茎。㊳ 籴(dí):买进谷物。㊴ 什一:十分之一。㊵ 贾(gǔ)竖:旧时对商人的贱称。㊶ 下流:此指下贱职业,或指品行卑污。㊷ 董生:指董仲舒,西汉时大儒。㊸ "明明求仁义"六句:引自董仲舒《对贤良策》。《汉书·董仲舒传》原文作:"夫皇皇求财利,常恐乏匮者,庶人之意也。皇皇求仁义,常恐不能化民者,大夫之意也。"皇皇,即"遑遑",急急忙忙的样子。此作"明明",疑有误。㊹ 道不同,不相为谋:语出《论语·卫灵公》。㊺ 西河:战国时魏地的西河,辖境在今陕西东部黄河西岸地区,与汉代的西河郡并非一地。㊻ 文侯:魏文侯,名斯,魏国的建立者,著名贤君。㊼ 段干木:战国时魏人,隐居不仕。魏文侯曾请他作相,他跳墙而避走。文侯深为敬重,每次乘车经过他的住所门口,必伏轼致敬。田子方:战国时魏人,与段干木齐名,为魏文侯所优礼。㊽ 节概:节操,气度。㊾ 知去就之分:懂得去留和仕隐的分际。㊿ 安定:郡名,治所在高平(今宁夏固原)。(51) 昆戎:古代西北少数民族的一支,即殷周时的西戎。(52) 移:改变。(53) 旃(zhān):文言助词,相当于"之"或"之焉"。

【品评】在这封信中,杨恽以嬉笑怒骂的口吻,逐点批驳孙会宗的规劝,表现出因横遭口语而见废的不平情绪,表现出对朝廷的不满和对封建礼教的蔑视。信中还赋诗讥刺朝政,明确表示"道不同,不相为谋",与"卿大夫之制"决裂的意向。全信写得情怀郁勃,锋芒毕露,文风放纵豪荡,与太史公《报任安书》桀骜不驯的风格如出一辙,是西汉后期少见的怨愤之作。

光武帝刘秀(前 6—57)

东汉开国皇帝刘秀,字文叔,汉高祖刘邦九世孙,南阳蔡阳(今湖北枣阳西南)人。两汉之际,刘秀参加绿林军,借助义军力量推翻新莽王朝,建立了政权,建都洛阳,史称东汉,公元 25—57 年在位。

光武帝临淄劳耿弇[①] 东汉文

车驾至临淄[②]，自劳军，群臣大会[③]。帝谓弇曰："昔韩信破历下以开基[④]，今将军攻祝阿以发迹[⑤]。此皆齐之西界[⑥]，功足相方[⑦]。而韩信袭击已降[⑧]，将军独拔勍敌[⑨]，其功乃难于信也[⑩]。又田横烹郦生[⑪]，及田横降，高帝诏卫尉不听为仇[⑫]。张步前亦杀伏隆[⑬]，若步来归命[⑭]，吾当诏大司徒释其怨[⑮]，又事尤相类也[⑯]。将军前在南阳[⑰]，建此大策[⑱]，常以为落落难合[⑲]，有志者事竟成也。"

【注释】① 光武帝临淄劳耿弇(yǎn)：本文选自《后汉书·耿弇传》。临淄：汉代县名，原是齐国的国都，在今山东淄博西北。劳：慰劳。耿弇：字伯昭，扶风茂陵(今陕西兴平东北)人，跟随刘秀起兵，刘秀登基后拜建威大将军，封好畤侯，曾扫除齐地割据势力张步，攻占城阳、琅邪等十二郡，立了大功。② 车驾：皇帝外出时所乘的马车。这里指代皇帝，即光武帝刘秀。③ 会：集合，会合。④ 韩信：汉初大将，楚汉相争时，刘邦采纳他的计策，攻占关中。刘邦在荥阳、成皋间与项羽相持时，韩信率领军队渡过黄河，攻破魏、赵、齐等国。后刘邦封他为楚王，又降为淮阴侯，最终因谋反罪被杀。历下：汉代县名，在今山东济南东，因面对历山而得名。开：开创。基：根基。⑤ 祝阿(ē)：汉代县名，在今山东历城西南。发迹：谓立功扬名。⑥ 齐之西界：历下、祝阿都是古时齐、鲁的分界，在齐国的西部。⑦ 相方：相比。方：比拟。⑧ 韩信袭击已降：这是指韩信领兵攻打齐国前，汉王刘邦已经派郦食其说服齐王投降。而韩信虽已得知齐王已降的消息，但还是听用蒯通的计策，趁齐王不备，攻破了齐国。⑨ 勍(qíng)敌：即劲敌，实力强大的敌人。⑩ 难于信：比韩信困难。于：比。⑪ 田横：秦末人，齐国贵族。秦末随兄田儋起兵，重建齐国。田儋死后，田横立田广为齐王，自为国相。楚汉战争中，汉军灭齐。他纠合残部，自立为王。汉朝建立，率所部五百馀人逃亡海岛。汉高祖命他到洛阳，他不愿称臣于汉，在途中自杀。郦生：即郦食其(yì jī),陈留高阳(今河南杞县西)人,刘邦的谋臣。楚汉战争中,游说齐王田广投降汉王。齐王听从他的劝说,与郦生饮酒宴乐,罢兵等待汉军的到来。不料韩信趁机偷袭了齐国,攻下齐国国都临淄。齐相田横以为受了郦生的欺骗,将他烹杀。⑫ 卫尉:汉代官名,掌管宫廷警卫,这里指郦食其的弟弟郦商。汉朝建立后,田横率部下逃入海岛。汉高祖命田横投降,田横担心降汉后遭到郦食其的弟弟郦商报复。汉高祖为了使田横无后顾之忧,就警告郦商不得私报杀兄之仇,否则以灭族之罪论处。⑬ 张步:字文公,西汉末割据齐地的军阀。刘秀称帝后,派伏隆使齐,任命张步为东海太守。其时,梁王刘永亦立张步为齐王,于是张步杀了伏隆。后来耿弇击破齐军,张步投降。伏隆:字伯文,伏湛的儿子,光武时,任太中大夫。⑭ 归命:归顺,降服。⑮ 大司徒:东汉三公之一,相当于汉初东汉时的丞相。这里指伏隆的父亲伏湛。⑯ 相类:相类似,相像。⑰ 南阳:汉代郡名,治所在宛县(今河南南阳)。⑱ 大策:指耿弇当初在南阳时向刘秀提出的战略计划,包括消灭张步、平定齐地等。⑲ 常:通“尝”,曾经。落落:疏阔,大而无当的样子。

【品评】在这一劳军之辞中,刘秀将耿弇与韩信的功劳两相比照,高度评价了耿弇既能率军征战又能筹划大策的卓著才干,表现出对耿弇的爱赏之情;而其所谓“有志者事竟成”,也颇能给人一种“世上无难事,只要肯登攀”的精神激励。此番语辞虽短,但情意深切,胜似千言万语。

马 援(前14—公元49)

字文渊,汉扶风茂陵(今陕西兴平东北)人。新莽末,曾任新城大尹(太守),后依附割据陇西的隗嚣,继而归顺刘秀。东汉建武十一年(35),马援破隗嚣有功,封为伏波将军。他曾说,丈夫立志,穷当益坚,老当益壮。又说,男儿要当死于边野,以马革裹尸还。东汉建武十八年(42),马援率兵进军交趾,后病死在军中。

诫兄子严、敦书①

援兄子严、敦并喜讥议,而通轻侠客②。援前在交趾③,还书诫之曰④:

"吾欲汝曹闻人过失[5]，如闻父母之名，耳可得闻，口不可得言也。好议论人长短，妄是非正法[6]，此吾所大恶也[7]，宁死不愿闻子孙有此行也。汝曹知吾恶之甚矣。所以复言者，施衿结缡[8]，申父母之戒[9]，欲使汝曹不忘之耳。

"龙伯高敦厚周慎[10]，口无择言[11]，谦约节俭，廉公有威。吾爱之重之，愿汝曹效之。杜季良豪侠好义[12]，忧人之忧，乐人之乐，清浊无所失[13]，父丧致客，数郡毕至。吾爱之重之，不愿汝曹效也。效伯高不得，犹为谨敕之士[14]，所谓'刻鹄不成尚类鹜'者也[15]；效季良不得，陷为天下轻薄子，所谓'画虎不成反类狗'者也。讫今季良尚未可知[16]，郡将下车辄切齿[17]，州郡以为言，吾常为寒心，是以不愿子孙效也。"

【注释】① 诫兄子严、敦书：本文选自《后汉书·马援传》。兄：马援的哥哥马馀，字圣卿，新莽时曾任扬州牧。严：马严，字威卿。敦：马敦，字孺卿。两人都是马援的哥哥马馀的儿子。② 通：结交。轻：轻薄，浮薄。③ 前：先前。交趾：汉代郡名，辖境在今越南北部。④ 还书：回信。⑤ 汝曹：你们。曹：辈。⑥ 妄：胡乱。是非：议论好坏。正法：正常的法则，正当的法制。⑦ 恶(wù)：讨厌。宁：宁愿。⑧ 施衿(jīn)结缡(lí)：古代女子出嫁时，母亲要给她系上佩带、佩巾，并有所告诫。衿：佩带。缡：佩巾。⑨ 申：重申。⑩ 龙伯高：名述，字伯高，汉京兆(今陕西西安)人，时任山都长。后来光武帝看到马援的这封信，就把他提升为零陵郡太守。周：周密。⑪ 择：疑通"责"，指责。⑫ 杜季良：名保，字季良，京兆人，光武时任越骑司马。后因被告"行为浮薄，乱群惑众"而罢官。⑬ 清：指品行好的人。浊：指品行不好的人。⑭ 谨敕(chì)：谨慎整肃。⑮ 鹄(hú)：天鹅。鹜(wù)：野鸭子。⑯ 讫：同"迄"，到。⑰ 郡将：即郡守，为汉郡最高行政长官，因兼掌全郡军事，所以也称郡将。下车：指官吏到任。切齿：咬紧牙齿，表示极端痛恨。

【品评】这是一封普普通通而又饱含亲情的家信。在这封家信中，马援以自己平生的经历劝诫两位侄子慎于言语，谨于择交，不可做轻薄子弟。信中还将龙伯高与杜季良加以比较，要求侄子向龙伯高学习，做一个"敦厚周慎，口无择言，谦约节俭，廉公有威"的笃实稳重之人，切忌华而不实以至于"画虎不成反类狗"。此封家信写于马援戎马倥偬之际，深蕴着对晚辈走人间正道的殷切期望，语重而心长，今人读来也颇有人生教益。

诸葛亮(181—234)

字孔明，琅玡阳都(今山东沂水南)人。东汉末年，避乱隐居于南阳隆中(今湖北襄阳西)，"躬耕陇亩"，自比管仲、乐毅。汉献帝建安十二年(207)，刘备屯兵新野(今属河南)，慕名前去邀他辅佐自己，凡三次才得相见。初次见面他就向刘备提出要取得荆、益二州为基业，东连孙权、北抗曹操的方针，这就是著名的"隆中对"。从此，他就辅助刘备，从事光复汉室的大业。章武三年(223)，刘备临终把后事嘱托给诸葛亮。后主刘禅继位后，蜀国军政大事，一应由他裁决。于是与孙吴重修旧好，结为盟国；亲征孟获，平定南中；整顿内政，充实军资，做好北伐中原的准备。建兴五年(227)，北上屯驻汉中，连年北征以兴复汉室，直至建兴十二年(234)病死于军中，兴复之业始终未能成功。有《诸葛忠武侯文集》辑本流传于世。

前出师表[①]

臣亮言：先帝创业未半[②]，而中道崩殂[③]。今天下三分[④]，益州疲敝[⑤]，此诚危急存亡之秋也[⑥]！然侍卫之臣，不懈于内；忠志之士，忘身于外者：盖追先帝之殊遇[⑦]，欲报之于陛下也[⑧]。诚宜开张圣听[⑨]，以光先帝遗德[⑩]，恢弘志士之气[⑪]；不宜妄自菲薄[⑫]，引喻失义[⑬]，以塞忠谏之路也。

宫中、府中[⑭]，俱为一体，陟罚臧否[⑮]，不宜异同。若有作奸犯科及为忠善者⑯，宜付有司⑰，论其刑赏，以昭陛下平明之治⑱；不宜偏私，使内外异法也。

侍中、侍郎郭攸之、费祎、董允等⑲，此皆良实，志虑忠纯，是以先帝简拔以遗陛下。愚以为宫中之事，事无大小，悉以咨之，然后施行，必能裨补阙漏⑳，有所广益。将军向宠㉑，性行淑均㉒，晓畅军事，试用于昔日㉓，先帝称之曰能，是以众议举宠以为督㉔。愚以为营中之事，事无大小，悉以咨之，必能使行阵和睦㉕，优劣得所。

亲贤臣，远小人，此先汉所以兴隆也㉖；亲小人，远贤臣，此后汉所以倾颓也㉗。先帝在时，每与臣论此事，未尝不叹息痛恨于桓、灵也㉘！侍中、尚书、长史、参军㉙，此悉贞亮死节之臣也㉚，愿陛下亲之信之，则汉室之隆，可计日而待也。

臣本布衣，躬耕于南阳㉛，苟全性命于乱世，不求闻达于诸侯㉜。先帝不以臣卑鄙㉝，猥自枉屈㉞，三顾臣于草庐之中，咨臣以当世之事。由是感激，遂许先帝以驱驰㉟。后值倾覆㊱，受任于败军之际，奉命于危难之间㊲，尔来二十有一年矣㊳！先帝知臣谨慎，故临崩寄臣以大事也㊴。

受命以来，夙夜忧叹，恐托付不效，以伤先帝之明㊵；故五月渡泸㊶，深入不毛㊷。今南方已定，兵甲已足，当奖帅三军，北定中原；庶竭驽钝㊸，攘除奸凶㊹，兴复汉室，还于旧都㊺。此臣之所以报先帝而忠陛下之职分也。至于斟酌损益㊻，进尽忠言，则攸之、祎、允之任也。

愿陛下托臣以讨贼兴复之效；不效，则治臣之罪，以告先帝之灵。若无兴德之言，则责攸之、祎、允之咎㊼，以彰其慢。陛下亦宜自谋，以咨诹善道㊽，察纳雅言，深追先帝遗诏，臣不胜受恩感激！今当远离，临表涕泣，不知所云。

【注释】① 前出师表：本文选自《三国志·蜀书·诸葛亮传》。② 先帝：指蜀昭烈帝刘备。③ 崩殂(cú)：天子之死曰“崩”。殂：也是死的意思。④ 三分：指分为魏、蜀、吴三国。⑤ 益州：汉行政区域之一，蜀国所在地，在今四川及周边地区，当时治所在成都。疲敝：贫弱。⑥ 诚：确实是。秋：时候，日子。古人多以“秋”称多事之时。⑦ 追：追念。殊遇：特殊的待遇。⑧ 陛下：对皇帝的称词，表示不敢直接面对皇帝，而通过陛阶下的侍从转致的意思。⑨ 开张：扩大。圣：古时对皇上的尊称。听：听闻。⑩ 光：光大。⑪ 恢弘：发扬光大。⑫ 妄自菲薄：轻视自己，没有自尊之心。⑬ 失义：失当，不合大义。⑭ 宫中：指宫庭内朝中的亲近侍臣。府中：指丞相府中的官吏等。⑮ 陟(zhì)：升官进位。臧否(zāng pǐ)：好坏、善恶。⑯ 犯科：触犯法律中的科条。⑰ 有司：有关的专管官署或官吏。⑱ 昭：昭示。平明：公平开明。⑲ 侍中、侍郎：都是皇帝左右的亲近侍臣。郭攸之：性和顺，先后与费祎、董允同为侍中。费祎(yī)：字文伟，后主即位时为黄门侍郎，后迁侍中，位至大将军，录尚书事。延熙十年(247)，被魏降人郭循刺死。董允：字休昭，后主即位时为黄门侍郎，寻迁侍中，能抑制宦官黄皓，对后主多有匡助，以侍中兼尚书令。⑳ 裨：增益，补凑。阙：缺失。㉑ 向宠：字臣违，襄阳(今属湖北)人，后主时先后任中部督和中领军。㉒ 淑：和善。均：公平。㉓ 试用于昔日：指向宠曾随刘备伐吴，秭归兵败，惟他的营垒得到保全。㉔ 举宠以为督：当时蜀大臣拟推举向宠为中部督，主管宫廷禁军的事务。㉕ 行阵：指部队。㉖ 先汉：指前汉，西汉。㉗ 后汉：指东汉。㉘ 桓：东汉桓帝刘志。灵：东汉灵帝刘宏。桓帝、灵帝是东汉后期两位昏君，宠信宦官，政治腐败。㉙ 侍中：指郭攸之和费祎。尚书：协助皇帝处理公文政务的官吏，此指陈震。长史：丞相府主要佐官，此指张裔。参军：丞相府主管军务的佐官，此指蒋琬，诸葛亮死后继为尚书令，统领国事。㉚ 贞亮：坚贞诚实。亮：忠诚坦白。㉛ 躬：亲自。南阳：汉郡名，治所在宛(今河南南阳)。㉜ 闻达：有名声。㉝ 卑鄙：地位低下，见识鄙陋。㉞ 猥(wěi)：谦卑地。枉屈：屈尊。㉟ 驱驰：喻奔走效劳。㊱ 值：遇上。倾覆：指汉献帝建安十三年(208)，曹操南侵荆州时，刘备在当阳长坂被击破一事。㊲ 受任：奉命。这两句指刘备当阳兵败，退至夏口(在今湖北武汉)，派诸葛亮到东吴联合孙权,共御曹操。㊳ 二十有一年:这是从刘备三顾茅庐探访诸葛亮那年算起。㊴ 寄:托付。这句指章武三年(223)四月,刘备病死,临终托孤于诸葛亮,要他辅助后主刘禅,讨魏兴汉。㊵ 伤:有损。㊶ 五月渡泸:建兴三年(225),南中诸郡反叛,诸葛亮率军出征,渡过泸水,平定南中四郡。泸:泸水,即金沙江。㊷ 不毛:指荒蛮之地。㊸ 庶:希望。竭:竭尽。驽钝:比喻才能的平庸。驽:劣马。钝:不锋利的刀。㊹ 攘:排除。奸凶:指曹魏。㊺ 旧都:指两汉都城长安和洛阳。㊻ 斟酌:审度。损:减少。益:增加。㊼ 咎:失职。㊽ 诹(zōu):询问。

【品评】《前出师表》写于建兴五年(227)。当时,蜀汉已从刘备殂亡的震荡中恢复过来,外结孙吴,内定南中,励清吏政,兵精粮足;诸葛亮认为已有能力北伐中原,实现刘备匡复汉室的遗愿。于是,决意率军北进,征伐曹魏。临行上书后主刘禅,强调自己为报答先帝的知遇之恩和临终托咐,以"讨贼兴复"作为自己的职责,并规劝后主采纳忠言,和辑臣吏,励志自振,使他能专心致志于北伐大业。本文以叙事、议论为主,但字里行间渗透了作者眷恋故主知遇之恩的强烈感情。全文仅六百馀字,却有十三处提到"先帝",借以感动刘禅,希望他能奋发图强。语言平易而精严,如自述身世和临危受命一段:"臣本布衣,躬耕于南阳,苟全性命于乱世,不求闻达于诸侯。先帝不以臣卑鄙,猥自枉屈,三顾臣于草庐之中,咨臣以当世之事。由是感激,遂许先帝以驱驰。后值倾覆,受任于败军之际,奉命于危难之间,尔来二十有一年矣!先帝知臣谨慎,故临崩寄臣以大事也",质朴自然,在散句中夹以偶句,读来抑扬顿挫。总之,这是一篇情感真挚、措辞恳切的古代散文名作。

后出师表[1]

先帝虑汉、贼不两立[2],王业不偏安[3],故托臣以讨贼也。以先帝之明,量臣之才,故知臣伐贼,才弱敌强也。然不伐贼,王业亦亡;惟坐而待亡,孰与伐之[4]?是故托臣而弗疑也。

臣受命之日,寝不安席,食不甘味。思惟北征[5],宜先入南[6]。故五月渡泸[7],深入不毛,并日而食[8];臣非不自惜也，顾王业不可偏安于蜀都[9]，故冒危难，以奉先帝之遗意也，而议者谓为非计[10]。今贼适疲于西[11]，又务于东[12]，兵法乘劳[13]，此进趋之时也[14]。谨陈其事如左[15]：

高帝明并日月[16]，谋臣渊深[17]，然涉险被创[18]，危然后安。今陛下未及高帝，谋臣不如良、平[19]，而欲以长策取胜[20]，坐定天下[21]。此臣之未解一也[22]。

刘繇、王朗各据州郡[23]，论安言计，动引圣人，群疑满腹，众难塞胸，今岁不战，明年不征，使孙策坐大[24]，遂并江东[25]。此臣之未解二也。

曹操智计，殊绝于人[26]，其用兵也，仿佛孙、吴[27]，然困于南阳[28]，险于乌巢[29]，危于祁连[30]，偪于黎阳[31]，几败北山[32]，殆死潼关[33]，然后伪定一时尔[34]。况臣才弱，而欲以不危而定之。此臣之未解三也。

曹操五攻昌霸不下[35]，四越巢湖不成[36]，任用李服而李服图之[37]，委任夏侯而夏侯败亡[38]，先帝每称操为能，犹有此失，况臣驽下，何能必胜？此臣之未解四也。

自臣到汉中[39]，中间期年耳[40]，然丧赵云、阳群、马玉、阎芝、丁立、白寿、刘郃、邓铜等及曲长、屯将七十馀人[41]，突将、无前、賨叟、青羌、散骑、武骑一千馀人[42]。此皆数十年之内所纠合四方之精锐，非一州之所有；若复数年，则损三分之二也，当何以图敌[43]？此臣之未解五也。

今民穷兵疲，而事不可息[44]；事不可息，则住与行劳费正等[45]。而不及早图之，欲以一州之地，与贼持久。此臣之未解六也。

夫难平者[46]，事也。昔先帝败军于楚[47]，当此时，曹操拊手[48]，谓天下已定。然后先帝东连吴越[49]，西取巴蜀[50]，举兵北征，夏侯授首[51]，此操之失计，而汉事将成也。然后吴更违盟[52]，关羽毁败[53]，秭归蹉跌[54]，曹丕称帝[55]。凡事如是，难可逆料[56]。臣鞠躬尽力[57]，死而后已；至于成败利钝[58]，非臣之明所能逆睹也[59]。

【注释】① 后出师表：本文选自《三国志·蜀书·诸葛亮传》裴松之注。此文被后人疑为他人伪作。② 汉：指蜀汉。贼：指曹魏。③ 偏安：指局处一地，苟且偷安。④ 孰与：不如。⑤ 思惟：思量，考虑。⑥ 入南：指诸葛亮深入南中，平定四郡事。⑦ 五月渡泸：建兴三年(225)南中诸郡反叛，诸葛亮率军出征，渡过泸水，平定南中四郡。泸：泸水，即金沙江。⑧ 并日：两天合作一天。⑨ 蜀都：此指蜀汉之境。⑩ 非计：错误的计策。⑪ 贼适疲于西：指建兴六年(228)诸葛亮初出祁山(在今甘肃礼县东)时，曹魏西部的南安、天水、安定三郡叛变归蜀，魏国朝野震恐。⑫ 务于东：指建兴六年(228)魏大司马曹休攻吴，在魏、吴边境附近的石亭(今安徽潜山)被东吴大将陆逊击败。⑬ 乘劳：乘敌人疲劳的时候。⑭ 进趋：快速前进。⑮ 如左：如下。⑯ 高帝：指汉高祖刘邦。并：与……平列。⑰ 渊深：指学识广博，计谋高深莫测。⑱ 被创：受创伤。这句说：刘邦在楚汉战争中，屡败于楚军，公元前203年，在广武被项羽射伤胸部；在汉朝初建时，因镇压各地的叛乱而多次出征，公元前195年又曾被淮南王英布的士兵射中；公元前200年在白登山还遭到匈奴的围困。⑲ 良：张良，刘邦的著名谋士，与萧何、韩信被称为“汉初三杰”。平：陈平，刘邦的著名谋士，后位至丞相。⑳ 长策：长远之计。㉑ 坐：安安稳稳地。㉒ 未解：不能理解。胡三省认为“解”应读作“懈”，未解，即未敢懈怠之意。两说皆可通。㉓ 刘繇(yóu)：字正礼，东汉末年任扬州刺史。王朗：字景兴，东汉末年为会稽(治所在今浙江绍兴)太守。二人都为孙策所败。㉔ 孙策：字伯符，孙权的长兄。父孙坚死后，借用袁术的兵力，兼并江南地区，为孙吴政权的建立打下基础，不久遇刺身死。㉕ 江东：指长江下游以南地区。㉖ 殊绝：才智卓异的意思。㉗ 孙、吴：指春秋战国时的军事家孙武、吴起。㉘ 南阳：汉时南阳郡的治所，今属河南。建安二年(197)曹操在南阳为张绣所败，身中流矢。㉙ 乌巢：地名，在今河南延津东南。建安五年(200)，曹操与袁绍在官渡相持，因乏粮难支，虽经荀攸等人的劝说，而坚持不退，后焚烧掉袁绍在乌巢所屯的粮草，才得险胜。㉚ 祁连:这里的“祁连”,疑指邺(在今河北磁县东南)附近的祁山。建安九年(204)曹操围邺,袁绍少子袁尚败守祁山,操再败之,并还围邺城,险被袁将审配的伏兵所射中。㉛ 偪(bì):同“逼”。黎阳:在今河南浚县东。建安七年(202)五月,袁绍死,袁谭、袁尚固守黎阳,曹操连战不克。㉜ 几败北山:建安二十四年(219),曹操率军出斜谷,至阳平北山(今陕西勉县西),与刘备争夺汉中,备据险相拒,曹军军心涣散,遂撤还长安。㉝ 殆:几乎。建安十六年(211),曹操与马超、韩遂战于潼关,在黄河边与马超军遭遇,曹操避入舟中,马超骑兵沿河追射之,矢下如雨,曹操几乎丧命。㉞ 伪定:此言曹氏统一北中国。蜀汉自居为正统,所以称曹魏为“伪”。㉟ 昌霸:又称昌豨。建安四年(199),刘备袭取徐州,昌霸叛曹,郡县多归附刘备,曹操遣刘岱、王忠讨伐,不克。㊱ 巢湖:在今安徽巢湖西。曹魏以合肥为军事重镇,巢湖在其南面。而孙吴在巢湖以南长江边上的须濡口设防,双方屡次在此一带作战。㊲ 李服:据《通鉴》胡三省注云:“李服,盖王服也。”建安四年(199),车骑将军董承根据汉献帝密诏,联络将军吴子兰、王服和刘备等谋诛曹操,事泄,董承、吴子兰、王服等被杀。㊳ 夏侯:指魏将夏侯渊。曹操遣夏侯渊镇守汉中。刘备取得益州之后,于建安二十四年(219)出兵汉中,蜀将黄忠于阳平关定军山(今陕西勉县东南)击杀夏侯渊。㊴ 汉中:汉郡名,治所在南郑(今陕西汉中东)。诸葛亮在蜀建兴五年(227)率军北驻汉中。㊵ 期(jī)年:一周年。㊶ 赵云、阳群、马玉、阎芝、丁立、白寿、刘郃、邓铜等:都是蜀中名将。曲长、屯将:汉代下级军官。㊷ 突将、无前:指蜀军勇往直前的将士。賨(cóng)叟、青羌:蜀军中的少数民族部队。散骑、武骑:都是骑兵的名号。㊸ 图:对付。㊹ 事不可息:战事不能停息。㊺ 住与行劳费正等:指坐等敌人来进攻和出去攻击敌人,其劳力费用正是相等的。㊻ 平:同“评”,评断。㊼ 败军于楚:指建安十三年(208),曹操大军南下,刘备在当阳(今湖北当阳)长坂被击溃事。当阳属古楚地,故云。㊽ 拊(fǔ)手:拍手,表示高兴。㊾ 先帝东连吴越:指建安十三年(208)刘备遣诸葛亮去江东连吴,孙刘联军在赤壁大破曹军。㊿ 西取巴蜀:指建安十六年(211)刘备攻入刘璋占据的益州,取得巴蜀地区。51 夏侯授首:夏侯渊交出脑袋。参见前注㊳。52 违盟:违背蜀吴盟约。53 关羽:字云长,蜀汉大将,刘备入川时,镇守荆州。建安二十四年(219),孙权用吕蒙计谋偷袭荆州,擒杀关羽父子。54 秭归蹉跌:指刘备因孙权背盟,袭取荆州,杀害关羽,就亲自领兵伐吴,在秭归(在今湖北宜昌北)被吴将陆逊所败。蹉跌：失坠，喻失败。㉟ 曹丕：字子桓，曹操子。在延康元年（220）废汉献帝，建立魏国，自称帝号。㊱ 逆料：预见，预测。㊲ 鞠躬尽力：一作"鞠躬尽瘁"。㊳ 利钝：顺利或困难。㊴ 逆睹："逆见"，预料。

【品评】《后出师表》是《前出师表》的姊妹篇，写于建兴六年（228）。由于《三国志》本传不载，《文选》里也不见选录，而是裴松之在为《三国志》作注的注文中引自张俨《默记》，所以，有人认为此表是伪作。但也有人认为，从体例文风来看，后表与前表并无二致。《后出师表》作于第一次北伐失败之后，大臣们对再次北征颇有异议。诸葛亮立论于汉贼不两立和敌强我弱的严峻事实，向后主阐明北伐不仅是为实现先帝的遗愿，也是为了蜀汉的生死存亡，不能因"议者"的不同看法而有所动摇。正因为本表涉及军事态势的分析，事关蜀汉的安危，其忠贞壮烈之气，似又超过前表。表中"鞠躬尽力，死而后已"之句，正是作者在当时形势下所表露的坚贞誓言，令人读来肃然起敬。

卷七 六朝唐文

李 密（224—287）

一名虔，字令伯，西晋武阳（今四川彭山东）人。《晋书·李密传》称他“以孝谨闻”。又以文学才辩著称，博览五经。晋灭蜀后，晋武帝征他为太子洗马，他在祖母去世后才出仕，历任蜀国尚书郎、汉中太守。最终因赋诗得罪晋武帝被免官。

陈情表①

臣密言：臣以险衅②，夙遭闵凶③。生孩六月，慈父见背④。行年四岁，舅夺母志⑤。祖母刘愍臣孤弱⑥，躬亲抚养。臣少多疾病，九岁不行；零丁孤苦，至于成立⑦。既无叔伯，终鲜兄弟⑧；门衰祚薄⑨，晚有儿息。外无期功强近之亲⑩，内无应门五尺之童⑪；茕茕孑立，形影相吊。⑫而刘夙婴疾病⑬，常在床蓐⑭；臣侍汤药，未尝废离。

逮奉圣朝⑮，沐浴清化⑯。前太守臣逵⑰，察臣孝廉⑱；后刺史臣荣⑲，举臣秀才⑳。臣以供养无主，辞不赴命。诏书特下，拜臣郎中㉑；寻蒙国恩，除臣洗马㉒。猥以微贱㉓，当侍东宫㉔，非臣陨首所能上报㉕。臣具以表闻，辞不就职。诏书切峻㉖，责臣逋慢㉗。郡县逼迫，催臣上道；州司临门㉘，急于星火。臣欲奉诏奔驰，则刘病日笃；欲苟顺私情，则告诉不许。臣之进退，实为狼狈。

伏惟圣朝以孝治天下㉙，凡在故老，犹蒙矜育；况臣孤苦，特为尤甚。且臣少事伪朝㉚，历职郎署㉛，本图宦达，不矜名节。今臣亡国贱俘，至微至陋，过蒙拔擢㉜，岂敢盘桓[33]，有所希冀？但以刘日薄西山[34]，气息奄奄[35]，人命危浅，朝不虑夕。臣无祖母，无以至今日；祖母无臣，无以终馀年。母孙二人，更相为命；是以区区不能废远[36]。臣密今年四十有四，祖母刘今年九十有六，是臣尽节于陛下之日长，报刘之日短也。乌鸟私情[37]，愿乞终养[38]。

臣之辛苦，非独蜀之人士及二州牧伯所见明知[39]；皇天后土[40]，实所共鉴。愿陛下矜愍愚诚，听臣微志；庶刘侥幸[41]，保卒馀年。臣生当陨首，死当结草[42]。臣不胜犬马怖惧之情[43]，谨拜表以闻。

【注释】① 表：臣子写给皇帝的奏章。② 险衅（xìn）：灾难。指命运坎坷。③ 夙（sù）：早。闵（mǐn）凶：忧患不幸。④ 见背：背弃我而去。指去世。⑤ 舅夺母志：舅父强迫自己的母亲改嫁。⑥ 愍（mǐn）：通"悯"，怜悯。⑦ 成立：成年。⑧ 鲜（xiǎn）：少。⑨ 门衰祚（zuò）薄：家门衰微，福祚浅薄。⑩ 期（jī）功：古代丧服名。服丧一年为"期"，服丧九个月为"大功"，服丧五个月为"小功"。强（qiǎng）近之亲：比较亲近的亲属。⑪ 应门：照看门户。五尺：汉代的五尺相当于今日三尺多。童：通"僮"。指僮仆。⑫ 茕（qióng）茕孑立：孤单、单立的样子。相吊：相互慰藉。⑬ 婴疾病：疾病缠绕。⑭ 床蓐（rù）：床上的草垫子。指褥子。⑮ 逮：到了。圣朝：对当时西晋的美称。⑯ 沐浴清化：蒙受圣朝清明的政治教化。⑰ 太守臣逵：郡长官叫逵的人。⑱ 察臣：考察我。孝廉：选拔官吏科目之一，令郡国向中央推举当地能孝顺父母和操行清廉的人。此指自己被推举为孝廉。⑲ 刺史臣荣：州长官叫荣的人。⑳ 秀才：选举人才科目之一，由地方推举有才能者。㉑ 郎中：官名，尚书曹司的官员。㉒ 洗（xiǎn）马：也作"先马"，太子的属官。㉓ 猥：鄙，谦词。㉔ 东宫：太子居东宫，因而借指太子。㉕ 陨首：丢掉脑袋。上报：回报国君。㉖ 切峻：急切而严厉。㉗ 逋（bū）慢：回避怠慢上命。㉘ 州司：州官。㉙ 伏惟：敬语，伏地思量。㉚ 伪朝：指被晋国灭掉的蜀国。㉛ 郎署：指尚书台的官署。㉜ 拔擢（zhuó）提拔。㉝ 盘桓（huán）：逗留、迟疑的样子。㉞ 日薄西山：夕阳将落山，比喻人年老将死。薄：迫近。㉟ 奄奄:气息微弱、欲断的样子。㊱ 区区:指拳拳之心。废远:放弃奉养祖母而远离。㊲ 乌鸟私情:相传乌鸦是孝鸟,长大后能反哺其母,比喻为人子者能孝养其亲。㊳ 终养:为祖母养老送终。㊴ 二州牧伯:二州,梁州(治所在今陕西汉中)和益州(治所在今四川成都);牧伯,州郡行政长官。此指太守逵和刺史荣。㊵ 皇天后土:对天地的敬称。㊶ 庶:庶几,或许。㊷ 结草:据《左传·宣公十五年》,春秋时晋大夫魏武子临终遗嘱要其子魏颗将宠妾殉葬,魏颗却将其嫁出。后魏颗与秦将杜回交战,见一老人结草把杜回绊倒,因而将杜回擒获。夜间梦见老人,自称是魏武子宠妾的父亲,特来报恩。此指报恩。㊸ 不胜:不尽。犬马:自称,表谦卑。

【品评】李密作为曾仕"伪朝"的"亡国贱俘",竟被意外拔擢,蒙受当朝统治者征召;而自己上有年逾九旬的祖母"不能废远"。如何做到既拒绝出仕,又不得罪新朝,是李密构思本文的关捩。鉴于晋武帝"以孝治天下",故作者在"孝"字上做足文章,而且是以不事雕琢、发自肺腑的至性来渲染孝的情怀。自己拒绝出仕是奉行圣朝"孝"道,不乏以子之矛攻子之盾的意味。此表先极力表现幼年的不幸、祖母的大恩、二人相依为命之情,再诉说今日因蒙征召进退维谷、万分苦闷之情;更表白非为保持"名节"而"辞不赴命",只是"终养"祖母而已,来日还当效命朝廷。据说"晋武览表,嘉其诚款,赐奴婢二人,使郡县供祖母奉膳"(吴楚材、吴调侯批语),可见此文真情至性、悲恻动人的力量。

此文语言颇多对仗句,节奏感甚强,又长短相间,骈散结合,毫不呆板单调。作者善于形容比喻,如"茕茕孑立,形影相吊","日薄西山,气息奄奄"等,已成为传诵千古的成语。

王羲之(321—379)

字逸少,东晋琅玡临沂(今属山东)人,居住在东晋会稽山阴(今浙江绍兴)。士族出身,曾任江州刺史、会稽内史、右军将军等职,世称"王右军",是我国著名的书法家。他也是出色的散文家。早期关心政治,归隐后徜徉山水,从容闲适。其散文在六朝绮靡文风中,以自然隽永的风格具有独特地位,并影响了唐宋古文。人评其文章"高爽有风气,不类常流"(《世说新语·赏誉》)。

兰亭集序[①]

永和九年[②]，岁在癸丑，暮春之初，会于会稽山阴之兰亭，修禊事也[③]。群贤毕至，少长咸集。此地有崇山峻岭，茂林修竹；又有清流激湍，映带左右。引以为流觞曲水[④]，列坐其次；虽无丝竹管弦之盛[⑤]，一觞一咏，亦足以畅叙幽情。是日也，天朗气清，惠风和畅。仰观宇宙之大，俯察品类之盛[⑥]；所以游目骋怀，足以极视听之娱，信可乐也。

夫人之相与，俯仰一世[⑦]。或取诸怀抱[⑧]，晤言一室之内；或因寄所托，放浪形骸之外[⑨]。虽取舍万殊，静躁不同，当其欣于所遇，暂得于己，快然自足，曾不知老之将至。及其所之既倦[⑩]，情随事迁，感慨系之矣。向之所欣，俯仰之间，已为陈迹，犹不能不以之兴怀；况修短随化[⑪]，终期于尽[⑫]。古人云："死生亦大矣[⑬]。"岂不痛哉！

每览昔人兴感之由，若合一契[⑭]，未尝不临文嗟悼，不能喻之于怀。固知一死生为虚诞[⑮]，齐彭殇为妄作[⑯]。后之视今，亦犹今之视昔，悲夫！故列叙时人，录其所述，虽世殊事异，所以兴怀，其致一也[⑰]。后之览者，亦将有感于斯文[⑱]。

【注释】① 兰亭集：指作者与谢安、孙绰等四十馀位文士于会稽郡山阴县（今浙江绍兴）西南之兰亭雅集，饮酒赋诗，后把诗汇编为集，称《兰亭集》。② 永和九年：公元 353 年。永和：为东晋穆帝年号。九年为癸丑年。③ 修禊（xì）：古代习俗每年阴历三月巳日，人们临水洗濯嬉游，以祛除不祥。④ 流觞（shāng）：修禊时将盛酒的杯子放在回环的水溪上，任其漂浮，而人们列坐水边，酒杯停在谁面前谁就取杯饮酒。⑤ 丝竹管弦：乐器。此指代音乐。丝、弦指琴瑟等弦类乐器。竹、管指箫笛等管类乐器。⑥ 品类:指各类事物。⑦ 俯仰:一俯一仰,形容时间短暂。⑧ 诸:之于。⑨ 形骸:指身体。⑩ 之:至,往。⑪ 修短随化:指寿命长短不一,随着自然规律而变化。⑫ 终期于尽:最后都走向生命尽头。期:期限。⑬ 死生亦大矣:《庄子·德充符》引孔子的话。⑭ 契:古代的一种凭证信物。契有左右两半,双方各执其一,用时相合为征信。⑮ 一死生:《庄子·齐物论》曰"方生方死,方死方生",认为生死没有区别。一:相等。⑯ 齐彭殇:《庄子·齐物论》称"莫寿于殇子,而彭祖为夭",认为长寿与短命没有区别。齐:等同。彭:彭祖,相传为古代的长寿者。殇:夭折短命的人。⑰ 致:情致,情趣。⑱ 斯文:此文。

【品评】东晋穆帝永和九年(353),王羲之和谢安、孙绰等四十馀人在兰亭聚会,饮酒赋诗,事后把这些诗篇编成《兰亭集》。《兰亭集序》就是王羲之为这个诗集所写的序。文章描绘了聚会于山林的欢快,在山水中领悟了生存的真谛,也流露出人生无常的消极情绪。但他有力地驳斥了庄子"一死生"、"齐彭殇"的虚妄论调,这在崇尚玄学、老庄思想的东晋时代还是比较可贵的。文章清新自然,萧散隽永,虽然运用了较多的骈句,却并不拘谨呆板而显得高古超妙。这在同类文章中,是很少有的。这篇文章当时由王羲之以绝妙的行书书写,成为后世极为推崇的著名法帖。

陶渊明 (365—427)

一名潜,字元亮,世称靖节先生,浔阳柴桑(今江西九江)人。东晋著名文学家,我国隐逸诗人之宗,以抒写田园诗享誉中国诗歌史。其早年曾出任江州祭酒、镇军参军、彭泽令等小官。因身处门阀等级制度森严的社会,壮志难酬,更不愿为五斗米折腰,乃于41岁时辞去彭泽县令,归田隐居,从此边劳动边创作。其诗文辞赋以描写自然风光、抒写隐逸情怀、表现生活情趣为主,自然冲淡,清新质朴;亦不乏"金刚怒目"式的批判现实政治之作。有《陶渊明集》。

归去来辞[①]

归去来兮!田园将芜胡不归[②]?既自以心为形

役[③]，奚惆怅而独悲[④]？悟已往之不谏，知来者之可追[⑤]；实迷途其未远，觉今是而昨非[⑥]。

舟摇摇以轻扬，风飘飘而吹衣。问征夫以前路[⑦]，恨晨光之熹微[⑧]。乃瞻衡宇[⑨]，载欣载奔[⑩]。僮仆欢迎，稚子候门。三径就荒[⑪]，松菊犹存。携幼入室，有酒盈樽。引壶觞以自酌，眄庭柯以怡颜[⑫]；倚南窗以寄傲，审容膝之易安[⑬]。园日涉以成趣，门虽设而常关。策扶老以流憩[⑭]，时矫首而遐观。云无心以出岫[⑮]，鸟倦飞而知还。景翳翳以将入[⑯]，扶孤松而盘桓[⑰]。

归去来兮！请息交以绝游。世与我而相违，复驾言兮焉求？[⑱]悦亲戚之情话，乐琴书以消忧。农人告余以春及，将有事于西畴[⑲]。或命巾车[⑳]，或棹孤舟[㉑]。既窈窕以寻壑[㉒]，亦崎岖而经丘。木欣欣以向荣，泉涓涓而始流。羡万物之得时，感吾生之行休[㉓]。

已矣乎[㉔]！寓形宇内复几时，曷不委心任去留[㉕]？胡为遑遑欲何之[㉖]？富贵非吾愿，帝乡不可期[㉗]。怀良辰以孤往，或植杖而耘耔[㉘]。登东皋以舒啸[㉙]，临清流而赋诗。聊乘化以归尽[㉚]，乐夫天命复奚疑[㉛]！

【注释】① 归去来：归去。来：语气词。辞：辞赋，古代韵文的一种。② 胡：何，为什么。③ 为形役：被身体役使。④ 奚：为什么。⑤ 悟已往之不谏，知来者之可追：出自《论语・微子》："往者不可谏，来者犹可追。"谏：有挽回意。追：有补救意。⑥ 今是：指现在归隐很正确。昨非：指以前入仕是步入歧途。⑦ 征夫：行人。⑧ 熹（xī）微：晨光微弱。⑨ 衡宇：横木为门的简陋房屋。语出《诗经・陈风・衡门》："衡门之下，可以栖迟。"⑩ 载：又，且。语气词。⑪ 三径：此指隐居之所。据《文选》注引《三辅决录》：汉代蒋诩归隐后，在院中开出三条小路，只和求仲、羊仲往来。⑫ 樽（zūn）：酒器。引：举起。眄（miǎn）：斜视，放眼浏览。庭柯：庭院树木。⑬ 容膝：

形容屋小只能容下双膝。⑭ 策扶老：指拄拐杖。流憩（qì）：漫步休息。⑮ 岫（xiù）：山峰。⑯ 景：日光。翳（yì）翳：昏暗的样子。⑰ 盘桓（huán）：徘徊，流连。⑱ 相违：意志不合。“违”，一本作“遗”，据李公焕《笺注陶渊明集》改。驾言兮：驾车。指出游。言兮：语气词。化用《诗经·邶风·泉水》“驾言出游”句。⑲ 事：指农事。西畴：西边田亩。⑳ 巾车：有帷幕的车子。㉑ 棹（zhào）：船桨。这里作动词，指用桨划。㉒ 窈窕（yǎo tiǎo）：形容山水幽深曲折。壑（hè）：山沟。㉓ 行休：行将结束。㉔ 已矣乎：算了吧。已：停止。矣、乎：语气词。㉕ 曷（hé）：何，为什么。㉖ 遑遑：形容心神不定。之：往。㉗ 帝乡：天帝居所，指仙境。㉘ 植杖：把拐杖插在田边。耘：除草。耔（zǐ）：培土。㉙ 皋：水边高地。舒啸：舒气长啸。㉚ 乘化：顺应自然变化的规律。归尽：指至死。㉛ 奚疑：有何疑虑。

【品评】朱熹说：“欧阳公（按，欧阳修）言两晋无文章，幸独有此篇耳。”（《楚辞后语》卷四）虽不无偏激，但可见此文在后代散文名家心目中的地位。此文主旨乃写田园之乐，包括抒发归田隐居时如同羁鸟归林、游鱼返渊的轻松，摆脱世俗束缚、回归自由的大自然的喜悦，以及隐居田园后的美妙想像，并表达了不求富贵，但求任随自然、乐天知命的人生哲理。

文章或叙事，或抒怀，或议论，皆写出超脱之逸气、冲淡之趣味。文章自首至尾，凡五次改韵，人称“为《骚》之变体”（林云铭《古文析义》卷十）。语言则骈散结合，自然流宕，生动有致。

桃花源记[①]

晋太元中[②]，武陵人捕鱼为业[③]。缘溪行，忘路之远近。忽逢桃花林，夹岸数百步，中无杂树，芳草鲜美，落英缤纷[④]。渔人甚异之，复前行，欲穷其林[⑤]。林尽水源，便得一山。山有小口，仿佛若有光，便舍船，从口入。初极狭，才通人；复行数十步，豁然开朗。土地平旷，屋舍俨然[⑥]。有良田、美池、桑竹之属[⑦]，阡陌交通[⑧]，鸡犬相闻。其中往来种作，男女衣着，悉如外人[⑨]；黄发垂髫[⑩]，并怡然自乐。见渔人，乃大惊，问所从来，具答之[11]。便要还家[12]，设酒杀鸡作食。村中闻有此人，咸来问讯[13]。自云先世避秦时乱，率妻子邑人来此绝境[14]，不复出焉；遂与外人间隔。问今是何世，乃不知有汉，无论魏、晋。此人一一为具言所闻，皆叹惋。馀人各复延至其家[15]，皆出酒食。停数日，辞去。此中人语云："不足为外人道也[16]。"

既出，得其船，便扶向路[17]，处处志之[18]。及郡下，诣太守[19]，说如此。太守即遣人随其往，寻向所志，遂迷，不复得路。南阳刘子骥[20]，高尚士也，闻之，欣然规往[21]。未果[22]，寻病终[23]。后遂无问津者[24]。

【注释】① 桃花源：桃林尽处。后指避世隐居之地。记：文体名。② 太元：东晋孝武帝的年号(376—396)。③ 武陵：郡名。治所在今湖南常德。④ 落英缤纷：形容桃花盛开的样子。落英：初开的花朵。一说为落花。⑤ 穷：尽。⑥ 俨然：形容整齐。⑦ 属：类。⑧ 阡陌交通：田间的小路，相互贯通。南北方向称"阡"，东西方向称"陌"。⑨ 悉：完全。外人：山外之人。⑩ 黄发垂髫(tiáo)：指黄白头发的老人与垂着短发的儿童。⑪ 具：通"俱"。⑫ 要(yāo)：通"邀"。⑬ 咸：都。问讯：打听消息。⑭ 邑人：同邑的人。此指同村的乡亲。⑮ 延：邀请。⑯ 足：值得。⑰ 扶：沿着。向路：来时的路。⑱ 志：记。⑲ 诣：到。此指拜访。⑳ 南阳：郡名。郡治在今河南南阳。刘子骥：名驎(lín)之，是当时的隐士。㉑ 规往：打算前往。㉒ 果：实现。㉓ 寻：不久。㉔ 问津：问渡口。此引申为访求、寻找。

【品评】"桃花源"其实是作者虚构的人生理想之境，是没有剥削压迫、无君无臣的人间乐土。其本质是对战乱频仍、民不聊生的现实生活的批判。但作者却以写实的手法娓娓道来，有时间、有地点、有人物，武陵渔人溪行捕鱼、发现桃花源以及重寻不见的情节，亦使人信以为真。但写实中又留下"不足为外人道也"、"不复得路"、"规往"、"未果"等谜团，造成惝恍迷离的神秘氛围。以至使人发出"此文系真境耶？抑幻境耶？海市蜃楼，可望而不可即"(唐文治《国文经纬贯通大义》卷三)的感叹，更引起人们的兴味。但惟作者胸中有此境界，方有此绝妙文字。

全文采用白描手法，语言干净自然、毫无斧凿痕迹，堪称“一语天然万古新，豪华落尽见真淳”（金元好问）。

五柳先生传[①]

先生不知何许人也[②]，亦不详其姓字。宅边有五柳树，因以为号焉。闲静少言，不慕荣利。好读书，不求甚解[③]。每有会意，便欣然忘食。性嗜酒，家贫，不能常得。亲旧知其如此，或置酒而招之。造饮辄尽[④]，期在必醉，既醉而退，曾不吝情去留[⑤]。环堵萧然[⑥]，不蔽风日。短褐穿结[⑦]，箪瓢屡空[⑧]，晏如也[⑨]。常著文章自娱，颇示己志。忘怀得失，以此自终。

赞曰[⑩]：黔娄有言[⑪]：“不戚戚于贫贱[⑫]，不汲汲于富贵[⑬]。”其言兹若人之俦乎[⑭]？衔觞赋诗[⑮]，以乐其志，无怀氏之民欤？葛天氏之民欤？[⑯]

【注释】① 五柳先生：陶渊明归隐后的自称。传：文体名。② 何许：何处，什么地方。③ 不求甚解：不追求深奥的理解。④ 造：到。辄：每每。⑤ 吝情：拘泥。⑥ 环堵：四周的墙壁。萧然：形容空空无物。⑦ 短褐（hè）：粗布短衣。穿结：破损，打补丁。⑧ 箪（dān）瓢：竹制的食器与饮器。⑨ 晏如：形容安然自得。⑩ 赞：史传评论文字的名称。本文为《五柳先生传》，故有“赞”。⑪ 黔（qián）娄：春秋鲁国的清高名士。⑫ 戚戚：形容感伤、忧虑。⑬ 汲汲：形容竭力求取。⑭ 俦（chóu）：类。⑮ 衔觞（shāng）：口含酒杯，指饮酒。⑯ 无怀氏：传说中上古时代的氏族首领。欤：语气词，相当于“呢”。下句“葛天氏”与无怀氏相同。

【品评】《晋书·隐逸传》称陶潜“尝著《五柳先生传》以自况”，“时人谓之实录”，可见此文所记内容不虚。但此文以第三人称手法为自己作传，写“不慕荣利”的志向，“好读书”、“嗜酒”的爱好，不论贫贱富贵的个性，于史传学中别开蹊径，显得潇洒奇迈、幽默有趣。文章短小精悍，意蕴丰厚，堪称“以少少许胜许许多”，耐人寻味。文风冲淡，不露圭角，末尾之“赞”尤具淡逸之美，令人想见“太古风味”。

孔稚珪（447—501）

字德璋，会稽山阴（今浙江绍兴）人。南朝齐文学家。官至太子詹事，加散骑常侍。以博学闻名，好游山玩水，亦能诗文，富有想像力，善于讽刺。

北山移文[①]

钟山之英[②]，草堂之灵，驰烟驿路[③]，勒移山庭[④]。

夫以耿介拔俗之标[⑤]，潇洒出尘之想[⑥]，度白雪以方洁[⑦]，干青云而直上[⑧]，吾方知之矣。若其亭亭物表[⑨]，皎皎霞外，芥千金而不盼[⑩]，屣万乘其如脱[⑪]。闻凤吹于洛浦[⑫]，值薪歌于延濑[⑬]，固亦有焉。岂期终始参差，苍黄反复[⑭]，泪翟子之悲[⑮]，恸朱公之哭[⑯]。乍回迹以心染[⑰]，或先贞而后黩[⑱]，何其谬哉！呜呼，尚生不存[⑲]，仲氏既往[⑳]；山阿寂寥，千载谁赏？

世有周子[㉑]，俊俗之士；既文既博，亦玄亦史[㉒]。然而，学遁东鲁[㉓]，习隐南郭[㉔]；窃吹草堂[㉕]，滥巾北岳[㉖]。诱我松桂，欺我云壑。虽假容于江皋[㉗]，乃缨情于好爵[㉘]。

其始至也，将欲排巢父、拉许由[㉙]、傲百氏[㉚]、蔑王侯。风情张日[㉛]，霜气横秋。或叹幽人长往，或怨王孙不游[㉜]。谈空空于释部[㉝]，核玄玄于道流[㉞]。务光何足比[㉟]，涓子不能俦[㊱]。

及其鸣驺入谷[㊲]，鹤书赴陇[㊳]；形驰魄散，志变神动。尔乃眉轩席次[㊴]，袂耸筵上[㊵]，焚芰制而裂荷衣[㊶]，抗尘容而走俗状[㊷]。风云凄其带愤，石泉咽而下怆。望林峦而有失，顾草木而如丧。

至其纽金章[43]，绾墨绶[44]，跨属城之雄[45]，冠百里之首[46]。张英风于海甸[47]，驰妙誉于浙右[48]。道帙长摈[49]，法筵久埋[50]。敲扑喧嚣犯其虑[51]，牒诉倥偬装其怀[52]。琴歌既断，酒赋无续。常绸缪于结课[53]，每纷纶于折狱[54]。笼张、赵于往图[55]，架卓、鲁于前录[56]。希踪三辅豪[57]，驰声九州牧[58]。使其高霞孤映，明月独举，青松落荫，白云谁侣？涧户摧绝无与归[59]，石径荒凉徒延伫[60]。至于还飙入幕[61]，写雾出楹[62]，蕙帐空兮夜鹤怨[63]，山人去兮晓猿惊。昔闻投簪逸海岸[64]，今见解兰缚尘缨[65]。

于是，南岳献嘲，北陇腾笑，列壑争讥，攒峰竦诮[66]。慨游子之我欺[67]，悲无人以赴吊[68]。故其林惭无尽，涧愧不歇，秋桂遣风，春萝摆月，骋西山之逸议[69]，驰东皋之素谒[70]。

今又促装下邑[71]，浪栧上京[72]。虽情投于魏阙[73]，或假步于山扃[74]。岂可使芳杜厚颜[75]，薜荔蒙耻，碧岭再辱，丹崖重滓[76]？尘游躅于蕙路[77]，污渌池以洗耳。宜扃岫幌[78]，掩云关，敛轻雾，藏鸣湍，截来辕于谷口，杜妄辔于郊端[79]。于是丛条瞋胆[80]，叠颖怒魄[81]。或飞柯以折轮[82]，乍低枝而扫迹。请回俗士驾，为君谢逋客[83]。

【注释】① 北山：南京紫金山，因在城北，又叫北山。移文：与檄相类的文体，用以晓谕。② 钟山：即紫金山。英：精灵。此处指山神。山之南有草堂寺。③ 驿路：古代供驿马传送文书的大道。④ 勒移：刻写移文。⑤ 耿介：正直。标：风度。⑥ 出尘：超出尘俗。⑦ 度（duó）：衡量。方洁：比莹洁。方：比。⑧ 干：凌驾。⑨ 亭亭：高耸的样子。⑩ 芥：小草。此是轻视的意思。这句用战国时高士鲁仲连援助赵国退秦军却拒绝接受千金之酬的故事。⑪ 屣（xǐ）：草鞋。此是鄙视的意思。万乘（shèng）：万辆车。

乘:一车四马。天子有兵车万乘,指帝王之位。⑫ 闻凤吹于洛浦:据《列仙传》:周灵王太子晋(王子乔)不愿继承王位,常游于河南伊川与洛水之间,吹笙如凤鸣。后成仙飞升。洛浦:洛水之滨。⑬ 值薪歌于延濑:晋人孙登在延濑遇见一人砍柴,问他:你就这样终老于此生吗?砍柴人说,我听说圣人没有什么企求,只是以道德为心,对于砍柴为生,有什么值得奇怪而悲哀呢?说罢作歌两章而去。值:遇上。延濑:指长河边上。⑭ 苍黄反复:青黄变化无常。⑮ 泪翟(dí)子之悲:据《淮南子·说林训》:战国墨子见了白色的丝而哭泣,因为觉得它既可以被染成黄色,也可以被染成黑色,苍黄反复。泪:流泪。⑯ 恸(tòng)朱公之哭:据《淮南子·说林训》:杨朱见歧路而哭,因为歧路既可以往南,也可以往北,方向难定。⑰ 乍:刚才。回迹:指隐居。⑱ 贞:纯洁。黩(dú):污浊。⑲ 尚生:东汉隐士尚长,王莽时大司空王邑推荐他做官,他固辞而入山砍柴。⑳ 仲氏:据《后汉书·仲长统传》:东汉末仲长统为人放荡不羁。州郡召他做官,他总是称病推辞。㉑ 周子:旧说指南齐周颙,字彦伦,汝南(今属河南)人,周颙并无此经历。这里的周子当系伪托。㉒ 玄:指玄学,当时盛行的《老子》、《庄子》和《周易》的哲学思想。㉓ 东鲁:据《庄子·让王》,指春秋时隐士颜阖。鲁国国君派人用重币聘请颜阖出仕,他却借故逃走。㉔ 南郭:据《庄子·齐物论》,指南郭子綦,为古时隐士。㉕ 窃吹:这里借用《韩非子·内储说上》南郭先生滥竽充数的典故,指周子冒充隐士。㉖ 滥巾:指周子不是隐士而穿戴隐者的服饰。北岳:北山。㉗ 假容:指假装隐者的模样。皋:水边高地。㉘ 缨:系。爵:官爵。㉙ 排巢父、拉许由:排斥巢父,摧折许由。排:推开。巢父、许由:都是尧时的隐士。㉚ 百氏:指贵族。㉛ 张(zhàng)日:遮蔽太阳。㉜ 王孙不游:隐逸的王孙不来交游。《楚辞·隐士》:"王孙兮不归。"㉝ 空空:佛家语。指万物都是空的。空是假名,假名亦空,故云"空空"。㉞ 玄玄:道家用语。形容"道"的微妙深远。《老子》:"玄之又玄,众妙之门。"道流:道家。㉟ 务光:据《列仙传》:夏时人务光,商汤灭夏,让天子位给他,他拒不接受,负石沉水。㊱ 涓子:据《列仙传》:齐人涓子隐居于宕山。俦(chóu):匹敌。㊲ 其:指朝廷征召使臣。鸣驺(zōu):出行时车马开路。㊳ 鹤书:称"鹤头书",指诏书。㊴ 尔乃:于是。轩:高扬,飞举。席次:席侧。㊵ 袂(mèi):衣袖。㊶ 芰(jì)制:用菱叶做的衣裳,与荷衣皆比喻隐者之衣。㊷ 抗:高举。走:表现出。㊸ 纽金章:官员佩戴的铜印。㊹ 绾(wǎn)墨绶:系上黑色绶带。㊺ 属城:县城。㊻ 百里:县境大约方圆百里。

代指县。㊼ 英风：美好的声望。海甸：滨海地区。㊽ 浙右：指浙江（今钱塘江）北面，即今浙江省的北部地区。㊾ 道帙（zhì）：指道家的书。帙：书套。摈：弃置。㊿ 法筵：讲佛法的座席。51 敲扑：拷打犯人。52 牒（dié）诉：公文，诉讼。倥偬（kǒng zǒng）：繁忙。53 绸缪（móu）：束缚，纠缠。结课：官吏的成绩考核。54 纷纶：忙碌。折狱：断案。55 笼：包括。张、赵：指张敞、赵广汉，皆西汉人，做过京兆尹。往图：过去的政绩。56 架：通“驾”，超越。卓、鲁：指卓茂、鲁恭，东汉人。一做过密云县令，一做过中牟县令，政绩德名皆可称道。前录：前代的典籍史传等。57 三辅豪：三辅地区之贤能官员。西汉京畿地方分成京兆尹、左冯翊、右扶风三个相当于郡的地区，合称“三辅”。58 九州牧：传说古代把天下分为九州，州的长官称牧。59 涧户：山涧两边的山构成门户。60 延伫（zhù）：长久站立。61 还飙：旋风。还：通“旋”。62 写雾：流动的雾。写：通“泻”。楹（yíng）：厅堂前边的柱子。63 蕙帐：指用蕙草编成的帷帐。64 投簪（zān）：指弃官归隐。簪：冠簪。这句用的是汉代疏广弃官而归东海隐居的故事。65 兰：即兰佩。指隐士的服饰。尘缨：尘世的冠带。66 攒（cuán）峰：聚在一起的山峰。竦（sǒng）诮：耸身嘲笑。67 游子：离家远游的人。这里指周颙。我欺：欺我。我：北山自称。68 赴吊：指北山因受周颙之欺却没有人去慰问。69 骋：疾速传播。西山：指首阳山高士伯夷、叔齐。伯夷、叔齐曾唱“登彼西山兮，采其薇矣”的歌。逸议：隐者的议论。70 东皋：东面的水边高地。隐士陶渊明曾云：“登东皋以舒啸，临清流而赋诗。”素谒：内心情愫。71 下邑：指周子所主管的县。72 浪栧（yì）：划桨使船快行。栧：桨。上京：指国都建康（今江苏南京）。73 魏阙：宫门外两侧的楼观，其下为悬布法令的地方。此指朝廷。74 或：又。假步：借步。山扃（jiōng）：山门。75 芳杜：即杜若，香草。76 滓：污染。77 尘：污染。游躅（zhuó）：指隐者留下的足迹。78 扃：关闭。岫（xiù）幌：山穴的帷幔。79 杜：杜绝，阻塞。妄辔：擅自来的车子。80 瞋（chēn）胆：使肝胆发怒。81 叠颖：指重重叠叠的草穗。82 柯：树枝。折轮：断车轮。83 君：此指北山山神。谢：回绝。逋（bū）客：逃客，指周子。

【品评】此文以“移文”形式，假借“北山”山灵之口吻，以“调笑之言”（张溥），对当时假隐士之丑恶嘴脸给予了淋漓尽致的揭露与嘲讽。文中以“周子”作为被嘲的典型，重点通过其隐居时与出仕后判若两人之表现的对比，揭示出当时“志深轩冕，而泛咏皋壤”（刘勰《文心雕龙·情采》）之文士的虚假心态。此文构思大胆，想像奇特，以拟人手法，把“北山”人性化，赋草木以感情，情趣盎然，不无诙谐之致。

作为赋体，全文词采丰赡，艳丽多姿，同时具骈体文对仗工整、讲究平仄协调、音韵铿锵之特色，确为“六朝中极雕绘之作”。钱锺书评：“按此文传诵，以风物刻划之工，佐人事讥嘲之切，山水之清音与滑稽之雅谑，相得而益彰。”（《管锥编》第四册）

魏　徵（580—643）

字玄成，魏州曲城（今河北巨鹿）人。隋末参加李密的瓦岗寨起义军；失败后改投唐高祖李渊，为唐朝开国功臣。唐太宗即位，其官至太子太师，谥“文贞”，封郑国公。魏徵关心国家命运，以向唐太宗直言诤谏为己任，堪称耿介忠贞之辅臣。曾主持《隋书》、《齐书》等史书的编撰工作。为唐初著名政治家与历史学家。为文简练质朴。有《魏郑公集》。

谏太宗十思疏[①]

臣闻[②]：求木之长者，必固其根本；欲流之远者，必浚其泉源[③]；思国之安者，必积其德义。源不深而望流之远，根不固而求木之长，德不厚而思国之安，臣虽下愚，知其不可，而况于明哲乎？人君当神器之重[④]，居域中之大[⑤]，不念居安思危，戒奢以俭，斯亦伐根以求木茂，塞源而欲流长也。

凡昔元首[⑥]，承天景命[⑦]，善始者实繁，克终者盖寡[⑧]。岂取之易、守之难乎？盖在殷忧[⑨]，必竭诚以待下；既得志，则纵情以傲物[⑩]。竭诚，则吴越为一体[⑪]；傲物，则骨肉为行路[⑫]。虽董之以严刑[⑬]，振之以威怒[⑭]，终苟免而不怀仁[⑮]，貌恭而不心服。怨不在大，可畏惟人[⑯]。载舟覆舟[⑰]，所宜深慎。

诚能见可欲[⑱]，则思知足以自戒；将有作[⑲]，则思知止以安人；念高危，则思谦冲而自牧[20]；惧满盈[21]，则思江海下百川；乐盘游[22]，则思三驱以为度[23]；忧懈怠，则思慎始而敬终[24]；虑壅蔽[25]，则思虚心以纳下；惧谗邪，则思正身以黜恶[26]；恩所加，则思无因喜以谬赏；罚所及，则思无以怒而滥刑。总此十思，宏兹九德[27]。简能而任之[28]，择善而从之，则智者尽其谋，勇者竭其力，仁者播其惠，信者效其忠。文武并用，垂拱而治[29]。何必劳神苦思，代百司之职役哉[30]？

【注释】① 谏：规劝。疏：向国君陈述意见的奏章。② 臣：作者自称。③ 浚(jùn)：深挖。④ 神器：老子称天下为神器，指帝位。⑤ 域中：指天地之间。可理解为国家。⑥ 元首：这里指君主。⑦ 景命：大命。⑧ 克：能够。⑨ 盖：发语词。殷忧：深忧。⑩ 傲物：傲视一切人和事。⑪ 吴越：春秋时期两个互相征伐的大国。⑫ 骨肉：亲属。行路：过路人。⑬ 董：督责。⑭ 震：镇压。⑮ 苟免：苟且免除刑罚。怀仁：怀念君王的仁德。⑯ 人：即"民"。因避唐太宗李世民的名讳，改为"人"。⑰ 载舟覆舟：《荀子・王制篇》："君者舟也，庶人者水也，水则载舟，水则覆舟。"比喻统治者和人民的关系如舟与水，水能承载舟，也能颠覆之。⑱ 诚能：果能。可欲：想得到的东西。⑲ 作：指大兴土木、劳民伤财之事。⑳ 谦冲：谦和。此指加强自我修养。㉑ 满盈：此喻骄傲自满。㉒ 盘游：游乐。㉓ 三驱：一年打猎三次。因为打猎时必须驱赶禽兽，所以称打猎为"驱"。度：限度。㉔ 敬：慎。㉕ 壅蔽：堵塞，蒙蔽。㉖ 黜：贬斥。㉗ 九德：九种道德标准。据《尚书・皋陶谟》称为"宽而栗、柔而立、愿而恭、乱而敬、扰而毅、直而温、简而廉、刚而塞、强而义"。㉘ 简：选择。㉙ 垂拱：天子垂衣拱手，表示无为而治。㉚ 百司：百官。

【品评】此文乃为针砭唐太宗登基后"纵情以傲物"之弊而作，发出"载舟覆舟，所宜深慎"的警告，并提出"十思"供天子借鉴。全文以"木"与"流"为比喻开篇，由远及近，不用直笔，以使唐太宗有心理准备，乐于接受。然后再拈出题旨："居安思危，戒奢以俭"，若"傲物，则骨肉为行路"。全文以"思"字为骨架，重点为"十思"。"十思"之论，可"遏人欲于将流，存天理于将灭，实古今帝王之龟鉴也”（归有光语）。“十思”以排比句或一气呵成，虽用偶句，而词旨剀切，气势逼人，“与六朝骈文俪黄妃白者迥然殊途”（高步瀛《唐宋文举要》），显示出唐代散文平实朴素的文风。

骆宾王（640？—684？）

婺州义乌（今属浙江）人，著名文学家，为“初唐四家”之一。少具才情，而终生落魄，仕途多舛。曾从军西域，任武功、长安两县主簿。武后朝因上疏被贬临海丞。辞官后随徐敬业起兵讨伐武则天，兵败因曾草此檄而亡命，不知所终。有《骆临海集》。

为徐敬业讨武曌檄[①]

伪临朝武氏者[②]，性非和顺，地实寒微[③]。昔充太宗下陈[④]，曾以更衣入侍[⑤]。洎乎晚节[⑥]，秽乱春宫[⑦]。潜隐先帝之私[⑧]，阴图后房之嬖[⑨]。入门见嫉，蛾眉不肯让人[⑩]；掩袖工谗[⑪]，狐媚偏能惑主[⑫]。践元后于翚翟[⑬]，陷吾君于聚麀[⑭]。加以虺蜴为心[⑮]，豺狼成性。近狎邪僻[⑯]，残害忠良[⑰]。杀姊屠兄[⑱]，弑君鸩母[⑲]。神人之所同嫉，天地之所不容。犹复包藏祸心，窥窃神器[⑳]。君之爱子，幽之于别宫[㉑]；贼之宗盟[㉒]，委之以重任[㉓]。呜呼！霍子孟之不作[㉔]，朱虚侯之已亡[㉕]。燕啄皇孙[㉖]，知汉祚之将尽[㉗]；龙漦帝后[㉘]，识夏庭之遽衰。

敬业，皇唐旧臣[㉙]，公侯冢子[㉚]。奉先君之成业[㉛]，荷本朝之厚恩。宋微子之兴悲[㉜]，良有以也[㉝]；袁君山之流涕[㉞]，岂徒然哉！是用气愤风云[㉟]，志安社稷[㊱]。因天下之失望，顺宇内之推心[㊲]。爰举义旗[㊳]，以清妖孽。南连百越[㊴]，北尽三河[㊵]；铁骑成群[㊶]，玉轴相接[㊷]。海陵红粟[㊸]，仓储之积靡穷；江浦黄旗[㊹]，匡复之功何远！班声动而北风起[45],剑气冲而南斗平[46]。喑呜则山岳崩颓[47],叱咤则风云变色[48]。以此制敌,何敌不摧?以此图功,何功不克[49]?

公等或居汉地[50],或叶周亲[51];或膺重寄于话言[52],或受顾命于宣室[53]。言犹在耳,忠岂忘心?一抔之土未干[54],六尺之孤何托[55]?倘能转祸为福,送往事居[56],共立勤王之勋[57],无废大君之命[58],凡诸爵赏,同指山河[59]。若其眷恋穷城,徘徊歧路,坐昧先几之兆[60],必贻后至之诛[61]。请看今日之域中[62],竟是谁家之天下!

【注释】① 徐敬业:唐开国功臣英国公李勣(本姓徐,赐姓李)长孙,唐弘道二年(684)谪柳州司马,举兵讨伐武则天。骆宾王为其写下此檄文。武曌(zhào):武则天(624—705),文水(今属山西)人。十四岁入宫为"才子"。高宗李治即位,立为"昭仪",进号宸妃。永徽六年(655)立为皇后。弘道元年(683)唐高宗死去,太子李显即中宗即位,武则天以皇太后身份临朝称制。次年,武则天废中宗,改立第四子李旦即睿宗为帝。公元690年改国号为周,自称"圣神皇帝",成为中国惟一的女皇。② 伪:非法的、不被人承认的政权。临朝:亲临朝廷听政。③ 地实寒微:指武则天门第低下。地:通"第",门第。④ 下陈:下列。指地位较低的宫妃。⑤ 更衣:借用歌女卫子夫因侍候汉武帝更衣得到宠幸的典故。此喻武则天出身低微,来路不正。⑥ 洎(jì):及,到。晚节:原来是晚年的意思。此指年纪稍长。⑦ 春宫:太子所居之宫。当时太子为高宗李治。⑧ 先帝之私:武则天为太宗妃子时即与太子高宗有私情。⑨ 后房之嬖(bì):后宫之宠妾。⑩ 蛾眉:如蚕蛾之细眉。指代美貌的女子。⑪ 掩袖:以袖掩鼻。据《战国策·楚策》:魏王送给楚怀王一个美人。楚怀王妃子郑袖怕她夺宠,就骗美人说,大王爱你的美貌,但不喜欢你的鼻子,以后见了大王,必须掩住鼻子。美人照办了。楚王问郑袖这是何故。郑袖说,大约是不喜欢闻到你的臭味。楚王大怒,让人割掉了美人的鼻子。此处是说武则天像郑袖一样阴险。实指武则天为昭仪时陷害王皇后、弄死其女儿之事。见《新唐书·后妃传》。工谗:擅长进谗言,指唆使高宗废掉王皇后。⑫ 狐媚:狡猾,妖冶。⑬ 践元后于翚翟(huī dí)：指登上皇后之位。元后：即皇后。翚翟：有彩色羽毛的野鸡。唐代皇后的礼服饰以翚翟图形。⑭ 聚麀(yōu)：原指多头公鹿共有一母鹿。麀：雌鹿。此指太宗、高宗父子共以武则天为配偶，乱了人伦。⑮ 虺(huǐ)：毒蛇。蜴：蜥蜴，俗称四脚蛇。⑯ 邪僻：邪恶的人。此指许敬忠、李义府等人。⑰ 忠良：忠诚善良之人。此指褚遂良、长孙无忌、上官仪等。⑱ 杀姊：实指杀姐姐韩国夫人之女贺兰氏。屠兄：武则天为皇后以后，其异母兄元庆、元爽分别为宗正少卿、少府少监，被武则天调出京城，流配而死。⑲ 弑(shì)君鸩(zhèn)母：害死高宗和武则天的母亲杨氏。按二人实际都是病死。弑：古代子杀父、臣杀君，称为"弑"。鸩：鸟名，羽毛有毒，浸酒饮之即死。⑳ 神器：指帝位。㉑ 君之爱子，幽之于别宫：武则天废中宗为庐陵王，立睿宗李旦为皇帝，但实际上也把他软禁起来。㉒ 贼之宗盟：指武则天的同姓宗族。㉓ 委之以重任：武则天封武承嗣等人为王，并委以重任。㉔ 霍子孟：霍光，字子孟，受汉武帝托孤之嘱，立汉昭帝，以大司马大将军辅政。昭帝死，立汉宣帝刘询。㉕ 朱虚侯：汉高祖刘邦之孙、齐悼惠王刘肥次子刘章，被封朱虚侯。刘邦死后，吕后掌权，吕后一死，外戚诸吕阴谋叛乱。刘章与太尉周勃、丞相陈平等一起消灭诸吕，迎立汉文帝即位。㉖ 燕啄皇孙：西汉成帝时，赵飞燕入宫为皇后，自己无子而妒嫉别人，暗害了许多皇子，使成帝无嗣。当时流传童谣："燕飞来，啄皇孙，皇孙死，燕啄矢。"此喻武则天为皇后，杀太子李弘，废太子李贤为庶人并死在巴州。㉗ 祚(zuò)：皇位，国统。㉘ 龙漦(lí)帝后：传说夏朝有二龙落于宫廷，留下涎沫，夏帝用木盆收藏之。到周厉王末年，涎沫流出，变成黑鼋，一个宫女遇上而怀孕，生下一女即褒姒。褒姒后为周幽王妃子，周幽王宠爱之，于是废申后及太子，申后的父亲申侯引犬戎(北方少数民族)入侵，杀死幽王，西周灭亡。此以褒姒喻武则天。漦：涎沫。㉙ 皇：大。㉚ 冢子：长子。㉛ 先君：指徐敬业的祖父李勣、父李震。成业：指李勣因辅佐唐太宗打天下有功，封为英国公，并赐姓李。㉜ 宋微子之兴悲：微子名启，商纣王的庶兄，受周武王封，建国于宋(今河南商丘)，所以称宋微子。商亡后，宋微子路过殷商故都废墟，感慨而作《麦秀》诗抒怀。㉝ 良有以也：确实有根据、有道理。㉞ 袁君山：旧说东汉和帝幼弱，窦太后称制，窦宪擅权。袁安为司徒，不满外戚专权。每与公卿论及国事，常痛哭流涕。其实"袁君山"应为"桓君山"，即桓谭，其字君山，因疏陈时弊，谪六安郡，抑郁而死。㉟ 是用：因此。㊱ 社稷：土地神与五谷神。后来就把"社稷"作为国家的代称。㊲ 推心：人心所向。㊳ 爰(yuán)：句首助词，无义。㊴ 百越：泛指我国南方及东南一带。㊵ 三河：指汉代所设河南、河东、河内三郡，地域相当于今河南、山西一部。㊶ 铁骑：指战马。㊷ 玉轴：指战车。㊸ 海陵：今江苏泰县，唐属扬州，汉吴王刘濞曾置仓积粟于此。红粟：陈年米，年久而发红。㊹ 江浦：属江苏省，与南京市隔江相望。海陵、江浦，都是起兵之地。黄旗：旧说紫盖黄旗，帝王所用，象征正统。㊺ 班声：即马鸣声。㊻ 剑气：据《晋书·张华传》：晋初牛、斗(古星宿名)之间有紫气。张华问雷焕何故，雷焕回答说："是宝剑的精气，上达于天。"南斗：即斗宿，二十八宿之一。斗宿与牛宿是吴地星空的分野。此指讨伐武则天起兵处扬州一带。㊼ 喑(yīn)鸣：怒气郁积。㊽ 叱咤：呼喝。㊾ 克：完成。㊿ 公等：指朝廷和地方的文武官员。汉地：汉朝的封地。此借指唐朝的封地。51 叶(xié)周亲：合于皇室至亲。52 膺重寄：受重托。53 顾命：帝王临终时的嘱托。宣室：汉代宫殿名。此指唐代受顾命之宫室。54 一抔(póu)之土：一小堆土，指唐高宗坟墓。一抔：一捧。55 六尺之孤：指唐中宗，时被武后废为庐陵王。56 往：死者，指高宗。居：生者，指中宗。57 勤王：古代天子有难，起兵救助，称为勤王。58 大君：即天子，指高宗。59 同指山河：指同指山河发誓。60 坐：因为。昧：看不清楚。先几之兆：事前的征兆。61 贻(yí)：遗留。后至之诛：相传禹会诸侯于会稽山准备讨伐共工，防风氏后到，被处死。62 域：邦国。

【品评】"凡檄文体，申明大义，历数其罪而讨之。"(李扶九《古文笔法百篇》卷十六)此文作为檄文，开篇即历数武则天之累累罪恶，从其为才人至垂帘，从不同角度，层层揭露，有如贯珠，事昭理辨，紧扣首句之"伪"字做文章，并点明武氏乃亡国之祸根，从而道出讨伐武氏之必要性。再写起兵讨武之正义性，突出义军之威武雄壮，无坚不摧，充满必胜的信心，气盛而辞断。最后向敌方晓之以理，动之以情，并以赏罚诱胁，终逼出"请看今日之域中，竟是谁家之天下"之笔力千钧的警策之句。

此文属骈体，骈四俪六，对仗工整，用典贴切，又清新自然。人评"前半妩媚奸雄处，字字足令彼心折；中幅为义旗设色，写得声光奕奕，山岳震动"(过珙《详订古文评注全集》卷六)。此檄雄文劲采，气势磅礴，致使武氏读之，亦叹息其才，亦可谓奇矣！

王 勃(649—676)

字子安,绛州龙门(今山西稷山)人。著名文学家,为“初唐四杰”之一。少年聪慧,七岁能文。历任朝散郎、沛王府修撰。曾因代沛王作《檄英王斗鸡文》触怒唐高宗,被逐出府。入剑南,一度任虢州参军,不久又获罪被革职。其父王福畤亦因此从雍州司功被贬为交趾令。王勃往交趾探亲,不幸于渡海时溺死。诗文兼工,尤擅骈文。为改变初唐纤微、雕刻诗风作出了努力。有明人所辑《王子安集》。

滕王阁序[①]

南昌故郡[②],洪都新府。星分翼、轸[③],地接衡、庐[④]。襟三江而带五湖[⑤],控蛮荆而引瓯越[⑥]。物华天宝[⑦],龙光射牛斗之墟[⑧];人杰地灵,徐孺下陈蕃之榻[⑨]。雄州雾列,俊彩星驰[⑩]。台隍枕夷夏之交[⑪],宾主尽东南之美。都督阎公之雅望[⑫],棨戟遥临[⑬];宇文新州之懿范[⑭],襜帷暂住[⑮]。十旬休暇[⑯],胜友如云;千里逢迎,高朋满座。腾蛟起凤[⑰],孟学士之词宗[⑱];紫电清霜[⑲],王将军之武库[⑳]。家君作宰[㉑],路出名区[㉒];童子何知[㉓],躬逢胜饯[㉔]。

时维九月[㉕],序属三秋[㉖]。潦水尽而寒潭清[㉗],烟光凝而暮山紫。俨骖騑于上路[㉘],访风景于崇阿[㉙]。临帝子之长洲[㉚],得仙人之旧馆。层峦耸翠,上出重霄;飞阁流丹[㉛],下临无地[㉜]。鹤汀凫渚[㉝],穷岛屿之萦回;桂殿兰宫[㉞],列冈峦之体势。披绣闼[㉟],俯雕甍[㊱],山原旷其盈视,川泽盱其骇瞩[㊲]。闾阎扑地[㊳],钟鸣鼎食之家[㊴];舸舰迷津[㊵],青雀黄龙之轴[㊶]。虹销雨霁,彩彻云衢[㊷]。落霞与孤鹜齐飞,秋水共长天一色。[㊸]渔舟唱晚,响穷彭蠡之滨[44];雁阵惊寒,声断衡阳之浦[45]。遥吟俯畅,逸兴遄飞[46]。爽籁发而清风生[47],纤歌凝而白云遏[48]。睢园绿竹[49],气凌彭泽之樽[50];邺水朱华[51],光照临川之笔[52]。四美具[53],二难并[54]。穷睇眄于中天[55],极娱游于暇日。天高地迥,觉宇宙之无穷;兴尽悲来,识盈虚之有数[56]。望长安于日下[57],指吴会于云间[58]。地势极而南溟深[59],天柱高而北辰远[60]。关山难越,谁悲失路之人[61]?萍水相逢,尽是他乡之客。怀帝阍而不见[62],奉宣室以何年[63]?

呜呼!时运不齐,命途多舛[64]。冯唐易老[65],李广难封[66]。屈贾谊于长沙[67],非无圣主;窜梁鸿于海曲[68],岂乏明时?所赖君子安贫,达人知命。老当益壮,宁知白首之心[69]?穷且益坚,不坠青云之志[70]。酌贪泉而觉爽[71],处涸辙以犹欢[72]。北海虽赊[73],扶摇可接[74];东隅已逝[75],桑榆非晚[76]。孟尝高洁[77],空怀报国之心;阮籍猖狂[78],岂效穷途之哭!

勃,三尺微命[79],一介书生。无路请缨[80],等终军之弱冠[81];有怀投笔[82],慕宗悫之长风[83]。舍簪笏于百龄[84],奉晨昏于万里[85]。非谢家之宝树[86],接孟氏之芳邻[87]。他日趋庭[88],叨陪鲤对[89];今晨捧袂[90],喜托龙门[91]。杨意不逢[92],抚凌云而自惜[93];钟期既遇[94],奏流水以何惭[95]?

呜呼!胜地不常,盛筵难再。兰亭已矣[96],梓泽丘墟[97]。临别赠言,幸承恩于伟饯;登高作赋,是所望于群公。敢竭鄙诚[98],恭疏短引[99],一言均赋,四韵俱成[100]:

滕王高阁临江渚,佩玉鸣鸾罢歌舞[101]。画栋朝飞南浦云[102],朱帘暮卷西山雨[103]。闲云潭影日悠悠,物换星移几度秋。阁中帝子今何在?槛外长江空自流。

【注释】① 滕王阁:唐高祖之子滕王李元婴于洪州任都督时所建楼阁,故址在今江西南昌赣江畔。唐高宗时,洪州都督阎氏重修滕王阁。重九日阎都督在滕王阁大宴宾客,请王勃与会,并写此序。序:指为自己诗作所写的序文。② 南昌:一作"豫章"。豫章:汉时郡名,郡治在南昌(今属江西,隋唐改为洪州)。③ 星分翼、轸(zhěn):古人用二十八宿星座的方位来区分地面的区域,称之为分野。翼、轸二星的分野包括洪州。④ 衡、庐:即衡山和庐山。⑤ 襟三江:以三江为衣领。长江流过彭蠡湖(今鄱阳湖),分成三道入海,即所谓三江。鄱阳湖在洪州附近。带五湖:以五湖为腰带。五湖:指太湖、鄱阳湖、青草湖、丹阳湖、洞庭湖。洪州在五湖之间,为五湖环绕,如腰带上的白玉。⑥ 蛮荆:楚地。古史中称为蛮荆,今湖南、湖北一带。瓯越:泛指今浙江南部及福建一带。洪州在古楚地与古闽相接处。⑦ 物华天宝:指人世诸物的光华化为天上的宝气。⑧ 龙光:此指宝剑的光芒。牛斗之墟:二十八星宿中牛、斗二星宿所在方位。据《晋书·张华传》记载:西晋张华看到牛、斗二星间有紫气,便问雷焕,雷焕说这是丰城宝剑的精气上通于天。丰城属洪州。墟:指星座。⑨ 徐孺:即徐稚。稚字孺子,南昌人,东汉时名士。陈蕃之榻:据《后汉书·徐稚传》:陈蕃曾做过豫章太守。陈蕃素来不接待宾客,只有徐稚来访才招待,还为他特设一榻。⑩ 俊彩星驰:形容才俊像繁星一样放射光芒。⑪ 台隍:亭台城池。此指洪州。夷夏之交:古代称荆楚地区为蛮夷之地,中原为华夏,洪州占据于二地之间。⑫ 雅望:崇高的名望。⑬ 棨(qǐ)戟:有衣套的戟,用作大官出行时的仪仗。此借指阎都督。遥临:远道来临。⑭ 宇文新州:一个复姓宇文的新任州牧。一说新州为州名,治所在今广东新兴。懿范:美德的楷模。⑮ 襜(chān)帷:车子的帷幔。此借指新任州牧的车马。暂住:暂时停留。指参加宴会。⑯ 十旬休暇:唐制,官员十天休息一天,此指十天休假的一天。⑰ 腾蛟起凤:据《西京杂记》:董仲舒著《春秋繁露》,梦蛟龙入怀;扬雄著《太玄》,梦口吐凤凰。⑱ 孟学士:名不详。学士:官名,掌著述。词宗:文辞宗臣。⑲ 紫电青霜:皆宝剑名。⑳ 王将军:名不详。㉑ 家君:对自己父亲的称呼。作宰:指父亲当时正在交趾任地方长官。㉒ 名区:指洪州。㉓ 童子:王勃自称。㉔ 躬:亲身。㉕ 维:乃,是。㉖ 序:时序。三秋:指秋季第三个月,即九月。㉗ 潦(lǎo)水:雨后地面的积水。㉘ 俨(yǎn):整齐的样子。骖騑(cān fēi):驾车的马,左骖右騑。此指车马。上路:地势高的路。㉙ 崇阿(ē):高大的丘陵。㉚ 帝子:指滕王。长洲:古苑名,指滕王阁所在。㉛ 飞阁流丹：高阁如腾空飞起，泛出红光。㉜ 下临无地：登阁下望江面，不见陆地。㉝ 鹤汀（tīng）：活动着仙鹤的水边平地。㉞ 桂殿兰宫：用桂木和兰木修筑的宫殿，形容滕王阁的华美。㉟ 披绣闼（tà）：打开雕饰华美的门。㊱ 甍（méng）：有雕饰的屋脊。㊲ 盱（xū）：张大眼睛。骇瞩：使人看到景物感到吃惊。㊳ 闾（lǘ）阎：里巷的门。此指代房屋。扑地：遍地。㊴ 钟鸣鼎食：吃饭时要奏乐，以鼎盛食物。用来指富贵人家。㊵ 迷津：舶满渡口。㊶ 轴（zhú）：通"舳"。船后安舵处，指代船。㊷ 云衢（qú）：指天空。㊸"落霞"、"秋水"两句：化用庾信《马射赋》"落花与芝盖同飞，杨柳共春旗一色"句。㊹ 彭蠡湖：即鄱阳湖。㊺ 衡阳之浦：传说大雁南飞，到衡山回雁峰就停止。浦：水边。㊻ 逸兴：超逸的兴致。遄（chuán）飞：急速地抒发。㊼ 爽籁：参差不齐的排萧。籁：一种由竹制的管乐器。㊽ 凝：歌声缭绕。遏（è）：止，不动。㊾ 睢园：汉梁孝王在睢水（在今河南商丘南）旁修建的菟园。他常和一些文人在此聚会。㊿ 彭泽：指东晋陶渊明。他好饮酒，做过彭泽令。樽：酒杯。51 邺水：古邑邺（今河南临漳），是曹魏兴起的地方。曹操父子常在此和文人聚会。朱华：荷花。曹植《公宴诗》有"朱华冒绿池"句。"邺水朱华"比喻滕王阁盛会。52 临川之笔：比喻宾客中文士才华出众。临川：指谢灵运。南朝诗人谢灵运曾任临川内史。53 四美：指良辰、美景、赏心、乐事。54 二难并：指贤主嘉宾聚会。难：指难得的人。55 睇眄（dì miǎn）：指目光上下左右地观览。56 盈虚：指兴衰、贵贱、穷通等。有数：有定数。57 日下：指京都。58 吴会（kuài）：指吴县，今江苏苏州。59 极：远。南溟：传说中极南的海。60 天柱：据《神异经》：昆仑山上有一根铜柱，高入天际，称为天柱。北辰：北极星。61 失路之人：不得志者。62 帝阍（hūn）：原指天帝的守门者，引申为皇帝的宫门。此借指朝廷。63 宣室：汉代未央宫前的正室。贾谊曾在此被汉文帝召见，却不被重用。64 舛（chuǎn）：错乱，指不顺利。65 冯唐易老：西汉文人冯唐汉文帝时任中郎署长，景帝时为楚相，皆小官。武帝时有人荐举他，但已九十馀岁，不能出仕。66 李广难封：西汉名将李广抗击匈奴几十年，屡建奇功，却终身不得封侯。67 贾谊：西汉著名政论家、文学家，不被文帝重用，只让他做了长沙王太傅。68 梁鸿：东汉时高士，由于作《五噫歌》讽刺朝廷受汉章帝猜忌，而隐姓埋名，躲到齐鲁一带。海曲：即海隅，指滨海地方。69 宁（nìng）：难道。70 青云之志：比喻远大的志向。71 贪泉：传说广州有贪泉，人饮泉就会变得贪婪。72 涸（hé）辙：干涸的车辙。《庄子·外物篇》载：有一条鱼在干涸的车辙里奄奄待毙。比喻处境困难。⑬ 赊:远。⑭ 扶摇:旋风。典出《庄子·逍遥游》:大鹏“抟扶摇而上者九万里”。⑮ 东隅(yú):东方日出处,指早晨。比喻早年时光。⑯ 桑榆:日落处,指黄昏。比喻人的晚年。⑰ 孟尝:字伯周,东汉之贤能廉洁之士,但不被重用。⑱ 阮籍:魏晋之不拘礼法、放荡好饮的文士,不满现实,佯狂发泄心中愤懑,常驾车走到路尽头,大哭而返。⑲ 三尺微命:身份卑微。三尺:指衣带下垂部分,即“绅”的长度,是当时士大夫中最低一级绅的长度。⑳ 请缨:请求皇帝赐给长缨,要求杀敌报国立功。缨:系在马颈上用来驾车的皮条。㉑ 终军:据《汉书·终军传》:西汉人终军字子云,二十岁时曾请缨去缚南越王。弱冠:指二十岁。㉒ 投笔:指弃文从武。据《后汉书·班超传》:班超早年家贫,为官府抄写文书度日。一日他投笔于地,说:大丈夫应该“立功异域,以取封侯”。㉓ 宗悫(què):据《宋书·宗悫传》:南朝宋人宗慤,少年时有抱负,有“乘长风破万里浪”之语。㉔ 簪笏(hù):簪是古人束发戴冠时用以固定冠的长针,笏是官吏朝见皇帝时所捧的手版。此代指俸禄。百龄:百年,一生。㉕ 奉:侍奉。晨昏:古人早晚向父母请安。㉖ 谢家之宝树:东晋谢安曾称赞其侄谢玄为“吾家之宝树”。㉗ 孟氏之芳邻:孟子的母亲三迁择芳邻,使孟子有良好的生活与学习环境,以培养品德和学问。㉘ 趋庭:据《论语·季氏》:孔鲤“趋而过庭”,接受父亲孔子教诲。趋庭:快步走过庭院。㉙ 叨(tāo):惭愧,表示自谦。鲤对:指回答长辈的教诲。㉚ 捧袂(mèi):捧着衣袖,形容恭敬的样子。㉛ 龙门:地名,在今山西稷山县西北。黄河流经龙门山时,从山中开出一道通路,状似门阙,称为龙门。传说鲤鱼跳龙门则化为龙。后人常用龙门比喻德高望重者。㉜ 杨意:杨得意。汉武帝时宫廷中的狗监。曾向汉武帝推荐辞赋家司马相如。㉝ 凌云:这里指司马相如的《大人赋》,汉武帝读后,“飘飘然有凌云之气”。㉞ 钟期:钟子期。传说中的古代懂琴音的人。琴师伯牙把他当作惟一知音。钟期:知己的代称。㉟ 流水:据说伯牙鼓琴“志在流水”,钟期便说“洋洋兮若江河”。㊱ 兰亭:在会稽郡山阴县(今浙江绍兴)。东晋书法家、文学家王羲之等曾在这里修禊宴集。见《兰亭集序》。㊲ 梓泽:西晋石崇所建金谷园的别称,故址在今河南洛阳。丘墟:意为变为废墟。㊳ 敢竭鄙诚:斗胆表示自己的诚意。㊴ 疏:撰写的意思。短引:指这篇序。㊵ 四韵:指下面的八句诗。诗两句一韵。㊶ 佩玉:士大夫的玉制衣饰,走动时撞击有声。鸣鸾:车上鸾铃的声音。㊷ 南浦:在今江西南昌西南,赣江至此分流。㊸ 西山:一名南昌山、洪崖山，在南昌西赣江西岸。

【品评】此文虽为作者《滕王阁诗》之序，但其名声与影响远在诗作之上，盖因此序乃“天才”之作也。序先铺叙滕王阁之地理形势与介绍贤主嘉宾；次点明时令与描绘滕王阁内外之景：皆为游乐之笔，似乎叙写已尽。然后忽然拓开笔势，由壮而生悲，转而感慨古今失志者之不幸。此实为铺垫衬托，意在抒发个人怀才不遇的悲凉，以及自惜自负之意。这才是全文主旨。最后则感叹盛衰不常之理，系以诗收笔。

全文结构层层衔接，有开阖自如之妙。文章为四六骈体，词藻绚丽，对仗工整，用典贴切。其清词秀句，层见迭出，美不胜收，如“落霞与孤鹜齐飞，秋水共长天一色”、“老当益壮，宁移白首之心；穷且益坚，不坠青云之志”等，皆成千古不朽之名句。

李　白（701—762）

字太白，号青莲居士，祖籍陇西成纪（今甘肃天水）人，出生于西域碎叶（在今中亚细亚），幼年随父迁居绵州昌隆（今四川江油）青莲乡。年轻时任侠习剑，豪放不羁，漫游各地。唐天宝初年任翰林学士，因性格傲岸，不久被谗去职。安史之乱时为永王李璘幕僚，璘与其兄唐肃宗争夺皇权失败，李白受牵连而流放夜郎（今贵州桐梓一带）。中途遇赦东还。后流寓安徽当涂，并卒于当涂。李白是我国伟大的天才诗人。他不仅在理论上，更在实践上扫除了六朝“绮丽”诗风，完成了陈子昂复古革新的功业。其倡导“清真”诗风，于后世深有影响。诗作激情洋溢，雄奇豪放，想像丰富，有“诗仙”之称。散文则清新自然。有《李太白集》。

与韩荆州书[①]

白闻天下谈士相聚而言曰：“生不用封万户侯[②]，但愿一识韩荆州。”何令人之景慕一至于此[③]！岂不以周公之风[④]，躬吐握之事[⑤]，使海内豪俊，奔走而归之，一登龙门[⑥]，则声价十倍！所以龙蟠凤逸之士[⑦]，皆欲收名定价于君侯[⑧]。君侯不以富贵而骄之、寒贱而忽之，则三千之中有毛遂[9],使白得颖脱而出[10],即其人焉。

白,陇西布衣[11],流落楚、汉[12]。十五好剑术,遍干诸侯[13]。三十成文章,历抵卿相。虽长不满七尺,而心雄万夫,皆王公大人许与气义[14]。此畴曩心迹[15],安敢不尽于君侯哉?君侯制作侔神明[16],德行动天地,笔参造化[17],学究天人。幸愿开张心颜[18],不以长揖见拒[19]。必若接之以高宴,纵之以清谈,请日试万言,倚马可待[20]。今天下以君侯为文章之司命[21],人物之权衡,一经品题,便作佳士。而今君侯何惜阶前盈尺之地[22],不使白扬眉吐气、激昂青云耶?

昔王子师为豫州[23],未下车[24],即辟荀慈明[25];既下车,又辟孔文举[26];山涛作冀州[27],甄拔三十馀人,或为侍中、尚书[28],先代所美。而君侯亦一荐严协律[29],入为秘书郎[30]。中间崔宗之、房习祖、黎昕、许莹之徒[31],或以才名见知,或以清白见赏。白每观其衔恩抚躬[32],忠义奋发。白以此感激,知君侯推赤心于诸贤之腹中[33],所以不归他人,而愿委身国士[34]。倘急难有用,敢效微躯。

且人非尧、舜[35],谁能尽善?白谟猷筹画[36],安能自矜[37]?至于制作,积成卷轴[38],则欲尘秽视听[39]。恐雕虫小技[40],不合大人。若赐观刍荛[41],请给纸笔,兼之书人,然后退扫闲轩,缮写呈上。庶青萍、结绿[42],长价于薛、卞之门[43]。幸推下流,大开奖饰。唯君侯图之。

【注释】① 韩荆州:荆州长史韩朝宗,喜荐举后进之士。李白欲有所作为,希望韩帮助,乃写信表白心迹,并赞誉韩之举贤任能。书:信。② 万户侯:汉代制度,列侯食邑,大者食邑万户,即“万户侯”。③ 景慕:景仰,倾慕。一:竟。④ 周公:姓姬名旦,周武王之弟。因封地在周(今陕西岐山东北),称周公。⑤ 躬:亲身实行。吐握:吐哺和握发。《史记·鲁周公世家》记载:周公说:"我一沐三捉发,一饭三吐哺(口里嚼着的食物),起以待士,犹恐失天下之贤人。"比喻礼贤下士。⑥ 龙门:传说鲤鱼跃龙门则变成龙,故以龙门喻德高望重的人,指韩荆公。⑦ 龙蟠凤逸之士:比喻有才能的人。他们像龙凤那样盘旋、奔逸,欲飞入云霄,施展身手。⑧ 君侯:对韩朝宗的敬称。⑨ 毛遂:据《史记·平原君列传》:毛遂是战国时赵国平原君赵胜的门客,三年默默无闻。公元前257年,秦国围赵国都邯郸,赵国派平原君到楚国求救,毛遂以"锥处囊中"作比喻,自荐随之前往,在与楚怀王的谈判中,由于他直陈利害,终促成楚王派兵救赵。⑩ 颖脱而出:毛遂说:"使遂蚤(早)处囊中,乃颖脱而出。"意思是锥子放在口袋里,就会露出它的尖端。⑪ 陇西:郡名,治所在今甘肃陇西南。李白的祖籍地。布衣:指平民。⑫ 楚、汉:楚国的中心地域,位于汉水流域,今属湖北省。⑬ 干:求。⑭ 气义:气节道义。⑮ 畴曩(nǎng):往昔。心迹:心思与行事。⑯ 制作:此指建功立业。侔(móu)神明:与神灵相等。⑰ 参:参与。造化:创造,化育。⑱ 开张心颜:和颜悦色相待。⑲ 长揖:古代宾主相见时所行的礼。见拒:被拒。⑳ 倚马可待:比喻文思敏捷。据《世说新语·文学》:东晋桓温北征,唤袁虎(一作"宏")起草一份文书,袁虎倚在马前,顷刻写了七张纸,既快速又精彩。㉑ 文章:此指著述。司命:古星名,属文昌星,主人间文运。此喻韩荆公为品定文章的权威。㉒ 盈尺之地:一尺见方空地,指占地很少。㉓ 王子师:王允,字子师,东汉太原祁县(今属山西)人。汉灵帝时任豫州刺史。㉔ 下车:到任。㉕ 辟:任用。荀慈明:东汉人,名爽,字慈明,官至司空。㉖ 孔文举:名融,字文举。东汉鲁(今山东曲阜)人,孔子二十代孙。汉献帝时为北海相,立学校,后为太中大夫,被曹操所杀。㉗ 山涛:字巨源,河内怀县(今河南武陟)人。西晋名士,"竹林七贤"之一,曾任冀州刺史,又任吏部尚书。㉘ 侍中:官名,汉代为加官,在皇帝左右侍应杂事。到南北朝以后,实际就是宰相,唐代一度改称左相。尚书:官名,隋唐置尚书省,下设吏、户、礼、兵、刑、工六部,六部长官为尚书。㉙ 严协律:据说即严武,字季鹰。但史书并没有记载他做过协律郎。㉚ 秘书郎:官名,掌管图书经籍。㉛ 崔宗之:唐代人,名成辅。袭封齐国公,历任左司郎中、侍御史,后贬官金陵。曾与李白交游。房习祖、黎昕、许莹:唐代人,生平不详。㉜ 衔恩:永记提拔之恩。抚躬:自己追思身世。㉝ 推赤心于诸贤腹中:向诸贤推心置腹。㉞ 国士:对韩朝宗的尊称。㉟ 尧、舜:传说中的原始社会末期部落联盟的首领。㊱ 谟猷(mó yóu):谋划。㊲ 矜(jīn):矜持。此指自负。㊳ 卷轴:在纸或帛上写诗作文,然后卷在轴上,以便收藏。㊴ 尘秽视听:玷污耳目。㊵ 雕虫小技:书写一种笔画如虫的字体。汉扬雄《法言·吾子》有"雕虫篆刻""壮夫不为"之语。此自谦语。㊶ 刍荛(chú ráo):指割草、打柴的人,引申为草野之人的议论。此李白自谦语。㊷ 庶:表示推测之词,有"或许"的意思。青萍:宝剑名。结绿:美玉名。㊸ 薛:薛烛,春秋时越国人,善相剑。卞:卞和,春秋时楚国人,善识玉,曾在荆山得璞玉,先后献给楚厉王、楚武王,均被认为以石充玉,欺骗国君,砍掉了两足;后楚文王即位,卞和抱着璞玉于路上哭,文王得知乃派匠人打磨璞玉,果然是一块好玉,称"和氏璧"。

【品评】此文从头至尾,贯穿两条红线:一条是赞颂韩荆州之道德文章;一条是毛遂自荐,表白自己的才干。两条线交织在一起,皆连接着"使白得颖脱而出"的终极目的。颂韩先引"天下谈士"赞韩之言,继借古代先贤喻之,此为从侧面颂韩;然后再正面称赞韩荐举贤能之功。其意是使韩了解他在自己心目中之崇高地位,从而对自己产生好感。述己则直言不讳,一是显示"心雄万夫"的志向抱负,二是自负"日试万言,倚马可待"的才情,三是介绍"积成卷轴"的著述,皆表明自己乃可用之才。韩荆州既然好才,自己又恰是人才,按照逻辑,"白得颖脱而出",则是必然的了。可见李白撰文之用心良苦。颂韩虽不无谦恭、低下之态,自述则当仁不让,仍不失其气盖天下的豪迈本色,恰如吴楚材、吴调侯所评:"至于自述处,文气骚逸,词调豪迈,到底不作寒酸乞求态。"

春夜宴桃李园序[①]

夫天地者,万物之逆旅[②];光阴者,百代之过客。而浮生若梦,为欢几何?古人秉烛夜游[③],良有以也[④]。况阳春召我以烟景[⑤],大块假我以文章[⑥]。会桃李之芳园,序天伦之乐事[⑦]。群季俊秀[⑧],皆为惠连[⑨]。吾人咏歌,独惭康乐[⑩]。幽赏未已,高谈转清。开琼筵以坐花[⑪],飞羽觞而醉月[⑫]。不有佳作,何伸雅怀?如诗不成,罚依金谷酒数[13]。

【注释】① 序:此为宴集赋诗所写的序文。② 逆旅:客舍。③ 秉烛夜游:指人生短暂,应持烛夜游,即应该及时行乐。《古诗十九首》:"昼短苦夜长,何不秉烛游?"④ 良有以也:确实有原因。⑤ 烟景:指春天烟雾朦胧之景。⑥ 大块:天地。此指大自然。假:借,提供。文章:指锦绣似的美景。⑦ 序:通"叙"。天伦:指兄弟关系。⑧ 群季:诸弟。季:兄弟按年龄排行,称伯、仲、叔、季。⑨ 惠连:南朝文学家谢惠连,十岁能作诗文,是著名诗人谢灵运的族弟,二人合称为"大小谢"。⑩ 独惭康乐:惭愧自己无谢灵运之才。康乐:谢灵运袭封康乐公,世称"谢康乐"。⑪ 琼筵:华贵的筵席。⑫ 飞羽觞:比喻传杯递盏,开怀痛饮。羽觞:古代的一种双耳酒杯。⑬ 罚依金谷酒数:据石崇《金谷诗叙》,晋人石崇在其别墅金谷园宴客赋诗,凡不能写诗者,罚酒三杯。

【品评】此文写作者与诸兄弟春夜宴饮桃李园,但意不在描写传杯递盏之情景,而重在抒发人生之感慨:"浮生若梦,为欢几何。"为此,全文一是扣住"夜"字,故写"夜游",写"醉月";二是扣住"春"字,故写"阳春"烟景,写开筵"坐花":皆有"及时行乐"之意。但作者对人生并不悲观。开篇以"天地"之大喻为人生之客舍,已显示胸襟非凡,发论高旷;继以"阳春召我"、"大块假我",又表明"天人合一"、视自然为伴侣之意;终以而"幽赏"、"高谈"、飞觞吟诗,表现出人生之乐。

文章骈散相间,下语新隽,辞短而韵长。此文突破了"人生若梦"悲观的含义,使人增添了热爱自然、热爱人生之情,尤令人称道。

李　华 (715—766)

字遐叔,赵州赞皇(今属河北)人。唐代开元、天宝年间,历任监察御史、右补阙、吏部员外郎等职。后因病辞职隐居。当时文坛受六朝浮艳文风影响,流行骈体文,注重形式美,为文词藻华丽,往往形式大于内容。李华与萧颖士乃倡导古文,开唐代古文运动之先河,为改革绮靡文风作出贡献。但其诗文仍未完全摆脱词采绵丽之风,反映出古文运动初期古文的特点。后人辑有《李遐叔文集》。

吊古战场文[①]

浩浩乎平沙无垠[②]，敻不见人[③]。河水萦带[④]，群山纠纷[⑤]。黯兮惨悴[⑥]，风悲日曛[⑦]。蓬断草枯[⑧]，凛若霜晨。鸟飞不下，兽铤亡群[⑨]。亭长告余曰[⑩]："此古战场也，常覆三军[⑪]。往往鬼哭，天阴则闻。"伤心哉！秦欤？汉欤？将近代欤？

吾闻夫齐、魏徭戍[⑫]，荆、韩召募[⑬]。万里奔走，连年暴露[⑭]。沙草晨牧，河冰夜渡。地阔天长，不知归路。寄身锋刃，腷臆谁诉[⑮]？秦、汉而还，多事四夷[⑯]。中州耗斁[⑰]，无世无之。古称戎、夏[⑱]，不抗王师。文教失宣[⑲]，武臣用奇[⑳]。奇兵有异于仁义，王道迂阔而莫为[㉑]。呜呼噫嘻！

吾想夫北风振漠，胡兵伺便[㉒]。主将骄敌，期门受战[㉓]。野竖旄旗[㉔]，川回组练[㉕]。法重心骇，威尊命贱。利镞穿骨[㉖]，惊沙入面。主客相搏，山川震眩[㉗]。声析江河[㉘]，势崩雷电。至若穷阴凝闭[㉙]，凛冽海隅[㉚]；积雪没胫[㉛]，坚冰在须；鸷鸟休巢[㉜]，征马踟蹰[㉝]；缯纩无温[㉞]，堕指裂肤。当此苦寒，天假强胡，凭陵杀气[㉟]，以相剪屠[㊱]。径截辎重[㊲]，横攻士卒。都尉新降[㊳]，将军覆没。尸填巨港之岸[㊴]，血满长城之窟[㊵]。无贵无贱，同为枯骨，可胜言哉！鼓衰兮力尽，矢竭兮弦绝，白刃交兮宝刀折，两军蹙兮生死决[㊶]。降矣哉？终身夷狄。战矣哉？骨暴沙砾。鸟无声兮山寂寂，夜正长兮风淅淅。魂魄结兮天沉沉，鬼神聚兮云幂幂[㊷]。日光寒兮草短，月色苦兮霜白。伤心惨目，有如是耶！

吾闻之:牧用赵卒[43],大破林胡[44],开地千里,遁逃匈奴。汉倾天下[45],财殚力痡[46]。任人而已,其在多乎?周逐猃狁[47],北至太原[48],既城朔方[49],全师而还。饮至策勋[50],和乐且闲,穆穆棣棣[51],君臣之间。秦起长城,竟海为关[52],荼毒生灵[53],万里朱殷[54]。汉击匈奴[55],虽得阴山[56],枕骸遍野,功不补患。

苍苍蒸民[57],谁无父母?提携捧负[58],畏其不寿。谁无兄弟,如足如手?谁无夫妇,如宾如友?生也何恩?杀之何咎[59]?其存其没,家莫闻知。人或有言,将信将疑。悁悁心目[60],寝寐见之。布奠倾觞[61],哭望天涯。天地为愁,草木凄悲。吊祭不至,精魂何依?必有凶年[62],人其流离。呜呼噫嘻!时耶?命耶?从古如斯。为之奈何?守在四夷[63]。

【注释】① 古战场:指作者于唐天宝年间奉诏出使朔方(今宁夏灵武一带)边陲巡按军政,所见古代战场遗迹。② 无垠(yín):无边。③ 敻(xiòng):辽远。④ 萦带:像带子一样围绕。⑤ 纠纷:形容交错杂乱。⑥ 惨悴:凄惨忧伤。⑦ 日曛(xūn):指日色昏暗不明。⑧ 蓬:草名。⑨ 铤(tǐng):快跑。⑩ 亭长:秦汉制度,十里一亭,设亭长一人,掌捕劾盗贼。唐代亭长是掌管治安和传达禁令的官吏。⑪ 三军:春秋时诸侯大国多设有左、中、右三军。⑫ 齐、魏:战国时的齐国与魏国。此代指战国时代。徭戍:劳役,守边。⑬ 荆、韩:战国时楚国与韩国。⑭ 暴(pù):同"曝",日晒。露:露宿野外。⑮ 腷臆(bì yì):因忧愁而气郁结。⑯ 事:指征伐之事。夷:指边疆的少数民族。⑰ 中州:指中原地区。耗斁(dù):损耗,败坏。⑱ 戎、夏:指边疆少数民族与中原民族。⑲ 文教:旧称用以统治天下的典章制度。失宣:不再提倡。⑳ 奇:指奇诡不正的阴谋。㉑ 王道:用仁义礼乐治理天下的办法。迂阔:迂远而不切实际。㉒ 胡:对北方少数民族的通称。伺便:乘机。㉓ 期门:兵营的大门。㉔ 旄(máo)旗:用旄牛尾装饰的旗子,此指军旗。㉕ 川回:在平川上来回奔跑。组练:指战士所穿的两种衣甲。此指军队。㉖ 利镞(zú):利箭。镞:箭头。㉗ 震眩:指厮杀声令人震撼、迷乱。㉘ 声析:声震使之崩裂。㉙ 穷阴凝闭:天气阴暗,浓云密布。㉚ 海隅:海角。此指边地。㉛ 胫(jìng):小腿。㉜ 鸷(zhì)鸟:凶猛的鸟。㉝ 踟蹰:此指战马因畏寒而徘徊不前。㉞ 缯纩(zēng kuàng):指丝织品和棉絮做成的衣服。㉟ 凭陵:依凭。㊱ 剪屠:抢掠屠杀。㊲ 径截:恣意截击。辎重:军用物资的统称。㊳ 都尉:武官名。㊴ 巨港:大河。㊵ 窟:孔穴。㊶ 蹙(cù):迫近。此指两军相接。㊷ 幂(mì)幂:形容阴森、凄惨。㊸ 牧:李牧,战国时赵国抗击匈奴的名将。㊹ 林胡:匈奴的一支。㊺ 汉倾天下:汉武帝时,为抗击匈奴几乎耗尽全国财力。㊻ 殚(dān):竭尽。㊼ 猃狁(xiǎn yǔn):也作"玁狁",我国北方的一个民族。㊽ 北至太原:《诗经·小雅·六月》:"薄伐玁狁,至于太原。"太原:古地名,在今宁夏固原北。㊾ 既城朔方:《诗经·小雅·出车》:"天子命我,城彼朔方。"城:筑城。朔方:北方。㊿ 饮至:指征伐凯旋后到宗庙里告祭祖先,饮酒庆贺。策勋:把功勋记在竹简上。51 穆穆:仪表端庄恭敬。棣(dì)棣:仪态娴雅和顺。52 竟海为关:至东海设关。53 荼(tú)毒:毒害,残害。荼:苦菜。毒:螫人的虫。54 朱殷(yān):朱:红色。殷:赤黑色。此指血。55 汉击匈奴:汉武帝时,大将军卫青、骠骑将军霍去病率兵北征匈奴,占领阴山一带。56 阴山:山名。起于河套西北,绵亘内蒙古自治区东北,与内兴安岭相接。57 苍苍:众多的样子。蒸民:百姓。蒸:通"烝",众。58 提携捧负:指搀扶、照顾。59 咎(jiù):罪过。60 悁(juān)悁:形容忧闷。61 布奠:陈列祭品。倾觞(shāng):把酒杯里的酒倒在地上。62 凶年:荒年。《老子》:"大军之后,必有凶年。"63 守在四夷:四夷各为天子守土。语出《左传·昭公十三年》:"古者天子,守在四夷。"

【品评】此文题"吊古战场",此"吊"并非泛泛怀古,而是于凭吊中寓有对战争的反思,是"因痛近时争城争地,杀人众多,而托古战场以讽之"(唐文治《国文经纬贯通大义》卷二),意在提出"守在四夷",即以仁义、王道来避免战争的主旨。全文皆围绕此主旨展开。首段描写古战场凄凉之景,为的是借亭长之口点出此古战场"常覆三军",以引起凭吊之意。第二段回顾历史战事,又为的是点出"多事四夷"、"王道"莫为的危害。第三段以浓彩重墨写战争"无贵无贱,同为枯骨"之残酷、悲惨,同样暗寓反战之旨。第四段写汉朝穷兵黩武而"功不补患",乃因唐"开元、天宝间,迭启外衅,借以讽耳"(浦起龙《古文眉诠》卷五十五)。最后提出实行王道、"守在四夷"的政治理想。

此文层次十分清晰，描写重在渲染，抒情重在感人，议论重在剀切，情与景相辅，事与理相衬。全篇以赋体为主，骈散结合，奇偶参差，段段用韵，声文并茂，于感慨悲凉之中，自饶深意。

刘禹锡（772—842）

字梦得，洛阳（今属河南）人，一说彭城（今江苏徐州）人。唐代文学家、哲学家。唐德宗贞元年间进士，官至监察御史。因参加王叔文政治集团，推行“永贞革新”失败，被贬为朗州司马，后迁连州等地刺史。晚年为主客郎中，迁为太子宾客，回到洛阳。世称“刘宾客”。作为哲学家他提出“逃乎数而越乎势”的朴素辩证观点。作为杰出的诗人，他提出“境生于象外”说，重视含蓄寄托。他擅写民歌体诗，清新朴素。与柳宗元并称“刘柳”，又与白居易并称“刘白”。白居易誉其为“诗豪”。有《刘梦得文集》。

陋室铭①

山不在高，有仙则名。水不在深，有龙则灵。斯是陋室②，唯吾德馨③。苔痕上阶绿，草色入帘青。谈笑有鸿儒④，往来无白丁⑤。可以调素琴⑥，阅金经⑦。无丝竹之乱耳⑧，无案牍之劳形⑨。南阳诸葛庐⑩，西蜀子云亭⑪。孔子云：“何陋之有⑫？”

【注释】① 铭：文体名，或颂功德，或明戒鉴。② 斯：此，这。③ 馨（xīn）：芳香。此指美德。④ 鸿儒：指学识渊博的学者。⑤ 白丁：无官职的平民。唐制按照人的等级穿不同颜色衣服。平民衣白色。此指没文化的俗人。⑥ 素琴：清雅的琴。⑦ 金经：指用泥金（一种用金箔和胶水制成的金色颜料）书写的佛经。⑧ 丝竹：弦乐器与管乐器。此指乐器发出的声音。⑨ 案牍：指官府的文书。劳形：伤身。⑩ 诸葛：指诸葛亮。三国时蜀国丞相。曾隐居在南阳郡邓县之隆中（今湖北襄阳西）茅庐中。⑪ 子云：

扬雄，字子云，成都人，西汉辞赋家。居处“草玄堂”，亦较简陋。⑫ 何陋之有：语出《论语·子罕》：“子曰：‘君子居之，何陋之有？’”

【品评】铭体多为自警，此文却实为自誉。名为写“陋室”，实为写“陋室”“何陋之有”。此文开篇以山水引起陋室，以“唯吾德馨”奠定全文主旨，此亦是作者自得之处。因为“德馨”，故室之景是苔绿草青，充满生机；室中客是鸿儒文士，室中事是调琴阅经：皆与“陋”无涉。因为“德馨”，故可与诸葛庐、子云亭相并列。最后以孔子言结断“何陋之有”，“陋室”不“陋”，亦有根有据了。“何陋之有”又暗藏孔子“君子居之”之言，则作者以“君子”自许明矣。“德馨”乃是作者孤芳自赏、高雅脱俗之情趣也。

全文似自贬而实自夸，构思新颖，结构巧妙，语言亦甚清丽。短短八十一言，饶有逸韵，真不愧绝世文字。

杜　牧(803—853)

字牧之，京兆万年(今陕西西安)人。唐文宗大和年间进士。历任黄州、睦州等州刺史，官至中书舍人。他以经邦济世之才自负，关心政治，喜读兵法，更工诗能文，为晚唐著名诗人。其诗俊爽清丽，与李商隐齐名，后人又有“小杜”之称。文、赋多针砭现实，有为而作。有《樊川集》。

阿房宫赋[①]

六王毕[②]，四海一。蜀山兀[③]，阿房出。覆压三百馀里，隔离天日。骊山北构而西折[④]，直走咸阳[⑤]。二川溶溶[⑥]，流入宫墙。五步一楼，十步一阁。廊腰缦回[⑦]，檐牙高啄[⑧]。各抱地势[⑨]，钩心斗角[⑩]。盘盘焉[⑪]，囷囷焉[⑫]，蜂房水涡[⑬]，矗不知其几千万落。长桥卧波，未云何龙？[⑭]复道行空[⑮]，不霁何虹[⑯]？高低冥迷[⑰]，不知西东。歌台暖响[⑱]，春光融融。舞殿冷袖，风雨凄凄。一日之内，一宫之间，而气候不齐。

妃嫔媵嫱[⑲]，王子皇孙，辞楼下殿，辇来于秦[⑳]。朝歌夜弦，为秦宫人。明星荧荧，开妆镜也；绿云扰扰，梳晓鬟也；渭流涨腻，弃脂水也；烟斜雾横，焚椒兰也[21]；雷霆乍惊，宫车过也；辘辘远听，杳不知其所之也。一肌一容，尽态极妍。缦立远视[22]，而望幸焉[23]，有不得见者三十六年。燕、赵之收藏，韩、魏之经营，齐、楚之精英，几世几年，取掠其人，倚叠如山。一旦不能有，输来其间。鼎铛玉石[24]，金块珠砾[25]，弃掷逦迤[26]。秦人视之，亦不甚惜。

嗟乎！一人之心，千万人之心也。秦爱纷奢，人亦念其家。奈何取之尽锱铢[27]，用之如泥沙！使负栋之柱，多于南亩之农夫；架梁之椽，多于机上之工女；钉头磷磷[28]，多于在庾之粟粒[29]；瓦缝参差，多于周身之帛缕；直栏横槛，多于九土之城郭；管弦呕哑[30]，多于市人之言语。使天下之人，不敢言而敢怒。独夫之心[31]，日益骄固。戍卒叫[32]，函谷举[33]。楚人一炬[34]，可怜焦土。

呜呼！灭六国者，六国也，非秦也。族秦者[35]，秦也，非天下也。嗟夫！使六国各爱其人，则足以拒秦。秦复爱六国之人，则递三世，可至万世而为君，谁得而族灭也？秦人不暇自哀，而后人哀之。后人哀之而不鉴之，亦使后人而复哀后人也[36]！

【注释】① 阿房(ē páng)宫：秦朝宫名，故址在今陕西长安西北。据今人考证，宫并未建成。赋：文体名，体物铺陈，讲究辞采、对偶、用韵。② 六王：指战国时期燕、赵、韩、魏、齐、楚六国君主。毕：结束。③ 兀(wù)：山顶平秃，树木砍光。④ 骊山：在今陕西临潼东南。北构：在北面建造。⑤ 咸阳：在今陕西咸阳东北。⑥ 二川：指渭川和樊川。溶溶：形容河水流动。⑦ 廊腰缦回：走廊曲折似绸子回环。⑧ 檐牙：房檐的滴水瓦似牙齿一样排列。⑨ 各抱地势：各依地势高低而建。⑩ 钩心斗角：指回廊互相钩连，檐牙对峙。⑪ 盘盘：盘结相连的样子。⑫ 囷（qūn）囷焉：曲折回旋的样子。⑬ 蜂房水涡：宫室密似蜂房，迂回如漩涡。⑭ 未云何龙：无云哪来龙。⑮ 复道：楼阁之间架木构成的通道。⑯ 霁（jì）：雨后初晴。⑰ 冥迷：迷惑。⑱ 暖响：歌声蕴含着暖意。⑲ 妃嫔媵嫱（yìng qiáng）：都是宫廷里的妾侍。⑳ 辇：帝王和皇后所乘的车。此作动词"乘车"用。㉑ 椒兰：椒与兰都是香料。㉒ 缦立：久立。㉓ 望幸：盼天子来临，得到宠爱。㉔ 鼎铛（chēng）玉石：把宝鼎当作铁锅，美玉视为石头。㉕ 金块珠砾：黄金当作土块，珍珠当作沙石。㉖ 弃掷逦迤（lǐ yǐ）：四处抛弃。㉗ 锱铢（zī zhū）：古代重量单位，六铢为一锱，一铢略等于后来一两的二十四分之一。用来比喻微小的数量。㉘ 磷（lín）磷：这里是形容钉头。㉙ 庾（yǔ）：露天的谷仓。㉚ 呕哑：形容乐器声杂乱。㉛ 独夫：众叛亲离的帝王。此指秦始皇。㉜ 戍卒叫：指陈胜、吴广举兵。㉝ 函谷举：指公元前 207 年刘邦从武关入咸阳，又占领函谷关。㉞ 楚人一炬：公元前 206 年楚人项羽入咸阳，焚烧阿房宫等秦国宫殿。㉟ 族：灭族，消灭。㊱ 亦使后人而复哀后人：指唐代以后的人又哀唐代统治者。

【品评】此赋开门见山，起势突兀，以四个三字句点出"阿房宫"，甚是简洁。然后先写阿房宫之殿堂楼阁、回廊复道、长桥歌台，极力突出其建筑之华丽，为此竭尽排比、铺陈之能事，充满想像力；继写阿房宫之美女珍宝，又夸饰其生活之奢侈，为此不断变换笔势，精雕细刻，使情景宛然在目。赋前半表面是写阿房宫之瑰丽、奢华，实写秦始皇之骄横、百姓之不堪。而写秦宫、旧事，又实含影射、嘲讽当朝唐敬宗之深意。在铺陈描写的基础上，赋后半以"嗟乎"转折，引出对"独夫之心"的批判之词，新奇的博喻，蕴藉着作者无穷愤慨。赋末议论则向统治者发出警诫："后人哀之而不鉴之，亦使后人而复哀后人也。"真是言有尽而意无穷，发人深省。

扬雄说"文人之赋丽以则"，指言辞华美，又具有法度，此赋足以当之。李扶九称"古来之赋，此为第一，所以家传户诵，至今犹新也"（《古文笔法百篇》卷十八），亦不可视为过誉之评。若阿房宫确实并未建成，则作者的想像力更为惊人！

韩　愈（768—824）

字退之，孟州河阳（今河南孟县）人。自称郡望昌黎（今属河北），世称“韩昌黎”。唐贞元年间进士，官至吏部侍郎，卒谥“文”，世称“韩文公”、“韩吏部”。其仕途坎坷，打击最大的是宪宗朝因上表反对迎佛骨，被贬为潮州刺史。韩愈是中唐杰出的散文家与诗人。其文学功绩在于领导了贞元、元和时期的古文运动，提倡奇句单行的古文，反对六朝以来的骈文，鼓吹“文以载道”。苏轼评之“文起八代之衰，道济天下之溺”。其古文雄奇奔放，奥衍宏深。其于诗亦锐意革新，以“怪奇”诗风挽救大历诗坛颓弱之势。韩愈散文属“唐宋八大家”。有《韩昌黎文集》。

原道[①]

博爱之谓仁，行而宜之之谓义[②]，由是而之焉之谓道[③]，足乎己无待于外之谓德[④]。仁与义为定名[⑤]，道与德为虚位[⑥]。故道有君子小人，而德有凶有吉。老子之小仁义[⑦]，非毁之也，其见者小也。坐井而观天，曰天小者，非天小也。彼以煦煦为仁[⑧]，孑孑为义[⑨]，其小之也则宜。其所谓道，道其所道，非吾所谓道也；其所谓德，德其所德，非吾所谓德也。凡吾所谓道德云者[⑩]，合仁与义言之也，天下之公言也。老子之所谓道德云者，去仁与义言之也，一人之私言也。

周道衰，孔子没，火于秦[⑪]。黄、老于汉[⑫]，佛于晋、魏、梁、隋之间[⑬]。其言道德仁义者，不入于杨[⑭]，则入于墨[⑮]；不入于老，则入于佛。入于彼，必出于此。入者主之[⑯]，出者奴之[⑰]。入者附之，出者污之。噫，后之人其欲闻仁义道德之说，孰从而听之？老者曰：“孔子，吾师之弟子也。”佛者曰：“孔子，吾师之弟子也。”为孔子者，习闻其说，乐其诞而自小也[⑱]，亦曰“吾师亦尝师之”云尔[⑲]。不惟举之于其口，而又笔之于其书。噫，后之人虽欲闻仁义道德之说，其孰从而求之？甚矣！人之好怪也。不求其端，不讯其末，惟怪之欲闻。

古之为民者四[20]，今之为民者六[21]。古之教者处其一，今之教者处其三。农之家一，而食粟之家六；工之家一，而用器之家六；贾之家一[22]，而资焉之家六[23]。奈之何民不穷且盗也？古之时，人之害多矣。有圣人者立，然后教之以相生相养之道。为之君，为之师。驱其虫蛇禽兽而处之中土[24]。寒然后为之衣，饥然后为之食。木处而颠[25]，土处而病也[26]，然后为之宫室。为之工以赡其器用[27]，为之贾以通其有无，为之医药以济其夭死，为之葬埋、祭祀以长其恩爱，为之礼以次其先后，为之乐以宣其湮郁[28]，为之政以率其怠倦[29]，为之刑以锄其强梗。相欺也，为之符玺、斗斛、权衡以信之[30]；相夺也，为之城郭、甲兵以守之。害至而为之备，患生而为之防。今其言曰[31]："圣人不死，大盗不止。剖斗折衡[32]，而民不争。"呜呼！其亦不思而已矣。如古之无圣人，人之类灭久矣。何也？无羽毛鳞介以居寒热也[33]，无爪牙以争食也。

是故君者，出令者也；臣者，行君之令而致之民者也；民者，出粟米麻丝、作器皿、通货财，以事其上者也。君不出令，则失其所以为君；臣不行君之令而致之民，则失其所以为臣；民不出粟米麻丝、作器皿、通货财，以事其上，则诛。今其法曰："必弃而君臣[34]，去而父子，禁而相生相养之道。以求其所谓清净寂灭者。"呜呼！其亦幸而出于三代之后[35]，不见黜于禹、汤、文、武、周公、孔子也[36]；其亦不幸而不出于三代之前，不见正于禹、汤、文、武、周公、孔子也。

帝之与王[37]，其号虽殊，其所以为圣一也。夏葛而冬裘[38]，渴饮而饥食，其事虽殊，其所以为智一也。今其言曰：“曷不为太古之无事[39]？”是亦责冬之裘者曰：“曷不为葛之之易也[40]？”责饥之食者曰：“曷不为饮之之易也？”传曰[41]：“古之欲明明德于天下者，先治其国；欲治其国者，先齐其家；欲齐其家者，先修其身；欲修其身者，先正其心；欲正其心者，先诚其意。”然则古之所谓正心而诚意者，将以有为也。今也欲治其心，而外天下国家，灭其天常[42]，子焉而不父其父，臣焉而不君其君，民焉而不事其事。孔子之作《春秋》也[43]，诸侯用夷礼[44]，则夷之；进于中国，则中国之。经曰[45]：“夷狄之有君，不如诸夏之亡[46]。”《诗》曰[47]：“戎狄是膺[48]，荆舒是惩[49]。”今也，举夷狄之法，而加之先王之教之上，几何其不胥而为夷也[50]？

夫所谓先王之教者，何也？博爱之谓仁，行而宜之之谓义，由是而之焉之谓道，足乎己无待于外之谓德。其文，《诗》、《书》、《易》、《春秋》[51]；其法，礼、乐、刑、政；其民，士、农、工、贾；其位，君臣、父子、师友、宾主、昆弟、夫妇；其服，麻丝；其居，宫室；其食，粟米、果蔬、鱼肉。其为道易明，而其为教易行也。是故以之为己，则顺而祥；以之为人，则爱而公；以之为心，则和而平；以之为天下国家，无所处而不当。是故生则得其情，死则尽其常。郊焉而天神假[52]，庙焉而人鬼飨[53]。曰：“斯道也，何道也？”曰：“斯吾所谓道也，非向所谓老与佛之道也[54]。尧以是传之舜，舜以是传之禹，禹以是传之汤，汤以是传之文、武、周公，文、武、周公传之孔子，孔子传之孟轲[55]。轲之死，不得其传焉。荀与扬也[56]，择焉而不精，语焉而不详。由周公而上，上而为君，故其事行。由周公而下，下而为臣，故其说长。”然则如之何而可也？曰：“不塞不流，不止不行。人其人，火其书，庐其居，明先王之道以道之㊼，鳏寡、孤独、废疾者有养也㊽，其亦庶乎其可也。㊾”

【注释】① 原道：探究儒家政治伦理之道。② 行而宜之：行为适当。③ 之焉：到达。④ 足乎己：自己进行道德修养。⑤ 定名：确定的名分。⑥ 虚位：虚设的地位。⑦ 老子：春秋时著名哲学家，姓李名耳，楚国人。道家学派创始人，著有《老子》(又名《道德经》)一书。小仁义：轻视仁义。《老子》说："大道废，有仁义。"⑧ 煦(xù)煦：温暖，喻小恩惠。⑨ 孑(jié)孑：孤单，形容谨小慎微。⑩ 云：语助词，无义。⑪ 火于秦：指秦始皇焚书。⑫ 黄老：道家流派，汉初统治者尊奉黄老。黄：指黄帝，传说中的古帝王。老：即老子。此有黄老之学盛行之意。⑬ 佛：佛教。公元前 6 至前 5 世纪释迦牟尼创立。东汉初年传入我国洛阳。此有佛教流行之意。⑭ 杨：杨朱，战国时哲学家，主张"为我"。⑮ 墨：墨翟，鲁国人，战国初年的思想家，主张"兼爱"。⑯ 入者主之：指杨、墨、佛、老成为主宰。⑰ 出者奴之：被摒弃的儒家之道变为奴仆。⑱ 诞：怪诞。自小：自我轻贱。⑲ 云尔：语助词，相当于"等等"。⑳ 为民者四：指士、农、工、商四种人。"士"是"古之教者"，故下文说"处其一"。㉑ 为民者六：指士、农、工、商和佛教徒、道教徒。佛教徒、道教徒与士都是"今之教者"，故下文说："处其三"。㉒ 贾(gǔ)商人。与上文"农"、"工"一样作动词，指经商。㉓ 资：依赖。㉔ 中土：中原。㉕ 木处而颠：居于树上容易跌下。㉖ 土处而病：居于地上容易生病。㉗ 赡：供应。㉘ 乐：音乐。宣：排解。湮(yān)郁：郁闷。㉙ 政：政令。率：通"律"，约束。㉚ 符：古代一种凭证，双方各执一半。玺(xǐ)：印信。斛(hú)：量器。权：秤砣。衡：秤杆。信之：使人诚信。㉛ 今其言曰：下引文出自《庄子·胠箧》篇。㉜ 剖斗折衡：砸坏斗斛，折断秤杆。㉝ 鳞介：鳞甲。㉞ 而：通"尔"，你们。下两句中的"而"同此。㉟ 三代：指夏、商、周三代。㊱ 禹：传说中古代部落联盟领袖，曾治理过洪水。其子启建立了夏朝。汤：商王朝建立者。文：周文王，商末周族领袖。武：周武王，周文王之子，灭商，建立西周。周公：西周初年政治家，周武王弟，曾协助武王灭商。㊲ 帝：指尧、舜的称号。王：指禹、汤、文、武的称号。㊳ 夏葛：夏天穿葛布的衣服。葛：多年生藤本植物，茎纤维可织葛布。冬裘：冬天穿皮毛的衣服。㊴ 曷(hé):何。㊵ 易:简易。㊶ 传(zhuàn):解释儒家经典。下引文出自《礼记·大学》。㊷ 天常:君臣、父子等封建伦理关系。㊸《春秋》:春秋时鲁国史官所编的史书。相传为孔子所作。㊹ 夷:泛指少数民族。下文"夷狄"合称,义同。㊺ 经:指儒家经典。下引文出自《论语·八佾》篇。㊻ 诸夏:指中原各诸侯国。亡:通"无"。㊼《诗》:《诗经》,西周及春秋前期的诗歌总集。下引文见《诗经·鲁颂·閟宫》。㊽ 戎狄:指西北方的两个少数民族。是膺:膺是。膺:攻击。是:指示代词,指戎狄。㊾ 荆:楚国。舒:国名,在今安徽庐江县境。㊿ 几何:多少。51《书》:《尚书》。《易》:《周易》。52 郊:郊祀,祭天。假(gé):通"格",到。53 庙:指祭祖。飨(xiǎng):通"享",享用。54 向:从前。55 孟轲:孟子,名轲。战国时邹(今山东邹城)人。56 荀:荀子,名况,又称荀卿、孙卿。战国末年著名的思想家和教育家。扬:指扬雄,字子云,西汉末年的文学家和思想家。57 道之:引导他们。道:通"导"。58 鳏(guān):没有妻子的老人。独:没有子女的老人。59 庶乎:差不多。

【品评】韩愈发起古文运动,倡导"文以载道",此文正是"载道"之作。其"道"即是儒家周孔之道;为宣扬周孔之道,则如其《进学解》所谓要"抵排异端,攘斥佛老",因为佛、老二教,为当时阻碍施行周孔之道的绊脚石。文章开篇即为"道"下定义:仁与义。全文乃围绕"仁与义"正说反说以阐释之。文章先批道教之"去仁与义",此为批判重点。然后再批判佛老。文章从思想、经济、政治、伦理诸方面论证"道"之意义,批判佛老废日用、离伦纪、仁义无所施。最后则重申"道"之意义,并提出道统之不可废。

此文正论与驳论相结合,有立有破,破中有立,并反复申说。如"以数个'古'字、'今'字,一正一反,错综震荡,翻出许多议论波澜"(王守仁语,见《评校音注古文辞类纂》卷二)。韩愈论文强调"气盛言宜",此文即如长江大河,一泻千里,气势磅礴,语言亦犀利有力,同时具有感情色彩,有《孟子》之风。

原　毁[①]

古之君子[②],其责己也重以周[③],其待人也轻以约[④]。重以周,故不怠;轻以约,故人乐为善。闻古之人有舜者[⑤],其为人也,仁义人也。求其所以为舜者[⑥],责于己曰[7]:"彼,人也。予,人也。彼能是,而我乃不能是!"早夜以思,去其不如舜者,就其如舜者。闻古之人有周公者[8],其为人也,多才与艺人也[9]。求其所以为周公者,责于己曰:"彼,人也。予,人也。彼能是,而我乃不能是。"早夜以思,去其不如周公者,就其如周公者。舜,大圣人也,后世无及焉。周公,大圣人也,后世无及焉。是人也,乃曰:"不如舜,不如周公,吾之病也[10]。"是不亦责于身者,重以周乎?其于人也,曰:"彼人也,能有是,是足为良人矣。能善是,是足为艺人矣。"取其一,不责其二;即其新,不究其旧。恐恐然惟惧其人之不得为善之利。一善,易修也。一艺,易能也。其于人也,乃曰:"能有是,是亦足矣。"曰:"能善是,是亦足矣。"不亦待于人者,轻以约乎?

今之君子则不然[11]。其责人也详,其待己也廉[12]。详,故人难于为善。廉,故自取也少。己未有善,曰:"我善是,是亦足矣。"己未有能,曰:"我能是,是亦足矣。"外以欺于人,内以欺于心,未少有得而止矣[13]。不亦待其身者已廉乎?其于人也,曰:"彼虽能是,其人不足称也;彼虽善是,其用不足称也[14]。"举其一,不计其十;究其旧,不图其新。恐恐然惟惧其人之有闻也[15]。是不亦责于人者已详乎?夫是之谓不以众人待其身,而以圣人望于人,吾未见其尊己也。

虽然,为是者,有本有原,怠与忌之谓也。怠者不能修[16],而忌者畏人修。吾尝试之矣。尝试语于众曰:"某良士,某良士。"其应者必其人之与也[17]。不然,则其所疏远,不与同其利者也。不然,则其畏也[18]。不若是,强者必怒于言,懦者必怒于色矣。又尝语于众曰:"某非良士，某非良士。”其不应者，必其人之与也。不然，则其所疏远，不与同其利者也。不然，则其畏也。不若是，强者必说于言[19]，懦者必说于色矣。是故事修而谤兴[20]，德高而毁来。呜呼，士之处此世，而望名誉之光、道德之行，难已！将有作于上者[21]，得吾说而存之，其国家可几而理欤[22]！

【注释】①原毁：探究诽谤的缘由。②君子：指有道德修养的人。③责己：要求自己。重以周：严格而全面。④轻以约：宽容而简易。⑤舜：传说中我国氏族社会末期的部落联盟领袖。⑥所以为舜者：成为舜的原因。⑦下引文从《孟子》化出：“舜，人也；我，亦人也。”“颜渊曰：‘舜，何人也？予，何人也？有为者亦若是。’”⑧周公：姓姬名旦，周文王之子、周武王之弟。⑨艺：技能。⑩病：缺点。⑪君子：此指有地位的人。⑫廉：少，低。⑬少：稍微。⑭用：此指才能。⑮闻：声望，声誉。⑯修：求上进。⑰与：朋友。⑱畏：惧怕他的人。⑲说（yuè）：通“悦”，高兴。下句“说”同此。⑳事修：事业有成。谤兴：诽谤随之产生。㉑有作：有所作为。㉒几：庶几，差不多。理：即“治”，治理。唐代为避高宗李治讳，“治”改为“理”。

【品评】此文乃有感于当朝朋党之争日益激烈的现状而发，探讨朋党相互诽谤的原因。文章虽然未能从政治、社会根源上击中要害，只是从思想道德层面指出“怠与忌”为根源，但仍不失为一篇好古文。此文特点之一是以“古之君子”与“今之君子”在“责己”与“待人”方面的截然不同作比较：前者“其责己也重以周，其待人也轻以约”，后者“其责人也详，其待己也廉”。以“古”映“今”，针砭“今之君子”人心不古。此文特点之二是曲尽人情，“假托他人之言辞，模写世俗之情状”（谢枋得《文章轨范》卷一），显得生动可读。文末点出毁谤之根源在于“怠与忌”，仍摹写人情薄恶，曲尽其态，击中时弊。此文特点之三是语言朴实生动，表现出韩愈古文“文从字顺”的特色。

获麟解[1]

麟之为灵，昭昭也[2]。咏于《诗》[3]，书于《春秋》，杂出于传记、百家之书④。虽妇人小子，皆知其为祥也。

然麟之为物，不畜于家，不恒有于天下。其为形也不类⑤，非若马、牛、犬、豕、豺、狼、麋、鹿然⑥。然则，虽有麟，不可知其为麟也。角者，吾知其为牛；鬣者⑦，吾知其为马；犬、豕、豺、狼、麋、鹿，吾知其为犬、豕、豺、狼、麋、鹿⑧。惟麟也，不可知。不可知，则其谓之不祥也亦宜。

虽然，麟之出，必有圣人在乎位，麟为圣人出也。圣人者，必知麟，麟之果不为不祥也⑨。

又曰：麟之所以为麟者，以德不以形。若麟之出，不待圣人，则谓之不祥也亦宜。

【注释】① 获麟：《春秋·哀公十四年》："春，西狩获麟。"麟：麒麟，传说中的一种动物。古人把它当作仁兽，作为圣君出现的征兆。但当时圣君并未出现，孔子有"吾道穷矣"之叹。解：文体名，对疑难问题进行辨析。② 昭昭：明白。③ 咏于《诗》：《诗经》中有《周南·麟之趾》篇。④ "杂出"句：指古代史传与诸子百家书中都有过关于麒麟的记载。⑤ 不类：不伦不类。⑥ 麋（mí）：也叫"驼鹿"或"犴"（hān）。⑦ 鬣（liè）：马颈上的长毛。⑧ 豕（shǐ）：猪。⑨ 果：确实，果然。

【品评】文章开篇即点明麟乃祥物，尽人皆知；但麟有其特殊性，是为"圣人出也"，若无圣人在位，则其不被人认识，甚至会被视为"不祥"。然后又进而指出，麟之为麟，依靠其神德而不依其形貌，故更难为人知，亦即更易"谓之不详"。可见"麟"虽为罕见之祥物，却未必有被知的好运气。

作者笔下之"麟"实为自喻。黄震评曰："大意谓麟祥物也，但出非其时，人不谓之祥。盖以自况，而不直说，遂成文法之妙。"（《黄氏日钞》卷五十九）。本文由"祥"说入"不祥"，并以"不祥"立论，做足文章，反复辩论，乃有其寄托。作者抒发怀才不遇，不为圣主所知，才是本文的真意。文章短小，不满二百字，而抑扬开合，变化转折，似有长篇之势。

杂说一[1]

龙嘘气成云，云固弗灵于龙也[2]。然龙乘是气，茫洋穷乎玄间[3]，薄日月[4]，伏光景[5]，感震电[6]，神变化[7]，水下土[8]，汩陵谷[9]，云亦灵怪矣哉！云，龙之所能使为灵也。若龙之灵，则非云之所能使为灵也。然龙弗得云，无以神其灵矣。失其所凭依，信不可欤[10]！异哉！其所凭依，乃其所自为也。《易》曰[11]："云从龙[12]。"既曰龙，云从之矣！

【注释】① 杂说：一种论辩性文体。原文四篇，都是托物言志的杂感。② 灵：神奇。③ 茫洋：辽阔无边的样子。穷：到尽头。玄间：指天空。④ 薄：迫近。⑤ 伏：遮蔽。光景：日光。⑥ 感：触发。震电：即雷电。⑦ 神变化：神奇变化。⑧ 水下土：淹灌大地。⑨ 汩（gǔ）：汩没，淹没。⑩ 信：确实。⑪《易》：《周易》。下引见《易》乾卦系辞。⑫ 从：跟随。

【品评】此文反复论辩"龙"与"云"相生相依的关系："云从龙"，龙乘云，两者不可离；又进而比较"龙"与"云"孰轻孰重：虽然龙灵于云，云为龙之所能使为灵，但亦肯定"云亦灵怪"。二者似乎颇难轩轾。

此文之说龙、云乃有所寄托。一般认为是"以龙喻圣君，云喻贤臣"（吴楚材、吴调侯），是说君与臣关系：君虽是天子，亦须贤臣辅助，否则君亦不成其为君矣。但此意作者并未点明。所以关于此文意旨，又有"龙喻英雄，云喻时势"（钱基博《韩愈志·韩愈籀读录》卷六）之别解。更有人认为如"道义之生气，德行之发为事业文章"，"君臣之遇合，朋友之应求"等，皆可纳入此文之意旨，可见此文"寄托至深，取类至广"（《唐宋文醇》卷一引李光地语）。

杂说四

世有伯乐[1]，然后有千里马。千里马常有，而伯乐不常有。故虽有名马,只辱于奴隶人之手[②],骈死于槽枥之间[③],不以千里称也。马之千里者,一食或尽粟一石。食马者[④],不知其能千里而食也。是马也,虽有千里之能,食不饱,力不足,才美不外见[⑤],且欲与常马等不可得,安求其能千里也?策之不以其道[⑥],食之不能尽其材[⑦],鸣之而不能通其意[⑧],执策而临之曰:"天下无马!"呜呼!其真无马邪?其真不知马也!

【注释】① 伯乐:姓孙,名阳,字伯乐。相传为春秋秦穆公时善于相马的人。② 奴隶人:地位低下受人役使的人。③ 骈死:二马并驾为骈,此引申为与普通的马一并死去。槽:盛马料的器具。枥:马桩。④ 食(sì):通"饲",喂养。⑤ 见(xiàn):同"现",显现。⑥ 策:马鞭,此用作动词,即挥马鞭,引申为驾驭。道:指驾驭千里马的方法。⑦ 尽其材:满足千里马的食量。⑧ 鸣之而不能通其意:此反用《战国策·楚策》典:伯乐道逢一匹拉盐车的马伏在车下,为之解绳套,披衣服。马仰天长鸣。伯乐知其为千里马,为之落泪。

【品评】"世有伯乐,然后有千里马",至今犹是妇孺皆知的真理,可见此文影响之深远。但文章要旨却是强调"千里马常有,而伯乐不常有"的现实,记叙的是"千里马"的悲惨命运。作者寄托之意甚明:不仅以"千里马"自况,抒发怀才不遇之愤慨,而且反映了封建社会英雄豪杰难遇知音的普遍遭际。由于作者感慨良深,所以一叹再叹,满腔悲愤,曲折出之,笔端之情,充溢于字里行间,淋漓顿挫,动人心弦。

卷八 唐 文

韩 愈(224—287)

师 说[1]

古之学者必有师。师者，所以传道、受业、解惑也[2]。人非生而知之者，孰能无惑？惑而不从师，其为惑也，终不解矣。生乎吾前，其闻道也[3]，固先乎吾，吾从而师之[4]；生乎吾后，其闻道也，亦先乎吾，吾从而师之。吾师道也[5]，夫庸知其年之先后生于吾乎[6]？是故无贵无贱、无长无少，道之所存，师之所存也。

嗟乎！师道之不传也久矣，欲人之无惑也难矣。古之圣人，其出人也远矣[7]，犹且从师而问焉；今之众人，其下圣人也亦远矣[8]，而耻学于师。是故圣益圣，愚益愚，圣人之所以为圣，愚人之所以为愚，其皆出于此乎？

爱其子，择师而教之；于其身也[9]，则耻师焉，惑矣！彼童子之师，授之书而习其句读者也[10]，非吾所谓传其道、解其惑者也。句读之不知，惑之不解，或师焉，或不焉[11]，小学而大遗[12]，吾未见其明也。

巫医、乐师、百工之人[13]，不耻相师[14]；士大夫之族[15]，曰师、曰弟子云者，则群聚而笑之。问之，则曰：“彼与彼年相若也[16]，道相似也。”位卑则足羞[17]，官盛则近谀[18]。呜呼！师道之不复，可知矣。巫医、乐师、百工之人，君子不齿[19]，今其智乃反不能及，其可怪也欤！

圣人无常师，孔子师郯子、苌宏、师襄、老聃[20]。郯子之徒，其贤不及孔子。孔子曰㉑："三人行，则必有我师。"是故弟子不必不如师，师不必贤于弟子，闻道有先后，术业有专攻㉒，如是而已。

李氏子蟠㉓，年十七，好古文㉔，六艺经传皆通习之㉕；不拘于时㉖，学于余。余嘉其能行古道㉗，作《师说》以贻之㉘。

【注释】① 说：文体名，属辩论阐释性文章。② 道：孔孟之说。③ 闻：懂得。④ 师之：以他为师。师：名词用作动词。⑤ 师道：学习的是孔孟之道。⑥ 庸：岂，何必。⑦ 出：超出。⑧ 下：低下。⑨ 身：自身。⑩ 之：指童子。⑪ 不：通"否"。⑫ 小学而大遗：指学了句读，而丢了解惑、学道。⑬ 巫医：指祈鬼神替人治病的人。乐师：歌唱、奏乐的人。百工：各种工匠。⑭ 相师：指师徒代代传授。⑮ 士大夫：指有官位、有声望的读书人。⑯ 相若：相似。⑰ 位卑：指地位低的老师。⑱ 官盛：指官位大的老师。谀：奉承拍马。⑲ 不齿：不屑与之同列。齿：齐列。⑳ 郯(tán)子：春秋时郯国(今山东郯城一带)国君。据《左传·昭公十七年》，孔子曾向他请教过有关少皞氏时代的官职名称。苌(cháng)宏：东周敬王时候的大夫。据《孔子家语》，孔子曾向他请教古乐。师襄：春秋时鲁国的乐官，名襄。据《史记·孔子世家》，孔子曾向他学习弹琴。老聃(dān)：即老子，春秋时楚国人，思想家，道家学派创始人。据《孔子家语》，孔子曾向他请教礼仪。㉑ 孔子曰：下面引文出自《论语·述而》篇。原句为："三人行，必有我师焉。"㉒ 攻：研究。㉓ 李氏子蟠(pán)：唐德宗贞元十九年(803)进士。㉔ 古文：指秦汉时代的文章。㉕ 六艺：即六经，指《诗》、《书》、《礼》、《乐》、《易》、《春秋》。经传：经文和注解。㉖ 不拘于时：不受耻于从师的时风影响。㉗ 嘉：赞许。㉘ 贻(yí)：赠。

【品评】柳宗元《答韦中立论师道书》云："今之世不闻有师，有则哗笑之，以为狂人。独韩愈奋不顾流俗，犯笑侮，收召后学，作《师说》，因抗颜而为师。"可见韩愈作此文的背景与勇气。此文之强调"学者必有师"，乃旨在推崇"传道"、"吾师道也"、"道之所存，师之所存也"，重师实即重孔孟之道。作者以道自任，故以师自处。这是作者立论之本。

全篇说"师"，以"耻"字为关纽，通过古今于师态度之不同作对比，以

“巫医、乐师、百工之人”与“士大夫之族”于师态度之不同作对比，从而批评今日士大夫之族“耻师”的世俗风气。在此基础上进而主张“圣人无常师”，“弟子不必不如师，师不必贤于弟子”；是否为“师”之关键在于是否“闻道”，是否有“术业”，并赞扬其弟子李蟠“能行古道”，于是“师”又挽结于“道”。

进学解[①]

国子先生晨入太学[②]，召诸生立馆下[③]，诲之曰：“业精于勤，荒于嬉[④]；行成于思[⑤]，毁于随[⑥]。方今圣贤相逢[⑦]，治具毕张[⑧]。拔去凶邪，登崇俊良[⑨]。占小善者率以录[⑩]，名一艺者无不庸[⑪]。爬罗剔抉[⑫]，刮垢磨光[⑬]。盖有幸而获选[⑭]，孰云多而不扬[⑮]？诸生业患不能精[⑯]，无患有司之不明[⑰]。行患不能成，无患有司之不公。”

言未既[⑱]，有笑于列者曰：“先生欺余哉！弟子事先生，于兹有年矣。先生口不绝吟于六艺之文[⑲]，手不停披于百家之编[⑳]。纪事者必提其要[㉑]，纂言者必钩其玄[㉒]。贪多务得，细大不捐[㉓]。焚膏油以继晷[㉔]，恒兀兀以穷年[㉕]：先生之业，可谓勤矣。觝排异端[㉖]，攘斥佛老[㉗]；补苴罅漏[㉘]，张皇幽眇[㉙]；寻坠绪之茫茫[㉚]，独旁搜而远绍[㉛]；障百川而东之[㉜]，回狂澜于既倒：先生之于儒，可谓劳矣。沉浸醲郁[㉝]，含英咀华[㉞]。作为文章，其书满家。上规姚姒[㉟]，浑浑无涯[㊱]；周诰殷盘[㊲]，佶屈聱牙[㊳]；《春秋》谨严[㊴]，《左氏》浮夸[㊵]；《易》奇而法[㊶]，《诗》正而葩[㊷]；下逮《庄》、《骚》[㊸]，太史所录[㊹]；子云、相如[㊺]，同工异曲：先生之于文，可谓闳其中而肆其外矣[㊻]！少始知学，勇于敢为；长通于方[㊼]，左右具宜：先生之于为人，可谓成矣。然而公不见信于人[㊽]，私不见助于友。跋前踬后[㊾]，动辄得咎[50]。暂为御史[51]，遂窜南夷[52]。三年博士[53]，冗不见治[54]。命与仇谋，取败几时！冬暖而儿号寒，年丰而妻啼饥。头童齿豁[55]，竟死何裨[56]？不知虑此，反教人为！”

先生曰：“吁，子来前！夫大木为杗[57]，细木为桷[58]，欂栌、侏儒[59]，椳、闑、扂、楔[60]，各得其宜，施以成室者，匠氏之工也。玉札、丹砂[61]，赤箭、青芝[62]，牛溲、马勃[63]，败鼓之皮[64]，俱收并蓄，待用无遗者，医师之良也。登明选公[65]，杂进巧拙[66]，纡馀为妍[67]，卓荦为杰[68]，校短量长，惟器是适者[69]，宰相之方也。昔者孟轲好辩[70]，孔道以明，辙环天下[71]，卒老于行[72]。荀卿守正[73]，大论是宏[74]，逃谗于楚[75]，废死兰陵[76]。是二儒者，吐辞为经，举足为法，绝类离伦[77]，优入圣域[78]，其遇于世何如也？今先生学虽勤而不由其统[79]，言虽多而不要其中[80]，文虽奇而不济于用，行虽修而不显于众。犹且月费俸钱，岁靡廪粟[81]，子不知耕，妇不知织，乘马从徒，安坐而食，踵常途之役役[82]，窥陈编以盗窃[83]；然而圣主不加诛[84]，宰臣不见斥，非其幸欤！动而得谤，名亦随之，投闲置散，乃分之宜[85]。若夫商财贿之有亡[86]，计班资之崇庳[87]，忘己量之所称[88]，指前人之瑕疵[89]，是所谓诘匠氏之不以杙为楹[90]，而訾医师以昌阳引年[91]，欲进其豨苓也[92]。”

【注释】① 进学：勉励学生刻苦学习，不断进步。解：文体名，对疑难问题进行辨析。② 国子先生：韩愈自称。韩愈当时任国子学博士。国子：国子学，是唐代的教育主管机构和最高学府，国子监下属的七个部门之一。太学：国子监。唐代国子监相当于汉代的太学。③ 诸生：国子学中众弟子。馆下：校舍前。④ 嬉：游戏，玩乐。⑤ 行(xíng)：操行，品德。⑥ 随：因循。⑦ 圣贤：圣君贤臣。⑧ 治具：指法令。毕张：都已设立，指搜罗人才。⑨ 登崇：推崇，提拔。⑩ 占：有。率：大都。录：录用。⑪ 名一艺者：称有一技之长的人。庸：任用。⑫ 爬罗剔抉(jué)：发掘、挑选，指搜罗人才。⑬ 刮垢磨光：刮去尘垢，使之光亮，指培育人才。⑭ 盖：发语词。幸而获选：指学问不多的人侥幸被选中。⑮ 多而不扬：指学问多的人不被选举。⑯ 患：担忧。⑰ 有司：主管官吏。⑱ 既：结束。⑲ 六艺：即六经，指《易》、《礼》、《乐》、《诗》、《书》、《春秋》。⑳ 披：翻阅。百家之编：指先秦诸子著作。㉑ 纪事者：指史书之类。提其要：提炼其深刻含义。㉒ 纂言者：辑录古人言论的书。钩其玄：探究其深刻含义。㉓ 捐：舍弃。㉔ 膏油：指灯烛。晷(guǐ)：日影。㉕ 恒：长久。兀兀：劳苦。穷年：一年到头。㉖ 觝(dǐ)排：排斥。异端：指非儒家的思想。㉗ 攘斥：排斥。佛老：佛教和道教。㉘ 补苴(jū)：弥补。罅(xià)：裂缝，漏洞。㉙ 张皇：张大。幽眇：深微。㉚ 坠绪：衰落的事业。此指儒学的道统。㉛ 绍：继续。㉜ 东之：使之东流。东：用作动词。㉝ 酞郁：浓厚。指古代典籍的意味。㉞ 含英咀华：体味儒家经典的精义。㉟ 规：取法。姚姒(sì)：虞舜、夏禹的姓，这里指《尚书》中的《虞书》、《夏书》。㊱ 浑浑：浑厚博大。㊲ 周诰：指《尚书》中的《大诰》、《康诰》、《酒诰》、《召诰》、《洛诰》等篇。殷盘：指《尚书》中的《盘庚》三篇。㊳ 佶(jí)屈聱(áo)牙：形容文句艰涩，读起来不顺口。㊴《春秋》：传为孔子修撰的一部编年断代史著作。严谨：指记载历史精练，常寓褒贬于一字之中。㊵《左氏》：指《左传》，相传鲁国史官左丘明撰，用以阐述《春秋》的正文。浮夸：指《左传》记事详赡，文辞铺张。㊶《易》：即《易经》，古代卜筮专著。奇而法：奇变而有法则。㊷《诗》：即《诗经》，周代的诗歌总集。正而葩(pā)：雅正而华美。㊸ 逮：到了。《庄》、《骚》：《庄子》与《离骚》。㊹ 太史所录：指《史记》。太史：指司马迁，我国伟大的史学家，西汉人，曾任太史令，著《史记》。㊺ 子云、相如：子云指扬雄(字子云)；相如指司马相如。两人都是西汉著名的辞赋家。㊻ 闳其中：内容深博。肆其外：文辞奔放。㊼ 长通于方：长大后行事能遵守规矩法度。㊽ 见信：被人相信。㊾ 跋前踬(zhì)后：比喻进退困难。《诗经·豳风·狼跋》："狼跋其胡，载疐其尾。"老狼往前踩住颔下的悬肉，往后则被尾巴绊住。㊿ 动辄得咎：一动就获罪。51 御史：也称监察御史。韩愈贞元十九年(803)任监察御史。52 遂窜南夷：指韩愈于贞元十九年被贬为阳山令。南夷：南方少数民族地区。此指阳山(今属广东)。53 三年博士：韩愈在元和元年(806)至四年(809)，共做了三年国子学博士。54 冗：闲散。见：同"现"。治：治国之才。55 头童：秃顶。山无草木叫童。齿豁：牙齿脱落。56 何裨：何益处。57 宋(máng)：屋梁。㊽ 桷(jué):屋椽。㊾ 欂栌(bó lú):斗拱。侏儒:梁上椽。㊿ 椳(wēi):门臼,用来承门枢。闑(niè):门中央所竖短木。扂(diàn):门栓。楔(xiē):门两旁所竖的长木柱。㉛ 玉札、丹砂:皆矿物性中药材。㉜ 赤箭:即天麻。青芝:又名龙芝。二者指较贵重的中药材。㉝ 牛溲:即车前草。马勃:又名马屁菌。二者指价贱的中药材。㉞ 败鼓之皮:破鼓的鼓皮。㉟ 登明选公:用人明智,选材公正。㊱ 杂进巧拙:引进灵巧者与拙朴者。㊲ 纡馀:宁静沉稳的样子。妍:美好。㊳ 卓荦(luò):指突出,不凡。㊴ 惟器是适:根据才能来任用。㊵ 孟轲:孟子,战国邹(今山东邹城)人。㊶ 辙环天下:指孟子周游列国。辙:车轮的迹印。㊷ 卒:终于。㊸ 荀卿:即荀子,名况,战国思想家。守正:恪守儒家学说。㊹ 是宏:发扬光大。㊺ 逃谗于楚:荀子为逃避毁谤,从齐国来到楚国。㊻ 废死兰陵:荀卿从齐至楚,为兰陵(今山东峄县东)令。后被废,居兰陵著书,最后死在兰陵。㊼ 绝类离伦:超出同辈。㊽ 优入圣域:优秀而达圣人境地。㊾ 统:道统。㊿ 要(yāo)其中:把握其要旨。㉛ 靡(mǐ):耗费。廪(lǐn)粟:米仓的米。㉜ 踵常途:走老路子。役役:拘谨的样子。㉝ 陈编:旧书。盗窃:指抄袭。㉞ 诛:责罚。㉟ 分之宜:理所当然。㊱ 若夫:至于。㊲ 班资:品级。崇庳(bēi):高低。㊳ 己量:自己的分量。称(chèn):相称。㊴ 瑕疵:过失。㊵ 诘:责问。杙(yì):小木桩。㊶ 訾(zǐ):诋毁,指责。昌阳:即昌蒲,旧说久服可以长寿。引年:延年。㊷ 豨苓(xī líng):即猪苓,导泻的中药,不能做滋补药。

【品评】唐宪宗元和七年(812)韩愈被任命为无足轻重的国子学博士,大材小用,韩愈不能不感到愤懑。于是写此文宣泄之。但韩愈并不从正面抒写,而是以退为进,以守为攻。文章开篇以“进学”发端,勉励学生学习进取,称“业患不能精,无患有司之不明;行患不能成,无患有司之不公”,乃正话反说。文章中段借学生反驳,以作者之遭际证明虽然“业精”、“行成”,但仍“跋前疐后,动辄得咎”,此乃让学生为自己鸣不平。文章末段对学生之反驳仍以平心和气处之,引圣贤之不遇为解,专作旷达谦退之语,益显世道之乖、人情之妄,而令人同情。此文之高明即在于无一愤懑不平之语,实际处处含怨怼愤激之意,但更具打动人心的力量。据说“当时宰相读之,旋生悔心,改公为史馆修撰也”(沈德潜《唐宋八大家文读本》卷一),可见此文之奇妙。

此文仿汉代东方朔《客难》与扬雄《解嘲》格调,以对话形式,借他人之口道出意旨。形式上又采用赋体,讲究押韵、排比、对偶,铿锵作金石之声;但亦间以散文句式,浓郁而奔放,整饬而流转。

圬者王承福传[1]

圬之为技,贱且劳者也。有业之,其色若自得者。听其言,约而尽[2]。问之,王其姓,承福其名,世为京兆长安农夫[3]。天宝之乱[4],发人为兵,持弓矢十三年,有官勋[5],弃之来归,丧其土田,手镘衣食[6]。馀三十年,舍于市之主人[7],而归其屋食之当焉[8]。视时屋食之贵贱,而上下其圬之佣以偿之[9]。有馀,则以与道路之废疾饿者焉。

又曰:粟,稼而生者也。若布与帛,必蚕绩而后成者也[10]。其他所以养生之具,皆待人力而后完也。吾皆赖之。然人不可遍为,宜乎各致其能以相生也。故君者,理我所以生者也[11],而百官者,承君之化者也[12]。任有大小[13],惟其所能,若器皿焉。食焉而怠其事,必有天殃。故吾不敢一日舍镘以嬉[14]。夫镘易能,可力焉。又诚有功,取其直[15]。虽劳无愧,吾心安焉。夫力易强而有功也[16];心难强而有智也。用力者使于人[17],用心者使人,亦其宜也。吾特择其易为而无愧者取焉。

嘻!吾操镘以入富贵之家有年矣。有一至者焉,又往过之,则为墟矣。有再至、三至者焉,而往过之,则为墟矣。问之其邻,或曰:噫!刑戮也[18]。或曰:身既死而其子孙不能有也。或曰:死而归之官也。吾以是观之,非所谓食焉怠其事而得天殃者邪?非强心以智而不足、不择其才之称否而冒之者邪[19]?非多行可愧、知其不可而强为之者邪？将富贵难守、薄功而厚飨之者邪[20]？抑丰悴有时、一去一来而不可常者邪[21]？吾之心悯焉，是故择其力之可能者行焉。乐富贵而悲贫贱，我岂异于人哉？又曰：功大者，其所以自奉也博。妻与子，皆养于我者也，吾能薄而功小，不有之可也。又吾所谓劳力者，若立吾家而力不足，则心又劳也。一身而二任焉，虽圣者不可为也。

愈始闻而惑之，又从而思之，盖贤者也，盖所谓独善其身者也。然吾有讥焉，谓其自为也过多，其为人也过少。其学杨朱之道者邪[22]？杨之道，不肯拔我一毛而利天下。而夫人以有家为劳心，不肯一动其心以畜其妻子[23]，其肯劳其心以为人乎哉？虽然，其贤于世之患不得之而患失之者，以济其生之欲、贪邪而亡道[24]、以丧其身者，其亦远矣！又其言有可以警余者，故余为之传[25]，而自鉴焉[26]。

【注释】① 圬(wū)者：泥瓦匠。圬：抹刷墙壁。② 约而尽：简略而周全。③ 京兆长安：唐朝的国都，今陕西西安，当时属京兆尹管辖。④ 天宝之乱：唐朝天宝十四载(755)，兼任平卢、范阳、河东三道节度使的安禄山叛乱，安死后，其将领史思明继续叛乱，史称“安史之乱”。天宝，唐玄宗李隆基的年号(742—756)。⑤ 官勋：当官授勋。⑥ 手镘(màn)：指当泥瓦匠。镘：泥瓦匠抹墙的工具。衣食：此指获取衣食。⑦ 舍(shè)：居住。主人：指房东。⑧ 归其屋食之当：付给房东房租与伙食费。⑨ 上下其圬之佣：增减其抹墙的工价。⑩ 蚕绩：养蚕、纺织。⑪ 理：治理。⑫ 承：通“丞”，辅佐。化：教化。⑬ 任：担任的职务。⑭ 嬉：嬉戏，玩乐。⑮ 直：通“值”。此指工钱。⑯ 强(qiǎng)：迫使。⑰ 使于人：被人役使。⑱ 刑戮：判刑处死。⑲ 称(chèn)：适合。⑳ 将：还是。飨：通“享”。㉑ 抑：还是。丰悴：指家境的兴盛、衰落。㉒ 杨朱之道：战国时期的思想家杨朱反对墨子的兼爱和儒家的伦理，宣扬“为我”。㉓ 畜：养活。㉔ 亡：通“无”。㉕ 传：写传。㉖ 自鉴：自我戒鉴。

【品评】此文为传记，但其意不在为圬者王承福立传，不刻意写其人生履历与性格特征；而是借王承福之自述，表达作者的人生观。文章中心是当中两段王之“又曰”，强调人生在世，应该自食其力，问心无愧地生活，不能干力所不能及的事，不能贪图非分的享受。末段虽然肯定王氏有儒家“独善其身”的一面，但又批评其过于“自为”、利己，而不“为人”，则缺乏儒家“兼济天下”的一面，此亦表明作者仍恪守“穷则独善其身，达则兼济天下”的儒家操守。尽管如此，亦仍认为王氏胜过“贪邪而亡道”者。此文构思新奇，唐文治评：“此文盖寓言体，大半叙本人之言，亦传中奇格，构局者宜注意。”(《国文经纬贯通大义》卷一)

讳　辩①

愈与李贺书②，劝贺举进士③。贺举进士有名，与贺争名者毁之曰：“贺父名晋肃，贺不举进士为是，劝之举者为非。”听者不察也，和而倡之④，同然一辞。皇甫湜⑤曰：“若不明白⑥，子与贺且得罪。”愈曰：“然。”

律曰⑦：“二名不偏讳⑧。”释之者曰⑨：“谓若言‘征’不称‘在’，言‘在’不称‘征’是也。”律曰：“不讳嫌名⑩。”释之者曰：“谓若‘禹’与‘雨’、‘丘’与‘苙’之类是也⑪。”今贺父名晋肃，贺举进士，为犯二名律乎？为犯嫌名律乎？父名晋肃，子不得举进士，若父名“仁”，子不得为人乎？

夫讳始于何时？作法制以教天下者，非周公、孔子欤⑫？周公作诗不讳⑬，孔子不偏讳二名⑭，《春秋》不讥不讳嫌名⑮。康王钊之孙，实为昭王⑯。曾参之父名皙，曾子不讳“昔”⑰。周之时有骐期⑱，汉之时有杜度⑲，此其子宜如何讳？将讳其嫌，遂讳其姓乎？将不讳其嫌者乎？汉讳武帝名“彻”为“通”⑳，不闻又讳车辙之“辙”为某字也；讳吕后名“雉”为“野鸡”㉑，不闻又讳治天下之“治”为某字也。今上章及诏，不闻讳“浒”、“势”、“秉”、“机”也㉒。惟宦官宫妾，乃不敢言“谕”及“机”㉓，以为触犯。士君子立言行事㉔，宜何所法守也？今考之于经，质之于律，稽之以国家之典㉕，贺举进士为可邪？为不可邪？

凡事父母，得如曾参，可以无讥矣。作人得如周公、孔子，亦可以止矣。今世之士，不务行曾参、周公、孔子之行，而讳亲之名，则务胜于曾参、周公、孔子，亦见其惑也。夫周公、孔子、曾参，卒不可胜。胜周公、孔子、曾参，乃比于宦官宫妾。则是宦官宫妾之孝于其亲，贤于周公、孔子、曾参者邪？

【注释】① 讳：避讳祖、父姓名。辩：辩驳。② 李贺：字长吉，唐代著名诗人，因避父讳，终身没有参加进士科的考试，只做过奉礼郎之类的小官。著作有《昌谷集》。③ 举进士：指参加唐代科举制度中的进士科考试。④ 和（hè）而倡之：一唱一和，互相呼应。⑤ 皇浦湜（shí）：唐代文学家，曾从韩愈学古文。⑥ 明白：把事情辩说清楚。⑦ 律：此指《礼记》。下面引文“二名不偏讳”、“不讳嫌名”，均见《礼记·曲礼上》。⑧ 二名不偏讳：遇到君主或尊长的名字是两个字时，只讳其中一字。⑨ 释之者：指为《礼记》作注者汉代训诂学家郑玄。下面引文见于《礼记·曲礼上》郑玄注所举的例子。“征在”是孔子母亲的名字。⑩ 嫌名：指与人姓名字音相近的字。⑪“禹”与“雨”、“丘”与“蓲 ”（qiū）：都是同音字。⑫ 周公：西周初年政治家。姬姓，名旦，是周武王弟弟，相传他建立了周朝的典章制度。⑬ 周公作诗不讳：《诗经·周颂》中的《噫嘻》与《雍》，相传为周公所作，篇中有“克昌厥后”和“骏发尔私”句，“昌”和“发”是周文王和周武王的名字。⑭ 孔子不偏讳二名：《论语·八佾》孔子有“杞不足征也……宋不足征也”这样的话。又《论语·卫灵公》孔子有“某在斯”这样的话。“征”和“在”是孔子母亲的名字。⑮《春秋》不讥不讳嫌名：《春秋》对不讳子与父姓名用同音字的现象没有讥刺。⑯ 昭王："昭"与其祖康王钊之"钊"同音。⑰ 曾子不讳"昔"：《论语·泰伯》记载曾子话："昔者吾友尝从事于斯矣。""昔"与其父名"皙"同音，曾子不讳。⑱ 骐期：春秋时楚国人。⑲ 杜度：东汉章帝时为齐相。⑳ 汉讳武帝：西汉皇帝，名彻。当时为避汉武帝讳，将"彻侯"改为"通侯"，人名蒯彻改为蒯通。㉑ 吕后：汉高祖刘邦的皇后，名雉。当时为避吕后讳，将"雉"改为"野鸡"。㉒ 浒、势、秉、机：此四个字与唐朝太祖、太宗、世祖、玄宗的名同音。太祖名虎，太宗名世民，世祖名昞，玄宗名隆基。㉓ 谕：此字与唐代宗的名"豫"同音。㉔ 士君子：古代对官僚以及乡绅等人物的通称。㉕ 稽：考核。国家之典：政府收藏的文献书籍，指典籍中有关前代避讳的种种记载。

【品评】才子李贺仅因其父名"晋肃"，而"晋"与"进士"之"进"同音，就有"与贺争名者"，说李贺应避讳父名不得考"进士"。此不仅出于私心，而且荒唐已极。作者爱才惜才，对此不能不义愤填膺，乃作此文辩"讳"。

文章理强气直，但并不剑拔弩张，而是充分说理，旁征博引：一是引证律令、《周礼》"不讳"之规定；二是引证《春秋》经典圣贤"不讳"之先例；从理论与实践上把"避讳"论者置于无根无据、凭空捏造的尴尬境地。最后又以主张不讳二圣一贤之周公、孔子与曾子和相信避讳之宦官宫妾相对比，提出是效法周、孔、曾，还是效法宦官宫妾的质问。作者的观点并不直言说破，而是"设疑两可之辞，待智者自择"(吴楚材、吴调侯)。

争臣论[①]

或问谏议大夫阳城于愈[②]：可以为有道之士乎哉[③]？学广而闻多，不求闻于人也。行古人之道[④]，居于晋之鄙[⑤]。晋之鄙人，熏其德而善良者几千人[⑥]。大臣闻而荐之，天子以为谏议大夫。人皆以为华，阳子不色喜。居于位五年矣，视其德如在野，彼岂以富贵移易其心哉！

愈应之曰：是《易》所谓恒其德贞而夫子凶者也[⑦]。恶得为有道之士乎哉[⑧]？在《易·蛊》之"上九"云[⑨]："不事王侯，高尚其事。"《蹇》之"六二"则曰："王臣蹇蹇，匪躬之故[10]。"夫亦以所居之时不一,而所蹈之德不同也[11]。若《蛊》之"上九",居无用之地,而致匪躬之节[12];以《蹇》之"六二",在王臣之位,而高不事之心[13],则冒进之患生[14],旷官之刺兴[15],志不可则[16],而尤不终无也[17]。今阳子在位,不为不久矣;闻天下之得失,不为不熟矣;天子待之,不为不加矣[18],而未尝一言及于政。视政之得失,若越人视秦人之肥瘠,忽焉不加喜戚于其心[19]。问其官,则曰谏议也;问其禄,则曰下大夫之秩也[20];问其政,则曰我不知也。有道之士,固如是乎哉?且吾闻之[21]:"有官守者,不得其职则去;有言责者,不得其言则去。"今阳子以为得其言乎哉?得其言而不言,与不得其言而不去,无一可者也。阳子将为禄仕乎?古之人有云[22]:仕不为贫,而有时乎为贫。谓禄仕者也。宜乎辞尊而居卑,辞富而居贫,若抱关击柝者可也[23]。盖孔子尝为委吏矣[24],尝为乘田矣[25],亦不敢旷其职,必曰会计当而已矣[26],必曰牛羊遂而已矣[27]。若阳子之秩禄,不为卑且贫,章章明矣[28],而如此其可乎哉?

或曰:否,非若此也。夫阳子恶讪上者[29],恶为人臣招其君之过[30],而以为名者。故虽谏且议,使人不得而知焉。《书》曰[31]:"尔有嘉谟嘉猷[32],则入告尔后于内[33],尔乃顺之于外,曰:'斯谟斯猷[34],惟我后之德。'"夫阳子之用心,亦若此者。

愈应之曰:若阳子之用心如此,滋所谓惑者矣[35]。入则谏其君,出不使人知者,大臣宰相者之事,非阳子之所宜行也。夫阳子,本以布衣隐于蓬蒿之下[36],主上嘉其行谊[37],擢在此位[38]。官以谏为名,诚宜有以奉其职,使四方后代,知朝廷有直言骨鲠之臣,天子有不僭赏、从谏如流之美[39]。庶岩穴之士[40]，闻而慕之，束带结发[41]，愿进于阙下而伸其辞说[42]，致吾君于尧舜，熙鸿号于无穷也[43]。若《书》所谓，则大臣宰相之事，非阳子所宜行也。且阳子之心，将使君人者恶闻其过乎[44]？是启之也[45]。

或曰：阳子之不求闻而人闻之，不求用而君用之，不得已而起，守其道而不变，何子过之深也？

愈曰：自古圣人贤士，皆非有求于闻用也。闵其时之不平[46]，人之不乂[47]，得其道，不敢独善其身，而必以兼济天下也。孜孜矻矻[48]，死而后已。故禹过家门不入[49]，孔席不暇暖，而墨突不得黔[50]。彼二圣一贤者[51]，岂不知自安佚之为乐哉[52]？诚畏天命而悲人穷也。夫天授人以贤圣才能，岂使自有馀而已，诚欲以补其不足者也。耳目之于身也，耳司闻而目司见。听其是非，视其险易，然后身得安焉。圣贤者，时人之耳目也；时人者，圣贤之身也。且阳子之不贤，则将役于贤以奉其上矣。若果贤，则固畏天命而闵人穷也，恶得以自暇逸乎哉？

或曰：吾闻君子不欲加诸人[53]，而恶讦以为直者[54]。若吾子之论，直则直矣，无乃伤于德而费于辞乎？好尽言以招人过，国武子之所以见杀于齐也[55]，吾子其亦闻乎？

愈曰：君子居其位，则思死其官；未得位，则思修其辞以明其道。我将以明道也，非以为直而加人也。且国武子不能得善人，而好尽言于乱国，是以见杀。《传》曰[56]：“惟善人能受尽言。”谓其闻而能改之也。子告我曰：“阳子可以为有道之士也。”今虽不能及已，阳子将不得为善人乎哉？

【注释】① 争臣：即“诤臣”，直言规劝的大臣，指谏议大夫。论：文体名。② 谏议大夫：官名，掌侍从规谏。阳城：人名，字亢宗，有贤德之名。唐德宗时为谏议大夫。③ 有道：道德高尚。④ 行古人之道：效法古人不慕利禄功名。⑤ 晋：古国名。所辖区域包括今山西大部、河北西南部、河南北部和陕西一角。阳城曾隐居山西中条山、陕州夏县（今山西运城东北）。鄙：边境地区。⑥ 熏：熏陶，影响。几：接近。⑦《易》：《周易》，周代卜筮吉凶的书，内分六十四卦，下文的“蛊”、“蹇”都是卦名。恒其德贞：《易·恒卦·六五》：“恒其德贞，妇人吉，夫子凶。”意思是说，长久地保持一种道德节操，这对妇人说是美德，而对男人来说，则是不吉祥的。⑧ 恶（wū）：哪里。⑨ 上九：《周易》每卦有六条爻辞，“上九”和下文的“六二”都是爻的名称。⑩ 王臣蹇（jiǎn）蹇，匪躬之故：臣子能尽忠，不断向国君直言进谏，是由于他能不顾自身的利益。蹇蹇：通“謇謇”，尽忠的样子。匪：通“非”。躬：自身。⑪ 蹈：践。引申为遵循。⑫ 匪躬之节：履行奋不顾身的节操。⑬ 高不事之心：以不臣事王侯的志向为高尚。⑭ 冒进：指贪求仕进。⑮ 旷官：放弃职守。刺：指责。⑯ 则：效法。⑰ 尤：弊病，过失。不终无：等于说终将会有。⑱ 加：重用。⑲ 忽焉：淡漠。⑳ 下大夫：唐制，谏议大夫秩为正五品，年俸二百石，秩品约相当于古代下大夫（列国之卿）。秩：官的职业、品级或俸禄。㉑ 吾闻之：下面引文出自《孟子·公孙丑下》。㉒ 古之人有云：下面的话直至“必曰牛羊遂而已”从《孟子·万章下》摘引，文字有变动。㉓ 抱关：守关门。击柝（tuò）：打更。柝：打更用的梆子。㉔ 委吏：掌管粮仓的小官。㉕ 乘（shèng）田：主管畜牧的小官。㉖ 会计：管理财物及出纳事务。当：计算准确。㉗ 遂：成功，顺利。引申为长得肥壮。㉘ 章章：显明的样子。㉙ 讪（shàn）上：讥笑君上。《论语·阳货》：“恶居下而讪上者。”㉚ 招（qiáo）：举。此是指摘的意思。㉛《书》：即《尚书》。儒家经典之一。下面引文出自《尚书·周书·君陈》。㉜ 嘉谟（mó）嘉猷（yóu）：好计谋，好谋略。㉝ 后：天子。㉞ 斯：此。㉟ 滋：更。㊱ 布衣：指平民身份的人。㊲ 行谊：品行和道义。谊：通“义”。㊳ 擢（zhuó）：指提拔。㊴ 僭（jiàn）赏：不适当的奖赏。僭：虚假。㊵ 庶：差不多。岩穴之士：泛指隐居不仕的贤者。㊶ 束带结发：整束衣带，盘结头发，表示庄重。㊷ 阙（què）：天子宫门外两边的高台，此指宫殿。伸：通“申”，陈述。㊸ 熙：彰显。鸿号：崇高的名声。㊹ 君人者：做君主者。君：此作动词。㊺ 启：开，诱发。之：指文过饰非之风。㊻ 闵：通“悯”。㊼ 乂（yì）：治理。㊽ 孜孜矻（kū）矻：

勤奋不懈的样子。㊾ 禹过家门不入：传说中，上古时代大禹奉舜之命治理洪水，十三年中三过家门而不入。㊿ 孔席不暇暖，而墨突不得黔：据班固《答宾戏》：孔子周游列国，有时回家，连席子都没坐暖和便又走了；墨子四处奔走，有时回家，连烟囱都没烧黑又离开了。突：烟囱。黔：黑色。51 二圣一贤：二圣指大禹和孔子，一贤指墨子。52 佚：通“逸”。53 君子不欲加诸人：化用《论语·公冶长》“我不欲人加诸我也，吾亦欲无加诸人”语。加诸人：强加于人，欺侮人。54 恶讦（jié）以为直者：语出《论语·阳货》。讦：揭发别人阴私。55 国武子：名佐，春秋时齐国国卿。因为直言斥责庆克与齐灵公母私通事，被齐灵公所杀。56《传》：这里指《国语》。因《国语》又称《春秋外传》。下面的话出自《国语·周语下》。

【品评】此文以谏议大夫阳城为例：阳城任职五年，“未尝一言及于政”，未能恪尽职守。韩愈作此文旨在阐释谏臣应“在其位谋其政”、承担职责的道理。文章采用设问答辩的形式，把自己反对的观点借用“或问”、“或曰”的设问提出，树起靶子，然后再逐一进行答辩、批驳；在批驳中深入地说明自己的正面主张。这样的驳论形式不呆板，引人入胜。文中四问四答之间衔接甚紧，层层递进，环环相扣。全文首尾呼应，一气贯通，浑然一体。据说阳城读了此文后作风已有改变，曾“庭论陆贽，及沮裴延龄作相欲裂其麻”（欧阳修《上范司谏书》），可见此文起到了督促的作用。

后十九日复上宰相书[1]

二月十六日，前乡贡进士韩愈[2]，谨再拜言相公阁下[3]：

向上书及所著文[4]，后待命凡十有九日，不得命。恐惧不敢逃遁，不知所为。乃复敢自纳于不测之诛[5]，以求毕其说[6]，而请命于左右[7]。

愈闻之：蹈水火者之求免于人也[8]，不惟其父兄子弟之慈爱[9]，然后呼而望之也。将有介于其侧者[10]，虽其所憎怨，苟不至乎欲其死者[11]，则将大其声，疾呼而望其仁之也。彼介于其侧者，闻其声而见其事，不惟其父兄子弟之慈爱，然后往而全之也。虽有所憎怨，苟不至乎欲其死者，则将狂奔尽气，濡手足[12]，焦毛发，救之而不辞也。若是者何哉？其势诚急，而其情诚可悲也。

愈之强学力行有年矣，愚不惟道之险夷[13]，行且不息，以蹈于穷饿之水火，其既危且亟矣[14]，大其声而疾呼矣，阁下其亦闻而见之矣。其将往而全之欤，抑将安而不救欤？有来言于阁下者曰："有观溺于水而爇于火者[15]，有可救之道，而终莫之救也。"阁下且以为仁人乎哉？不然，若愈者，亦君子之所宜动心者也。

或谓愈：子言则然矣，宰相则知子矣，如时不可何[16]？愈窃谓之不知言者[17]，诚其材能不足当吾贤相之举耳。若所谓时者，固在上位者之为耳，非天之所为也。前五六年时，宰相荐闻，尚有自布衣蒙抽擢者[18]，与今岂异时哉？且今节度、观察使[19]，及防御、营田诸小使等[20]，尚得自举判官[21]，无间于已仕未仕者[22]，况在宰相，吾君所尊敬者，而曰不可乎？古之进人者，或取于盗[23]，或举于管库[24]；今布衣虽贱，犹足以方于此[25]。情隘辞蹙[26]，不知所裁，亦惟少垂怜焉[27]。

愈再拜。

【注释】① 本文为韩愈于唐德宗贞元十一年（795）二月十六日写给宰相赵憬的第二封信。此前十九日曾写过第一封信，未得答复。② 乡贡：唐代由州县荐举出来参加科举考试者，其考中进士的人，称为乡贡进士。③ 再拜：一拜而又拜，表示恭敬的礼节。相公：指宰相。时可称宰相者甚多，此指作者写信对象赵憬。④ 向：以前，指十九日前即二月七日。⑤ 不测之诛：不能预料的惩罚。⑥ 毕其说：说完自己的话。⑦ 左右：书信中称对方，不直称其人，以表示尊敬。⑧ 免于人：被人所求助。⑨ 惟：因为。⑩ 将（qiāng）：表意愿，希望。介：接近。⑪ 苟：假使，如果。⑫ 濡（rú）：沾湿。⑬ 惟：考虑，想。夷：平坦。⑭ 亟(jí)：急迫。⑮ 爇(ruò)：焚烧。⑯ 如时不可何：即"时不可如何"，时势不允许怎么办。⑰ 窃：谦指自己。⑱ 布衣：平民。抽擢(zhuó)：选拔，提升。⑲ 节度：即节度使，唐代各边疆地区掌管军事、民政、财务的大臣。观察使：唐代掌管州县官吏政绩、兼管民事的长官。⑳ 防御：即防御使，专掌军事的官吏，多以刺史兼任。营田：即营田使，唐代设于边区专掌屯田的官吏。㉑ 判官：节度、观察、防御吏等的属官。㉒ 间：区别。㉓ 盗：据《礼记·杂记》：管仲曾在盗贼中提拔两人为官。㉔ 管库：据《礼记·檀弓》：春秋末年晋国的赵文子在管仓库的人中提拔了七十多名人才。㉕ 方：比拟，相比。㉖ 隘(ài)：窘迫。蹙(cù)：急促。㉗ 少：稍。垂怜：爱惜。

【品评】作者向当朝宰相连上三书陈情，渴望得到举荐重用，可见其心情之急迫。此文为第二书，中心是以"蹈水火者求免于人"为喻。此喻乃夸饰其处境万分危急，亟盼脱离水深火热之心态，可谓"写得异样穷迫，异样恳切，虽使石人闻之，亦当下泪"(林云铭《韩文起》卷三)。末尾又假借反驳有人说"如时不可何"，举例证明所谓时势，并不是苍天所赐，而是在位者所提供的，只要宰相肯荐举，即使"布衣"、"小使"亦可蒙重用，自己自然亦有资格被荐，弦外之音是在上位者不宜推诿于"时"。此文特点是通篇不言"行道"之类大道理，而是"与俗人说话，故用俗语"(林纾《古文辞类纂选本》卷五)，又以悲戚之情感人。文章似乎有些低三下四，但内含不平之意。

后二十九日复上宰相书[①]

三月十六日，前乡贡进士韩愈，谨再拜言相公阁下：

愈闻周公之为辅相[②]，其急于见贤也，方一食三吐其哺，方一沐三握其发。[③]当是时，天下之贤才，皆已举用。奸邪谗佞欺负之徒[④]，皆已除去，四海皆已无虞[⑤]。九夷八蛮之在荒服之外者[⑥]，皆已宾贡[⑦]。天灾时变，昆虫草木之妖[⑧]，皆已销息。天下之所谓礼、乐、刑、政教化之具[⑨]，皆已修理[⑩]。风俗皆已敦厚。动植之物、风雨霜露之所霑被者[⑪]，皆已得宜。休征嘉瑞[⑫]、麟凤龟龙之属，皆已备至。而周公以圣人之才，凭叔父之亲，其所辅理承化之功[13]，又尽章章如是[14]。其所求进见之士，岂复有贤于周公者哉？不惟不贤于周公而已，岂复有贤于时百执事者哉[15]？岂复有所计议，能补于周公之化者哉？然而周公求之如此其急，惟恐耳目有所不闻见，思虑有所未及，以负成王托周公之意[16]，不得于天下之心。如周公之心，设使其时辅理承化之功，未尽章章如是，而非圣人之才，而无叔父之亲，则将不暇食与沐矣，岂特吐哺握发为勤而止哉[17]？维其如是[18]，故于今颂成王之德，而称周公之功不衰。

今阁下为辅相亦近耳。天下之贤才，岂尽举用？奸邪、谗佞、欺负之徒，岂尽除去？四海岂尽无虞？九夷、八蛮之在荒服之外者，岂尽宾贡？天灾时变，昆虫草木之妖，岂尽销息？天下之所谓礼、乐、刑、政教化之具，岂尽修理？风俗岂尽敦厚？动植之物、风雨霜露之所霑被者，岂尽得宜？休征嘉瑞、麟凤龟龙之属，岂尽备至？其所求进见之士，虽不足以希望盛德，至比于百执事，岂尽出其下哉？其所称说，岂尽无所补哉？今虽不能如周公吐哺握发，亦宜引而进之，察其所以而去就之[19]，不宜默默而已也。

愈之待命，四十馀日矣。书再上，而志不得通[20]。足三及门，而阍人辞焉[21]。惟其昏愚，不知逃遁[22]，故复有周公之说焉，阁下其亦察之。

古之士，三月不仕则相吊[23]，故出疆必载质[24]。然所以重于自进者，以其于周不可，则去之鲁；于鲁不可，则去之齐；于齐不可，则去之宋、之郑、之秦、之楚也[25]。今天下一君，四海一国，舍乎此则夷狄矣[26]，去父母之邦矣㉗。故士之行道者㉘,不得于朝,则山林而已矣。山林者,士之所独善自养,而不忧天下者之所能安也。如有忧天下之心,则不能矣。故愈每自进而不知愧焉,书亟上㉙,足数及门而不知止焉。宁独如此而已㉚,惴惴焉惟不得出大贤之门下是惧㉛。亦惟少垂察焉㉜!渎冒威尊㉝,惶恐无已。愈再拜。

【注释】① 后二十九日:指与第一次写信已相隔二十九天。此为第三封信。② 辅相:指西周初年的政治家周公辅佐其侄子周成王。③ 方一食三吐其哺,方一沐三握其发:据《史记·鲁周公世家》:周公因有人来访,曾在吃一顿饭之中三次吐出含在口中的食物,在洗一次头时三次握住解开了的头发与来访者会面。④ 谗佞(nìng):挑拨离间,谄媚奉承。欺负:骗人,背信弃义。⑤ 虞:担心。⑥ 九夷八蛮:这里泛指少数民族。夷:对东方少数民族的泛称。蛮:对南方少数民族的泛称。荒服:指极边远的地方。古代统治者曾把天下按远近分为五等:即甸服、侯服、绥服、要服、荒服。⑦ 宾:归顺。贡:向天子进献贡品。⑧ 昆虫草木之妖:昆虫草木等物的反常现象,被视为不祥的征兆,故称为"妖"。⑨ 礼:礼仪制度。乐:音乐。刑:刑法律令。政:政治制度。具:指诸项制度。⑩ 修理:整顿制定。⑪ 霑:即"沾",浸湿。被:覆盖。⑫ 休征嘉瑞:指美好、吉祥的征兆。休:完善。征:瑞,征兆。⑬ 辅理:辅佐治理。唐代避高宗李治的讳,"治"写作"理"。承化:秉承教化。⑭ 章章:显著。⑮ 百执事:众多侍从手下的官吏。⑯ 成王托周公:周成王曾将天下大事委托给周公治理。周成王:名姬诵,武王之子。⑰ 特:仅,只。⑱ 维:同"唯",只有。⑲ 去:离开。就:挨近。⑳ 通:达。㉑ 阍(hūn)人:看门人。㉒ 逃遁:此指离开。㉓ 仕:做官。吊:慰问。㉔ 质:通"贽",见面的礼物。㉕ 鲁、齐、宋、郑、秦、楚:春秋诸侯国。㉖ 狄:古时泛指北方少数民族的称号。㉗ 父母之邦:指故国。㉘ 道:某种理想。㉙ 亟(qì):屡次。㉚ 宁:岂。㉛ 惴(zhuì)惴焉:惶恐不安的样子。㉜ 惟:表示意愿、希望的语气助词。少:稍。垂察:给予重视。㉝ 渎(dú):轻漫,没有礼貌。冒:冒犯。

【品评】作者两次上书当朝宰相均不见答复,心中之愤慨不言而喻,但又不甘心,于是又有此第三书,可见作者执着的进取精神。但此书之态度较前已大有改变。作者不复有耐心虚与委蛇，而是开门见山，直奔主题。首先推出古代圣人周公，对其一食三吐哺、一沐三握发的求贤若渴的态度与辅佐成王之功劳给予了高度赞扬，从而树立起爱才、惜才的正面典型。然后再以委婉的方式批评当朝宰相不应该对自己的请求采取傲慢态度，并摆出两条理由：一是天下之贤才并未“尽举用”；二是四海亦非“尽无虞”。现实需要重视人才，宰相亦有责任像周公一样荐举人才。最后又再次表白自己不想“独善自养”，而“有忧天下之心”，所以才积极自荐而不觉羞愧。此无乃是向当朝权贵施加压力。此文结尾采用前后对比的方式，修辞上大量采用排比、反问句，使说理中藏有锋芒，显得骨劲格高，勃勃有生气。

与于襄阳书[①]

七月三日，将仕郎、守国子四门博士韩愈[②]，谨奉书尚书阁下[③]：

士之能享大名、显当世者，莫不有先达之士[④]、负天下之望者为之前焉[⑤]。士之能垂休光[⑥]、照后世者，亦莫不有后进之士、负天下之望者为之后焉[⑦]。莫为之前，虽美而不彰；莫为之后，虽盛而不传。是二人者，未始不相须也[⑧]，然而千百载乃一相遇焉。岂上之人无可援[⑨]、下之人无可推欤[⑩]？何其相须之殷而相遇之疏也[⑪]？其故在下之人负其能，不肯谄其上；上之人负其位，不肯顾其下。故高材多戚戚之穷[⑫]，盛位无赫赫之光。是二人者之所为皆过也。未尝干之[⑬]，不可谓上无其人；未尝求之，不可谓下无其人。愈之诵此言久矣，未尝敢以闻于人。

侧闻阁下抱不世之才[⑭]，特立而独行[⑮]，道方而事实[⑯]，卷舒不随乎时[⑰]，文武唯其所用，岂愈所谓其人哉？抑未闻后进之士[⑱]，有遇知于左右[⑲]、获礼于门下者，岂求之而未得邪？将志存乎立功，而事专乎报主[20]，虽遇其人，未暇礼邪？何其宜闻而久不闻也[21]？

愈虽不材，其自处不敢后于恒人[22]。阁下将求之而未得欤？古人有言[23]："请自隗始[24]。"愈今者惟朝夕刍米仆赁之资是急[25]，不过费阁下一朝之享而足也[26]。如曰"吾志存乎立功，而事专乎报主，虽遇其人，未暇礼焉"，则非愈之所敢知也。世之龊龊者[27]，既不足以语之[28]；磊落奇伟之人，又不能听焉：则信乎命之穷也[29]！

谨献旧所为文一十八首[30]，如赐览观，亦足知其志之所存。愈恐惧再拜。

【注释】 ① 于襄阳：名頔(dí)，字允元，唐贞元十四年(798)，任襄山南东道节度使，治所在襄阳(今湖北襄樊)，故称于襄阳。贞元十八年(802)韩愈任国子监四门博士，写信给于襄阳自荐。② 将仕郎：官名。守：唐代品级较低的人担任较高的官叫守。国子：即国子监，当时中央教育机构。四门博士：即四门学的教官。③ 尚书：于頔任山南东道节度使前任工部尚书，故称。阁下：对人的尊称。④ 先达之士：有地位、有名望之人。⑤ 为之前：为他引荐。⑥ 垂休光：流传美好的声名功业。休：美。⑦ 后：继承功业者。⑧ 未始：未尝。须：等待。⑨ 援：攀附。⑩ 推：引荐。⑪ 殷：殷切，恳切。疏：稀少。⑫ 戚戚：忧愁的样子。穷：不得志。⑬ 干：求。⑭ 侧闻：从侧面了解。不世之才：非凡的才能。⑮ 特立而独行：超出一般人，不随波逐流。⑯ 道方而事实：操守方正而做事踏实。⑰ 卷舒：弯曲和伸展。此指进退。随乎时：跟随潮流。⑱ 抑：然而。⑲ 左右：指于頔。书信称对方，不直称其本人，以示尊敬。⑳ 报主：报答君主。㉑ 宜闻：应该听到奖掖后进之事。㉒ 恒人：一般人。㉓ 古人有言：下引文见《战国策》卷二十九。㉔ 请自隗(wěi)始：燕昭王即位后，为了招揽天下贤士向郭隗请教，郭隗说："今王诚欲致士，先从隗始，隗且见事，况贤于隗者，岂远千里哉！""请自隗始"，意思是以我做一个榜样，来吸引贤者。㉕ 刍：喂牲口的草。赁(lìn)：租用。㉖ 一朝(zhāo)之享：请一顿早晨的饮食。享：同"飨"。㉗ 龊(chuò)龊：器量狭小，做事拘谨。㉘ 语之：告诉他。㉙ 信：确实，真是。

㉚ 首:篇。

【品评】作者不甘于国子监四门博士之职,乃上书于缪尚书,希望得到赏识而予荐举。此信立意明了,逻辑清晰。先是提出"先达之士"与"后进之士"的关系,应是"相须"即相互等待、配合的观点:从正面说,后者靠前者提携才能施展才干,前者靠后者后继才能成就功业。再从反面说,如果不"相须"则前者"美而不彰",终无出路,后者亦不能留传盛名。大前提明确之后,再说小前提,即联系于尚书与自身:于尚书乃当世先达之士,可惜未闻其荐举"后进之士",而自己乃有才的"后进之士",而且处境穷困,正是于尚书应该荐举之人。于是结论不言自明:自己乃应该被尚书荐举之人。全文逻辑严密,析理透彻,文词舒展,陈情委婉,语气凄怆,而不卑不亢。首尾呼应,严谨而自然。

与陈给事书①

愈再拜:愈之获见于阁下有年矣②。始者亦尝辱一言之誉。贫贱也,衣食于奔走③,不得朝夕继见。其后阁下位益尊,伺候于门墙者日益进④。夫位益尊,则贱者日隔;伺候于门墙者日益进,则爱博而情不专。愈也道不加修⑤,而文日益有名。夫道不加修,则贤者不与;文日益有名,则同进者忌。始之以日隔之疏,加之以不专之望,以不与者之心,而听忌者之说。由是阁下之庭,无愈之迹矣。

去年春,亦尝一进谒于左右矣⑥。温乎其容⑦,若加其新也⑧;属乎其言⑨,若闵其穷也。退而喜也,以告于人。其后如东京取妻子⑩,又不得朝夕继见。及其还也,亦尝一进谒于左右矣。邈乎其容⑪,若不察其愚也⑫;悄乎其言⑬,若不接其情也⑭。退而惧也,不敢复进。

今则释然悟、翻然悔曰:其邈也,乃所以怒其来之不继也⑮;其悄也,乃所以示其意也。不敏之诛⑯,无所逃避。

不敢遂进，辄自疏其所以[17]，并献近所为《复志赋》以下十首，为一卷，卷有标轴[18]。《送孟郊序》一首[19]，生纸写[20]，不加装饰，皆有揩字、注字处[21]。急于自解而谢[22]，不能俟更写[23]。阁下取其意，而略其礼可也。愈恐惧再拜。

【注释】① 陈给事：陈京，字庆复，唐德宗贞元十九年（803）升给事中职，故称陈给事。给事中，门下省的要职，主管驳议、改正朝廷政令。书：书信。② 阁下：对对方的尊称。③ 衣食于奔走：为衣食而奔走。④ 伺候：依附。门墙：指师门。进：增加。⑤ 道：德义。⑥ 进谒：前去拜见。左右：书信中称对方，不直称其人，以表示尊敬。⑦ 温乎其容：态度温和。⑧ 若加其新：像接待新结交的朋友。⑨ 属乎其言：话语不断，形容很热情。⑩ 如东京：到东京（今河南洛阳）。妻子：指妻子和儿女。⑪ 邈乎其容：形容脸上表情冷漠。邈：远。⑫ 其愚：谦词，指自己的心思。⑬ 悄乎其言：默默无言。⑭ 若不接其情：好像不理睬我的情义。⑮ 来之不继：未能常去拜望。⑯ 不敏：不敏捷，不聪敏。诛：责备。⑰ 疏：分条陈述。所以：原因。⑱ 标轴：卷轴上作标记。古书用纸或帛做成卷子，中心有轴，一卷为一轴。⑲ 孟郊：字东野。唐代诗人，韩愈的朋友。⑳ 生纸：未经煮捶或涂蜡的纸，用于丧事和当草稿用。㉑ 揩：涂抹、修正。注字：添字。㉒ 谢：谢罪。㉓ 俟（sì）：等待。更写：重新誊写。

【品评】此信写给给事中陈京，意在恢复与陈给事的友谊：一方面对陈因"位益尊"而产生的"情不专"予以批评；一方面又对陈给事中对自己的感情予以赞扬：一打一拉，作者的心情颇为复杂，表达亦甚宛转，目的都是要消释前嫌，重归旧好。"通篇以'见'字作主，上半篇从'见'说到'不见'，下半篇从'不见'说到'要见'。一路顿挫跌宕，波澜层叠，姿态横生，笔笔入妙也。"（吴楚材、吴调侯）

应科目时与人书[1]

月、日，愈再拜：

天池之滨[2]，大江之渍[3]，曰有怪物焉[4]，盖非常鳞凡介之品汇匹俦也[⑤]。其得水，变化风雨，上下于天不难也。其不及水，盖寻常尺寸之间耳[⑥]。无高山、大陵、旷途、绝险为之关隔也，然其穷涸[⑦]，不能自致乎水，为猵獭之笑者[⑧]，盖十八九矣[⑨]。如有力者[⑩]，哀其穷而运转之[⑪]，盖一举手、一投足之劳也。然是物也，负其异于众也[⑫]，且曰："烂死于沙泥，吾宁乐之[⑬]。若俯首帖耳、摇尾而乞怜者，非我之志也。"是以有力者遇之，熟视之若无睹也。其死其生，固不可知也。

今又有有力者当其前矣。聊试仰首一鸣号焉[⑭]，庸讵知有力者不哀其穷[⑮]，而忘一举手、一投足之劳，而转之清波乎？其哀之，命也；其不哀之，命也；知其在命，而且鸣号之者，亦命也。愈今者，实有类于是[⑯]。是以忘其疏愚之罪[⑰]，而有是说焉。阁下其亦怜察之[⑱]。

【注释】① 应科目：参加科举考试。指唐贞元九年(793)韩愈参加博学宏词科考试。人：指韦舍人。其人未详。书：书信。② 天池：指南海。《庄子·逍遥游》："南冥者，天池也。"③ 濆(fén)：水边。④ 怪物：指龙。⑤ 常鳞凡介：普通的水族。鳞：指鱼龙之类。介：指龟鳖之类。品汇：类别。匹俦(chóu)：匹配相比。⑥ 寻常尺寸：八尺为一寻，二寻为常。⑦ 穷涸(hé)：困窘于缺水的困境。涸：无水。⑧ 猵獭(biān tǎ)：皆为生活在水边的小兽，捕鱼为食。⑨ 十八九：十分之八九。⑩ 有力者：有力量的人。指韦舍人。⑪ 运转之：指搬动它到水中。⑫ 负：恃，依仗。异于众：与众不同。⑬ 宁：宁可，甘愿。⑭ 聊：姑且。⑮ 庸讵：岂，难道。⑯ 类于是：与此"怪物"相似。⑰ 忘：抛开。疏愚：疏忽愚笨。⑱ 阁下：对对方的尊称。其：语气词，表示希望。怜察：怜悯，体察。

【品评】此文名为书信，实为寓言体。文中所记"怪物"乃龙。首先从四个方面描述之：一是龙非寻常之物；二是龙须"得水"，才能风云变化、上天入海，"不及水"则亦难有大作为；三是此怪物若处缺水困境之中，须"有力者"救之，但它却有志气，不肯摇尾乞怜；四是有力者对其处境却熟视无睹。然后承接上意，说眼前正有一有力者，可以帮助“龙”脱离困境；“怪物”乃“聊试仰首一鸣号焉”，只是不知“有力者”是否“哀之”而施以援手，结果全凭命运如何了。话说得很是凄婉感人。最后则点破题旨：“愈今者，实有类于是。”今之“有力者”当然是指韦舍人了。此文堪称奇文，通篇作喻“画龙”，至末方“点睛”，显得含蓄蕴藉。

送孟东野序①

大凡物不得其平则鸣。草木之无声，风挠之鸣②；水之无声，风荡之鸣。其跃也，或激之③；其趋也④，或梗之⑤；其沸也，或炙之⑥。金石之无声，或击之鸣。人之于言也亦然，有不得已者而后言，其歌也有思，其哭也有怀⑦。凡出乎口而为声者，其皆有弗平者乎！

乐也者，郁于中而泄于外者也⑧，择其善鸣者而假之鸣⑨。金、石、丝、竹、匏、土、革、木八者⑩，物之善鸣者也。维天之于时也亦然⑪，择其善鸣者而假之鸣。是故以鸟鸣春，以雷鸣夏，以虫鸣秋，以风鸣冬。四时之相推夺⑫，其必有不得其平者乎！其于人也亦然，人声之精者为言⑬。文辞之于言，又其精也，尤择其善鸣者而假之鸣。

其在唐、虞，咎陶、禹⑭，其善鸣者也，而假以鸣。夔弗能以文辞鸣⑮，又自假于《韶》以鸣⑯。夏之时，五子以其歌鸣⑰。伊尹鸣殷⑱，周公鸣周⑲。凡载于《诗》、《书》六艺⑳，皆鸣之善者也。周之衰，孔子之徒鸣之㉑，其声大而远。传曰㉒“天将以夫子为木铎”㉓，其弗信矣乎？其末也，庄周以其荒唐之辞鸣㉔。楚，大国也，其亡也，以屈原鸣㉕。臧孙辰、孟轲、荀卿㉖，以道鸣者也㉗。杨朱、墨翟、管夷吾、晏婴、老聃、申不害、韩非、慎到、田骈、邹衍、尸佼、孙武、张仪、苏秦之属[28]，皆以其术鸣[29]。秦之兴，李斯鸣之[30]。汉之时，司马迁、相如、扬雄[31]，最其善鸣者也。其下魏、晋氏，鸣者不及于古，然亦未尝绝也。就其善者，其声清以浮[32]，其节数以急[33]，其辞淫以哀[34]，其志弛以肆[35]。其为言也，乱杂而无章。将天丑其德莫之顾邪[36]？何为乎不鸣其善鸣者也？

唐之有天下，陈子昂、苏源明、元结、李白、杜甫、李观[37]，皆以其所能鸣。其存而在下者，孟郊东野始以其诗鸣。其高出魏、晋，不懈而及于古[38]，其他浸淫乎汉氏矣[39]。从吾游者，李翱、张籍其尤也[40]。三子者之鸣信善矣[41]。抑不知天将和其声而使鸣国家之盛邪[42]？抑将穷饿其身[43]，思愁其心肠，而使自鸣其不幸邪？三子者之命，则悬乎天矣。其在上也[44]，奚以喜[45]？其在下也，奚以悲？东野之役于江南也[46]，有若不释然者[47]，故吾道其命于天者以解之[48]。

【注释】① 孟东野：孟郊，字东野，中唐著名诗人。序：文体名，此指用于赠别的赠序。② 挠(náo)：搅动。③ 激：阻遏水势。④ 趋：快跑。此指水流得很快而有声。⑤ 梗：阻塞。⑥ 炙(zhì)：烧。⑦ 怀：情感。⑧ 郁于中：指在心中郁结着某种感情。泄：宣泄。⑨ 假：凭借。⑩ 金、石、丝、竹、匏(páo)、土、革、木：做乐器的八种材料，此泛指各种乐器。金：指钟、镈(bó)。石：指磬(qìng)。丝：指琴、瑟。竹：指箫、管。匏：指笙、竽。土：指埙(xūn)。革：指鼗(táo)、鼓。木：指柷、敔(yǔ)等。⑪ 维：同"惟"，助词，无义。⑫ 推夺：推移变化。⑬ 言：指表达思想感情的语言。⑭ 唐、虞、咎陶(gāo yáo)、禹：唐尧、虞舜、皋陶、大禹。其中尧、舜、禹皆为传说中父系氏族社会的部落首领；皋陶为舜的臣子，掌管刑法。⑮ 夔(kuí)：传说中舜时的乐官。⑯《韶》：传说中舜时夔所作的乐曲。⑰ 五子：传说中夏王太康的五个弟弟。太康骄奢淫佚，不理民事，为后羿夺去王位，其五个弟弟作《五子之歌》警戒之。⑱ 伊尹：名挚，商殷的贤相。商汤孙子太甲无道，据说他曾作《汝鸠》、《咸有一德》、《伊训》、《太甲》等文。今皆失传。⑲ 周公：西周初年的政治家，姓姬，名旦，亦称叔旦。曾辅佐其兄周武王灭商。武王死后，辅助侄子周成王，作《大诰》、《多士》、《无逸》、《立政》等文。⑳《诗》、《书》六艺：《诗经》、《尚书》等六经。㉑ 孔子之徒：孔子的弟子，曾记录孔子的言行为《论语》。㉒ 传：古书记载。这里指《论语》。㉓ 夫子：孔子。木铎：以木为舌的铃曰铎。古代宣布政令时，摇铃召集百姓来听。㉔ 庄周：战国时期宋国人，哲学家，道家学派的代表人物。《庄子》记载了其思想。荒唐之辞：广大无边之辞。指《庄子》为文汪洋恣肆，旨趣深奥。㉕ 屈原：名平，字原，战国楚人，楚怀王时先为左徒，后为三闾大夫，伟大的诗人，被放逐后作《离骚》，后投汨罗江而死。㉖ 臧孙辰：复姓臧孙，名辰，春秋时鲁国大夫，曾废关卡以利经商。孟轲：字舆，孟子。其言行主要记载于他的门人编辑的《孟子》中。荀卿：名况，言论见《荀子》。㉗ 道：指儒家学说。㉘ 杨朱：字子居，战国初期卫国人，哲学家，创立杨朱学派，其言论散见于《孟子》、《庄子》、《韩非子》与《吕氏春秋》。墨翟（dí）：春秋战国之际鲁国人，思想家，墨家学派创始人，言论见《墨子》。管夷吾：字仲，春秋时齐国人，政治家，辅佐齐桓公称霸。言论见《管子》。晏婴：字平仲，春秋时期齐国大夫，言行见《晏子春秋》。老聃（dān）：一说姓李，名耳，字聃，春秋末期楚国苦县厉乡曲仁里（今河南鹿邑）人，道家学派创始人，有《老子》。申不害：战国时期郑国人，法家代表人物之一。曾做韩昭侯的相，主张用“术”加强国君集权，相传著有《申子》一书，现仅存《大体篇》。韩非：战国末韩国人，法学家，著《韩非子》。慎到：战国时期赵国人，学黄老道德之术，著有《慎子》一书。田骈：战国时期齐国人，哲学家，著有《田子》二十五篇，今皆失传。邹衍：又作驺衍，战国末期齐国人，哲学家，阴阳五行学派的代表人物。尸佼：战国时鲁人，曾为商鞅的门客。孙武：春秋时齐国人，军事家，著有《孙子兵法》十三篇。张仪：战国时期魏国人，纵横家代表人物，游说六国，以连横破苏秦的合纵，使秦更加强大。苏秦：字季子，战国时纵横家代表人物，游说六国，合纵抗秦，挂六国相印，使秦兵十五年不敢攻打六国。㉙ 术：这里指手段、策略等。㉚ 李斯：楚国上蔡（今属河南）人，秦政治家，任秦朝丞相，在统一全国、建立中央集权统治的过程中，起了很大的作用。著有《谏逐客书》等。㉛ 司马迁：字子长，夏阳（今陕西韩城）人，西汉伟大的史学家、文学家，著有我国第一部通史《史记》。相如：即司马相如，字长卿，蜀郡成都（今属四川）人，西汉辞赋家，有《司马文园集》。扬雄：字子云，蜀郡成都(今属四川)人,西汉辞赋家,著有《法言》、《太玄》、《方言》及《扬子云集》。㉜ 清以浮:清丽浮华。㉝ 节:节拍。数(shuò)以急:细密急促。㉞ 淫以哀:靡丽哀婉。㉟ 弛以肆:空疏放纵。㊱ 丑其德:厌恶其恶行。莫之顾:不顾之,不管他们。㊲ 陈子昂:字伯玉,梓州射洪(今属四川)人,唐初文学家,有《陈拾遗集》。苏源明:初名预,字弱夫,唐武功(今属陕西)人,善于文辞。元结:字次山,河南(今河南洛阳)人,唐代文学家,有《元次山集》。李白:字太白,号青莲居士,祖籍陇西成纪(今甘肃天水),唐代伟大诗人,有《李太白集》。杜甫:字子美,自号少陵野老或杜陵野客,原籍襄阳(今属湖北),其先代迁居巩县(今属河南)。杜甫是唐代伟大诗人,有《杜工部集》。李观:字元宾,赵州(今河北赵县)人,唐代文学家,有《李元宾文编》。㊳ 不懈:无懈可击,指文章精妙。㊴ 浸淫:逐渐渗透,喻接近。㊵ 李翱:字习之,陇西成纪(今甘肃天水)人,唐代散文家,是古文运动的积极参加者,有《李文公集》。张籍:字文昌,原籍吴郡(今江苏苏州),少年侨居于和州乌江(今安徽和县),曾任国子司业等职,有《张司业集》。尤:特出。㊶ 信善:确实很好。㊷ 抑:然而。㊸ 抑:还是。㊹ 其在上:指身居高位。㊺ 奚:何。㊻ 役于江南:指孟郊做溧阳县尉事,溧阳于唐代属江南东道。役:服役。㊼ 不释:指郁郁不乐。㊽ 命于天者:命运取决于天意。解:宽慰。

【品评】所谓“大凡物不得其平则鸣”,其实质是人不平则鸣。此为本文之主旨。全文即围绕此主旨从不同角度反复论证,逐层深入。开篇先由草木、水、金石之鸣的物之鸣引出人之弗平而鸣。接着又由音乐借八种乐器而鸣,春、夏、秋、冬四季时令各借鸟、雷、虫、风而鸣,进而论证人乃借“文辞”即“择其善鸣者而假之鸣”,并列举历代圣贤、诸子百家为证,把势蓄足,乃把目光投向当代,以陈子昂、李白、杜甫等六子为“以其所能鸣”者。而最终目的是显示孟东野之“以其诗鸣”,李翱、张籍之“鸣信善矣”。至于是“鸣国家之盛”,还是“自鸣其不幸”,取决于“天”,不必为之喜或悲,以此劝慰孟东野无论升迁、受贬都应达观视之,不必“不释然”。此实为反语,含蓄地批判了统治者对孟东野的压制。

全文以“鸣”字为中心,凡三十九处,通过论述物之鸣、古人之鸣、今人之鸣,论证“不平则鸣”的真谛。文章句式变化多样,顿挫抑扬,波澜起伏,营造出充沛的气势。

送李愿归盘谷序[1]

太行之阳有盘谷[2]。盘谷之间,泉甘而土肥,草木丛茂,居民鲜少[3]。或曰:谓其环两山之间,故曰盘。或曰:是谷也,宅幽而势阻[4],隐者之所盘旋。友人李愿居之。

愿之言曰:"人之称大丈夫者,我知之矣。利泽施于人[5],名声昭于时。坐于庙朝[6],进退百官,而佐天子出令。其在外,则树旗旄[7],罗弓矢[8],武夫前呵,从者塞途,供给之人,各执其物,夹道而疾驰。喜有赏,怒有刑,才俊满前,道古今而誉盛德,入耳而不烦。曲眉丰颊,清声而便体[9],秀外而惠中[10],飘轻裾[11],翳长袖[12],粉白黛绿者[13],列屋而闲居[14]。妒宠而负恃,争妍而取怜。大丈夫之遇知于天子、用力于当世者之所为也。吾非恶此而逃之,是有命焉,不可幸而致也。

"穷居而野处,升高而望远。坐茂树以终日,濯清泉以自洁[15]。采于山,美可茹[16];钓于水,鲜可食。起居无时,惟适之安[17]。与其有誉于前,孰若无毁于其后;与其有乐于身,孰若无忧于其心。车服不维[18],刀锯不加[19],理乱不知[20],黜陟不闻[21]。大丈夫不遇于时者之所为也,我则行之。

"伺候于公卿之门[22],奔走于形势之途[23],足将进而趑趄[24],口将言而嗫嚅[25]。处污秽而不羞,触刑辟而诛戮[26]。侥幸于万一,老死而后止者,其于为人贤不肖何如也[27]?"

昌黎韩愈,闻其言而壮之。与之酒,而为之歌曰:"盘之中,维子之宫[28];盘之土,可以稼[29];盘之泉,可濯可沿㉚;盘之阻,谁争子所?窈而深㉛,廓其有容㉜;缭而曲㉝,如往而复㉞。嗟盘之乐兮㉟,乐且无央㊱。虎豹远迹兮,蛟龙遁藏;鬼神守护兮,呵禁不祥㊲。饮且食兮寿而康,无不足兮奚所望?膏吾车兮秣吾马㊳,从子于盘兮,终吾生以徜徉㊴。"

【注释】① 李愿:韩愈之友,生平不详。盘谷:在今河南济源北。序:指赠序,与上文同。② 太行之阳:太行山的南面。太行山在今山西高原和河北平原之间。③ 鲜(xiǎn):少。④ 宅幽:环境幽深。⑤ 利泽:利益,恩泽。⑥ 庙朝:朝廷。庙:帝王的宗庙。朝:朝廷。⑦ 旄(máo):杆头用牦牛尾装饰的旗帜。⑧ 罗弓矢:排列弓箭。⑨ 便(pián)体:体态轻盈。⑩ 秀外而惠中:外表秀丽,内心聪慧。⑪ 裾(jū):衣服的前襟。⑫ 翳(yì):遮掩。⑬ 粉白黛绿:形容女子打扮得肤白眉黑。黛:女子画眉的颜料。绿:黑色。⑭ 列屋:一间间排列的屋子。⑮ 濯(zhuó):洗涤。⑯ 茹:吃。⑰ 惟适之安:只求舒适与安逸。⑱ 车服不维:不受官职的约束。古代依官阶的高低,规定使用不同的车马服饰。维:约束。⑲ 刀锯不加:指不受刑罚的惩处。⑳ 理乱不知:不知天下的安宁与动乱。㉑ 黜陟(chù zhì)不闻:不管仕途遭贬还是升迁。㉒ 公卿:指显贵的官僚。㉓ 形势:指地位、权势。㉔ 趑趄(zī jū):行进困难的样子。㉕ 嗫嚅:(niè rú):欲言又止的样子。㉖ 刑辟:刑法。㉗ 不肖:不贤。㉘ 维:同"惟",是。宫:房屋。㉙ 稼:播种五谷。㉚ 濯(zhuó):洗浴。沿:沿水边游览。㉛ 窈而深:幽远。㉜ 廓其有容:空阔而有容量。㉝ 缭而曲:盘绕曲折。㉞ 如往而复:指山谷曲折,好像是过去了,却又返回来。㉟ 嗟:赞叹。㊱ 无央:没有穷尽。㊲ 呵禁:呵斥禁绝。㊳ 膏:油。此指在车轴上涂油。㊴ 徜徉:(cháng yáng):自由自在地散步。

【品评】此文写于唐贞元十七年(801),时作者失官一年而求官未成,心情郁闷,乃借送友人李愿归盘谷隐居事宣泄之。文章开头数语写盘谷地理形势适合隐居,末尾作一歌咏盘谷,抒发对归隐山林的向往之情,首尾呼应,浑然一体。中间三段乃借李愿之口,评述世间三种人:第一种人是仕途得意之人,乃天子宠臣,效力于当世者,这是自己不能侥幸做到的;第二种人是闲居之人,远离政治,是"不遇于时"者,却是自己愿意做的;第三种人是伺候于公卿之门,奔走于利禄之途者,对"其为人贤不肖"则不予评价,有不屑一顾之意。对李愿之言作者仅以“壮之”二字作断，但作为欲兼济天下的人，韩愈并非真的欲隐居，这只是不满现实的愤激之言而已。

刘大櫆评此文“极力形容得志之小人与不得志之小人，两边夹写，而隐居之高乃见”，“兼用偶俪之体，而非偶俪之文”（引自《古文辞约编》），甚是精辟。苏轼称：“余亦谓唐无文章，惟韩退之《送李愿归盘谷》一篇而已。”（《跋退之送李愿序》）可见此文于唐代文坛之地位非同一般。

送董邵南序[①]

燕赵古称多感慨悲歌之士[②]。董生举进士[③]，连不得志于有司[④]，怀抱利器[⑤]，郁郁适兹土[⑥]。吾知其必有合也[⑦]。董生勉乎哉[⑧]！

夫以子之不遇时[⑨]，苟慕义强仁者皆爱惜焉[⑩]。矧燕赵之士[⑪]，出乎其性者哉[⑫]！然吾尝闻风俗与化移易[⑬]，吾恶知其今不异于古所云邪[⑭]？聊以吾子之行卜之也[⑮]。董生勉乎哉！

吾因之有所感矣。为我吊望诸君之墓[⑯]，而观于其市，复有昔时屠狗者乎[⑰]？为我谢曰[⑱]：明天子在上[⑲]，可以出而仕矣[⑳]！

【注释】① 董邵南：韩愈之友，寿州安丰（今安徽寿县人）。因屡试不第，欲赴河北谋出路。韩愈写此赠序给他。② 燕（yān）赵：燕相当于今河北北部和辽宁西端。赵相当于今河北南部和山西、河南部分地区。感慨悲歌之士：慷慨激昂之士。指荆轲、高渐离等，见《史记·刺客列传》。③ 董生：指董邵南。举进士：指董邵南为乡里所推举，去长安参加进士科考试。④ 有司：指主管考试的官员。⑤ 利器：比喻卓越的才干。⑥ 适兹土：指去燕赵所在地。⑦ 有合：有所遇合。指有出头之日。⑧ 勉乎哉：要努力啊！⑨ 夫：发语词，无义。时：指时机。⑩ 苟：假如，只要。慕义强（qiǎng）仁者：指仰慕追求仁义的人。强：勉力做到。⑪ 矧（shěn）：况且。⑫ 性：本性。⑬ 化：教化。⑭ 恶（wū）：怎么。所云：所说。⑮ 聊：姑且。吾子：对人亲昵的称呼，指董邵南。卜：猜测。此为验证的意思。⑯ 望诸君：即乐(yuè)毅，战国时赵人，辅佐燕昭王击破齐国。晚年在燕不得志，归赵，赵封于观津（今河北武邑东南），称“望诸君”。⑰ 屠狗者：指高渐离。据《史记·刺客列传》记：高渐离以屠狗为业。荆轲刺秦王未遂而被杀，高渐离为之报仇，也未遂而死。⑱ 谢：劝勉。⑲ 明天子：圣明的天子。此指当朝皇帝唐德宗。⑳ 仕：做官。

【品评】好友董邵南因于长安应进士试失利，欲游燕赵谋出路。燕赵藩镇虽正招揽人材，但意在对抗朝廷。董氏此行实在不宜。作者既同情董氏的怀才不遇，又不希望他为藩镇所用，所以写此序颇费心思。此文既是送行之赠序，故不能不先顺董氏之意以敷衍，故开头称“燕赵古称多感慨悲歌之士”，董氏赴燕赵，必有遇合，燕赵之士当同情之。此乃欲抑先扬。然后又一转，“风俗与化移易”，今日燕赵之风安知不异于古代呢？言外之意，今非昔比，此行未必有“遇合”，还要三思而后行，此乃一抑。最后则撇开董氏自身不谈，托董氏转达燕赵豪侠为朝廷效力。此又一抑，连燕赵之士都该出来，而董氏却反赴燕赵，其此行之不该明矣。此文以“风俗与化移易”句为关键，又以“古”与“今”相映照，用笔曲折，篇短意长。茅坤称此文“于昌黎序文中当属第一首”（《唐宋八大家文钞》卷七），不无道理。

送杨少尹序[①]

昔疏广、受二子[②]，以年老，一朝辞位而去。于时公卿设供张[③]，祖道都门外[④]，车数百两[⑤]。道路观者，多叹息泣下，共言其贤。汉史既传其事[⑥]，而后世工画者，又图其迹。至今照人耳目，赫赫若前日事[⑦]。

国子司业杨君巨源[⑧]，方以能《诗》训后进[⑨]，一旦以年满七十，亦白丞相去归其乡[⑩]。世常说古今人不相及，今杨与二疏[⑪]，其意岂异也？

予忝在公卿后[⑫]，遇病不能出。不知杨侯去时，城门外送者几人，车几两，马几匹，道边观者，亦有叹息知其为贤与否，而太史氏又能张大其事[⑬]，为传继二疏踪迹否，不落莫否⑭。见今世无工画者，而画与不画，固不论也⑮。然吾闻杨侯之去，丞相有爱而惜之者，白以为其都少尹⑯，不绝其禄。又为歌诗以劝之。京师之长于诗者，亦属而和之⑰。又不知当时二疏之去，有是事否。古今人同不同，未可知也。

中世士大夫⑱，以官为家，罢则无所于归⑲。杨侯始冠⑳，举于其乡㉑，歌《鹿鸣》而来也㉒。今之归，指其树曰："某树，吾先人之所种也，某水某丘，吾童子时所钓游也。"乡人莫不加敬，诫子孙以杨侯不去其乡为法㉓。古之所谓乡先生㉔，没而可祭于社者㉕，其在斯人欤㉖？其在斯人欤？

【注释】① 杨少尹：名巨源，蒲州（治所在今山西永济蒲州镇）人，任国子监司业。辞官返乡，被授河中府少尹之职，故称杨少尹。② 疏广、受：西汉兰陵（今山东枣庄一带）人。疏广曾为太子太傅，其侄疏受为太子少傅。③ 供张（zhàng）：也作"供帐"，陈设帷帐等用具。④ 祖道：在道旁为远行者设宴饯行的仪式。祖：祭祀道神。⑤ 两：古"辆"字。⑥ 汉史：指《汉书》，其中有《疏广传》。⑦ 赫赫：显盛、明亮的样子。此指清晰。⑧ 国子：即国子监，国家最高教育机构。司业：官名，国子监的副主管官。⑨ 方：始。能《诗》：能讲解《诗经》。训：教诲。⑩ 丞相：官名，朝廷中最高官职。⑪ 二疏：指疏广、疏受。⑫ 予：作者自称。忝：谦词。辱：有愧于。韩愈当时为吏部侍郎。⑬ 太史氏：指史官。⑭ 落莫：冷落，寂寞。莫：通"寞"。⑮ 固：通"姑"，姑且。⑯ 少尹：官名，唐朝中期所置，相当于郡守的副手。⑰ 属（zhǔ）：作文章。和：应和。⑱ 中世：中古时期。士大夫：对官僚阶层的称呼。⑲ 无所于归：无处可归。于：动词词头，无义。⑳ 冠：男子二十岁成年时行加冠礼，"冠"表示成年。㉑ 举于其乡：通过乡试而中举。㉒《鹿鸣》：《诗经·小雅》的一篇。唐代州县长官宴请中举者，宴会上歌《鹿鸣》之诗，称为"鹿鸣宴"。㉓ 法：楷模。㉔ 乡先生：辞官乡居的人。㉕ 没（mò）：通"殁"，死亡。社：土地神。此指祭祀土地神的地方。㉖ 其：大概。表示猜测语气。斯人：这样的人。欤：带有推测、疑问的语气词。

【品评】杨巨源年满七十，主动辞官归乡，不恋栈，不贪图仕途利禄，堪称清风亮节，与世俗之争名夺利者适成鲜明对照。此文写送杨归乡，即意在倡导这种贤明之风。文章由远及近，先赞扬汉代疏广、疏受二老主动告老还乡之举，以此为衬托，称杨巨源足可比肩古人。然后又通过杨巨源与二疏之比较，表明二者事迹或有不同，而本质上则无二致。文法错综变化，意在言外。最后写杨归乡时言行，是想像之词，但情景宛然，可敬可叹。

送石处士序[①]

河阳军节度、御史大夫乌公[②]，为节度之三月，求士于从事之贤者[③]。有荐石先生者。公曰："先生何如？"曰："先生居嵩邙、瀍谷之间[④]，冬一裘[⑤]，夏一葛[⑥]，食朝夕，饭一盂[⑦]，蔬一盘。人与之钱，则辞；请与出游，未尝以事免；劝之仕，不应。坐一室，左右图书。与之语道理，辨古今事当否，论人高下，事后当成败，若河决下流而东注；若驷马驾轻车就熟路[⑧]，而王良、造父为之先后也[⑨]；若烛照、数计而龟卜也[⑩]。"大夫曰："先生有以自老，无求于人，其肯为某来邪？"从事曰："大夫文武忠孝，求士为国，不私于家。方今寇聚于恒，师环其疆[⑪]，农不耕收，财粟殚亡[⑫]。吾所处地，归输之涂[⑬]，治法征谋[⑭]，宜有所出[⑮]。先生仁且勇，若以义请而强委重焉，其何说之辞？"于是撰书词，具马币[⑯]，卜日以授使者[⑰]，求先生之庐而请焉。

先生不告于妻子，不谋于朋友，冠带出见客，拜受书礼于门内。宵则沐浴，戒行李，载书册，问道所由，告行于常所来往。晨则毕至，张上东门外[⑱]，酒三行，且起。有执爵而言者曰[⑲]："大夫真能以义取人，先生真能以道自任，决去就。为先生别。"又酌而祝曰："凡去就出处何常？惟义之归。遂以为先生寿。”又酌而祝曰：“使大夫恒无变其初，无务富其家而饥其师，无甘受佞人而外敬正士⑳，无昧于谄言㉑，惟先生是听。以能有成功，保天子之宠命。”又祝曰：“使先生无图利于大夫，而私便其身图。”先生起拜祝辞曰：“敢不敬蚤夜以求从祝规㉒？”于是东都之人士㉓，咸知大夫与先生果能相与以有成也。遂各为歌诗六韵㉔，遣愈为之序云。

【注释】① 石处士：名洪，字濬川，唐代河阳（今河南孟县）人。曾隐居河阳十年，唐元和五年(810)乌重胤任河阳节度使，召石洪为幕僚。此序即为石洪往乌公处就职时所作。处士：有才德而隐居者。② 河阳军：治所在今河南孟县南。因唐代节度使也管辖军队，故称“军”。节度：节度使，官名。乌公：即乌重胤，唐代张掖（今属甘肃）人。起初在昭义节度使卢从史部下，元和五年升河阳节度使。③ 士：德高有才者。从事：指节度使之僚属。④ 嵩：山名，五岳之一，古名嵩高，在河南登封北。邙：山名，在河南西部。瀍(chán)：水名，源出河南洛阳西北，入洛水。谷：水名，源出河南陕县东部，于洛阳西南与洛水会合。⑤ 裘：皮衣服。⑥ 葛：古代用葛织布做夏衣。⑦ 盂：一种圆口器皿。⑧ 驷：因古代一车套四马，故称驾车的四马为驷。⑨ 王良：春秋时晋国的善驾车者。造父：周代周穆王时的善驾车者。⑩ 数计：用蓍草计数算卦。龟卜：用火灼龟甲，依据断裂纹路推测吉凶。⑪ 寇：指唐元和四年(809)，成德副节度使王承宗于恒州（治所今河北正定）叛乱。师：指唐宪宗派吐突承璀统兵讨伐。⑫ 殚(dān)亡：用尽。⑬ 归输：来往运输。涂：通“途”，道路。⑭ 治法征谋：治理的方法与征讨的谋略。⑮ 宜有所出：应该有人出谋划策。⑯ 马币：马匹、礼品。⑰ 卜日：占卜选择日期。⑱ 张(zhàng)：供张，即供帐。在郊野设置的饯别宴席。上东门：洛阳的城门名。⑲ 爵：酒器。⑳ 佞人：巧言献媚者。㉑ 昧：昏暗，引申为被蒙蔽。㉒ 蚤：通“早”。祝规：祝词中的规戒。㉓ 东都：指洛阳。㉔ 六韵：指十二句诗。一韵为两句诗。

【品评】石处士曾十年归隐，但今日却应召出仕，作者于饯席上赠写此序，其真实意思颇耐人寻味。先是赞赏其昔日隐居时操守高洁，虽才能非凡而“劝之仕，不应”。此实与其出仕时的匆忙举止相对照。后写其架不住从事相邀，而急吼吼起行矣；送行者虽恭维其“能以道自任”，乃是表面文章，更多是借宾客之口，对其劝诫，流露出对其以后操守的担忧之情。

有人评此文对石处士是赞扬态度，实际不然。其意旨曾国藩看得甚清：“前含讥讽，后寓箴规，皆不着痕迹，极狡狯之能。”（《求阙斋读书录》）韩愈《送石处士赴河阳幕》诗亦分明说：“长把种树书，人云避世士。忽骑将军马，自号报恩子”，“岂惟彼相忧，固是吾徒耻。去去事方急，酒行可以起。”石处士吏非吏，隐非隐，作者讽刺之意明矣。

文章赞扬石处士才能，连用三个比喻，生动形象；写祝愿穿插宾客与石处士的对话，亦活泼自然。

送温处士赴河阳军序①

伯乐一过冀北之野②，而马群遂空。夫冀北马多天下，伯乐虽善知马，安能空其群邪③？解之者曰：吾所谓空，非无马也，无良马也。伯乐知马，遇其良，辄取之④，群无留良焉。苟无良，虽谓无马⑤，不为虚语矣。

东都⑥，固士大夫之冀北也。恃才能深藏而不市者⑦，洛之北涯曰石生⑧，其南涯曰温生⑨。大夫乌公⑩，以铁钺镇河阳之三月⑪，以石生为才，以礼为罗⑫，罗而致之幕下。未数月也，以温生为才，于是以石生为媒，以礼为罗，又罗而致之幕下。东都虽信多才士，朝取一人焉，拔其尤⑬；暮取一人焉，拔其尤。自居守、河南尹⑭，以及百司之执事⑮，与吾辈二县之大夫⑯，政有所不通，事有所可疑，奚所咨而处焉⑰？士大夫之去位而巷处者⑱，谁与嬉游？小子后生，于何考德而问业焉⑲？缙绅之东西行过是都者⑳，无所礼于其庐。若是而称曰：大夫乌公，一镇河阳，而东都处士之庐无人焉，岂不可也？

夫南面而听天下㉑，其所托重而恃力者㉒，惟相与将耳。相为天子得人于朝廷，将为天子得文武士于幕下，求内外无治㉓，不可得也。愈縻于兹㉔，不能自引去，资二生以待老。今皆为有力者夺之，其何能无介然于怀邪㉕？生既至，拜公于军门，其为吾以前所称，为天下贺；以后所称，为吾致私怨于尽取也㉖。留守相公㉗，首为四韵诗歌其事㉘，愈因推其意而序之。

【注释】① 温处士：名造，字简舆，并州（治所在今山西太原）人，时隐居于洛阳，与石处士同为韩愈之友，继石处士之后，亦被乌重胤召至河阳节度使幕下。序：此为赠送序。② 伯乐：姓孙，名阳，字伯乐。传说春秋秦穆公时善于相马的人。冀：古九州之一，今河北一带。③ 空：使之空。④ 辄（zhé）：就。⑤ 虽：即使。⑥ 东都：指洛阳。⑦ 恃（shì）：依仗，具有。不市：不卖，指隐居。⑧ 石生：石洪，字濬川，洛阳人。参见前文。⑨ 温生：即温处士。⑩ 乌公：乌重胤，字保君，元和五年（810）任河阳军节度使、御史大夫。参见前文。⑪ 鈇钺（fǔ yuè）：军法执行斩首的斧子。喻执掌一方军权者。此指节度使身份。⑫ 以礼为罗：以礼聘为网罗。⑬ 尤：才能出众者。⑭ 居守：指东都留守。此指郑余庆。河南尹：河南府的长官。⑮ 百司：众官署。执事：指官员。⑯ 二县：指洛阳、河南二县，韩愈当时为河南县令。⑰ 奚所咨而处焉：向何处去咨询而处置呢？⑱ 去位而巷处者：辞官而居里巷者。⑲ 考德：考究德行。问业：请教学业。⑳ 缙绅：同“搢绅”。官员“搢（插）笏（手版）于绅（长带）。”此指官员。㉑ 南面：君主坐北朝南。此指君主。听天下：处理天下之事。㉒ 托重：委以重任。恃力：依靠其力量。㉓ 无治：国内外不治理，不安定。㉔ 縻（mí）：束缚。兹：此地。㉕ 介然：耿耿于心。㉖ 致：招致。尽取：指乌公把人才搜罗殆尽。㉗ 相公：东都留守郑余庆曾两度为相，故称相公。㉘ 四韵：即八句诗。一韵为两句诗。

【品评】此文与前文大旨相同。韩愈《寄卢仝》诗云：“水北山人得名声，去年去作幕下士。水南山人又继往，鞍马仆从塞闾间。”“水北山人”即石处士，“水南山人”即温处士也，皆先隐居而后出山，诗中持讥讽态度不难看出。但此文写法与前文不同。前文从石处士角度叙写，此文则从河阳节度使乌公角度落笔。开篇以“伯乐”喻之，又记叙其网罗天下贤才之意，所谓“大夫乌公一镇河阳，而东都处士之庐无人焉”。当然，此写法意在间接表现温处士之贤，因为此文既是赠序，作者不能不做表面文章，对温处士有所肯定。但这并不能改变作者真正的讥讽态度。

祭十二郎文[①]

年、月、日[②]，季父愈闻汝丧之七日[③]，乃能衔哀致诚，使建中远具时羞之奠[④]，告汝十二郎之灵：

呜呼！吾少孤，及长，不省所怙[⑤]，惟兄嫂是依。中年，兄殁南方[⑥]，吾与汝俱幼，从嫂归葬河阳[⑦]。既又与汝就食江南[⑧]，零丁孤苦，未尝一日相离也。吾上有三兄，皆不幸早世[⑨]。承先人后者，在孙惟汝，在子惟吾。两世一身，形单影只。嫂尝抚汝指吾而言曰："韩氏两世，惟此而已！"汝时尤小，当不复记忆；吾时虽能记忆，亦未知其言之悲也！

吾年十九，始来京城[⑩]。其后四年，而归视汝。又四年，吾往河阳省坟墓[⑪]，遇汝从嫂丧来葬[⑫]。又二年，吾佐董丞相于汴州[⑬]，汝来省吾，止一岁，请归取其孥[⑭]。明年，丞相薨[⑮]，吾去汴州[⑯]，汝不果来。是年，吾佐戎徐州[⑰]，使取汝者始行[⑱]，吾又罢去[⑲]，汝又不果来。吾念汝从于东，东亦客也，不可以久；图久远者，莫如西归，将成家而致汝[⑳]。呜呼！孰谓汝遽去吾而殁乎[㉑]？

吾与汝俱少年，以为虽暂相别，终当久相与处。故舍汝而旅食京师，以求斗斛之禄[㉒]。诚知其如此[㉓]，虽万乘之公相[㉔]，吾不以一日辍汝而就也[㉕]！

去年，孟东野往[㉖]，吾书与汝曰："吾年未四十，而视茫茫，而发苍苍，而齿牙动摇。念诸父与诸兄，皆康强而早世，如吾之衰者，其能久存乎？吾不可去，汝不肯来，恐旦暮死，而汝抱无涯之戚也[27]。”孰谓少者殁而长者存，强者夭而病者全乎[28]？

呜呼！其信然邪[29]？其梦邪？其传之非其真邪？信也，吾兄之盛德而夭其嗣乎[30]？汝之纯明而不克蒙其泽乎[31]？少者、强者而夭殁，长者、衰者而存全乎？未可以为信也！梦也，传之非其真也，东野之书，耿兰之报[32]，何为而在吾侧也？呜呼！其信然矣！吾兄之盛德而夭其嗣矣，汝之纯明宜业其家者[33]，不克蒙其泽矣。所谓天者诚难测，而神者诚难明矣！所谓理者不可推，而寿者不可知矣！

虽然，吾自今年来，苍苍者或化而为白矣，动摇者，或脱而落矣，毛血日益衰[34]，志气日益微[35]，几何不从汝而死也[36]。死而有知，其几何离？其无知，悲不几时，而不悲者无穷期矣。

汝之子始十岁，吾之子始五岁，少而强者不可保，如此孩提者，又可冀其成立邪[37]？呜呼哀哉！呜呼哀哉！

汝去年书云：“比得软脚病，往往而剧。”吾曰：“是疾也，江南之人，常常有之。”未始以为忧也。呜呼，其竟以此而殒其生乎？抑别有疾而致斯乎？

汝之书，六月十七日也；东野云：汝殁以六月二日；耿兰之报无月日。盖东野之使者，不知问家人以月日；如耿兰之报，不知当言月日。东野与吾书，乃问使者，使者妄称以应之耳。其然乎[38]？其不然乎？

今吾使建中祭汝，吊汝之孤与汝之乳母。彼有食可守以待终丧，则待终丧而取以来；如不能守以终丧，则遂取以来。其馀奴婢，并令守汝丧。吾力能改葬，终葬汝于先人之兆[39]，然后惟其所愿。

呜呼！汝病吾不知时，汝殁吾不知日，生不能相养以共居，殁不能抚汝以尽哀，敛不凭其棺㊵，窆不临其穴㊶。吾行负神明，而使汝夭。不孝不慈，而不得与汝相养以生，相守以死。一在天之涯，一在地之角，生而影不与吾形相依，死而魂不与吾梦相接。吾实为之㊷，其又何尤㊸！“彼苍者天㊹”，“曷其有极㊺”！自今以往，吾其无意于人世矣！当求数顷之田于伊、颍之上㊻，以待馀年。教吾子与汝子，幸其成；长吾女与汝女，待其嫁：如此而已。

呜呼！言有穷而情不可终，汝其知也邪？其不知也邪？呜呼哀哉！尚飨㊼！

【注释】① 祭文：文体名。用以祭奠亡人。十二郎：韩愈二哥韩介之次子，名韩志成，过继给韩愈。② 年、月、日：具体时间作了省略。又，《文苑英华》称作于贞元十九年(803)五月二十六日。③ 季父：最小的叔父，亦泛指叔父。韩愈为十二郎叔父，此韩愈自称。④ 建中：人名，韩愈的家人。时羞：应时的食品。奠：祭品。⑤ 省(xǐng)：知道。所怙(hù)：所依靠，此指父亲。《诗经·小雅·蓼莪》有“无父何怙”的句子。⑥ 中年兄殁：指作者长兄韩会死于贬所广东韶州，时年四十三岁。⑦ 河阳：县名，故城在河南孟县。⑧ 就食江南：去江南谋生。指韩愈因中原兵乱，随嫂移家宣州(今安徽宣城)。⑨ 早世：早死。⑩ 始来京城：韩愈在贞元二年(786)游京城长安(在今陕西西安)。⑪ 省(xǐng)：凭吊。⑫ 从嫂丧：护送嫂嫂的灵柩。⑬ 董丞相：名晋，字混成。唐德宗时，曾任御史中丞、御史大夫，兼任汴州刺史。⑭ 孥(nú)：儿女。⑮ 薨(hōng)：唐代二品以上的官员死了称“薨”。⑯ 汴州：唐时州名，治所在今河南开封。⑰ 佐戎徐州：指韩愈在徐州任节度推官，辅助军事。徐州：今属江苏。⑱ 使取汝者：派去接你的人。⑲ 吾又罢去：指韩愈于唐德宗贞元十七年(801)调为四门博士，迁监察御史。⑳ 致汝：接你来。㉑ 孰谓：谁料。遽(jù)：急，突然。㉒ 斗斛(hú)之禄：比喻微小的俸禄。唐时十斗为一斛。㉓ 诚：如果。㉔ 万乘(shèng)之公相：这里泛指地位显赫的官职。乘：古时一车四马为一乘。㉕ 辍(chuò)：停止。此指离开。㉖ 孟东野:名郊,唐代著名诗人,韩愈的朋友。㉗ 戚:忧伤。㉘ 夭:夭折,早死。㉙ 信然:真是这样。㉚ 嗣:后代。㉛ 克:能。㉜ 耿兰:十二郎的仆人。㉝ 业:继承。㉞ 毛血:此指身体。㉟ 志气:此指精神。㊱ 几何:多久。㊲ 冀:希望。㊳ 其然乎:是这样吗?其:表示推测的语气词。㊴ 兆:墓地。㊵ 敛不凭其棺:入殓时不能靠着棺木,指不能亲自为他入殓。敛:通"殓"。㊶ 窆(biǎn):落葬。㊷ 吾实为之:实在是我造成的。㊸ 尤:怨恨。㊹ 彼苍者天:语出《诗经·秦风·黄鸟》。㊺ 曷(hé)其有极:语出《诗经·唐风·鸨羽》。谓悲痛哪里有尽头。曷:何。㊻ 伊、颍(yǐng)之上:此指代韩愈故乡。伊:伊河,在河南西部。颍:颍河,在安徽西北部及河南东部。㊼ 尚飨(xiǎng):盼死者灵魂来享用祭品。常用以作祭文结语。尚:表示祈使、劝勉等语气词。飨:通"享",享受。

【品评】此文被论者誉为"祭文中千年绝调"(茅坤《唐宋八大家文钞》卷十六),最值称道处是表现了真情至性,字字是血,字字是泪。文作于贞元十九年(803),时作者政治上正失意,又逢自幼相依为命的侄子十二郎去世,无疑雪上加霜,故其至痛彻心,悱恻无极,所言皆发自心灵深处。文章回顾十二郎往事,自始至终将自己插入伴讲,感人至深。

沈德潜说:"祭文诔词,六朝以来,无不用韵者,此以散体行之,故曰变体。"(《唐宋八大家读本》卷六)因散体更便于抒发感情,因情立体,可见此文在文体上的改革,是作者所倡导之"古文"的实践。文章为抒发哀恸之情,"有泣,有呼、有踊,有絮语,有放声长号"(储欣语),情感、语言变化多样,而且通篇大量采用语气助词,亦增强了感情色彩。

祭鳄鱼文[①]

维年月日[②],潮州刺史韩愈[③],使军事衙推秦济[④],以羊一、猪一,投恶溪之潭水[⑤],以与鳄鱼食,而告之曰:

昔先王既有天下[⑥],列山泽,网绳擉刃[⑦],以除虫蛇恶物为民害者,驱而出之四海之外。及后王德薄,不能远有,则江、汉之间[⑧],尚皆弃之,以与蛮夷、楚越[⑨],况潮,岭、海之间[⑩],去京师万里哉?鳄鱼之涵淹卵育于此[11],亦固其所。

今天子嗣唐位,神圣慈武。四海之外,六合之内[12],皆抚而有之。况禹迹所揜[13],扬州之近地[14],刺史、县令之所治,出贡赋以供天地、宗庙、百神之祀之壤者哉[15]?鳄鱼其不可与刺史杂处此土也!

刺史受天子命,守此土,治此民,而鳄鱼睅然不安溪潭[16],据处食民畜、熊、豕、鹿、獐,以肥其身,以种其子孙;与刺史亢拒[17],争为长雄。刺史虽驽弱,亦安肯为鳄鱼低首下心,伈伈睍睍[18],为民吏羞,以偷活于此邪?且承天子命以来为吏,固其势不得不与鳄鱼辨[19]。

鳄鱼有知,其听刺史言:潮之州,大海在其南。鲸鹏之大,虾蟹之细,无不容归,以生以食[20],鳄鱼朝发而夕至也。今与鳄鱼约:尽三日,其率丑类南徙于海[21],以避天子之命吏!三日不能,至五日;五日不能,至七日;七日不能,是终不肯徙也,是不有刺史听从其言也;不然,则是鳄鱼冥顽不灵,刺史虽有言,不闻不知也。夫傲天子之命吏,不听其言,不徙以避之,与冥顽不灵而为民物害者,皆可杀。刺史则选材技吏民[22],操强弓毒矢,以与鳄鱼从事[23],必尽杀乃止。其无悔[24]!

【注释】① 鳄鱼:此指广东潮州恶溪之鳄鱼。韩愈于元和十四年(819)因谏迎佛骨被唐宪宗贬为潮州刺史,见潮州鳄鱼为患,写此祭文祝告。② 维:句首语气词,引出年月日。年月日:指唐宪宗元和十四年四月二十四日,为韩愈抵潮州一个月之后。③ 潮州:在今广东潮安。刺史:州一级的行政长官。④ 军事衙推:刺史的下属官吏。⑤ 恶溪:指今广东的韩江及其上游梅江。⑥ 先王:指前代帝王。既:已经。⑦ 网绳:用网绳捕捉鳄鱼。擉(chuō):同“戳”,刺。⑧ 江:长江。汉:汉水,长江最大的支流。⑨ 蛮夷:古代对南方和东方少数民族的蔑称。⑩ 岭、海:岭指五岭,即越城、都庞、萌渚、骑田、大庾五岭。海：指南海。⑪ 涵淹：潜伏。⑫ 六合：古代称天、地、四方为六合，指天下。⑬ 揜（yǎn）：覆盖。此指履践。⑭ 扬州：古代分天下为九州，扬州是其中之一。潮州在古扬州境内。⑮ 宗庙：帝王、诸侯祭祀祖先的地方。壤：地方。⑯ 睅（hàn）然：形容凶狠的样子。睅：眼睛突出。不安：不安分，不老实。⑰ 亢拒：抗拒。⑱ 伈（xǐn）伈：形容恐惧。睍（xiàn）睍：不敢正视的样子。⑲ 辨：通“辩”。⑳ 以生以食：意为“以之生，以之食”，依靠大海为生，依靠大海获食。㉑ 徙（xǐ）：迁移。㉒ 材技：等于才能和技艺。吏民：官吏和百姓。㉓ 从事：争个高低。㉔ 其：语气词，表示命令的语气。

【品评】鳄鱼可“祭”，是作者认为鳄鱼亦有神知，故此文写得词严义正，恰“如问罪之师，正正堂堂之阵，能令反侧子心寒胆栗”（吴楚材、吴调侯）。作者态度十分认真，先指出“昔先王”、“今天子”，皆不允许“虫蛇恶物为民害”，潮州乃天子所辖，故“鳄鱼其不可与刺史杂处此土也”。然后标榜自己乃“受天子命”之“刺史”，为守土治民，来到潮州，鳄鱼不得与刺史争雄，而刺史“不得不与鳄鱼辨”。最后则命令鳄鱼，限时迁出此地，否则“必尽杀乃止”！文章气势凌厉，刚劲有力，既晓之以理，又动之以情，“鳄鱼虽物类，能勿感动移徙邪”（唐介轩《古文翼》卷六）？

柳子厚墓志铭①

子厚讳宗元②。七世祖庆③，为拓跋魏侍中④，封济阴公。曾伯祖奭⑤，为唐宰相，与褚遂良、韩瑗⑥，俱得罪武后⑦，死高宗朝⑧。皇考讳镇⑨，以事母弃太常博士⑩，求为县令江南。其后以不能媚权贵⑪，失御史⑫，权贵人死，乃复拜侍御史。号为刚直，所与游，皆当世名人。

子厚少精敏，无不通达，逮其父时⑬，虽少年，已自成人。能取进士第，崭然见头角⑭，众谓柳氏有子矣。其后以博学宏词⑮，授集贤殿正字⑯。俊杰廉悍⑰，议论证据今古，出入经史百子⑱，踔厉风发⑲，率常屈其座人⑳，名声大振，一时皆慕与之交。诸公要人，争欲令出我门下[21]，交口荐誉之。

贞元十九年[22]，由蓝田尉拜监察御史[23]。顺宗即位[24]，拜礼部员外郎[25]。遇用事者得罪[26]，例出为刺史[27]。未至，又例贬州司马[28]。居闲，益自刻苦，务记览[29]，为词章，泛滥停蓄[30]，为深博无涯涘[31]，而自肆于山水间[32]。

元和中[33]，尝例召至京师，又偕出为刺史，而子厚得柳州[34]。既至，叹曰："是岂不足为政邪？"因其土俗[35]，为设教禁[36]，州人顺赖。其俗以男女质钱[37]，约不时赎[38]，子本相侔[39]，则没为奴婢。子厚与设方计，悉令赎归。其尤贫力不能者，令书其佣[40]，足相当，则使归其质。观察使下其法于他州[41]，比一岁[42]，免而归者且千人。衡、湘以南[43]，为进士者，皆以子厚为师。其经承子厚口讲指画为文词者，悉有法度可观。

其召至京师而复为刺史也，中山刘梦得禹锡[44]，亦在遣中，当诣播州[45]。子厚泣曰："播州，非人所居，而梦得亲在堂，吾不忍梦得之穷[46]，无辞以白其大人，且万无母子俱往理。"请于朝，将拜疏[47]，愿以柳易播，虽重得罪，死不恨。遇有以梦得事白上者，梦得于是改刺连州[48]。呜呼，士穷乃见节义[49]。今夫平居里巷相慕悦，酒食游戏相征逐[50]，诩诩强笑语以相取下[51]，握手出肺肝相示，指天日涕泣，誓生死不相背负，真若可信；一旦临小利害，仅如毛发比，反眼若不相识；落陷阱，不一引手救，反挤之又下石焉者，皆是也。此宜禽兽夷狄所不忍为[52]，而其人自视以为得计，闻子厚之风，亦可以少愧矣[53]。

子厚前时少年，勇于为人，不自贵重顾藉[54]，谓功业可立就，故坐废退[55]。既退，又无相知有气力得位者推挽[56]，故卒死于穷裔[57]。材不为世用，道不行于时也。使子厚在台省时[58]，自持其身，已能如司马、刺史时，亦自不斥。斥时有人力能举之，且必复用不穷。然子厚斥不久，穷不极，虽有出于人，其文学辞章，必不能自力以致必传于后如今，无疑也。虽使子厚得所愿，为将相于一时，以彼易此，孰得孰失，必有能辨之者。

子厚以元和十四年十一月八日卒[59]，年四十七。以十五年七月十日，归葬万年先人墓侧[60]。子厚有子男二人：长曰周六，始四岁；季曰周七[61]，子厚卒，乃生。女子二人，皆幼。其得归葬也，费皆出观察使河东裴君行立[62]。行立有节概，重然诺[63]，与子厚结交，子厚亦为之尽，竟赖其力。葬子厚于万年之墓者，舅弟卢遵[64]。遵，涿人[65]，性谨慎，学问不厌，自子厚之斥，遵从而家焉，逮其死不去。既往葬子厚，又将经纪其家[66]，庶几有始终者[67]。

铭曰：是惟子厚之室[68]，既固既安[69]，以利其嗣人[70]。

【注释】① 柳子厚：柳宗元，字子厚。生平参考本书"柳宗元"作者简介。柳子厚元和十四年(819)去世。墓志铭：文体名。分志与铭两部分。志是散文体，铭是韵文。均用以悼念死者。② 讳：避讳。古人为尊敬死者，不直呼其名，其名前加"讳"字。③ 七世祖庆：据史书载，七世祖柳庆曾任北魏侍中。北周时，其子柳旦为北周中书侍郎，封为"济阴公"。此处系作者误记。④ 拓跋魏：即北魏，南北朝时北方鲜卑族拓跋氏政权。侍中：官名。⑤ 曾伯祖奭(shì)：柳奭在唐初曾当过中书令，相当宰相，因得罪武后被贬官，后又被杀。柳奭实为柳宗元的高伯祖。⑥ 褚遂良：唐代高宗时官侍中，书法家，官至尚书右仆射，因反对立武则天为后，屡被贬职。韩瑗：字伯玉，任门下省侍中等职，褚遂良被贬职后他竭力营救。后亦被贬职。⑦ 武后：名曌(zhào)，唐代女皇帝。唐高宗时参预国政，唐中宗即位后她临朝称制，后来又自称帝，在位十六年(690—705)，唐中宗复位后上尊号为"则天大圣皇帝"。⑧ 高宗：名李适(780—805 年在位)。⑨ 皇考：古人称已死的父亲叫考，也叫皇考。皇：大。镇：柳镇，柳宗元之父。⑩ 太常博士：唐太常寺置博士四人，主要职务是讨论谥法。⑪ 不能媚权贵：指柳镇任殿中侍御史时，不肯与宰相窦参等诬陷别人。⑫ 失御史：指柳镇被窦参贬职。御史：侍御史，官名。⑬ 逮：到。⑭ 崭然见(xiàn)头角：比喻青年人才华初显。崭然：突出的样子。见：同“现”，显露。⑮ 博学宏词：唐代科举设博学宏词科。⑯ 集贤殿正字：官名。掌刊刻经籍、校正文字等职务。集贤殿：收藏整理图书的机构。⑰ 廉悍：方正刚勇。⑱ 经史百子：儒家经典、史书和先秦百家著作。⑲ 踔(chuō)厉风发：精神焕发，议论纵横。⑳ 屈：使人折服。㉑ 出我门下：做我(按：此指诸公要人)的学生、门人。㉒ 贞元十九年：公元 803 年。贞元：唐德宗年号。㉓ 蓝田尉：蓝田县尉。蓝田治所在今陕西蓝田。县尉：官名，辅佐县令的军事官员。监察御史：官名，掌监察百官、整肃朝仪等职务。㉔ 顺宗：名李诵，公元 805 年在位。㉕ 礼部员外郎：官名，掌管礼仪。㉖ 遇用事者得罪：唐顺宗时，当权者王叔文进行政治改革。而唐宪宗即位后却遭贬黜，参与改革的柳宗元等也被株连贬官。㉗ 例出：被遣出。指永贞元年(805)柳宗元被贬为邵州(治所在今湖南邵阳)刺史一事。例：循例。㉘ 州司马：指永州司马。司马：刺史的属官。㉙ 务：勉力从事。记览：写作读书。㉚ 泛滥停蓄：形容文章既汪洋恣肆，又雄厚凝练。㉛ 涯涘(sì)：水的边际。㉜ 肆：任意纵横。㉝ 元和：唐宪宗李纯的年号(806—820)。㉞ 柳州：治所在今广西柳州。㉟ 因：顺着，依照。㊱ 教禁：教化和禁令。㊲ 质：抵押。㊳ 约不时赎：约定如果不能按时赎取。㊴ 子本相侔(móu)：利息与本钱相等。㊵ 书其佣：记下被抵押为奴者该得到的报酬。㊶ 观察使：官名，掌考察州县官吏政绩。下其法：推广其办法。㊷ 比：将近。㊸ 衡、湘：指今湖南衡山和湘水。㊹ 中山刘梦得禹锡：刘禹锡，字梦得，洛阳(今属河南)人，自言系出中山(今属河北正定)人，文学家，曾任监察御史，因参与王叔文的改革而被贬职。㊺ 播州：治所在今贵州遵义。㊻ 穷：处境困窘。㊼ 拜疏：向皇帝上疏。㊽ 连州：治所在今广东连县。㊾ 见(xian)：同“现”。㊿ 征逐：互相邀请宴饮。51 诩(xǔ)诩：形容谄媚。相取下：相互装出谦和样。52 夷狄：泛指少数民族。53 少：稍微。54 顾藉：爱惜。55 坐废退：受牵连被贬黜。坐：因罪受牵连。56 推挽：推举提拔。57 卒：终于。穷裔：穷困边远之地。58 台省：御史台和尚书省。59 元和十四年：公元 819 年。元和：唐宪宗年号。60 万年：县名，在今陕西长安境内。61 季：指小儿子。62 河东裴君行立：裴行立，绛州稷山(今属山西)人。元和十二年(817)任桂管观察使,为柳子厚上司。河东:郡名,治所在今山西永济蒲州镇。㊸ 重然诺:重信用。然、诺:答应的声音。㊹ 舅弟卢遵:表弟卢遵,是柳宗元舅舅的儿子。㊺ 涿:今河北涿县。㊻ 经纪:安排料理。㊼ 庶几:差不多。㊽ 室:此指坟墓。㊾ 既固既安:又牢固又安稳。㊿ 嗣人:指后代子孙。

【品评】作者与柳宗元乃人生至交,"韩柳"并称,感情极深。为好友写墓志铭,作者感情极其真挚自然。柳氏一生可记之事甚多,此文主要写三点:一是赞扬柳氏博学多才,出入经史,词章尤其出色;二是肯定柳氏勤政为民,举柳州政绩为例;三是感叹其"士穷见节义"的品格,以为刘禹锡调换贬谪地为例。此外对柳之仕途多舛虽表同情,但于其不克持身,因轻躁被斥(实指参加王叔文革新集团而被贬)以致无人解救,则予以委婉的批评,并不曲为之讳。此文以叙事为主,但亦因事发议,学习《史记》之《伯夷》、《屈原》二传手法。如于记柳对刘表现的节义之后,就议论风发,批评世上无节不义之恶习;于记柳之被贬谪之后,又议论柳失之东隅,收之桑榆,成就了文学上的成绩。

人评此文为"昌黎墓志第一,亦古今墓志第一"(储欣《唐宋八大家类选》卷十三)。"古今墓志第一"或许过誉,"昌黎墓志第一"当无愧。

卷九 唐宋文

柳宗元(773—819)

字子厚,河东(今山西永济)人,世称“柳河东”。唐德宗贞元年间进士。历任集贤殿正字、监察御史等职。因参加王叔文政治集团改革失败,被贬为永州司马,十年后又改任柳州刺史,人称“柳柳州”。卒于柳州(今属广西)。他虽然诗文兼工,但散文成就更大,为“唐宋八大家”之一。他一方面与韩愈共同倡导古文运动,一方面写了大量体裁不一、风格多元的散文作品。其政论、哲学论文,缜密严谨,其山水游记清幽隽永,其寓言作品深刻犀利。柳之诗风格清峭,亦自成一家。有《柳河东集》。

驳《复仇议》[①]

臣伏见天后时[②],有同州下邽人徐元庆者[③],父爽为县尉赵师韫所杀[④],卒能手刃父仇[⑤],束身归罪。当时谏臣陈子昂建议诛之而旌其闾[⑥],且请“编之于令,永为国典”。臣窃独过之[⑦]。

臣闻礼之大本[⑧],以防乱也。若曰无为贼虐[⑨],凡为子者杀无赦[⑩]。刑之大本,亦以防乱也。若曰无为贼虐,凡为治者杀无赦[⑪]。其本则合[⑫],其用则异[⑬],旌与诛莫得而并焉[⑭]。诛其可旌,兹谓滥,黩刑甚矣[⑮];旌其可诛,兹谓僭[⑯],坏礼甚矣。果以是示于天下,传于后代,趋义者不知所向,违害者不知所立,以是为典,可乎?盖圣人之制[⑰],穷理以定赏罚[⑱],本情以正褒贬[⑲],统于一而已矣。

向使刺谳其诚伪[⑳],考正其曲直,原始而求其端[㉑],则刑礼之用,判然离矣。何者?若元庆之父,不陷于公罪，师韫之诛，独以其私怨，奋其吏气，虐于非辜；州牧不知罪[22]，刑官不知问，上下蒙冒[23]，吁号不闻。而元庆能以戴天为大耻[24]，枕戈为得礼[25]，处心积虑，以冲仇人之胸，介然自克[26]，即死无憾。是守礼而行义也。执事者宜有惭色，将谢之不暇[27]，而又何诛焉？

其或元庆之父，不免于罪，师韫之诛，不愆于法[28]。是非死于吏也，是死于法也。法其可仇乎？仇天子之法，而戕奉法之吏[29]，是悖骜而凌上也[30]。执而诛之，所以正邦典[31]，而又何旌焉？

且其议曰："人必有子，子必有亲，亲亲相仇，其乱谁救？"是惑于礼也甚矣。礼之所谓仇者，盖其冤抑沉痛而号无告也；非谓抵罪触法，陷于大戮。而曰"彼杀之，我乃杀之"，不议曲直，暴寡胁弱而已。其非经背圣，不亦甚哉！

《周礼》[32]："调人[33]，掌司万人之仇"，"凡杀人而义者，令勿仇，仇之则死。有反杀者，邦国交仇之。"又安得亲亲相仇也？《春秋公羊传》曰[34]："父不受诛，子复仇可也。父受诛，子复仇，此推刃之道[35]，复仇不除害。"今若取此以断两下相杀，则合于礼矣。且夫不忘仇，孝也；不爱死，义也。元庆能不越于礼，服孝死义，是必达理而闻道者也[36]。夫达理闻道之人，岂其以王法为敌仇者哉？议者反以为戮，黩刑坏礼，其不可以为典，明矣。

请下臣议附于令。有断斯狱者，不宜以前议从事[37]。谨议。

【注释】①《复仇议》：唐代陈子昂所作的奏议。其对徐元庆杀死县尉为父报仇一事，认为报杀父之仇是孝，合乎礼义，但杀县尉则违法，故主张对徐既要绳之以法，又要加以表彰。柳宗元作此文驳之。② 伏：旧时下对上的谦词。天后：指武则天武曌（zhào），唐高宗李治的皇后，后又号为天后。公元690年自立为皇帝。③ 同州：州治在今陕西大荔。下邽（guī）：县名。在今陕西渭南。④ 县尉：低级官吏，掌管一县军事、治安。⑤ 卒：终于。⑥ 陈子昂（661—702）：初唐著名文学家，字伯玉，梓州射洪（今属四川）人，曾受到武则天的赏识，官至右拾遗。诛：杀掉。旌：表彰。闾（lǘ）：此指乡里。⑦ 过：过错。此为意动用法"以……为错"。⑧ 大本：根本作用。⑨ 若曰无为贼虐：如果说不要做残害虐杀之事。⑩ 凡为子者杀无赦：凡是作为儿子犯法杀人而复仇者，都要处死而不能赦免。⑪ 凡为治者杀无赦：凡是做官的，违法杀了无辜者，也要处死而不能赦免。⑫ 其本则合：指礼与法本质相通。⑬ 其用则异：采取的方法不同。⑭ 旌与诛：表彰与诛杀。⑮ 黩（dú）刑甚矣：严重亵渎刑法的尊严。⑯ 僭（jiàn）：超越本分。⑰ 制：法式，原则。⑱ 穷理：深究事理。⑲ 本情：根据事实。⑳ 向使：假使。谳（yàn）：审判定罪㉑ 原：推究。端：缘由。㉒ 州牧：指行政长官刺史。㉓ 蒙冒：蒙蔽。㉔ 戴天：共同生活在苍天下。语出《礼记》："父之仇，不与共戴天。"㉕ 枕戈：睡觉时都枕着兵器。语出《礼记》："居父母之仇，寝苫枕戈，不仕，弗与共天下也。"㉖ 介然：坚定不移的样子。自克：自我约束。㉗ 谢：认错，道歉。㉘ 愆（qiān）：失误，此指违背。㉙ 戕（qiāng）：残害。㉚ 悖（bèi）：违背。骜（ào）：轻视，傲慢。凌上：侵犯上司。㉛ 邦典：国法。㉜《周礼》：儒家经典之一。下引文见于《周礼·地官》。文字有出入。㉝ 调人：官名。㉞《春秋公羊传》：儒家经典之一。下引文见于《公羊传·定公四年》。㉟ 推刃：相互仇杀。㊱ 道：此指儒家之道。㊲ 从事：办事。处理。

【品评】此文为驳论，针对陈子昂《复仇议》所提出的对徐元庆为父报仇杀官一事，既要诛之、又要旌之的矛盾建议进行反驳。本文抓住"礼"与"刑"之关系做文章，以"旌诛莫得而并"为论旨。陈子昂认为徐元庆杀人报父仇虽合"礼"，而不合"法"。本文即对此加以辨析。首先论大前提，表彰与惩罚不可能同时并行，否则或者是"滥"刑，或者是"坏礼"。然后反复论证小前提徐之举是守礼而行义的表现，是"服孝死义"，并非"以王法为敌仇"，亦即不违法。从而得出结论：不应采纳陈子昂的建议。

此文分析透辟，又引经据典，具有很强的说服力，显示了韩愈所评"峻洁廉悍"的散文风格。

桐叶封弟辨①

古之传者有言②：成王以桐叶与小弱弟戏曰③："以封汝④。"周公入贺⑤。王曰："戏也。"周公曰："天子不可戏。"乃封小弱弟于唐⑥。

吾意不然⑦：王之弟当封邪，周公宜以时言于王⑧，不待其戏而贺以成之也⑨；不当封邪，周公乃成其不中之戏⑩，以地以人与小弱弟者为之主，其得为圣乎？且周公以王之言不可苟焉而已⑪，必从而成之邪？设有不幸，王以桐叶戏妇寺⑫，亦将举而从之乎？凡王者之德，在行之何若。设未得其当，虽十易之不为病⑬；要于其当⑭，不可使易也，而况以其戏乎？若戏而必行之，是周公教王遂过也⑮。

吾意周公辅成王，宜以道，从容优乐⑯，要归之大中而已⑰。必不逢其失而为之辞⑱；又不当束缚之，驰骤之⑲，使若牛马然，急则败矣。且家人父子，尚不能以此自克⑳，况号为君臣者邪！是直小丈夫缺缺者之事㉑，非周公所宜用，故不可信。

或曰："封唐叔㉒，史佚成之㉓。"

【注释】① 桐叶封弟：指周成王以桐树叶戏言封其弟叔虞，由周公促成之的故事。柳宗元对此事进行了辨正。② 传(zhuàn)：书传。此指《吕氏春秋·重言》和刘向《说苑·君道》等。其中载有周公摄政事。③ 成王：姓姬，名诵，西周武王之子。即位时年幼，由叔公周公摄政。小弱弟：指成王之弟叔虞。④ 封：帝王赐给臣下爵位或土地。⑤ 周公：姓姬，名旦，周武王之弟。⑥ 唐：古国名，故地在今山西翼城西。⑦ 意：料想，认为。⑧ 时：及时。⑨ 成之：促成桐叶封弟之事。⑩ 不中(zhòng)：不合适。⑪ 苟：苟且，轻率。⑫ 妇寺：妇人和宦官。⑬ 虽：即使。十易：改变十次。病：弊病。⑭ 要于其当：关键在于它恰当。⑮ 遂过：造成错误。⑯ 从容：指举止行动。优乐：娱乐。⑰ 大中：中道，不偏不倚。⑱ 辞：陈说。⑲ 驰骤之：使之奔驰。⑳ 自克：自我约束。㉑ 直：只，只是。缺缺：耍小聪明。㉒ 唐叔：即成王弟叔虞。㉓ 史佚：周武王时太史尹佚，即太史，掌管祭祀和记事等。据《史记·晋世家》载，是史佚促成了桐叶封弟之戏的。

【品评】此文就古代传言周成王戏以“桐叶封弟”，周公说“天子不可戏”，乃封其弟于唐一事进行辨正。文章先是驳论，连设三层反驳，认为王之弟当封与否，应根据事理当否，而不可以“天子不可戏”为理由，否则，“王以桐叶戏妇寺”，亦将封之矣。然后是立论，先阐明“王者之德”在于其政令效果如何，若不当可以更改，更何况“戏言”？再论述周公辅佐成王当以道义为诱导，既不逢迎，又不束缚，传言周公所为决非“周公所当用”，故不可信。末尾又借他人之口说：“封唐叔，史佚成之。”此看似闲笔，实际是一论据，证明周公并无促成“桐叶封弟”之荒唐事。全文段落分明，层层递进，语语紧逼，干净利落。文章虽短小，但令人百读不厌。

箕子碑[①]

凡大人之道有三[②]：一曰正蒙难[③]，二曰法授圣[④]，三曰化及民[⑤]。殷有仁人曰箕子[⑥]，实具兹道以立于世[⑦]。故孔子述六经之旨[⑧]，尤殷勤焉。

当纣之时[⑨]，大道悖乱[⑩]，天威之动不能戒，圣人之言无所用。进死以并命[⑪]，诚仁矣，无益吾祀[⑫]，故不为；委身以存祀[⑬]，诚仁矣，与亡吾国[⑭]，故不忍。具是二道[⑮]，有行之者矣。是用保其明哲[⑯]，与之俯仰[⑰]，晦是谟范[⑱]，辱于囚奴。昏而无邪，隤而不息[⑲]。故在《易》曰：“箕子之明夷[⑳]。”正蒙难也。及天命既改，生人以正[㉑]，乃出大法，用为圣师[㉒]。周人得以序彝伦[㉓]，而立大典。故在《书》曰：“以箕子归，作《洪范》[㉔]。”法授圣也。及封朝鲜，推道训俗，惟德无陋㉕，惟人无远㉖，用广殷祀㉗，俾夷为华㉘，化及民也。率是大道㉙，丛于厥躬㉚，天地变化，我得其正，其大人欤？

於虖㉛！当其周时未至，殷祀未殄㉜，比干已死，微子已去。向使纣恶未稔而自毙㉝，武庚念乱以图存㉞，国无其人，谁与兴理㉟？是固人事之或然者也。然则先生隐忍而为此，其有志于斯乎？

唐某年，作庙汲郡㊱，岁时致祀。嘉先生独列于《易》象㊲，作是颂云㊳。

【注释】① 箕子：商纣王的叔父，名胥余，太师。因封在箕地（今山西大谷一带），所以叫箕子。纣王无道，箕子劝谏反被囚禁。周灭商，传箕子曾远避朝鲜。周武王把朝鲜封给了他，箕子向周武王陈《洪范》大法。箕子被视为智与忠的典范，唐代建立祠庙祭祀之。碑：文体名。它分两部分：前一部分称“碑”，以散文记事；后一部分称“颂”，用韵文赞颂。本文之颂被编者删却。② 大人：指道德高尚的人。道：原则。③ 正蒙难：坚持正道，不怕蒙受危难。④ 法授圣：将法典传授给圣明的君主。⑤ 化及民：使人民得到教化。⑥ 殷：殷朝。⑦ 兹：此。⑧ 六经：指《诗》、《书》、《易》、《礼》、《乐》、《春秋》六书，为儒家经典。⑨ 纣：名辛，商朝的末代君主。⑩ 悖（bèi）乱：违背，混乱。⑪ 进死以并命：商王朝宗室大臣比干，因直言劝谏殷纣王而丧命。并：通“屏”，弃舍。⑫ 祀：祭祀，此指宗族。⑬ 委身以存祀：纣王的庶兄微子，因多次劝谏商纣王不被采纳而出走。武王灭商，他自缚降周，被封于宋，保存了商宗族。委身：指降顺。⑭ 与：通“预”，预先。亡：出走。⑮ 是：此。⑯ 是用：因此。明哲：明智。⑰ 俯仰：随波逐流。⑱ 晦：昏暗，隐藏。谟：谋略。范：法。⑲ 阏（tuí）：跌倒。⑳ 明夷：卦名，见于《易经·明夷》。卦象说“明入地中”。明：指太阳。夷：灭，指太阳落山。此谓箕子能韬晦。㉑ 生人：即生民，意谓周朝施行教育，抚养人民。㉒ 圣师：圣君之师，即周武王之师。㉓ 序彝伦：整顿伦理道德准则。彝：常规。伦：人伦。㉔《洪范》：《尚书》中的一篇，相传为箕子授给周武王的“天地之大法”。㉕ 惟德无陋：恩德广施，不管人之微贱。㉖ 无远：不管人是否在僻远之地。

㉗ 殷祀:殷朝宗绪。㉘ 俾:使。夷:东方的少数民族。㉙ 率:遵循。㉚ 丛于厥躬:集中在他身上。㉛ 於虖:同"呜呼"。㉜ 殄(tiǎn):灭绝。㉝ 向使:假如,假使。稔(rěn):庄稼成熟。比喻罪恶发展到了极点。㉞ 武庚:纣之子,商亡后被周武王封为殷君,周成王时因反叛被杀。㉟ 与:为。兴理:振兴,治理。㊱ 汲郡:治所在今河南汲县西南。㊲《易》象:《易经》之卦象。㊳ 颂:"碑"的后半部分。原文有近百字的颂文。

【品评】此文开篇即提出"大人之道有三:一曰正蒙难,二曰法授圣,三曰化及民"。此实即箕子之道,是本文的论述中心。然后展开论证,一一对应,语语征实,将箕子一生事业几乎写尽。至"於虖"以下则忽然换笔,一往情深,以充满赞叹的感情,抒写箕子之功。作者因参加王叔文集团,提倡政治改革而遭受打击。其赞扬箕子无疑乃有借以自勉之意,寄托自己的抱负,故黄震曰:"其有志于斯乎?"(《黄氏日钞》卷六十)

捕蛇者说[①]

永州之野产异蛇[②],黑质而白章[③]。触草木,尽死;以啮人[④],无御之者。然得而腊之以为饵[⑤],可以已大风、挛踠、瘘疠[⑥],去死肌[⑦],杀三虫[⑧]。其始,太医以王命聚之[⑨],岁赋其二;募有能捕之者,当其租入[⑩]。永之人争奔走焉。

有蒋氏者,专其利三世矣[⑪]。问之,则曰:"吾祖死于是[⑫],吾父死于是,今吾嗣为之十二年[⑬],几死者数矣。"言之貌若甚戚者[⑭]。余悲之,且曰:"若毒之乎[⑮]?余将告于莅事者[⑯],更若役[⑰],复若赋[⑱],则何如?"蒋氏大戚,汪然出涕曰:"君将哀而生之乎?则吾斯役之不幸,未若复吾赋不幸之甚也!向吾不为斯役[⑲],则久已病矣。自吾氏三世居是乡,积于今六十岁矣。而乡邻之生日蹙[⑳],殚其地之出[㉑],竭其庐之入,号呼而转徙,饥渴而顿踣[㉒]。触风雨,犯寒暑,呼嘘毒疠,往往而死者相藉也[㉓]。曩与吾祖居者㉔,今其室十无一焉;与吾父居者,今其室十无二三焉。与吾居十二年者,今其室十无四五焉。非死即徙尔,而吾以捕蛇独存。悍吏之来吾乡,叫嚣乎东西,隳突乎南北㉕,哗然而骇者,虽鸡狗不得宁焉。吾恂恂而起㉖,视其缶㉗,而吾蛇尚存,则弛然而卧。谨食之㉘,时而献焉。退而甘食其土之有,以尽吾齿㉙。盖一岁之犯死者二焉,其馀则熙熙而乐,岂若吾乡邻之旦旦有是哉㉚!今虽死乎此,比吾乡邻之死,则已后矣,又安敢毒邪?"

余闻而愈悲。孔子曰:"苛政猛于虎也㉛。"吾尝疑乎是。今以蒋氏观之,犹信。呜呼!孰知赋敛之毒,有甚是蛇者乎!故为之说,以俟夫观人风者得焉㉜。

【注释】① 捕蛇者:指柳宗元被贬永州所见以捕蛇为生的蒋氏。说:文体名,记事兼议论。② 永州:治所在今湖南零陵。③ 黑质:黑皮。白章:白花纹。④ 啮(niè)人:咬人。⑤ 腊(xī):风干。饵:指药饵。⑥ 大风:麻风病。挛踠(luán wǎn):手足蜷曲不能伸直的病。瘘疠(lòu lì):脓肿恶疮。⑦ 死肌:丧失功能的肌肉。⑧ 三虫:人脑、胸、腹内的寄生虫。⑨ 太医:官名,掌医药之政令。王命:皇帝旨令。之:指毒蛇。⑩ 当其租入:以蛇抵销其赋税。⑪ 专其利:专门享受以蛇抵税的好处。⑫ 是:指捕蛇。⑬ 嗣:继承。⑭ 戚:忧伤。⑮ 毒:怨恨。⑯ 莅(lì)事者:管理此事者。⑰ 更若役:改换你的差役。若:你的。⑱ 复若赋:恢复你的赋税。⑲ 向:假若。斯役:指捕蛇。⑳ 日蹙(cù):一天比一天窘迫。㉑ 殚(dān):用尽。㉒ 顿踣(bó):困顿跌倒。这里指倒毙。㉓ 藉:叠压。㉔ 曩(nǎng):从前。㉕ 隳(huī)突:破坏骚扰。㉖ 恂(xún)恂:担心的样子。㉗ 缶(fǒu):一种口小腹大的瓦器。㉘ 食(sì):喂养。㉙ 齿:年龄。此指馀生。㉚ 有是:指有死亡威胁。㉛ 苛政猛于虎也:语出《礼记·檀弓下》。㉜ 俟(sì):等待。人风:即民风,民间情况。

【品评】本文借捕蛇者之口批评中唐赋税之重。文章采用叙事手法,先述捕蛇者之苦、毒蛇之毒，十分凄惨，目的是作为铺垫，突出赋敛之毒远甚于蛇毒，更为凄惨。文章写得抑扬起伏，曲折低徊。因此捕蛇者宁愿承担毒蛇之险，而不愿恢复赋税，亦即顺理成章。最后引证孔子“苛政猛于虎”作结，亦水到渠成，十分自然。此文以“毒”字为通篇眼目，又以捕蛇之毒，以形赋税尤毒，并表达作者之“悲”与“愈悲”的感情变化，一片悯时之思、忧民之意，溢诸字里行间，尾句“以俟夫观人风者得之”，又将写此文的目的揭橥得非常明白。

种树郭橐驼传[①]

郭橐驼，不知始何名。病偻[②]，隆然伏行[③]，有类橐驼者[④]，故乡人号之“驼”。驼闻之曰：“甚善。名我固当。”因舍其名，亦自谓“橐驼”云。

其乡曰丰乐乡，在长安西[⑤]。驼业种树，凡长安豪富人为观游及卖果者，皆争迎取养[⑥]。视驼所种树，或迁徙，无不活；且硕茂，蚤实以蕃[⑦]。他植者，虽窥伺效慕[⑧]，莫能如也。

有问之，对曰：“橐驼非能使木寿且孳也[⑨]，以能顺木之天[⑩]，以致其性焉尔[⑪]。凡植木之性，其本欲舒[⑫]，其培欲平，其土欲故[⑬]，其筑欲密[⑭]。既然已[⑮]，勿动勿虑，去不复顾。其莳也若子[⑯]，其置也若弃，则其天者全[⑰]，而其性得矣。故吾不害其长而已，非有能硕茂之也。不抑耗其实而已[⑱]，非有能蚤而蕃之也。他植者则不然：根拳而土易[⑲]，其培之也，若不过焉则不及。苟有能反是者，则又爱之太殷，忧之太勤，旦视而暮抚，已去而复顾；甚者爪其肤以验其生枯[⑳]，摇其本以观其疏密，而木之性日以离矣。虽曰爱之，其实害之；虽曰忧之，其实仇之。故不我若也[㉑]。吾又何能为哉？”

问者曰:“以子之道,移之官理,可乎?”驼曰:“我知种树而已,官理,非吾业也。然吾居乡,见长人者㉒,好烦其令,若甚怜焉,而卒以祸㉓。旦暮吏来而呼曰:‘官命促尔耕㉔,勖尔植㉕,督尔获,蚤缫而绪㉖,蚤织而缕㉗,字而幼孩㉘,遂而鸡豚㉙!’鸣鼓而聚之,击木而召之㉚。吾小人辍飧饔以劳吏者㉛,且不得暇,又何以蕃吾生而安吾性邪?故病且殆㉜。若是,则与吾业者,其亦有类乎?”

问者嘻曰:“不亦善夫!吾问养树,得养人术。”传其事,以为官戒也。

【注释】① 郭橐驼:人名,善种树者。传:文体名。② 偻(lóu):痀偻病,鸡胸、驼背。③ 隆然伏行:驼背高耸,俯身走路。④ 橐(tuó)驼:骆驼。⑤ 长安:唐代的都城,今属陕西西安。⑥ 取养:雇用。⑦ 蚤:通“早”。蕃:繁多。⑧ 窥伺效慕:偷偷地观察、效仿。⑨ 孳(zī):繁殖。⑩ 天:天性。此指树木生长的规律。⑪ 致其性:使它按照自己的习性成长。⑫ 本:树根。⑬ 故:指熟土。⑭ 筑:把浮土砸实。⑮ 既然已:指种完树苗以后。⑯ 莳(shì):栽种。⑰ 其天者全:其生长天性得以充分发展。⑱ 抑耗:妨害,损伤。⑲ 根拳:树根拳曲。土易:换了新土。⑳ 爪其肤:用指甲抠破树皮。㉑ 不我若:不若我,不像我。㉒ 长人者:指官吏。长:用作动词,指治理。㉓ 卒:终于。祸:造成祸害。㉔ 尔:你们。㉕ 勖(xù):勉励。㉖ 缫(sāo):抽茧出丝。而:通“尔”,你们。绪:丝头,此指丝。㉗ 缕:纱。此指织布。㉘ 字:养育。㉙ 遂:成长。豚(tún):小猪。㉚ 木:此指梆子。㉛ 辍(chuò):中止。飧(sūn):晚饭。饔(yōng):早饭。劳:慰劳,招待。㉜ 病且怠:劳累疲惫。

【品评】此文是一篇传记。通篇以记郭橐驼之话为主,又颇多议论,乃是“传”的变体。开头简略介绍主人公名字的来历与种树技艺之高超,甚是生动,从而为下文其所言种树方法,增添了可信性和权威性。其口述种树之法,更包含治世至理,于是自然引出“官理”,借种树之法阐明做官治民之道,不过是从反面立论,举证“官理”之不善,以规讽世道。

文章记叙郭橐驼之言,富有个性,十分切合其身份,言语朴素而道理深刻。孙琮评曰："读者读其前文，竟是一篇游戏小文章；读其后文，又是一篇治人大文章。"(《山晓阁选唐大家柳柳州全集》卷四)可见此文构思奇特，小中见大。

梓人传[①]

裴封叔之第[②]，在光德里[③]。有梓人款其门[④]，愿佣隙宇而处焉[⑤]。所职寻引、规矩、绳墨[⑥]，家不居砻斫之器[⑦]。问其能，曰："吾善度材[⑧]。视栋宇之制，高深、圆方、短长之宜，吾指使而群工役焉。舍我，众莫能就一宇。故食于官府[⑨]，吾受禄三倍；作于私家，吾收其直大半焉[⑩]。"他日，入其室，其床阙足而不能理[⑪]，曰："将求他工。"余甚笑之，谓其无能而贪禄嗜货者[⑫]。

其后，京兆尹将饰官署[⑬]，余往过焉。委群材[⑭]，会众工，或执斧斤，或执刀锯，皆环立向之。梓人左持引，右执杖，而中处焉。量栋宇之任[⑮]，视木之能举[⑯]，挥其杖曰："斧！"彼执斧者奔而右；顾而指曰："锯！"彼执锯者趋而左。俄而，斤者斫，刀者削，皆视其色，俟其言[⑰]，莫敢自断者。其不胜任者，怒而退之，亦莫敢愠焉[⑱]。画宫于堵[⑲]，盈尺而曲尽其制，计其毫厘而构大厦，无进退焉[⑳]。既成，书于上栋曰"某年某月某日某建"，则其姓字也。凡执用之工不在列。余圜视大骇，然后知其术之工大矣[㉑]。

继而叹曰：彼将舍其手艺，专其心智，而能知体要者欤[㉒]？吾闻劳心者役人，劳力者役于人。彼其劳心者欤！能者用而智者谋，彼其智者欤？是足为佐天子、相天下法矣[㉓]。物莫近乎此也。彼为天下者，本于人。其执役者，为徒隶[24]，为乡师、里胥[25]。其上为下士[26]；又其上为中士，为上士；又其上为大夫，为卿，为公。离而为六职[27]，判而为百役[28]。外薄四海[29]，有方伯、连率[30]。郡有守[31]，邑有宰[32]，皆有佐政[33]；其下有胥吏[34]，又其下皆有啬夫、版尹[35]，以就役焉。犹众工之各有执技以食力也。

彼佐天子相天下者，举而加焉[36]，指而使焉，条其纲纪而盈缩焉[37]，齐其法制而整顿焉，犹梓人之有规矩、绳墨以定制也。择天下之士，使称其职；居天下之人[38]，使安其业。视都知野[39]，视野知国[40]，视国知天下，其远迩细大[41]，可手据其图而究焉，犹梓人画宫于堵而绩于成也[42]。能者进而由之[43]，使无所德；不能者退而休之，亦莫敢愠。不炫能[44]，不矜名，不亲小劳[45]，不侵众官，日与天下之英才，讨论其大经[46]，犹梓人之善运众工而不伐艺也[47]。夫然后相道得而万国理矣[48]。

相道既得，万国既理，天下举首而望曰："吾相之功也。"后之人循迹而慕曰："彼相之才也。"士或谈殷、周之理者，曰伊、傅、周、召[49]，其百执事之勤劳，而不得纪焉，犹梓人自名其功而执用者不列也。大哉相乎！通是道者，所谓相而已矣。

其不知体要者反此。以恪勤为公[50]，以簿书为尊[51]，炫能矜名，亲小劳，侵众官，窃取六职百役之事，听听于府庭[52]，而遗其大者、远者焉，所谓不通是道者也。犹梓人而不知绳墨之曲直、规矩之方圆、寻引之短长，姑夺众工之斧斤、刀锯以佐其艺，又不能备其工[53]，以至败绩，用而无所成也，不亦谬欤？

或曰："彼主为室者，倘或发其私智，牵制梓人之虑[54]，夺其世守而道谋是用[55]，虽不能成功，岂其罪邪？

亦在任之而已[56]。”

余曰：不然。夫绳墨诚陈[57]，规矩诚设，高者不可抑而下也，狭者不可张而广也。由我则固，不由我则圮[58]。彼将乐去固而就圮也，则卷其术，默其智，悠尔而去[59]，不屈吾道[60]，是诚良梓人耳。其或嗜其货利，忍而不能舍也；丧其制量，屈而不能守也，栋桡屋坏[61]，则曰：“非我罪也。”可乎哉！可乎哉！

余谓梓人之道类于相，故书而藏之。

梓人，盖古之审曲面势者[62]，今谓之“都料匠”云[63]。余所遇者，杨氏，潜，其名。

【注释】① 梓人：木工。此指建筑设计者。传：文体名。② 裴封叔：名墐，柳宗元的姊夫，闻喜（今属山西）人，曾为长安县令。第：住宅。③ 光德里：旧址在今陕西西安西南郊。④ 款：通“叩”。⑤ 佣：指出劳力以抵房租。隙宇：空闲的房子。⑥ 职：掌管。寻引：长度单位，八尺为“寻”，十丈为“引”，此指测量工具。规矩：木工工具，校正圆形的叫“规”，校正方形的叫“矩”。绳墨：木工画直线的工具。⑦ 居：积存。砻（lóng）：磨。斫（zhuó）：砍。⑧ 度（duó）：量长短。⑨ 食于官府：受官府雇用。⑩ 直：通“值”，报酬。⑪ 阙：通“缺”。理：修理。⑫ 货：钱物。⑬ 京兆尹：官名，京兆府（治所在今陕西西安）的长官。⑭ 委：堆积。⑮ 栋宇之任：房屋的规模。⑯ 举：承担。⑰ 俟（sì）：等待。⑱ 愠（yùn）：怨恨。⑲ 画宫于堵：把房屋的设计图画在墙壁上。⑳ 进退：等于说“出入”。㉑ 工大：技艺之作用甚大。㉒ 体要：主体和纲要。指关键。㉓ 相天下：治理天下。㉔ 徒隶：社会底层从事各种体力劳动的人。㉕ 乡师、里胥：泛指小官吏。乡师：一乡之长。里胥：一里之长。㉖ 下士：西周时期统治阶级中的最低等级。其上有中士、上士、大夫、卿、公等各级官僚，借以指统治阶级中的各阶级官吏。㉗ 离：粗分。六职：指王公、士大夫、百工、商旅、农夫、妇功六种职别。㉘ 判：细分。百役：许多种职役。㉙ 薄：迫近。四海：指国家的四境。㉚ 方伯：一方诸侯中的领袖。连率：即“连帅”，统辖十国的诸侯。㉛ 守：太守，一郡的最高行政长官。㉜ 邑：县。宰：指一县的最高行政长官。㉝ 佐政:指郡、县等的副长官,㉞ 胥吏:办理文书的小吏。㉟ 啬夫:佐助县令管理赋税、诉讼等事务的乡官。版尹:主管户籍的官吏。版:即户籍。㊱ 举而加焉:选拔各种官吏,赋予他们各种职务。焉:代词,指各级官吏。㊲ 条其纲纪:整理纲纪使其有条理。盈缩:增减。㊳ 居:安置。㊴ 都:都城。野:旷野,指乡村。㊵ 国:诸侯王的封地。㊶ 迩:近。㊷ 绩于成:指房屋设计图经实施而业绩完成。㊸ 由:用。㊹ 炫(xuàn):卖弄才能。㊺ 不亲小劳:不亲自去做小事。㊻ 大经:根本的原则、法则。㊼ 伐:自夸。㊽ 相道:当宰相的方法。万国:万方,指整个国家。理:治。㊾ 伊:伊尹,商初的功臣,曾佐商灭夏。傅:傅说(yuè),商王武丁大臣。周:周公,周武王之弟,佐武王灭商,后辅佐成王。召(shào):召公,姓姬,名奭(shì),曾佐武王灭商,后与周公一起辅佐成王。㊿ 恪(kè)勤:谨慎勤恳。51 簿书:文书。泛指具体事务。52 听(yín)听:通"龂龂",争辩的样子。53 备:完备,完成。54 虑:思考,谋划。55 世守:指固有的经验法则。道谋是用:听信过路不负责任的议论。指造屋的主人,不信任梓人的方案而同过路的人商量,结果屋子终于造不成。56 任之:是否信任梓人。57 诚陈:确实已完备。58 圮(pǐ):倒塌。59 悠尔:远的样子。尔:形容词词尾,无义。60 屈:受压而弯曲。61 桡(náo):弯曲变形。62 审曲面势:审视材料的曲直形状。63 都料匠:总管材料和施工的匠人。

【品评】此文与前文结构相类,不同的是未采用主人公自述形式,而是以第三人称评述。本文是以"梓人之道"与"为相之道"相比照、相映衬。前半篇写梓人,突出"其术之工大矣",即不在于个人手艺之高而在于"专其心智",善于设计、指挥之"劳心"的管理才能。下半篇由"梓人之善运众工而不伐艺",引申出"相道得而万国理矣",从正面强调宰相治国"犹梓人"一样,要合理选拔、安排人才,统观全局,整顿纲纪;再从反面论述,批评一些人为博取名声,忙于"小劳",取代"六职百役之事",而不能识大事、有远虑。此外,又指出宰相治国之道若不被天子采纳,则应当辞职而"不屈吾道",不该贪图"货利"而不舍其位。最后得出结论:梓人之道类于相。此文显然是针对中唐宰相平庸无能而发,乃是一篇大臣论。

此文前半与后半相辅相成:写梓人处处隐伏下半幅,写相道处处回应上半幅。李扶九评曰:"一梓人耳,看出宰相之道来。小中见大,识解高卓,笔力劲健,无怪韩、柳并称也。"(《古文笔法百篇》卷九)可称中肯之言。

愚溪诗序[①]

灌水之阳有溪焉[②]，东流入于潇水[③]。或曰：冉氏尝居也，故姓是溪为冉溪。或曰：可以染也，名之以其能，故谓之染溪。余以愚触罪，谪潇水上。爱是溪，入二三里，得其尤绝者家焉[④]。古有愚公谷[⑤]，今余家是溪，而名莫能定，土之居者，犹龂龂然[⑥]，不可以不更也，故更之为愚溪。

愚溪之上，买小丘，为愚丘。自愚丘东北行六十步，得泉焉，又买居之，为愚泉。愚泉凡六穴，皆出山下平地，盖上出也。合流屈曲而南，为愚沟，遂负土累石，塞其隘[⑦]，为愚池。愚池之东为愚堂，其南为愚亭，池之中为愚岛。嘉木异石错置，皆山水之奇者，以余故，咸以愚辱焉。

夫水，智者乐也[⑧]。今是溪独见辱于愚，何哉？盖其流甚下，不可以灌溉；又峻急多坻石[⑨]，大舟不可入也。幽邃浅狭，蛟龙不屑，不能兴云雨，无以利世，而适类于余，然则虽辱而愚之，可也。

宁武子"邦无道则愚[⑩]"，智而为愚者也；颜子"终日不违如愚[⑪]"，睿而为愚者也[⑫]：皆不得为真愚。今余遭有道而违于理[⑬]，悖于事[⑭]，故凡为愚者，莫我若也。夫然，则天下莫能争是溪，余得专而名焉。

溪虽莫利于世，而善鉴万类，清莹秀澈，锵鸣金石[⑮]，能使愚者喜笑眷慕，乐而不能去也。余虽不合于俗，亦颇以文墨自慰，漱涤万物[⑯]，牢笼百态[⑰]，而无所避之。以愚辞歌愚溪，则茫然而不违，昏然而同归，超鸿蒙[⑱]，混希夷[19]，寂寥而莫我知也[20]。于是作《八愚诗》，记于溪石上。

【注释】① 愚溪诗：指柳宗元贬永州后所作《八愚诗》。今已佚。序：序文。② 灌水：源出广西灌阳。阳：水的北面。③ 潇水：湘江支流，在湖南零陵入湘江。④ 家：安家。⑤ 愚公谷：在今山东淄博北。据《说苑·政理》记载：齐桓公出去打猎，走入山谷中，见一老翁，便问谷名，老人说叫愚公谷。并说是按照他的名字而称之。⑥ 龂(yín)龂然：争辩的样子。⑦ 隘：狭窄之处。⑧ 智者乐(yào)也：语出《论语·雍也》："知者乐水，仁者乐山。"乐：爱好。⑨ 坻(chí)：水中小州。⑩ 宁武子：名俞，谥武，春秋时卫国大夫。《论语·公冶长》："宁武子邦有道则智，邦无道则愚。其智可及也，其愚不可及也。"⑪ 颜子：颜回，字子渊，孔子弟子。《论语·为政》："吾与回言终日，不违如愚。退而省其私，亦足以发，回也不愚。"⑫ 睿(ruì)：明智。⑬ 有道：指当朝政治清明。⑭ 悖：违反。⑮ 锵(qiāng)鸣金石：水流发出钟磬般的响声。锵：金玉相击声。⑯ 漱涤：洗涤。⑰ 牢宠：包罗。⑱ 鸿蒙：指宇宙形成以前的混沌状态。⑲ 希夷：指无声无色，空虚寂静的境界。语出《老子》。⑳ 莫我知：不知我，不了解我。

【品评】此文从头到尾贯穿一"愚"字。而写溪水之"愚"，实为映衬自己之"愚"。所谓"愚"系自嘲，乃是宣泄因立志改革而遭贬斥的抑郁之怀，纯为反语，词委曲而意深长。文虽写溪之"愚"，所谓"无以利世"；但末尾又写溪"善鉴万类"，暗示其明；写"清莹秀澈"，暗示其清；写"锵鸣金石"，暗示其韵：可见其实际不愚。又写自己虽"愚"，"不合于俗"，但颇富文采，"漱涤万物，牢笼百态"，颇为自负，可见其自己实际亦不愚。此乃前抑后扬的章法，使文章曲折有致，异趣盎然。

永州韦使君新堂记[1]

将为穹谷、嵁岩、渊池于郊邑之中[2]，则必辇山石[3]，沟涧壑[4]，陵绝险阻[5]，疲极人力，乃可以有为也。然而求天作地生之状，咸无得焉[6]。逸其人[7]，因其地[8]，全其天[9]，昔之所难，今于是乎在。

永州实惟九疑之麓[10]。其始度土者[11]，环山为城。有石焉，翳于奥草[12]；有泉焉，伏于土涂[13]。蛇虺之所蟠[14]，狸鼠之所游，茂树恶木，嘉葩毒卉[15]，乱杂而争植，号为秽墟。

韦公之来，既逾月，理甚无事[16]。望其地，且异之。始命芟其芜[17]，行其涂[18]。积之丘如[19]，蠲之浏如[20]。既焚既酾[21]，奇势迭出。清浊辨质，美恶异位。视其植，则清秀敷舒[22]；视其蓄[23]，则溶漾纡馀[24]。怪石森然，周于四隅[25]。或列或跪，或立或仆，窍穴逶邃[26]，堆阜突怒。乃作栋宇[27]，以为观游。凡其物类，无不合形辅势，效伎于堂庑之下[28]。外之连山高原，林麓之崖，间厕隐显[29]；迩延野绿[30]，远混天碧，咸会于谯门之内[31]。

已[32]，乃延客入观[33]，继以宴娱，或赞且贺曰："见公之作，知公之志。公之因土而得胜，岂不欲因俗以成化？公之择恶而取美[34]，岂不欲除残而佑仁？公之蠲浊而流清，岂不欲废贪而立廉？公之居高以望远，岂不欲家抚而户晓[35]？夫然，则是堂也，岂独草木、土石、水泉之适欤？山原、林麓之观欤？将使继公之理者[36]，视其细，知其大也。"

宗元请志诸石[37]，措诸壁[38]，编以为二千石楷法[39]。

【注释】① 永州：治所在今湖南零陵。韦使君：姓韦，永州刺史。记：文体名。② 穹谷：深谷。嵁（kān）岩：峭壁。渊池：深池。③ 辇：车，此作动词用，指用车装载。④ 沟：作动词用，指沟通，开凿。⑤ 陵绝：超越。⑥ 咸：都。⑦ 逸其人：让人安逸不劳累。⑧ 因其地：顺应地势。⑨ 全其天：保全天然面貌。⑩ 九疑：即九嶷山，在今湖南境内。⑪ 度（duó）：度量，此为勘测规划。⑫ 翳（yì）：遮蔽。奥草：深草。⑬ 伏：遮掩。涂：污泥。

⑭ 虺(huǐ):一种毒蛇。蟠:盘屈而伏。⑮ 葩:花。卉:草。⑯ 理:治理。⑰ 芟(shān):割除。芜:荒草。⑱ 行其涂:清除污泥。行:流通,疏导。⑲ 积之丘如:堆积土石如山丘。如:语气助词。⑳ 蠲(juān)之:疏浚泉源。蠲:清洁,使动用法。浏如:水清澈的样子。㉑ 酾(shī):疏导。㉒ 敷舒:枝叶舒展。㉓ 蓄:指积蓄的湖水。㉔ 溶漾纡(yū)馀:泉水动荡曲折。㉕ 四隅:四方。㉖ 窍穴:指山洞。逶邃:曲折深远。㉗ 栋宇:堂屋。㉘ 庑(wǔ):堂下四周的屋子。㉙ 间厕:互交错杂。㉚ 迩(ěr):近。㉛ 谯(qiáo)门:建筑在门楼上用以瞭望的楼。㉜ 已:指新堂建成之后。㉝ 延:邀请。㉞ 择:应作"释",舍弃。㉟ 晓:据另本,晓应作"饶",富裕。㊱ 理:治理。㊲ 志:镌刻。㊳ 措:放置,嵌置。㊴ 编:指编入书籍。二千石:指州刺史。汉代郡守的俸禄为二千石,故称。

【品评】此文虽题为"新堂记",但其重点并非记新堂之本身,而是写新堂的环境和景物,因为文章主旨乃在于借环境与景物之变化,表达作者的政治见解。这就使文章立意高远,小中见大。与此相关,文章采用对比、映照的表现手法,主要是新堂环境与景物于治理前后荒秽与秀美的比照。这不仅表现出韦使君的贤能与功绩,更为下面的议论发挥作了铺垫。文章从治理环境与影响引申出改革政治之意,虽借客人之口述之,实际是作者的心声,表达甚为巧妙。

钴𬭁潭西小丘记[①]

得西山后八日[②],寻山口西北道二百步[③],又得钴𬭁潭。西二十五步,当湍而浚者为鱼梁[④]。梁之上有丘焉,生竹树。其石之突怒偃蹇[⑤],负土而出,争为奇状者,殆不可数:其嵚然相累而下者[⑥],若牛马之饮于溪;其冲然角列而上者[⑦],若熊罴之登于山[⑧]。

丘之小不能一亩,可以笼而有之[⑨]。问其主,曰:"唐氏之弃地,货而不售[⑩]。"问其价,曰:"止四百。"余怜而售之[⑪]。李深源、元克己时同游[⑫],皆大喜,出自意外。即更取器用[⑬],铲刈秽草[⑭],伐去恶木,烈火而焚之[⑮]。嘉木立，美竹露，奇石显。由其中以望，则山之高，云之浮，溪之流，鸟兽之遨游，举熙熙然回巧献技⑯，以效兹丘之下⑰。枕席而卧，则清泠之状与目谋⑱，瀯瀯之声与耳谋⑲，悠然而虚者与神谋⑳，渊然而静者与心谋㉑。不匝旬而得异地者二㉒，虽古好事之士，或未能至焉。

噫！以兹丘之胜㉓，致之沣、镐、鄠、杜㉔，则贵游之士争买者，日增千金而愈不可得。今弃是州也，农夫、渔父过而陋之。价四百，连岁不能售。而我与深源、克己独喜得之，是其果有遭乎㉕？书于石，所以贺兹丘之遭也。

【注释】① 钴鉧（gǔ mǔ）潭：潭名。其形似熨斗。钴鉧：熨斗。记：文体名。② 得：得到，发现。西山：在永州（今湖南零陵）城西。柳宗元在唐元和四年（809）九月二十八日发现西山。③ 寻：沿着。道：行走。步：五尺为一步。④ 湍（tuān）：水流急。浚（jùn）：水很深。鱼梁：阻水的小坎，中间有缺口，放置捕鱼工具笱（gǒu），鱼穿过即入笱。⑤ 突怒：形容石头突起耸立。偃蹇（yǎn jiǎn）：形容山石傲然高耸。⑥ 嵚（qīn）然：高耸的样子。⑦ 冲然：突起向前的样子。角列：像兽角一样排列。⑧ 罴（pí）：一种褐色的熊。⑨ 笼（lǒng）：包罗。⑩ 货：出卖。不售：卖不出。⑪ 怜：喜爱。售之：买下它。⑫ 李深源、元克己：与作者同游的朋友，生平不详。⑬ 更：轮流。取器用：拿起各种工具。⑭ 刈（yì）：割。⑮ 烈火：燃起大火。⑯ 举：全部。熙熙然：快乐的样子。回巧献技：显示技巧，表现技艺。⑰ 效：献出。⑱ 清泠（líng）：形容景色清凉。与目谋：与眼睛接触，映入眼帘。⑲ 瀯（yíng）瀯：溪水回流的声音。与耳谋：声音传入耳中。⑳ 悠然而虚者：幽远空虚的意境。与神谋：与精神相融。㉑ 渊然：静默的样子。与心谋：与内心相通。㉒ 不匝（zā）旬：不满十天。㉓ 胜：秀美的景色。㉔ 沣（fēng）、镐（hào）、鄠（hù）、杜：都是地名。沣：周代地名，在今陕北户县。镐：在今陕西西安西南，为古代周武王的都城。鄠：在今陕西户县北。杜：在今陕西长安东南。诸地皆在唐朝首都长安附近，为豪门贵族居住地。㉕ 遭：际遇。

【品评】文章开头描述钴鉧潭西小丘的景色，突出其石之“奇状”，比喻新颖。次写小丘尽管奇美，却遭人“弃”的可悲命运，以及幸由自己购之、治之得以重现风采，情景交融。最后则发表感慨，借小丘之价值与遭际比附自己，而且不无被人“发现”与改变命运的期待。林纾评曰：“沣、镐、鄠、杜，朝廷也；贵游之士，执政也；争买者，置之门下也；言弃者，谪居也。”（《古文辞类纂选本》卷九）深刻揭示了文章的寓意。

小石城山记①

自西山道口径北②，逾黄茅岭而下，有二道：其一西出，寻之无所得；其一少北而东，不过四十丈，土断而川分，有积石横当其垠③。其上为睥睨、梁欐之形④，其旁出堡坞⑤，有若门焉。窥之正黑，投以小石，洞然有水声。其响之激越，良久乃已。环之可上，望甚远，无土壤而生嘉树美箭⑥，益奇而坚。其疏数偃仰⑦，类智者所施设也。

噫！吾疑造物者之有无久矣⑧，及是，愈以为诚有⑨。又怪其不为之于中州⑩，而列是夷狄⑪，更千百年不得一售其伎⑫，是固劳而无用。神者傥不宜如是⑬，则其果无乎？或曰：“以慰夫贤而辱于此者。”或曰：“其气之灵，不为伟人⑭，而独为是物⑮；故楚之南⑯，少人而多石。”是二者，余未信之。

【注释】① 小石城山：在今湖南零陵境内，属永州所辖。记：文体名。② 西山：在永州西面潇水边。③ 垠：边界。④ 睥睨（bì nì）：城上的矮墙。梁欐（lì）：栋梁，借指楼房。⑤ 堡坞（wù）：小城。⑥ 箭：一种小竹子。⑦ 疏数（shuò）：疏密。偃仰：俯仰。⑧ 造物者：创造万物的神灵。⑨ 诚有：确实有。⑩ 中州：中原。⑪ 夷狄：古代称我国东方少数民族为“夷”，称北方少数民族为“狄”。此指偏僻的永州。⑫ 更：经历。售其伎：显示其美妙的姿态。⑬ 神：神灵。傥：或许。⑭ 为：造就。⑮ 是物：指美景。⑯ 楚之南：指永州。

【品评】文章先记小石城山之景，写山道、写山冈、写石堡、写石洞、写嘉树美竹，皆奇美有致，宛若“智者所施设”。写景意在引发下面的议论，突出的是如此美景“不为之于中州，而列是夷狄，更千百年不得一售其伎”，此与自己的遭际正相仿佛。而其寓意与《钴𬭁潭西小丘记》并无二致，抒发的是政治上不得志的牢骚不平之气。关于“造物主之有无”的议论，诙谐变幻，故作玩世语，亦旨在一吐胸中郁勃。

贺进士王参元失火书[1]

得杨八书[2]，知足下遇火灾[3]，家无馀储。仆始闻而骇，中而疑，终乃大喜，盖将吊而更以贺也。道远言略，犹未能究知其状，若果荡焉泯焉而悉无有[4]，乃吾所以尤贺者也。

足下勤奉养，乐朝夕，惟恬安无事是望也[5]。今乃有焚炀赫烈之虞[6]，以震骇左右[7]，而脂膏滫瀡之具[8]，或以不给，吾是以始而骇也。

凡人之言皆曰：盈虚倚伏[9]，去来之不可常。或将大有为也，乃始厄困震悸，于是有水火之孽，有群小之愠[10]。劳苦变动，而后能光明，古之人皆然。斯道辽阔诞漫[11]，虽圣人不能以是必信，是故中而疑也[12]。

以足下读古人书，为文章，善小学[13]，其为多能若是[14]，而进不能出群士之上，以取显贵者，盖无他焉[15]。京城人多言足下家有积货，士之好廉名者，皆畏忌不敢道足下之善，独自得之心，蓄之衔忍[16]，而不能出诸口。以公道之难明，而世之多嫌也[17]。一出口，则嗤嗤者以为得重赂[18]。

仆自贞元十五年[19]，见足下之文章，蓄之者盖六七年未尝言。是仆私一身而负公道久矣，非特负足下也。及为御史、尚书郎⑳，自以幸为天子近臣，得奋其舌㉑，思以发明足下之郁塞。然时称道于行列㉒，犹有顾视而窃笑者。仆良恨修己之不亮㉓，素誉之不立，而为世嫌之所加，常与孟几道言而痛之㉔。

乃今幸为天火之所涤荡，凡众之疑虑，举为灰埃。黔其庐㉕，赭其垣㉖，以示其无有。而足下之才能，乃可以显白而不污，其实出矣，是祝融、回禄之相吾子也㉗。则仆与几道十年之相知，不若兹火一夕之为足下誉也。宥而彰之㉘，使夫蓄于心者，咸得开其喙㉙，发策决科者㉚，授子而不栗㉛。虽欲如向之蓄缩受侮㉜，其可得乎？于兹吾有望于子，是以终乃大喜也。

古者列国有灾㉝，同位者皆相吊。许不吊灾，君子恶之㉞。今吾之所陈若是，有以异乎古，故将吊而更以贺也。颜、曾之养㉟，其为乐也大矣，又何阙焉㊱？

【注释】① 王参元：濮阳（今属河南）人，唐宪宗元和二年（807）进士，家富多财，不幸失火。柳宗元写此信祝贺。② 杨八：名敬之，行八。③ 足下：敬辞，尊称对方。④ 荡焉泯焉：荡然无存。焉：形容词词尾。悉：全，都。⑤ 恬安：恬静安闲。是：宾语倒置的标志，希望恬安无事。⑥ 焚炀（yáng）：焚烧。赫烈：火势猛烈。虞：忧，不幸。⑦ 左右：旧时书信中称对方，不直称其人，仅称他的左右执事人，以表示尊敬。⑧ 滫（xiǔ）：淘米水。瀡（suǐ）：使菜肴柔滑的作料，指淀粉一类。⑨ 倚伏：《老子》：“祸兮福之所倚，福兮祸之所伏。”⑩ 愠（yùn）：怨恨。祸福互为倚托，互相转化。⑪ 诞漫：荒诞无限。⑫ 中而疑：产生怀疑。⑬ 小学：旧时对文字学、音韵学、训诂学的总称。⑭ 若是：像这样。⑮ 盖：表示原因的副词。⑯ 衔：含。此指藏在心里不说。⑰ 嫌：嫌猜。⑱ 嗤嗤者：好讥笑的人。⑲ 贞元：唐德宗年号（785—805）。贞元十五年：公元799年。⑳ 御史：指监察御史。尚书郎：指尚书省礼部员外郎。㉑ 奋其舌：摇动其舌，指对皇帝劝谏等。㉒ 行列：此指同僚。㉓ 不亮：不明显。㉔ 孟几道：孟简，字几道，柳宗元的好友。㉕ 黔：黑色，此用如动词，指烧黑。㉖ 赭（zhě）：红色，此用如动词，指烧红。㉗ 祝融、回禄：皆传说中的火神。相：辅助。㉘ 宥而彰之：宽宥您而宣扬您的声名。㉙ 喙（huì）：鸟兽的嘴。此借指人的嘴。㉚ 策：策问，唐代科举考试的内容之一。科：科举取士。㉛ 授子：授您官职。栗：害怕。㉜ 蓄缩受辱：隐忍委曲，蒙受羞辱。㉝ 列国：指春秋时各诸侯国。㉞ 许不吊灾，君子恶之：据《左传》记载：鲁昭公十八年（前520），宋、卫、陈、郑四国发生火灾，许国没有去慰问，为人们所不满。有识人士推测许国将要灭亡。许：春秋时国名，在今河南许昌一带。㉟ 颜、曾：即颜回、曾参，皆为孔子的弟子。据《论语》记载，孔子曾经称赞颜回能安贫乐道。又据史书记载，曾参事亲至孝。㊱ 阙（quē）：同“缺”。

【品评】进士王参元家遇火灾，文章开篇既表示“骇”、“疑”，更表示“大喜”，“将吊而更以贺之”，从奇处立论，为全文制造了悬念，引人入胜。然后再逐一进行阐释。但写“骇”、写“疑”只是一笔带过，虚晃一枪；写“大喜”而贺之，乃是正意。写其之所以“大喜”，一方面是可以公开表彰进士王参元之善，而无所顾忌了；一方面则是批评官场公道难明、世人多是非的弊端，笔曲而语辣。此文因失火而喜，因失火而表王参元之才，虽为奇文奇事，然语奇而理正，似奇而实平。

王禹偁（954—1001）

字元之，济州巨野（今属山东）人。北宋太平兴国年间进士，历任右拾遗、翰林学士、知制诰等职。他敢于直言进谏，却屡遭贬谪。晚年出任黄州知州，人称“王黄州”，后迁蕲州知州，病故。王禹偁于政治主张改革，于诗文倡导“韩柳文章李杜诗”，反对绮靡之风。其诗文简朴平易，清新自然，多揭露现实、针砭时弊之作。有《小畜集》、《小畜外集》。

待漏院记①

天道不言，而品物亨②，岁功成者③，何谓也？四时之吏、五行之佐④，宣其气矣⑤。圣人不言⑥，而百姓亲、万邦宁者，何谓也？三公论道[⑦]，六卿分职[⑧]，张其教矣[⑨]。是知君逸于上，臣劳于下，法乎天也[⑩]。古之善相天下者[⑪]，自咎、夔至房、魏[⑫]，可数也。是不独有其德，亦皆务于勤耳。况夙兴夜寐[⑬]，以事一人，卿大夫犹然，况宰相乎？

朝廷自国初，因旧制[⑭]，设宰相待漏院于丹凤门之右[⑮]，示勤政也。乃若北阙向曙[⑯]，东方未明，相君启行[⑰]，煌煌火城[⑱]。相君至止，哕哕鸾声[⑲]。金门未辟[⑳]，玉漏犹滴[㉑]。撤盖下车，于焉以息。

待漏之际，相君其有思乎？其或兆民未安[㉒]，思所泰之[㉓]；四夷未附[㉔]，思所来之[㉕]。兵革未息，何以弭之[㉖]？田畴多芜，何以辟之？贤人在野，我将进之；佞人立朝，我将斥之。六气不和[㉗]，灾眚荐至[㉘]，愿避位以禳之[㉙]；五刑未措[㉚]，欺诈日生，请修德以厘之[㉛]。忧心忡忡，待旦而入。九门既启[㉜]，四聪甚迩[㉝]。相君言焉，时君纳焉。皇风于是乎清夷[㉞]，苍生以之而富庶。若然，则总百官[㉟]，食万钱[㊱]，非幸也，宜也。

其或私仇未复，思所逐之；旧恩未报，思所荣之。子女玉帛[㊲]，何以致之？车马玩器，何以取之？奸人附势，我将陟之[㊳]；直士抗言[㊴]，我将黜之[㊵]。三时告灾[㊶]，上有忧色，构巧词以悦之[㊷]；群吏弄法，君闻怨言，进谄容以媚之。私心慆慆[㊸]，假寐而坐[㊹]。九门既开，重瞳屡回[㊺]。相君言焉，时君惑焉。政柄于是乎隳哉[㊻]，帝位以之而危矣。若然，则死下狱，投远方[㊼]，非不幸也，亦宜也。

是知一国之政，万人之命，悬于宰相，可不慎欤？复有无毁无誉，旅进旅退[㊽]，窃位而苟禄[㊾]，备员而全身者[㊿]，亦无所取焉。

竦寺小吏王禹偁为文[51]，请志院壁[52]，用规于执政者。

【注释】① 待漏院：宰相清晨上朝时等候天子召见的处所。记：文体名。② 品物：万物。品：众。③ 岁功成：一年的农事都有满意的收获。④ 四时之吏、五行之佐：古代认为天上有掌管四时变化与五行代兴的官吏。四时：春、夏、秋、冬。五行：金、木、水、火、土。⑤ 宣其气：指天上的官吏使自然之气通畅顺达，风调雨顺。⑥ 圣人：此处指皇帝。⑦ 三公论道：指太师、太傅、太保三公"坐而论道"，讨论制定国家大计。⑧ 六卿：《周礼》中指天官冢宰、地官司徒、春官宗伯、夏官司马、秋官司寇、冬官司空。此指吏、户、礼、兵、刑、工六部长官。分职：分掌自己的职责。⑨ 张其教：散布圣人教化。⑩ 法：效法。⑪ 相天下：作宰相管理天下。⑫ 咎（gāo）：即皋陶（yáo），传说中舜的大臣。夔（kuí）：传说中尧舜时的大臣。房：即房玄龄，唐太宗时的名相。魏：即魏徵，唐太宗时的名臣。⑬ 夙（sù）兴夜寐：指早起晚睡。夙：早。兴：起。寐：和衣而眠。⑭ 因旧制：指设立待漏院是承袭过去的制度。据《唐国史补》记载：待漏院始设于唐宪宗元和初年。⑮ 丹凤门：宋汴京城内南面皇城门名。⑯ 北阙向曙：皇宫迎着曙光，指将破晓时分。北阙：大臣办公室，在皇宫之南，故称皇宫为北阙。⑰ 相君：宰相。⑱ 煌煌：明亮。火城：百官朝会时宫门前的灯火仪仗。⑲ 哕（huì）哕：有节奏的铃声。鸾（luán）：通"銮"，古代的一种车铃。⑳ 金门：指皇宫的门。㉑ 漏：古代以滴水计时的一种器具。㉒ 兆民：百姓。㉓ 泰之：使百姓安定、平安。㉔ 四夷：四方民族。附：归服。㉕ 来之：使来归顺。㉖ 弭（mǐ）之：消除战事。㉗ 六气：指阴、阳、风、雨、晦、明。不和：不协调。㉘ 灾眚（shěng）：灾异。荐：连续，屡次。㉙ 禳（ráng）：祈祷消灾。㉚ 五刑：指笞、杖、徒、流、死五种刑罚。未措：未废止。㉛ 厘：治理。㉜ 九门：指皇宫众门。㉝ 四聪：能听到四方消息的人。此指君主。迩：近。㉞ 皇风：由皇帝的功德所造成的风尚。清夷：清平。㉟ 总：总领。㊱ 食万钱：享受很高的俸禄。㊲ 子女玉帛：泛指声色财宝。㊳ 陟（zhì）：升迁，提拔。㊴ 抗言：指正直不阿地进谏。㊵ 黜（chù）：罢免，革除。㊶ 三时：春、夏、秋三季。㊷ 构巧词：编造花言巧语。㊸ 慆（tāo）慆：纷乱不息的样子。㊹ 假寐（mèi）：闭眼假睡。㊺ 重瞳：眼中有两个瞳子。据说舜、项羽都是重瞳，此指天子的眼睛。屡回：迷惑不解的样子。㊻ 隳（huī）：毁坏。㊼ 投远方：指发配充军到边远地区。㊽ 旅:众㊾ 苟禄:贪图利禄。㊿ 备员:充数。全身:保全自身。51 棘寺:大理寺的别称,是宋朝中央政府掌刑狱的最高机关。小吏:小官。王禹偁自称。52 志:记,写。

【品评】此文“虽名为记,极似箴体”(吴楚材、吴调侯)。开篇以“天道”、“圣人”引出宰相之道在于“勤”,此乃全文主心骨。由“勤”引出“待”相对,进而过渡到宰相“待漏之际”之“思”。于是文章于“思”上分出宰相之贤、奸:贤相思如何勤政爱民,从而使苍生富庶;奸相则思如何谋财害人,而导致国家衰亡。可见宰相之道的重要,故最后以“慎”字收束,极其自然,并顺便讽刺了平庸的宰相,使文章摇曳生姿。文末则点出本文“用规于执政者”,可见作者垂世立教之苦心。此文逻辑严密,采用对比手法正说反说,褒贬自见,文风朴素平易。

黄冈竹楼记[①]

黄冈之地多竹,大者如椽[②],竹工破之,刳去其节[③],用代陶瓦,比屋皆然[④],以其价廉而工省也。

子城西北隅[⑤],雉堞圮毁[⑥],蓁莽荒秽[⑦]。因作小楼二间,与月波楼通[⑧]。远吞山光,平挹江濑[⑨],幽阒辽夐[⑩],不可具状。夏宜急雨,有瀑布声;冬宜密雪,有碎玉声。宜鼓琴,琴调和畅;宜咏诗,诗韵清绝;宜围棋,子声丁丁然[⑪];宜投壶[⑫],矢声铮铮然[⑬]。皆竹楼之所助也。

公退之暇[⑭],被鹤氅衣[⑮],戴华阳巾[⑯],手执《周易》一卷[⑰],焚香默坐,消遣世虑。江山之外,第见风帆沙鸟[⑱]、烟云竹树而已。待其酒力醒,茶烟歇,送夕阳,迎素月,亦谪居之胜概也[⑲]。

彼齐云、落星[⑳],高则高矣。井幹、丽谯[㉑],华则华矣。止于贮妓女,藏歌舞[㉒],非骚人之事[㉓],吾所不取。

吾闻竹工云:竹之为瓦,仅十稔[㉔]。若重复之,得二十稔。噫,吾以至道乙未岁[㉕],自翰林出滁上[㉖],丙申移广陵[27]，丁酉又入西掖[28]，戊戌岁除日[29]，有齐安之命[30]，己亥闰三月到郡[31]。四年之间，奔走不暇，未知明年又在何处，岂惧竹楼之易朽乎。后之人与我同志，嗣而葺之[32]，庶斯楼之不朽也。

【注释】① 黄冈：旧县名，今属湖北。记：文体名。② 椽（chuán）：椽子，安放在檩（lǐn）上支架屋顶和瓦片的木条。③ 刳（kū）：削掉。④ 比屋：连屋，家家。⑤ 子城：城门外的套城，也称“月城”、“瓮城”。⑥ 雉堞（zhì dié）：城墙上呈齿状的矮墙。圮（pǐ）毁：塌毁。⑦ 蓁（zhēn）莽：繁茂的杂树野草。⑧ 月波楼：王禹偁建造的另一小楼，在黄冈县。⑨ 平：平视。挹（yì）：汲取。江濑（lài）：流过沙石的浅水。⑩ 幽阒（qù）寂静。辽敻（xiòng）：遥远辽阔。⑪ 丁丁（zhēng zhēng）：形容棋子声。⑫ 投壶：宴饮时的一种游戏，往壶里投箭，以投中次数多者为胜。⑬ 矢声：投壶的箭声。⑭ 公退：办公归来。⑮ 被：通“披”。鹤氅（chǎng）衣：用鸟羽编织的衣裳，道士或隐士的服饰。⑯ 华阳巾：道士或隐士的头巾。⑰《周易》：儒家的经典著作之一，也称为《易经》。⑱ 第：只。⑲ 胜概：赏心悦目的佳境。⑳ 齐云：楼名。原址在今江苏苏州，唐曹恭王所建。落星：楼名。在今江苏南京，三国时孙权所建。㉑ 井幹（hán）：楼名。汉武帝所建。丽谯（qiáo）：楼名。三国时曹操所建。㉒ 歌舞：指能歌善舞的人。㉓ 骚人：诗人。㉔ 稔（rěn）：庄稼成熟。庄稼一年一熟，一年为一稔。㉕ 至道乙未岁：宋太宗至道元年，公元 995 年。此年孝章皇后死，王禹偁认为应以旧礼殡葬，故以讪谤罪被贬滁州。㉖ 翰林：官名。王禹偁当时为翰林学士。出：贬谪。滁上：滁州。治所在今安徽滁州。㉗ 丙申：至道二年（996）。广陵：州名。治所在今江苏扬州。㉘ 丁酉：至道三年（997）。西掖：即中书省，北宋国家最高行政机构。真宗即位以后，王禹偁上书言事，被召还，在中书省任知制诰。㉙ 戊戌：宋真宗咸平元年（998）。王禹偁修《太祖实录》，直书史事，得罪了宰相，被贬为黄州知州。㉚ 齐安：黄州齐安郡。治所在今湖北黄冈。㉛ 己亥：宋真宗咸平二安（999）。㉜ 嗣：接续。葺（qì）：修理。

【品评】文章开篇借竹瓦点出黄冈竹楼，然后重点描述竹楼所见之优美景色与谪居之闲适生活。写景一写视觉之开阔，二写听觉之奇妙，显示出幽雅清寂的境界，皆归于“竹楼之所助也”。写生活突出“消遣世虑”的

“谪居”之乐，显示潇洒出尘之致，实亦归于“竹楼之所助”。然后插入一闲笔，以竹楼与齐云、落星等名楼作比较，以显示“骚人”之情操。最后又归结到竹瓦，写其“易朽”与“不朽”，感情由乐转悲，寓有遭受贬谪的不平之气，但亦不失旷达之意，含蓄蕴藉，耐人寻味。文章写景甚美，文字清丽，层层渲染，有声有色，使人有身临其境之感。

李格非（生卒年不详）

字文叔，济南（今属山东）人。宋神宗熙宁年间进士，官至礼部员外郎。宋徽宗崇宁元年（1102）因与元祐党人有牵连被罢官。李格非是宋代女词人李清照之父，工诗文，懂经学。有《礼记说》等。

书《洛阳名园记》后[①]

洛阳处天下之中，挟崤、黾之阻[②]，当秦、陇之襟喉[③]，而赵、魏之走集[④]，盖四方必争之地也。天下当无事则已，有事则洛阳必先受兵。予故尝曰：洛阳之盛衰，天下治乱之候也[⑤]。

唐贞观、开元之间[⑥]，公卿贵戚开馆列第于东都者[⑦]，号千有馀邸[⑧]。及其乱离，继以五季之酷[⑨]。其池塘竹树，兵车蹂蹴[⑩]，废而为丘墟；高亭大榭[⑪]，烟火焚燎，化而为灰烬，与唐共灭而俱亡，无馀处矣。予故尝曰：园圃之兴废[⑫]，洛阳盛衰之候也。

且天下之治乱，候于洛阳之盛衰而知[⑬]；洛阳之盛衰，候于园圃之兴废而得。则《名园记》之作，予岂徒然哉[⑭]！

呜呼！公卿大夫方进于朝，放乎一己之私，自为之[⑮]，而忘天下之治忽[⑯]，欲退享此，得乎[⑰]？唐之末路是已。

【注释】①《洛阳名园记》：李格非描写洛阳十九座名园的记事文。本文为其跋,故称“书……后”。洛阳:今属河南,曾为东汉、三国魏、西晋、北魏、隋、武周、五代后唐都城。② 挟(xié):挟持。崤(yáo):指崤山,在今河南洛宁北。黾(méng):黾隘,古隘道名,即今河南信阳西南的平靖关。③ 秦:指秦地,今陕西一带。陇:今陕西西部和甘肃一带。襟喉:此比喻要害之处。襟:衣襟。喉:喉咙。④ 赵:指今山西、陕西、河北一带。魏:指今河南北部、山西西南部一带。走集:往来必经的险要之地。⑤ 候:征候。⑥ 贞观:唐太宗的年号(627—649)。开元:唐玄宗的年号(713—741)。⑦ 第:指宅第。东都:指洛阳,西周以镐京为西都,称王城(即洛阳)为东都。⑧ 邸(dǐ):府邸,指贵族官僚的住宅。⑨ 五季:指五代,即后梁、后唐、后晋、后汉、后周。⑩ 蹂蹴(cù):践踏。⑪ 榭(xiè):建在高土台上的敞屋。⑫ 园囿(yòu):泛指园林宅第。囿:古代帝王蓄养禽兽的园林。⑬ 候:观察。⑭ 徒然:白费,无意义。⑮ 自为之:为自己谋利益。⑯ 治忽:此指治与乱。⑰ 得:能够。

【品评】本文借洛阳名园之小题目,做“天下治乱”之大文章,立寓深远,针砭时弊,令人警戒。文章先写洛阳地理环境之重要,为“四方必争之地”,以示其盛衰关乎天下之治乱。退而言之,又写唐代洛阳名园与唐共灭而俱亡,以示“园囿之兴废”,又关乎“洛阳之盛衰”。两层意思导出洛阳名园之兴废关乎天下之治乱。在此基础上,文末以古鉴今,向当代“公卿大夫”之放纵私欲、热衷经营个人家园者敲响警钟:“唐之末路是也。”文章于是戛然而止,“不言垂戒,而垂戒之意自在言外,笔法高绝”(林云铭《古文析义》卷十四)。

范仲淹(989—1052)

字希文,吴县(今江苏苏州)人。宋真宗大中祥符年间进士。官至枢密副史、参知政事。范仲淹为北宋著名政治家,曾推行“庆历新政”,立志改革,但遭保守派反对,被罢去执政之职,出任陕西路安抚使等职。卒谥“文正”,世称“范文正公”。范仲淹亦工诗词文章,风格苍劲。有《范文正公集》。

严先生祠堂记①

先生,光武之故人也②,相尚以道③。及帝握《赤符》[4]，乘六龙[5]，得圣人之时[6]，臣妾亿兆[7]，天下孰加焉[8]，惟先生以节高之[9]。既而动星象[10]，归江湖[11]，得圣人之清[12]，泥涂轩冕[13]，天下孰加焉，惟光武以礼下之[14]。

在《蛊》之上九[15]，众方有为，而独“不事王侯，高尚其事”，先生以之[16]。在《屯》之初九[17]，阳德方亨[18]，而能“以贵下贱[19]，大得民也”，光武以之。盖先生之心，出乎日月之上；光武之量，包乎天地之外。微先生不能成光武之大[20]，微光武岂能遂先生之高哉？而使贪夫廉、懦夫立[21]，是大有功于名教也。

仲淹来守是邦[22]，始构堂而奠焉[23]。乃复为其后者四家[24]，以奉祠事[25]；又从而歌曰：云山苍苍，江水泱泱[26]。先生之风[27]，山高水长。

【注释】① 严先生：严光，东汉余姚（今属浙江）人，字子陵。早年与汉光武帝刘秀一同游学。刘秀即帝位后，他改名隐居。光武帝派人召他入京授官谏议大夫。他婉拒，复归浙江桐庐富春山隐居。祠堂：范仲淹在任杭州知州时为纪念严光而建。记：文体名。② 光武：即汉光武帝刘秀，公元25年称帝，建立东汉王朝。③ 相尚以道：彼此以道义相崇尚。④ 帝握《赤符》：公元25年，刘秀到鄗（今河北高邑东），得到儒生强华从关中带来《赤伏符》。《赤伏符》预言刘秀起兵伐王莽，将会称帝。⑤ 乘六龙：《易·乾》：“时乘六龙以御天。”意思是说国君凭借六爻的阳气来驾驭天地。“乾”是六十四卦中的一卦，它的六爻都是阳爻，古人比之为六龙。⑥ 圣人之时：此指圣人在位的时候。⑦ 臣妾：以广大百姓为臣妾，指统治广大百姓。亿兆：古代以十万为亿，十亿为兆。⑧ 加：超过。⑨ 高之：尊崇他。⑩ 动星象：据《后汉书·严光传》载：光武帝与严光同眠，严光把脚伸到光武帝的肚子上。第二天太史报告说：“客星犯帝座甚急。”⑪ 归江湖：指严光不受谏议大夫之职，归隐富春山。⑫ 清：自然清静的境界。⑬ 泥涂轩冕：视官爵如粪土。泥涂：比喻污浊。轩冕：古代大夫以上官员乘轩戴冕，因此借以指官爵。⑭ 下：指与地位在下的严光交往。⑮ 蛊：《周易》的卦名。上九：指该卦的第六爻中的阳爻。其象辞说“不事王侯，高尚其事”，即不服侍王侯，保持操守高尚。⑯ 以之：按照《周易》的话去行事。⑰ 屯：《易》的卦名。初九：指该卦的第一爻中的阳爻。其象辞说“以贵下贱，大得民心”。⑱ 阳德方亨：古人认为屯卦初九阳爻处在阴爻之前，表示“能够以贤下人，是得民而可以为君之象”。它的“德”是“大亨”（亨是通的意思），所以说“阳德方亨”。⑲ 以贵下贱：以高贵的身份结交卑贱者。⑳ 微：表示否定的假设，等于说“假如不是”。㉑ 立：自立，引申为勇敢。㉒ 是邦：指杭州。富春江在杭州治内。㉓ 构：建筑。奠：祭祀严光。㉔ 复：免除徭役。后：后裔。㉕ 以奉祠事：负责祭祀严先生事。㉖ 泱泱：形容水深广。㉗ 风：品德。

【品评】此文最大特点是以对偶的形式并列写严光与刘秀的品格：写严光突出其气节清高，不事王侯；写刘秀突出其礼贤下士，胸襟广阔。但严光是主，刘秀是宾，以宾衬主，愈显主之高尚。妙的是全文对举互发，使人不觉。盖文章主旨乃针砭“贪夫”、“懦夫”也。所谓“有关世教，非徒文也”（谢枋得《文章轨范》卷六）。文末以歌作结，使通篇生动活泼，无呆板之弊。

岳阳楼记①

庆历四年春，滕子京谪守巴陵郡②。越明年③，政通人和④，百废俱兴，乃重修岳阳楼，增其旧制⑤，刻唐贤、今人诗赋于其上，属予作文以记之。

予观夫巴陵胜状⑥，在洞庭一湖。衔远山，吞长江，浩浩汤汤⑦，横无际涯；朝晖夕阴，气象万千。此则岳阳楼之大观也，前人之述备矣。然则北通巫峡⑧，南极潇湘⑨，迁客骚人⑩，多会于此，览物之情，得无异乎？

若夫霪雨霏霏⑪，连月不开；阴风怒号，浊浪排空；日星隐曜⑫，山岳潜形；商旅不行，樯倾楫摧⑬；薄暮冥冥，虎啸猿啼。登斯楼也，则有去国怀乡⑭，忧谗畏讥，满目萧然，感极而悲者矣。

至若春和景明⑮，波澜不惊；上下天光，一碧万顷；沙鸥翔集[16]，锦鳞游泳[17]；岸芷汀兰[18]，郁郁青青[19]。而或长烟一空，皓月千里；浮光耀金，静影沉璧[20]；渔歌互答，此乐何极！登斯楼也，则有心旷神怡，宠辱皆忘，把酒临风，其喜洋洋者矣。

嗟夫！予尝求古仁人之心，或异二者之为[21]，何哉？不以物喜，不以己悲。居庙堂之高[22]，则忧其民；处江湖之远，则忧其君。是进亦忧，退亦忧，然则何时而乐耶？其必曰：先天下之忧而忧[23]，后天下之乐而乐欤[24]！噫！微斯人[25]，吾谁与归[26]！

【注释】① 岳阳楼：在今湖南岳阳，西靠洞庭湖。宋仁宗庆历四年（1046）滕子京被贬为岳州（治所在今湖南岳阳）知州。六年（1048）重修岳阳楼。请时贬居邓州（治所在今河南邓州）的范仲淹写此记。记：文体名。② 滕子京：名宗琼，字子京，河南（今河南洛阳）人，与范仲淹同年进士，因被人诬陷，贬为岳州知州。谪：降职。巴陵郡：即岳州郡，治所在今湖南岳阳。③ 越明年：过了第二年。④ 政通人和：政务顺利，百姓安乐。⑤ 增其旧制：扩大其旧规模。⑥ 胜状：美好的景色。⑦ 汤（shāng）汤：大水急流的样子。⑧ 巫峡：也叫"大峡"，因巫山而得名。是长江三峡之一。⑨ 极：尽。潇湘：二水名，潇水和湘水合流后流入洞庭湖。⑩ 迁客：降职外调的官吏。骚人：屈原曾作《离骚》，所以后世称诗人为骚人。⑪ 霪雨：久雨。霏霏：雨下得很大的样子。⑫ 隐曜：隐蔽了光芒。⑬ 樯：船桅。楫（jí）：船桨。⑭ 去国：离开京城。⑮ 春和景明：春意和暖，阳光明媚。景：日光。⑯ 翔集：飞翔与栖止。⑰ 锦鳞：指鱼。⑱ 芷：香草名。汀：水中或水边平地。⑲ 郁郁：形容香气很浓。⑳ 沉璧：指水中月影。璧：圆形的玉，比喻月亮。㉑ 二者：指上述"忧谗畏讥"与"宠辱皆忘"两种情况。㉒ 庙堂：宗庙和明堂，帝王举行祭祀的地方。此指朝廷。㉓ 先天下：比天下之人先。㉔ 后天下：比天下之人后。㉕ 微：假如不是。斯人：这样的人，指古仁人。㉖ 谁与归：即"与谁归"。归：归向，同道。

【品评】本文是千古美文。作者当时是邓州"迁客"，滕子京亦被贬岳州，因此应邀为滕子京所重修的岳阳楼写记，就不能不表现"迁客"的心境。

此心境一方面是忧谗畏讥，一方面又是宠辱皆忘。为抒发“迁客”这两种情怀，文中构想了不同的两种洞庭湖景色：一是“霪雨霏霏”、“阴风怒号”的萧然之景，寄寓其“迁客”的悲凉之情；一是“春和景明”，令人心旷神怡之景，寄寓“迁客”喜悦之情。但此属“以物喜”、“以己悲”的一般“迁客”之心境。作者于末尾超出常人之心，而提出“古仁人之心”，不仅具有忧君忧民的政治责任感，更具有“先天下之忧而忧，后天下之乐而乐”，如同洞庭湖“衔远山，吞长江”的阔大胸怀，而这才是作者所追求的人生理想境界，又是以此期望于滕子京并与之共勉的。

此文以写景的悲、喜二意翻出结尾的忧、乐之论，十分自然。全文骈散结合，以散体记事议论，以骈体写景抒情，二者相辅相成，浑然一体。

司马光（1019—1086）

字君实，陕州夏县（今属山西）涑水乡人，世称“涑水先生”。宋仁宗宝元年间进士。历任右谏议大夫、翰林学士、尚书右仆射、门下侍郎等职。他是保首派领袖，反对王安石变法，因而被宋神宗贬官。宋哲宗登基后，司马光又得重用，执掌朝政，乃尽废新法。卒追赠为“太师”、“温国公”，谥“文正”。司马光是史学家，曾主编《资治通鉴》。文学成就并不很突出。有《温国文正司马公文集》等。

谏院题名记[①]

古者谏无官[②]，自公、卿、大夫，至于工、商，无不得谏者[③]。汉兴以来，始置官[④]。

夫以天下之政，四海之众，得失利病，萃于一官使言之[⑤]，其为任亦重矣。居是官者，常志其大[⑥]，舍其细；先其急，后其缓；专利国家，而不为身谋。彼汲汲于名者[⑦]，犹汲汲于利也，其间相去何远哉？

天禧初[⑧]，真宗诏置谏官六员[⑨]，责其职事[⑩]。庆历中[⑪]，钱君始书其名于版[⑫]，光恐久而漫灭[⑬]，嘉祐八年[⑭]，刻著于石。后之人将历指其名而议之曰:“某也忠,某也诈,某也直,某也曲。”呜呼！可不惧哉[15]?

【注释】① 谏院:掌管向皇帝进谏的机构。题名:谏官把自己的名字题写在木版上,立于谏院中,以警戒后人。司马光又改把名字刻于碑石上。记:文体名。② 谏:指向皇帝提批评建议。③ 不得:不能。④ 置官:设谏官一职,名谏大夫。⑤ 萃:聚集。⑥ 志:记。⑦ 汲汲:形容心情急切。⑧ 天禧:宋真宗的年号(1017—1021)。⑨ 真宗:即宋真宗赵恒。⑩ 责职其事:责成他掌管进谏之事。⑪ 庆历:宋仁宗赵祯的年号(1041—1048)。⑫ 钱君:指钱姓谏官。版:木板。⑬ 光:司马光自称。漫灭:污漫消除。⑭ 嘉祐:宋仁宗的最后一个年号(1056—1063)。⑮ 惧:令人警戒。

【品评】本文虽曰“记”,实是以议为主的短论。开篇先议谏官之来历,次议谏官责任之重,再次议谏官当清廉忠于职守,皆在“谏”上做文章。最后则议“题名”,旨在警戒谏官应该忠、直,不可诈、曲,令人凛然生畏惧之感。文章简洁朴直,层次分明。

钱公辅(生卒年不详)

字君倚,常州武进(今属江苏)人。宋仁宗时进士。历任集贤殿校理、开封府推官、知制诰等职。宋神宗时官至谏议大夫。与王安石政见不合,被贬为江宁知府,后因病辞官。

义田记[1]

范文正公[2],苏人也,平生好施与,择其亲而贫、疏而贤者[3],咸施之。方贵显时,置负郭常稔之田千亩[4],号曰“义田”,以养济群族之人。日有食,岁有衣,嫁娶凶葬皆有赡。择族之长而贤者主其计,而时共出纳焉[5]。日食,人一升;岁衣,人一缣[6];嫁女者五十千[7],再嫁者三十千;娶妇者三十千,再娶者十五千;葬者如再嫁之数,葬幼者十千。族之聚者九十口，岁入给稻八百斛[8]。以其所入，给其所聚，沛然有馀而无穷[9]。屏而家居俟代者与焉[10]；仕而居官者罢莫给。此其大较也[11]。

初，公之未贵显也，尝有志于是矣，而力未逮者二十年。既而为西帅[12]，及参大政[13]，于是始有禄赐之入，而终其志。公既殁，后世子孙修其业，承其志，如公之存也。公虽位充禄厚[14]，而贫终其身。殁之日，身无以为敛，子无以为丧，惟以施贫活族之义，遗其子而已[15]。

昔晏平仲敝车羸马[16]，桓子曰[17]："是隐君之赐也[18]。"晏子曰："自臣之贵，父之族，无不乘车者；母之族，无不足于衣食者；妻之族，无冻馁者。齐国之士，待臣而举火者三百馀人[19]。如此而为隐君之赐乎？彰君之赐乎[20]？"于是齐侯以晏子之觞[21]，而觞桓子。予尝爱晏子好仁，齐侯知贤，而桓子服义也[22]。又爱晏子之仁有等级，而言有次第也；先父族，次母族，次妻族，而后及其疏远之贤。孟子曰[23]："亲亲而仁民[24]，仁民而爱物。"晏子为近之。今观文正公之义田，贤于平仲。其规模远举，又疑过之。

呜呼！世之都三公位[25]，享万钟禄[26]，其邸第之雄[27]，车舆之饰，声色之多，妻孥之富[28]，止乎一己而已。而族之人不得其门者，岂少哉？况于施贤乎！其下为卿、为大夫、为士[29]，廪稍之充[30]，奉养之厚，止乎一己而已；而族之人，操壶瓢为沟中瘠者[31]，又岂少哉？况于他人乎！是皆公之罪人也。

公之忠义满朝廷，事业满边隅，功名满天下，后世必有史官书之者，予可无录也。独高其义[32]，因以遗其世云。

【注释】① 义田：指花钱购置的可以赡养、周济亲族的田地。② 范文正公：即范仲淹，字希文，北宋吴县（今江苏苏州）人。吴县是北宋苏州府的治所，所以称他为“苏人”。“文正”是其谥号。③ 疏而贤者：关系疏远但有道德的人。④ 负郭：靠近城郭。郭：外城。常稔（rěn）：庄稼常年丰收。稔：庄稼成熟。⑤ 时共出纳：经常计算支出与收入。⑥ 缣（jiān）：细绢，丝织物。⑦ 五十千：即五十贯，将方孔铜钱用绳穿上，每千个为一贯。⑧ 斛（hú）：古计量单位，北宋时十斗为一斛。⑨ 沛然：充盛的样子。⑩ 屏而家居：退职家居。屏（bǐng）：退职。俟（sì）代：等待任用。⑪ 大较：大概。⑫ 为西帅：指范仲淹出任陕西经略安抚招讨副使。⑬ 参大政：指范仲淹任参知政事。⑭ 位充：职位高。⑮ 遗（wèi）：留给。⑯ 晏平仲：名婴。春秋时齐国大夫。人称“晏子”。⑰ 桓子：姓田，名无宇，春秋时齐国贵族。⑱ 隐君之赐：掩盖君主的恩赐。⑲ 举火：生火做饭。⑳ 彰：显扬。㉑ 齐侯：指齐景公（前 547—前 489 在位）。觞（shāng）：古代酒器。㉒ 服义：信服道义。㉓ 孟子曰：下引文见《孟子·尽心上》。㉔ 亲亲而仁民：亲近亲人而爱民。㉕ 都：居。三公：汉时以丞相、太尉、御史大夫合称三公。此指居高位。㉖ 万钟禄：形容优厚俸禄。钟：先秦的一种量器名。㉗ 邸（dǐ）第：府第。㉘ 妻孥：妻子儿女。㉙ 卿、大夫、士：此借指不同等级的官职。㉚ 廪（lǐn）稍：公家发给的粮米。㉛ 沟中瘠者：指因贫困而成为沟中饿死鬼。㉜ 高其义：敬仰他的崇高道义。

【品评】本文先以细致的笔触，记叙了范仲淹以俸禄购置义田，救济族人的事迹，其中罗列了具体救济标准，富有真实感。再回顾范仲淹显达之前的志向，以及显达后虽“位充禄厚，而贫终其身”，只能以“施贫活族之义”留传给子孙的高尚情操。此从正面直接予以赞扬。文至此本可收笔，但作者意犹未尽，又引证春秋晏平仲“仁民而爱物”的典故，以客形主，以古衬今，归结到范公“贤于平仲”。然后再回到现实，批评当世权贵奉养虽厚，而“止乎一己而已”，以反衬正，间接赞扬范公之义。结尾点明写此记的用意，“独多其义，因以遗其世云”。此文以古今相映、正反对照的方法，多角度地赞扬了范公的道义，人物形象显得丰满。文字朴实无华，充满钦佩之情。

李 觏 (1009—1059)

字泰伯,建昌南城(今属江西)人。早年创盱江学院,于乡里讲学,世称“盱江先生”。曾任太学助教、直讲等职。李觏是北宋思想家,著名学者,于儒学深有研究。有《直讲李先生文集》(一名《盱江文集》)。

袁州州学记[①]

皇帝二十有三年[②],制诏州县立学[③]。惟时守令[④],有哲有愚。有屈力殚虑[⑤],祗顺德意[⑥];有假官借师[⑦],苟具文书[⑧]。或连数城,亡诵弦声[⑨]。倡而不和,教尼不行[⑩]。

三十有二年,范阳祖君无择[⑪],知袁州。始至,进诸生[⑫],知学宫阙状[⑬],大惧人材放失,儒效阔疏[⑭],亡以称上意旨[⑮]。通判颍川陈君侁[⑯],闻而是之,议以克合[⑰]。

相旧夫子庙[⑱],狭隘不足改为,乃营治之东[⑲]。厥土燥刚[⑳],厥位面阳,厥材孔良[㉑]。殿堂门庑[㉒],黝垩丹漆[㉓],举以法[㉔]。故生师有舍,庖廪有次[㉕]。百尔器备[㉖],并手偕作[㉗]。工善吏勤,晨夜展力,越明年成[㉘]。

舍菜且有日[㉙],盱江李觏谂于众曰[㉚]:“惟四代之学[㉛],考诸经可见已。秦以山西鏖六国[㉜],欲帝万世,刘氏一呼而关门不守[㉝],武夫健将,卖降恐后。何耶?《诗》、《书》之道废,人惟见利而不闻义焉耳。孝武乘丰富[㉞],世祖出戎行[㉟],皆孳孳学术[㊱]。俗化之厚,延于灵、献[㊲]。草茅危言者[㊳],折首而不悔;功烈震主者,闻命而释兵[㊴]。群雄相视,不敢去臣位,尚数十年[㊵]。教道之结人心如此。今代遭圣神[㊶],尔袁得圣君[㊷],俾尔由庠序[㊸],

践古人之迹。天下治,则谭礼乐以陶吾民[44]。一有不幸,尤当仗大节,为臣死忠,为子死孝。使人有所赖,且有所法。是惟朝家教学之意。若其弄笔墨以徼利达而已[45],岂徒二三子之羞[46],抑亦为国者之忧[47]。”

【注释】① 袁州:治所在今江西宜春。州学:州一级学馆。记:文体名。此文记袁州学馆新舍修建情况,并发表议论。② 皇帝:指宋仁宗赵祯(1023—1063 在位)。二十有三年:公元 1045 年。③ 制诏:皇帝颁发的命令文告。这里用作动词。④ 守令:知州、县令。⑤ 屈(jué)力殚(dān)虑:竭力尽心。⑥ 祗(zhī)顺:恭敬地顺从。德意:皇上的旨意。⑦ 假官借师:虚设教官学师。⑧ 苟具:随便地写奉诏公文。⑨ 亡:通“无”。诵弦:本来指弦歌诵读,此指读书。⑩ 尼(nǐ):阻止。⑪ 范阳:县名,治所在今河北涿州。祖君无择:即祖无择,字择之,上蔡(今河南汝南)人。⑫ 诸生:州学学生。⑬ 学宫:学馆。阙状:残缺破败情况。⑭ 儒效阔疏:儒学作用被忽视。⑮ 亡:通“无”。⑯ 通判:官名。地位略次于州府长官。颍川:地名,在今河南禹县一带。陈侁(shēn):人名。生平不详。⑰ 克合:观点能够相合。⑱ 相:察看。夫子庙:孔庙。⑲ 营治:指修造学馆。之东:夫子庙东面。⑳ 厥:其。㉑ 孔:很。㉒ 庑:廊房。㉓ 黝(yǒu):淡黑色。垩(è):白色土。此指白色。㉔ 举以法:都按先人规矩。㉕ 庖(páo)廪:厨房与米仓。㉖ 百尔器备:各种器具完备。㉗ 并手偕作:大家合力动手。㉘ 越明年:过了第二年。㉙ 舍菜:释菜,开学时祭祀先圣先师的典礼。舍:通“释”,陈设。菜:指供品。㉚ 盱(xū)江:水名。在今江西东部。谂(shěn):规谏。㉛ 四代:虞、夏、商、周。㉜ 山西:指殽山以西,当时秦国的所在地。鏖:激战。六国:指战国时期函谷关以东之六国。㉝ 刘氏:指西汉开国皇帝刘邦。㉞ 孝武:指西汉武帝刘彻。乘丰富:国力雄厚时登位。㉟ 世祖:指东汉开国皇帝光武帝刘秀。㊱ 孳孳学术:孜孜学术,致力于推行学术。㊲ 灵、献:指东汉灵帝刘宏(168—188 在位)、东汉献帝刘协(189—220 在位)。㊳ 草茅:指在野未出仕的人。危言:真言。㊴ 闻命而释兵:听到命令而丢掉武器。㊵ 群雄相视……尚数十年:指东汉末年,魏、蜀、吴三国鼎立,但是其主都没有离开臣位称帝,这种局面维持了数十年。㊶ 圣神:指圣明的国君。㊷ 圣君:贤明的长官,指祖无择。㊸ 俾:使。由:通过。庠序:古代学校名。㊹ 谭:通"诞",光大。陶:陶冶,教化。㊺ 徼(yāo):通"邀",谋求。㊻ 二三子:第二人称复数,你们。㊼ 为国者:治理国家者。

【品评】 文章开篇点明祖无择修建州学的原因:虽然皇帝诏令州县立学,但不少地方阳奉阴违,倡而不和,教化不能推行。因此祖无择要以实际行动响应皇上诏令,以推行教化。接着记叙了祖无择修建州学的经过,反映了祖无择对教育的高度重视。然后借学馆开学祭典大礼上李觏之口,引证历史说明兴办儒学的意义:先说秦、汉之衰亡源于"诗书之道废"的反面教训,后说汉武帝、光武帝等天子"孳孳学术"、"教道之结人心"的正面榜样。最后则联系现实,希望袁州州学应遵循古人之迹,"死忠"、"死孝",不可为个人谋利。

此文立论警切,不顾时忌,胆识过人。"铺叙处简而不漏,结束亦极有力"(唐介轩《古文翼》卷八)。

欧阳修 (1007—1072)

字永叔,号醉翁、六一居士,吉州庐陵(今江西吉安)人。宋仁宗天圣年间进士,累官至翰林学士、枢密副使、参知政事。卒谥"文忠"。他早期支持范仲淹推行"庆历新政",直言敢谏,因此遭到保守派的诬陷、排斥,曾被贬为滁州知州。晚期则反对王安石变法,趋于保守,退隐颍州(治所在今安徽阜阳)。欧阳修是北宋文坛领袖,倡导诗文革新,反对浮靡文风。于古文崇尚韩愈的复古精神,古文平实朴素,为"唐宋八大家"之一;其诗词风格平易自然,成就亦甚高。有《欧阳文忠公集》。

朋党论[①]

臣闻朋党之说,自古有之,惟幸人君辨其君子小人而已[②]。大凡君子与君子,以同道为朋;小人与小人,以同利为朋。此自然之理也。

然臣谓小人无朋,惟君子则有之。其故何哉?小人所好者利禄也,所贪者货财也。当其同利之时,暂相党引以为朋者[③],伪也。及其见利而争先,或利尽而交疏,则反相贼害[4]，虽其兄弟亲戚，不能相保。故臣谓小人无朋，其暂为朋者，伪也。君子则不然。所守者道义，所行者忠信，所惜者名节。以之修身，则同道而相益；以之事国，则同心而共济[5]。终始如一，此君子之朋也。

故为人君者，但当退小人之伪朋，用君子之真朋，则天下治矣。

尧之时[6]，小人共工、驩兜等四人为一朋[7]，君子八元、八恺十六人为一朋[8]。舜佐尧[9]，退四凶小人之朋，而进元、恺君子之朋，尧之天下大治。及舜自为天子，而皋、夔、稷、契等二十二人[10]，并立于朝，更相称美，更相推让，凡二十二人为一朋，而舜皆用之，天下亦大治。

《书》曰[11]："纣有臣亿万，惟亿万心[12]；周有臣三千，惟一心。"纣之时，亿万人各异心，可谓不为朋矣，然纣以亡国。周武王之臣三千人为一大朋，而周用以兴[13]。

后汉献帝时[14]，尽取天下名士囚禁之，目为党人[15]。及黄巾贼起[16]，汉室大乱，后方悔悟，尽解党人而释之，然已无救矣。

唐之晚年，渐起朋党之论[17]。及昭宗时[18]，尽杀朝之名士，或投之黄河，曰："此辈清流，可投浊流[19]。"而唐遂亡矣[20]。

夫前世之主，能使人人异心不为朋，莫如纣；能禁绝善人为朋，莫如汉献帝；能诛戮清流之朋，莫如唐昭宗之世。然皆乱亡其国。更相称美、推让而不自疑，莫如舜之二十二臣，舜亦不疑而皆用之。然而后世不诮舜为二十二人朋党所欺[21]，而称舜为聪明之圣者，以能辨君子与小人也。周武之世，举其国之臣三千人共为一朋，自古为朋之多且大莫如周。然周用此以兴者，善人虽多而不厌也[22]。

嗟呼，治乱兴亡之迹[23]，为人君者，可以鉴矣[24]！

【注释】① 朋党：宗派。宋仁宗庆历三年（1043），范仲淹、富弼、韩琦等推行政治改革，史称“庆历新政”。保守派反对新政，指斥改革派为“朋党”。欧阳修支持新政，撰此文驳斥。论：文体名，一种议论文。② 幸：希望。君子：指道德高尚的人。小人：指道德低下的人。③ 党引：结为私党，互相勾结。④ 贼害：残害。⑤ 共济：共同救助。⑥ 尧：传说中父系氏族社会后期的部落联盟领袖。⑦ 共工、抝（huān）兜等四人：指共工、抝兜、鲧（gǔn）、三苗部落首领，后人称为“四凶”，传说是四个被放逐的臣子。⑧ 君子八元、八恺十六人：八元，传说是上古高辛氏（即帝喾，传说中的古代部落首领）的八个有德才的臣子：伯奋、仲堪、叔献、季仲、伯虎、仲熊、叔豹、季狸。八恺，传说是上古高阳氏（即颛顼，传说中的古代部族首领）的八个有德才的臣子：苍舒、隤敳（tuí ái）、梼戭（táo yǎn）、大临、尨（máng）降、庭坚、仲容、叔达。⑨ 舜：传说中父系氏族社会后期的部落联盟首领。⑩ 皋（gāo）、夔（kuí）、稷、契（xìe）：传说都是舜时的贤臣。⑪《书》：即《尚书》，是上古时期文献的汇编。下引文见《尚书·周书·泰誓》，文字略有出入。⑫ 惟：语气词，此表判断语气。⑬ 用：因，因此。⑭ 汉献帝：名刘协（189—220 在位）。东汉最后一个皇帝。⑮ 尽取天下名士囚禁之，目为党人：此事为东汉桓帝（147—167 在位）时，宦官专权，李膺、杜实、陈实等人因反对宦官而被诬为结党营私的党人，逮捕下狱。到了灵帝（168—189 在位）时，李膺、陈蕃等一百多人被杀，全国有六七百人受到株连，历史上称为“党锢之祸”。此事与汉献帝无关，系作者误记。⑯ 黄巾贼起：公元 184 年，巨鹿人张角聚众数万人起义，因用黄巾裹头，故称为黄巾军。贼：对农民起义军的蔑称。⑰ 朋党之论：唐宪宗时，代表士族地主的李吉甫“李党”与代表庶族地主的牛僧儒“牛党”互相斗争，史称“牛李党争”。⑱ 昭宗：唐昭宗，名李晔（889—904 在位）。⑲“此辈清流，可投浊流”：唐哀帝天佑二年（905），朱温在白马驿（今河南洛阳附近）杀大臣裴枢等人，其手下谋士李振向朱温建议：“此辈常自谓清流，宜投之黄河，使为浊流。”于是投尸黄河。本文说是昭宗时事，系作者误记。清流：指门阀士族之清高的士大夫。浊流：既指浑浊的水流，又指品格低下的人，是双关语。⑳ 唐遂亡矣：唐哀帝天祐四年（907），朱温取代唐朝，立国号为梁。㉑ 诮（qiào）：讥嘲。㉒ 厌：满足。㉓ 迹：事迹。

㉔ 鉴：借鉴，警戒。

【品评】改革派范仲淹等被保守派攻击为“朋党”。何为“朋党”，如何认识“朋党”，即成为本文的中心论题，而对“朋党”进行辨析，旨在让皇帝明辨小人与君子之别，而达到还范仲淹等人清白的目的。孔子曰：“君子群而不党”，前人使用“朋党”之概念往往具有贬义，“朋党”不得施之于君子。而本文却大胆地翻新出奇，赋予“朋党”以褒义。文章开头说君子与小人皆有“朋党”，似乎“朋党”乃中性词，其实是故作跌宕之笔，因此接着又细加辨析“小人无朋，惟君子则有之”，盖“朋党”乃“同道而相益”、同心而共济之义，以此界定“朋党”则惟君子能做到；小人为利害关系勾心斗角，本质上是“无朋”的。在此辨析基础上，水到渠成地提出天子“当退小人之伪朋，用君子之真朋，则天下治矣”。道理本已阐明，但作者为增强说服力，又援引古事以论证：既有尧、舜为朋党而天下治的正面借鉴，亦有纣、汉献帝、唐昭宗等迫害党人而亡国的反面教训，正反对照，与开头“惟幸人君辨其君子小人而已”相呼应。最后以“治乱兴亡之迹为人君者可以鉴矣”作结，言外之意范仲淹等是“君子”也。

纵囚论[①]

信义行于君子，而刑戮施于小人。刑入于死者，乃罪大恶极，此又小人之尤甚者也。宁以义死，不苟幸生[②]，而视死如归，此又君子之尤难者也。

方唐太宗之六年[③]，录大辟囚三百馀人[④]，纵使还家[⑤]，约其自归以就死。以君子之难能，期小人之尤者以必能也。其囚及期，而卒自归无后者[⑥]，是君子之所难，而小人之所易也。此岂近于人情哉？

或曰：罪大恶极，诚小人矣。及施恩德以临之，可使变而为君子。盖恩德入人之深，而移人之速，有如是者矣。曰：太宗之为此，所以求此名也。然安知夫纵之去也，不意其必来以冀免[⑦]，所以纵之乎？又安知夫被纵而去也，不意其自归而必获免，所以复来乎？夫意其必来而纵之，是上贼下之情也[⑧]；意其必免而复来，是下贼上之心也。吾见上下交相贼以成此名也，乌有所谓施恩德与夫知信义者哉[⑨]？不然，太宗施德于天下，于兹六年矣，不能使小人不为极恶大罪，而一日之恩，能使视死如归，而存信义，此又不通之论也。

然则何为而可？曰：纵而来归，杀之无赦；而又纵之，而又来，则可知为恩德之致尔[⑩]。然此必无之事也。若夫纵而来归而赦之，可偶一为之尔。若屡为之，则杀人者皆不死，是可为天下之常法乎？不可为常者，其圣人之法乎？是以尧、舜、三王之治[⑪]，必本于人情；不立异以为高，不逆情以干誉[⑫]。

【注释】① 纵囚：指唐太宗纵放死囚事。论：文体名，一种议论文。② 不苟幸生：不愿苟且侥幸偷生。③ 唐太宗之六年：即贞观六年（632）。④ 录：登记，审查。大辟：死刑。⑤ 纵：释放。⑥ 归无后者：没有一个迟归的人。⑦ 意：估计。冀：希望。⑧ 贼：此指窥测。⑨ 乌：哪里，疑问副词。⑩ 致：招来。⑪ 尧、舜、三王：都是古代圣君。尧、舜：传说中原始社会后期的部落联盟领袖。三王：即三代之王夏禹、商汤、周文王和武王。⑫ 干：求取。

【品评】此文是一篇关于唐太宗"纵囚"的史论。据载：唐太宗于贞观六年（632）十二月"亲录囚徒归死罪者二百九十人于家，令明年秋末就刑。其后，应期毕至，诏悉原之"（《旧唐书·太宗纪》）。作者对此颇不以为然，为此文章开篇就提出论点："信义行于君子，刑戮施于小人。"对罪大恶极的小人执行死刑，乃是法律。然后拈出唐太宗"纵囚"之事，指出放归死囚又期望其按期回来就死，与其"小人"本质不合，不近"人情"。为论证上述论点，主要采用驳论手法，假设有人质疑，树起批评的靶子，予以反驳，否定了所谓恩德入人深、移人速的说法，批判了唐太宗"施恩德"与小人"知信义"的观点，指出唐太宗所为乃干誉好名。最后得出结论："纵囚"之事不可为

“天下之常法”，天子治天下“必本于人情”，“不逆情以干誉”。

文章笔势凌厉，雄辩深刻，环环相扣，逻辑十分严密。

释秘演诗集序[1]

予少以进士游京师[2]，因得尽交当世之贤豪。然犹以谓国家臣一四海[3]，休兵革[4]，养息天下以无事者四十年[5]，而智谋雄伟非常之士[6]，无所用其能者，往往伏而不出[7]，山林屠贩[8]，必有老死而世莫见者，欲从而求之不可得。其后得吾亡友石曼卿[9]。

曼卿为人，廓然有大志[10]。时人不能用其材，曼卿亦不屈以求合。无所放其意[11]，则往往从布衣野老[12]，酣嬉淋漓，颠倒而不厌。予疑所谓伏而不见者，庶几狎而得之[13]，故尝喜从曼卿游[14]，欲因以阴求天下奇士[15]。

浮屠秘演者[16]，与曼卿交最久，亦能遗外世俗[17]，以气节自高。二人欢然无所间[18]。曼卿隐于酒，秘演隐于浮屠，皆奇男子也。然喜为歌诗以自娱[19]。当其极饮大醉，歌吟笑呼，以适天下之乐[20]，何其壮也！一时贤士皆愿从其游，予亦时至其室。十年之间，秘演北渡河[21]，东之济、郓[22]，无所合，困而归[23]。曼卿已死，秘演亦老病。嗟夫！二人者，予乃见其盛衰，则予亦将老矣。

夫曼卿诗辞清绝，尤称秘演之作，以为雅健有诗人之意[24]。秘演状貌雄杰，其胸中浩然。既习于佛，无所用，独其诗可行于世，而懒不自惜。已老，胠其橐[25]，尚得三四百篇，皆可喜者。

曼卿死，秘演漠然无所向[26]。闻东南多山水，其巅崖崛峍[27]，江涛汹涌，甚可壮也。遂欲往游焉。足以知其老而志在也。于其将行，为叙其诗[28]，因道其盛时以悲其衰。

【注释】① 释：和尚。秘演：人名，和尚。有诗集二卷，今不传。序：文体名。此为诗集所写的评介文字。② 京师：国都。指北宋国都汴梁（今河南开封）。③ 以谓：以为。臣：臣服，指使四海臣服。一：统一。④ 休兵革：指停止战争。兵革：武器与甲胄。⑤ 四十年：从宋太宗雍熙二年（982）宋朝第二次出兵征辽战败求和，到仁宗天圣八年（1021）欧阳修中进士，正是四十年。⑥ 非常：不一般。⑦ 伏：藏匿。此指隐居。⑧ 屠贩：屠夫与商贩，泛指下层人士。⑨ 石曼卿：名延年，宋城（今河南商丘）人，诗人。⑩ 廓然：宽阔的样子。⑪ 放：抒发。⑫ 布衣：平民。⑬ 庶几：也许。狎：亲昵。⑭ 尝：通“常”。⑮ 阴：暗中。⑯ 浮屠：梵文佛陀的音译，即佛。此指和尚。⑰ 遗外世俗：超脱世俗。⑱ 间：间隔。⑲ 歌诗：即诗歌。⑳ 适：达到。㉑ 河：黄河。㉒ 济：济州，治所在巨野（今属山东）。郓（yùn）：郓州，治所在须城（今山东东平）。㉓ 困：艰难窘迫。㉔ 诗人：指《诗经》作者。㉕ 胠（qū）：打开。橐（tuó）：盛物的口袋。㉖ 漠然：寂寞茫然的样子。㉗ 崛嵂（jué lǜ）：突起，陡峭。㉘ 叙：通“序”，指为秘演诗集作序。

【品评】此文虽为“诗集序”，但其意不在评诗，而重在写人，已突破了诗序的写作格套。文章写人不仅写释秘演，同时连带写秘演之友石曼卿，还夹写自己，连写三人才可以更充分地表现当时才士“以气节自高”、“不屈以求合”的品格，以及“时人不能用其材”的社会现实；而这又与作者因支持范仲淹改革派而遭受打击壮志难酬的遭际密切相关。

文章先虚写“智谋雄伟非常之士”难得一见，从而引出作者之友石曼卿，由石曼卿再引出石之友人秘演，并写其二人之“奇”与其“盛衰”之命运；然后再提及释秘演之诗，以合题意。最后写曼卿死而秘演“无所向”之处境，抒写了作者盛衰死生之感。全文采用以宾衬主的手法，形象丰满；叙事层次渐进，又笔带感情，不无悲壮之感；足以引起人们对才士之同情，与对现实的愤嫉。

卷十 宋 文

欧阳修(1007—1072)

梅圣俞诗集序[①]

予闻世谓诗人少达而多穷[②],夫岂然哉?盖世所传诗者,多出于古穷人之辞也[③]。凡士之蕴其所有[④],而不得施于世者,多喜自放于山巅水涯之外[⑤]。见虫鱼草木、风云鸟兽之状类,往往探其奇怪。内有忧思感愤之郁积,其兴于怨刺,以道羁臣寡妇之所叹[⑥],而写人情之难言,盖愈穷则愈工[⑦]。然则非诗之能穷人,殆穷者而后工也。

予友梅圣俞,少以荫补为吏[⑧],累举进士,辄抑于有司[⑨],困于州县,凡十馀年。年今五十[⑩],犹从辟书[⑪],为人之佐[⑫]。郁其所蓄,不得奋见于事业。其家宛陵[⑬],幼习于诗。自为童子,出语已惊其长老。既长,学乎六经仁义之说[⑭]。其为文章,简古纯粹,不求苟说于世[⑮],世之人徒知其诗而已。然时无贤愚,语诗者必求之圣俞。圣俞亦自以其不得志者,乐于诗而发之。故其平生所作,于诗尤多。世既知之矣,而未有荐于上者。昔王文康公尝见而叹曰[⑯]:“二百年无此作矣!”虽知之深,亦不果荐也[⑰]。若使其幸得用于朝廷,作为《雅》、《颂》[⑱],以歌咏大宋之功德,荐之清庙[⑲],而追商、周、鲁颂之作者[⑳],岂不伟欤?奈何使其老不得志而为穷者之诗,乃徒发于虫鱼物类、羁愁感叹之言?世徒喜其工,不知其穷之久而将老也。可不惜哉!

圣俞诗既多,不自收拾。其妻之兄子谢景初㉑,惧其多而易失也,取其自洛阳至于吴兴以来所作㉒,次为十卷㉓。予尝嗜圣俞诗,而患不能尽得之,遽喜谢氏之能类次也㉔,辄序而藏之。其后十五年,圣俞以疾卒于京师㉕,余既哭而铭之㉖,因索于其家,得其遗稿千馀篇,并旧所藏,掇其尤者㉗,六百七十七篇,为一十五卷。呜呼!吾于圣俞诗,论之详矣㉘,故不复云。

【注释】① 梅圣俞(1002—1060):名尧臣,字圣俞,宣州宣城(今属安徽)人。仕至尚书都官员外郎。于北宋诗坛上与苏舜卿齐名。著有《宛陵集》。序:文体名。此为诗序。② 达:政治上得志。穷:和“达”相反,指政治境遇窘迫。③ 穷人:政治处境窘迫之人。④ 所有:此指才能、抱负。⑤ 放:放浪。⑥ 羁(jī)臣:在异乡求职做官的人。羁:寄居在外。⑦ 工:好,出色。⑧ 荫(yìn):靠前辈的功勋而得官。梅圣俞因其叔父任侍读学士而出任河南主簿。为吏:指任河南主簿,属于掌管文书的知县下属小吏。⑨ 有司:此指主考官。⑩ 今:此为“近”、“即将”。⑪ 从辟(bì)书:接受聘书。⑫ 佐:辅佐,指做幕僚。⑬ 宛陵:今安徽宣城。⑭ 六经:指《周易》、《尚书》、《诗经》、《礼记》、《春秋》、《乐经》。⑮ 说:通“悦”,取悦。⑯ 王文康公:王曙,字晦叔,河南人。宋仁宗时宰相,“文康”是谥号。曾举荐过欧阳修等人。⑰ 不果荐:最终也未推荐。⑱《雅》、《颂》:此指《诗经》中像《雅》、《颂》一类的作品。⑲ 荐:奉献。清庙:即宗庙。⑳ 商、周、鲁《颂》:《诗经》中的颂类作品。㉑ 谢景初:字师厚,富阳(今属浙江)人。㉒ 洛阳:今属河南。吴兴:今浙江湖州。㉓ 次:编。㉔ 遽(jù):遂。类次:分类编排。㉕ 京师:国都。㉖ 铭:指为梅尧臣作墓志铭。㉗ 掇(duō):选取。尤者:特别出色的作品。㉘ 论之详矣:指在《书梅圣俞诗稿后》等文中已作详论。

【品评】此文作为“诗集序”,从诗的角度探讨诗与诗人穷达的关系,较《释秘演诗集序》与诗的关系要贴近。序文开头展开论述,得出“诗殆穷而后工”的著名结论,亦是全文的中心论点。然后以记叙笔调,写梅圣俞之穷愁遭际,以证明其人之“穷”与诗之“工”的因果关系。这无疑揭示了封建社会一条重要的创作规律，极具价值。但作者又不限于论梅圣俞诗之“工”与否，更对梅圣俞的穷困遭遇表达了同情与不平。末尾记叙自己为亡友梅圣俞整理诗集的经过，亦充满了怀念之情。这使此文跳出诗序的内容规范，使序文又近乎记、传。所以金圣叹评此文“不知是论，是记，是传，是序，随手所到，皆成低昂曲折”（《天下才子必读书》卷八），可见作者心情的复杂。文本无定法，此诗序的内容与格式，皆服从于作者表达感情的需要而自然变化。

送杨寘序[①]

予尝有幽忧之疾[②]，退而闲居，不能治也。既而学琴于友人孙道滋，受宫声数引[③]，久而乐之，不知其疾之在体也。夫琴之为技小矣，及其至也，大者为宫，细者为羽[④]，操弦骤作，忽然变之，急者凄然以促，缓者舒然以和，如崩崖裂石、高山出泉，而风雨夜至也。如怨夫寡妇之叹息、雌雄雍雍之相鸣也[⑤]。其忧深思远，则舜与文王、孔子之遗音也[⑥]；悲愁感愤，则伯奇孤子、屈原忠臣之所叹也[⑦]。喜怒哀乐，动人必深。而纯古淡泊，与夫尧舜三代之言语、孔子之文章、《易》之忧患、《诗》之怨刺无以异[⑧]。其能听之以耳，应之以手，取其和者，道其湮郁[⑨]，写其幽思[⑩]，则感人之际，亦有至者焉。

予友杨君，好学有文，累以进士举，不得志。及从荫调[⑪]，为尉于剑浦[⑫]，区区在东南数千里外，是其心固有不平者。且少又多疾，而南方少医药，风俗饮食异宜[⑬]。以多疾之体，有不平之心，居异宜之俗，其能郁郁以久乎[⑭]？然欲平其心以养其疾，于琴亦将有得焉。故予作琴说以赠其行。且邀道滋酌酒，进琴以为别[⑮]。

【注释】① 杨寘:欧阳修的朋友,屡试不第,因"荫调"得以到剑浦任尉官。欧阳修作此文为之送行。序:文体名。此为赠序。② 幽忧:严重的忧郁。③ 孙道滋:人名,善弹琴。宫声:这里指宫调式,我国古代五声宫、商、角、徵、羽,以宫声为主的调式。数引:几个曲子。引:琴曲的数量单位。④ 大者为宫,细者为羽:声音宏大者为宫声,声音尖细者为羽声。⑤ 雍雍:鸟和鸣声。《诗·邶风·匏有苦叶》:"雍雍鸣雁。"⑥ 舜:传说中我国父系氏族社会部落联盟首领。文王:即周文王姬昌。遗音:留传下的乐章。据《尚书大传》:"舜弹五弦之琴。"据《琴操》:周文王拘于羑里,作《拘幽操》;孔子曾作《将归操》等。《风俗通义》称凡琴曲"忧愁而作,命之曰操"。⑦ 伯奇:周宣王大臣尹吉甫之子。据《初学记》卷二引《琴操》云:吉甫曾听后妻之言将伯奇逐出,伯奇践霜而行,自伤无罪,遂弹琴作《履霜操》,投河自尽。屈原:名平,字原,战国楚人,我国最早的伟大诗人。曾辅佐楚怀王,遭到谗言,长期被放逐。后自投湖南汨罗江而死。作有《离骚》等。⑧ 尧舜:传说中我国父系氏族社会后期部落联盟领袖尧与舜。三代:即夏、商、周。言语:指《尚书》。《易》:指《易经》。《诗》:指《诗经》。⑨ 道其湮郁:疏导其忧郁。道:通"导"。⑩ 写:通"泻"。⑪ 荫(yìn):子孙因祖上有官爵而受封做官。⑫ 剑浦:县名,在今福建南平一带。⑬ 异宜:不适宜。⑭ 郁郁:形容心情不舒畅。⑮ 进琴:奉献了琴曲。

【品评】杨寘乃仕途不得志者,虽获"恩荫",但只是到偏远之地任一小官而已。他本来身体多病,此行又如同远谪,其心情之抑郁可想而知。作者为之送行而赠言,不无有口难言之感,于是冥思苦想,别出新裁,竟建议他学琴自慰,庶几可以"平其心以养其疾"。于是此序几写成一篇"琴说",可见作者的一番苦心与对杨寘的真挚的友情。序先以切身体会证明学琴可治病,暗示此乃赠友之良方。然后从不同角度写琴之妙,既写其急骤与舒缓之变幻,写其忧深、悲愁之声;又写其纯古淡泊之声,并以自然景象与古圣贤之文章相比拟,旨在说明其疏导抑郁、宣泄忧思的功效,与开篇琴可治疾相呼应。但写到此,闲闲只说琴声,似乎与送友绝不相关。及读至末段,方道出说琴实为杨寘解忧之意。

文章写琴声比喻生动,描写形象,极尽铺张夸饰之能事,从而充分显示学琴之重要,为结尾道出劝杨寘学琴之本意,蓄足了文势。

五代史伶官传序[①]

呜呼！盛衰之理，虽曰天命，岂非人事哉！原庄宗之所以得天下[②]，与其所以失之者，可以知之矣。

世言晋王之将终也[③]，以三矢赐庄宗而告之曰："梁[④]，吾仇也；燕王[⑤]，吾所立；契丹[⑥]，与吾约为兄弟[⑦]：而皆背晋以归梁。此三者，吾遗恨也。与尔三矢，尔其无忘乃父之志[⑧]！"庄宗受而藏之于庙[⑨]。其后用兵，则遣从事以一少牢告庙[⑩]，请其矢，盛以锦囊，负而前驱，及凯旋而纳之。

方其系燕父子以组[⑪]，函梁君臣之首[⑫]，入于太庙，还矢先王，而告以成功，其意气之盛，可谓壮哉！及仇雠已灭[⑬]，天下已定，一夫夜呼[⑭]，乱者四应，仓皇东出[⑮]，未见贼而士卒离散。君臣相顾，不知所归，至于誓天断发，泣下沾襟[⑯]，何其衰也！岂得之难而失之易欤？抑本其成败之迹[⑰]，而皆自于人欤[⑱]？

《书》曰[⑲]："满招损，谦得益。"忧劳可以兴国，逸豫可以忘身[⑳]，自然之理也。故方其盛也，举天下之豪杰，莫能与之争；及其衰也，数十伶人困之[㉑]，而身死国灭，为天下笑。夫祸患常积于忽微[㉒]，而智勇多困于所溺[㉓]，岂独伶人也哉？

【注释】① 五代史：指欧阳修编修的《新五代史》。伶官传：写宫廷乐官的传记。序：指《伶官传》开头的导论，评述所记人物的文字。② 原：推究。庄宗：指五代时后唐庄宗李存勖(xù)，李克用之子。后梁龙德三年(923)称帝，建都洛阳，国号唐。同年灭后梁，同光三年(925)兵变被杀。③ 晋王：指李克用，西突厥沙陀部首领。唐末因镇压黄巢农民起义有功，被唐王朝封为晋王。④ 梁：指后梁太祖朱温（907—912 在位）。朱温在唐乾符四年（877 年）曾参加黄巢起义，后叛变降唐，他长期和李克用父子交战，曾企图谋害李克用，彼此结下世仇。天祐四年（907）代唐称帝，改名"晃"，建都汴（今河南开封），国号梁。唐僖宗赐名"全忠"。朱全忠又参加镇压黄巢起义，封为梁王。⑤ 燕王：指刘守光。公元 909 年朱全忠封他为燕王。后背晋归梁。⑥ 契丹：古民族名，曾建立辽国。此指契丹族首领耶律阿保机，即辽王朝的建立者辽太祖。⑦ 与吾约为兄弟：李克用曾和耶律阿保机相会，握手约为兄弟，商定共同举兵击梁，但后来阿保机背约和梁通好。⑧ 其：语气词，表示命令或希望的语气。乃：你的。⑨ 庙：指宗庙，祭祀祖先的地方。即下文的"太庙"。⑩ 从事：官名。少牢：祭品。祭祀时牛、羊、猪各一，称太牢；只有羊、猪而无牛，称少牢。告庙：在宗庙祷告。⑪ 系燕父子以组：后梁乾化元年（911），刘守光自称大燕皇帝。次年，李存勖派兵攻燕，生擒刘守光及其父刘仁恭二人，并用绳索捆绑押送到太原李勖宗庙祭灵。组：指绳索。⑫ 函梁君臣之首：后梁龙德三年（923）十月，李存勖领兵攻梁，梁末帝朱友贞令其部将皇甫麟把自己杀死，然后皇甫麟也自杀了。李存勖把他们的头装入木盒。⑬ 仇雠（chóu）：仇敌。⑭ 一夫：指皇甫晖。后唐同光四年（926），李存勖妻刘皇后听信宦官诬告，杀死大臣郭崇韬。军士皇甫晖等作乱，攻入邺都（今河南安阳）。⑮ 仓皇东出：皇甫晖等于邺都作乱后，李存勖派养子李嗣源率兵讨伐，李嗣源到邺都后却叛变了。李存勖只好仓皇进兵汴州（治所在今河南开封一带）。⑯ 誓天断发，泣下沾襟：李存勖到汴州时，李嗣源已进入汴京（今河南开封）。李存勖面对随行臣属元行钦等人痛哭流涕。诸将都相顾号泣，并拔刀断发，对天发誓，表示誓死效忠后唐。⑰ 抑：或是。本：考察原因。⑱ 自：由于。⑲《书》：《尚书》，其下引文出《尚书·大禹谟》。"谦得益"：原作"谦受益"。⑳ 逸豫：安逸享受。忘：通"亡"。㉑ 数十伶人困之：李存勖灭梁后，纵情声色，宠信乐工宦官。公元 926 年伶人郭从谦作乱，李存勖中流矢而死。李嗣源即位称帝。㉒ 忽微：细小。㉓ 所溺：所溺爱的人或事物。

【品评】文章开门见山，提出"盛衰之理"取决于"人事"的论点。然后举史实以对比的手法论证之：先以后唐皇帝庄宗前期之忧虑辛劳使国家强盛证明兴盛取决于人事；后以庄宗后期之安逸享乐导致国家衰亡证明衰亡亦取决于人事。最后则引证《尚书》古训，再次说明"忧劳可以兴国，逸豫可以忘身"为"自然之理"，并复以"盛"与"衰"对举论证。文章两扬两抑，反复论证，词严气劲，感慨淋漓，"盛衰之理"足可为万世龟鉴。

五代史宦者传论[①]

自古宦者乱人之国，其源深于女祸[②]。女，色而已，宦者之害，非一端也。

盖其用事也近而习[③]，其为心也专而忍[④]，能以小善中人之意，小信固人之心[⑤]，使人主必信而亲之。待其已信，然后惧以祸福而把持之[⑥]。虽有忠臣硕士列于朝廷[⑦]，而人主以为去已疏远，不若起居饮食、前后左右之亲为可恃也。故前后左右者日益亲，则忠臣硕士日益疏，而人主之势日益孤。势孤，则惧祸之心日益切，而把持者日益牢。安危出其喜怒，祸患伏于帷闼[⑧]，则向之所谓可恃者[⑨]，乃所以为患也。

患已深而觉之，欲与疏远之臣图左右之亲近[⑩]。缓之则养祸而益深；急之则挟人主以为质[⑪]。虽有圣智，不能与谋。谋之而不可为，为之而不可成。至其甚，则俱伤而两败。故其大者亡国，其次亡身，而使奸豪得借以为资而起，至抉其种类[⑫]，尽杀以快天下之心而后已。此前史所载宦者之祸常如此者，非一世也。

夫为人主者，非欲养祸于内[⑬]，而疏忠臣硕士于外，盖其渐积而势使之然也[⑭]。夫女色之惑，不幸而不悟，则祸斯及矣[⑮]。使其一悟，捽而去之可也[⑯]。宦者之为祸，虽欲悔悟，而势有不得而去也，唐昭宗之事是已[⑰]。故曰"深于女祸"者，谓此也。可不戒哉？

【注释】① 五代史宦者传：即欧阳修的《新五代史·宦者传》。论：指

《宦者传》后评论的部分。宦者：此指宦官，太监。② 女祸：指由女人造成的灾难。③ 用事：所担任的事物。近：接近皇帝。习：亲狎，不正常的亲密关系。④ 专而忍：专一而能忍耐。⑤ 小信：小小的信义。固人之心：巩固人们对他们的信任。⑥ 惧：使……恐惧。祸福：偏义复词，取“祸”字义。之：指皇帝。⑦ 硕士：指学问渊博的人。⑧ 帷闼（tà）：比喻宫室之内，皇帝身边。帷：围幕。闼：门内。⑨ 向：以前。⑩ 图：图谋。⑪ 挟人主：挟持皇帝。质：人质。⑫ 抉：挖出。种类：指宦官的同类。⑬ 内：指宫廷内。⑭ 势：指事物发展所形成的必然趋势。⑮ 斯：就。⑯ 捽（zuó）：拔，提。⑰ 唐昭宗：李晔（889—904 在位）。文德元年（889），被宦官杨复恭等拥立为帝。此后，宦官势力日益强大。昭宗任用崔胤为宰相抑制宦官势力，宦官刘季述、王彦范等在光化三年（900）幽禁昭宗，昭宗次年才复位。是已：就是如此。

【品评】此文论宦官乱国之祸。首先提出“宦者之害”深于“女祸”的论点。然后分析宦官之所以能亲近、迷惑皇帝而掌握权柄为祸的原因，以及为祸之危险，分析十分细致。朱宗洛评云：“首层言其惑之，二层言其擅权，三层言其固宠，四层言其弱主，五层言其谋种毒，以上俱就其祸之未著言。六层祸始著矣，七层祸难去也，八层言人主实受其祸处，九层言祸已决而不可收。”（《古文一隅》卷下）可见层次丰富，无微不达。最后通过与“女祸”对比，说明宦官为祸远比“女祸”深，必须引起警戒，以回应开头“其害深于女祸”之论。作者把国家之乱归罪于宦官、女色，诚然不是历史唯物主义的观点，但能指出宦官为祸这一历史现象，并提醒天子应警戒宦官为祸，仍不无积极意义。

相州昼锦堂记[①]

仕宦而至将相，富贵而归故乡，此人情之所荣，而今昔之所同也。盖士方穷时[②]，困厄闾里[③]，庸人孺子，皆得易而侮之。若季子不礼于其嫂[④]，买臣见弃于其妻[⑤]。一旦高车驷马[⑥]，旗旄导前[⑦]，而骑卒拥后，夹道之人，相与骈肩累迹[⑧]，瞻望咨嗟[⑨]。而所谓庸夫愚妇者，奔走骇汗[⑩]，羞愧俯伏，以自悔罪于车尘马足之间。此一介之士[11],得志于当时,而意气之盛,昔人比之衣锦之荣者也[12]。

惟大丞相魏国公则不然[13]。公,相人也[14]。世有令德[15],为时名卿[16]。自公少时,已擢高科[17],登显士[18]。海内之士,闻下风而望馀光者[19],盖亦有年矣[20]。所谓将相而富贵,皆公所宜素有。非如穷厄之人,侥幸得志于一时,出于庸夫愚妇之不意,以惊骇而夸耀之也。然则高牙大纛[21],不足为公荣;桓圭衮裳[22],不足为公贵。惟德被生民[23],而功施社稷[24],勒之金石[25],播之声诗[26],以耀后世而垂无穷。此公之志,而士亦以此望于公也。岂止夸一时而荣一乡哉?

公在至和中[27],尝以武康之节[28],来治于相[29],乃作昼锦之堂于后圃[30];既又刻诗于石,以遗相人。其言以快恩仇、矜名誉为可薄[31],盖不以昔人所夸者为荣,而以为戒。于此见公之视富贵为何如,而其志岂易量哉?故能出入将相[32],勤劳王家,而夷险一节[33]。至于临大事,决大议,垂绅正笏[34],不动声色,而措天下于泰山之安[35],可谓社稷之臣矣。其丰功盛烈[36],所以铭彝鼎而被弦歌者[37],乃邦家之光[38],非闾里之荣也。余虽不获登公之堂,幸尝窃诵公之诗[39],乐公之志有成,而喜为天下道也。于是乎书。

【注释】① 相州:今河南安阳。昼锦堂:宋仁宗至和二年(1055)韩琦任相州知州,在州署后园所建造的厅堂。记:文体名。② 穷:与"达"相对,指处境窘迫,仕途不得意。③ 闾里:周代称二十五家为闾或里。此指乡里。④ 季子不礼于其嫂:据《战国策·秦策一》:苏秦游说秦国失败,被其嫂看不起,回家嫂嫂不为他做饭。后来,他游说六国成功,兼六国相。季子:即苏秦,战国时洛阳(今属河南)人。⑤ 买臣见弃于其妻:朱买臣被妻子抛弃。据《汉书·朱买臣传》记载：买臣姓朱，字翁子，汉武帝时会稽（今浙江绍兴）人。朱买臣家中穷困，以砍柴为生，所以发愤读书。其妻离婚另嫁。朱后来任会稽太守。⑥ 高车驷马：显贵者的车乘。驷马：古代一车套四马。⑦ 旗旄（máo）：古代作为仪仗用的旗帜。旄：用牦牛尾或鸟类羽毛做的旗杆饰物。⑧ 骈肩累迹：肩膀相连，脚印相叠，形容人多而拥挤。⑨ 咨嗟：赞叹。⑩ 骇汗：因害怕而出汗。⑪ 一介：一个。⑫ 衣（yì）锦之荣：此喻荣耀。《史记·项羽本纪》中项羽说："富贵不归故乡，如同穿着锦绣在黑夜里行走，有谁能知道呢？"衣：穿。⑬ 大丞相魏国公：指韩琦，字稚圭，北宋相州安阳（今属河南）人。宝元三年（1040）出任陕西安抚使，与范仲淹共同抗御西夏的入侵。庆历三年（1043）任枢密副使，与范仲淹等推行"庆历新政"改革。后为枢密使、宰相。英宗时任右仆射，封魏国公。⑭ 公：对尊长或平辈的尊称。相人：相州人。⑮ 令德：善德。⑯ 卿：此指高官。⑰ 擢（zhuó）高科：考中了科举中的高等科目。⑱ 显士：达官。⑲ 下风：比喻地位低下。馀光：指韩琦的丰采。⑳ 有年：多年。㉑ 高牙大纛（dào）：形容大官的威仪。高牙：高扬的牙旗，牙旗置于军前。大纛：古时军队的大旗。㉒ 桓圭衮（gǔn）裳：表示三公以上的高官。桓圭：以华表为饰的圭璧，古代帝王、高官朝聘祭祀时所执的玉器。衮裳：古代皇帝或三公穿的礼服。㉓ 德被生民：施恩德给人民。被：施加。㉔ 社稷：本指土神和谷神，后用以代指国家。㉕ 勒之金石：指刻颂词于钟鼎（金）碑碣（石）上。㉖ 声诗：指乐歌。㉗ 至和：宋仁宗年号（1054—1056）。㉘ 武康之节：韩琦曾任武康军节度使，兼并州知州。并州治所在今山西太原。㉙ 治于相：指兼任相州知州。㉚ 圃：园地。㉛ 快恩仇：满足于感恩报仇。矜：夸耀。薄：鄙薄。㉜ 出入将相：指韩琦既出任陕西安抚使（边将），又入拜同中书门下平章事（宰相）。㉝ 夷险：指无论平安还是危险。一节：一致。㉞ 垂绅正笏（hù）：形容稳重沉着。绅：士大夫束在袍外面的大带。笏：臣属上朝时所执的手板。㉟ 措：安排。泰山之安：比喻安如泰山。㊱ 盛烈：大业。烈：功业。㊲ 铭彝鼎：刻于金属器物上。彝：礼器。鼎：炊器。被弦歌：谱入歌乐。㊳ 邦家：国家。㊴ 窃：偷偷地。谦词。

【品评】此文题为"昼锦堂记"，实际并未记述昼锦堂本身什么东西，而是围绕"昼锦"二字做文章。开头云"富贵而归故乡"即已暗示"昼锦"二字，因为古人云"富贵不归故乡，如衣锦夜行"；并认为"此人情之所荣，而今昔之所同也"。接下即列举古人季子、买臣之事为据，以见"昔日""衣锦之荣”。有此铺垫乃转入昼锦堂主人韩琦身上,赞扬其虽然“将相而富贵”,但其志在“德被生民,而功在社稷”,并不在“夸一时而荣一乡”。与前述相对照,可见韩琦之“荣”其志大矣。文章至此,方引出韩琦作“昼锦”之堂一事,并记叙韩琦之功德,写其志非凡,志在“邦家之光,非闾里之荣也”。这就否定了“人情之所荣,而今昔之所同”的世俗看法,突出了韩琦之大节,已超出世俗“昼锦之荣”以外。最后结尾道出作此记之意,是向天下传播韩魏公的志向,再表钦佩之意。此文委婉曲折,以反衬正,虚实结合,含蓄隽永。

丰乐亭记[①]

修既治滁之明年[②],夏,始饮滁水而甘[③],问诸滁人,得于州南百步之近。其上则丰山[④],耸然而特立[⑤];下则幽谷[⑥],窈然而深藏[⑦];中有清泉,滃然而仰出[⑧]。俯仰左右,顾而乐之。于是,疏泉凿石,辟地以为亭,而与滁人往游其间。

滁于五代干戈之际[⑨],用武之地也。昔太祖皇帝[⑩],尝以周师破李景兵十五万于清流山下[⑪],生擒其将皇甫晖、姚凤于滁东门之外[⑫],遂以平滁。修尝考其山川,按其图记[⑬],升高以望清流之关,欲求晖、凤就擒之所,而故老皆无在者,盖天下之平久矣。自唐失其政,海内分裂,豪杰并起而争,所在为敌国者[⑭],何可胜数?及宋受天命,圣人出而四海一[⑮]。向之凭恃险阻[⑯],铲削消磨。百年之间,漠然徒见山高而水清[⑰]。欲问其事,而遗老尽矣。今滁介江淮之间,舟车商贾、四方宾客之所不至,民生不见外事[⑱],而安于畎亩衣食[⑲],以乐生送死。而孰知上之功德,休养生息,涵煦于百年之深也[⑳]。

修之来此,乐其地僻而事简,又爱其俗之安闲。既得斯泉于山谷之间,乃日与滁人仰而望山,俯而听泉,掇幽芳而荫乔木㉑，风霜冰雪，刻露清秀㉒，四时之景无不可爱。又幸其民乐其岁物之丰成，而喜与予游也。因为本其山川㉓，道其风俗之美，使民知所以安此丰年之乐者，幸生无事之时也。

夫宣上恩德，以与民共乐，刺史之事也㉔。遂书以名其亭焉㉕。

【注释】① 丰乐亭：欧阳修因“庆历新政”失败，北宋庆历五年（1045）被贬滁州，在滁县丰山北麓建造此亭。② 修：欧阳修自称。滁（chú）：滁州，治所在今安徽滁州。③ 滁水：一称滁河，流经滁州。④ 丰山：山名，在今滁县城西。⑤ 特立：挺立。⑥ 幽谷：深谷。一说为谷名。⑦ 窈然：形容深远。⑧ 滃（wěng）然：形容大水汹涌。⑨ 五代：指唐朝灭亡以后出现的后梁、后唐、后晋、后汉、后周五个朝代。干戈：古代的兵器。此指战争。⑩ 太祖皇帝：指宋太祖赵匡胤，当时他任后周殿前都点检。⑪ 周：指五代时的后周。李景：即李璟，南唐的皇帝。清流山：在今滁县城西南。⑫ 皇甫晖：南唐江州节度使。姚凤：南唐团练使。⑬ 图记：地图、文字记载。⑭ 所在：地方。敌国者：此实指反叛国家的割据势力。⑮ 圣人：此指宋朝开国皇帝赵匡胤。四海一：国家统一。⑯ 向：从前。凭恃：依仗。⑰ 漠然：此指安宁。⑱ 不见外事：不接触外界。⑲ 畎（quǎn）亩：田地，田间。⑳ 涵煦（hán xù）：滋润哺育。㉑ 掇（duō）：拾取。幽芳：指芳草。荫（yìn）：乘凉。㉒ 刻露：显露清晰。㉓ 本：依据。㉔ 刺史：知州的别称。时欧阳修为滁州知州。㉕ 名：命名。

【品评】此文先记滁州丰乐亭山水之美，似乎是山水游记；但紧接着却横插一段议论，回顾滁州“唐失其政，海内分裂”、“五代干戈”，数百年之治乱、群雄之兴废，其意乃为反衬当代仁宗之“功德”，百姓之“休养生息”。最后又回归丰乐亭，写其“四时之景”、百姓丰年之乐，宛然一番太平气象。其实，作者对“五代干戈之际”的追思，又表明其内心居安思危、治不忘乱的情怀。其中不无对保守派安于现状、兵革不修之担忧与不满。当然这种忧思表现得文情吞吐、纡徐曲折。另外，此文写景与议论相结合，实与虚相映衬，俯仰古今，波澜起伏。朱熹“以此篇为公文之最佳者”（李刚己《古文辞约编》），可见此文在欧公文中的地位。

醉翁亭记[①]

环滁皆山也[②]。其西南诸峰，林壑尤美。望之蔚然而深秀者[③]，琅玡也[④]。山行六七里，渐闻水声潺潺，而泻出于两峰之间者，酿泉也。峰回路转，有亭翼然临于泉上者[⑤]，醉翁亭也。作亭者谁？山之僧智仙也。名之者谁？太守自谓也[⑥]。太守与客来饮于此，饮少辄醉，而年又最高，故自号曰“醉翁”也。醉翁之意不在酒，在乎山水之间也。山水之乐，得之心而寓之酒也。

若夫日出而林霏开[⑦]，云归而岩穴暝[⑧]，晦明变化者，山间之朝暮也。野芳发而幽香，佳木秀而繁阴[⑨]，风霜高洁，水落而石出者，山间之四时也。朝而往，暮而归，四时之景不同，而乐亦无穷也。

至于负者歌于途[⑩]，行者休于树，前者呼，后者应，伛偻提携[⑪]，往来而不绝者，滁人游也。临溪而渔，溪深而鱼肥；酿泉为酒，泉香而酒洌[⑫]。山肴野蔌[⑬]，杂然而前陈者，太守宴也。宴酣之乐，非丝非竹[⑭]，射者中[⑮]，弈者胜[⑯]，觥筹交错[⑰]，起坐而喧哗者，众宾欢也。苍颜白发，颓乎其中者[⑱]，太守醉也。

已而夕阳在山，人影散乱，太守归而宾客从也。树林阴翳[⑲]，鸣声上下，游人去而禽鸟乐也。然而禽鸟知山林之乐，而不知人之乐；人知从太守游而乐，而不知太守之乐其乐也。醉能同其乐，醒能述以文者，太守也。太守谓谁？庐陵欧阳修也[⑳]。

【注释】① 醉翁亭：位于滁州琅琊山，僧智仙所建。记：文体名。② 滁

(chú):州名,治所在今安徽滁州。③ 蔚然:繁盛。④ 琅玡(láng yá):琅琊山,在滁州西南十里,因东晋琅玡王司马睿(元帝)避难于此而得名。⑤ 翼然:形容像鸟儿展翅。⑥ 太守:郡的长官叫太守。宋代废郡设州(或府),仍习惯称知州(或知府)为太守。⑦ 林霏:林中云气。⑧ 暝:昏暗。⑨ 繁阴:浓密的树阴。⑩ 负者:背东西的人。⑪ 伛偻(yǔ lǚ)提携:此指老人和小孩。伛偻:弯腰曲背,此指老人。提携:搀扶,此指小孩。⑫ 泉香而酒洌:泉水具有香味,酿成的酒也很纯净。⑬ 山肴:此指野味。蔌(sù):野菜。⑭ 丝:弦乐器。竹:管乐器。⑮ 射:这里指投壶,古代宴会时常把箭投向壶里,按投中的次数多少决定胜负,输者罚酒。⑯ 弈:下围棋。⑰ 觥(gōng):古代的酒器之一。筹:用竹片做的酒筹,行酒令时用以计数。⑱ 颓:倒。⑲ 阴翳(yì):覆盖,遮蔽。⑳ 庐陵:县名,今江西吉安,为欧阳修籍贯。

【品评】此文被清人俞诚誉为"绝品"(《重订古文释义新编》卷八),并非虚誉。文章题曰"醉翁亭",实际中心乃是"醉翁"。首先写滁州之景,层层递进,景由大而小,由远而近,由山而峰,由峰而及泉,由泉而及亭,由亭而及人,人即名亭者——"醉翁"。而写景是写醉翁的山水之乐。其次写山间之四时,而及四时之景,旨在突出醉翁"乐亦无穷也"。再次写"游人"、"众宾",还是归结至"苍颜白发"的"太守"。最后写"禽鸟乐"、"人之乐",以"太守之乐"与乐百姓之乐收束,并点出太守即自己——庐陵欧阳修也。此文写太守之醉、太守之乐与乐百姓之乐,反映了作者贬谪滁州一年后,已经达到化忧为乐、与民同乐的思想境界,具有一种悠然自适的心境。

此文近似赋体,实为记体,又似骈非骈,似散非散,骈散结合,长短句相间,每段以"若无"、"至于"、"已而"等虚词,引起下文,有六朝小赋意味,被人评为"文家之创调也"。文中所用二十个"也"字,也为人称道。

秋声赋①

欧阳子方夜读书②,闻有声自西南来者,悚然而听之③,曰:"异哉!初淅沥以潇飒④,忽奔腾而砰湃⑤;如波涛夜惊,风雨骤至。其触于物也,鏦鏦铮铮⑥,金铁皆鸣;又如赴敌之兵,衔枚疾走⑦,不闻号令,但闻人马之行声。"

予谓童子："此何声也？汝出视之。"童子曰："星月皎洁，明河在天[8]。四无人声，声在树间。"

予曰："噫嘻[9]，悲哉！此秋声也，胡为乎来哉[10]？盖夫秋之为状也，其色惨淡，烟霏云敛[11]；其容清明，天高日晶[12]；其气栗冽[13]，砭人肌骨[14]；其意萧条，山川寂寥。故其为声也，凄凄切切，呼号奋发。丰草绿缛而争茂[15]，佳木葱茏而可悦。草拂之而色变，木遭之而叶脱。其所以摧败零落者，乃一气之馀烈[16]。

"夫秋，刑官也[17]，于时为阴[18]；又兵象也[19]，于行为金[20]。是谓'天地之义气'[21]，常以肃杀而为心。天之于物，春生秋实。故其在乐也，商声主西方之音[22]，夷则为七月之律[23]。商，伤也，物既老而悲伤；夷，戮也，物过盛而当杀。

"嗟乎，草木无情，有时飘零。人为动物，惟物之灵。百忧感其心，万事劳其形。有动乎中[24]，必摇其精。而况思其力之所不及，忧其智之所不能！宜其渥然丹者为槁木[25]，黟然黑者为星星[26]。奈何非金石之质，欲与草木而争荣？念谁为之戕贼[27]，亦何恨乎秋声！"

童子莫对，垂头而睡[28]，但闻四壁虫声唧唧[29]，如助予之叹息。

【注释】① 赋：文体名。讲究辞采，多对偶、排比句，而又押韵。此文与传统赋相比有所发展。② 欧阳子：欧阳修自称。③ 悚（sǒng）然：形容恐惧。④ 淅沥：象声词，这里形容雨声。萧飒（sà）：风声。⑤ 砰湃：波涛声。⑥ 鏦（cōng）鏦铮（zhēng）铮：金属撞击声。⑦ 衔枚：古代袭击敌方时士兵口中含一木片，以防出声。⑧ 明河：此指银河。⑨ 噫嘻：惊叹声。⑩ 胡为：何为。⑪ 烟霏：烟雾飞散。云敛：云气收敛。⑫ 日晶：阳光灿烂。⑬ 栗冽：通"凛冽"，寒冷。⑭ 砭（biān）：针刺。⑮ 绿缛（rù）：绿草茂密。

⑯ 气：古人认为大自然中弥漫着一种气。此指秋气。馀烈：馀威。⑰ 刑官：即司寇，古代掌管刑狱的官。古人将职官与天地四时相配，司寇称为秋官，取其杀戮之意。⑱ 于时为阴：古人以春、夏为阳，秋、冬为阴，故称秋天"于时为阴"。⑲ 兵象：秋天肃杀，是战争之象。⑳ 于行为金：五行金、木、水、火、土同四时相配，秋为金。㉑ 天地之义气：《礼记·乡饮酒》说：天地肃杀之气，始于西南方，到西北方达到极盛，这是"天地之义气"。由西南方到西北方，正是秋的方位。而"义"在五行中与"金"相配。义气：刚正之气。㉒ 商声：五声（宫、商、角、徵、羽）之一。古人将五声和四时相配，秋属商。古人又将五行和五方（东、南、中、西、北）、五声相配，秋主西，而秋又属商声，所以说"商声主西方之音"。㉓ 夷则为七月之律：夷则是七月的音律。古音分十二律：黄钟、大吕、太簇、夹钟、姑冼、仲吕、蕤（ruí）宾、林钟、夷则、南吕、无射（yì）、应钟。古人又将乐律和历法联系起来，十二律和十二月相配，夷则配七月。㉔ 中：内心。㉕ 渥（wò）然丹者：指丰腴红润的脸庞。此比喻年轻人的容貌。槁木：即枯木。此比喻衰老。㉖ 黟（yī）然黑者：指乌黑的头发。比喻健壮。黟然：黑的样子。星星：此形容鬓发花白，比喻衰老。㉗ 戕（qiāng）贼：残害：伤害。㉘ 睡：打瞌睡。㉙ 唧（jī）唧：虫子鸣叫声。

【品评】此文写秋声，"秋声，无形者也，却写得形色宛然。读之，使人悄然而悲，肃然而恐，真可谓绘风手矣。"（《山晓阁选宋大家欧阳庐陵全集》卷四引钟惺评语）文章开头先描写"秋声"之风雨淅沥，如波涛夜至，如金铁皆鸣，如人马之行声，巧譬妙喻，写出秋声初起至渐烈的过程，并以童子之语点出秋声。然后荡开一笔，写秋色、秋容、秋气、秋意，作为秋声陪衬，实写秋声凄切呼号之威。然后再荡开一笔，写秋之含义，突出其"肃杀以为心"，从而引起下文，即由自然之秋而感叹人生之秋的感伤情怀。结尾以虫声唧唧收笔，以秋声之微与开头秋声之大形成鲜明对照，并再次提及"童子"与开头呼应。

此文作为赋体，模写甚工，铺排亦妙，但又加入散文成分，是一篇创新的赋体。

祭石曼卿文[①]

维治平四年七月日[②]，具官欧阳修[③]，谨遣尚书都省令史李敭[4]，至于太清[5]，以清酌庶羞之奠[6]，致祭于亡友曼卿之墓下，而吊之以文曰：

呜呼曼卿！生而为英[7]，死而为灵[8]。其同乎万物生死，而复归于无物者，暂聚之形[9]；不与万物共尽，而卓然其不朽者[10]，后世之名。此自古圣贤，莫不皆然。而著在简册者[11]，昭如日星[12]。

呜呼曼卿！吾不见子久矣，犹能仿佛子之平生[13]。其轩昂磊落[14]，突兀峥嵘[15]，而埋藏于地下者，意其不化为朽壤，而为金玉之精。不然，生长松之千尺，产灵芝而九茎[16]。奈何荒烟野蔓[17]，荆棘纵横，风凄露下，走磷飞萤[18]；但见牧童樵叟，歌吟而上下，与夫惊禽骇兽，悲鸣踯躅而咿嘤[19]！今固如此，更千秋而万岁兮[20]，安知其不穴藏狐貉与鼯鼪[21]？此自古圣贤亦皆然兮，独不见夫累累乎旷野与荒城[22]！

呜呼曼卿！盛衰之理，吾固知其如此，而感念畴昔[23]，悲凉凄怆，不觉临风而陨涕者[24]，有愧夫太上之忘情[25]。尚飨[26]！

【注释】① 石曼卿(994—1041)：名延年，字曼卿，宋州宋城(今河南商丘)人。为人豪爽，能诗，工书法。曾任太子中允等官，为欧阳修知心好友。祭文：文体名。② 维：发语词。治平四年：公元1067年。治平是宋英宗的年号(1064—1067)。③ 具官：指作者的官职。在公文等底稿上，把应写明的官爵品位简写为“具官”。④ 尚书都省令史：尚书都省，官署名，简称尚书省。令史：低级事务员官名。李敭(yì)：事迹不详。⑤ 太清：在今河南商丘东南，为石曼卿故乡，也是石曼卿死后葬地。⑥ 清酌庶羞：指祭祀酒食。清酌：指祭祀用酒。庶羞：众多肉类美食。奠：此指祭品。⑦ 英：指杰出人物。⑧ 灵：神灵。⑨ 暂聚之形：暂时存在的躯体。古人认为天地万物都是由“气”暂时积聚而成，终归要消散。⑩ 卓然：高超的样子。⑪ 简册：

指史书。⑫ 昭：明亮。⑬ 仿佛：依稀想像。⑭ 轩昂：仪表英俊。磊落：心地光明。⑮ 突兀峥嵘：指人的品质气魄突出。⑯ 灵芝而九茎：长有九茎的灵芝，为灵芝中的上品。灵芝：菌类植物，古人视为瑞草。九茎：指灵芝的茎很多。⑰ 奈何：为何。⑱ 走磷：闪动的磷火，俗称"鬼火"。飞萤：萤火虫。⑲ 踯躅（zhí zhú）：徘徊不前。咿嘤（yī yīng）：象声词，禽兽鸣叫声。⑳ 更（gēng）：经历，经过。㉑ 狐：狐狸。貉（háo）：形似狐的一种野兽。亦称狗獾。鼯（wú）：形似松鼠。鼪（shēng）：即黄鼬。㉒ 累累：相连不断的样子。荒城：此指荒坟。㉓ 畴昔：往日。㉔ 陨涕：落泪。㉕ 太上之忘情：语本《世说新语·伤逝》引王戎云"圣人忘情"。太上：最上的人，指圣人。㉖ 尚飨（xiǎng）：表示希望死者灵魂来享用祭品。尚：表示希望的意思。飨：享用祭品。

【品评】此文三段，各以呼告词"呜呼曼卿"领起，写尽内心复杂的情思。首段称其声名卓然不朽，表达了不尽的钦佩赞誉之情。第二段写其墓地凄凉之景，充满悲痛哀悼之意。第三段自述感伤，抒发思念之忱。文章脉络清晰，情致凄恻。文章采用辞赋形式，通篇用韵，音节悲哀，句式灵活多变，读来自然感人。

泷冈阡表[①]

呜呼！惟我皇考崇公[②]，卜吉于泷冈之六十年[③]，其子修始克表于其阡[④]。非敢缓也，盖有待也。

修不幸，生四岁而孤。太夫人守节自誓[⑤]，居穷，自力于衣食，以长以教，俾至于成人[⑥]。太夫人告之曰："汝父为吏，廉而好施与，喜宾客。其俸禄虽薄，常不使有馀，曰：'毋以是为我累[⑦]。'故其亡也，无一瓦之覆、一垄之植以庇而为生，吾何恃而能自守耶？吾于汝父，知其一二，以有待于汝也。自吾为汝家妇，不及事吾姑[⑧]，然知汝父之能养也。汝孤而幼，吾不能知汝之必有立，然知汝父之必将有后也。吾之始归也[⑨]，汝父免于母丧方逾年[⑩]。岁时祭祀，则必涕泣曰：'祭而丰，不如养之薄也。'间御酒食，则又涕泣曰：'昔常不足，而今有馀，其何及也！'吾始一二见之，以为新免于丧适然耳[11]。既而其后常然，至其终身未尝不然。吾虽不及事姑，而以此知汝父之能养也[12]。汝父为吏，尝夜烛治官书，屡废而叹。吾问之，则曰：'此死狱也[13]，我求其生不得尔。'吾曰：'生可求乎？'曰：'求其生而不得，则死者与我皆无恨也[14]。矧求而有得耶[15]？以其有得，则知不求而死者有恨也。夫常求其生，犹失之死，而世常求其死也。'回顾乳者抱汝而立于旁，因指而叹曰：'术者谓我岁行在戌将死[16]，使其言然，吾不及见儿之立也，后当以我语告之。'其平居教他子弟，常用此语，吾耳熟焉，故能详也。其施于外事，吾不能知。其居于家，无所矜饰，而所为如此，是真发于中者耶！呜呼，其心厚于仁者耶！此吾知汝父之必将有后也。汝其勉之。夫养不必丰，要于孝[17]；利虽不得博于物，要其心之厚于仁。吾不能教汝，此汝父之志也。"修泣而志之，不敢忘。

先公少孤力学[18]，咸平三年进士及第[19]，为道州判官[20]，泗、绵二州推官[21]，又为泰州判官[22]，享年五十有九，葬沙溪之泷冈[23]。太夫人姓郑氏，考讳德仪[24]，世为江南名族。太夫人恭俭仁爱而有礼，初封福昌县太君[25]，进封乐安、安康、彭城三郡太君[26]。自其家少微时[27]，治其家以俭约，其后常不使过之。曰："吾儿不能苟合于世，俭薄所以居患难也。"其后修贬夷陵[28]，太夫人言笑自若，曰："汝家故贫贱也，吾处之有素矣[29]。汝能安之，吾亦安矣。"

自先公之亡二十年[30]，修始得禄而养。又十有二年，列官于朝，始得赠封其亲[31]。又十年，修为龙图阁直学士、尚书吏部郎中[32]，留守南京[33]。太夫人以疾终于官舍，享年七十有二。又八年，修以非才入副枢密[34]，遂参政事[35]。又七年而罢[36]。自登二府[37]，天子推恩，褒其三世[38]。盖自嘉祐以来[39]，逢国大庆，必加宠锡[40]。皇曾祖府君[41]，累赠金紫光禄大夫、太师、中书令[42]。曾祖妣[43]，累封楚国太夫人。皇祖府君，累赠金紫光禄大夫、太师、中书令兼尚书令[44]。祖妣，累封吴国太夫人。皇考崇公，累赠金紫光禄大夫、太师、中书令兼尚书令。皇妣，累封越国太夫人。今上初郊[45]，皇考赐爵为崇国公，太夫人进号魏国。

于是小子修泣而言曰："呜呼！为善无不报，而迟速有时，此理之常也。惟我祖考，积善成德，宜享其隆。虽不克有于其躬[46]，而赐爵受封，显荣褒大，实有三朝之锡命[47]。是足以表见于后世，而庇赖其子孙矣。"乃列其世谱，具刻于碑。既又载我皇考崇公之遗训，太夫人之所以教而有待于修者，并揭于阡。俾知夫小子修之德薄能鲜，遭时窃位；而幸全大节，不辱其先者，其来有自。

熙宁三年[48]，岁次庚戌，四月辛酉朔[49]，十有五日乙亥[50]；男推诚、保德、崇仁、诩戴功臣[51]，观文殿学士[52]，特进[53]，行兵部尚书[54]，知青州军州事[55]，兼管内劝农使[56]，充京东路安抚使[57]，上柱国[58]，乐安郡开国公[59]，食邑四千三百户[60]，食实封一千二百户，修表。

【注释】① 泷(shuāng)冈：在今江西永丰南凤凰山。欧阳修父欧阳观墓建于此。阡表：墓志，立于墓前的碑文。阡：墓道。此表作于宋神宗熙宁三年(1070)。② 惟：发语词。皇考：对亡父的敬称。崇公：崇国公，欧阳修父亲欧阳观的封号。③ 卜吉：用占卜的方法来选择吉祥的墓地。此指埋葬。六十年：指六十年前宋真宗大中祥符四年(1011)。④ 克：能。表：用作动词，修墓表。⑤ 太夫人：指欧阳修母亲郑氏。古时列侯死，子称其母为太夫人。⑥ 俾：使。⑦ 毋(wú)：不要。是：指金钱。⑧ 姑：婆婆。⑨ 归：旧称女子出嫁。⑩ 免于母丧：指结束为母守孝期。⑪ 适：才。⑫ 能养：能奉养父母。⑬ 死狱：死罪的案子。⑭ 恨：遗憾。⑮ 矧(shěn)：何况。⑯ 术者：算命者。岁行在戌：木星运行到戌年。岁：岁星，即木星。欧阳修父死于大中祥符三年(1010)，岁次庚戌。⑰ 要：要旨，关键。⑱ 先公：先父。⑲ 咸平：宋真宗赵桓的年号(998—1008)。咸平三年，公元1000年。⑳ 道州：州治在今湖南道县。判官：官名，州、府佐吏，掌管文书。㉑ 泗、绵二州：泗州治所在安徽泗县。绵州治所在今四川绵阳市。推官：州、府长官的属官，掌管司法。㉒ 泰州：治所在今江苏泰州。㉓ 沙溪：地名，在今江西永丰县南。欧阳修家乡。㉔ 考讳：指太夫人郑氏之父。㉕ 福昌县：今河南宜阳。㉖ 乐安：郡名。郡治在今山东博兴。安康：郡名。郡治在今陕西汉阴。彭城：郡名。郡治在今江苏徐州。㉗ 少微：贫困。㉘ 夷陵：县名。今湖北宜昌。㉙ 有素：由来已久。㉚ 自先公之亡二十年：即宋仁宗天圣八年(1030)，是年欧阳修中进士，任将仕郎、西京留守推官。㉛ 赠封：皇帝对官员及其妻室、父母和祖先所赐的官爵，对男性"赠官"简称为"赠"，对女性"叙封"简称为"封"。㉜ 龙图阁直学士：侍从皇帝的文官。龙图阁：保管皇帝的御书、典籍等物的阁名，设有学士等官。直学士：其品位仅次于学士。尚书吏部郎中：官名。宋代尚书省吏部设郎中四人，掌握官员的任免、赠封等事。㉝ 留守南京：宋代，西京、南京、北京各置留守一人，以知府兼任。南京为应天府，治所在今河南商丘。㉞ 副枢密：即枢密副使，是中央军事机关的副长官。㉟ 参政事：参知政事，副宰相。㊱ 又七年而罢：指宋英宗治平四年(1067)欧阳修辞副枢密转外任。㊲ 二府：北宋掌管军事的枢密院和掌管政务的中书省，并称二府。㊳ 三世：曾祖、祖父、父亲三代。㊴ 嘉祐：北宋仁宗赵祯的年号(1056—1063)。㊵ 锡：通"赐"。㊶ 府君：子孙对其祖先的敬称。㊷ 金紫光禄大夫、太师、中书令：这些都是褒赠之官。金紫光禄大夫：为文职散官正三品。太师：三公(太师、太傅、太保)之一，宋代无实职。中书令：中书省长官，是赠官。㊸ 曾祖妣(bǐ)：对去世的曾祖母的尊称。㊹ 尚书令：尚书省长官，为赠官。㊺ 今上：指当时在位的宋神宗赵顼(xū)(1068—1085在位)。初郊：首次郊祀，皇帝登基后首次举行祭天大典。宋神宗初次郊祀的时间是熙宁元年(1068)十一月丁亥日。㊻ 躬：亲身。㊼ 三朝：指宋仁宗、英宗、神宗三朝。锡命：指皇帝封赠的诏书。㊽ 熙宁：宋神宗的年号(1068—1077)。熙宁三年(1070)是庚戌年。㊾ 辛酉朔：四月初一。㊿ 乙亥：四月十五日。51 推诚、保德、崇仁、翊(yì)戴：皆为宋代赐给皇子、皇亲及臣僚的褒奖之词。52 观文殿学士：欧阳修曾任副宰相(参知政事)，授观文殿大学士的荣誉称号。53 特进：宋代文散官的第二阶，正二品。54 行：兼。宋制，以高职兼较低职称"行某官"。兵部：尚书省六部之一，掌管武官选用和兵籍、军械、军令等事务。尚书：六部的首长。55 知青州军州事：宋代朝臣管理州一级地方行政。称"权知某州军州事"，兼管军事，简称"知州"。青州：州治在今山东益都。56 内劝农使：宋代为州官的兼职，掌管农事。57 京东路：宋地方分区名称。辖境相当于今山东东南部和河南、江苏部分地区。安抚使：官名。宋代为一路的军政长官。58 上柱国：宋代勋官十二级中最高一级。59 开国公：宋代封爵十二等的第六等。60 食邑：享用封地的租税。下句的"食实封"，是实际封给的食邑。宋代封爵的食邑和实封只是名义上的荣誉。

【品评】开篇称亡父安葬六十年才作此墓志："非敢缓也，盖有待也。""有待"成为此文之枢纽，并引领下文。接下一大段即落实"有待"之意。由于作者四岁而孤，对父亲一生并不了解，因此借母亲之口、从母亲的角度记叙亡父的行事行状，凸显亡父"廉而好施"、事亲至孝、为官仁厚的高尚品格，故文中多次用"知"字表述。并点出"汝父""有待于汝也"，与开头呼应。然后转向以第一人称口吻记叙。此文虽为表父之阡，但亦表母节。第三段笔墨即偏重记亡母之"恭俭仁爱而有礼"。最后写自己之仕途进取，官位显赫，光宗耀祖，归之于父母之阴德庇护子孙，毫无自夸之意。作者有今日成就，实现了父"志"，正是父母之"待"也，亦是作者之"待"。

此文既表亡父，又表亡母，有一箭双雕之功，赞颂亡父崇高品德，不发空言，以典型事例显示，予人真实可信之感。记事重琐碎细节，"而廉吏节母之全体毕具"(陈兆仑《陈太仆批选八大家文钞·欧文》)，读来生动感人；作者仁人孝子之心亦表露无遗。人称"欧公文，当以此为第一"(孙旷语)，评价可谓至矣！

苏　洵（1009—1066）

字明允，眉州眉山（今属四川）人。宋仁宗庆历年间举进士不第，乃闭门读书。嘉祐元年（1056）携苏轼、苏辙二子至京师，为欧阳修所赏识与推荐，曾任秘书省校书郎、霸州文安县主簿等职。卒追赠光禄寺丞。苏洵为古文家，受《战国策》影响，擅长策论，文锋犀利，为“唐宋八大家”之一。与其苏轼、苏辙二子合称“三苏”。有《嘉祐集》。

管仲论[①]

管仲相威公[②]，霸诸侯，攘夷狄[③]，终其身齐国富强，诸侯不敢叛。管仲死，竖刁、易牙、开方用[④]。威公薨于乱[⑤]，五公子争立[⑥]，其祸蔓延，讫简公[⑦]，齐无宁岁。

夫功之成，非成于成之日[⑧]，盖必有所由起；祸之作，不作于作之日，亦必有所由兆。故齐之治也，吾不曰管仲，而曰鲍叔[⑨]。及其乱也，吾不曰竖刁、易牙、开方，而曰管仲。何则？竖刁、易牙、开方三子，彼固乱人国者，顾其用之者[⑩]，威公也。夫有舜而后知放四凶[⑪]，有仲尼而后知去少正卯[⑫]。彼威公何人也？顾其使威公得用三子者，管仲也。仲之疾也，公问之相。当是时也，吾意以仲且举天下之贤者以对，而其言乃不过曰“竖刁、易牙、开方三子，非人情[⑬]，不可近”而已。

呜呼，仲以为威公果能不用三子矣乎？仲与威公处几年矣，亦知威公之为人矣乎？威公声不绝于耳，色不绝于目，而非三子者，则无以遂其欲。彼其初之所以不用者，徒以有仲焉耳。一日无仲，则三子者，可以弹冠而相庆矣[⑭]。仲以为将死之言，可以絷威公之手足耶[⑮]？

夫齐国不患有三子，而患无仲。有仲，则三子者，三匹夫耳[16]。不然，天下岂少三子之徒哉？虽威公幸而听仲[17]，诛此三人，而其馀者，仲能悉数而去之耶[18]？呜呼，仲可谓不知本者矣。因威公之问[19]，举天下之贤者以自代，则仲虽死，而齐国未为无仲也。夫何患三子者？不言可也。

五伯莫盛于威、文[20]。文公之才，不过威公，其臣又皆不及仲。灵公之虐[21]，不如孝公之宽厚[22]。文公死，诸侯不敢叛晋。晋袭文公之馀威[23]，犹得为诸侯之盟主百馀年[24]。何者？其君虽不肖[25]，而尚有老成人焉[26]。威公之薨也，一败涂地，无惑也[27]，彼独恃一管仲，而仲则死矣。

夫天下未尝无贤者，盖有有臣而无君者矣。威公在焉，而曰天下不复有管仲者，吾不信也。仲之书[28]，有记其将死，论鲍叔、宾胥无之为人[29]，且各疏其短[30]。是其心以为数子者，皆不足以托国。而又逆知其将死[31]，则其书诞谩不足信也[32]。吾观史鳍[33]，以不能进蘧伯玉而退弥子瑕[34]，故有身后之谏[35]。萧何且死[36]，举曹参以自代[37]。大臣之用心，固宜如此也。夫国以一人兴，以一人亡。贤者不悲其身之死，而忧其国之衰，故必复有贤者，而后可以死。彼管仲者，何以死哉？

【注释】① 管仲：名夷吾，字仲。春秋初期政治家，由鲍叔牙推荐给齐桓公，被任命为卿，为使齐国富强称霸作出重大贡献。论：文体名。② 威公：齐威公，即齐桓公，姓姜，名小白。为春秋时期的第一个霸主。宋人为避宋钦宗赵桓的名讳，故称齐威公。③ 攘：抵御。夷狄：古代对少数民族的蔑称。④ 竖刁、易牙、开方：齐桓公的宠臣。桓公死，他们杀戮齐国大臣，拥立公子无亏为国君，齐国发生内乱。⑤ 薨（hōng）：周代诸侯死亡称作“薨”。⑥ 五公子：指公子武孟、公子元、公子潘、公子商人、公子雍。⑦ 讫：至。简公：齐简公(前484—前481在位)。⑧ 非成于成之日：不是完成于成功之日。⑨ 鲍叔：即鲍叔牙，春秋时齐国大夫，和管仲友善。曾向齐桓公推举管仲。⑩ 顾：但是。⑪ 舜：传说中父系氏族社会后期的部落联盟领袖。四凶：指共工、鲧、欢兜和三苗首领。⑫ 仲尼：孔子的字。少正卯：春秋末期鲁国大夫。传说孔子任鲁国司寇时，杀了少正卯。⑬ 竖刁……非人情：《史记·齐太公世家》载：桓公问：“易牙如何？”管仲对曰：“杀子以适君，非人情，不可。”公曰：“开方如何？”对曰：“背亲以适君，非人情，难近。”公曰：“竖刁如何？”对曰：“自宫以适君，非人情，难亲。”管仲对齐桓公说，竖刁、易牙、开方三人，既然能够做出杀子、背亲、自阉这种不近人情的事，也就不可能忠于君主，所以不要亲近他们。⑭ 弹冠而相庆：弹冠，见《汉书·王吉传》。弹去帽子上的灰尘，相互庆贺。⑮ 縶(zhí)：用绳索绊住马足。此为束缚。⑯ 匹夫：指平常的男人。⑰ 幸：侥幸。⑱ 悉：全部。⑲ 因：顺着。⑳ 五伯：五霸。春秋时期，齐桓公、晋文公、楚庄王、宋襄公、秦穆公，曾先后称霸诸侯，史称五霸。威、文：即桓、文，齐桓公与晋文公。㉑ 灵公：指晋灵公，晋文公之子。㉒ 孝公：指齐孝公，齐桓公之子。㉓ 袭：继承。㉔ 盟主：古代诸侯盟会中的首领。㉕ 不肖：不贤明。㉖ 老成人：指老成练达的大臣。㉗ 无惑：没有困惑不解的。㉘ 仲之书：指《管子》，相传为管仲所撰，实际上是后人所编纂。㉙ 宾胥无：齐国大夫，齐桓公时贤臣。㉚ 疏：陈述，列举。㉛ 逆知：预先测知。㉜ 诞谩：荒诞无稽。㉝ 史鳅：字子鱼，也叫史鱼，春秋时卫国大夫。㉞ 蘧(qú)伯玉：春秋时卫国大夫，卫灵公时贤臣。弥子瑕：春秋时卫国大夫，卫灵公宠臣。㉟ 身后之谏：据《孔子家语》：卫灵公不用蘧伯玉而用弥子瑕，史鳅多次进谏，灵公不纳。史鳅临死前，令其子把自己的尸体放在窗下，以表示死谏。灵公来吊丧，因此醒悟，于是不用弥子瑕而用蘧伯玉。㊱ 萧何：西汉开国功臣，汉朝丞相。他生病时，向汉惠帝刘盈推荐曹参为丞相。㊲ 曹参：西汉开国汉臣，继萧何为汉丞相。

【品评】此文借批评管仲临终不荐举贤臣，而使齐国内乱“无宁岁”，强调荐贤于国家安定富强的重要性。全文层层推进，引证接连不断，皆表现指责管仲不能临终荐贤这个宗旨。首段以管仲生前之“功”反衬其死后之“祸”，责备之意已露端倪，尚较含蓄。第二段则直指齐之“乱”，罪在管仲，因为管仲病重时并未向齐威公荐举贤相，而对于“乱人国者”竖牙等“三子”

亦只是评为“非人情,不可近而已”。第三段又深入论证管仲未“举天下之贤者以自代”之祸,从退一步的角度,说明即使“三子”不当权作乱,也有“其馀者”可作乱,因为齐国“无仲”即无管仲一样的贤相出来。第四段又以五霸中之齐威公与晋文公相对照,晋文公死后晋国犹能称霸百年,而齐威公死后齐国却“一败涂地”,原因在于晋因有贤人而强,齐因无贤人而败,无贤之罪,仍在管仲未举贤。最后指出天下并非无贤者可荐,又举史鳍“身后之谏”与萧何将死举荐曹参为例,反衬管仲临终不荐之可责,并道出其本质是不“忧其国之衰”,是一种不负责任的表现。末句以“管仲何以死哉”作结,耐人寻味。虽然此文把齐国之乱尽归罪于管仲未必客观,但作者重视荐贤的观点还是可取的。

辨奸论[①]

事有必至,理有固然[②]。惟天下之静者[③],乃能见微而知著[④]。月晕而风[⑤],础润而雨[⑥],人人知之。人事之推移,理势之相因[⑦],其疏阔而难知[⑧],变化而不可测者,孰与天地阴阳之事[⑨]?而贤者有不知,其故何也?好恶乱其中,而利害夺其外也[⑩]。

昔者,山巨源见王衍曰[⑪]:“误天下苍生者,必此人也!”郭汾阳见卢杞[⑫],曰:“此人得志,吾子孙无遗类矣!”自今而言之,其理固有可见者。以吾观之,王衍之为人,容貌言语,固有以欺世而盗名者。然不忮不求[⑬],与物浮沉,使晋无惠帝[⑭],仅得中主[⑮],虽衍百千,何从而乱天下乎?卢杞之奸,固足以败国;然而不学无文,容貌不足以动人,言语不足以眩世,非德宗之鄙暗[⑯],亦何从而用之?由是言之,二公之料二子[⑰],亦容有未必然也[⑱]。

今有人[⑲],口诵孔、老之言[⑳],身履夷、齐之行[㉑],收召好名之士、不得志之人,相与造作言语,私立名字,以为颜渊、孟轲复出[㉒];而阴贼险狠,与人异趣。是王衍、卢杞合而为一人也，其祸岂可胜言哉！

夫面垢不忘洗，衣垢不忘浣㉓，此人之至情也。今也不然，衣臣虏之衣㉔，食犬彘之食㉕，囚首丧面㉖，而谈《诗》、《书》，此岂其情也哉？凡事之不近人情者，鲜不为大奸慝㉗，竖刁、易牙、开方是也㉘。以盖世之名，而济其未形之患，虽有愿治之主、好贤之相，犹将举而用之；则其为天下患，必然而无疑者，非特二子之比也。

孙子曰㉙："善用兵者，无赫赫之功。"㉚使斯人而不用也㉛，则吾言为过，而斯人有不遇之叹，孰知祸之至于此哉？不然，天下将被其祸，而吾获知言之名，悲夫！

【注释】① 辨奸：辨析奸邪。此奸指宋代推行"新法"的政治改良家王安石。此文站在保守派立场上批评王安石，故视之为"奸"。论：文体名。此文真正作者是否为苏洵，后人有怀疑，认为是保守派假托苏洵之名而作。② 理：情理。固然：本来的原因。③ 静者：心态平静、思维冷静的人。④ 见微而知著：看到细微的变化就可预测明显的后果。⑤ 月晕：月亮周围的光环。⑥ 础：柱子下面的石礅。⑦ 理势：道理情势。相因：相互因循。⑧ 疏阔：广阔无边，渺茫不清。⑨ 孰与：哪里比得上。天地阴阳之事：指自然界的一切现象。阴阳：指自然界两种对立和互为消长的物质力量。⑩ 夺：干扰，牵制。⑪ 山巨源：名涛，晋初人，曾任吏部尚书、太子少傅等官职。善于识别人才。王衍：字夷甫，与山涛同时。据《晋书·王衍传》记载：王衍少时秀美，去见山涛。山涛很称赏王衍的神情风度，但又说："将来贻误天下苍生的，恐怕就是这个人！"晋惠帝时王衍任宰相，以清谈闻名。八王之乱起，被石勒所杀。⑫ 郭汾阳：即郭子仪，唐中期著名大将，以平安史之乱有功，被封为汾阳郡王。卢杞：字子良，唐德宗时任宰相。为人阴毒，陷害忠良。据《旧唐书·卢杞传》记载，郭子仪病，卢杞来看望他，郭氏让姬妾都回避。事后家人问他原因，郭子仪说：卢杞容貌丑陋，心地险恶，姬妾见了他必定会发笑，他势必怀恨在心，将来他专权，我的子孙就要被他铲除净尽了。⑬ 忮(zhì)：忌恨。⑭ 惠帝：指晋惠帝司马衷(290—306 年在位)，乃一昏君，由于其妻贾后专权，酿成"八王之乱"。⑮ 中主：中等才能的皇帝。⑯ 德宗：指唐德宗李适(kuò)，公元780—805年在位。⑰ 二公：指山涛与郭子仪。二子：指王衍与卢杞。⑱ 容：或许。⑲ 有人：指王安石。⑳ 孔、老：孔子、老子。㉑ 履：实践。夷、齐：伯夷、叔齐。两人都是商朝末年孤竹国(今河北卢龙)国君的儿子。商亡后，他们足不踏周地，口不食周粟，饿死在首阳山。㉒ 颜渊：孔子的得意学生。孟轲：即孟子，战国中期儒家的代表人物。㉓ 垢：肮脏。浣(huàn)：洗濯。㉔ 衣(yì)：穿。臣虏：奴仆。㉕ 彘(zhì)：猪。㉖ 囚首：指头发散乱，如同囚犯。丧面：好像居丧的人，不洗脸，很脏。㉗ 鲜(xiǎn)：少。奸慝(tè)：奸邪。㉘ 竖刁、易牙、开方：春秋时齐桓公的三个宠臣。齐桓公死后，三人作乱。㉙ 孙子：名武，齐国人。战国时军事家。著有《孙子兵法》十三篇。㉚ 善用兵者，无赫赫之功：此二句不见于今本《孙子兵法》。《孙子兵法·形篇》："善战者之胜也，无智名，无勇功。"曹操注："敌兵形未成，胜之，无赫赫之功也。"孙子意谓善于用兵的人往往退敌于未临，所以从表面上看没有显著的战功。㉛ 斯人：这个人。指王安石。

【品评】此文是作者站在保守派立场上攻击改良派王安石为"奸"之论。题曰"辨奸"，是指关于"凡事之不近人情者，鲜不为大奸慝"的辨析。文章即以此为基本观点，从而对王安石进行"辨析"，以证其"奸"。文章首先阐释"见微知著"的道理，此为"辨奸"的立论之本。接下以古代山巨源辨王衍之奸、郭汾阳辨卢杞之奸皆效验之例作为论据，并把王衍、卢杞之所以能够"乱天下"、"败国"，归罪于晋惠帝、唐德宗，反照宋神宗。说古旨在鉴今，然后点出"今人"即王安石，攻击其外表清高、内心阴险，为"王衍、卢杞合而为一"，与上段呼应。又嘲讽其生活习惯之异乎常人，"不近人情"，并断定其乃如竖刁、易牙、开方一类奸人。而预言此类人一旦被君主用之，则必"为天下患"，则又规讽宋仁宗。最后则提出宁愿王安石不被重用，自己"辨奸"错误，以使天下免其祸，有感慨淋漓之意。

抛开此文的政治立场不谈，作者提出"见微知著"、由表象探知本质的观点，还是有可取之处的。

心　　术[①]

为将之道，当先治心[②]。泰山崩于前而色不变，麋鹿兴于左而目不瞬[③]，然后可以制利害[④]，可以待敌。

凡兵上义[5]，不义，虽利勿动。非一动之为利害，而他日将有所不可措手足也。夫惟义可以怒士[6]，士以义怒，可与百战。

凡战之道，未战，养其财；将战，养其力；既战，养其气；既胜，养其心。谨烽燧[7]，严斥堠[8]，使耕者无所顾忌，所以养其财；丰犒而优游之[9]，所以养其力；小胜益急，小挫益厉，所以养其气；用人不尽其所欲为，所以养其心。故士常蓄其怒、怀其欲而不尽。怒不尽则有馀勇，欲不尽则有馀贪。故虽并天下[10]，而士不厌兵。此黄帝之所以七十战而兵不殆也[11]。不养其心，一战而胜，不可用矣。

凡将欲智而严，凡士欲愚。智则不可测，严则不可犯，故士皆委己而听命，夫安得不愚？夫惟士愚，而后可与之皆死。

凡兵之动，知敌之主，知敌之将，而后可以动于险[12]。邓艾缒兵于蜀中[13]，非刘禅之庸[14]，则百万之师可以坐缚，彼固有所侮而动也[15]。故古之贤将，能以兵尝敌[16]，而又以敌自尝，故去就可以决。

凡主将之道，知理而后可以举兵，知势而后可以加兵，知节而后可以用兵。知理则不屈，知势则不沮，知节则不穷。见小利不动，见小患不避。小利小患，不足以辱吾技也，夫然后有以支大利大患[17]。夫惟养技而自爱者，无敌于天下。故一忍可以支百勇，一静可以制百动。

兵有长短，敌我一也。敢问："吾之所长，吾出而用之，彼将不与吾校；吾之所短，吾蔽而置之，彼将强与吾角[18]：奈何？"曰："吾之所短，吾抗而暴之[19]，使之疑而却；吾之所长，吾阴而养之，使之狎而堕其中[20]：此用长短之术也。”

善用兵者，使之无所顾[21]，有所恃[22]。无所顾，则知死之不足惜；有所恃，则知不至于必败。尺棰当猛虎[23]，奋呼而操击；徒手遇蜥蜴，变色而却步，人之情也。知此者，可以将矣。袒裼而案剑[24]，则乌获不敢逼[25]；冠胄衣甲[26]，据兵而寝，则童子弯弓杀之矣。故善用兵者以形固[27]。夫能以形固，则力有馀矣。

【注释】① 心术：指战争中人的心理因素的作用。本文为苏洵《权书》十篇研究军事战略战术论著之一。② 心：指文中所讲的军事中的胆略、智谋和忍耐性、吃苦精神等心理因素。③ 左：附近。瞬：眨眼。④ 制：控制。利害：指战争形势之利与害的变化。⑤ 兵：军事，战争。上：通“尚”，崇尚。⑥ 惟：只有。怒：激发。⑦ 烽燧（suì）：古代边防报警的烽火。⑧ 斥堠（hòu）：探望敌情的土堡。此指放哨。⑨ 优游之：使士兵得到休息。⑩ 并天下：此指征战天下。⑪ 黄帝：古代传说中我国中原各族的共同祖先，曾打败炎帝，杀死蚩尤。殆：通“怠”，懈怠。⑫ 险：此指危险的军事行动。⑬ 邓艾缒兵于蜀中：三国魏将邓艾，领兵从一条艰险山路偷袭蜀汉，路两旁皆为高山、深谷，士兵腰系绳子坠下山去，兵至成都城下。蜀汉后主刘禅出降，于是蜀汉灭亡。缒（zhuì）：系在绳子上放下去。⑭ 刘禅：刘备之子，小名阿斗，昏庸无能之君。⑮ 侮：轻视欺骗。⑯ 尝：尝试。⑰ 支：对付。⑱ 角：较量。⑲ 抗：高举。暴（pù）：显露。⑳ 狎（xiá）：轻忽。堕：落入。㉑ 顾：顾忌。㉒ 恃（shì）：依靠。㉓ 尺棰：一尺长的木棍。㉔ 袒裼（tǎn xī）：指脱衣露体。案：通“按”。㉕ 乌获：战国时秦国力士。㉖ 冠胄（zhòu）：戴盔。冠：用作动词。胄：盔。衣（yì）：穿。㉗ 以形固：凭借形势巩固自己的力量。

【品评】此文论述军事的战略战术，意在阐释为将的“心术”。故文章以“心术”为红线，贯穿论尚义、养士、欲智、知理势节、善用长短术、有备无患诸节。这诸节看似不相关联，其实皆是“心术”的表现。在论述“心术”各方面时，能从辩证角度分析问题，如论义与利，养财、养利与养气、养心，知理、知势与知节等之关系，莫不如此。

此文结构上“逐节自为段落，非一片起伏、首尾议论也。然先后不紊。

由治心而养士，由养士而审势，由审势而出奇，由出奇而守备，段落鲜明，井井有序，文之善变化也"（吴楚材、吴调侯）。修辞上大量运用对偶句，音韵铿锵，富有气势，如"泰山"、"麋鹿"句，"一忍"、"一静"句等，不一而足；对偶句又与长短句交替搭配，自然而流畅。

张益州画像记[①]

至和元年秋[②]，蜀人传言[③]，有寇至边。边军夜呼，野无居人。妖言流闻，京师震惊[④]。方命择帅，天子曰："毋养乱[⑤]，毋助变。众言朋兴[⑥]，朕志自定[⑦]。外乱不足，变且中起[⑧]。既不可以文令，又不可以武竞，惟朕一二大吏。孰为能处兹文、武之间，其命往抚朕师[⑨]？"乃推曰："张公方平其人。"天子曰："然。"公以亲辞[⑩]，不可，遂行。冬十一月，至蜀。至之日，归屯军[⑪]，撤守备[⑫]。使谓郡县："寇来在吾，无尔劳苦[⑬]。"明年正月朔旦[⑭]，蜀人相庆如他日，遂以无事。又明年正月，相告留公像于净众寺。公不能禁。

眉阳苏洵言于众曰[⑮]："未乱易治也，既乱易治也。有乱之萌，无乱之形，是谓将乱，将乱难治。不可以有乱急，亦不可以无乱弛[⑯]。唯是元年之秋，如器之攲[⑰]，未坠于地。惟尔张公[⑱]，安坐于其旁，颜色不变，徐起而正之。既正，油然而退[⑲]，无矜容[⑳]。为天子牧小民不倦[㉑]，惟尔张公。尔繄以生[㉒]，惟尔父母。且公尝为我言：'民无常性，惟上所待[㉓]。人皆曰蜀人多变，于是待之以待盗贼之意，而绳之以绳盗贼之法[㉔]。重足屏息之民[㉕]，而以砧斧令[㉖]，于是民始忍以其父母妻子之所仰赖之身，而弃之于盗贼，故每每大乱。夫约之以礼，驱之以法，惟蜀人为易。至于急之而生变，虽齐、鲁亦然[27]。吾以齐、鲁待蜀人，而蜀人亦自以齐、鲁之人待其身。若夫肆意于法律之外，以威劫齐民[28]，吾不忍为也。'呜呼！爱蜀人之深，待蜀人之厚，自公而前，吾未始见也。"皆再拜稽首曰[29]："然。"

苏洵又曰："公之恩在尔心，尔死，在尔子孙。其功业在史官，无以像为也[30]。且公意不欲。如何?"皆曰："公则何事于斯[31]？虽然，于我心有不释焉[32]。今夫平居闻一善，必问其人之姓名，与其邻里之所在，以至于其长短、小大、美恶之状，甚者，或诘其平生所嗜好[33]，以想见其为人。而史官亦书之于其传，意使天下之人，思之于心，则存之于目。存之于目，故其思之于心也固。由此观之，像亦不为无助。"苏洵无以诘，遂为之记。

公，南京人，为人慷慨有大节，以度量雄天下。天下有大事，公可属[34]。系之以诗曰：天子在祚[35]，岁在甲午，西人传言[36]，有寇在垣[37]。庭有武臣，谋夫如云。天子曰嘻[38]，命我张公。公来自东，旗纛舒舒[39]。西人聚观，于巷于涂[40]。谓公暨暨[41]，公来于于[42]。公谓西人："安尔室家，无敢或讹[43]。讹言不祥，往即尔常[44]。春尔条桑[45]，秋尔涤场[46]。"西人稽首，公我父兄。公在西囿，草木骈骈[47]。公宴其僚，伐鼓渊渊[48]。西人来观，祝公万年。有女娟娟[49]，闺闼闲闲[50]。有童哇哇，亦既能言。昔公未来，期汝弃捐[51]。禾麻芃芃[52]，仓庾崇崇[53]。嗟我妇子，乐此岁丰。公在朝廷，天子股肱[54]。天子曰归，公敢不承？作堂严严[55]，有庑有庭[56]。公像在中，朝服冠缨。西人相告，无敢逸荒[57]。公归京师，公像在堂。

【注释】① 张益州(1006—1091):张方平,字道安。北宋南京(今河南商丘)人。官至太子太保。因平抚益州(治所在今四川成都)动乱有功,当地百姓为其建立殿堂,设置画像。因其统辖过益州,故称之为“张益州”。② 至和元年:即公元1054年。至和:北宋仁宗赵祯的年号(1054—1056)。③ 蜀:今属四川,分布于今四川中部一带,后来称四川为蜀。④ 京师:指北宋的京城汴梁,即今河南开封。⑤ 毋(wú):不要。⑥ 朋兴:一齐兴起。⑦ 朕(zhèn):皇帝自称。⑧ 且:将。中起:从内部发生。⑨ 抚朕师:安抚我的军队。⑩ 以亲辞:以奉养双亲为由推辞。⑪ 归:使……回。⑫ 守备:防备的军队。⑬ 无尔劳苦:不劳苦你们。尔:你们。⑭ 朔旦:指阴历初一早晨。⑮ 眉阳:指今四川眉山县,苏洵故乡。⑯ 弛:松懈。⑰ 攲(qī):倾斜。⑱ 惟尔:只有你。⑲ 油然:自然,从容。⑳ 矜容:矜持的神态。㉑ 牧小民:治理百姓。㉒ 繄(yī)以生:因此能够生存。繄:是。㉓ 惟上所待:只在于上面如何对待。㉔ 绳:用作动词,约束。㉕ 重(chóng)足:叠足而立,形容恐惧。屏息:不敢出气。㉖ 砧(zhēn)斧:砧板和刀斧,刑具。㉗ 齐、鲁:春秋战国时期两个诸侯国。此泛指山东一带。为孔子、孟子家乡,礼乐之邦。㉘ 威劫:以权势威胁。齐民:使人民统一。㉙ 再拜:一再打恭作揖。稽首:叩首至地。㉚ 无以像为:用不着画像。㉛ 何事于斯:何必干这种事。㉜ 释:放下。㉝ 诘(jié):问。㉞ 属(zhǔ):嘱托。㉟ 祚(zuò):指皇位。㊱ 西人:指蜀人,因为蜀地在我国西部。㊲ 垣(huán):墙,城墙。此指边境。㊳ 嘻:赞叹声。㊴ 纛(dào):古时军队或仪仗队的大旗。舒舒:伸展飘扬的样子。㊵ 涂:通“途”。㊶ 暨暨:果敢刚毅的样子。㊷ 于于:行动舒缓的样子。㊸ 或:语助词,无义。讹:谣言。㊹ 往即尔常:回家即照你们往常办。㊺ 条桑:修剪桑树枝条。㊻ 涤场:清扫谷场。㊼ 骈骈:茂盛的样子。㊽ 渊渊:鼓声。㊾ 娟娟:美好的样子。㊿ 闺闼:指女子的卧室。闲闲:娴静的样子。51 期:预定。弃捐:丢弃。52 芃(péng)芃:茂密。53 庾:露天的谷仓。崇崇:高耸。54 股肱(gōng):比喻帝王的得力大臣。股:大腿。肱:指手臂从肘到肩的部分。55 作堂:建造殿堂。严严:严肃庄重的样子。56 庑(wǔ):厅堂四周的廊屋。57 逸荒:淫逸放荡。

【品评】此文先记事,后议论,末系以诗作结,从而以多种手法把张公之功德表现得淋漓尽致。记事重在写蜀地将乱之严重局势,以及处理这种局势之难度,以衬托张公此行责任之重大,并以“至之日,归屯军,撤守备”即解除蜀地困境的简略表述,突出张公举重若轻、临危沉着的非凡才干,并提及"画像"事以点题。议论则采取作者与众人对话形式。一借分析张公处理蜀地局势的高明与不易，提出治民之道，赞扬张公"爱蜀人之深，待蜀人之厚"。二议论张公不必有像，亦不可无像，欲予先夺，道出"像亦不为无助"意，有曲折之妙。最后以数语引起以诗颂扬之意。诗为四言，虽不无溢美之辞，但古雅而有馀韵。

苏　轼 (1037—1101)

字子瞻，号东坡，眉州眉山（今属四川）人。宋仁宗嘉祐年间进士，历任翰林学士、知制诰、礼部尚书等职。他思想较保守，于宋神宗朝因作诗讥讽王安石新法，遭弹劾被捕入狱，几置死地。此所谓"乌台诗案"。后被贬黄州任团练副使。宋哲宗朝苏轼一度被召还朝，仍遭到先后执政的旧党和新党的排斥，又远贬至惠州、儋州，至宋徽宗即位才遇赦北归，但卒于常州。谥"文忠"。苏轼乃北宋大文豪，是继欧阳修之后的文坛领袖，二人合称"欧苏"。其诗、词、文皆造诣精深。其文汪洋恣肆，潇洒自如。苏轼名列"唐宋八大家"，与其父洵、弟辙合称"三苏"。有《东坡文集》等。

刑赏忠厚之至论[①]

尧、舜、禹、汤[②]、文、武、成、康之际[③]，何其爱民之深，忧民之切，而待天下以君子长者之道也[④]！有一善，从而赏之，又从而咏歌嗟叹之，所以乐其始而勉其终。有一不善，从而罚之，又从而哀矜惩创之，所以弃其旧而开其新。故其吁俞之声[⑤]，欢休惨戚[⑥]，见于虞、夏、商、周之书[⑦]。成、康既没，穆王立而周道始衰[⑧]，然犹命其臣吕侯[⑨]，而告之以祥刑[⑩]。其言忧而不伤，威而不怒，慈爱而能断，恻然有哀怜无辜之心[⑪]，故孔子犹有取焉[⑫]。

传曰[⑬]："赏疑从与[⑭]，所以广恩也。罚疑从去[⑮]，所以慎刑也。”当尧之时，皋陶为士[16]，将杀人。皋陶曰杀之三，尧曰宥之三[17]。故天下畏皋陶执法之坚，而乐尧用刑之宽。四岳曰[18]：“鲧可用[19]。”尧曰：“不可，鲧方命圮族。”[20]既而曰：“试之。”何尧之不听皋陶之杀人，而从四岳之用鲧也？然则圣人之意盖亦可见矣。《书》曰[21]：“罪疑惟轻，功疑惟重。与其杀不辜，宁失不经[22]。”呜呼，尽之矣。可以赏，可以无赏，赏之过乎仁；可以罚，可以无罚，罚之过乎义。过乎仁，不失为君子；过乎义，则流而入于忍人[23]。故仁可过也，义不可过也。

古者，赏不以爵禄，刑不以刀锯。赏之以爵禄，是赏之道行于爵禄之所加，而不行于爵禄之所不加也。刑以刀锯，是刑之威施于刀锯之所及，而不施于刀锯之所不及也。先王知天下之善不胜赏，而爵禄不足以劝也[24]；知天下之恶不胜刑，而刀锯不足以裁也。是故疑则举而归之于仁，以君子长者之道待天下，使天下相率而归于君子长者之道。故曰忠厚之至也。

《诗》曰[25]：“君子如祉[26]，乱庶遄已[27]。君子如怒，乱庶遄沮[28]。”夫君子之已乱，岂有异术哉？制其喜怒，而无失乎仁而已矣。《春秋》之义[29]，立法贵严，而责人贵宽。因其褒贬之义以制赏罚[30]，亦忠厚之至也。

【注释】① 刑赏忠厚之至：刑罚与奖赏要达到忠厚的极致。论：文体名。② 尧、舜、禹、汤：唐尧、虞舜、夏禹、商汤。尧、舜：传说中原始社会末期部落联盟的首领。禹：是夏朝的第一位君主。汤：商朝的开国君主。③ 文、武、成、康：指周文王、武王、成王、康王。武王灭商，建立周朝。④ 君子长者之道：有修养者与年长者为人处世之道，指仁爱宽恕的品德。⑤ 吁：表示不以为然。俞：表示肯定。⑥ 休：喜悦。戚：悲戚。⑦ 虞、夏、商、周之书：指《尚书》。分为《虞书》、《夏书》、《商书》、《周书》四部分。

⑧ 穆王：周朝的第五个帝王。⑨ 吕侯：周穆王之臣，相传为司寇。据《尚书·吕刑》，吕侯帮助周穆王修改刑法，使刑法惩罚从轻。⑩ 祥刑：即详刑，谨慎用刑。⑪ 恻然：怜悯、同情的样子。⑫ 孔子犹有取焉：传说《尚书》原有三千篇，孔子选取为百篇。⑬ 传曰：下引文见《汉书·冯野王传》。⑭ 赏疑从与：当奖赏与否难定时就赏与。⑮ 罚疑从去：当惩罚与否难定时就不罚。⑯ 皋陶(gāo yáo)：传说是尧的大臣。士：官名，掌刑狱。⑰ 此事据《礼记·文王世子》，是有司与周公的对话。苏轼误为皋陶与尧的对话。宥：宽恕。⑱ 四岳：传说为当时的四方部落首领。⑲ 鲧(gǔn)：传说为禹的父亲，由四岳推举，奉尧的命令治水，后因治水无功，被舜杀死于羽山。⑳ 尧曰：下引文见《尚书·尧典》。方命：抗命。圮(pǐ)族：坑害族类。㉑《书》曰：下引文见伪古文《尚书·大禹谟》。㉒ 宁失不经：宁可承担执法失误之责。㉓ 忍人：残忍的人。㉔ 劝：勉励。㉕《诗》曰：下引文见《诗经·小雅·巧言》。㉖ 祉(zhǐ)：福。引申为喜悦。这里指喜好贤人的进谏。下文的“怒”，指对谗言而发怒。㉗ 庶：差不多。遄(chuán)已：快速结束。㉘ 沮：终止。㉙《春秋》：鲁国编年史，相传曾经孔子修订，文中寓有褒善贬恶之义。㉚ 制赏罚：规定赏罚的办法。

【品评】此文虽为作者于宋仁宗嘉祐二年(1057)应礼部试所答的试卷，但不失为一篇才情横溢的佳作。试卷题意出自《尚书·大禹谟》“罪疑惟轻，功疑惟重”，与孔安国传注“刑疑附轻，赏疑从重，忠厚之至”。文章开篇即从圣贤“爱民”、“忧民”的高度，提出赏善与罚不善问题，已暗寓“忠厚”之意。接下承继上文论旨，引经据典，乃至“生造”皋与尧的对话，以论证赏可“过乎仁”，罚不可“过乎义”的道理，此仍是论证“赏罚忠厚”之旨。继尔揭示“忠厚”或仁义的根源乃在于“疑”：“罪疑惟轻，功疑惟重”。又阐释“赏与罚”之道不在“爵禄”与“刀锯”，关键在于“疑”，而疑可归之于仁，终归之于“忠厚之至”。最后引用《诗经》与《春秋》之义，得出“刑罚忠厚之至”的结论，并照应试题，结构显得十分完整。

范增论[①]

汉用陈平计[②]，间疏楚君臣[③]。项羽疑范增与汉有私[④]，稍夺其权。增大怒曰：“天下事大定矣，君王自为之，愿赐骸骨归卒伍[5]。”归未至彭城[6]，疽发背死[7]。苏子曰[8]：增之去[9]，善矣。不去，羽必杀增。独恨其不早耳。

然则当以何事去？增劝羽杀沛公[10]，羽不听，终以此失天下，当于是去耶？曰：否。增之欲杀沛公，人臣之分也。羽之不杀，犹有君人之度也。增曷为以此去哉[11]？《易》曰[12]：“知几其神乎[13]！”《诗》曰[14]：“相彼雨雪，先集维霰[15]。”增之去，当于羽杀卿子冠军时也[16]。陈涉之得民也，以项燕、扶苏[17]。项氏之兴也，以立楚怀王孙心[18]。而诸侯叛之也，以弑义帝[19]。且义帝之立，增为谋主矣。义帝之存亡，岂独为楚之盛衰，亦增之所与同祸福也。未有义帝亡，而增独能久存者也。羽之杀卿子冠军也，是弑义帝之兆也。其弑义帝，则疑增之本也。岂必待陈平哉？物必先腐也，而后虫生之；人必先疑也，而后谗入之。陈平虽智，安能间无疑之主哉？

吾尝论义帝，天下之贤主也：独遣沛公入关[20]，不遣项羽；识卿子冠军于稠人之中，而擢以为上将。不贤而能如是乎？羽既矫杀卿子冠军[21]，义帝必不能堪。非羽弑帝，则帝杀羽。不待智者而后知也。增始劝项梁立义帝，诸侯以此服从。中道而弑之，非增之意也。夫岂独非其意，将必力争而不听也。不用其言而杀其所立，羽之疑增，必自是始矣。

方羽杀卿子冠军，增与羽比肩而事义帝[22]，君臣之分未定也。为增计者，力能诛羽则诛之，不能则去之，岂不毅然大丈夫也哉？增年已七十，合则留，不合则去。不以此时明去就之分，而欲依羽成功名，陋矣！虽然，增，高帝之所畏也。增不去，项羽不亡。呜呼，增亦人杰也哉！

【注释】① 范增：楚汉相争时为西楚项羽的重要谋士。居鄛（今安徽桐城）人。鸿门宴曾劝项羽杀汉王刘邦，项羽未听，后项羽中刘邦离间计。范增因受项羽怀疑而离去，途中病故。论：文体名。② 陈平：楚汉之争时，先为项羽部属，后投奔刘邦，为刘邦的重要谋臣。汉朝建立，封为曲逆侯，历任惠帝、吕后、文帝时丞相。③ 间疏：离间。楚君臣：指项羽与范增。④ 项羽：名籍，楚国贵族出身，公元前 209 年在陈胜影响下举行起义。秦亡后，自称西楚霸王，封刘邦为汉王，并与之展开了争夺统治权的楚汉之争，最后失败。⑤ 愿赐骸骨归卒伍：希望准予辞职归家。骸骨：指身体。卒伍：秦时乡里的基层组织，此指家乡。⑥ 彭城：古县名，在今江苏徐州。⑦ 疽：恶疮。⑧ 苏子：作者自称。⑨ 去：离开。⑩ 沛公：即汉高祖刘邦（前 206—前 195 年在位），沛（今江苏沛县）人。公元前 209 年在陈胜影响下举行起义，称沛公。灭秦后，与项羽展开楚汉之争，最后获胜，建立汉朝。⑪ 曷：何。⑫《易》：《周易》，古占卜书。下引文见《周易·系辞》。⑬ 知几（jī）：了解微小的变化征兆。神：神明。⑭《诗》：《诗经》。引文见《小雅·頍弁》。⑮ 相：视。《诗经》作“如”。雨雪：下雪。霰（xiàn）：小雪珠。⑯ 卿子冠军：即宋义。卿子：对人的尊称。冠军：上将。公元前 207 年，秦围赵，楚怀王封宋义为上将军，项羽为次将，范增为末将，率兵救赵。宋义畏缩不前，项羽杀之，在巨鹿消灭秦军主力。⑰ 陈涉：名胜，公元前 209 年，发动我国历史上第一次大规模的农民起义。当时，曾打着项燕、扶苏的旗号，以争取民心。项燕：战国末年楚国的名将，项羽的祖父。扶苏：秦始皇的长子。秦始皇死后，被其弟秦二世谋害。⑱ 楚怀王孙心：楚怀王的孙子熊心。公元前 208 年，范增为项羽的叔父项梁献计，拥立楚怀王的后代，以争取民心。项梁立楚怀王之孙熊心，仍称怀王。项羽自称西楚霸王后，尊楚怀王熊心为义帝。⑲ 弑（shì）：古时称臣杀君、子杀父为“弑”。⑳ 关：指关中之地。楚怀王熊心命令宋义、项籍救赵，而命令刘邦攻打咸阳，并与诸将约定，先到达关中灭秦朝者为王。㉑ 矫：假托。指假托义帝之命杀了卿子冠军。㉒ 比肩：并肩，比喻地位相当。

【品评】此文为应试之作。范增为项羽之谋臣，此论从范增对项羽之“依”与“去”的取舍角度论范增，全文基本上是抑之，即对范增不“去”（离开）项羽进行批评，惟结尾扬之，对范增之为“人杰”一面给予肯定，可见作者之全面识人，在文章结构上有先抑后扬之妙。文章开篇即提出范增“去”项羽虽“善”而“不早”的看法。由此再生发出范增何时“去”项羽适宜的正面观点:“当于羽杀卿子冠军时也”。文章后半即对此观点逐层论析:一是指出项羽杀卿子冠军宋义,即是弑义帝的先兆,而立义帝,范增为“谋主”,其与范增休戚相关,项羽弑义帝不能不怀疑范增;二是论析为何项羽弑义帝为怀疑范增之本。最后则回应首段,提示范增于项羽杀卿子冠军时不“去”项羽,“欲依羽以成功名”的私欲。不过结尾又称“增不去,项羽不亡”,以证明其为“人杰”,则出人意料之外。此论实际提出封建士大夫出处进退要掌握时机的问题,足以令人举一反三,深长思之。

此论开头借实事发议论,以下则从虚处设想推论,“层层驳入,段段回环,变化无端,不可测识”(吴楚材、吴调侯),甚是难得。

留侯论[①]

古之所谓豪杰之士,必有过人之节[②],人情有所不能忍者。匹夫见辱[③],拔剑而起,挺身而斗,此不足为勇也。天下有大勇者,卒然临之而不惊[④],无故加之而不怒。此其所挟持者甚大[⑤],而其志甚远也。

夫子房受书于圯上之老人也[⑥],其事甚怪;然亦安知其非秦之世有隐君子者出而试之?观其所以微见其意者[⑦],皆圣贤相与警戒之义;而世不察,以为鬼物,亦已过矣。且其意不在书。

当韩之亡、秦之方盛也,以刀锯鼎镬待天下之士[⑧]。其平居无罪夷灭者[⑨],不可胜数。虽有贲、育[⑩],无所获施。夫持法太急者,其锋不可犯,而其势未可乘。子房不忍忿忿之心,以匹夫之力而逞于一击之间[⑪]。当此之时,子房之不死者,其间不能容发,盖亦已危矣。千金之子,不死于盗贼,何哉?其身可爱,而盗贼之不足以死也。子房以盖世之才,不为伊尹、太公之谋[⑫],而特出于荆轲、聂政之计[⑬],以侥幸于不死,此圯上老人之所为深惜者也。是故倨傲鲜腆而深折之[14]。彼其能有所忍也,然后可以就大事,故曰:"孺子可教也[15]。"

楚庄王伐郑[16],郑伯肉袒牵羊以迎[17]。庄王曰:"其主能下人[18],必能信用其民矣。"遂舍之[19]。勾践之困于会稽[20],而归臣妾于吴者[21],三年而不倦。且夫有报人之志,而不能下人者,是匹夫之刚也。夫老人者,以为子房才有馀,而忧其度量之不足,故深折其少年刚锐之气,使之忍小忿而就大谋。何则?非有平生之素,卒然相遇于草野之间,而命以仆妾之役,油然而不怪者,此固秦皇之所不能惊,而项籍之所不能怒也[22]。

观夫高祖之所以胜[23],项籍之所以败者,在能忍与不能忍之间而已矣。项籍唯不能忍,是以百战百胜,而轻用其锋。高祖忍之,养其全锋而待其敝,此子房教之也。当淮阴破齐,而欲自王[24],高祖发怒,见于词色[25]。由是观之,犹有刚强不能忍之气,非子房其谁全之?

太史公疑子房以为魁梧奇伟[26],而其状貌乃如妇人女子,不称其志气。呜呼,此其所以为子房欤!

【注释】① 留侯:张良(? —前186),字子房。据《史记·留侯世家》载,其祖、父两代相韩,秦灭韩后,张良结交刺客,在博浪沙(今河南原阳东南)狙击秦始皇未中,逃亡至下邳(今江苏睢宁北)。秦末为刘邦的重要谋臣,辅佐刘邦打败项羽,建立汉朝后,封留侯。留:在今江苏沛县东南。② 节:节操。③ 匹夫见辱:一般人受辱。④ 卒(cù)然:突然。卒:通"猝"。⑤ 所挟持者:指抱负。⑥ 圯(yí)上老人:黄石公。据《史记·留侯世家》载:黄石公在下邳桥上将鞋子丢至桥下,使张良为他拾鞋、穿鞋,经反复挫其锐气,然后授之《太公兵法》一书。圯:即桥。⑦ 微:隐约。⑧ 刀锯鼎镬(huò):杀人刑具。此借指暴力。⑨ 夷灭:消灭。⑩ 贲(bēn)、育:孟贲、夏育,都是战国时著名勇士。⑪ 一击:指张良在博浪沙请力士用大铁锥狙击秦始皇的行动。⑫ 伊尹：商初大臣，辅佐商汤灭夏。太公：姜太公，指吕尚，辅佐周武王灭商，建立周朝。⑬ 荆轲：战国时齐人。受燕太子丹的指派，到秦国谋刺秦王政，失败被杀。聂政：战国时韩人，曾为韩卿严遂刺杀韩相韩傀。⑭ 鲜腆(xiǎn tiǎn)：此指没有恭维的言辞。鲜：少。腆：丰厚，美好。⑮ 孺子：孩子。⑯ 楚庄王：春秋时楚国国君(前 613—前 591 年在位)。郑：春秋时国名，国都新郑(今属河南)。楚庄王伐郑事发生在公元前 597 年。⑰ 郑伯：指郑襄公，春秋时郑国国君(前 604—前 587 年在位)。肉袒：去衣露体，表示恭敬。⑱ 下人：对人谦逊。⑲ 舍之：放弃了攻郑而退兵三十里。舍：三十里为一舍。⑳ 勾践：春秋末年越国国君(前 497—前 465 年在位)。公元前 494 年勾践为吴王夫差战败，卧薪尝胆，发愤图强，终于战胜吴国。会稽：山名，在今浙江中部绍兴、嵊州、诸暨、东阳之间。㉑ 吴：春秋时国名。辖境有今江苏大部和安徽、浙江一部，建都于吴(今江苏苏州)。㉒ 项籍：字羽，秦末农民起义军领袖。在楚汉战争中被刘邦打败。㉓ 高祖：指西汉开国皇帝刘邦(前 206—前 195 年在位)。㉔ 淮阴破齐：淮阴指淮阴侯韩信，西汉初年的军事家，辅佐刘邦击败项羽，建立西汉王朝。韩曾领兵平定各国，欲自立为“假(代理)齐王”。㉕ 高祖发怒：当时刘邦曾被楚国困于荥阳(今属河南)，见韩信书信大怒：“吾困于此，旦暮望若来佐我，乃欲自立为王！”张良劝说不如答应韩信之请，否则生变，刘邦亦悟，因复骂曰：“大丈夫定诸侯，即为真王耳，何以假为？”乃遣张良往立韩信为齐王。见《史记·淮阴侯列传》。㉖ 太史公：指《史记》作者司马迁。司马迁在《史记·留侯世家》中说：“余以为其(指张良)人计魁梧奇伟，至见其图，状貌乃如妇人好女。”

【品评】此论为作者应制科考所呈《进论》之一。名为论留侯，实则借张良阐释“忍小忿而就大谋”的人生道理。文章首句即立论：豪杰之士贵在能“忍”，全文即以“忍”字为论述中心，然后对此“忍”略加发挥，与“大勇”和远志挂钩。立论之后则引出张良，先写其受书于圯上老人之事，后回顾其博浪沙以匹夫之力击秦王的“不忍忿忿之心”，从反面说明人须“能有所忍也，然后可以就大事”。再列举古人郑伯、勾践能忍之史实，与张良在老人调教下之能忍相映衬，并以汉高祖刘邦与项籍之能忍与不能忍相对比，以说明能忍小事方可“就大谋”，而刘邦之能忍乃子房教之也。最后仍归结到子房身上。末尾借太史公言道出子房“妇人好女”之状貌，此看似闲笔，其实此状貌与开篇之“忍”互为表里。

此文扣住一“忍”字，有论有叙，有史有据，正说反说，纵论横论，“如长江大河，而浑浩流转，变化曲折之妙，则纯以神行乎其间”（吴楚材、吴调侯）。

贾谊论[①]

非才之难，所以自用者实难[②]。惜乎！贾生[③]，王者之佐[④]，而不能自用其才也。

夫君子之所取者远，则必有所待；所就者大，则必有所忍。古之贤人，皆负可致之才[⑤]，而卒不能行其万一者，未必皆其时君之罪，或者其自取也。

愚观贾生之论，如其所言，虽三代何以远过[⑥]？得君如汉文[⑦]，犹且以不用死。然则是天下无尧、舜，终不可有所为耶？仲尼圣人，历试于天下，苟非大无道之国[⑧]，皆欲勉强扶持，庶几一日得行其道[⑨]。将之荆，先之以冉有，申之以子夏[⑩]，君子之欲得其君，如此其勤也。孟子去齐[⑪]，三宿而后出昼[⑫]，犹曰：“王其庶几召我。”君子之不忍弃其君，如此其厚也。公孙丑问曰[⑬]：“夫子何为不豫[⑭]？”孟子曰：“方今天下，舍我其谁哉？而吾何为不豫？”君子之爱其身，如此其至也。夫如此而不用，然后知天下果不足与有为，而可以无憾矣。若贾生者，非汉文之不能用生，生之不能用汉文也。

夫绛侯亲握天子玺而授之文帝[⑮]，灌婴连兵数十万[⑯]，以决刘、吕之雌雄[⑰]，又皆高帝之旧将。此其君臣相得之分[⑱]，岂特父子骨肉手足哉[⑲]？贾生，洛阳之少年，欲使其一朝之间，尽弃其旧而谋其新[⑳]，亦已难矣。为贾生者，上得其君，下得其大臣，如绛、灌之属，优游浸渍而深交之[㉑]，使天子不疑，大臣不忌，然后举天下而唯吾之所欲为[22]，不过十年，可以得志。安有立谈之间，而遽为人"痛哭"哉[23]？观其过湘，为赋以吊屈原[24]，萦纡郁闷[25]，趯然有远举之志[26]。其后以自伤哭泣，至于夭绝，是亦不善处穷者也[27]。夫谋之一不见用，则安知终不复用也？不知默默以待其变，而自残至此！呜呼，贾生志大而量小，才有馀而识不足也。

古之人，有高世之才，必有遗俗之累[28]。是故非聪明睿智不惑之主[29]，则不能全其用[30]。古今称苻坚得王猛于草茅之中[31]，一朝尽斥去其旧臣，而与之谋。彼其匹夫略有天下之半[32]，其以此哉！愚深悲生之志，故备论之。亦使人君得如贾生之臣，则知其有狷介之操[33]，一不见用，则忧伤病沮[34]，不能复振。而为贾生者，亦谨其所发哉[35]！

【注释】① 贾谊(前200—前168)：洛阳(今属河南)人。西汉汉文帝时任中大夫，曾向文帝建议改革政治，加强中央集权，颇得文帝信任。但却遭到权臣周勃、灌婴等排斥，出任长沙王太傅。一生不得志，三十三岁时即抑郁而死。富有文才，著有《贾长沙集》等。论：文体名。② 自用：发挥自己的才能。③ 贾生：指贾谊。古代称儒者为"生"。④ 佐：辅助的人。⑤ 致：指成就功业。⑥ 三代：指夏、商、周三个朝代。⑦ 汉文：指汉文帝刘恒(前179—前157年在位)。⑧ 大无道：过于不讲道义。⑨ 庶几：也许，表示希望。⑩ "将之荆"三句：语出《礼记·檀公上》，原文是："将之荆，盖先之以子夏，又申之以冉有。"荆：楚国。冉有、子夏：都是孔子的弟子。⑪ 去：离开。⑫ 三宿而后出昼：据《孟子·公孙丑下》：孟子在齐为卿，由于自己的政治主张不为齐王采纳，便辞官而去，但在昼(今山东临淄西北)停留了三天，见齐王仍未召他入朝乃离开昼。⑬ 公孙丑问曰：根据《孟子·公孙丑下》，问话的人是孟子弟子充虞而非公孙丑。所引问话也与原文有出入。⑭ 豫：高兴，快乐。⑮ 绛侯：西汉开国大臣周勃被封为绛侯。刘邦死后，吕后掌权。吕后一死，诸吕叛乱夺权，被以周勃、陈平、灌婴为首的老臣平定，并立代王刘桓为汉文帝。绛侯周勃向刘桓献上天子印玺。⑯ 灌婴：西汉开国大臣，被封为颍阴侯。⑰ 决刘、吕之雌雄：诸吕作乱，齐哀王举兵讨伐，吕禄派灌婴迎击。灌婴率兵到荥阳（今属河南）后，和周勃等共谋，与齐联合，平定诸吕，拥立文帝。⑱ 分：情分。⑲ 特：只。⑳ 尽弃其旧而谋其新：贾谊为太中大夫时，曾向文帝提出改革政治的一系列意见，文帝拟派贾谊担任公卿的职位。㉑ 优游：从容不迫的样子。浸渍：渐渐渗透。㉒ 举：全。唯：只有。㉓ 遽：急，突然。痛哭：贾谊《治安策》云："臣窃惟事势，可为痛哭者一，可为流涕者二，可为长太息者六。"㉔ 吊屈原：贾谊因被贬为长沙王太傅，路过湘水，作《吊屈原赋》。㉕ 萦纡（yū）：曲折缠绕。此指赋中感情曲折委婉。㉖ 趯（tì）然：形容心情激荡。远举：原指高飞。此指退隐。贾谊《吊屈原赋》云："凤缥缥其高逝兮，夫固自引而远去。"㉗ 处穷：处于困窘的境地。㉘ 遗俗：脱离世俗。累：牵累。㉙ 睿智：英明。㉚ 全：保全。㉛ 苻坚：南北朝时前秦的皇帝（338—385 在位）。王猛：字景略，年轻时贩卖畚箕，隐居华山，后受苻坚征召，为苻坚重用，官至丞相，权倾内外。尚书仇腾、丞相席宝因不满王猛，苻坚怒而贬黜二人，于是上下皆服。草茅：比喻草野、民间。㉜ 匹夫：平凡的人。此指苻坚。略：夺取，占据。㉝ 狷（juān）介：洁身自好，不同流合污。㉞ 沮：沮丧。㉟ 所发：所为，引申为处世。

【品评】此文为应试文，立论富有新意。贾谊一生不得志，壮年即抑郁而死，传统观点归之为怀才不遇，生不逢时。但此文却变换角度，从贾谊自身找原因，对贾谊采取了批评态度，可谓别出新裁，独具匠心。文章的观点是贾谊虽不乏才干，但其壮志难酬，主要在于他"不能自用其才"。全文乃就此展开论述。作者先援引典故，以孔子、孟子为范例，树立起得君"勤"、爱君厚、惜自身的楷模，乃间接批评贾谊。然后再回视贾谊，批评他办事操之过急，不善深交旧将，又不自惜，乃志大而量小，才有馀而识不足。在批评贾生的同时，作者亦注意到汉文帝的不足，又以苻坚用王猛之例反衬，委婉批评了汉文帝对贾生体察不够，不过文末仍归结到贾谊应谨慎处理自己的行为的主旨上。作者之批评贾谊不善用其才，出发点仍是深爱其才、可惜其才干不能施展，责备中寓有伤惋之意。

晁错论①

天下之患，最不可为者，名为治平无事，而其实有不测之忧。坐观其变，而不为之所[2]，则恐至于不可救。起而强为之，则天下狃于治平之安[3]，而不吾信[4]。惟仁人君子豪杰之士，为能出身为天下犯大难[5]，以求成大功。此固非勉强期月之间[6]，而苟以求名之所能也。天下治平，无故而发大难之端。吾发之，吾能收之，然后有辞于天下。事至而循循焉欲去之[7]，使他人任其责，则天下之祸，必集于我。

昔者晁错尽忠为汉，谋弱山东之诸侯[8]。山东诸侯并起，以诛错为名。而天子不之察，以错为之说[9]。天下悲错之以忠而受祸，不知错有以取之也[10]。

古之立大事者，不惟有超世之才，亦必有坚忍不拔之志。昔禹之治水[11]，凿龙门[12]，决大河，而放之海。方其功之未成也，盖亦有溃冒冲突可畏之患[13]。惟能前知其当然，事至不惧，而徐为之图[14]，是以得至于成功。夫以七国之强，而骤削之，其为变岂足怪哉？错不于此时捐其身，为天下当大难之冲[15]，而制吴、楚之命，乃为自全之计，欲使天子自将而己居守[16]。且夫发七国之难者谁乎[17]？己欲求其名，安所逃其患？以自将之至危，与居守之至安，己为难首[18]，择其至安，而遗天子以其至危，此忠臣义士所以愤怨而不平者也。当此之时，虽无袁盎[19]，亦未免于祸。何者？己欲居守，而使人主自将。以情而言，天子固已难之矣，而重违其议，是以袁盎之说，得行于其间。使吴、楚反，错以身任其危，日夜淬砺[20]，东向而待之[21]，使不至于累其君，则天子将恃之以为无恐。虽有百盎，可得而间哉[22]？

嗟夫！世之君子，欲求非常之功，则无务为自全之计。使错自将而讨吴、楚，未必无功。惟其欲自固其身，而天子不悦，奸臣得以乘其隙。错之所以自全者，乃其所以自祸欤！

【注释】① 晁错(前200—前154)：汉景帝时任御史大夫。时诸侯强大，不听中央法令，晁错建议削其权力，并定出条令三十章。景帝三年(前154)，吴王、楚王等七国诸侯以“清君侧”为名，起兵反抗。景帝听信袁盎谗言，向诸侯妥协，“杀晁错以谢天下”。② 所：处置，安排。③ 狃(niǔ)：习以为常。④ 不吾信：不信吾，不相信我们。⑤ 犯：冒犯。⑥ 期(jī)月：个把月。⑦ 循循焉：有次序的样子。⑧ 山东：秦汉时称殽山或华山以东的地区为山东。诸侯：指当时的诸侯王。⑨ 为之说(yuè)：使诸侯高兴。说：通“悦”。⑩ 以：原因。⑪ 禹：相传为上古夏后氏部落首领，曾治理洪水。⑫ 龙门：即禹门口，在今山西河津西北。相传为禹所开。⑬ 溃冒冲突：大水冲破堤防，奔腾泛滥。⑭ 徐：缓慢，从容。⑮ 冲：交通要道，指要害。⑯ 自将：亲自率兵出征。居守：留守后方。⑰ 发七国之难：此指引起七国诸侯叛乱。⑱ 难首：引发叛乱的祸首。⑲ 袁盎(àng)：西汉大臣，字丝，历任齐相、吴相，因与吴王刘濞有关系，曾被晁错告发降为庶人。七国反叛时，他唆使汉景帝杀掉晁错。⑳ 淬砺：磨炼兵刃。淬：淬火。㉑ 东向：向东。㉒ 间：挑拨离间。

【品评】此文是应试之作，仍力求论出新意。晁错欲为汉景帝削弱七国诸侯而失败，并被“清君侧”而遭杀身之祸。吴楚材、吴调侯称：“晁错之死，人多叹息，然未有说出被杀之由者，东坡之论，发前人所未发。”所谓“发前人所未发”，即东坡探讨晁错之死有新见。这主要是指“天下悲错之以忠而受祸”，认为晁错因忠于汉景帝而遭杀。但苏东坡却认为“错有以取之也”，是咎由自取。具体来说即是诸侯起兵“发大难之端”时，缺乏“坚忍不拔之志”，不敢挺身而出，率兵抗争，“为天下当大难之冲”，而是为保全自己，使天子率兵抵抗，自己居守京师。从而使忠臣义士愤恨之，惹来灾祸。因而最后得出结论“错之所以自全者，乃其所以自祸欤”，以呼应“错有以取之也”之意。

此文立论未必正确，但作为应试之作，惟有出奇制胜，不惜以偏概全，夸大其辞，才能博得考官的青睐，这也是可以理解的。但作者老年时，对“少时好议论古人”，已“悔其言之过”(《答王庠书》)。

卷十一　宋　文

苏　轼（1037—1101）

上梅直讲书[①]

轼每读《诗》至《鸱鸮》[②]，读《书》至《君奭》[③]，常窃悲周公之不遇[④]。及观《史》，见孔子厄于陈、蔡之间[⑤]，而弦歌之声不绝[⑥]，颜渊、仲由之徒[⑦]，相与问答。夫子曰："'匪兕匪虎，率彼旷野'[⑧]，吾道非耶？吾何为于此？"颜渊曰："夫子之道至大，故天下莫能容。虽然，不容何病[⑨]？不容然后见君子。"夫子油然而笑曰[⑩]："回，使尔多财[⑪]，吾为尔宰[⑫]。"夫天下虽不能容，而其徒自足以相乐如此。乃今知周公之富贵，有不如夫子之贫贱。夫以召公之贤，以管、蔡之亲[⑬]，而不知其心，则周公谁与乐其富贵[⑭]？而夫子之所与共贫贱者，皆天下之贤才，则亦足以乐乎此矣。

轼七八岁时，始知读书，闻今天下有欧阳公者[⑮]，其为人如古孟轲、韩愈之徒[⑯]。而又有梅公者[⑰]，从之游而与之上下其议论。其后益壮，始能读其文词，想见其为人，意其飘然脱去世俗之乐，而自乐其乐也。方学为对偶声律之文[⑱]，求升斗之禄[⑲]，自度无以进见于诸公之间。来京师逾年，未尝窥其门[⑳]。今年春，天下之士群至于礼部[㉑]，执事与欧阳公实亲试之[㉒]。轼不自意，获在第二。既而闻之，执事爱其文，以为有孟轲之风，而欧阳公亦以其能不为世俗之文也而取。是以在此，非左右为之先容[23],非亲旧为之请属[24],而向之十馀年间闻其名而不得见者[25],一朝为知己。退而思之,人不可以苟富贵[26],亦不可以徒贫贱[27]。有大贤焉而为其徒,则亦足恃矣!苟其侥一时之幸,从车骑数十人,使闾巷小民聚观而赞叹之,亦何以易此乐也!传曰[28]:"不怨天,不尤人[29]。"盖"优哉游哉,可以卒岁"[30]。执事名满天下,而位不过五品,其容色温然而不怒,其文章宽厚敦朴而无怨言。此必有所乐乎斯道也,轼愿与闻焉。

【注释】① 梅直讲(1002—1060):北宋著名诗人梅尧臣,时任国子监直讲。苏轼于宋嘉祐二年(1057)应进士试。欧阳修为主考官,梅尧臣为参评官,甚为赞赏苏轼试文《刑赏忠厚之至论》,录取苏轼为第二名。事后苏轼上此书请求谒见。书:信。②《诗》:《诗经》。《鸱鸮(chī xiāo)》:《诗经·豳风》中的篇名。旧说周成王对周公东征武庚、管叔、蔡叔的叛乱不理解,周公作此诗,以明心志。③《书》:《尚书》。《君奭(shì)》:《尚书》中的篇名。君:尊称。奭:召(shào)公,姓姬,名奭,是周文王的庶子,和周公共同辅佐成王。旧说他怀疑周公有政治野心,周公作《君奭》,以明心志。④ 不遇:不为人所理解。⑤ 孔子厄于陈、蔡之间:据《史记·孔子世家》:孔子晚年居于陈、蔡之间,楚国欲聘之。陈、蔡大夫恐以后不利于己,"乃相与发徒役围孔子于野。不得行,绝粮,从者病,莫能兴。孔子讲诵弦歌不辍"。⑥ 弦歌:弹琴诵诗。⑦ 颜渊:名回,字子渊。孔子的学生。仲由:字子路。孔子的学生。⑧ 匪兕(sì)匪虎,率彼旷野:语出《诗经·小雅·何草不黄》。匪:通"非"。兕:古代称犀牛一类的兽。率:这里指来往奔波。⑨ 病:担忧。⑩ 油然:自然而然的样子。⑪ 使:假使。⑫ 宰:这里指家臣。⑬ 管、蔡:即管叔和蔡叔。管叔名鲜,蔡叔名度,都是周公之弟。⑭ 谁与:与谁。⑮ 欧阳公:指欧阳修。公:对人之尊称。⑯ 孟轲:即孟子,字子舆,战国时邹(今山东邹城)人。韩愈:字退之,唐代著名文学家。⑰ 梅公:指梅尧臣。⑱ 对偶声律之文:指诗赋。⑲ 升斗之禄:指俸禄少的小官吏。⑳ 窥其门:登门拜访。㉑ 礼部:官署名,掌管礼教和学校贡举等事。㉒ 执事:原指侍从左右供差遣的人。此指梅尧臣。不直称对方,表示尊敬。㉓ 左右:指欧阳修、梅圣俞身边亲近的人。先容：事先致意或介绍推荐。㉔ 属（zhǔ）：通“嘱”，托付。㉕ 向：往昔。㉖ 苟富贵：苟且地享受富贵。㉗ 徒贫贱：无所作为地过贫贱生活。㉘ 传曰：古书上说。下引文见《论语·宪问》。㉙ 尤：归咎。㉚ 优哉游哉，可以卒岁：《左传·襄公二十一年》作“《诗》曰‘优哉游哉，聊以卒岁’”。优游：悠闲自得的样子。卒岁：度过岁月。

【品评】此文是作者二十一岁应进士试被录取后，写给考官梅尧臣的感恩信，其中心意旨是表述士遇知己之乐。此信采用由古及今或曰古今对照的叙述手法。先写古人“知己之乐”，以反衬正，以周公虽“富贵”而无知己之可悲，衬托孔子虽“贫贱”而有弟子为知己而可乐。而写周公、孔子乃为写当今欧阳修与梅尧臣亦有知己之乐作铺垫，更有以孔子喻梅、欧二公，自己为圣门之徒的意思，并且明确推崇其如“古孟轲、韩愈”一类贤圣。在此基础上方表白写此信的目的，不仅感激梅、欧二公的提携，更抒发其把自己视为“知己”而其“乐”无比的心情。结尾又提出欲闻梅公之所以乐乎斯道之期待，馀味不尽。全文以“乐”字为骨，由周公“不乐”反衬孔子师徒之“乐”，再衬托梅、欧二公之乐，又归为自己为欧、梅之徒之“乐”，最后仍以“乐”字结束。文章采用铺垫、对比的手法，层次清晰，感情真挚而委婉。

喜雨亭记[①]

亭以雨名，志喜也[②]。古者有喜，则以名物，示不忘也。周公得禾[③]，以名其书；汉武得鼎[④]，以名其年；叔孙胜敌[⑤]，以名其子。其喜之大小不齐，其示不忘一也。

予至扶风之明年[⑥]，始治官舍。为亭于堂之北，而凿池其南，引流种树，以为休息之所。是岁之春，雨麦于岐山之阳[⑦]，其占为有年[⑧]。既而弥月不雨[⑨]，民方以为忧。越三月，乙卯乃雨[⑩]，甲子又雨，民以为未足。丁卯大雨，三日乃止。官吏相与庆于庭，商贾相与歌于市，农夫相与忭于野[⑪]，忧者以喜，病者以愈，而吾亭适成。

于是举酒于亭上，以属客而告之[⑫]，曰：“五日不雨可乎？曰：五日不雨则无麦。十日不雨可乎？曰：十日不雨则无禾。无麦无禾，岁且荐饥[13]，狱讼繁兴而盗贼滋炽。则吾与二三子，虽欲优游以乐于此亭[14]，其可得耶？今天不遗斯民，始旱而赐之以雨。使吾与二三子得相与优游而乐于此亭者，皆雨之赐也。其又可忘耶？”

既以名亭，又从而歌之，曰：“使天而雨珠[15]，寒者不得以为襦[16]；使天而雨玉，饥者不得以为粟。一雨三日，伊谁之力[17]？民曰太守[18]，太守不有。归之天子，天子曰不然；归之造物[19]，造物不自以为功；归之太空，太空冥冥，不可得而名。吾以名吾亭。”

【注释】① 喜雨亭：北宋嘉祐七年（1062）苏轼于凤翔府（治所在今陕西凤翔）任签书判官（辅佐行政长官的官职）所建亭子。亭子落成恰逢久旱降雨，因此以“喜雨”命名。记：文体名。② 志：记。③ 周公得禾：传说周公得到周成王送的两株苗合生一穗的谷子，为此，他写下了《嘉禾》。此文《尚书》仅存篇名。④ 汉武得鼎：公元前116年，汉武帝从汾水上得一鼎，于是改年号为元鼎元年。鼎：上古炊具，常被看作是国家、权力的象征。⑤ 叔孙胜敌：春秋时鲁国人叔孙得臣，曾率军打败鄋（sōu）瞒国，俘获其国君侨如。⑥ 扶风：即凤翔府，苏轼任凤翔签书判官，在宋仁宗嘉佑六年（1061）。⑦ 雨（yù）麦：下麦雨。雨：下雨。岐山：在今陕西岐山县境。⑧ 占：占卜算卦。有年：指丰收。年：年成，收成。⑨ 弥月：整月。⑩ 乙卯：记日的干支数，下文“甲子”、“丁卯”同。此处“乙卯”、“甲子”、“丁卯”分别是农历四月初二、十一及十四日。⑪ 忭（biàn）：高兴，欢乐。⑫ 属（zhǔ）客：指劝客饮酒。⑬ 荐饥：连年饥荒。荐：通“洊”，屡次，接连。⑭ 优游：悠闲自得的样子。⑮ 使：假使。⑯ 襦（rú）：短袄。⑰ 伊：词头，无义。⑱ 太守：郡的最高长官。宋时已改郡为州或府，太守也改称“知州”或“知府”，此习惯称法。此“太守”指宋选，字子才，荥阳（今属河南）人。嘉祐八年（1063）罢任。⑲ 造物：造物主，创造万物者。

【品评】此文记喜雨亭，乃小题目，其中蕴含着事关国计民生的大主题。文章开门见山地点出喜雨亭之名，并引古事证其名“志喜”以“示不忘”。下两段乃写喜雨亭建成时久旱逢雨之“喜”，道出了雨与国计民生的密切关系，再道不“可忘”，与前“示不忘”呼应。最后则借歌道出为何以“喜雨”名“亭”之理。笔涉太守、天子、造物、太空而皆“不可得而名”，独“吾亭”可得名，足见亭与“喜雨”之关系不可分。全文以轻松潇洒的笔调，写人得雨之喜，写“喜雨亭”之得名，皆蕴藉着忧乐同民之怀，流丽之辞中寓有庄重之意。

凌虚台记[1]

国于南山之下[2]，宜若起居饮食与山接也[3]。四方之山，莫高于终南[4]，而都邑之丽山者[5]，莫近于扶风[6]。以至近求最高，其势必得。而太守之居[7]，未尝知有山焉。虽非事之所以损益，而物理有不当然者[8]。此凌虚之所为筑也。

方其未筑也，太守陈公杖履逍遥于其下[9]，见山之出于林木之上者，累累如人之旅行于墙外而见其髻也[10]。曰：“是必有异。”使工凿其前为方池，以其土筑台，高出于屋之檐而止。然后，人之至于其上者，怳然不知台之高，而以为山之踊跃奋迅而出也。公曰：“是宜名凌虚。”以告其从事苏轼[11]，而求文以为记。

轼复于公曰：“物之废兴成毁，不可得而知也。昔者荒草野田，霜露之所蒙翳[12]，狐虺之所窜伏[13]。方是时，岂知有凌虚台耶？废兴成毁，相寻于无穷[14]，则台之复为荒草野田，皆不可知也。尝试与公登台而望，其东则秦穆之祈年、橐泉也[15]，其南则汉武之长杨、五柞[16]，而其北则隋之仁寿、唐之九成也[17]。计其一时之盛，宏杰诡丽，坚固而不可动者，岂特百倍于台而已哉！然而，数世之后，欲求其仿佛[18]，而破瓦颓垣无复存者，既已化为禾黍荆棘、丘墟陇亩矣[19]，而况于此台欤！夫台犹不足恃以长久，而况于人事之得丧、忽往而忽来者欤？而或者欲以夸世而自足，则过矣。盖世有足恃者，而不在乎台之存亡也。”

既以言于公，退而为之记。

【注释】① 凌虚台：宋嘉祐八年(1063)，陈希亮继宋选之后任凤翔知府，于治所建一土台，以供登高远眺，名为“凌虚”。记：文体名。② 国：指都城。此作动词，指建都城。③ 宜若：好像是。④ 终南：终南山。在今陕西西安南。⑤ 丽：附着。⑥ 扶风：凤翔府治所，在今陕西凤翔。⑦ 太守：郡的最高长官。此指陈希亮。⑧ 物理：事物的道理。⑨ 陈公：指知府陈希亮。杖履：此指持杖着履出游。⑩ 髻：绾束在头顶上的头发。⑪ 从事：辅佐官吏。指自己任凤翔府判官。⑫ 翳(yì)：遮蔽。⑬ 虺(huǐ)：毒蛇。⑭ 相寻：连续不断。⑮ 秦穆：即秦穆公，春秋时秦国的国君。祈年：宫名。秦孝公时又称橐泉宫。传说秦穆公的坟墓在橐泉宫下。⑯ 汉武：汉武帝刘彻。长杨：汉代宫名。五柞：汉代宫名。⑰ 仁寿：宫名。隋文帝时建立。九成：唐贞观五年(631)改仁寿宫为九成宫。⑱ 仿佛：大致面貌。⑲ 陇：通“垄”。

【品评】此文虽题为“记”，但重点实际在“论”。首段叙事，写凌虚台修筑的缘起。次段描写凌虚台修建的经过，点出名台作记二事。最后一段议论，乃是全文主体，所谓“通篇只是兴成废毁二段，一写再写，悲歌慷慨，使人不乐”(吴楚材、吴调侯)。此段先提出“物之废兴成毁，不可得而知也”的论旨，紧接着分论台自无而有的兴、成，与台自有而无之废、毁。然后再通过与知府登台眺望古代遗迹，写古代宫室之兴废、成毁的变迁，凭吊今古，有感慨唏嘘之意，不无老庄“齐得丧”的意味。结尾则归结到凌虚台之“不足恃以长久”，进而提升到“人事之得丧”亦然，结论是“世有足恃者而不在乎台之存亡也”，但并不点破，令人思之，又是倡导立德、立功、立言的儒家理想，具有一定积极的人生意义。

超然台记①

凡物皆有可观。苟有可观，皆有可乐，非必怪奇伟丽者也。餔糟啜醨[2]，皆可以醉；果蔬草木，皆可以饱。推此类也，吾安往而不乐[3]！

夫所为求福而辞祸者，以福可喜而祸可悲也。人之所欲无穷，而物之可以足吾欲者有尽。美恶之辨战于中[4]，而去取之择交乎前[5]，则可乐者常少，而可悲者常多。是谓求祸而辞福。夫求祸而辞福，岂人之情也哉？物有以盖之矣[6]。彼游于物之内[7]，而不游于物之外。物非有大小也，自其内而观之，未有不高且大者也。彼挟其高大以临我，则我常眩乱反覆。如隙中之观斗，又乌知胜负之所在[8]？是以美恶横生，而忧乐出焉，可不大哀乎！

予自钱塘移守胶西[9]，释舟楫之安，而服车马之劳；去雕墙之美[10]，而庇采椽之居[11]；背湖山之观[12]，而行桑麻之野。始至之日，岁比不登[13]，盗贼满野，狱讼充斥[14]，而斋厨索然[15]，日食杞菊[16]，人固疑予之不乐也。处之期年[17]，而貌加丰，发之白者，日以反黑。予既乐其风俗之淳，而其吏民亦安予之拙也[18]。于是治其园圃，洁其庭宇，伐安丘、高密之木[19]，以修补破败，为苟完之计。而园之北，因城以为台者旧矣，稍葺而新之[20]。

时相与登览，放意肆志焉。南望马耳、常山[21]，出没隐见[22]，若近若远，庶几有隐君子乎[23]？而其东则庐山[24]，秦人卢敖之所从遁也[25]。西望穆陵[26]，隐然如城郭，师尚父、齐威公之遗烈[27]，犹有存者。北俯潍水[28]，慨然大息[29]，思淮阴之功[30]，而吊其不终[31]。台高而安，深而明，夏凉而冬温。雨雪之朝，风月之夕，予未尝不在，客未尝不从。撷园蔬[32]，取池鱼，酿秫酒[33]，瀹脱粟而食之[34]，曰："乐哉！游乎！"

方是时，予弟子由㉟，适在济南，闻而赋之，且名其台曰“超然”。以见予之无所往而不乐者，盖游于物之外也。

【注释】① 超然台：北宋熙宁三年(1070)苏轼调任密州(治所在今山东诸城)知州，次年乃修复一座残破的楼台。其弟苏辙名之曰“超然”。记：文体名。② 俌(bǔ)糟：食酒渣。啜醨(chuò lí)：饮淡酒。③ 安：何。④ 战于中：在内心中争斗。⑤ 去取之择：抛弃与争取之选择。⑥ 盖：遮蔽。⑦ 游：游心。⑧ 乌：何。⑨ 钱塘：县名，即今浙江杭州。胶西：指山东胶河以西的地区。这里指密州，治所在山东诸城。⑩ 雕墙之美：华丽的房屋之美。⑪ 庇：栖居。采椽：指简陋的房屋。其采伐的木椽，不加雕饰。⑫ 观：这里指景色。⑬ 比：屡屡。不登：庄稼歉收。⑭ 狱讼：指诉讼案件。⑮ 斋厨：指厨房。索然：空荡无物。⑯ 杞菊：此泛指野菜。杞：落叶小灌木，嫩茎叶可食。⑰ 期(jī)年：一周年。⑱ 拙：笨拙。此是作者自谦之词，指处理政事而言。⑲ 安丘、高密：二县名，都属于当时的密州。⑳ 葺(qì)：修理。㉑ 马耳、常山：二山名，在密州城南。㉒ 见：通“现”，显现。㉓ 庶几：可能。㉔ 庐山：山名，在密州城东。㉕ 卢敖：秦朝博士。为秦始皇求仙药不得，逃避到密州东部的庐山。㉖ 穆陵：关名，故址在今山东临朐东南大岘山上。㉗ 师尚父：吕尚，即姜太公。商末周初人。曾辅佐周文王、周武王灭商。后封于齐国(今山东北部)。齐威公：即齐桓公，春秋五霸之一。遗烈：事业的遗迹。㉘ 潍水：即今潍河。汉将韩信在潍水两岸破楚将龙且军二十万。㉙ 大息：太息，叹息。㉚ 淮阴：指西汉时淮阴侯韩信。㉛ 吊：这里是怜悯、伤痛的意思。㉜ 撷(xié)：采摘。疏：通“蔬”。㉝ 秫(shú)酒：黄米酒。㉞ 瀹(yuè)：煮。脱粟：指只去皮壳的糙米。㉟ 子由：苏辙，字子由。苏轼之弟。当时在齐州(治所在今山东济南)任掌书记，为苏轼作《超然台赋》。

【品评】此文与《凌虚台记》一样，借记台而抒发人生之感。不过前文先写台后议论，此文则先议论后写台，各有千秋。全文开篇从正面提出“吾无往而不乐”的观点，“乐”乃此文的主旨，暗含“超然”之意。接着从反面论证主旨，如果“游于物之内，而不游于物之外”即不能超然，则将“求祸而辞福”，“乐”少“悲”多。然后转向叙事：一写由杭州调任密州，由“不乐”而超然的切身体验；二写修治超然台，写台四方之形胜、四时之佳景，描写游乎台的超然之乐。篇末方明确点题，写出台曰“超然”，概括全文。

所谓“超然”物外乃源于老庄思想，是一种旷达乐观的情怀，但联系作者当时遭贬的处境，细味其登台四顾，南望而企羡“隐居子”，北俯则“慨然大息”，表明作者并非真的忘怀一切，亦透露出内心隐痛。对于一个志在安邦济民的人来说，岂能完全彻底地超然物外？

放鹤亭记[①]

熙宁十年秋[②]，彭城大水，云龙山人张君之草堂[③]，水及其半扉[④]。明年春，水落，迁于故居之东、东山之麓。升高而望，得异境焉，作亭于其上。彭城之山，冈岭四合，隐然如大环[⑤]，独缺其西一面，而山人之亭，适当其缺。春夏之交，草木际天；秋冬雪月，千里一色；风雨晦明之间，俯仰百变。

山人有二鹤，甚驯而善飞[⑥]，旦则望西山之缺而放焉。纵其所如，或立于陂田[⑦]，或翔于云表，暮则傃东山而归[⑧]，故名之曰“放鹤亭”。

郡守苏轼[⑨]，时从宾佐僚吏往见山人[⑩]，饮酒于斯亭而乐之。挹山人而告之曰[⑪]：“子知隐居之乐乎？虽南面之君[⑫]，未可与易也！《易》曰[⑬]：‘鸣鹤在阴，其子和之。’《诗》曰[⑭]：‘鹤鸣于九皋[⑮]，声闻于天。’盖其为物，清远闲放，超然于尘埃之外，故《易》、《诗》人以比贤人君子。隐德之士，狎而玩之[⑯]，宜若有益而无损者，然卫懿公好鹤则亡其国[⑰]。周公作《酒诰》[⑱]，卫武公作《抑》戒[⑲]，以为荒惑败乱，无若酒者，而刘伶、阮籍之徒以此全其真而名后世[⑳]。嗟夫！南面之君，虽清远闲放如鹤者，犹不得好[㉑]，好之则亡其国；而山林遁世之士，虽荒惑败乱如酒者，犹不能为害，而况于鹤乎！由此观之，其为乐未可以同日而语也。”山人欣然而笑曰：“有是哉[22]！”乃作放鹤招鹤之歌曰：“鹤飞去兮西山之缺，高翔而下览兮择所适。翻然敛翼，宛将集兮[23]，忽何所见？矫然而复击[24]！独终日于涧谷之间兮，啄苍苔而履白石。鹤归来兮东山之阴。其下有人兮黄冠草履[25]，葛衣而鼓琴[26]。躬耕而食兮，其馀以汝饱[27]。归来归来兮，西山不可以久留！”

【注释】① 放鹤亭：彭城（今江苏徐州）云龙山人张天骥建于彭城之云龙山的亭子。因山人有二鹤常于此放飞，故名“放鹤亭”。此记作于宋神宗元丰元年（1078）十一月，时苏轼任徐州知州。记：文体名。② 熙宁十年：即公元1077年。熙宁：宋神宗赵顼（xū）的年号（1068—1077）。③ 云龙：山名，在今江苏徐州云龙区。山常有云气蜿蜒如龙，故名。张君：指张天骥，因隐居云龙山，称云龙山人。④ 扉：门扇。⑤ 环：圈形物。⑥ 驯：驯顺。⑦ 陂（bēi）：水边。⑧ 傃（sù）：向。⑨ 郡守：官名。即知州或知府。⑩ 宾佐僚吏：指苏轼的宾客僚属。⑪ 挹（yì）：酌酒。⑫ 南面：古代帝王面朝南而坐，故称居帝位为南面。⑬《易》：《易经》。引文见于《易经·中孚·九二》。⑭《诗》：《诗经》。引文见于《诗经·小雅·鹤鸣》。⑮ 九皋：深泽。⑯ 狎（xiá）：亲近。⑰ 卫懿公好鹤：据《左传·鲁闵公二年》：卫懿公好养鹤，封给鹤以爵位，让鹤乘车而行。后狄人攻卫，卫兵士因国君好鹤轻人，不愿出战，卫因此而亡。⑱ 周公作《酒诰》：相传周武王以商旧都封康叔，当地百姓皆嗜酒，故周公以成王之命，作《酒诰》以戒康叔。《酒诰》：《尚书》篇名。⑲ 卫武公作《抑》戒：春秋卫国国君卫武公作《抑》，用以自我警戒。《抑》戒：即《诗经·大雅·抑》篇，其中云：“颠覆厥德，荒湛于酒。”⑳ 刘伶：字伯伦。曾为建威参军。阮籍：字嗣宗。曾为步兵校尉。他们都是西晋“竹林七贤”。身处魏末晋初，由于担心遭受司马氏迫害，故常纵酒沉醉，以“全性保真”。㉑ 好：爱好。㉒ 有是哉：有这样的道理啊！㉓ 宛将集：宛若准备飞下来。㉔ 矫然而复击：矫健地重新振翅高翔。㉕ 黄冠：道士所戴之冠。㉖ 葛衣：即用葛布做的衣服。㉗ 汝饱：喂饱你们。

【品评】此文首段先叙山人之亭，后写山人之鹤，写亭渲染其奇异的环境，写鹤凸显放鹤飞翔的意态，由此自然点出亭名“放鹤”的缘由，亦可见此亭具有超脱世俗的特点。中段借作者与山人饮酒于斯亭时的告白，议论

"隐居之乐","虽南面之君,未可与易也"。议隐居之乐又借用两个"道具",重点议"鹤",又辅之以"酒"。议鹤引经据典,以其"清远闲放,超然于尘埃之外",以比"贤人君子";但惟隐居之士可"狎而玩之",国君卫懿公则因为鹤而亡国。议"酒"则于南面之君是"荒惑败乱"之物,而于隐士则是"全其真而名后世"之物。两相对照,可见隐者之乐确实非南面之君可比。末段以放鹤、招鹤二歌作结,歌咏鹤之意志,借以映衬隐者云龙山人"超然尘外"之乐也。其中寓有作者艳羡之情,亦不言而喻。

石钟山记[①]

《水经》云[②]:"彭蠡之口[③],有石钟山焉。"郦元以为下临深潭[④],微风鼓浪,水石相搏,声如洪钟。是说也[⑤],人常疑之。今以钟磬置水中[⑥],虽大风浪不能鸣也,而况石乎!至唐李渤[⑦],始访其遗踪,得双石于潭上,扣而聆之,南声函胡[⑧],北音清越[⑨],枹止响腾[⑩],馀韵徐歇,自以为得之矣[⑪]。然是说也,余尤疑之。石之铿然有声者,所在皆是也,而此独以钟名,何哉?

元丰七年六月丁丑[⑫],余自齐安舟行,适临汝[⑬],而长子迈将赴饶之德兴尉[⑭]。送之至湖口[⑮],因得观所谓石钟者。寺僧使小童持斧,于乱石间择其一二扣之,硿硿然[⑯]。余固笑而不信也。

至其夜月明,独与迈乘小舟至绝壁下。大石侧立千尺,如猛兽奇鬼,森然欲搏人;而山上栖鹘[⑰],闻人声亦惊起,磔磔云霄间[⑱]。又有若老人咳且笑于山谷中者,或曰:"此鹳鹤也[⑲]。"余方心动欲还,而大声发于水上,噌吰如钟鼓不绝[⑳],舟人大恐。徐而察之,则山下皆石穴罅[㉑],不知其浅深,微波入焉,涵澹澎湃而为此也[㉒]。舟回至两山间[㉓],将入港口,有大石当中流,可坐百人,空中而多窍㉔，与风水相吞吐，有窾坎镗鞳之声㉕，与向之噌吰者相应，如乐作焉。因笑谓迈曰："汝识之乎？噌吰者，周景王之无射也㉖；窾坎镗鞳者，魏献子之歌钟也㉗。古之人不余欺也㉘。"

事不目见耳闻，而臆断其有无，可乎？郦元之所见闻，殆与余同㉙，而言之不详。士大夫终不肯以小舟夜泊绝壁之下，故莫能知；而渔工水师㉚，虽知而不能言。此世所以不传也。而陋者乃以斧斤考击而求之㉛，自以为得其实。余是以记之，盖叹郦元之简㉜，而笑李渤之陋也㉝。

【注释】① 石钟山：在今江西湖口鄱阳湖边。苏轼于宋元丰七年(1084)奉命由黄州(治所在今湖北黄冈)移任汝州(治所在今河南临汝)团练副使。途经江西湖口游石钟山而有此记。记：文体名。②《水经》：是我国古代一部专记江水河道的地理书。作者大约是三国时人，姓氏已不可考。下引文未见今本《水经》。③ 彭蠡(lǐ)：湖名，即今江西鄱阳湖。④ 郦元：即郦道元，字善长，北魏范阳涿鹿(今属河北)人，地理学家。为《水经》作注，共四十卷。⑤ 是说也：这种说法。⑥ 磬(qìng)：石或玉制的打击乐器。⑦ 李渤：字濬之，唐代洛阳(今属河南)人。曾写过《辨石钟山记》。⑧ 南声：南边那块石头的声音。函胡：厚重模糊。⑨ 北音：北边那块石头的声音。清越：清亮高扬。⑩ 枹(fú)：鼓槌。此为敲击的意思。腾：跳动，回荡。⑪ 得之：得到石钟山命名的缘故。⑫ 元丰七年：公元 1084 年。元丰：宋神宗年号。六月丁丑：农历六月初九日。丁丑：是古人记日的干支。⑬ 齐安：今湖北黄冈。适：去。临汝：今属河南。⑭ 迈：苏轼长子苏迈，字伯达，善为文。饶：州名，治所在今江西波阳。德兴：县名，今属江西。尉：县尉，地方官。⑮ 湖口：县名，在今江西。⑯ 硿(kōng)硿：象声词。⑰ 鹘(hú)：一种鹰类猛禽。⑱ 磔(zhé)磔：鸟鸣声。⑲ 鹳鹤：一种水鸟。⑳ 噌吰(chēng hóng)：拟声词，形容钟声宏大。㉑ 石穴罅(xià)：石头间的空隙。㉒ 涵澹：形容水波荡漾。㉓ 两山：石钟山分上钟山与下钟山。㉔ 窍：窟窿。㉕ 窾坎镗鞳(táng tà)：拟声词。窾坎：形容水击物声。镗鞳：形容钟鼓声。㉖ 周景王之无射(yì):据《左传·昭公二十一年》,周景王铸成“无射”钟。周景王:东周国君(前544—前520在位)。无射:本乐律名,此用作钟名。㉗ 魏献子之歌钟:据《经进东坡文集》,魏献子应为魏庄子。魏庄子即魏绛,春秋时晋大夫。《左传·襄公十一年》载:郑国送给晋侯歌钟两套(每套十六枚),女乐十六人。晋侯将一半赐给魏绛。㉘ 古之人:指郦道元。不余欺:没有欺骗我。㉙ 殆:大体上。㉚ 渔工水师:渔人、船夫。㉛ 斧斤:斧头。考:通“拷”,敲击。㉜ 简:简略。㉝ 陋:浅陋。

【品评】此文乃说理性游记,为实地考证“石钟山”之名的来历而作。林纾所谓“东坡此文,直以记为考,分作两层,始斥郦道元之简,继斥李渤之陋,自明得石钟之真际”(《古文辞类纂选本》卷九)。文章首段先提出二说与二疑:郦元之说被人“常疑”,李渤之说“余尤疑之”,从而造成全文悬念。中段以自己亲历其地,亲聆噌吰之声与窾坎镗鞳之声以释“疑”,并确认“石钟山”之名的真谛。末段乃就游石钟山发表感想,强调凡事须“目见耳闻”,亲自调查,不可“臆断”,并回应开头二“疑”:郦元之说虽与自己相同,但其说言之不详,失之简;李渤之说得之于“以斧斤考击”,失之陋。

此文作为山水游记,写夜乘小舟游绝壁之景,听水石之声,笔触生动,比喻奇特,勾勒出幽深奇绝之境,反映出作者亲身调查之惊险,亦是此文值得称道之处。刘大櫆称此文为“坡公第一首记文”,良有以也。

潮州韩文公庙碑①

匹夫而为百世师②,一言而为天下法③,是皆有以参天地之化,关盛衰之运。其生也有自来,其逝也有所为。故申、吕自岳降④,傅说为列星⑤,古今所传,不可诬也⑥。

孟子曰⑦:“我善养吾浩然之气⑧。”是气也,寓于寻常之中,而塞乎天地之间。卒然遇之⑨,则王公失其贵,晋、楚失其富⑩,良、平失其智⑪,贲、育失其勇⑫,仪、秦失其辨⑬。是孰使之然哉⑭?其必有不依形而立,不恃力而行,不待生而存,不随死而亡者矣。故在天为星辰,在地为河岳,幽则为鬼神,而明则复为人。此理之常,无足怪者。

自东汉以来，道丧文弊[15]，异端并起[16]。历唐贞观、开元之盛[17]，辅以房、杜、姚、宋而不能救[18]。独韩文公起布衣[19]，谈笑而麾之[20]，天下靡然从公，复归于正，盖三百年于此矣。文起八代之衰[21]，而道济天下之溺[22]；忠犯人主之怒[23]，而勇夺三军之帅[24]。此岂非参天地、关盛衰、浩然而独存者乎？

盖尝论天人之辨[25]，以谓人无所不至，惟天不容伪[26]。智可以欺王公，不可以欺豚鱼[27]；力可以得天下，不可以得匹夫匹妇之心。故公之精诚，能开衡山之云[28]，而不能回宪宗之惑[29]；能驯鳄鱼之暴[30]，而不能弭皇甫镈、李逢吉之谤[31]；能信于南海之民[32]，庙食百世，而不能使其身一日安于朝廷之上。盖公之所能者，天也；其所不能者，人也。

始潮人未知学，公命进士赵德为之师。自是，潮之士皆笃于文行[33]，延及齐民[34]，至于今，号称易治[35]。信乎孔子之言[36]："君子学道则爱人，小人学道则易使也。"潮人之事公也，饮食必祭，水旱疾疫，凡有求必祷焉。而庙在刺史公堂之后，民以出入为艰。前太守欲请诸朝作新庙，不果。元祐五年[37]，朝散郎王君涤来守是邦[38]。凡所以养士治民者，一以公为师。民既悦服，则出令曰："愿新公庙者听[39]。"民欢趋之。卜地于州城之南七里[40]，期年而庙成[41]。

或曰："公去国万里而谪于潮，不能一岁而归。没而有知[42]，其不眷恋于潮也审矣[43]。"轼曰："不然！公之神在天下者，如水之在地中，无所往而不在也。而潮人独信之深、思之至，焄蒿凄怆[44]，若或见之，譬如凿井得泉，而曰水专在是,岂理也哉?”

元丰元年㊺,诏封公昌黎伯,故榜曰“昌黎伯韩文公之庙”。潮人请书其事于石,因作诗以遗之,使歌以祀公。其辞曰:公昔骑龙白云乡㊻,手抉云汉分天章㊼,天孙为织云锦裳㊽。飘然乘风来帝旁,下与浊世扫秕糠。西游咸池略扶桑㊾,草木衣被昭回光㊿。追逐李、杜参翱翔[51],汗流籍、湜走且僵[52],灭没倒影不能望[53]。作书诋佛讥君王,要观南海窥衡、湘[54],历舜九嶷吊英、皇[55]。祝融先驱海若藏[56],约束蛟鳄如驱羊。钧天无人帝悲伤[57],讴吟下招遣巫阳[58]。犦牲鸡卜羞我觞[59],于餐荔丹与蕉黄[60]。公不少留我涕滂,翩然被发下大荒[61]。

【注释】① 潮州:治所在今广东潮安。韩文公庙:唐宪宗于元和十四年(819)迎佛骨入宫,韩愈上表谏止,惹怒宪宗,被贬为潮州刺史。后潮州人修韩文公庙纪念之。韩愈谥“文”,故称文公。宋哲宗元祐七年(1092),潮州知州王涤重修韩文公庙后,将庙图寄给苏轼,请他撰写庙碑文,而有此作。碑:碑文,文体名。② 匹夫:一般人。百世师:可为百代师表的人。③ 为天下法:《礼记·中庸》云君子“行而世为天下法”。④ 申、吕:指申伯和吕侯。申伯为周宣王时功臣。吕侯辅周穆王有功。自岳降:传说山岳降神才生出了申伯和吕侯。《诗经·大雅·菘高》:“维岳降神,生甫及申。”⑤ 傅说(yuè):商王武丁时贤臣。传说他死后升天,比于列星。⑥ 诬:不信。⑦ 孟子曰:下引文见《孟子·公孙丑上》。⑧ 浩然之气:由内心积善所产生的刚正之气。⑨ 卒(cù):通“猝”,突然。⑩ 晋、楚:春秋时两个富强的国家。晋:在今山西、河北西南部一带。楚:在今长江中游一带。⑪ 良、平:指张良、陈平。都是刘邦的重要谋士,西汉开国大臣。⑫ 贲、育:指战国时卫国大力士孟贲和夏育。⑬ 仪、秦:指战国时著名的纵横家张仪和苏秦。两人都善于辞辩。辨:通“辩”。⑭ 孰:谁。然:这样。⑮ 道丧文弊:儒道衰落,文风凋弊。⑯ 异端:指不合儒道的学说。⑰ 唐贞观、开元:分别为唐太宗(627—649 在位)、唐玄宗(713—755 在位)时的年号,是唐代兴盛的时期。⑱ 房:指房玄龄,唐初政治家,为唐太宗的重要辅臣。杜:指杜如晦，和房玄龄共同辅佐唐太宗。姚：指姚崇，在武则天、睿宗、玄宗时屡次出任宰相。宋：指宋璟，唐代政治家，继姚崇任宰相。⑲ 韩文公：指韩愈，字退之，唐代著名文学家、哲学家，河南河阳（今河南孟州）人。布衣：平民。⑳ 麾：通“挥”，指挥，号召。㉑ 八代：指东汉、魏、晋、宋、齐、梁、陈、隋。八代文风形式绮靡而内容空洞。㉒ 济：救助。溺：淹没，沉沦。此指佛、老之道的毒害。㉓ 忠犯人主之怒：指韩愈谏唐宪宗迎佛骨入宫一事。㉔ 勇夺三军之帅：指韩愈镇抚镇州叛乱一事。唐穆宗时，镇州军队发生叛乱。朝廷派韩愈前去镇抚，平息了这场叛乱。㉕ 天人：指天道和人事。㉖ 伪：人为的事物。㉗ 豚鱼：《易·中孚》曰：“信及豚鱼。”意谓连对豚鱼也要讲诚信。㉘ 能开衡山之云：韩愈经过衡山时，适逢秋雨，他潜心默祷一番之后，就云开日出。见其《谒衡山南岳庙》诗。衡山：在湖南南岳县境内。㉙ 宪宗之惑：指唐宪宗迷惑佛骨事。㉚ 能驯鳄鱼之暴：指韩愈到潮州后逐恶溪鳄鱼一事。见本书《祭鳄鱼文》。㉛ 弭（mǐ）：止。皇甫镈（bó）、李逢吉：二人皆为唐宪宗时的大臣，诡计多端，陷害忠良，并经常诋毁韩愈。谤：诋毁。㉜ 南海：这里指潮州。㉝ 笃：深好。㉞ 齐民：平民。㉟ 易治：容易治理。㊱ 信：确实。孔子之言：引文出《论语·阳货》。㊲ 元祐五年：公元 1090 年。元祐：宋哲宗的年号。㊳ 朝散郎：文官名，从七品。王涤：人名。时任潮州知州。㊴ 新：重修。听：听从命令。㊵ 卜地：选址。㊶ 期（jī）年：一整年。㊷ 没：通“殁”，死亡。㊸ 审：明显。㊹ 焄：香气。蒿：雾气弥漫。凄怆：悲伤。㊺ 元丰元年：当为元丰七年，即公元 1084 年。元丰是宋神宗年号。㊻ 白云乡：神仙居住的仙乡。㊼ 云汉：即银河。天章：指日月星辰等像美丽的图画悬在天空。㊽ 天孙：即织女。云锦：丝织物品。㊾ 咸池：古代神话中的地名，传说为日浴之处。略：巡行。扶桑：神话中的树木名，传说日出其下。㊿ 衣被：此为受惠意。昭回：原指星辰光耀在天空回传，此借指日月。51 李、杜：指唐代诗人李白、杜甫。52 籍、湜（shì）：指唐代诗人张籍和文学家皇浦湜。僵：跌倒。53 灭没：淹没。此指被日光照耀的意思。54 要（yāo）：要服。传说上古分天下为五服，要服是离王畿极远之处。衡、湘：湖南境内的衡山和湘水，是韩愈贬潮州路经之处。55 舜：传说中的我国原始社会的部落联盟首领。九嶷：指九嶷山，亦作九疑山，在今湖南宁远南。相传虞舜死后葬于此。英、皇：即女英、娥皇，虞舜妃。舜死于苍梧，她俩寻至九嶷投湘水而死。56 祝融：传说中的火神。海若：海神。57 钧天：天之中央。58 巫阳：古代善于占卜的人。59 犦（bó）牲：古代祭祀用的牺牲。犦：一种高背的大牛。鸡卜：古代占卜法之一。羞：进献。⑥⓪ 荔丹与蕉黄：红色的荔枝与黄色的香蕉。此泛指祭祀供品。⑥① 被发下大荒：化用韩愈《杂诗》“翩然下大荒，被发骑麒麟”句。表示祝他下来享受祭品。被：通“披”。大荒：传说中极远的地方。此指人间。

【品评】此文以碑文形式高度赞扬韩愈的才干与政绩，对其坎坷遭遇寄予了深切同情，其中亦蕴含着作者的身世之感。文章开篇突兀，直论伟人应具“参天地之化，关盛衰之运”的抱负，并以古代圣贤证明此抱负乃源于其“浩然之气”。这是虚写韩愈，作为下文的铺垫。接着则实写韩愈“文起八代之衰，道济天下之溺”的功劳，并挽结于“参天地、关盛衰”与浩然之气的主旨上。然后一转折，写其政治遭遇：先以天不容伪为立论，然后以韩愈三“能”与三“不能”相对照，以见韩愈虽合于天道而乖于人事的命运。再次则照应题目“潮州韩文公庙”意，写潮州人所以立庙之故，以见韩于潮州政绩之大得人心、影响深远。文末以歌作结，总括韩公文章功业，文采瑰丽，气势雄健，与碑文浑然为一体。过珙评此文“通篇以‘气’字为主，波澜顿挫，如风雨争飞，鱼龙杂糅，而一线相引，一气到底，章法井然不乱。其文笔，亦是浩然之气所结聚者”（《详订古文评注全集》卷七），甚是恰当。

乞校正陆贽奏议进御札子[①]

臣等猥以空疏[②]，备员讲读[③]。圣明天纵[④]，学问日新。臣等才有限而道无穷，心欲言而口不逮[⑤]，以此自愧，莫知所为。窃谓人臣之纳忠[⑥]，譬如医者之用药。药虽进于医手，方多传于古人。若已经效于世间，不必皆从于己出。

伏见唐宰相陆贽[⑦]，才本王佐，学为帝师，论深切于事情，言不离于道德。智如子房而文则过[⑧]，辨如贾谊而术不疏[⑨]。上以格君心之非[⑩]，下以通天下之志。但其不幸，仕不遇时。德宗以苛刻为能[⑪]，而贽谏之以忠厚；德宗以猜忌为术，而贽劝之以推诚；德宗好用兵，而贽以消兵为先；德宗好聚财，而贽以散财为急。至于用人听言之法，治边御将之方，罪己以收人心，改过以应天道，去小人以除民患，惜名器以待有功⑫，如此之流，未易悉数。可谓进苦口之药石⑬，针害身之膏肓⑭。使德宗尽用其言，则贞观可得而复⑮。

臣等每退自西阁，即私相告，以陛下圣明，必喜贽议论。但使圣贤之相契，即如臣主之同时。昔冯唐论颇、牧之贤⑯，则汉文为之太息。魏相条晁、董之对⑰，则孝宣以致中兴⑱。若陛下能自得师，则莫若近取诸贽。

夫六经、三史、诸子百家⑲，非无可观，皆足为治。但圣言幽远，末学支离⑳，譬如山海之崇深，难以一二而推择。如贽之论，开卷了然，聚古今之精英，实治乱之龟鉴㉑。臣等欲取其奏议，稍加校正，缮写进呈。愿陛下置之坐隅㉒，如见贽面；反复熟读，如与贽言。必能发圣性之高明，成治功于岁月。

臣等不胜区区之意㉓，取进止㉔。

【注释】① 陆贽奏议：即《陆宣公奏议》。陆贽（754—805）：字敬舆，嘉兴（今属浙江）人。唐德宗时任宰相。以善写奏疏闻名。进御札子：向皇帝进献的表、状之外的公文文体。② 猥：谦词，辱。③ 讲读：指翰林院的侍讲学士和端明殿的侍读学士。④ 圣明：指皇帝贤圣聪慧。天纵：天禀。此谀美帝王之辞。⑤ 逮：到，及。⑥ 窃：表示自谦之辞。纳忠：献忠。⑦ 伏：自称的谦词。⑧ 子房：张良，字子房。西汉初开国功臣，智谋出众，封为“留侯”。过：超过。⑨ 贾谊：西汉政治家和文学家。曾任太中大夫、太傅等官。术：策略。⑩ 格：纠正。⑪ 德宗：唐德宗李适（kuò），公元780—805年在位。⑫ 名器：本指爵位和车服等。此指官爵。⑬ 药石：药物和石针。此比喻规劝之言。⑭ 针：动词，指治疗。膏肓（huāng）：中医把心尖脂肪称为膏，心脏和隔膜之间称为肓。⑮ 贞观：唐太宗的年号（627—649）。此指贞观之治。因唐太宗贞观年间出现了经济发展的繁荣局面。⑯ 冯唐：西汉文帝时任中郎署长。颇、牧：指廉颇与李牧。廉颇、李牧，皆为战国时赵国名将。汉文帝曾叹息曰:“我独不得颇、牧为将,岂忧匈奴哉!”见《汉书·冯唐传》。⑰ 魏相:字弱翁,西汉宣帝时曾任丞相,封高平侯。主张整顿吏治,考核实效。晁:晁错,西汉政治家。文帝时任太常掌故,景帝时任御史大夫。董:董仲舒,西汉唯心主义哲学家,今文经学大师。建议汉武帝“罢黜百家,独尊儒术”。对:对策。⑱ 孝宣:西汉宣帝刘询(前73—前49年在位)。他在霍光辅佐下,采取一系列政策,使社会经济有所发展。历史上称为“中兴”时期。⑲ 六经:指《书》、《诗》、《易》、《礼》、《春秋》、《乐》六部儒家经典,《乐》今不存。三史:指《史记》、《汉书》和《后汉书》。诸子百家:先秦两汉的学派诸作。⑳ 末学:与经学相对而言,指诸子的书和史书。㉑ 龟鉴:借鉴。龟:用龟甲占卜,辨吉凶。鉴:镜。㉒ 坐隅:座席一角。㉓ 区区:诚挚。㉔ 取进止:听从是否采纳的裁处。

【品评】此文开篇提出进呈古人奏议的必要性,为下文推荐陆贽奏议埋下伏笔。接下即转向陆贽奏议,以排比句对偶句式进行概括,给予赞扬,“进苦口之药石,针害身之膏肓”之喻,与开篇之“譬如医者之用药”相应,极言其奏议治国之效。然后又借典故论证陆贽奏议于宋哲宗治国十分适合。最后表示欲校正陆贽札子进呈天子之意。由此文可见作者效忠国君、关心国家兴盛的政治情怀。苏轼一生好陆贽文章,此文对陆贽奏议概括得十分真切;文章亦有陆贽之风。此文用骈体,以对偶手法,一气呵成,但表述灵动,与散行无异。

前赤壁赋[①]

壬戌之秋[②],七月既望[③],苏子与客泛舟[④],游于赤壁之下。清风徐来,水波不兴。举酒属客[⑤],诵明月之诗[⑥],歌窈窕之章[⑦]。少焉[⑧],月出于东山之上,徘徊于斗牛之间[⑨]。白露横江,水光接天。纵一苇之所如[⑩],凌万顷之茫然[⑪]。浩浩乎如冯虚御风[⑫],而不知其所止;飘飘乎如遗世独立,羽化而登仙[⑬]。

于是饮酒乐甚,扣舷而歌之。歌曰:“桂棹兮兰桨[⑭],击空明兮溯流光[⑮]。渺渺兮予怀[⑯],望美人兮天一方[⑰]。”

客有吹洞箫者，依歌而和之，其声呜呜然，如怨如慕，如泣如诉，馀音袅袅，不绝如缕。舞幽壑之潜蛟[18]，泣孤舟之嫠妇[19]。

苏子愀然[20]，正襟危坐而问客曰[21]："何为其然也？"

客曰："'月明星稀，乌鹊南飞'，此非曹孟德之诗乎[22]？西望夏口[23]，东望武昌[24]，山川相缪[25]，郁乎苍苍，此非孟德之困于周郎者乎[26]？方其破荆州[27]，下江陵[28]，顺流而东也，舳舻千里[29]，旌旗蔽空，酾酒临江[30]，横槊赋诗[31]，固一世之雄也，而今安在哉！况吾与子渔樵于江渚之上[32]，侣鱼虾而友麋鹿；驾一叶之扁舟，举匏樽以相属[33]；寄蜉蝣于天地[34]，渺沧海之一粟。哀吾生之须臾[35]，羡长江之无穷；挟飞仙以遨游，抱明月而长终。知不可乎骤得，托遗响于悲风[36]。"

苏子曰："客亦知夫水与月乎？逝者如斯[37]，而未尝往也；盈虚者如彼[38]，而卒莫消长也[39]。盖将自其变者而观之，则天地曾不能以一瞬；自其不变者而观之，则物与我皆无尽也。而又何羡乎？且夫天地之间，物各有主。苟非吾之所有[40]，虽一毫而莫取。惟江上之清风，与山间之明月，耳得之而为声，目遇之而成色，取之无禁，用之不竭。是造物者之无尽藏也，而吾与子之所共适[41]。"

客喜而笑，洗盏更酌。肴核既尽[42]，杯盘狼藉。相与枕藉乎舟中[43]，不知东方之既白[44]。

【注释】① 赤壁赋：宋神宗元丰三年（1080），苏轼被贬黄州（治所在今湖北黄冈）团练副使。元丰五年（1082）与友人游黄冈赤鼻矶，而作此赋。赤鼻矶与文中所写三国赤壁并非一地，三国赤壁在今湖北蒲圻西北长江南岸。因苏轼后又写了一篇《赤壁赋》，故此赋又称《前赤壁赋》。赋：文体名。

② 壬戌(xū):宋神宗元丰五年(1082)。③ 既望:每月农历十六日。既:过。望:农历每月十五日。④ 苏子:苏轼自称。⑤ 属(zhǔ):劝客饮酒。⑥ 明月之诗:指《诗经·陈风·月出》篇。⑦ 窈窕之章:指《月出》篇的第一章,有"舒窈纠兮"句,"窈纠"与"窈窕"音义相近。⑧ 少焉:一会儿。⑨ 斗牛:斗宿和牛宿,都属于二十八宿。⑩ 一苇:如苇叶的小船。如:往。⑪ 凌:越过。⑫ 冯虚御风:凌空驾风。冯:通"凭"。虚:指天空。⑬ 羽化:道教认为人能生羽翼成仙。⑭ 棹(zhào):划船工具,桨之类。⑮ 空明:指清澄的江水。流光:水波上流动的月光。⑯ 渺渺兮:悠远。⑰ 美人:指所思念的人。有象征意义。⑱ 幽壑(hè):深谷。⑲ 嫠(lí)妇:寡妇。⑳ 愀(qiǎo)然:忧愁凄怆的样子。㉑ 客:指道士杨世昌,四川绵竹人。善吹箫。㉒ 曹孟德:曹操,字孟德。东汉末年政治家、军事家、诗人,统一了中国北部,封魏王,子曹丕称帝后,追尊为武帝。诗:引诗出自曹操的《短歌行》。㉓ 夏口:今湖北汉口。㉔ 武昌:今湖北鄂城。㉕ 缪(liáo):通"缭",盘绕。㉖ 周郎:即周瑜,东吴孙权的将领。汉献帝建安十三年(208)赤壁之战。曹操兵败于吴、蜀联军。周瑜是此战的主要指挥者。㉗ 破荆州:建安十三年,曹军南下,降服荆州牧刘琮。荆州:治所在今湖北襄阳。㉘ 江陵:今属湖北。㉙ 舳舻(zhú lú):船尾和船头连接。此指战船。舳:船后掌舵处。舻:船前摇棹处。㉚ 酾(shī)酒:斟酒。㉛ 槊(shuò):长矛。㉜ 渔樵:捕鱼打柴。渚(zhǔ):江中小洲。㉝ 匏(páo):葫芦做的酒器。㉞ 蜉蝣:一种小飞虫,生存时间甚短。㉟ 须臾:片刻。㊱ 遗响:箫的馀音。㊲ 逝者如斯:指流逝的江水。《论语·子罕》:"子在川上曰:'逝者如斯夫,不舍昼夜。'"㊳ 盈虚者:指月亮。月有满有亏。㊴ 卒:终究。消长:减与增。㊵ 苟:如果。㊶ 适:享受的意思。㊷ 肴核:菜肴果品。㊸ 枕藉:靠着睡觉。㊹ 既白:已经天亮。

【品评】此赋熔写景、抒情、议论于一炉,以江山风月之景为根,绽出人生哲理之花。文章开篇点题,先记夜游赤壁写于清风明月、大江水光之间,纵舟万顷,凭虚御风,有潇洒出尘之致。然而于"饮酒乐甚,扣舷而歌"之时,忽横插洞箫呜咽一节,逼出感慨、"愀然"之意,于是文章进入主客问答的赋之主体部分,引发出物我关系的哲学思考。客之答,乃即景发出反论,由曹孟德之诗引出其赤壁之事,而"一世之雄,而今安在哉"之问,宣泄出人生须臾、江山无穷的感慨与苦闷。苏子之言,则借眼前水与月之"变"与"不变"发出正论,阐明"物我无尽"的道理,得老庄之妙理,以对客进行劝慰。

其实“客”与“苏子”的言论不过是作者胸中两种思想在“交战”，最终是旷达开朗的一面占了上风，于是末尾“客喜而笑”，作者内心进入平和的境界。此文以“游览一小事目，发出这等大道理，遂堪不朽”（余诚《重订古文释义新编》卷八）。

此文属散赋，具有主、客问答与押韵等赋的形式特征，但比四六骈体要自由，用韵亦自然。

后赤壁赋[①]

是岁十月之望[②]，步自雪堂，将归于临皋[③]。二客从予，过黄泥之坂[④]。霜露既降，木叶尽脱，人影在地，仰见明月，顾而乐之[⑤]，行歌相答[⑥]。已而叹曰：“有客无酒，有酒无肴，月白风清，如此良夜何？”客曰：“今者薄暮，举网得鱼，巨口细鳞，状似松江之鲈[⑦]。顾安所得酒乎[⑧]？”归而谋诸妇[⑨]，妇曰：“我有斗酒，藏之久矣，以待子不时之需[⑩]。”

于是携酒与鱼，复游于赤壁之下。江流有声，断岸千尺；山高月小，水落石出。曾日月之几何[⑪]，而江山不可复识矣！予乃摄衣而上[⑫]，履巉岩，披蒙茸[⑬]，踞虎豹[⑭]，登虬龙[⑮]，攀栖鹘之危巢[⑯]，俯冯夷之幽宫[⑰]。盖二客不能从焉。划然长啸[⑱]，草木震动，山鸣谷应，风起水涌。予亦悄然而悲[⑲]，肃然而恐[⑳]，凛乎其不可留也[㉑]！反而登舟[㉒]，放乎中流[㉓]，听其所止而休焉。时夜将半，四顾寂寥。适有孤鹤，横江东来，翅如车轮，玄裳缟衣[㉔]，戛然长鸣[㉕]，掠予舟而西也。

须臾客去[㉖]，予亦就睡。梦一道士，羽衣蹁跹[㉗]，过临皋之下，揖予而言曰[㉘]：“赤壁之游乐乎？”问其姓名，俯而不答。“呜呼噫嘻[㉙]！我知之矣，畴昔之夜[㉚]，飞鸣而过我者，非子也耶？”道士顾笑[31]，予亦惊寤[32]。开户视之，不见其处。

【注释】① 后赤壁赋：相对《前赤壁赋》而言。赋：文体名。② 是岁：这年。指作《前赤壁赋》的同一年，宋元丰五年(1082)。望：农历每月十五日。③ 临皋：即临皋馆，也称临皋亭，在湖北黄冈南长江边上。苏轼贬到黄州(治所在今湖北黄冈)做团练副使，居此处，并在附近的东坡筑雪堂，自号“东坡居士”。④ 黄泥之坂(bǎn)：即黄泥坂，在临皋馆附近。坂：山坡。⑤ 顾：四看。⑥ 行歌：边行且唱。⑦ 松江之鲈：产生于今上海松江的名鱼。⑧ 顾：但是，不过。安所：何处。⑨ 诸：“之于”的合音合义。⑩ 子：对男子的尊称。不时：随时。⑪ 曾日月之几何：刚隔了几天。⑫ 摄衣：撩起衣裳。⑬ 披蒙茸(róng)：分开杂乱的丛草。⑭ 踞虎豹：蹲在虎豹形状的石头上。⑮ 登虬(qiú)龙：登上虬龙状的树木。⑯ 鹘(hú)：隼，一种凶鸟。危巢：高处的鸟巢。⑰ 冯夷：古代传说中的水神名。幽宫：幽深的水府。⑱ 划然：指长啸声。⑲ 悄(qiǎo)然：忧愁的样子。⑳ 肃然：严肃害怕的样子。㉑ 凛乎：令人敬畏的样子。㉒ 反：通“返”。㉓ 中流：水流当中。㉔ 玄裳缟衣：黑裙白衣。裳：下衣。衣：上衣。㉕ 戛(jiá)然：象声词。㉖ 须臾：一会儿。㉗ 羽衣：道士穿的衣服。此指代道士。蹁跹(piān xiān)：飘然轻快的样子。㉘ 揖：旧时拱手施礼。㉙ 呜呼噫嘻：感叹词。㉚ 畴(chóu)昔：指昨日。畴：语助词。㉛ 顾：回头。㉜ 寤：睡醒。

【品评】此赋与前赋写作时间仅隔三个月，时节由初秋进入初冬，作者的心境亦由旷达乐观转为抑郁低沉。前赋以主、客问答为主，此赋则以写景叙事为主。文章首段写初冬之景，与复游赤壁的准备，“月白风清”的“良夜”依旧，有鱼有酒依旧，尽管“霜露既降，木叶尽脱”，已是初冬之景，但游兴不减于初秋。然后自然转入写复游赤壁，写景“江流有声，断岸千尺；山高月小，水落石出”，白描之笔，字字如画；而舍舟登山所见，则不仅崎岖险仄，而且充满神秘恐怖气氛，心情亦由乐而悲。于舍岸登舟时写孤鹤长鸣掠过，为下文设下伏笔。结尾承上文之鹤，写梦见鹤所化之道士，表达了作者向往“遗世独立，羽化而登仙”、希望逃避现实的心理。

前赋写客之悲转而为乐，此赋则写己之乐转而为悲，“若无首篇，不见此篇之妙；若无此篇，不见前篇之佳”(林云铭《古文析义》卷十五)。两赋各有妙处，无须人为轩轾。

三槐堂铭[①]

天可必乎[②]？贤者不必贵，仁者不必寿。天不可必乎？仁者必有后。二者将安取衷哉[③]？

吾闻之申包胥曰[④]："人定者胜天，天定亦能胜人[⑤]。"世之论天者，皆不待其定而求之，故以天为茫茫。善者以怠，恶者以肆。盗跖之寿[⑥]，孔、颜之厄[⑦]，此皆天之未定者也。松柏生于山林，其始也，困于蓬蒿，厄于牛羊；而其终也，贯四时、阅千岁而不改者，其天定也。善恶之报，至于子孙，则其定也久矣。吾以所见所闻考之，而其可必也审矣。

国之将兴，必有世德之臣，厚施而不食其报，然后其子孙能与守文太平之主共天下之福。故兵部侍郎晋国王公[⑧]，显于汉、周之际，历事太祖、太宗[⑨]，文武忠孝，天下望以为相，而公卒以直道不容于时。盖尝手植三槐于庭，曰："吾子孙必有为三公者[⑩]。"已而其子魏国文正公[⑪]，相真宗皇帝于景德、祥符之间[⑫]，朝廷清明，天下无事之时，享其福禄荣名者十有八年。今夫寓物于人，明日而取之，有得有否。而晋公修德于身，责报于天，取必于数十年之后，如持左契[⑬]，交手相付。吾是以知天之果可必也。

吾不及见魏公，而见其子懿敏公[⑭]。以直谏事仁宗皇帝[⑮]，出入侍从将帅三十馀年，位不满其德。天将复兴王氏也欤？何其子孙之多贤也！世有以晋公比李栖筠者[⑯]，其雄才直气，真不相上下。而栖筠之子吉甫、其孙德裕[⑰]，功名富贵略与王氏等，而忠恕仁厚，不及魏公父子。由此观之，王氏之福，盖未艾也⑱。懿敏公之子巩与吾游⑲，好德而文，以世其家，吾是以录之。

铭曰：呜呼休哉⑳！魏公之业，与槐俱萌。封植之勤，必世乃成。既相真宗，四方砥平㉑。归视其家，槐荫满庭。吾侪小人㉒，朝不及夕，相时射利㉓，皇恤厥德㉔？庶几侥幸㉕，不种而获。不有君子，其何能国？王城之东㉖，晋公所庐，郁郁三槐，惟德之符㉗。呜呼休哉！

【注释】① 三槐堂：北宋官僚王旦家的厅堂，因厅院植三棵槐树而名。三槐象征朝廷中的三公，故有望子孙当大官的意思。铭：文体名。② 天可必乎：天道可以认为是必然的吗？③ 安取衷：怎样取得正确的说法。④ 申包胥：姓公孙，封地在申，故称申包胥。春秋时楚国大夫。⑤ 引文见于《史记·伍子胥传》。原文为"吾闻之，人众者胜天，天定亦能破人"。人定：人的意志。天定：天的意志，即天道。定：决定，意志。⑥ 盗跖(zhí)：传说中春秋末期奴隶起义的领袖。⑦ 孔：孔丘，字仲尼。颜：颜渊，字回，孔子的弟子。⑧ 兵部侍郎晋国王公：即王祐，字景叔。莘(今山东莘县)人。五代末年至宋初时人。宋初任潞州知州，后任兵部侍郎，死后封晋国公，下文作"晋公"。⑨ 太祖：即宋太祖赵匡胤(960—975 在位)。太宗：即宋太宗赵匡义(976—997 在位)，太祖之弟，即位后改名炅(jiǒng)。⑩ 三公：丞相、太尉、御史大夫合称"三公"。⑪ 魏国文正公：即王旦，字子明。王祐次子。真宗时拜给事中、工部尚书等职。死后封魏国公，下文省作"魏公"，谥"文正"。⑫ 真宗：即宋真宗赵恒(998—1022 在位)。景德、祥符：宋真宗年号。⑬ 左契：古代契约分为左、右两联，双方各执一联。左契即左联。⑭ 懿(yì)敏公：即王素，字仲义，王旦之子。官至工部尚书，谥"懿敏"。⑮ 仁宗：即宋仁宗赵祯(1023—1063 在位)。⑯ 李栖筠(yún)：字贞一。唐代宗时人。官至给事中，唐代宗拟任命他做宰相，由于元载阻止而未成。⑰ 吉甫：李栖筠之子李吉甫，字弘宪。唐宪宗时两次为宰相，曾参与策划讨伐藩镇叛乱，维护了中央集权。德裕：李吉甫之子李德裕，字文饶。唐武宗时的宰相，执行削弱藩镇政策。⑱ 艾：尽。⑲ 巩：王素之子王巩，字定国，自号清虚先生。擅长作诗。⑳ 呜呼休哉：表示感叹、赞美的意思。㉑ 四方砥(dǐ)平：指国家平定。砥：磨刀石。㉒ 侪(chái)：辈。㉓ 相时射利：观察时机，获取利益。㉔ 皇恤厥德：哪里有闲暇顾及自己的品德。皇：通“遑”，闲暇。㉕ 庶几：或许。㉖ 王城：指宋朝京城汴京（今河南开封）。㉗ 惟德之符：行善积德的象征。

【品评】此文属应酬文字，为王氏祖孙四代歌功颂德之作，又有宣扬因果报应之嫌，并无多高思想价值。此文分叙与铭两部分，重点在叙而不在铭。李扶九评：“是文叙中以‘天’字为骨，铭中以‘德’字为骨。叙中铺扬功德世系极其盛矣，铭中‘吾侪十人’六句，有规勉其子孙意。”（《古文笔法百篇》卷三）可资参考。

方山子传[①]

方山子，光、黄间隐人也[②]。少时慕朱家、郭解为人[③]，闾里之侠皆宗之[④]。稍壮，折节读书[⑤]，欲以此驰骋当世，然终不遇。晚乃遁于光、黄间，曰岐亭[⑥]。庵居蔬食[⑦]，不与世相闻。弃车马，毁冠服[⑧]，徒步往来，山中人莫识也。见其所着帽，方耸而高，曰：“此岂古方山冠之遗像乎[⑨]？”因谓之“方山子”。

余谪居于黄，过岐亭，适见焉。曰：“呜呼！此吾故人陈慥季常也！何为而在此？”方山子亦矍然问余所以至此者[⑩]。余告之故。俯而不答，仰而笑，呼余宿其家。环堵萧然[⑪]，而妻子奴婢，皆有自得之意。

余既耸然异之[⑫]。独念方山子少时，使酒好剑，用财如粪土。前十九年，余在岐山[⑬]，见方山子从两骑，挟二矢，游西山。鹊起于前，使骑逐而射之，不获。方山子怒马独出[⑭]，一发得之。因与余马上论用兵及古今成败，自谓一时豪士。今几日耳，精悍之色，犹见于眉间，而岂山中之人哉！

然方山子世有勋阀[⑮]，当得官。使从事于其间，今已显闻⑯。而其家在洛阳，园宅壮丽，与公侯等。河北有田，岁得帛千匹，亦足以富乐。皆弃不取，独来穷山中，此岂无得而然哉？

余闻光、黄间多异人，往往佯狂垢污，不可得而见，方山子傥见之欤⑰？

【注释】① 方山子：姓陈名慥（zào），字季常。太常少卿陈希亮之子。传：文体名。此传作于元丰四年（1081）。② 光：光州，治所在今河南潢川。黄：黄州，州治在今湖北黄冈。③ 朱家、郭解：都是西汉时的游侠之士。见《史记·游侠列传》。④ 闾里：乡里。宗：尊崇。⑤ 折节：改变游侠的言行。⑥ 曰岐亭：叫岐亭的地方，即岐亭镇，在今湖北麻城西南。⑦ 庵：以小草屋为居所。蔬食：以蔬菜为食。⑧ 冠服：指读书人穿戴的衣帽。⑨ 方山冠：汉代乐师戴的帽子，唐、宋时隐士常戴。⑩ 矍（jué）然：吃惊的样子。⑪ 环堵：四处墙壁。萧然：冷落的样子。⑫ 耸然：惊奇的样子。⑬ 余在岐山：指苏轼于宋仁宗嘉祐八年（1063）任凤翔签书判官，知州为陈慥之父陈希亮。岐山：今属陕西凤翔。⑭ 怒马：形容使马迅猛奔驰。⑮ 勋阀：功劳。⑯ 显闻：显贵闻达。⑰ 傥：或者。

【品评】此文写方山子，不作世系与生平行事的全面铺叙，只是抓住其由游侠而隐居这一个方面做文章，以今昔对照，慨叹人生之变迁，对其抛弃富贵荣华而甘心过贫寒的隐居生活表示钦佩之意。首段借写“方山子”之名的来历，交代了方山子少壮游侠、晚年隐居的变化。第二段写亲眼目睹方山子“环堵萧然”的生活现状与怡然自得之意。第三段追忆当年方山子游侠生活与骁勇风采。第四段以方山子“世勋阀”与巨富的家庭背景而“皆弃”，衬托其隐居之难能，并表钦佩之情。尾段看似闲笔，实写出方山子实属“异人”，益显其乃真隐士也。作者之所以赞赏方山子隐逸，与其当时政治失意密切相关。

此文写人物，不写其语言，而注重以动作细节刻画人物的性格与形象。如“余告之故，俯而不答，仰而笑”，以见其洒脱超俗；又如少时射猎，见“鹊起于前”，他人射皆不获，而“方山子怒马独出，一发得之”，显示其勇猛慓悍。

苏　辙（1039—1112）

字子由，一字同叔，眉州眉山（今属四川）人。宋仁宗嘉祐年间与其兄苏轼为同榜进士，官至尚书右丞、门下侍郎。宋神宗时与苏轼一样属旧党，反对王安石变法，故屡遭贬斥。宋哲宗时旧党执政方得以擢升门下侍郎。但新党又复起，苏辙再度被贬为化州别驾、雷州安置。晚年居颍川（今河南许昌），自号颍滨遗老。苏辙与其父洵、其兄轼合称“三苏”。其又称“小苏”，亦名列“唐宋八大家”。但其文学成就不可与其兄相提并论。有《栾城集》。

六国论[①]

尝读六国世家[②]，窃怪天下之诸侯以五倍之地、十倍之众[③]，发愤西向，以攻山西千里之秦[④]，而不免于灭亡，常为之深思远虑，以为必有可以自安之计。盖未尝不咎其当时之士虑患之疏而见利之浅，且不知天下之势也。

夫秦之所与诸侯争天下者，不在齐、楚、燕、赵也，而在韩、魏之郊[⑤]；诸侯之所与秦争天下者，不在齐、楚、燕、赵也，而在韩、魏之野[⑥]。秦之有韩、魏，譬如人之有腹心之疾也。韩、魏塞秦之冲而蔽山东之诸侯[⑦]，故夫天下之所重者，莫如韩、魏也。

昔者范雎用于秦而收韩[⑧]，商鞅用于秦而收魏[⑨]，昭王未得韩、魏之心而出兵以攻齐之刚、寿[⑩]，而范雎以为忧，然则秦之所忌者可见矣。秦之用兵于燕、赵，秦之危事也。越韩过魏而攻人之国都，燕、赵拒之于前，而韩、魏乘之于后，此危道也。而秦之攻燕、赵，未尝有韩、魏之忧，则韩、魏之附秦故也。夫韩、魏，诸侯之障，而使秦人得出入于其间，此岂知天下之势邪？委区区之韩、魏[11]，以当强虎狼之秦，彼安得不折而入于秦哉[12]？韩、魏折而入于秦，然后秦人得通其兵于东诸侯，而使天下遍受其祸。

夫韩、魏不能独当秦，而天下之诸侯藉之以蔽其西，故莫如厚韩亲魏以摈秦[13]。秦人不敢逾韩、魏以窥齐、楚、燕、赵之国，而齐、楚、燕、赵之国因得以自完于其间矣。以四无事之国，佐当寇之韩、魏[14]，使韩、魏无东顾之忧，而为天下出身以当秦兵[15]。以二国委秦，而四国休息于内，以阴助其急，若此可以应夫无穷。彼秦者将何为哉？不知出此，而乃贪疆埸尺寸之利，背盟败约，以自相屠灭，秦兵未出，而天下诸侯已自困矣。至于秦人得伺其隙以取其国[16]，可不悲哉！

【注释】① 六国：战国时的韩、赵、魏、齐、楚、燕(yān)。论：文体名。② 世家：西汉司马迁所修《史记》体例的一种，主要用于记载诸侯国的历史。③ 诸侯：这里指战国时期的各国。④ 攻山西千里之秦：秦惠文王后元七年(前318)，韩、赵、魏、齐、燕五国曾联合匈奴攻秦，被秦战败。山西：指殽山以西地区，秦处于这一地区。秦：古国名。⑤ 郊：泛指国土。⑥ 野：泛指国土。⑦ 冲：要冲。山东：殽山以东，韩、魏、齐、燕、赵等国处于这一地区。此泛指秦以外的诸侯国。⑧ 范雎(jū)：字叔，战国时魏人。入秦游说秦昭王，提出远交近攻的政策，建议昭王先取韩国。⑨ 商鞅：战国时卫人，姓公孙，名鞅，又称卫鞅。入秦，辅佐秦孝公变法。孝公二十二年(前340)，用计战胜魏军。因功封商(今陕西商洛)、於(今河南内乡东)十五邑，故又称为商鞅。⑩ 昭王：秦昭王，即秦昭襄王(前306—前251在位)。刚：地名，在今山东兖州附近。当时属齐国。寿：寿张，在今山东东平北。当时也属齐国。⑪ 委：放弃。⑫ 安得：怎么能。折：屈服。⑬ 摈(bìn)秦：抗拒秦。⑭ 当寇：面对敌寇。⑮ 出身：挺身而出。⑯ 伺其隙：抓到空子。

【品评】此文论战国时期六国灭亡原因。首段提出论点：六国灭亡在于“不知天下之势也”。第二段先展开论点，阐释“天下之势”，是指秦与诸侯夺天下，胜负关键在于韩、魏，韩、魏为六国屏障，为秦国咽喉，具有极其重要的战略地位。六国利用这一战略地位抗秦，即为“天下之势”。第三段先论证韩、魏“不知天下之势”，批评韩、魏附秦，使秦国可以通行无阻地攻击其他四国。第四段批评四国也“不知天下之势”，以邻为壑，不与韩、魏紧密团结以抗秦，反而自相屠杀，最后终于导致被秦“取其国”的败局，十分可悲。此文见识实际上并不新鲜，类似于常识。不过此文围绕“不知天下之势”的论点，分别从韩、魏、自身与其他四国两方面论述，正说反说，还是具有较强说服力的。金圣叹评曰：“看得透，写得快。笔如骏马下坂，云腾风卷而下，只为留足不住故也。”（《天下才子必读书》卷八）虽有些夸张，但称“看得透，写得快”，亦还中肯。

上枢密韩太尉书[①]

太尉执事[②]：

辙生好为文，思之至深，以为文者气之所形。然文不可以学而能，气可以养而致。孟子曰[③]：“我善养吾浩然之气[④]。”今观其文章，宽厚宏博，充乎天地之间，称其气之小大[⑤]。太史公行天下[⑥]，周览四海名山大川，与燕、赵间豪俊交游[⑦]，故其文疏荡，颇有奇气。此二子者，岂尝执笔学为如此之文哉？其气充乎其中而溢乎其貌，动乎其言而见乎其文，而不自知也。

辙生十有九年矣。其居家所与游者，不过其邻里乡党之人[⑧]，所见不过数百里之间，无高山大野，可登览以自广。百氏之书，虽无所不读，然皆古人之陈迹，不足以激发其志气。恐遂汩没[⑨]，故决然舍去，求天下奇闻壮观，以知天地之广大。

过秦、汉之故都[⑩]，恣观终南、嵩、华之高[⑪]；北顾黄河之奔流，慨然想见古之豪杰。至京师，仰观天子宫阙之壮[⑫]，与仓廪、府库、城池、苑囿之富且大也[⑬]，而后知天下之巨丽。见翰林欧阳公[14]，听其议论之宏辨，观其容貌之秀伟，与其门人贤士大夫游，而后知天下之文章聚乎此也。

太尉以才略冠天下，天下之所恃以无忧，四夷之所惮以不敢发[15]。入则周公、召公，出则方叔、召虎[16]，而辙也未之见焉。且夫人之学也，不志其大，虽多而何为？辙之来也，于山见终南、嵩、华之高，于水见黄河之大且深，于人见欧阳公，而犹以为未见太尉也！故愿得观贤人之光耀，闻一言以自壮，然后可以尽天下之大观而无憾者矣。

辙年少，未能通习吏事。向之来[17]，非有取于斗升之禄[18]；偶然得之，非其所乐。然幸得赐归待选[19]，使得优游数年之间[20]，将以益治其文，且学为政。太尉苟以为可教而辱教之，又幸矣。

【注释】① 枢密韩太尉：枢密使韩琦。枢密：全国最高军事长官。太尉为尊称。韩琦：字稚圭。宋仁宗时任宰相，称魏国公。② 执事：指韩太尉左右，实际是对韩太尉的称呼。③ 孟子曰：语出《孟子·公孙丑上》。④ 浩然之气：博大刚正的精神。⑤ 称(chèn)：相称。⑥ 太史公：即司马迁，汉代伟大的历史学家、文学家。⑦ 燕(yān)、赵：都是战国时国名。⑧ 邻里乡党：相传周制以五家为邻，二十五家为里，以五百家为党，一万二千五百家为乡。此指乡里。⑨ 汩没(gǔ mò)：沉沦，埋没。⑩ 秦、汉之故都：秦都咸阳(今属陕西)，汉都长安(今陕西西安)，东汉迁都洛阳(今属河南)。⑪ 终南：山名，在今陕西西安南。嵩：嵩山，为五岳中的中岳，在今河南登封。华：华山，为五岳中的西岳，在今陕西华阴。⑫ 宫阙：即宫殿。阙：宫门外的望楼。⑬ 廪(lǐn)：粮仓。苑囿(yòu)：园林。⑭ 欧阳公：即欧阳修，曾任翰林学士，著名文学家。⑮ 四夷：对边境各少数民族的蔑称。⑯ 入则周公、召公，出则方叔、召虎：此称颂韩琦出将入相。周公旦、召公奭，都是周武王的大臣，政绩卓著。方叔、召虎(即召穆公)，都是周宣王时的名臣。

⑰ 向之来：昔日到京都来。⑱ 斗升之禄：微薄的俸禄。⑲ 赐归待选：回家等待选派官职。⑳ 优游：闲暇自得的样子。

【品评】此文是作者十九岁时写给韩琦的求见信，但求见之意“盘马弯弓故不发”。文章主体乃是论“文”与“气”，以至成为论文气的著名文论。而其绕圈子全是为求见作铺垫的，篇末乃点破题旨。文章开篇认为文是由气形成的，而“气可以养而致”，并以孟子、太史公为证：孟子之气是从主观内心来修养，太史公之气是从客观周览名山大川，与豪俊交游而修养。作者偏重的是后者。所以接下又以自身经历为证，认为读书不足以“激发其志气”，于是学太史公周览“天下奇闻壮观”，并谒见翰林欧阳公，以养气为文。山水已遍观，而豪俊只见欧阳修，尚嫌不足，于是又引出欲见韩琦之意。如此方可称“无憾者”。于是篇末水到渠成，点出题旨，欲见韩太尉“以益治其文，且学为政”。

此文一是以“养气”为骨，“观名山大川及求其贤豪长者，皆是助养其气处。从山水陪出欧公，以欧公陪出太尉”（过珙《详订古文评注全集》卷十），纡徐婉曲，由远及近，至末才推出题旨。二是得太史公笔法，行文错落奔放，亦疏荡有奇气，堪称绝妙奇文。

黄州快哉亭记[①]

江出西陵[②]，始得平地，其流奔放肆大，南合湘、沅[③]，北合汉、沔[④]，其势益张。至于赤壁之下[⑤]，波流浸灌，与海相若。清河张君梦得[⑥]，谪居齐安[⑦]，即其庐之西南为亭[⑧]，以览观江流之胜。而余兄子瞻名之曰“快哉”[⑨]。

盖亭之所见，南北百里，东西一舍[⑩]。涛澜汹涌，风云开阖[⑪]。昼则舟楫出没于其前，夜则鱼龙悲啸于其下。变化倏忽[⑫]，动心骇目，不可久视。今乃得玩之几席之上[⑬]，举目而足。西望武昌诸山[⑭]，冈陵起伏，草木行列，烟消日出，渔夫、樵父之舍，皆可指数。此其所以为“快哉”者也。至于长洲之滨，故城之墟，曹孟德、孙仲谋之所睥睨[15]，周瑜、陆逊之所驰骛[16]，其流风遗迹，亦足以称快世俗。

昔楚襄王从宋玉、景差于兰台之宫[17]。有风飒然而至者，王披襟当之，曰："快哉，此风！寡人所与庶人共者耶？"宋玉曰："此独大王之雄风耳，庶人安得共之？"玉之言，盖有讽焉。夫风无雄雌之异，而人有遇不遇之变。楚王之所以为乐，与庶人之所以为忧，此则人之变也，而风何与焉？士生于世，使其中不自得[18]，将何往而非病[19]？使其中坦然，不以物伤性，将何适而非快？今张君不以谪为患，收会稽之馀[20]，而自放山水之间，此其中宜有以过人者。将蓬户瓮牖[21]，无所不快，而况乎濯长江之清流[22]，挹西山之白云[23]，穷耳目之胜以自适也哉？不然，连山绝壑，长林古木，振之以清风，照之以明月，此皆骚人思士之所以悲伤憔悴而不能胜者[24]，乌睹其为快哉[25]！

【注释】① 黄州：治所在今湖北黄冈。苏轼元丰三年(1080)贬谪为黄州团练副使。快哉亭：与苏轼同贬谪黄州的张梦得所建亭子，由苏轼命名为"快哉"。记：文体名。此文作于元丰六年(1803)被贬至筠州(治所在今江西高安)时所作。② 西陵：又名夷陵，长江三峡之一。在今湖北宜昌西北。③ 湘、沅：即湘江、沅江。都在今湖南境内。④ 汉、沔(miǎn)：即汉水、沔水。在湖北荆州北。⑤ 赤壁：一名"赤鼻矶"。在今湖北黄冈附近。与三国"赤壁之战"的"赤壁"非一处。⑥ 清河：郡名。治所在今河北清河。⑦ 齐安：即黄州。⑧ 即：紧靠。⑨ 子瞻：苏轼的字。⑩ 一舍：古代三十里为一舍。⑪ 开阖(hé)：形容云时而散时而聚。⑫ 倏(shū)忽：迅疾。⑬ 玩：观赏。几：矮小的桌子。⑭ 武昌：县名，今湖北鄂城。⑮ 曹孟德：曹操，字孟德。孙仲谋：孙权，字仲谋，三国时吴国的建立者(229—252 在位)。睥睨(pì nì)：侧目窥察。⑯ 周瑜：孙权的名将。驰骛：奔走，驰骋。⑰ 楚襄王：战国时楚国君王(前 298—前 263 在位)。宋玉：战国时楚国大夫，擅长辞赋。下引文即见宋玉《风赋》。景差：战国时楚国辞赋家。兰台之宫：在今湖北钟祥。⑱ 中：内心。自得：安适。⑲ 病：忧愁。⑳ 收：结束。会(kuài)稽：即“会计”，管理钱财、赋税等事务。此指公务。㉑ 蓬户瓮牖(yǒu)：蓬草编门，破瓮作窗。此形容处境贫困。㉒ 濯(zhuó)：洗涤。㉓ 挹(yì)：汲取。西山：在今湖北鄂城西。㉔ 骚人：诗人。此指失意的文人。思士：此指心怀忧思的人。胜(shēng)：经得起。㉕ 乌：何，怎么。

【品评】此文为作者贬谪于江西筠州时所作，仕途受挫本该抑郁不快，而此文却借为快哉亭写记，于“快哉”上大做文章，可见作者与现实抗争之意。首段写谪居者张梦得作快哉亭，“以览观江流之胜”为目的，以及“快哉”二字由苏轼名之的来历。次段写快哉亭所见长江奇观，以及其历史遗迹，从观赏自然与凭吊历史两方面写出“快”的缘由。末段则分析“快哉”与否决定于人的心境，并从正面论证张梦得因有“不以谪为患”的心境，所以“无所不快”，又以心境不快，则山壑古木、清风明月，只能使人悲伤，无“快”可言反诘，不无馀味。

此文以“快哉”为议论中心，从不同角度论析“快哉”，文势汪洋，笔力雄壮，令人心胸豁达，宠辱皆忘。

曾　巩(1019—1083)

字子固，建昌南丰(今属江西)人。宋仁宗嘉祐年间进士，历任越州通判，齐州、福州知州，宋神宗时官至中书舍人。曾任史馆修撰，校勘《战国策》等古籍。文学上能诗，更擅散文。文风冲淡平实，长于议论，名列“唐宋八大家”。有《元丰类稿》。

寄欧阳舍人书[①]

去秋人还，蒙赐书及所撰先大父墓碑铭[②]，反复观诵，感与惭并。

夫铭志之著于世[③]，义近于史，而亦有与史异者。盖史之于善恶无所不书，而铭者，盖古之人有功德、材行、志义之美者，惧后世之不知，则必铭而见之[④]。或纳于庙，或存于墓，一也。苟其人之恶[5]，则于铭乎何有？此其所以与史异也。其辞之作，所以使死者无有所憾，生者得致其严。而善人喜于见传[6]，则勇于自立；恶人无有所纪，则以愧而惧。至于通材达识、义烈节士，嘉言善状，皆见于篇，则足为后法。警劝之道，非近乎史，其将安近[7]？

及世之衰，人之子孙者，一欲褒扬其亲而不本乎理。故虽恶人，皆务勒铭以夸后世[8]。立言者，既莫之拒而不为，又以其子孙之请也，书其恶焉，则人情之所不得[9]，于是乎铭始不实。后之作铭者，当观其人。苟托之非人，则书之非公与是，则不足以行世而传后。故千百年来，公卿大夫至于里巷之士[10]，莫不有铭，而传者盖少[11]，其故非他，托之非人，书之非公与是故也。

然则孰为其人，而能尽公与是欤？非畜道德而能文章者[12]，无以为也。盖有道德者之于恶人，则不受而铭之；于众人，则能辨焉。而人之行，有情善而迹非[13]，有意奸而外淑[14]，有善恶相悬而不可以实指，有实大于名，有名侈于实[15]。犹之用人，非畜道德者，恶能辨之不惑[16]，议之不徇[17]？不惑不徇，则公且是矣[18]。而其辞之不工，则世犹不传，于是又在其文章兼胜焉。故曰非畜道德而能文章者，无以为也。岂非然哉？

然畜道德而能文章者，虽或并世而有，亦或数十年、或一二百年而有之。其传之难如此，其遇之难又如此。若先生之道德文章，固所谓数百年而有者也。先祖之言行卓卓[19]，幸遇而得铭其公与是，其传世行后无疑也。而世之学者，每观传记所书古人之事，至于所可感，则往往衋然不知涕之流落也[20]，况其子孙也哉！况巩也哉！其追晞祖德而思所以传之之由㉑，则知先生推一赐于巩而及其三世㉒。其感与报，宜若何而图之？抑又思若巩之浅薄滞拙，而先生进之㉓；先祖之屯蹶否塞以死㉔，而先生显之；则世之魁闳豪杰不世出之士㉕，其谁不愿进于门？潜遁幽抑之士㉖，其谁不有望于世？善谁不为？而恶谁不愧以惧？为人之父祖者，孰不欲教其子孙？为人之子孙者，孰不欲宠荣其父祖？此数美者，一归于先生。

既拜赐之辱㉗，且敢进其所以然。所论世族之次㉘，敢不承教而加详焉㉙？愧甚，不宣㉚。

【注释】① 欧阳舍人：即欧阳修。欧阳修于宋庆历八年(1048)至翌年任起居舍人。书：信。文体名。欧阳修为曾巩祖父曾致尧作《曾公神道碑铭》，曾巩写此信致谢。② 先大父：去世的祖父，指曾致尧。致尧字正臣，南丰(今属江西)人。宋太宗朝官至吏部郎中，后遭贬黜而死。铭：指墓碑碑文最后的赞颂韵文。③ 志：指墓志。④ 见：通“现”，显现。⑤ 苟：如果。⑥ 见传：被传诵。⑦ 安：什么。近：相近。⑧ 勒：刻。⑨ 不得：不能，不合。⑩ 公卿大夫：指各级官员。里巷之士：指平民百姓。⑪ 盖：大概。⑫ 畜道德：指有道德修养。畜：通“蓄”，积聚。⑬ 情善而迹非：本性善良而行迹不佳。⑭ 外淑：表面美好。⑮ 侈：超过。⑯ 恶(wū)：怎么。⑰ 不徇：不曲从，不徇私。⑱ 公且是：公正而且正确。⑲ 卓卓：杰出，卓越。⑳ 衋(xì)然：伤痛的样子。㉑ 追晞(xī)：追怀，仰慕。㉒ 推一赐：给予一次恩赐。三世：指祖、父、己三辈。㉓ 进之：提拔。㉔ 屯(zhūn)蹶否(pǐ)塞：不得志，不顺利。屯、否：皆《易经》卦名。屯卦表示艰难，否卦表示困顿。蹶：跌倒。塞：阻塞。㉕ 魁闳(hóng)：俊伟。豪杰：指德才出众的人。不世出：世上不常有。㉖ 潜遁：隐居山野。幽抑：不显达。㉗ 拜：受。赐：指赐写作者祖父墓碑铭。辱：对人表示尊敬的谦词。㉘ 所论世族之次：指欧阳修在《与曾巩论氏族书》中对曾氏族系次第的考辨。㉙ 加详：加以审核考究。㉚ 不宣：书不尽意。

【品评】作者因欧阳修为其祖父作碑铭，而写此信表示谢意，“多推重欧公之辞，然因铭祖父而推重欧公，则推重欧公正是归美祖父”(吴楚材、吴调侯)。文章由欧阳修所撰碑铭引起对碑铭与史传异同的对比,强调碑铭重在写死者的功德才能等,使之显扬于世;而其警戒勉励作用又与史传相近。由此又引起对后世碑铭所托作者不当、内容不实而难以流传的批评。此乃借以反衬"非畜道德而能文章者,无以为也"。提出"畜道德"、"能文章"的作铭标准,就自然过渡到欧阳修之道德文章,于是"欣幸一番,感恩一番,颂美一番,见得此铭便是千秋信史,可以警劝,关系匪轻,与世人执笔不同"(林云铭《古文析义》卷十五)。而赞美欧公,正是推重祖父之品德。此文妙在通篇凸显"畜道德而能文章"之旨,既颂欧公,又颂祖父,回旋周转,纡徐百折,有剥茧抽蕉之趣。故吴楚材、吴调侯称"在《南丰集》中,应推为第一"。

赠黎、安二生序[①]

赵郡苏轼[②],予之同年友也[③]。自蜀以书至京师遗予[④],称蜀之士曰黎生、安生者。既而黎生携其文数十万言,安生携其文亦数千言,辱以顾予[⑤]。读其文,诚闳壮隽伟[⑥],善反复驰骋,穷尽事理;而其材力之放纵,若不可极者也。二生固可谓魁奇特起之士[⑦],而苏君固可谓善知人者也。

顷之[⑧],黎生补江陵府司法参军[⑨]。将行,请予言以为赠。予曰:"予之知生,既得之于心矣,乃将以言相求于外邪[⑩]?"黎生曰:"生与安生之学于斯文[⑪],里之人皆笑[⑫],以为迂阔。今求子之言[⑬],盖将解惑于里人。"

予闻之,自顾而笑。夫世之迂阔,孰有甚于予乎!知信乎古,而不知合乎世;知志乎道,而不知同乎俗。此予所以困于今而不自知也。世之迂阔,孰有甚于予乎!今生之迂,特以文不近俗,迂之小者耳,患为笑于里之人;若予之迂大矣,使生持吾言而归,且重得罪,庸讵止于笑乎[⑭]?

然则若予之于生，将何言哉？谓予之迂为善，则其患若此；谓为不善，则有以合乎世，必违乎古，有以同乎俗，必离乎道矣。生其无急于解里人之惑，则于是焉必能择而取之。遂书以赠二生，并示苏君⑮，以为何如也？

【注释】① 黎、安二生：黎姓与安姓的年轻人，四川人，生平不详。序：文体名。此文属赠序，送别赠言。② 赵郡：即赵州。治所在今河北赵县。苏轼：眉州眉山（今属四川）人。因其祖籍是赵郡，故称他为赵郡人。③ 同年：同年中考的人。曾巩和苏轼都是宋仁宗嘉祐二年（1057）进士。④ 京师：国都。遗（wèi）：给。⑤ 辱：谦词。此是屈尊的意思。⑥ 闳（hóng）壮：宏博雄壮。⑦ 魁奇特起：指非凡、杰出。⑧ 顷之：不久。⑨ 江陵府：治所在今湖北江陵。司法参军：官名，掌刑法。⑩ 外：表面。⑪ 斯文：古文，文章。⑫ 里之人：老乡。⑬ 子：对曾巩的尊称。⑭ 庸讵（jù）：岂，难道。⑮ 苏君：指苏轼。

【品评】此文是为黎、安二生所写的赠序，针对其学古文被里人笑为“迂阔”事，进行辨析，引导二生应“信乎古”、“志乎道”，而不必计较里人之笑。因此，“信古志道”是本文主旨。第一段先介绍苏轼所推荐的黎生与安生擅写古文，富于材力。第二段照应题意，针对二生学习古文，为里人讥为“迂阔”作赠言引导。作者因人笑黎生“迂阔”而引至自身，而其“迂阔”远非黎生之“特以文不近俗，迂之小者”，而是“知信乎古，而不知合乎世；知志乎道，而不知同乎俗”的“迂之大者”。“古”与“道”，是指与世俗相对立的古代传统与儒家思想，是作者要坚守的，但作者却因此而“困于今”。因此二生所面临的真正问题是若信古志道则与世俗乖离；若“合乎世，必违乎古”，“同乎俗，必离乎道”。如何选择由二生自己决定，于是此文有言尽意不尽之妙。

本文意在坚定二生信古志道之心，但却不明言，反而对自己的处境大加感叹，“赠人却以自赠”（唐介轩《古文翼》卷八），委婉多姿，发人深思。

王安石（1021—1086）

字介甫，晚号半山，抚州临川（今属江西）人。宋仁宗庆历年间进士，官至宰相。王安石是北宋政治改革家，积极推行青苗、均输、市易、免役、农田水利等新法。但遭到保守派的反对，变法失败。晚年退居江宁（今江苏南京）。封荆国公，世称“荆公”。卒谥“文”。王安石又为北宋著名文学家，诗词文兼工。其文雄健峭拔，拗折刚劲，简洁精练，善于议论，其名亦在“唐宋八大家”之列。诗词清新高峻。有《临川先生文集》。

读《孟尝君传》[1]

世皆称孟尝君能得士，士以故归之[2]，而卒赖其力[3]，以脱于虎豹之秦[4]。嗟乎！孟尝君特鸡鸣狗盗之雄耳[5]，岂足以言得士？不然，擅齐之强[6]，得一士焉，宜可以南面而制秦[7]，尚取鸡鸣狗盗之力哉？鸡鸣狗盗之出其门，此士之所以不至也。

【注释】①《孟尝君传》：指《史记》中的《孟尝君列传》。孟尝君：战国时齐国贵族田文的封号。他以礼贤下士、慷慨好客闻名，门客众多。② 归之：投靠他。③ 卒：终于。赖其力：依靠门客的能力。④ 以脱于虎豹之秦：据《史记·孟尝君列传》记载：孟尝君出访秦国，秦昭王软禁之并想杀掉他。孟尝君托人到昭王的宠姬那里求情，宠姬提出要以白狐裘作为代价。孟尝君惟一的白狐裘已献给秦王了。恰巧在其门客中有一个惯偷，乃半夜里装成狗，偷回了白狐裘，宠姬得到白狐裘，劝说秦王放了孟尝君。孟尝君被放出后，怕秦王反悔，连夜逃跑。到了函谷关，天还未亮。秦法规定，鸡叫才开关。这时，门客中一人学鸡叫，骗守门吏开了关门。于是孟尝君逃出了秦国。⑤ 特：不过。⑥ 擅：据有，凭借。⑦ 宜：应当。南面：面向南。古代以面南为尊位，帝王面朝南而坐。此指称王。

【品评】此文乃翻案文章。首句提出世俗观点“孟尝君能得士”。次句从正面反驳之，辞气凌厉，认为其所得非“士”，而是“鸡鸣狗盗之雄”。第三句从反面反驳，孟尝君若真得“士”则可以制秦矣，生出跌宕。第四句得出结论：孟尝君所得为“鸡鸣狗盗”，所以“士”不至。“通篇只八十八字，而有四层段落，起承转合，无不毕具，洵简劲之至”（余诚《重订古文释义新编》卷八）。作者之所以有此新论，盖源于其对“士”的高标准要求与传统看法不同，亦反映了作者对杰出人才的渴求。至于“得一士，宜可以南面而制秦”，显然是夸大其辞的说法。

同学一首别子固①

江之南有贤人焉②，字子固，非今所谓贤人者，予慕而友之。淮之南有贤人焉，字正之③，非今所谓贤人者，予慕而友之。

二贤人者，足未尝相过也，口未尝相语也，辞币未尝相接也④。其师若友⑤，岂尽同哉？予考其言行，其不相似者何其少也。曰：学圣人而已矣。学圣人，则其师若友，必学圣人者。圣人之言行，岂有二哉？其相似也适然⑥。予在淮南，为正之道子固，正之不予疑也⑦。还江南，为子固道正之，子固亦以为然。予又知所谓贤人者，既相似又相信不疑也。子固作《怀友》一首遗余⑧，其大略欲相扳⑨，以至乎中庸而后已⑩。正之盖亦尝云尔⑪。

夫安驱徐行⑫，辚中庸之庭而造于其室⑬，舍二贤人者而谁哉？予昔非敢自必其有至也⑭，亦愿从事于左右焉尔⑮，辅而进之其可也⑯。

噫！官有守⑰，私有系⑱，会合不可以常也。作《同学》一首别子固，以相警，且相慰云。

【注释】① 同学：共同学习圣人。一首：一篇。子固：即曾巩，其字子固。曾巩先写《怀友》一文赠王安石，王安石作此文相答。② 江之南：长江以南。此指江西。③ 正之:即孙侔,字正之。他曾客居江淮间。④ 辞:书信。币:缯帛。此指礼物。⑤ 若:与,和。⑥ 适然:当然。⑦ 不予疑:即不疑予,不怀疑我。⑧《怀友》:今《南丰类稿》不载,见吴曾《能改斋漫录》卷十四。⑨ 扳:通"攀",援引。⑩ 中庸:儒家的中庸之道,要人们办事不偏不倚。⑪ 云尔:这样说。⑫ 安驱徐行:安稳地驾车慢行。⑬ 辚(lìn)中庸之庭而造于其室:进中庸之门庭而到达其内室。《论语·先进》:"由也升堂矣,未入于室也。"辚:车轮,作动词。造:到。"升堂入室"比喻学习由浅到深。⑭ 自必:自信一定做到。⑮ 从事于左右:跟随于左右从事学习。焉尔:语气助词。⑯ 辅而进之:帮助我提高。⑰ 官有守:官府有其职守。⑱ 私有系:私人事务有牵绊。

【品评】此文写与曾巩的友情,并以孙侔陪衬,表达的是三人同学"圣人""中庸"之道的志趣,反映了青年作者崇尚儒学、欲有所作为的精神状态。文章开篇即简洁地道出自己所敬慕的两"贤人"子固、正之,强调其皆"非今所谓贤人者",何谓"非今所谓贤人",从而引起下文论述。接着写曾、孙二贤人虽无过从,却言行相似,互信不疑,乃在于同学"圣人"。此说即答出其与"今所谓贤人"之根本区别。然后作者表达了向二贤人学习,达到"中庸"之境的意愿,亦就顺理成章。最后则进一步说明作此文的目的:一方面道出题中送别之义,一方面表示朋友之间应相警、相慰之意。吴楚材、吴调侯评此文曰:"别子固而以正之陪说,交互映发,错落参差。至其笔情高寄,淡而弥远,自令人寻味无穷。"

游褒禅山记[①]

褒禅山亦谓之华山。唐浮图慧褒[②],始舍于其址[③],而卒葬之,以故,其后名之曰褒禅[④]。今所谓慧空禅院者,褒之庐冢也[⑤]。距其院东五里,所谓华山洞者,以其乃华山之阳名之也[⑥]。距洞百馀步,有碑仆道[⑦],其文漫灭,独其为文犹可识,曰"花山"。今言"华"如"华实"之"华"者,盖音谬也[⑧]。

其下平旷,有泉侧出,而记游者甚众[⑨],所谓"前洞"

也。由山以上五六里，有穴窈然[10]，入之甚寒，问其深，则虽好游者不能穷也，谓之“后洞”。予与四人，拥火以入[11]，入之愈深，其进愈难，而其见愈奇。有怠而欲出者[12]，曰：“不出，火且尽。”遂与之俱出。盖予所至，比好游者尚不能十一，然视其左右，来而记之者已少；盖其又深，则其至又加少矣[13]。方是时，予之力尚足以入，火尚足以明也。既其出[14]，则或咎其欲出者[15]，而予亦悔其随之，而不得极乎游之乐也。

于是予有叹焉：古人之观于天地、山川、草木、虫鱼、鸟兽，往往有得，以其求思之深而无不在也[16]。夫夷以近，则游者众；险以远，则至者少；而世之奇伟、瑰怪、非常之观，常在于险远，而人之所罕至焉，故非有志者不能至也。有志矣，不随以止也，然力不足者亦不能至也。有志与力，而又不随以怠，至于幽暗昏惑，而无物以相之[17]，亦不能至也。然力足以至焉，于人为可讥，而在己为有悔；尽吾志也，而不能至者，可以无悔矣，其孰能讥之乎？此予之所得也！

予于仆碑，又有悲夫古书之不存[18]，后世之谬其传而莫能名者[19]，何可胜道也哉[20]！此所以学者不可以不深思而慎取之也。

四人者：庐陵萧君圭君玉[21]，长乐王回深父[22]，予弟安国平父、安上纯父[23]。

【注释】① 褒(bāo)禅山：在今安徽含山北。记：文体名。② 浮图：梵语音译，有佛、塔、和尚等意思。此指和尚。慧褒：唐代高僧。③ 舍：用作动词，居住。址：同“阯”，山脚下。④ 褒禅：慧褒和尚。禅：梵语“禅那”的省称，意思是静思。⑤ 庐：房屋。指生前居住的地方。冢(zhǒng)：坟墓。

此指死后埋葬的地方。⑥ 阳：山之南面。⑦ 仆：倒下。⑧ 音谬：读错音。作者认为“华山”的“华”就应该读“花（huā）”，不应该读如“华实”之“华（huá）”。⑨ 记游者：指在洞壁上题文字留念的人。⑩ 窈（yǎo）然：深幽昏暗的样子。⑪ 拥火：指手持火把。⑫ 怠：疲倦。⑬ 加：更。⑭ 其：句中语气词。⑮ 或：有的人。咎（jiù）：责备。⑯ 无不在：没有不到之处。⑰ 相：辅助。⑱ 悲：悲叹。⑲ 谬其传：以讹传讹。莫能名：不能弄清真实名称。⑳ 胜（shēng）道：说得完。㉑ 庐陵：地名，即今江西吉安。萧君圭君玉：萧圭，字君玉。㉒ 长乐：县名。今属福建。王回深父：王回，字深父。宋代理学家。㉓ 安国平父：王安国，字平父。安上纯父：王安上，字纯父。二人均为王安石之弟。

【品评】此文虽为游记，但旨在说理。此记前半记游，后半议论。先记所游褒禅山山名之来历，点出华山洞，并顺笔借“仆碑”考证“华”读为“花”音。接着承华山洞意，简单交待华山“前洞”，重点介绍华山“后洞”，写游后洞“入之愈深，其进愈难”、游人愈少的情状，并为未能深入洞中即退出而生“悔”意，因为“不得极乎游之乐也”。有了亲身游洞的体会，乃引发出一段议论，旨在强调“有志”：“世之奇伟、瑰怪、非常之观，常在于险远，而人之所罕至焉，故非有志者不能至也”，同时指出“有志还须力足”、有“物以相之”。此论固然是对游后洞的总结，同时富有哲理。其后回顾开头“仆碑”，感慨学者“不可以不深思而慎取之”，即点出“学者”之理，与有志者游山相同。林云铭所谓“末以山名误字推及古书，作无穷之感，俱在学问上立论，寓意最深”（《古文析义》卷十五），可谓中的之论。但举一反三，游山之理岂止仅通于学问之道哉？

泰州海陵县主簿许君墓志铭①

君讳平②，字秉之，姓许氏。余尝谱其世家③，所谓今泰州海陵县主簿者也。君既与兄元相友爱称天下④，而自少卓荦不羁⑤，善辩说⑥，与其兄俱以智略为当世大人所器⑦。宝元时⑧，朝廷开方略之选⑨，以招天下异能之士，而陕西大帅范文正公、郑文肃公争以君所为书以荐⑩，于是得召试⑪，为太庙斋郎⑫，已而选泰州海陵县主簿。

贵人多荐君有大才，可试以事，不宜弃之州县。君亦尝慨然自许⑬，欲有所为。然终不得一用其智能以卒。噫！其可哀也已。

士固有离世异俗，独行其意，骂讥、笑侮、困辱而不悔，彼皆无众人之求，而有所待于后世者也，其龃龉固宜⑭。若夫智谋功名之士，窥时俯仰⑮，以赴势利之会，而辄不遇者，乃亦不可胜数。辩足以移万物，而穷于用说之时；谋足以夺三军，而辱于右武之国⑯。此又何说哉？嗟乎！彼有所待而不悔者，其知之矣。

君年五十九，以嘉祐某年某月某甲子⑰，葬真州之杨子县甘露乡某所之原⑱。夫人李氏。子男瑰，不仕；璋，真州司户参军⑲；琦，太庙斋郎；琳，进士。女子五人，已嫁二人：进士周奉先、泰州泰兴令陶舜元⑳。

铭曰：有拔而起之，莫挤而止之。呜呼许君！而已于斯㉑，谁或使之㉒？

【注释】① 泰州海陵县：今江苏泰州。主簿：掌管文书簿籍的小官吏。墓志铭：文体名。由墓志与铭组成。铭：写在墓志后的韵文，颂德或申戒。② 讳：避忌。古人尊敬死者，避讳直呼其名，在名前加一“讳”字。③ 谱：编列成谱。④ 元：许元，字子春，宣城（今属安徽）人。⑤ 卓荦（luò）：卓绝出众。⑥ 辩说：论辩。⑦ 大人：指有地位、有名望的人。⑧ 宝元：宋仁宗的年号（1038—1040）。⑨ 方略之选：宋仁宗时的一种制举科目。⑩ 陕西：宋代路名。治所在京兆府（今陕西西安）。范文正公：即范仲淹。曾任宰相及陕西四路安抚使。谥“文正”。郑文肃公：即郑戬（jiǎn），字天休，吴县（今江苏苏州）人。曾任陕西四路都总管兼经略、招讨使。谥“文肃”。⑪ 召试：召到京城应试。⑫ 太庙斋郎：官名。掌奉宗庙诸陵墓的荐享事宜。太庙：天子的祖庙。⑬ 自许：自信而又自负。⑭ 龃龉（jǔ yǔ）：上下齿不相配。此喻不合时宜、不被重用。⑮ 俯仰：周旋，应付。⑯ 右武：崇尚武力。⑰ 嘉祐：宋仁宗年号（1056—1063）。某甲子：某日。古代以天干、地支相配来记日。⑱ 真州：州名。治所在扬子县（今江苏仪征）。原：原野。此指墓地。⑲ 司户参军：州的佐吏，主管户籍。⑳ 周奉先：生平不详。泰兴：县名，今属江苏。陶舜元：生平不详。㉑ 而已于斯：你最终到这种地步。而："尔"，通你。已：完毕，终结。斯：这样。㉒ 或：语助词。

【品评】此文记许平虽有高才而屈居县主簿之低位，年五十九而去世的人生，表达"不得一用其智能以卒"的论旨。许平的遭遇在封建社会具有一定代表性，但作者对许平人生之感受比较复杂：一方面对许平及其兄许元"卓荦不羁，善辩说"，而大材小用表示同情，所谓"其可哀也已"；一方面又通过第二段插入对"离世异俗"之士，"独行其意，骂讥、笑侮、困辱而不悔，彼皆无众人之求而有所待于后世者"的肯定，而对许平之"窥时俯仰以赴势物之会"、"有待而不悔"有所不满。《宋史》许元有传，称其"急于世取，多聚珍奇，以赂遗权贵。人品本不足言，平之行能，应类其兄"，此文乃"讥其不足语道也"（林纾《古文辞类纂选本》卷八）。而且铭文所谓"而已于斯，谁或使之"，含有讽刺意，盖其咎由自取也。但因为此文属"墓志铭"，按惯例是应说好话的，所以只能含蓄地表达作者的看法。

卷十二 明 文

宋 濂(1310—1381)

字景濂,号潜溪,浦江(今属浙江)人。元末曾被荐翰林院编修,辞不赴召,隐居龙门山,受业古文家吴涞、柳贯等。明初应朱元璋征聘,任江南儒学提举,官至翰林院承旨知制诰。晚年辞官,但因其孙宋慎与胡惟庸案有关,宋濂亦受牵连流放茂州(治所在今四川茂县),卒于途中。谥"文宪"。宋濂曾主修《元史》,能诗文而以文著名,与刘基齐名。人誉为"开国文臣之首"。文章恪守儒家之道,思想正统。有《宋文宪公全集》。

送天台陈庭学序[1]

西南山水,惟川蜀最奇[2]。然去中州万里[3]。陆有剑阁栈道之险[4],水有瞿唐滟滪之虞[5]。跨马行,则竹间山高者,累旬日不见其巅际;临上而俯视,绝壑万仞[6],杳莫测其所穷[7],肝胆为之悼栗[8]。水行,则江石悍利[9],波恶涡诡[10],舟一失势尺寸,辄糜碎土沉[11],下饱鱼鳖。其难至如此。故非仕有力者[12],不可以游;非材有文者,纵游无所得;非壮强者,多老死于其地。嗜奇之士恨焉[13]。

天台陈君庭学,能为诗,由中书左司掾[14],屡从大将北征,有劳,擢四川都指挥司照磨[15],由水道至成都。成都,川蜀之要地,扬子云、司马相如、诸葛武侯之所居[16],英雄俊杰战攻驻守之迹,诗人文士游眺、饮射、赋咏、歌呼之所[17],庭学无不历览。既览必发为诗,以纪其景物时世之变。于是其诗益工[18]。

越三年,以例自免归[19],会予于京师[20]。其气愈充,其语愈壮,其志意愈高,盖得于山水之助者侈矣㉑。予甚自愧,方予少时,尝有志于出游天下,顾以学未成而不暇㉒。及年壮可出,而四方兵起,无所投足㉓。逮今圣主兴而宇内定㉔,极海之际,合为一家,而予齿益加耄矣㉕。欲如庭学之游,尚可得乎?然吾闻古之贤士,若颜回、原宪㉖,皆坐守陋室,蓬蒿没户,而志意常充然㉗,有若囊括于天地者。此其故何也,得无有出于山水之外者乎㉘?庭学其试归而求焉,苟有所得㉙,则以告予,予将不一愧而已也㉚。

【注释】① 天台:天台府。治所在今浙江天台。陈庭学:人名,生平不详。序:赠序,文体名。② 川蜀:今四川。③ 中州:即中原,指黄河流域。④ 剑阁栈道:古代川、陕间主要通道。剑阁:县名,在今四川北部,有大剑山、小剑山。栈道:峭岩陡壁上凿孔架桥连阁而成的道路。⑤ 瞿唐:即长江三峡之一的瞿唐峡。滟滪(yàn yù):即滟滪堆。瞿塘峡口中的巨石,这里江流湍急,形势险要。⑥ 仞:古长度单位,一仞为八尺。⑦ 杳(yǎo):幽暗深远。⑧ 悼栗:恐惧,惊颤。⑨ 悍利:坚硬尖利。⑩ 诡:奇异多变。⑪ 縻(mí):碎烂。⑫ 仕有力:有能力的官员。⑬ 嗜奇:好奇。恨:遗憾。⑭ 中书:即中书省。左司:官署名。掾:属官的通称。⑮ 擢(zhuó):提升。都指挥司:即都指挥使司,军事机构名称。照磨:都指挥司下属官吏,掌管文书宗卷。⑯ 扬子云:即扬雄,字子云,蜀郡成都(今属四川)人。西汉著名文学家、哲学家。司马相如:字长卿,蜀郡成都(今属四川)人。西汉著名辞赋家。诸葛武侯:即诸葛亮,字孔明。官至蜀汉丞相,封为武侯。⑰ 射:射覆。古代用文字隐写事物,供人猜度的酒令游戏。⑱ 工:精湛。⑲ 自免归:自己辞职归来。⑳ 京师:指明初京师应天(今江苏南京)。㉑ 侈:极多。㉒ 顾:只,只是。不暇,没有空闲。㉓ 投足:落脚,寄身。㉔ 逮:及,至。㉕ 耄(mào):年老。㉖ 颜回:亦称颜渊,字子渊。原宪:字子思。颜、原都是孔子的学生。㉗ 充然:充盛的样子。㉘ 得无:莫非,岂不是。㉙ 苟:如果。㉚ 不一愧:不是惭愧一阵子。已:作罢。

【品评】此文为送陈庭学返乡而作,主旨是规劝其要注意内心修养,提高儒学水平，庶几有更大的作为。但为托出此旨，先作层层铺垫，颇费一番剥茧抽丝之功。首段写川蜀山水之奇，神奇中隐藏着艰险，因此非仕有力者、材有文者、壮强者不能游其地。此段为第二段的铺垫。第二段写陈庭学有机会亦有条件赴成都，得以壮游川蜀之地，得江山之助，而“其诗益工”，是对前段的呼应。从全文看一、二两段实际又都是为衬托第三段之旨服务的。第三段采用欲抑先扬的手法，先高度肯定陈庭学因得“山水之助”而气充语壮、志意愈高，并与自己因主客条件不具备而未能“出游天下”之“自愧”作对比，益显陈庭学壮游川蜀之可贵。但接下以一“然”字转折，提出古之贤士“坐守陋室，蓬蒿没户”的人生，同样可以达到志意充然，内心可包容天地的境界，并以疑问句式委婉地指出内心修养有出于游览山水之外者，这似乎是因陈庭学之诗儒学修养不够而提出补救良方。因此最后希望陈庭学在主观修养方面也取得令自己惭愧的进步。全文感情诚恳，语言委婉，以欲进先退的方法，层层递进托出主旨，使人极易接受。

阅江楼记[①]

金陵为帝王之州[②]。自六朝迄于南唐[③]，类皆偏据一方，无以应山川之王气。逮我皇帝[④]，定鼎于兹[⑤]，始足以当之。由是声教所暨[⑥]，罔间朔南[⑦]，存神穆清[⑧]，与天同体，虽一豫一游[⑨]，亦可为天下后世法。

京城之西北有狮子山[⑩]，自卢龙蜿蜒而来[⑪]。长江如虹贯，蟠绕其下[⑫]。上以其地雄胜[⑬]，诏建楼于巅，与民同游观之乐，遂锡嘉名为“阅江”云[⑭]。登览之顷，万象森列，千载之秘，一旦轩露[⑮]。岂非天造地设，以俟夫一统之君[⑯]，而开千万世之伟观者欤？当风日清美，法驾幸临[⑰]，升其崇椒[⑱]，凭阑遥瞩[⑲]，必悠然而动遐思。见江汉之朝宗[⑳]，诸侯之述职[㉑]，城池之高深，关阨之严固[㉒]，必曰：“此朕栉风沐雨，战胜攻取之所致也[㉓]。中夏之广[㉔]，益思有以保之。”见波涛之浩荡，风帆之上下，番舶接迹而来庭，蛮琛联肩而入贡㉕，必曰："此朕德绥威服㉖，覃及内外之所及也㉗。四陲之远㉘，益思有以柔之。"见两岸之间、四郊之上，耕人有炙肤皲足之烦㉙，农女有捋桑行馌之勤㉚，必曰："此朕拔诸水火，而登于衽席者也㉛。万方之民，益思有以安之。"触类而思，不一而足。臣知斯楼之建，皇上所以发舒精神，因物兴感，无不寓其致治之思㉜，奚止阅夫长江而已哉㉝！

彼临春、结绮㉞，非不华矣；齐云、落星㉟，非不高矣。不过乐管弦之淫响㊱，藏燕赵之艳姬㊲，不旋踵间而感慨系之㊳，臣不知其为何说也。虽然，长江发源岷山㊴，委蛇七千馀里而入海㊵，白涌碧翻。六朝之时，往往倚之为天堑。今则南北一家，视为安流，无所事乎战争矣。然则，果谁之力欤？逢掖之士㊶，有登斯楼而阅斯江者，当思圣德如天，荡荡难名，与神禹疏凿之功同一罔极㊷。忠君报上之心，其有不油然而兴耶？

臣不敏，奉旨撰记。欲上推宵旰图治之功者㊸，勒诸贞珉㊹。他若留连光景之辞，皆略而不陈，惧亵也㊺。

【注释】① 阅江楼：明太祖朱元璋计划在今南京狮子山所建的楼阁，赐名"阅江"，并命宋濂写此记。记：文体名。② 金陵：即今江苏南京。③ 六朝：三国的吴、东晋和南朝的宋、齐、梁、陈，皆建都于金陵，历史上称为六朝。南唐：五代十国之一，也建都金陵。④ 逮：及，至。我皇帝：指明太祖朱元璋（1368—1398 在位）。⑤ 定鼎于兹：建都于此。⑥ 声教：指天子的声威、教化。暨：及，到。⑦ 罔间：没有间隔。朔：北。⑧ 存神：涵养精神。穆清：淳和清明。⑨ 豫：娱乐。⑩ 狮子山：在今江苏南京北。⑪ 卢龙：卢龙山。在今江苏南京西北。⑫ 蟠绕：盘绕。⑬ 上：指皇上。⑭ 锡：通"赐"。⑮ 轩露：明朗地显露。⑯ 俟（sì）：等待。⑰ 法驾：天子的车驾。⑱ 崇椒：高高的山颠。⑲ 阑：同"栏"。⑳ 江汉：长江、汉水。朝宗：诸侯朝见天子。此借指百川入海。㉑ 述职：述说自己的政情。㉒ 阨：通“隘”，险要的地方。㉓ 朕：我。皇帝自称。栉(zhì)风沐雨：风梳发，雨洗头。栉：梳头发。沐：洗头。㉔ 中夏：即中华。㉕ 蛮：古代对南方各族的泛称。琛(chēn)：珍宝。㉖ 德绥：用恩德安抚。威服：用武力降服。㉗ 覃(tán)：延长。㉘ 四陲：四方，边疆。㉙ 炙肤：皮肤被烈日晒伤。皲(jūn)足：双脚因寒冷而冻裂。㉚ 捋(luō)桑：采桑。行馌(yè)：给在田里耕作的人送饭。㉛ 拔诸水火：从水火中拯救出来。登于衽席：安居在床席上。㉜ 致治：使天下大治。㉝ 奚：何。㉞ 临春、结绮：皆南朝时陈后主建筑的楼阁名。陈后主和张贵妃在此骄奢淫逸，终被隋军所杀。㉟ 齐云：楼名。在江苏吴县(今江苏苏州)，唐时兴建，明太祖攻占长江时，吴王张士诚的群妾在此楼焚死。落星：楼名。三国时吴国兴建，在江苏南京东北的落星山上。㊱ 淫响：放荡的音乐。㊲ 燕(yān)赵：皆战国时国名。此指燕赵一带。㊳ 旋踵：转眼之间。踵：脚后跟。㊴ 岷山：在四川北部。古人认为长江发源于此。㊵ 委蛇：同“逶迤”。㊶ 逢掖之士：指读书人。逢掖：古代读书人穿的宽袖衣服。㊷ 神禹：夏禹。疏凿：治水。罔极：无边。㊸ 上：皇上。宵旰(gān)：即宵衣旰食。天未明就穿衣服，天已晚才吃饭。㊹ 勒：刻。贞珉：刻碑的美石。㊺ 亵(xiè)：亵渎。

【品评】此文是作者奉明太祖朱元璋之命所作的记文，属应制文字，如作者所言“臣不敏，奉旨撰记。欲上推宵旰图治之功者，勒诸贞珉。他若留连光景之辞，皆略而不陈，惧亵也”，故此记意不在写景，只是一两笔点缀；因楼尚未造，更不及楼之壮丽；而多规颂之言，为庄重之体。第一段写皇帝定都金陵，金陵具有帝王之气：一是含颂德之意，二是旨在衬托拟建于此的阅江楼，亦得“山川之王气”。第二段写“阅江楼”之得名，点出建楼的目的为“与民同游观之乐”，更设想太祖登楼之遐思，生出“开千万世之伟观”的诸般情景，借明太祖之口既表达安不忘危之意，更赞扬太祖之功德：“寓其致治之思，奚止阅夫长江而已哉！”末段以古代临春、结绮等名楼作对比，有规讽君上避免阅江楼“不旋踵间而感慨系之”悲剧之意，兼勉其臣思圣德如天、油然而生忠君报上之心。

此文虽为应制文，但写得波澜壮阔，结构精严，叙事、写景、议论结合自然；第二段之铺排，颇见气势力度。

刘 基(1311—1375)

字伯温,处州青田(今属浙江)人。元末进士,曾任江浙儒学副提举等职,因受排斥而辞官隐居。朱元璋起兵抗元,请刘基出山为辅佐。刘基出谋划策,为明朝之建立立下汗马功劳,官至明朝御史中丞兼太史令,封“诚意伯”。刘基政治、道德、文章,在明初皆首屈一指,较宋濂实过之。其寓言体散文《郁离子》寓意深刻,别具一格。有《诚意伯文集》。

司马季主论卜[①]

东陵侯既废[②],过司马季主而卜焉。季主曰:“君侯何卜也[③]?”东陵侯曰:“久卧者思起,久蛰者思启[④],久懑者思嚏[⑤]。吾闻之:‘蓄极则泄,闷极则达[⑥],热极则风,壅极则通[⑦]。一冬一春,靡屈不伸;一起一伏,无往不复。’仆窃有疑[⑧],愿受教焉!”季主曰:“若是,则君侯已喻之矣!又何卜为[⑨]?”东陵侯曰:“仆未究其奥也,愿先生卒教之[⑩]。”

季主乃言曰:“呜呼!天道何亲[⑪]?惟德之亲。鬼神何灵?因人而灵。夫蓍[⑫],枯草也;龟,枯骨也,物也。人,灵于物者也,何不自听而听于物乎?且君侯何不思昔者也?有昔者必有今日。是故碎瓦颓垣,昔日之歌楼舞馆也;荒榛断梗,昔日之琼蕤玉树也[⑬];露蛬风蝉[⑭],昔日之凤笙龙笛也;鬼磷萤火,昔日之金缸华烛也[⑮];秋荼春荠[⑯],昔日之象白驼峰也[⑰];丹枫白荻[⑱],昔日之蜀锦齐纨也[⑲]。昔日之所无,今日有之不为过;昔日之所有,今日无之不为不足。是故一昼一夜,华开者谢[⑳];一春一秋,物故者新[㉑]。激湍之下,必有深潭;高丘之下,必有浚谷[22]。君侯亦知之矣,何以卜为?"

【注释】① 司马季主:西汉初一个善于占卜的人。卜:占卜。古代用火烤龟甲,观其裂纹而算命的方法。② 东陵侯:邵平。秦时为东陵侯,秦灭被废,在长安城东种瓜。③ 君侯:此为对东陵侯的敬称。④ 久蛰者:指冬眠的动物。蛰:藏伏。启:开,引申为"出来"。⑤ 懑(mèn):心中烦闷。嚏:喷嚏。⑥ 闷(bì):关闭。达:通气。⑦ 壅(yōng):堵塞。⑧ 仆:作者自称。窃:谦词。⑨ 为:表示反问的句尾语气句。⑩ 卒:终。⑪ 天道:上天的道理。古代的哲学术语。⑫ 蓍(shī):蓍草。古人用来占卦。⑬ 琼蕤(ruí):美玉般的花木。⑭ 蛬(gǒng):蟋蟀。⑮ 釭(gāng):灯。⑯ 荼(tú):苦菜。荠:荠菜。⑰ 象白:象脂。驼峰:骆驼背部的肉峰。⑱ 枫:枫树。荻:芦苇类草本植物。⑲ 蜀锦齐纨(wán):珍贵的丝织品。蜀锦:蜀地(今四川)出产的彩锦。齐纨:齐地(今山东东南部)出产的薄绸。⑳ 华:古"花"字。㉑ 物故:陈旧。㉒ 浚(jùn)谷:深谷。

【品评】此文为寓言。东陵侯觉得自己久废当用,心有所疑,乃向善卜者司马季主请教。司马季主则以既用当废之理喻之,其中不无循环论思想,有其消极的方面;但久盛必衰的观点亦有其令人深省之处。此文先写东陵侯问卜,提出九种现象,皆表现事物变动不居之理,意谓自己被废的境况亦当有所改变,希望司马季主能予证实。但司马季主的回答所列举之六对事物,皆为昔日显赫转化为今日衰败的现象,不仅意谓东陵侯由盛而衰是正常的,亦旨在说明事物必然由盛向其对立面衰转化之理。关于此文用意,林云铭称:"疑元末旧臣不见用于新朝者,多有时命之感,故此设词以规讽也。"(《古文析义》卷十六)或曰此文寓有元政权必然会由兴盛走向衰亡的现实意义,亦为一说。

此文采用赋体,仿屈原《卜居》之屈原向詹君请教、相互对话的形式。但属散赋,多排比、对偶句式,擅长铺叙,押韵则不严格。

卖柑者言[1]

杭有卖果者[2],善藏柑,涉寒暑不溃,出之烨然[3],玉质而金色,剖其中,干若败絮。予怪而问之曰:"若所市于人者，将以实笾豆[④]，奉祭祀，供宾客乎？将衒外以惑愚瞽乎[⑤]？甚矣哉为欺也！”

卖者笑曰：“吾业是有年矣[⑥]。吾业赖是以食吾躯[⑦]。吾售之，人取之，未闻有言，而独不足子所乎[⑧]？世之为欺者不寡矣，而独我也乎？吾子未之思也。今夫佩虎符、坐皋比者[⑨]，洸洸乎干城之具也[⑩]，果能授孙、吴之略耶[⑪]？峨大冠、拖长绅者[⑫]，昂昂乎庙堂之器也[⑬]，果能建伊、皋之业耶[⑭]？盗起而不知御，民困而不知救，吏奸而不知禁，法斁而不知理[⑮]，坐縻廪粟而不知耻[⑯]。观其坐高堂，骑大马，醉醇醴[⑰]，而饫肥鲜者[⑱]，孰不巍巍乎可畏、赫赫乎可象也[⑲]？又何往而不金玉其外、败絮其中也哉！今子是之不察，而以察吾柑！”

予默默无以应。退而思其言，类东方生滑稽之流[⑳]。岂其忿世嫉邪者耶，而托于柑以讽耶？

【注释】① 柑：柑橘。② 杭：即今浙江杭州。③ 烨（yè）然：光彩鲜明的样子。④ 笾（biān）豆：宴会和祭祀时盛供品的器具。竹制的叫笾，木制的叫豆。⑤ 衒（xuàn）：炫耀。瞽（gǔ）：瞎子。⑥ 业是：从事这行当。⑦ 食（sì）：喂养。⑧ 所：所需。⑨ 虎符：兵符，古代用来调兵的凭信，一半由皇帝掌握，一半由军队统师掌握。皋比（pí）：虎皮。此指虎皮椅子。⑩ 洸（guāng）洸：威武的样子。干城：指保卫国家。干：盾牌。城：城墙。⑪ 孙：孙武，春秋时齐人，军事家。吴：吴起，战国时卫人，政治家、军事家。⑫ 峨大冠：高戴礼帽。拖长绅：拖着长腰带。⑬ 庙堂：这里指朝廷。器：材具，栋梁。⑭ 伊：伊尹，名挚，商汤的大臣，曾帮助汤伐桀。皋：皋陶（yáo），相传虞舜时的贤臣。⑮ 斁（dù）：败坏。⑯ 縻：通“糜”，耗费。廪（lǐn）粟：国库的粮食。这里指俸禄。⑰ 醇醴（lǐ）：味醇的美酒。⑱ 饫（yù）：饱食。⑲ 象：效法。⑳ 东方生：东方朔，字曼卿，汉武帝时的辞赋家，以诙谐和善于讽谏著称。

【品评】此文为寓言，借题发挥，小题目发大议论。开篇记卖柑者之柑金玉其外，败絮其中，借作者之口点出“欺”字，为全文之骨。卖柑者之回答乃就“欺”字引申开来，以“世之为欺者不寡矣，而独我也乎”之反诘领起，遂历数武将之欺、文臣之欺，以及形形色色类似“金玉其外，败絮其中”之社会弊端，酣畅淋漓，骂尽世上欺世盗名者。然后以“今子是之不察，而以察吾柑”反诘之，极有力，极冷隽。最后画龙点睛，道破卖柑者立言之旨：忿世嫉邪，托柑以讽。

此文采用问答方式，以问引出主旨，答言运用排比、反诘、设问句式，笔势凌厉，感情充沛，锐气逼人，足以令士之“败絮其中”者无地自容。

方孝孺（1357—1402）

字希直，又字希古，号逊志，人称正学先生，台州宁海（今属浙江）人。明建文帝时任翰林侍讲学士、文学博士。燕王朱棣（后为明成祖）起兵夺权，方孝孺为建文帝草诏檄，竭尽忠心。燕王攻破国都南京后，方孝孺拒绝为其起草即位诏书而遇害。其古文学习宋濂，亦尊崇儒道。有《逊志斋集》。

深虑论[①]

虑天下者，常图其所难，而忽其所易；备其所可畏，而遗其所不疑。然而祸常发于所忽之中，而乱常起于不足疑之事。岂其虑之未周与？盖虑之所能及者[②]，人事之宜然[③]；而出于智力之所不及者，天道也。

当秦之世，而灭诸侯，一天下[④]，而其心以为周之亡，在乎诸侯之强耳。变封建而为郡县[⑤]，方以为兵革可不复用，天子之位可以世守，而不知汉帝起陇亩之中[⑥]，而卒亡秦之社稷。汉惩秦之孤立[⑦]，于是大建庶孽而为诸侯[⑧]，以为同姓之亲，可以相继而无变，而七国萌篡弑之谋[⑨]。武、宣以后[⑩]，稍剖析之而分其势，以为无事矣，而王莽卒移汉祚[⑪]。光武之惩哀、平[⑫]，魏之惩汉[⑬]，晋之惩魏[14]，各惩其所由亡而为之备，而其亡也，盖出于所备之外。唐太宗闻武氏之杀其子孙[15]，求人于疑似之际而除之[16]，而武氏日侍其左右而不悟。宋太祖见五代方镇之足以制其君[17]，尽释其兵权，使力弱而易制，而不知子孙卒困于敌国。此其人皆有出人之智、盖世之才，其于治乱存亡之几[18]，思之详而备之审矣。虑切于此而祸兴于彼，终至乱亡者何哉？盖智可以谋人[19]，而不可以谋天。良医之子，多死于病；良巫之子[20]，多死于鬼。岂工于活人而拙于谋子也哉[21]？乃工于谋人而拙于谋天也。

古之圣人，知天下后世之变，非智虑之所能周，非法术之所能制，不敢肆其私谋诡计，而唯积至诚、用大德以结乎天心，使天眷其德，若慈母之保赤子而不忍释。故其子孙，虽有至愚不肖者足以亡国，而天卒不忍遽亡之[22]。此虑之远者也。夫苟不能自结于天[23]，而欲以区区之智，笼络当世之务，而必后世之无危亡。此理之所必无者，而岂天道哉？

【注释】① 深虑论：原本一组十篇。本文为其第一篇。② 盖：发语词。③ 宜然：应该这样。④ 一天下：统一天下。⑤ 封建：指周朝分封疆土，建立诸侯国的制度。郡县：即秦始皇废除分封制后建立的郡、县两级的中央集权制度。⑥ 汉帝：指汉高祖刘邦（前 206—前 195 在位）。起陇亩之中：指出身低微。陇：通"垄"，田埂。⑦ 惩：警。⑧ 大建：大封。庶孽：妾媵生的子女。此指亲属。诸侯：指刘邦即位后分封了燕、代、齐等十个同姓王。⑨ 七国：指汉被分封的吴、楚、赵、胶东、胶西、济南、临淄七国。篡弑之谋：汉景帝中元五年（前 145），吴王刘濞联合其他六国以"清君侧"、诛晁错为名发动叛乱。⑩ 武：即汉武帝刘彻（前 141—前 87 在位）。宣：即汉宣帝刘询（前 74—前 49 在位）。⑪ 王莽：西汉末篡位称帝，改国号为"新"。祚：指皇帝之位。⑫ 光武：即东汉光武帝刘秀（25—57 在位），东汉开国皇帝。哀：即汉哀帝刘欣（前 6—前 1 在位）。平：即汉平帝刘衎（1—5 在位）。⑬ 魏：

三国之一。公元 220 年曹丕代汉称帝,国号魏,建都洛阳。史称曹魏。⑭ 晋:这里指西晋。公元 265 年,司马炎代魏称帝,国号晋,建都洛阳。史称西晋。⑮ 唐太宗:李世民(626—649 在位)。武氏:武则天,名曌(zhào),唐高宗皇后。公元 683 年中宗继位后,她临朝称制。690 年废睿宗,称神圣皇帝,国号周。她在执政期间杀戮了李唐宗室多人。⑯《资治通鉴》记载:贞观二十二年(648),据星象和民间流传的《秘记》说,将要有"女主——武王代有天下"。唐太宗要将可怀疑的人都杀掉,由于太史令李淳风劝谏而停止。⑰ 宋太祖:赵匡胤(yìn),北宋的开国皇帝(960—976 在位)。他将武将的兵权收回,以加强中央集权。五代:唐朝以后的梁、唐、晋、汉、周五个王朝。⑱ 几:指细微的迹象。⑲ 谋:考虑。⑳ 巫:以驱鬼求神替人祈祷为职业的人。㉑ 活人:救活别人。谋子:救活自己儿子。㉒ 遽(jù):立刻。㉓ 苟:如果。自结于天:与天意沟通。

【品评】"深虑"是本文中心论旨,其意何在,至末段才明确道出。"深虑"的关键是如何对待"人事"与"天道"。因此首段先提出"人事"与"天道"的命题,由考虑天下大事者"祸常发于所忽之中,而乱常起于不足疑之事",来说明人能考虑到的只是"人事"本该如此的事情,而超出人智力的"天道"是难以预测的。第二段则历举秦朝、西汉、东汉、魏晋、唐太宗、宋太祖等,只顾及"人事",而不知"天道",皆导致其国家最后灭亡的事实,论证"盖智可以谋人,而不可谋天",即"天道"难测之理。作者意犹不足,又以良医之子多死于病,良巫之子多死于鬼,比喻"工于谋人而拙于谋天",即不能"深虑"。最后则以古之圣人为楷模,阐明适应"天道"的良策是"唯积至诚、用大德以结乎天心,使天眷其德",不忍释之、亡之。至此"深虑"之义才明确道出。然后又从反面论说,如果不结"天心",只依靠小智谋而企图后世无危亡,这是事理中所无的,更不必说合"天道"了。此文虽曰论"人事"与"天道",但"人事"只是作陪,"天道"才是论旨主体。"天道"、"天心"是含糊不清的概念,"天心"实质仍是人心,所谓"尽人事以合天心,即天亦有可谋处"(吴楚材、吴调侯),合"天心"亦即知"天道"了。

豫让论[①]

士君子立身事主,既名知己[②],则当竭尽智谋,忠告善道,销患于未形,保治于未然,俾身全而主安[③]。生为名臣，死为上鬼[4]，垂光百世，照耀简策[5]，斯为美也。苟遇知己，不能扶危于未乱之先，而乃捐躯殒命于既败之后，钓名沽誉，眩世炫俗[6]，由君子观之，皆所不取也。

盖尝因而论之。豫让臣事智伯[7]，及赵襄子杀智伯[8]，让为之报仇，声名烈烈，虽愚夫愚妇莫不知其为忠臣义士也。呜呼，让之死固忠矣，惜乎处死之道有未忠者存焉[9]。何也，观其漆身吞炭，谓其友曰："凡吾所为者极难，将以愧天下后世之为人臣而怀二心者也。"谓非忠可乎？及观斩衣三跃，襄子责以不死于中行氏[10]，而独死于智伯，让应曰："中行氏以众人待我[11]，我故以众人报之；智伯以国士待我[12]，我故以国士报之。"即此而论，让有馀憾矣。段规之事韩康[13]，任章之事魏献[14]，未闻以国士待之也，而规也、章也，力劝其主从智伯之请，与之地以骄其志，而速其亡也。郄疵之事智伯[15]，亦未尝以国士待之也，而疵能察韩、魏之情以谏智伯，虽不用其言以至灭亡，而疵之智谋忠告，已无愧于心也。让既自谓智伯待以国士矣，国士，济国之士也。当伯请地无厌之日，纵欲荒暴之时，为让者，正宜陈力就列[16]，谆谆然而告之曰[17]："诸侯大夫，各安分地，无相侵夺，古之制也。今无故而取地于人，人不与，而吾之忿心必生；与之，则吾之骄心以起。忿必争，争必败；骄必傲，傲必亡。"谆切恳至，谏不从，再谏之，再谏不从，三谏之，三谏不从，移其伏剑之死[18]，死于是日。伯虽顽冥不灵，感其至诚，庶几复悟[19]，和韩、魏[20]，释赵围，保全智宗[21]，守其祭祀[22]。若然，则让虽死犹生也，岂不胜于斩衣而死乎？让于此时，曾无一语开悟主心，视伯之危亡，犹越人视秦人之肥瘠也[23]。袖手旁观，坐待成败，国士之报，曾若是乎？智伯既死，而乃不胜血气之悻悻[24]，甘自附于刺客之流，何足道哉？何足道哉？

虽然，以国士而论，豫让固不足以当矣。彼朝为仇敌、暮为君臣、腼然而自得者[25]，又让之罪人也。噫！

【注释】① 豫让：历史上以忠义之士著称。春秋末年为晋贵族范氏、中行氏的家臣，后投奔智伯而受到尊重。在赵、魏、韩三家贵族合谋灭了智氏之后，他改名换姓，潜入赵襄子宫中行刺，未遂而被捕获。释放后又漆身吞炭以改变容貌和声音，再一次行刺，又一次被俘。于是，他要求赵襄子将衣服脱给他，他朝着衣服"三跃而击之"，然后伏剑自杀。事见《战国策·赵策》。② 名：被称为。③ 俾：使。④ 上鬼：高尚的英灵。⑤ 简策：指史籍。⑥ 眩世炫俗：欺世盗名。⑦ 智伯：名瑶，也称智襄子。春秋时晋国贵族。曾联合韩、赵、魏三家贵族瓜分了范氏、中行氏两家贵族的土地。智伯后来又向韩、魏、赵索地，韩、魏送了部分土地，赵襄子却拒绝之，并联合韩、魏吞灭了智伯，三分其地。⑧ 赵襄子：名毋邺。春秋时晋国贵族赵简子之子。⑨ 处死之道：采取如何死的方式。⑩ 中行(háng)：复姓。春秋时，晋国大夫荀林父家族的一支。荀林父因掌管晋之中行军，后遂以官为姓。豫让曾作过中行氏的家臣。⑪ 众人：指普通人。⑫ 国士：一国中杰出人物。⑬ 段规：韩康子的谋臣。韩康：名虔。春秋时晋国贵族。⑭ 任章：魏献子的谋臣。魏献：名驹。春秋时晋国贵族。⑮ 郄(xì)疵：智伯的家臣。⑯ 陈力就列：施展自己的才能，占据应有的地位。⑰ 谆谆然：恳切教诲的样子。⑱ 移：挪动，安排。⑲ 庶几：或许。⑳ 和韩、魏：与韩、魏讲和。㉑ 智宗：智氏宗族。㉒ 守其祭祀：保持祖庙的祭祀不断。㉓ 犹越人视秦人之肥瘠：像越人远远地观看秦人的肥瘦一样。㉔ 悻悻：恼怒的样子。㉕ 腼(tiǎn)然：厚着脸皮。

【品评】此文论辨历史人物豫让是否忠君的问题。开篇从正反两方面树立忠君的标准："销患于未形，保治于未然，俾身全而主安。"已暗寓贬豫让之意。第二段则转入正论，即以其标准批评豫让不忠。文章先虚晃一枪，造成跌宕：豫让欲为其主智伯向赵襄子报仇，无人不知其为"忠臣义士"。但接下就以"惜乎处死之道有未忠者存焉"一句，否定了其"忠"，并以此句为全文之纲，进行辨析。一是批驳豫让称"智伯以国士待我，我故以国士报之”之说，引证事实说话，豫让之说不批自倒。二是批驳豫让自称为“国士”，用反证法。此段文字采用类比、反证等方法，又运用反诘句式，气正辞严，极有说服力。驳论至此已结束，但末段忽然荡开一笔，顺便勾连“彼朝为仇敌、暮为君臣”而自得者，则是对连忠君观念也无之政客的讽刺。

此文诚然见解独辟，发人所未发；但其标准过高，于豫让近乎苛求，并不足取。但“先扬后仰，深得《春秋》褒贬之法”（吴楚材、吴调侯）。

王　鏊（1450—1524）

字济之，号守溪，世称震泽先生，吴县（今江苏苏州）人。明代成化年间进士，授翰林院编修。历官吏部右侍郎、户部尚书、文渊阁大学士、武英殿大学士等。对巩固边防、改革科举等多有奏谏。后因太监刘瑾专权，王鏊与之势不相容，乃上疏辞官。卒后谥“文恪”。有《姑苏志》、《四书文集》等。

亲政篇[①]

《易》之《泰》曰[②]：“上下交而其志同[③]。”其《否》曰[④]：“上下不交而天下无邦[⑤]。”盖上之情达于下，下之情达于上，上下一体，所以为“泰”[⑥]。下之情壅阏而不得上闻[⑦]，上下间隔，虽有国而无国矣，所以为“否”也[⑧]。交则泰，不交则否，自古皆然，而不交之弊，未有如近世之甚者：君臣相见，止于视朝数刻[⑨]；上下之间，章奏批答相关接，刑名法度相维持而已[⑩]。非独沿袭故事，亦其地势使然。何也？国家常朝于奉天门[⑪]，未尝一日废，可谓勤矣。然堂陛悬绝[⑫]，威仪赫奕[⑬]，御史纠仪[⑭]，鸿胪举不如法[⑮]，通政司引奏[⑯]，上特视之[⑰]，谢恩见辞，惴惴而退，上何尝治一事，下何尝进一言哉？此无他，地势悬绝，所谓堂上远于万里，虽欲言无由言也。

愚以为欲上下之交，莫若复古内朝之法。盖周之时有三朝[18]：库门之外为正朝，询谋大臣在焉[19]；路门之外为治朝，日视朝在焉[20]；路门之内曰内朝，亦曰燕朝。《玉藻》云[21]："君日出而视朝，退适路寝听政[22]。"盖视朝而见群臣，所以正上下之分；听政而适路寝，所以通远近之情。汉制：大司马、左右前后将军、侍中、散骑诸吏为中朝[23]，丞相以下至六百石为外朝[24]。唐皇城之北南三门曰承天，元正、冬至受万国之朝贡[25]，则御焉，盖古之外朝也。其北曰太极门，其西曰太极殿，朔望则坐而视朝[26]，盖古之正朝也。又北曰两仪殿，常日听朝而视事，盖古之内朝也。宋时常朝则文德殿，五日一起居则垂拱殿[27]，正旦、冬至、圣节称贺则大庆殿[28]，赐宴则紫宸殿或集英殿，试进士则崇政殿。侍从以下，五日一员上殿，谓之轮对，则必入陈时政利害。内殿引见，亦或赐坐，或免穿靴[29]，盖亦有三朝之遗意焉。盖天有三垣[30]，天子象之[31]。正朝，象太极也；外朝，象天市也；内朝，象紫微也。自古然矣。

国朝圣节[32]、正旦、冬至，大朝会则奉天殿，即古之正朝也。常日则奉天门，即古之外朝也。而内朝独缺。然非缺也，华盖、谨身、武英等殿，岂非内朝之遗制乎？洪武中如宋濂、刘基[33]，永乐以来如杨士奇、杨荣等[34]，日侍左右；大臣蹇义、夏元吉等[35]，常奏对便殿。于斯时也，岂有壅隔之患哉？今内朝未复，临御常朝之后，人臣无复进见，三殿高闷[36]，鲜或窥焉[37]。故上下之情，壅而不通；天下之弊，由是而积。孝宗晚年[38]，深有慨于斯，屡召大臣于便殿，讲论天下事。方将有为，而民之无禄，不及睹至治之美，天下至今以为恨矣。

惟陛下远法圣祖[39]，近法孝宗，尽铲近世壅隔之弊，常朝之外，即文华、武英二殿，仿古内朝之意。大臣三日或五日一次起居，侍从、台谏各一员上殿轮对[40]，诸司有事咨决，上据所见决之，有难决者，与大臣面议之。不时引见群臣，凡谢恩辞见之类，皆得上殿陈奏。虚心而问之，和颜色而道之[41]。如此，人人得以自尽。陛下虽深居九重，而天下之事，灿然毕陈于前。外朝所以正上下之分，内朝所以通远近之情。如此，岂有近世壅隔之弊哉？唐、虞之时[42]，明目达聪，嘉言罔伏[43]，野无遗贤，亦不过是而已。

【注释】① 亲政：皇帝亲自执政，直接了解下情。篇：首尾完整的文章。本文是向明世宗提出建议的文章。②《易》：也称《易经》、《周易》。《泰》：《周易》的卦名。③ 上下交：在上的国君与在下的臣子互相通气。④《否(pǐ)》：《周易》中的卦名。⑤ 邦：国家。⑥ 泰：吉利。⑦ 阏(è)：堵塞。⑧ 否(pǐ)：不吉利。⑨ 刻：古代用漏壶计时，一昼夜共一百刻。⑩ 刑名：刑名之学，讲究“以名责实”。⑪ 朝：举行朝会。⑫ 堂陛悬绝：殿前台阶隔离了君臣接触。⑬ 赫奕：显耀盛大的样子。⑭ 御史：官名。掌管纠劾百官的职务。纠仪：督察群臣礼仪。⑮ 鸿胪(lú)：官名。专门掌管殿廷礼仪。举不如法：纠正不合法度的行为。⑯ 通政司：官署名。引奏：导引奏事。⑰ 上：皇上。特：只是。⑱ 三朝：相传周代天子与群臣谋议政事之处有三：外朝，在库门外、皋门内；内朝有两处：一在路门外，一在路门内。统称三朝。⑲ 询谋：咨询谋划。在焉：在那里。⑳ 日视朝：每日的朝会。㉑《玉藻》：《礼记》的一篇。㉒ 退适路寝听政：退朝后在路寝处听政。路寝：古代君主处理政事及入寝的宫室。㉓ 大司马：官名。三公之一。将军：武官名。㉔ 六百石(dàn)：俸禄数。外朝：指丞相和所属机构，为法定行政机构，但无实权。㉕ 元正：元旦。冬至：节气名。㉖ 朔望：农历初一与十五。㉗ 起居：指日常生活。此引申为问候。㉘ 圣节：皇帝的生日。㉙ 穿靴：唐代规定，臣属上朝必须穿朝靴。㉚ 三垣(yuán)：我国古代天文学家分周天之恒星为三垣二十八宿。三垣即太微、紫微、天市。㉛ 象：象征。㉜ 国朝：

此指明朝。㉝ 洪武:明太祖朱元璋的年号(1368—1398)。㉞ 杨士奇:名寓,以字行。明成祖时官至左春坊大学士。杨荣:初名子劳,字勉仁。官至文渊阁大学士。二人皆为明成祖至明英宗时期重臣。㉟ 蹇(jiǎn)义:字宜之,原名瑢,后明太祖赐名为“义”。官至少师。夏元吉:字维喆。官至户部尚书。二人皆为明太祖至明宣宗时期重臣。㊱ 三殿:这里指华盖殿、谨身殿和武英殿。闷(bì):关闭。㊲ 鲜(xiǎn):少。或:有人。㊳ 孝宗:名朱祐樘,年号弘治(1488—1505 年在位)。㊴ 圣祖:圣明的祖先。㊵ 台谏:台官、谏官。台官指御史台官员,纠劾百官;谏官指谏议大夫、给事中等。㊶ 道:通“导”。㊷ 唐、虞:指唐尧与虞舜。㊸ 罔伏:不埋伏。

【品评】此文为作者应新登基的天子明世宗之问而作,意在劝勉明世宗能直接了解下情,亲自执政,表现出关心国家命运的拳拳之心。第一段引经据典,提出“上下交”、“交则泰,不交则否”的论点,并列举“不交之弊,未有如近世之甚者”的种种表现。此为天子应“亲政”的理由。第二段承上段,提出消除“不交之弊”的对策是“复古内朝之法”,并历述从周、汉、唐、宋皆重视“三朝”特别是“内朝”之会。第三段乃转向本朝,从正反两方面论述,明初洪武年间尚重视“三朝”,以后则缺乏“内朝”之会,于是上下之情不通,弊端丛生,以落实首段关于“近世”“不交之弊”尤甚的说法。最后则向世宗提出期望:“尽铲近世壅隔之弊”。

此文论述“亲政”问题,引经据典,援古喻今,论据充分,论证严密,语言朴实畅达,具有较强说服力。

王守仁(1472—1528)

字伯安,号阳明,因在浙江会稽山阳明洞筑室讲学,世称阳明先生,余姚(今属浙江)人。明代弘治年间进士,历任刑部主事、兵部主事,因反对宦官刘瑾被贬谪为贵州龙场驿驿丞。刘瑾被诛后,乃复起用。因平定宁王朱宸濠叛乱有功,被封为新建伯。官至兵部尚书。卒谥“文成”。王守仁是一个主观唯心主义哲学家,阳明学派鼻祖,以鼓吹“心学”著称。有《王文成公全集》。

尊经阁记[①]

经，常道也[②]。其在于天谓之"命"，其赋于人谓之"性"，其主于身谓之"心"。心也，性也，命也，一也。通人物[③]，达四海，塞天地，亘古今[④]，无有乎弗具，无有乎弗同，无有乎或变者也，是常道也。

其应乎感也[⑤]，则为恻隐，为羞恶，为辞让，为是非；其见于事也[⑥]，则为父子之亲，为君臣之义，为夫妇之别，为长幼之序，为朋友之信。是恻隐也，羞恶也，辞让也，是非也；是亲也，序也，别也，信也，皆所谓心也，性也，命也。通人物，达四海，塞天地，亘古今，无有乎弗具，无有乎弗同，无有乎或变者也，是常道也。

以言其阴阳消长之行[⑦]，则谓之《易》[⑧]；以言其纪纲政事之施[⑨]，则谓之《书》[⑩]；以言其歌咏性情之发，则谓之《诗》[⑪]；以言其条理节文之著[⑫]，则谓之《礼》[⑬]；以言其欣喜和平之生，则谓之《乐》[⑭]；以言其诚伪邪正之辨，则谓之《春秋》[⑮]。是阴阳消长之行也，以至于诚伪邪正之辨也，一也，皆所谓心也，性也，命也。通人物，达四海，塞天地，亘古今，无有乎弗具，无有乎弗同，无有乎或变者也，夫是之谓六经。

六经者非他，吾心之常道也。是故《易》也者，志吾心之阴阳消息者也[⑯]；《书》也者，志吾心之纪纲政事者也；《诗》也者，志吾心之歌咏性情者也；《礼》也者，志吾心之条理节文者也；《乐》也者，志吾心之欣喜和平者也；《春秋》也者，志吾心之诚伪邪正者也。君子之于六经也，求之吾心之阴阳消息而时行焉，所以尊《易》也；求之吾心之纪纲政事而时施焉，所以尊《书》也；求之吾心之歌咏性情而时发焉，所以尊《诗》也；求之吾心之条理节文而时著焉，所以尊《礼》也；求之吾心之欣喜和平而时生焉，所以尊《乐》也；求之吾心之诚伪邪正而时辨焉，所以尊《春秋》也。

盖昔圣人之扶人极[17]，忧后世，而述六经也。犹之富家者之父祖，虑其产业库藏之积，其子孙者，或至于遗亡散失，卒困穷而无以自全也，而记籍其家之所有以贻之[18]，使之世守其产业库藏之积而享用焉，以免于困穷之患。故六经者，吾心之记籍也，而六经之实，则具于吾心。犹之产业库藏之实积，种种色色，其存于其家，其记籍者，特名状数目而已[19]。而世之学者，不知求六经之实于吾心，而徒考索于影响之间[20]，牵制于文义之末[21]，硁硁然以为是六经矣[22]。是犹富家之子孙，不务守视享用其产业库藏之实积，日遗亡散失，至为窭人丐夫[23]，而犹嚣嚣然指其记籍曰[24]："斯吾产业库藏之积也。"何以异于是？

呜呼！六经之学，其不明于世，非一朝一夕故矣。尚功利，崇邪说，是谓乱经。习训诂[25]，传记诵，没溺于浅闻小见[26]，以涂天下之耳目[27]，是谓侮经。侈淫词[28]，竞诡辩，饰奸心盗行[29]，逐世垄断[30]，而犹自以为通经，是谓贼经[31]。若是者，是并其所谓记籍者，而割裂弃毁之矣，宁复知所以为尊经也乎[32]？

越城旧有稽山书院[33]，在卧龙西冈，荒废久矣。郡守渭南南大吉[34]，既敷政于民[35]，则慨然悼末学之支离[36]，将进之以圣贤之道，于是使山阴令吴君瀛[37]，拓书院而一新之。又为尊经之阁于其后，曰："经正则庶民兴，斯无邪慝矣㊳。"阁成,请予一言以谂多士㊴。予既不获辞,则为记之若是。呜呼!世之学者,得吾说而求诸其心焉,则亦庶乎知所以为尊经也已㊵。

【注释】① 尊经阁:建于会稽山阴(今浙江绍兴)的一座藏书阁。经:六经,即下文中提及的《易》、《诗》、《书》、《礼》、《乐》、《春秋》。记:文体名。② 常道:永久不变的道理。③ 通人物:沟通人与万物。④ 亘(gèn):贯通。⑤ 应乎感:体现在感情上。⑥ 见于事:体现在事理上。⑦ 阴阳消长之行:指自然界阴阳变化、生长消亡的运行。⑧《易》:《周易》。⑨ 纪纲政事:法制和政治事务。⑩《书》:《尚书》。⑪《诗》:《诗经》。⑫ 条理:指礼仪准则。节文:礼仪制度。著:建立。⑬《礼》:指《周礼》、《仪礼》、《礼记》。⑭《乐》:《乐经》,已佚。⑮《春秋》:相传孔子所作,实是鲁国史官撰写的编年史。⑯ 消息:同"消长"。⑰ 扶人极:指建立道德准则。极:准则。⑱ 记籍:登记册。这里用作动词。贻之:留给子孙。⑲ 特:只。名状:名称形状。⑳ 影响:影子和反响。此指关于六经的传闻、注疏。㉑ 文义之末:文句、字义的细枝末节。㉒ 硁(kēng)硁然:浅而固执。㉓ 窭(jù)人:贫穷的人。丐夫:乞丐。㉔ 嚣嚣然:自得的样子。㉕ 训诂:指对古书字义的考释。㉖ 没溺:沉溺。㉗ 涂:蒙蔽,迷惑。㉘ 侈淫词:铺张夸大失实的言辞。㉙ 奸心:邪恶之心。盗行:卑鄙的行为。㉚ 逐世:角逐于世。垄断:谋取名利。㉛ 贼:残害。㉜ 宁:岂,难道。㉝ 越城:在今浙江绍兴。㉞ 郡守:一郡的长官。此指绍兴知府。南大吉:字元善,明武宗正德年间进士,绍兴知府,王守仁的门生。㉟ 敷政:施政。㊱ 悼:痛感。末学:晚近的学术。㊲ 吴君瀛:吴瀛,山阴县令。君:对人的敬称。㊳ 邪慝(tè):邪恶。㊴ 谂(shěn):规谏。多士:众学子。㊵ 庶乎:差不多。

【品评】此文虽名为"尊经阁记",但"记"只是文章的尾巴,重点是论述"尊经"之旨。文章落笔即点"经",并将"经"细化为"命"、"性"、"心",成为此文之纲领,其中"心"又是主纲,并强调"经"是无所不在、无时不在的"常道"。接着先从人的感情角度,论述命、性、心为"常道",继从阴阳消长的角度论述命、性、心,为"尊经"之意。然后承上意进一步论述六经为"吾心之常道也",归结为心。再以"产业库藏"为比喻,从正面论述六经应求之于"吾心",仍归结为心。又批评"乱经"、"侮经"、"贼经",从反面论述应该"尊经”。最后才提及修建尊经阁而点题，并以“求诸其心”则“知所以为尊经”作结，终归于“心”。

作者乃主观唯心主义者，倡导“心学”，所谓“心外无物”、“心外无理”。因此，反对以功利主义、形式主义态度对待六经，要求学习六经，应反求内心，与内心相验证。

象祠记[①]

灵博之山[②]，有象祠焉。其下诸苗夷之居者[③]，咸神而祠之[④]。宣慰安君因诸苗夷之请[⑤]，新其祠屋[⑥]，而请记于予。予曰：“毁之乎，其新之也？”曰：“新之。”“新之也何居乎[⑦]？”曰：“斯祠之肇也[⑧]，盖莫知其原。然吾诸蛮夷之居是者[⑨]，自吾父、吾祖溯曾、高而上[⑩]，皆尊奉而禋祀焉[⑪]，举而不敢废也[⑫]。”予曰：“胡然乎[⑬]？有鼻之祀[⑭]，唐之人盖尝毁之。象之道，以为子则不孝[⑮]，以为弟则傲。斥于唐，而犹存于今；坏于有鼻，而犹盛于兹土也[⑯]。胡然乎？”

我知之矣：君子之爱若人也，推及于其屋之乌[⑰]，而况于圣人之弟乎哉！然而祠者为舜，非为象也。意象之死[⑱]，其在干羽既格之后乎[⑲]？不然，古之骜桀者岂少哉[⑳]？而象之祠独延于世。吾于是盖有以见舜德之至[㉑]，入人之深，而流泽之远且久也[㉒]。

象之不仁，盖其始焉耳，又乌知其终之不见化于舜也[㉓]？《书》不云乎[㉔]：“克谐以孝[㉕]，烝烝乂[㉖]，不格奸[㉗]。”“瞽瞍亦允若[㉘]。”则已化而为慈父。象犹不弟[㉙]，不可以为谐。进治于善[㉚]，则不至于恶。不底于奸[㉛]，则必入于善。信乎象盖已化于舜矣[㉜]。《孟子》曰[㉝]：“天子使吏治其国。”象不得以有为也[㉞]。斯盖舜爱象之深而虑之详㉟，所以扶持辅导之者之周也㊱。不然，周公之圣㊲，而管、蔡不免焉㊳。斯可以见象之见化于舜，故能任贤使能，而安于其位，泽加于其民㊴，既死而人怀之也。诸侯之卿，命于天子，盖《周官》之制㊵，其殆仿于舜之封象欤㊶？

吾于是盖有以信人性之善㊷，天下无不可化之人也。然则唐人之毁之也，据象之始也㊸；今之诸苗之奉之也，承象之终也㊹。斯义也，吾将以表于世。使知人之不善，虽若象焉㊺，犹可以改；而君子之修德，及其至也，虽若象之不仁，而犹可以化之也。

【注释】① 象祠：祭祀象的祠堂。象：传说为古代舜的同父异母兄弟，与其父瞽瞍一起迫害舜。舜不计较，继尧位后仍封象为有鼻国国君。王守仁贬谪贵州时曾整修象祠为之作此记。记：文体名。② 灵博之山：灵博山在贵州黔西县境。③ 苗夷：旧时对苗族的蔑称。④ 神：以之为神。祠：春祭叫祠。此泛指祭祀。⑤ 宣慰：即宣慰使，官名，掌地方军民事务。因：随，顺。⑥ 新：翻新。⑦ 何居乎：为什么。居乎：语气助词。⑧ 斯：这。肇：初始。⑨ 蛮夷：古人对少数民族的蔑称。⑩ 溯：此指追数前代。曾：曾祖，祖父的父亲。高：高祖，曾祖的父亲。⑪ 禋（yīn）祀：祭祀。⑫ 举：进行。⑬ 胡然乎：为什么这样呢。胡：为什么。⑭ 有鼻之祀：即象祠。有鼻：古地名，也作“有庳”，在今湖南道县北。传说象被封为有鼻国国君。⑮ 以为子：用来做儿子。⑯ 兹土：这地方。⑰ 推及于其屋之乌：《尚书大传·大战》：“爱人者，爱其屋上之乌。”乌：乌鸦。⑱ 意：猜想，估计。⑲ 干羽：都是古代舞人所执的舞具。干：即盾。羽：雉尾。舞干羽，表示偃武修文，不再进行战争。据《尚书·虞书·大禹谟》载，舜曾命令禹征伐有苗，未果。舜于是推行礼乐教化，“舞干羽于两阶”，有苗归服。既格：已经使有苗归服。格：来，引申为归服。⑳ 骜桀：暴戾不驯。骜：马不驯。桀：凶暴。㉑ 至：顶点。㉒ 流泽：流传的恩惠。㉓ 乌：怎么。见化：被教化。㉔《书》：即《尚书》。下面两段话实出自《尚书·尧典》。亦见于伪《古文尚书·大禹之谟》，王守仁尚不知其伪。㉕ 克谐以孝：以孝德使全家生活和谐。㉖ 烝烝：

淳厚的样子。乂(yì):善。㉗ 格:至。奸:邪恶。㉘ 瞽瞍(gǔ sǒu):舜的父亲。瞽:瞎眼。瞍:没瞳仁。传说舜的父亲有眼却不辨善恶,故称为瞽瞍。允若:确实和顺。㉙ 犹:仍然。弟(tì):通"悌",弟弟敬爱哥哥。㉚ 进治:不断提高道德修养。㉛ 底:通"抵",到达。㉜ 信:确实。化于舜:被舜所感化。㉝《孟子》:记载了战国初思想家孟轲的言论的儒家经典。下引句见《孟子・万章上》:"象不得有为于其国,天子使吏治其国而纳其贡税焉。"使:派遣。其国:指象的封国有鼻。㉞ 不得以有为:不能有所作为。㉟ 斯:代词,指"天子使吏治其国"。虑:谋划,考虑。㊱ 所以:用来。周:周到。㊲ 周公:西周初的政治家,周武王的同父异母弟,名旦,因采邑在周(今陕西岐山东北),称为周公。他曾辅助武王灭商、成王执政,成王成年后又还政于成王。周公为古代圣贤的典型,故称"周公之圣"。㊳ 管、蔡:周武王的弟弟管叔、蔡叔,也是周公的兄弟,名鲜、度,封于管、蔡,握有重兵,以监视武庚。后和武庚一起发动叛乱,被周公镇压。焉:于此,指因反叛而被镇压这件事。㊴ 贤、能:指有德有才的人。加:施给。㊵《周官》:即《周礼》,记载周代的官制。㊶ 其:表示推测的语气词。殆(dài):大概。㊷ 人性之善:人性天赋是善良的,孟子的重要思想之一。㊸ 据象之始:根据象前期作为。㊹ 承象之终:根据象后期表现。㊺ 虽:即使。

【品评】传说中象乃是一个恶人,"以为子则不孝,以为弟则傲",唐代有象祠,就被道州薛公毁掉(见柳宗元《道州毁鼻亭神记》)。此文记贵州灵博山象祠,却对象发表了独特看法,并引申出感化恶人的问题,有一定新意。文章开篇点题,并提出为何象的祭祀于唐代就被废除了,而在今日灵博却很兴盛的疑问,从而引起下面的议论与回答:一是认为人们爱屋及乌,因爱圣人舜:而祭祀象,从中看出舜德的深入人心、影响广远;二是引经据典,判断象之不仁表现于早期,后期经过舜的教化已改邪归正;最后得出结论:人性善,天下无不可化之人,并以象被祭祀作为典型。文章以象始,亦以象终。

此文被评为"意极新警,而文则曲折如意"(李祖陶语),立论似亦有根有据。但亦不乏推测之词,如"象之不仁,盖其始焉尔,又乌知其终之不见化于舜也",说服力并不强。

瘗旅文[①]

维正德四年秋月三日[②],有吏目云自京来者[③],不知其名氏，携一子一仆将之任，过龙场，投宿土苗家。予从篱落间望见之，阴雨昏黑，欲就问讯北来事，不果。明早，遣人觇之[4]，已行矣。薄午[5]，有人自蜈蚣坡来，云："一老人死坡下，傍两人哭之哀。"予曰："此必吏目死矣。伤哉！"薄暮，复有人来云："坡下死者二人，傍一人坐哭。"询其状，则其子又死矣。明日，复有人来云："见坡下积尸三焉。"则其仆又死矣。呜呼伤哉！

念其暴骨无主[6]，将二童子持畚锸往瘗之[7]。二童子有难色然。予曰："噫！吾与尔犹彼也。"二童闵然涕下[8]，请往。就其傍山麓为三坎[9]，埋之。又以只鸡、饭三盂，嗟吁涕洟，而告之曰[10]：

呜呼伤哉！繄何人[11]？繄何人？吾龙场驿丞余姚王守仁也[12]。吾与尔皆中土之产[13]。吾不知尔郡邑，尔乌乎来为兹山之鬼乎[14]？古者重去其乡[15]，游宦不逾千里，吾以窜逐而来此[16]，宜也。尔亦何辜乎？闻尔官吏目耳，俸不能五斗，尔率妻子，躬耕可有也，胡为乎以五斗而易尔七尺之躯[17]？又不足，而益以尔子与仆乎？呜呼伤哉！尔诚恋兹五斗而来，则宜欣然就道，胡为乎吾昨望见尔容，蹙然盖不胜其忧者[18]？夫冲冒霜露，扳援崖壁[19]，行万峰之顶，饥渴劳顿[20]，筋骨疲惫，而又瘴疠侵其外[21]，忧郁攻其中，其能以无死乎？吾固知尔之必死，然不谓若是其速，又不谓尔子、尔仆亦遽然奄忽也[22]。皆尔自取，谓之何哉？吾念尔三骨之无依而来瘗耳，乃使吾有无穷之怆也。呜呼伤哉！纵不尔瘗[23]，幽崖之狐成群，阴壑之虺如车轮[24]，亦必能葬尔于腹，不致久暴尔。尔既已无知，然吾何能为心乎？自吾去父母乡国而来此，三年矣，历瘴毒而苟能自全，以吾未尝一日之戚戚也[25]。今悲伤若此，是吾为尔者重[26]，而自为者轻也，吾不宜复为尔悲矣。吾为尔歌，尔听之！

歌曰：连峰际天兮飞鸟不通，游子怀乡兮莫知西东。莫知西东兮维天则同[27]，异域殊方兮环海之中[28]。达观随寓兮莫必予宫[29]，魂兮魂兮无悲以恫[30]。

又歌以慰之曰：与尔皆乡土之离兮[31]，蛮之人言语不相知兮。性命不可期，吾苟死于兹兮，率尔子仆，来从予兮。吾与尔遨以嬉兮，骖紫彪而乘文螭兮[32]，登望故乡而嘘唏兮[33]。吾苟获生归兮[34]，尔子、尔仆尚尔随兮。道傍之冢累累兮，多中土之流离兮，相与呼啸而徘徊兮。餐风饮露，无尔饥兮。朝友麋鹿，暮猿与栖兮[35]。尔安尔居兮，无为厉于兹墟兮[36]。

【注释】① 瘗(yì)旅：埋葬客死旅途的人。瘗：埋葬。文：祭文。时作者被贬为贵州龙场驿驿丞。② 正德四年：公元1509年。正德：明武宗年号(1506—1521)。③ 吏目：官名。掌管官府文书的低级官吏。④ 觇(chān)：察看。⑤ 薄午：近中午。⑥ 暴(pù)骨：暴露在野外的尸骨。⑦ 将：带领。畚锸(běn chā)：畚箕、铁锹。⑧ 闵(mǐn)然：忧伤的样子。⑨ 三坎：三个坑。⑩ 涕洟(yí)：流泪。洟：鼻涕。⑪ 繄(yī)：句首语气词。⑫ 驿丞：官名，掌管邮传迎送之事。余姚：县名。今属浙江。⑬ 中土：指中原地区。产：出生者。⑭ 尔：你。乌：为何。⑮ 去：离开。⑯ 窜逐：放逐。此指被贬谪。⑰ 五斗：五斗米。指县令的俸禄。《晋书·隐逸传》载陶渊明语："吾不能为五斗米折腰，拳拳事乡里小人耶！"⑱ 蹙(cù)然：忧愁的样子。⑲ 扳：通"攀"。⑳ 劳顿：劳苦。㉑ 瘴疠(lì)：指南方山林间可使人致病的湿热之气。㉒ 遽(jù)：突然，急促。奄忽：死亡。㉓ 尔瘗：瘗尔，埋葬你。㉔ 虺(huǐ)：毒蛇。㉕ 戚戚：忧伤。㉖ 为尔者重：为你考虑的多。㉗ 维：同"惟"，只有。㉘ 环海之中：指中国。古人认为中国的四周环海。㉙ 随寓：随处为家。寓：指寄身之所。㉚ 恫(tōng)：哀痛。㉛ 离：流离者。㉜ 骖(cān)：一车三马或一车四马中两旁的两匹叫"骖"，这里用作动词。紫彪：

有紫色斑纹的老虎。文螭(chī):有花纹的蛟龙。㉝ 嘘唏:哽咽。㉞ 苟:如果。㉟ 猿与栖:与猿栖。㊱ 厉:恶鬼。

【品评】王守仁“罪谪龙场,自分一死,而幸免于死。忽睹三人之死,伤心惨目,悲不自胜”(吴楚材、吴调侯),而写此祭文。祭文先交待自京来黔的吏目父子与仆人死于异乡的经过,已含感伤之意。再写为之埋葬的原因在于“吾与尔犹彼也”,同病相怜实乃本文主调。然后转入祭奠之言,为文章主体。祭文以第一人称语气表达,且始终以自己与死者相比,触景生情,充满了“兔死狐悲,物伤其类”的悲哀,既悲吏目,更自悲也。如果联系作者已贬谪龙场三年,百难备尝,不知自己未来的命运之背景,就不难理解作者何以对陌生人之死如此悲伤。最后又系以两首祭辞,仍以自己“或死或归两意生发。词似旷远,而意实悲怆,所谓长歌当哭也”(林云铭《古文析义》卷十六)。

唐顺之 (1507—1560)

字应德,武进(今属江苏)人。明代嘉靖年间进士,授翰林院编修。历任太仆少卿、右佥都御史等职。当时文坛以李梦阳、何景明为首的复古派“前七子”鼓吹“文规秦汉,诗摩盛唐”,推行拟古主张。唐顺之与归有光、王慎中等“唐宋派”则反其道而行,力主向唐宋古文学习,推崇“唐宋八大家”古文。其文风格晓畅平易。有《荆川先生文集》。

信陵君救赵论[①]

论者以窃符为信陵君之罪[②],余以为此未足以罪信陵也。夫强秦之暴亟矣[③],今悉兵以临赵,赵必亡。赵,魏之障也。赵亡,则魏且为之后。赵、魏,又楚、燕、齐诸国之障也。赵、魏亡,则楚、燕、齐诸国为之后。天下之势,未有岌岌于此者也[④]。故救赵者,亦以救魏;救一国者,亦以救六国也[⑤]。窃魏之符以纾魏之患[⑥],借一国之师以分六国之灾,夫奚不可者[⑦]。

然则，信陵果无罪乎？曰：又不然也。余所诛者[8]，信陵君之心也。信陵一公子耳，魏固有王也[9]。赵不请救于王，而谆谆焉请救于信陵[10]，是赵知有信陵，不知有王也。平原君以婚姻激信陵[11]，而信陵亦自以婚姻之故，欲急救赵，是信陵知有婚姻，不知有王也。其窃符也，非为魏也，非为六国也，为赵焉耳[12]。非为赵也，为一平原君耳。使祸不在赵，而在他国，则虽撤魏之障，撤六国之障，信陵亦必不救。使赵无平原[13]，或平原而非信陵之姻戚，虽赵亡，信陵亦必不救。则是赵王与社稷之轻重[14]，不能当一平原公子，而魏之兵甲所恃以固其社稷者，只以供信陵君一姻戚之用。幸而战胜，可也。不幸战不胜，为虏于秦，是倾魏国数百年社稷以殉姻戚[15]。吾不知信陵何以谢魏王也[16]。夫窃符之计，盖出于侯生[17]，而如姬成之也。侯生教公子以窃符，如姬为公子窃符于王之卧内，是二人亦知有信陵，不知有王也。

余以为信陵之自为计，曷若以唇齿之势[18]，激谏于王；不听，则以其欲死秦师者，而死于魏王之前，王必悟矣。侯生为信陵计，曷若见魏王而说之救赵[19]；不听，则以其欲死信陵君者，而死于魏王之前，王亦必悟矣。如姬有意于报信陵[20]，曷若乘王之隙[21]，而日夜劝之救；不听，则以其欲为公子死者，而死于魏王之前，王亦必悟矣。如此，则信陵君不负魏，亦不负赵；二人不负王，亦不负信陵君。何为计不出此？

信陵知有婚姻之赵，不知有王。内则幸姬[22]，外则邻国，贱则夷门野人[23]，又皆知有公子，不知有王。则是魏仅有一孤王耳。呜呼！自世之衰，人皆习于背公死党之行[24]，而忘守节奉公之道[25]。有重相而无威君，有私仇而无义愤。如秦人知有穰侯[26]，不知有秦王[27]；虞卿知有布衣之交[28]，不知有赵王[29]。盖君若赘旒久矣[30]。由此言之，信陵之罪，固不专系乎符之窃不窃也。其为魏也，为六国也，纵窃符犹可。其为赵也，为一亲戚也，纵求符于王，而公然得之，亦罪也。虽然，魏王亦不得为无罪也。兵符藏于卧内，信陵君亦安得窃之？信陵不忌魏王，而径请之如姬，其素窥魏王之疏也[31]。如姬不忌魏王，而敢于窃符，其素恃魏王之宠也。木朽而蛀生之矣。古者人君持权于上，而内外莫敢不肃[32]，则信陵安得树私交于赵[33]？赵安得私请救于信陵？如姬安得衔信陵之恩？信陵安得卖恩于如姬？履霜之渐[34]，岂一朝一夕也哉！由此言之，不特众人不知有王[35]，王亦自为赘旒也。

故信陵君可以为人臣植党之戒[36]，魏王可以为人君失权之戒。《春秋》书葬原仲、翚帅师[37]。嗟夫！圣人之为虑深矣！

【注释】① 信陵君救赵：据《史记·魏公子列传》，战国魏公子魏无忌，魏安釐王之弟，时任魏相。其姐是赵相平原君的夫人。公元前 259 年，秦攻赵。前 257 年，赵国通过信陵君向魏国求救。魏王派将军晋鄙救赵，但又按兵不动。信陵君用侯生之计，通过魏王的宠妾如姬，窃得兵符，杀死晋鄙，夺取兵权，然后和赵国合兵，击败了秦国。② 符：兵符。调动军队的凭证。国君与将军各执一半，两半相合才能调动军队。③ 亟：到了极点。④ 岌(jí)岌：危险的样子。⑤ 六国：指齐、赵、燕(yān)、魏、韩、楚。⑥ 纾：解除。⑦ 夫：指示代词，这。奚：什么。⑧ 诛：指责。⑨ 固：本来。⑩ 谆谆焉：恳切，不厌倦的样子。⑪ 平原君：姓赵名胜，赵惠文王的弟弟，当时任赵相。以婚姻激信陵：晋鄙按兵不动，平原君派使者告诉信陵君，如果赵被攻陷，自己夫人即信陵君姐姐也将受到灾祸，以此来激信陵君出兵。⑫ 焉耳：而已，罢了。⑬ 平原：即平原君。⑭ 社稷：指国家。⑮ 殉：陪葬。⑯ 谢：认罪。⑰ 侯生：姓侯名嬴，信陵君的食客，为信陵君谋划窃符救赵之计。⑱ 曷若：何如。⑲ 说(shuì)：劝说别人听从自己的意见。⑳ 如姬有意于报信陵：如姬的父亲被人杀害，信陵君派人为她报了仇。如姬对信陵君有心要报答。㉑ 隙：空子。㉒ 幸姬：宠妾。㉓ 夷门野人：指侯生。侯生本是看管夷门的人。夷门：即魏国都城大梁的东门。㉔ 背公死党：背弃公道，为私人朋党而死。死：作动词用。㉕ 守节：指坚守节操。㉖ 穰侯：姓魏名冉，秦昭襄王母宣太后之弟，曾任秦国的将军、相国等职。㉗ 秦王：指秦昭襄王(前 306—前 251 在位)。㉘ 虞卿：战国游说之士，赵孝成王时期曾任赵相，帮助朋友魏齐解脱危险，抛弃相印，与魏齐一起出走。布衣：平民百姓。㉙ 赵王：赵孝成王(前 265—245 在位)。㉚ 赘旒(liú)：瘤。㉛ 素：平时。疏：粗疏。㉜ 肃：恭敬。㉝ 安得：怎能。㉞ 履霜之渐：语出《易·坤》“履霜坚冰至”。意谓踩到了霜就知道严冬快到了。此喻事情的发生都有渐进的过程。履：踩。渐：逐步地。㉟ 特：只。㊱ 植党：培植私党。㊲《春秋》：鲁国的编年史书。传说是孔子编定的。原仲：陈国大夫，其死后，他的旧友季友私自将其埋葬。此指“人臣植党”。翚(huī)：即羽父，鲁国大夫。帅师：带兵。公元前 719 年，宋、陈、蔡、卫等国伐郑，宋国要鲁国也出兵，鲁隐公未允，翚却执意带兵而去。此指“人君失权”。

【品评】《史记·魏公子列传》所记魏公子信陵君乃是窃符救赵的英雄，向来为人们所赞赏。此论则做翻案文章，对信陵君救赵给予了否定性评价。文章开头颇得抑扬顿挫之法。先批驳“窃符为信陵君之罪”的看法，指出信陵君窃符救赵，“借一国之师以分六国之灾，夫奚不可者!”接下又转为考察信陵君救赵之主观动机，即“信陵君之心”，则又否定了信陵君“无罪”，这才是正题。一分析信陵救赵乃其心不知有魏王，不是为魏王与六国，而是为一平原君，为其姐与赵之婚姻关系，并以假设句从反面论之。二则纯从假设角度，论信陵君应以死向魏王进谏救赵，侯生、如姬则应为信陵君而向魏王进谏。在此基础上又将信陵君之所为提到结党营私的高度认识；同时亦指出魏王之罪在于没有树立权威。文末则引出教训作结：为臣不可以“植党”，为王不可以“失权”。此是为针砭当代阉党结党营私、误国害民而发的，所以此文在当时具有现实意义。

此文正论与驳证相结合，又善从假设角度论述，以退为进；论述则层层深入，词严义正。但文章对信陵君亦有苛求之弊。

宗　臣（1525—1560）

字子相，兴化（今属江苏）人。明代嘉靖年间进士。曾任吏部员外郎，因得罪权臣严嵩被贬为福建布政司左参议。后又因抗倭有功，升提学副使。在文坛上宗臣属于以李攀龙、王世贞为首之“后七子”复古派成员。有《宗子相集》。

报刘一丈书[①]

数千里外，得长者时赐一书[②]，以慰长想，即亦甚幸矣，何至更辱馈遗[③]，则不才益将何以报焉[④]？书中情意甚殷，即长者之不忘老父，知老父之念长者深也。

至以“上下相孚，才德称位”语不才[⑤]，则不才有深感焉。夫才德不称，固自知之矣。至于不孚之病，则尤不才为甚。且今之所谓孚者，何哉？日夕策马候权者之门，门者故不入[⑥]，则甘言媚词作妇人状，袖金以私之[⑦]。即门者持刺入[⑧]，而主人又不即出见；立厩中仆马之间，恶气袭衣袖，即饥寒毒热不可忍，不去也。抵暮，则前所受赠金者出，报客曰：“相公倦[⑨]，谢客矣！客请明日来！”即明日，又不敢不来。夜披衣坐，闻鸡鸣即起盥栉[⑩]，走马推门，门者怒曰：“为谁？”则曰：“昨日之客来。”则又怒曰：“何客之勤也？岂有相公此时出见客乎？”客心耻之，强忍而与言曰：“亡奈何矣[⑪]，姑容我入[⑫]！”门者又得所赠金，则起而入之，又立向所立厩中[⑬]。幸主者出，南面召见[⑭]，则惊走匍匐阶下[⑮]。主者曰：“进！”则再拜[⑯]，故迟不起，起则上所上寿金[⑰]。主者故不受，则固请。主者故固不受，则又固请，然后命吏纳之。则又再拜，又故迟不起，起则五六揖始出。出揖门者曰："官人幸顾我⑱，他日来，幸无阻我也！"门者答揖。大喜奔出。马上遇所交识，即扬鞭语曰："适自相公家来，相公厚我⑲，厚我！"且虚言状⑳。即所交识，亦心畏相公厚之矣。相公又稍稍语人曰："某也贤！某也贤！"闻者亦心计交赞之㉑。此世所谓上下相孚也，长者谓仆能之乎？

前所谓权门者，自岁时伏腊㉒，一刺之外，即经年不往也。间道经其门，则亦掩耳闭目，跃马疾走过之，若有所追逐者，斯则仆之褊衷㉓，以此长不见悦于长吏㉔，仆则愈益不顾也。每大言曰："人生有命，吾惟守分而已。"长者闻之，得无厌其为迂乎㉕？

【注释】① 报：回复。刘一丈：字墀石。作者父亲之友。馀不详。书：信。文体名。② 长者：年纪大的长辈。此指刘一丈。③ 辱：谦辞。馈遗(wèi)：赠送。④ 不才：自谦之辞，意谓不成材的人。⑤ 相孚(fú)：相互信任。语：说。此指称赞。⑥ 门者：守门人。故：故意。不入：不让进。⑦ 袖金：衣袖里藏着银两。私：私下贿赂。⑧ 刺：谒见时用的名片。⑨ 相公：对宰相的称呼。此指一般权贵。⑩ 盥栉(guàn zhì)：洗脸和梳头。⑪ 亡奈何：没奈何，没法子。⑫ 姑：姑且。⑬ 向：以前。⑭ 南面：面向南。此为尊位。⑮ 匍匐(pú fú)：趴下。⑯ 再拜：一再行礼。⑰ 上寿金：奉献金银以为祝寿谒见之礼。⑱ 官人：此是对守门人的敬称。幸：希望。顾：照顾。⑲ 厚：看重，优待。⑳ 虚言状：夸张地叙说接待他的情景。㉑ 心计：心里盘算。㉒ 岁时伏腊：指一年中逢年过节的日子。岁时：一年四季。伏腊：夏天的伏日和冬天的腊日。㉓ 褊(biǎn)衷：狭隘的心胸。㉔ 长吏：长官。㉕ 得无：也许。其：指作者自己。

【品评】此信借对刘一丈来信所谓"上下相孚"之说进行辨析，揭露官场腐败，并表白自己的骨气。开头点题，自然拈出刘一丈所提"上下相孚，才德称位"语，作为此信论题。但对"才德称位"说一笔带过，重点谈"上下相孚"的问题。文章以"今之所谓孚者何哉"，引出下文，但不作理论分析，而是以刻画人物形象来表现。除巴结上司的"主角"之外，还有"门者"、"主人”、世人等配角，借助人物的对话、动作等细节，极写“主角”阿谀逢承、不知羞耻的丑态，以及“门者”的骄横、“主人”的虚伪、世人的愚昧，宛如一组生动的漫画，极尽嘲讽之能事。写罢人物丑态，遂下断语：“此世所谓上下相孚也”，并以“长者谓仆能之乎”反诘，表示不屑之意。最后则描写自己远离权贵、清高自负的行状，言简意赅，笔力峭劲，显示出自己的“守分”的气节。

此文类似于小品，不以议论取胜，而以描写典型人物、刻画势利者形象见长。其描写“主角”“伺候之苦，献媚之劳，得意之状，字字写照传神”（过珙《详订古文评注全集》卷十），集中反映了官场所谓“上下相孚”的真相。

归有光（1506—1571）

字熙甫，人称震川先生，昆山（今属江苏）人。明代嘉靖年间进士。历任湖州长兴知县、南京太仆寺丞等职。在文坛上他与唐顺之、王慎中等推崇“唐宋八大家”古文，形成“唐宋派”，反对明前、后七子拟古文风。他喜读《史记》，写作颇受其影响，文笔清新冲淡，善于叙事，擅长细节描写，富有真情实感。有《震川先生集》。

《吴山图》记[①]

吴、长洲二县[②]，在郡治所，分境而治。而郡西诸山，皆在吴县。其最高者，穹窿、阳山、邓尉、西脊、铜井[③]，而灵岩[④]，吴之故宫在焉[⑤]，尚有西子之遗迹[⑥]。若虎丘、剑池，及天平、尚方、支硎[⑦]，皆胜地也。而太湖汪洋三万六千顷[⑧]，七十二峰沉浸其间，则海内之奇观矣。

余同年友魏君用晦为吴县[⑨]，未及三年，以高第召入为给事中[⑩]。君之为县有惠爱，百姓扳留之不能得[⑪]，而君亦不忍于其民，由是好事者绘《吴山图》以为赠。夫令之于民诚重矣[⑫]。令诚贤也，其地之山川草木，亦被其泽而有荣也[⑬]；令诚不贤也，其地之山川草木，亦被其殃而有辱也⑭。君于吴之山川，盖增重矣。异时吾民将择胜于岩峦之间⑮，尸祝于浮屠、老子之宫也⑯，固宜。而君则亦既去矣⑰，何复惓惓于此山哉⑱？昔苏子瞻称韩魏公去黄州四十馀年⑲，而思之不忘，至以为思黄州诗，子瞻为黄人刻之于石⑳。然后知贤者于其所至，不独使其人之不忍忘而已，亦不能自忘于其人也。

君今去县已三年矣，一日与余同在内庭，出示此图，展玩太息，因命余记之。噫！君之于吾吴，有情如此，如之何而使吾民能忘之也？

【注释】①《吴山图》：是吴县百姓送给吴县县令魏用晦的一幅画。魏用晦为作者友人。记：文体名。② 吴、长洲：均为吴郡辖县，治所在今江苏苏州。③ 穹窿、阳山、邓尉、西脊、铜井：山名，都在吴县境内。④ 灵岩：山名，在吴县境内。春秋时，吴王曾在灵岩山为西施建"馆娃宫"。⑤ 吴之故宫：春秋吴国遗留下的宫殿。⑥ 西子：即西施，春秋时代吴王夫差的宠妃。⑦ 虎丘、剑池，及天平、尚方、支硎：都是风景胜地。其中剑池是虎丘池名，其馀都是山名。⑧ 太湖：湖名，跨江苏、浙江二省。⑨ 同年：科举制度中同科考中的人相互称同年。魏用晦：生平不详。为：治。⑩ 高第：指考试或官吏考绩列入优等。给事中：官名。掌规谏、纠弹官吏等职。⑪ 扳（pān）留：挽留。扳：通"攀"。⑫ 令：此指县令。诚：确实。⑬ 被：受到，遭受。泽：雨露。引申为恩泽。⑭ 殃：祸害。⑮ 异时：他日。⑯ 尸祝：祭祀。浮屠：此指佛。老子：即老聃，春秋时期的思想家，著有《老子》，道家始祖。⑰ 去：离开。⑱ 惓（quán）惓：诚恳深切。⑲ 苏子瞻：苏轼，字子瞻，号东坡，北宋时著名的文学家。韩魏公：韩琦，北宋大臣，封魏国公，有《安阳集》。黄州：府名，治所在今湖北黄冈。⑳ 黄人：黄州人。

【品评】此文记《吴山图》，不仅写出吴县山水风光，更写出知县魏用晦因仁政爱民而与百姓结下的情谊。文章开头并未写图，而是写吴县青山绿水的真实"奇观"。其实此景正是《吴山图》之景，图中山水之美已不言而喻。此构思甚是巧妙，有一石二鸟之功。接着介绍吴县县令魏氏因政绩卓著被召入京重用，百姓挽留不得，才有《吴山图》以为赠。至此魏氏与图挂钩。在此基础上文章乃赞扬魏氏：一是赞其于百姓“有惠爱”，以吴地山川草木亦被泽有荣加以衬托，百姓将永远怀念他；二是赞扬魏氏虽离开吴县而仍不忘吴县，以宋代韩魏公不忘黄州衬托。文末交待了作此记的原因，更点明了此文的宗旨：魏氏于吴县百姓有情，故百姓不忘他。魏氏无疑是作者心目中为官者的楷模。此文写景大气，叙事简洁，又婉转情深，深沉而动人。

沧浪亭记[①]

浮图文瑛[②]，居大云庵[③]，环水，即苏子美沧浪亭之地也[④]。亟求余作《沧浪亭记》[⑤]，曰：“昔子美之记，记亭之胜也。请子记吾所以为亭者[⑥]。”

余曰：“昔吴越有国时[⑦]，广陵王镇吴中[⑧]，治园于子城之西南[⑨]。其外戚孙承佑[⑩]，亦治园于其偏。迨淮南纳土[⑪]，此园不废。苏子美始建沧浪亭，最后禅者居之[⑫]。此沧浪亭为大云庵也。有庵以来二百年，文瑛寻古遗事，复子美之构于荒残灭没之馀，此大云庵为沧浪亭也。夫古今之变，朝市改易[⑬]。尝登姑苏之台[⑭]，望五湖之渺茫[⑮]，群山之苍翠，太伯、虞仲之所建[⑯]，阖闾、夫差之所争[⑰]，子胥、种、蠡之所经营[⑱]，今皆无有矣！庵与亭何为者哉？虽然，钱镠因乱攘窃[⑲]，保有吴越，国富兵强，垂及四世，诸子姻戚，乘时奢僭[⑳]，宫馆苑囿，极一时之盛；而子美之亭，乃为释子所钦重如此[㉑]。可以见士之欲垂名于千载，不与其澌然而俱尽者[㉒]，则有在矣！”

文瑛读书喜诗，与吾徒游，呼之为沧浪僧云。

【注释】① 沧浪亭：宋人苏舜钦所建，在今江苏苏州。后人在其遗址修建了大云庵，明代文瑛和尚又重造沧浪亭。记：文体名。此文记述了沧浪亭的历史变迁。② 浮图:梵语的音译,即佛。此指和尚。文瑛:生平不详。③ 庵:小寺庙。④ 苏子美:名舜钦,字子美,北宋诗人,著有《苏学士集》。建造沧浪亭,自号沧浪翁。⑤ 亟:急切。⑥ 所以为亭:造亭的原因。⑦ 吴越:五代十国的十国之一,辖地包括今浙江、江苏西南、福建东北部。⑧ 广陵王:吴越王钱镠(907—932 年在位)之子钱元瓘(932—947 年在位)。吴中:指苏州地区。⑨ 子城:即内城。⑩ 外戚:指帝王的母族或妻族。孙承佑:五代十国时期吴越国人,是钱镠之孙钱俶(948—978 年在位)的岳父。⑪ 迨(dài):等到。淮南:唐代设置的淮南道。治所在扬州(今属江苏)。纳土:拱手送给宋朝。⑫ 禅者:佛教徒。⑬ 朝市:指朝廷和集市。⑭ 姑苏之台:在今江苏苏州西南的姑苏山上,春秋时吴王阖闾所建。⑮ 五湖:泛指太湖流域的湖泊。⑯ 太伯:周太王欲立幼子季历,太伯、虞仲便避趋江南,从当地风俗,断发文身,成为吴国的开创者。⑰ 阖闾:春秋时吴王(前514—前 496 年在位)。夫差:春秋时吴王阖闾之子(前 496—475 年在位)。⑱ 子胥:姓伍,春秋时楚国人,曾辅佐吴王夫差伐越。种、蠡:指文种、范蠡。文种:春秋末年越国大夫。范蠡:春秋末年楚国人,曾辅佐越王灭吴。⑲ 钱镠:吴越国的建立者(907—932 年在位)。谥号"武肃"。攘:窃取,夺取。⑳ 奢僭(jiàn):奢侈无度。僭:超越本分。㉑ 释子:僧徒。㉒ 澌(sī)然:冰块溶解的样子。

【品评】此文开门见山点出沧浪亭,并交待释子文瑛请作者作《沧浪亭记》的原因,即记其修复沧浪亭的原因。接着乃回顾沧浪亭演变史:从五代吴越王室贵族修建南园、花园,至宋苏子美造沧浪亭,后又变为大云庵,直至二百年后文瑛又为恢复沧浪亭而重修。沧浪亭的变迁又使作者联想到"古今之变,朝市改易",思路拓展至五湖群山,而追思春秋吴越胜迹"今皆无有矣"作为反衬;又追思吴越国"垂及四世","宫馆园囿,极一时之盛",如今同样皆无有,再作反衬。从而推出惟有"子美之亭"至今仍为释子所钦重之意,亦自然得出结论:"士之欲名于千载之后",是有原因的。此原因虽未点明,但人们能够理解到是指苏子美的道德文章。此文立意全在此句。此记吊古思今,文思曲折。文末补记文瑛读书喜诗,以见其与苏子美灵犀相通,暗寓赞赏之意。

茅　坤 (1512—1601)

字顺甫，号鹿门，归安（今浙江湖州）人。明代嘉靖年间进士。官至大名兵备副使。后罢官家居，专心为文。茅坤属以唐顺之、归有光、王慎中为代表的“唐宋派”古文家，反对前、后七子复古派“文规秦汉”之形式主义与拟古文风。他特别推崇唐代韩愈、柳宗元，宋代欧阳修、苏洵、苏轼、苏辙、王安石、曾巩，编选《唐宋八大家文钞》，影响深远，流传至今。有《茅鹿门集》。

《青霞先生文集》序[①]

青霞沈君[②]，由锦衣经历上书诋宰执[③]。宰执深疾之，方力构其罪，赖天子仁圣，特薄其谴[④]，徙之塞上。当是时，君之直谏之名满天下。已而君累然携妻子[⑤]，出家塞上。会北敌数内犯[⑥]，而帅府以下[⑦]，束手闭垒[⑧]，以恣敌之出没，不及飞一镞以相抗。甚且及敌之退，则割中土之战没者与野行者之馘以为功[⑨]。而父之哭其子，妻之哭其夫，兄之哭其弟者，往往而是，无所控吁[⑩]。君既上愤疆场之日弛[⑪]，而又下痛诸将士日菅刈我人民以蒙国家也[⑫]。数呜咽唏嘘[⑬]，而以其所忧郁发之于诗歌文章，以泄其怀，即集中所载诸什是也[⑭]。

君故以直谏为重于时，而其所著为诗歌文章，又多所讥刺。稍稍传播，上下震恐，始出死力相煽构[⑮]，而君之祸作矣。君既没，而一时阃寄所相与谗君者[⑯]，寻且坐罪罢去[⑰]。又未几，故宰执之仇君者亦报罢[⑱]。而君之门人给谏俞君[⑲]，于是裒辑其生平所著若干卷[⑳]，刻而传之。而其子以敬，来请予序之首简[㉑]。

茅子受读而题之曰[22]：若君者，非古之志士之遗乎哉？孔子删《诗》[23]，自《小弁》之怨亲[24]、《巷伯》之刺谗以下[25]，其忠臣、寡妇、幽人、怼士之什[26]，并列之为“风”、疏之为“雅”[27]，不可胜数。岂皆古之中声也哉[28]？然孔子不遽遗之者，特悯其人，矜其志，犹曰[29]：“发乎情，止乎礼义”，“言之者无罪，闻之者足以为戒”焉耳。予尝按次春秋以来[30]，屈原之《骚》疑于怨[31]，伍胥之谏疑于胁[32]，贾谊之疏疑于激[33]，叔夜之诗疑于愤[34]，刘蕡之对疑于亢[35]，然推孔子删《诗》之旨而裒次之，当亦未必无录之者。君既没，而海内之荐绅大夫[36]，至今言及君，无不酸鼻而流涕。呜呼！集中所载《鸣剑》、《筹边》诸什，试令后之人读之，其足以寒贼臣之胆，而跃塞垣战士之马[37]，而作之忾也[38]，固矣。他日国家采风者之使出而览观焉[39]，其能遗之也乎？予谨识之[40]。

至于文词之工不工，及当古作者之旨与否[41]，非所以论君之大者也，予故不著。

【注释】①《青霞先生文集》：明人沈炼的文集。沈别号为青霞山人，故名。序：文体名。② 青霞沈君：沈君，指沈炼，字纯甫，别号青霞山人，明代会稽（今浙江绍兴）人。明世宗嘉靖十七年（1538）进士，先后出任溧阳、花平知县，后又任锦衣卫经历。沈炼一生敢于直谏，屡遭奸臣严嵩的打击诬陷，后被罢官流放，遭杀害。③ 锦衣经历：即锦衣卫的经历官。锦衣卫：官署名。原来是护卫皇宫的亲军。经历：官名。明太祖朱元璋特授权锦衣卫兼管刑狱、巡察和缉捕。明中叶以后，由宦官统领，和东、西厂同为特务组织。宰执：宰相。此指严嵩父子。④ 薄其谴：减轻罪责。⑤ 累然：心中郁闷。⑥ 北敌：指明代居住在今内蒙古呼和浩特一带的蒙古族俺达部。数内犯：明世宗嘉靖年间，俺达部多次侵入中原地区，威逼北京。⑦ 帅府：边境最高军事官署。⑧ 垒：军事堡垒。⑨ 馘（guó）：被杀者的左耳。古代作战割取所杀敌人的左耳，以作为请功的依据。⑩ 控吁：控诉，呼吁。⑪ 弛：

指军务松弛。⑫ 菅刈(jiān yì):像割草似地随意残害百姓。蒙:欺骗。⑬ 呜咽:低声哭泣。唏嘘:叹息声。⑭ 什:篇。⑮ 煽构:煽动,构陷。⑯ 阃(kǔn)寄:古代把军事职务叫做阃外之事或阃寄。⑰ 寻:不久。坐罪:触犯法律而犯罪。⑱ 报罢:罢官,撤职。⑲ 给谏:给事中和谏议大夫的合称。俞君:生平不详。⑳ 裒(póu)辑:搜集,编辑。裒:聚集。㉑ 首简:文集前面。㉒ 茅子:作者自称。㉓ 孔子删《诗》:相传《诗经》原有三千馀篇,经孔子删定为三百零五篇。㉔《小弁》:《诗经·小雅》中的篇名。相传西周末年周幽王娶褒姒为妃,废掉了前妻申后,驱逐了申后所生的太子宜臼,立褒姒所生的儿子伯服为太子。宜臼作此诗,抒发怨恨亲人的心情。㉕《巷伯》:《诗经·小雅》中的篇名。相传巷伯因受谗而遭受宫刑,愤怒之下作此诗。㉖ 幽人:即隐士。怼(duì)士:心怀怨恨的人。㉗《风》、《雅》:《诗经》中的《国风》和《大雅》、《小雅》。㉘ 中声:合乎声律之诗。㉙ 犹曰:以下两句均引自《诗经·周南·关雎》序。㉚ 春秋:公元前770—前476年,史称春秋。㉛ 屈原:名平,战国时代楚国人,我国文学史上第一位伟大的诗人。他曾做楚怀王的左徒,后因受谗言被放逐。《骚》:《离骚》。怨:怨恨。㉜ 伍胥:即伍子胥,名员,字子胥。春秋时期吴国大夫。曾帮助吴王阖闾夺取王位,攻破楚国。吴王夫差时,谏吴王拒绝越国求和并停止伐齐。后受吴国太宰嚭谗毁,吴王赐剑命他自杀。胁:威胁。㉝ 贾谊:西汉思想家、文学家,洛阳(今属河南)人。他曾上奏疏建议削弱诸侯王势力,抵抗匈奴侵略。激:激动。㉞ 叔夜:嵇康,字叔夜,谯郡铚(今安徽宿州)人。魏末晋初文学家。他不满当时社会政治,离经叛道,后被司马昭所杀。愤:愤恨。㉟ 刘蕡 :字玄华,唐代幽州昌平(今属北京)人。唐文宗大和二年(828),在应试、对策中直率地抨击宦官乱政和政治的弊病,遭到宦官的忌恨,不被录取。亢:亢直。㊱ 荐绅:同"搢(jìn)绅",官员。大夫:明代为高级官僚的称号。㊲ 塞垣(yuán):边塞城墙。此指边防。㊳ 作之忾:振奋起同仇敌忾的义愤。㊴ 采风:传说上古时,有采诗官到各地收集民间歌谣,称为采风。㊵ 谨识(zhì):恭敬地记下。㊶ 当:符合。

【品评】此文以知人论世的方法,评述沈炼之诗。故开篇先论沈炼之人:一突出其"为人刚直,嫉恶如仇"(《明史·沈炼传》),因弹劾权奸严嵩而遭流放的遭遇;二描述其于塞外目睹军队官员贪生怕死却又残害百姓的罪行,而处于愤激忧郁的心境。这皆与其诗歌创作密切相关。接着叹惜沈炼因诗而遭杀身之祸,并欣慰于其死后因权奸被惩治,其诗集得以编辑刻印,其子请自己作序。此为过渡段，以引起下段对其诗的评论。作者评沈诗重人品、重诗的思想价值，并以孔子删诗不弃《小弁》、《巷伯》，以及屈原《离骚》等历代名家之作为例，说明沈诗尽管未必"中声"，但仍是感人之作。进而高度赞扬沈诗警戒鼓舞之功，而对沈诗之艺术技巧是否符合古代作者之意旨，则忽略不计。此表现作者诗以意为主、"文词"为辅的诗学观，具有针砭明七子主复古、重格调的积极意义。

此文笔带感情，情文并茂，善用排比句式，文气畅达有力，"浩落苍凉，读之凛凛有生气"（吴楚材、吴调侯）。

王世贞（1526—1590）

字元美，号凤洲、弇州山人，太仓（今属江苏）人。明代嘉靖年间进士，官至南京刑部尚书。为官清正，与权奸严嵩势不两立。晚年辞官归里，筑弇山园。王世贞博闻强记，著述甚丰。他与李攀龙为"后七子"复古派代表人物，标举"文规秦汉，诗摩盛唐"之旨，影响很大。晚年有所悔悟，崇尚白居易、苏轼，已不排斥唐宋，古文亦含唐宋家法。有《弇州山人四部稿》等。

蔺相如完璧归赵论[①]

蔺相如之完璧，人皆称之，予未敢以为信也[②]。夫秦以十五城之空名，诈赵而胁其璧[③]，是时言取璧者，情也[④]，非欲以窥赵也。赵得其情则弗予，不得其情则予；得其情而畏之则予，得其情而弗畏之则弗予。此两言决耳[⑤]，奈之何既畏而复挑其怒也[⑥]？

且夫秦欲璧[⑦]，赵弗予璧，两无所曲直也[⑧]。入璧而秦弗予城，曲在秦[⑨]；秦出城而璧归，曲在赵。欲使曲在秦，则莫如弃璧；畏弃璧，则莫如弗予。

夫秦王既按图以予城，又设九宾[⑩]，斋而受璧[⑪]，其势不得不予城。璧入而城弗予，相如则前请曰："臣固知大王之弗予城也。夫璧非赵璧乎？而十五城，秦宝也。今使大王以璧故[12]，而亡其十五城，十五城之子弟，皆厚怨大王以弃我如草芥也[13]。大王弗予城而绐赵璧[14]，以一璧故而失信于天下，臣请就死于国，以明大王之失信。”秦王未必不返璧也。今奈何使舍人怀而逃之[15]，而归直于秦[16]？

是时秦意未欲与赵绝耳。令秦王怒[17]，而僇相如于市[18]，武安君十万众压邯郸[19]，而责璧与信，一胜而相如族[20]，再胜而璧终入秦矣！

吾故曰：蔺相如之获全于璧也，天也[21]。若其劲渑池[22]，柔廉颇[23]，则愈出而愈妙于用[24]；所以能完赵者，天固曲全之哉[25]！

【注释】① 蔺相如完璧归赵：据《史记·廉颇蔺相如列传》，蔺相如，战国时赵国人。赵惠文王得到美玉和氏璧，秦昭王假称用十五座城交换。蔺相如携璧去秦国换城，见秦王并无诚意，于是暗地里把璧送回赵国，并与秦王进行了尖锐斗争，终于胜利返回。史称“完璧归赵”。璧：美玉。论：文体名。② 信：确实这样。③ 胁：勒索。④ 情：实情。⑤ 决：解决。⑥ 奈之何：为什么。⑦ 且夫：况且。⑧ 曲直：是非曲直。⑨ 曲：理亏。⑩ 九宾：即《周礼》九仪，是一种隆重的礼仪。宾指摈（傧）相，由摈者九人以次传呼，接引上殿。⑪ 斋：斋戒。古人在举行祭祀或隆重典礼之前，清心洁身，表示恭敬。⑫ 使：假使。⑬ 厚怨：十分怨恨。⑭ 绐（dài）：欺骗，欺诈。⑮ 奈何：为何。舍人：随从。⑯ 归直于秦：使秦国理直，自己理亏。⑰ 令：假如。⑱ 僇（lù）：通“戮”，杀。⑲ 武安君：名白起，秦国大将。邯郸：赵国都城。今属河北。⑳ 族：灭族。㉑ 天：上天保佑。㉒ 劲渑（miǎn）池：赵惠文王二十年（前278），秦昭襄王邀请赵惠文王在渑池（今属河南）会盟，秦君臣几次侮辱赵王，都遭到蔺相如有力的还击。劲：指蔺相如在渑池会上态度强硬。㉓ 柔廉颇：蔺相如由于立功，被赵王拜为上卿，位在大将廉颇之上，廉颇不服，多次挑衅，而蔺相如顾全大局，一直回避退让。后来廉颇深受感动，负荆请罪。柔：指对廉颇采取谦让态度。㉔ 愈出而愈妙于用：办法越来越巧妙高明。㉕ 天固曲全之：老天本来就偏袒、周全他。

【品评】此文是一篇史论，旨在对“蔺相如完璧归赵”的故事做翻案文章。首段一落笔就直捣黄龙，斩截地否定了“蔺相如之完璧归赵”之壮举。第二段先简论其理由。此分析当赵国面临秦国欲“诈赵而胁其璧”的严峻形势时，采取既“畏之”又“璧归”以“挑其怒”的矛盾方法，是极不明智的。此相如不可“称”之一也。第三段以“且夫”领起，再详论其理由。此从是非曲直的角度分析璧是否予秦，又代为相如策划使璧可以还赵而理不在秦的说白，更批评相如“使舍人怀而逃之”之举使秦占了理。最终指出战略形势是“秦意未欲与赵绝耳”，否则相如不仅“完璧归赵”不可能，且欲被灭族也。堪称一针见血之论。此相如之不可“称”之二也。末段得出结论：相如完璧归赵，非其个人之力所致，而是凭借天意，所谓天意既是相如之一时侥幸，更是当时的战略形势。

此论篇幅不大，但善于假设，分析细致、周全而深刻，把事物的多种可能性俱网于笔端，逻辑十分严密。文辞亦精练简洁，富有生气。

袁宏道 (1568—1610)

字中郎，号石公、六如，公安（今属湖北）人。明代万历年间进士。历任吴县知县、顺天府教授、吏部郎官等职。与其兄袁宗道、弟袁中道，于前、后七子拟古形式主义云雾弥漫文坛近百年之时崛起于文坛，为“公安派”代表人物。公安派独树一帜，振衰起绝，以“独抒性灵，不拘格套”为旗帜，对复古主义进行了有力扫荡。其诗文感情真挚，清新灵活，富于个性。有《袁中郎全集》。

徐文长传[①]

徐渭，字文长，为山阴诸生[②]，声名籍甚[③]。薛公蕙校越时[④]，奇其才，有国士之目[⑤]；然数奇[⑥]，屡试辄蹶[⑦]。中丞胡公宗宪闻之[⑧]，客诸幕[⑨]。文长每见，则葛衣乌巾[⑩]，纵谈天下事，胡公大喜。是时公督数边兵，威镇东南；介胄之士[11]，膝语蛇行[12]，不敢举头，而文长以部下一诸生傲之；议者方之刘真长、杜少陵云[13]。会得白鹿，属文长作表[14]，表上，永陵喜[15]。公以是益奇之，一切疏计[16]，皆出其手。文长自负才略，好奇计，谈兵多中[17]。视一世事无可当意者，然竟不偶[18]。

文长既已不得志于有司[19]，遂乃放浪曲蘖[20]，恣情山水，走齐、鲁、燕、赵之地[21]，穷览朔漠[22]。其所见山奔海立，沙起雷行，雨鸣树偃，幽谷大都，人物鱼鸟，一切可惊可愕之状，一一皆达之于诗。其胸中又有勃然不可磨灭之气，英雄失路、托足无门之悲，故其为诗，如嗔如笑[23]，如水鸣峡，如种出土，如寡妇之夜哭、羁人之寒起[24]。虽其体格时有卑者，然匠心独出，有王者气，非彼巾帼而事人者所敢望也[25]。文有卓识，气沉而法严，不以模拟损才，不以议论伤格，韩、曾之流亚也[26]。文长既雅不与时调合[27]，当时所谓骚坛主盟者[28]，文长皆叱而怒之，故其名不出于越，悲夫！

喜作书，笔意奔放如其诗，苍劲中姿媚跃出，欧阳公所谓"妖韶女老自有馀态"者也[29]。间以其馀[30]，旁溢为花鸟，皆超逸有致[31]。卒以疑杀其继室[32]，下狱论死[33]。张太史元忭力解[34]，乃得出。晚年愤益深，佯狂益甚；显者至门，或拒不纳。时携钱至酒肆，呼下隶与饮。或自持斧，击破其头，血流被面，头骨皆折，揉之有声；或以利锥锥其两耳，深入寸馀，竟不得死。周望言："晚岁诗文益奇[35]，无刻本，集藏于家。"余同年有官越者[36]，托以抄录，今未至。余所见者，《徐文长集》、《阙编》二种而已[37]。然文长竟以不得志于时，抱愤而卒。

石公曰[38]：先生数奇不已[39]，遂为狂疾；狂疾不已，遂为囹圄[40]。古今文人牢骚困苦，未有若先生者也。虽然，胡公间世豪杰[41]，永陵英主[42]，幕中礼数异等[43]，是胡公知有先生矣。表上，人主悦，是人主知有先生矣，独身未贵耳。先生诗文崛起，一扫近代芜秽之习[44]，百世而下，自有定论，胡为不遇哉[45]？

梅客生尝寄予书曰[46]："文长吾老友，病奇于人，人奇于诗。"余谓文长无之而不奇者也。无之而不奇，斯无之而不奇也[47]。悲夫！

【注释】① 徐文长：徐渭(1521—1593)，字文长，山阴(今浙江绍兴)人。著名文学家，但仕途多舛，性格狂傲，愤世嫉俗，后抑郁而终。传：文体名。此文开头有删节。② 诸生：即生员。③ 籍甚：很大。④ 薛公蕙：薛蕙，明武宗正德年间进士，官至吏部考功郎中。校越：校官，即学官。这里用作动词。按：薛蕙未担任过浙江的学官职务。此系作者误记。当是薛应旂，他曾出为浙江提学副使。⑤ 国士：一国杰出的人物。目：称。⑥ 数奇(jī)：命运不好。⑦ 辄蹶：都遭到挫折。蹶：跌倒。⑧ 中丞：指副都御史。胡宗宪：字汝贞，号梅林。明嘉靖年间浙江巡抚，因抗击倭寇有功，被加右都御史衔，后得罪被杀。⑨ 客诸幕：聘他在幕府作宾客。诸：之于。幕：幕府，地方军政大吏的官署。⑩ 葛衣乌巾：粗布服饰，表明很简朴。葛：葛布。巾：古人包发的头巾。⑪ 介胄(zhòu)：武士的护身装束。介：甲。胄：盔。⑫ 膝语蛇行：跪着说话，伏地爬行。⑬ 方：比。刘真长：即刘惔，东晋简文帝(371—372 在位)时的宰相，字真长。杜少陵：即唐代伟大诗人杜甫。杜甫曾居少陵(今陕西西安南)，自号少陵野老。⑭ 表：古代奏章的一种。⑮ 永陵：明世宗朱厚熜(1522—1566 在位)的陵墓名。此指代明世宗。⑯ 疏：奏章。计：计策。⑰ 多中：常常切中要害。⑱ 不偶：不遇。指仕途不顺。⑲ 有司：官吏。⑳ 曲蘖(niè)：酒曲。此指酒。蘖当为"糵"(niè)。㉑ 齐、鲁、燕(yān)、赵：本为春秋战国时的国名，其地大致在今山东、河北、山西一带。此指以上地区。㉒ 朔漠：北方沙漠。㉓ 嗔(chēn)：怒。㉔ 羁(jī)人：客居他乡的人。㉕ 巾帼：古代妇女戴的头巾。为妇女的代称。㉖ 韩、曾：指韩愈和曾巩，皆属"唐宋八大家"。流亚：同类。㉗ 雅：一向。

㉘ 骚坛主盟:文坛领袖。㉙ 妖韶:妖冶,美艳。欧阳修《六一诗话》云:“有如妖韶女,老自有馀态。”是评梅圣俞诗的句子。㉚ 间:间或,有时。馀:馀力。㉛ 有致:有情趣。㉜ 卒(cù):突然。㉝ 论死:定死罪。㉞ 张太史元汴:徐渭老同学张天复之子,官至翰林侍读。太史:此指翰林官。㉟ 周望:陶望龄,字周望。明万历年间曾任国子监祭酒。㊱ 同年:科举考试中同时考中的人,互称同年。官越者:在浙江做官的。㊲《阙编》:陶望龄所编徐渭的诗集。㊳ 石公:袁宏道自号。㊴ 不已:不停。㊵ 囹圄(líng yǔ):监狱。㊶ 间世:世上罕见。㊷ 英主:英明的皇帝。㊸ 礼数:礼节。异等:特别优待。㊹ 芜秽之习:杂乱污浊的风气。㊺ 胡为:怎么能说。㊻ 梅客生:名国桢,字客生。湖北麻城人,官兵部右侍郎。㊼ 奇(jī):数奇,命不好。

【品评】此传以描写人物见长,是名副其实的传记。全文以“奇”字贯穿始终,然“奇”有二义:一是“奇特”,才奇、诗奇、文奇、书画奇;二是命运不好,抱恨而死,数奇(jī)。本文重点写传主“数奇”,而写其才奇、诗文奇乃旨在反衬“数奇”,益显人物悲剧色彩。首段写传主才奇,“好奇计,谈兵多中”,为薛公、胡公等所赏识,然以“数奇”结之,奠定了全文感情基调。第二段写其诗文之奇,奇景奇观、豪气、王者气皆具,然“其名不出于越,悲夫”,仍应“数奇”。第三段兼论书画之奇。第四段写其凄凉悲惨的晚境,重点写其数奇,以“不得志于时,抱愤而卒”收束,可伤可痛。最后仿太史公笔法作评,尤对其诗成就高度赞扬,并对其才奇却数奇寄予深切的同情。

作者为公安性灵派主将,徐渭则为其前驱,二者之思想与诗文观一脉相承,因此对徐渭充满崇敬之意,对其“数奇”亦更加同情。此文感情充沛,悲壮淋漓,抑扬顿挫,亦堪称奇笔。惟此奇笔才足以颂扬徐渭之奇才,悲叹其“数奇”。

张　溥 (1602—1641)

字天如,号两铭,太仓(今属江苏)人。明崇祯年间进士,翰林院编修。他组织了江南文人进步社团——复社,与宦官魏忠贤阉党进行了不懈的斗争。他学问渊博,涉及文史、经学,亦精通诗文创作。散文质朴,抨击时政,言之有物。有《七录斋诗文合集》等。

五人墓碑记[①]

五人者，盖当蓼洲周公之被逮[②]，激于义而死焉者也。至于今，郡之贤士大夫[③]，请于当道[④]，即除魏阉废祠之址以葬之[⑤]，且立石于其墓之门，以旌其所为[⑥]。呜呼，亦盛矣哉！

夫五人之死，去今之墓而葬焉[⑦]，其为时止十有一月耳[⑧]。夫十有一月之中，凡富贵之子、慷慨得志之徒，其疾病而死、死而湮没不足道者[⑨]，亦已众矣。况草野之无闻者欤[⑩]？独五人之皦皦[⑪]，何也？

予犹记周公之被逮，在丁卯三月之望[⑫]。吾社之行为士先者[⑬]，为之声义、敛资财以送其行[⑭]，哭声震动天地。缇骑按剑而前[⑮]，问："谁为哀者？"众不能堪，抶而仆之[⑯]。是时以大中丞抚吴者[⑰]，为魏之私人，周公之逮所由使也[⑱]。吴之民方痛心焉，于是乘其厉声以呵，则噪而相逐。中丞匿于溷藩以免[⑲]。既而以吴民之乱请于朝，按诛五人[⑳]，曰：颜佩韦、杨念如、马杰、沈扬、周文元，即今之傫然在墓者也[㉑]。

然五人之当刑也，意气扬扬，呼中丞之名而詈之[㉒]，谈笑以死。断头置城上，颜色不少变[㉓]。有贤士大夫发五十金，买五人之脰而函之[㉔]，卒与尸合。故今之墓中，全乎为五人也。

嗟夫！大阉之乱[㉕]，缙绅而能不易其志者[㉖]，四海之大，有几人欤？而五人生于编伍之间[㉗]，素不闻诗书之训，激昂大义，蹈死不顾，亦曷故哉[㉘]？且矫诏纷出[㉙]，钩党之捕遍于天下[㉚]，卒以吾郡之发愤一击，不敢复有株治[31]。大阉亦逡巡畏义[32]，非常之谋[33]，难于猝发[34]，待圣人之出而投缳道路[35]，不可谓非五人之力也！

由是观之，则今之高爵显位，一旦抵罪，或脱身以逃，不能容于远近，而又有剪发杜门[36]，佯狂不知所之者[37]。其辱人贱行[38]，视五人之死，轻重固何如哉？是以蓼洲周公，忠义暴于朝廷[39]，赠谥美显[40]，荣于身后。而五人亦得以加其土封[41]，列其姓名于大堤之上。凡四方之士，无有不过而拜且泣者，斯固百世之遇也[42]！不然，令五人者保其首领[43]，以老于户牖之下[44]，则尽其天年[45]，人皆得以隶使之，安能屈豪杰之流[46]，扼腕墓道[47]，发其志士之悲哉？故予与同社诸君子，哀斯墓之徒有其石也，而为之记，亦以明死生之大，匹夫之有重于社稷也[48]。

贤士大夫者：冏卿因之吴公、太史文起文公、孟长姚公也[49]。

【注释】① 五人：指苏州市民颜佩韦、杨念如、马杰、沈扬、周文元五人。明熹宗天启四年(1624)，左副都御史杨涟、都给事中魏大中等七十馀人弹劾宦官魏忠贤，被下狱论死。次年，魏大中被解京经过苏州，时休假在家的吏部员外郎周顺昌打抱不平，挽留魏大中三日，并以孙女许配魏大中之孙，还斥骂魏忠贤。天启六年魏忠贤进行报复，派东厂缇骑至苏州逮捕周顺昌，引来市民，击杀东厂缇骑一人。后朝廷下令捕杀"倡乱"的市民领袖上述五人。崇祯即位后，魏忠贤失势贬死。苏州人在魏忠贤生祠废址为五人建墓立碑以纪念。墓碑记：碑文。② 蓼(liǎo)洲周公：周顺昌，号蓼洲，明末吴县(今江苏苏州)人，万历年间进士。明熹宗时任吏部郎中，后因得罪太监魏忠贤，被下狱论死。崇祯初年赠谥"忠介"。③ 士大夫：指有地位、有声望的读书人。④ 当道：执掌政权的人。此指江苏巡抚和苏州知府。⑤ 魏阉(yān)：指魏忠贤。魏在明熹宗时为秉笔太监，兼管东厂，专断国政。熹宗死，黜职。阉：宦官。废祠：魏忠贤当权时，建立生祠(给活人修的庙)，魏党失势后，则生祠成为废祠。⑥ 旌(jīng)：表彰。⑦ 去：距。墓：用作动词,建坟。⑧ 止:只。有:又。⑨ 湮(yān)没:埋没。⑩ 草野:指民间。⑪ 皦(jiǎo)皦:明亮的样子。⑫ 丁卯:明熹宗天启七年(1627)。三月之望:农历三月十五。⑬ 吾社:指复社。先:先导。⑭ 声义:伸张正义。⑮ 缇骑(tí jì):本指古代身穿丹黄衣服的骑士。此指明代东厂的吏役。缇:帛丹黄色。⑯ 抶(chì):笞打。仆之:使缇骑倒下,打倒在地。⑰ 以大中丞抚吴者:以大中丞衔出任苏州巡抚的人。此指毛一鹭,魏忠贤的死党。⑱ 周公:指周顺昌。所由使:由他指使。⑲ 溷(hùn)藩:厕所。⑳ 按诛:审查,处死。㉑ 傫(lěi)然:堆积的样子。㉒ 詈(lì):骂。㉓ 少:稍微。㉔ 脰(dòu):颈项。这里指头。函:匣子。此作动词,用匣子收藏。㉕ 大阉之乱:指宦官魏忠贤乱国。㉖ 缙绅:指官僚。易:改变。㉗ 编伍:指平民。古时的居民组织,五家编为一伍。㉘ 曷(hé)故:什么原因。曷:何。㉙ 矫诏:假托皇帝名义下的圣旨。㉚ 钩党:相牵连的同党。㉛ 株治:株连治罪。㉜ 逡(qūn)巡畏义:因畏惧正义而犹豫不前。㉝ 非常之谋:指篡夺帝位的阴谋。㉞ 猝(cù)发:很快地实行。㉟ 圣人:对皇帝的尊称。此指崇祯皇帝。投缳(huán)道路:崇祯皇帝即位的当年(1628)将魏忠贤贬谪凤阳(今属安徽),看守皇陵。途中又下诏追回治罪,魏自知死罪,行至阜城(今属河北),自缢身死。缳:绳索。㊱ 剪发:剪发为僧。杜门:闭门不出。㊲ 佯狂:假装疯狂。之:往。㊳ 辱人贱行:可耻的人品,卑贱的行为。㊴ 暴(pù):显露。㊵ 谥(shì):古代的帝王或官僚死后,按其生前事迹所追赠的称号。㊶ 加其土封:指重修坟墓。㊷ 斯:这。㊸ 令:假使。首领:指头颅。㊹ 户牖(yǒu)之下:指家中。牖:窗户。㊺ 天年:自然的年寿。㊻ 安能:怎能。屈:此作使动用法,使……屈身。㊼ 扼腕:用手握腕,表示激动或惋惜。㊽ 社稷:帝王祭祀的土神和谷神。此指代国家。㊾ 冏(jiǒng)卿:太仆卿的别称,为九卿之一。因之吴公:吴默,字因之。太史:史官,明清时指翰林官。文起文公:文震孟,字文起,曾为翰林院修撰。孟长姚公:姚希孟,字孟长,文震孟外甥。即上述"发五十金,买五人之脰而函之"者。

【品评】此文借写明末苏州市民代表"五人"反抗魏忠贤宦官集团的斗争,弘扬"明死生之大,匹夫之有重于社稷"的思想。碑记开头点出五人及其墓碑,突出五人乃"激于义而死焉者也",暗寓赞扬之意,成为本文主线。接下以回顾五人之葬,与"富贵之子"等之病死而湮没者对比,逼出"独五人之皦皦,何也"的设问,从而过渡到对"五人"死于义的追述与赞扬:五人乃死于声援正义之士周顺昌而触怒阉党,故体现其"义",并点明五人姓名,与开头“五人”呼应。同时补写五人临刑时视死如归的情景，与“贤士大夫”重金“买五人之脰而函之”的义举，以衬托五人之“义”。文章前半记叙已足，则于后半展开议论：既赞五人之义举难能可贵，于世有功；更以对比手法，赞五人之死，重于泰山，影响巨大，并揭示作此记的意义：“亦以明死生之大，匹夫之有重于社稷也。”最后补写出“贤士大夫”姓名，以示尊重。

此文“议论随叙事而入，感慨淋漓，激昂尽致”（吴楚材、吴调侯），又注意前后呼应，正反对比，跌宕顿挫，极具感染力。